SAMMLUNG GUTTENTAG

41

Börsengesetz

nebst Ausführungsbestimmungen

Auf der Grundlage des Kommentars von

Dr. Oscar Meyer
Staatssekretär a. D.

Vierte Auflage
völlig neubearbeitet von

Heinz Bremer
Oberregierungsrat, Justitiar beim
Senator für Wirtschaft und Kredit in Berlin

BERLIN 1957

WALTER DE GRUYTER & CO.
vormals G. J. Göschen'sche Verlagshandlung / J. Guttentag, Verlagsbuchhandlung / Georg Reimer / Karl J. Trübner / Veit & Comp.

Archiv-Nr. 21 1 041

Satz und Druck: Berliner Buchdruckerei Union GmbH., Berlin SW 29

Vorwort

Zwischen der dritten und vierten Auflage dieses Buches liegt ein Zeitraum von über 40 Jahren. Die Bearbeitung des Kommentars konnte daher in weiten Teilen nur in einer völligen Neufassung der Erläuterungen bestehen, die das seither erschienene Schrifttum und die Rechtsprechung bis Mitte dieses Jahres berücksichtigt. Daß ich in systematischer Hinsicht den grundlegenden Darstellungen von Göppert, Das Recht der Börsen, 1932, und Huber, Wirtschaftsverwaltungsrecht, 1. Bd., Kapitel XIV, Markt- und Börsenwesen, 1953, gefolgt bin, habe ich besonders zu bemerken. Diese Untersuchungen haben die Erkenntnisse in bezug auf das Börsenrecht entscheidend gefördert. Soweit ich zu abweichenden Ansichten gelangte, habe ich dies vermerkt.

Im Einvernehmen mit Herrn Staatssekretär a. D. Dr. Meyer, der gegenwärtig in den USA lebt, bleibt auch die neue Auflage mit seinem Namen verbunden. Infolge der weiten Entfernung von seiner früheren Heimat war es leider unmöglich, daß Herr Dr. Meyer an der Bearbeitung der vierten Auflage des Kommentars mitwirkte. Ich hoffe, die Neufassung auch in seinem Sinne vorgenommen zu haben.

In der Anlage des Kommentars ist nur insoweit eine Änderung eingetreten, als ich bei einigen Paragraphen eine Schrifttumsübersicht gegeben habe. Sie soll dem Benutzer, der in einer speziellen Frage einen tieferen Einblick zu erhalten wünscht, das Auffinden der einschlägigen Monographien und Aufsätze erleichtern.

In den Anhängen I und II sind die Gesetze, Verordnungen, Richtlinien usw. zusammengefaßt, ohne deren Kenntnis der Kommentar zum Börsengesetz unvollständig bleiben müßte. Veränderungen der Texte sind bis Ende Februar, teilweise bis Ende Juni 1956 berücksichtigt. Die Texte bieten damit eine auf den neuesten Stand gebrachte Zusammenfassung sämtlicher wichtigen Bestimmungen für Wertpapierbörsen.

Für Rat und Hilfe bei der Zusammenstellung des Materials habe ich Herrn Regierungsoberinspektor Wall, Berlin, sehr zu danken.

Den Benutzern wäre ich für Kritik und Vorschläge zur weiteren Ausgestaltung des Kommentars verbunden.

Berlin-Schöneberg, den 30. 6. 1956

Freiherr-vom-Stein-Str. 5 Heinz Bremer

Inhaltsverzeichnis

Seite

4. Frankfurt a. M.

5. Hamburg

6. Hannover

7. München

Abkürzungen

a. A.	anderer Ansicht
a. a. O.	am angegebenen Ort
a. E.	am Ende
AktG	Aktiengesetz
a. M.	anderer Meinung
Anm.	Anmerkung
AO	Anordnung
Apt	Apt, Börsengesetz, 5. Aufl., Berlin 1909
Art.	Artikel
BA	Bankarchiv, Zeitschrift für Bank und Börsenwesen
BAnz.	Bundesanzeiger
BB	Der Betriebsberater
Begr. I.	Begründung zum Entwurf des Börsengesetzes von 1896
Begr. II.	Begründung zum Entwurf der Börsengesetznovelle von 1907/08
Bek.	Bekanntmachung
BerK	Entscheidungen der Berufungskommission in Ehrengerichtssachen
Bernstein	Bernstein, Börsengesetz, Leipzig 1910
BGB	Bürgerliches Gesetzbuch
BGBl.	Bundesgesetzblatt
BGH	Bundesgerichtshof
BGHSt.	Entscheidungen des Bundesgerichtshofs in Strafsachen
BörsG	Börsengesetz
BR	Bundesrat
DepG	Gesetz über die Verwahrung und Anschaffung von Wertpapieren vom 4. Februar 1937 (Depotgesetz)
DVBl.	Deutsches Verwaltungsblatt
EG	Einführungsgesetz
EGHGB	Einführungsgesetz zum Handelsgesetzbuch
Erl.	Erläuterungen
GG	Grundgesetz für die Bundesrepublik Deutschland
Göppert	Göppert, Das Recht der Börsen, 1932

Gruchots Beitr.	Beiträge zur Erläuterung des Deutschen Rechts, begründet von Dr. J. A. Gruchot
GS	Gesetzsammlung
GVBl.	Gesetz- und Verordnungsblatt
GVG	Gerichtsverfassungsgesetz
HansGZ	Hanseatische Gerichts-Zeitung
HansRZ	Hanseatische Rechtszeitschrift
HGB	Handelsgesetzbuch
HMBl.	Ministerialblatt der (preußischen) Handels- und Gewerbeverwaltung
Holdheims MSchr.	Holdheims Monatsschrift für Handelsrecht, Bankwesen, Steuer- und Stempelfragen
HRR	Höchstrichterliche Rechtsprechung
Huber I	Huber, Wirtschaftsverwaltungsrecht, 1. Bd., 1953
Huber II	Huber, Wirtschaftsverwaltungsrecht, 2. Bd., 1954
HypBankG	Hypothekenbankgesetz vom 13. Juli 1899
i. S.	im Sinne
i. V.	in Verbindung
JR	Juristische Rundschau
JW	Juristische Wochenschrift
JZ	Juristenzeitung
Kahn	Kahn, Börsengesetz, 2. Aufl., München 1909
KB I	Bericht der Reichstagskommission zur Vorberatung des Entwurfs des Börsengesetzes von 1896
KB II	Bericht der Reichstagskommission zur Vorberatung des Entwurfs der Börsengesetznovelle von 1907/08
KG	Kammergericht
KO	Konkursordnung
v. Mangoldt	Das Bonner Grundgesetz, 1953
NJW	Neue Juristische Wochenschrift
Nussbaum	Nussbaum, Kommentar zum Börsengesetz, München 1910
OLG	Oberlandesgericht
PreußOVG	Entscheidungen des Preußischen Oberverwaltungsgerichts
RAnz.	Reichs- und Preußischer Staatsanzeiger
Rehm u. a.	Rehm — Trumpler — Dove — Neukamp — Schmidt-Ernsthausen — Breit, Kommentar zum Börsengesetz, herausgegeben auf Veranlassung des Zentralverbandes des Deutschen Bank- und Bankiergewerbes, Berlin 1909
RG	Reichsgericht

RGBl.	Reichsgesetzblatt
RGSt.	Entscheidungen des Reichsgerichts in Strafsachen
RGZ	Entscheidungen des Reichsgerichts in Zivilsachen
ROHG	Entscheidungen des Reichsoberhandelsgerichts
RT. StenB.	Stenographische Berichte über die Verhandlungen des Reichstags
RT. StenB. I	Desgl. 9. Legislaturperiode, 4. Session 1895/96
RT. StenB. II	Desgl. 12. Legislaturperiode, 1. Session 1907/08
RWM	Reichswirtschaftsminister
Schlegelberger-Hildebrandt	Schlegelberger-Hildebrandt, Handelsgesetzbuch, 3. Bd. (Anhang nach § 382. Deutsches Börsenrecht), 1956
StGB	Strafgesetzbuch
StPO	Strafprozeßordnung
u. a.	und andere
ZAKDR	Zeitschrift der Akademie für Deutsches Recht
ZfH	Zeitschrift für das gesamte Handelsrecht
ZPO	Zivilprozeßordnung
ZulBek.	Bekanntmachung, betreffend die Zulassung von Wertpapieren zum Börsenhandel vom 4. Juli 1910

Überblick

Im Jahre 1892 wurde, nachdem verschiedene unliebsame Ereignisse auf dem Gebiet des Warenterminhandels wie auch des Effektenhandels und des Depotgeschäfts wesentlich zur Verstärkung der börsenfeindlichen Strömungen beigetragen hatten, zwecks Prüfung der einschlägigen tatsächlichen und rechtlichen Fragen eine Kommission, die sogenannte Börsen-Enquete-Kommission, einberufen. Sie sammelte in zahlreichen Sitzungen ein umfangreiches und wertvolles Material (vgl. Weber, Die Ergebnisse der deutschen Börsenenquete, ZfH 43, 83 ff.). Auf Grund der Ergebnisse der Enquete legte der Reichskanzler dem Reichstag den Entwurf eines Börsengesetzes vor. Aus den Beratungen des Reichstags hierüber ging das Börsengesetz vom 22. Juni 1896 hervor, das am 1. Januar 1897 in Kraft trat. Bereits im gleichen Jahre wurden mittels des § 14 des Einführungsgesetzes zum Handelsgesetzbuch vom 10. Mai 1897 an dem Gesetz einige durch die Neuordnung des Handelsrechts bedingte Änderungen vorgenommen, insbesondere die von den Kommissionsgeschäften handelnden §§ 70—74, da sie inhaltlich in das neue Handelsgesetzbuch eingefügt wurden, beseitigt. Dagegen blieben die heftigen Angriffe der Wirtschaft gegen die Bestimmungen des Gesetzes über den Börsenterminhandel lange Zeit erfolglos. Zwei von der Reichsregierung eingebrachte Entwürfe einer Novelle (1904—1905) gelangten nicht zur Verabschiedung. Erst der dritte Entwurf führte nach großen Schwierigkeiten zum Ziel. Das demgemäß am 18. Mai 1908 im Reichsgesetzblatt verkündete und seit dem 1. Juni 1908 in Kraft befindliche Gesetz brachte eine völlige Umgestaltung des IV. Abschnitts über den Börsenterminhandel und im Zusammenhang damit einen neuen (jetzt V.) Abschnitt „Ordnungsstrafverfahren" sowie eine Erweiterung des (jetzt VI.) Abschnitts „Straf- und Schlußbestimmungen". Ferner wurde auch der III. Abschnitt „Zulassung von Wertpapieren zum Börsenhandel" verschiedentlich revidiert. Das Börsengesetz in der Fassung der Bekanntmachung des Reichskanzlers vom 27. Mai 1908 (RGBl. S. 215) zerfällt nunmehr in sechs Abschnitte:

I. Allgemeine Bestimmungen über die Börsen und deren Organe (§§ 1—28).
II. Feststellung des Börsenpreises und Maklerwesen (§§ 29—35).
III. Zulassung von Wertpapieren zum Börsenhandel (§§ 36—49).
IV. Börsenterminhandel (§§ 50—70).
V. Ordnungsstrafverfahren (§§ 71—87).
VI. Straf- und Schlußbestimmungen (§§ 88—96).

In der Folgezeit ist das BörsG noch mehrfach geändert worden, so besonders durch das Gesetz vom 5. März 1934 (RGBl. I S. 169), das bei den §§ 10. 25, 29—32, 33 und 35 Abänderungen oder Neufassungen brachte.

Überblick

Die Organisation der deutschen Börsen ist im Gesetz nicht systematisch geregelt. Der Gesetzgeber hat vielmehr im I. Abschnitt nur einige Punkte festgelegt, während er im übrigen darauf verzichtet hat, die in der Geschichtsentwicklung begründeten Verschiedenheiten durch eine einheitliche Verfassung zu beseitigen. Unter den festgelegten Punkten ist vor allem das Aufsichtsrecht der Landesregierungen hervorzuheben (§ 1). Dieses Recht ist durch eine Reihe von Einzelbestimmungen umrissen, zu deren wichtigsten die Gewährung eines entscheidenden Einflusses auf die für jede Börse zu erlassende Börsenordnung gehört (§ 4). Um die dauernde Fühlung zwischen der Landesregierung und den einzelnen Börsen zu sichern, werden als Organe der ersteren Staatskommissare bestellt (§ 2). Ferner schafft das Gesetz als ein Sachverständigenorgan, das den früheren Bundesrat in Börsenangelegenheiten beraten sollte, den aus Vertretern sämtlicher vom Börsenhandel berührten Kreise zusammengesetzten Börsenausschuß (§ 3), ein Organ, das seit dem Jahre 1910 nicht mehr zusammengetreten ist. Die Entscheidung, für welche Geschäftszweige die Börseneinrichtungen benutzt werden dürfen, bleibt grundsätzlich der Selbstverwaltung überlassen (§§ 5, 6). Das gleiche gilt für die Zulassung zum Börsenbesuch, mit der das Gesetz sich nur insoweit beschäftigt, als es sie beim Vorliegen gewisser Tatbestände für unstatthaft erklärt (§ 7). Was die Börsendisziplin anlangt, so wird die Handhabung der Ordnung in den Börsenräumen dem Börsenvorstand übertragen (§ 8). Dagegen ist für die Verfolgung von gegen den kaufmännischen Ehrbegriff verstoßenden Handlungen der Börsenbesucher eine besondere Disziplinargerichtsbarkeit vorgesehen, die in I. Instanz von den bei jeder Börse gebildeten Ehrengerichten, in II. von einer für alle Börsen des Bundesgebietes und Westberlins zuständigen Berufungskammer beim Bundesminister für Wirtschaft ausgeübt wird (§§ 9—27). Endlich handelt das Gesetz im I. Abschnitt noch von den Börsenschiedsgerichten, indem zum Schutz der dem Börsenverkehr fernstehenden Kreise die den öffentlichen Rechtsweg ausschließende Unterwerfung unter solche Schiedsgerichte nur unter bestimmten Voraussetzungen für verbindlich erklärt wird (§ 28).

Ebenso wie hinsichtlich der Organisation hat auch hinsichtlich des im II. Abschnitt erörterten Kurswesens der Gesetzgeber mit Rücksicht auf die Verschiedenheit der überlieferten Verhältnisse an den einzelnen Börsen von dem Erlaß allgemein gültiger Normen abgesehen. Das Gesetz beschäftigt sich nur mit dem amtlichen Börsenpreis. Es verlangt aber nicht, daß für die an der Börse gehandelten Gegenstände eine amtliche Feststellung des Börsenpreises erfolgen müsse, sondern überläßt es den Börsenordnungen, hierüber Bestimmung zu treffen, und behält lediglich dem Bundesrat (jetzt Bundesminister für Wirtschaft mit Zustimmung des Bundesrats) vor, für bestimmte Waren eine amtliche Preisfeststellung vorzuschreiben (§ 35 Abs. 1 Ziff. 2). Insoweit die amtliche Preisfeststellung erfolgt, ist sie durch den Börsenvorstand bzw. die Kursmakler unter Aufsicht der Maklerkammer vorzunehmen (§ 29 Abs. 1 und § 30 Abs. 1 Satz 1). Hierbei werden die Kursmakler teils mitwirkend, teils selbständig tätig. Die Kursmakler sind von der Landesregierung zu bestellen und zu beeidigen (§ 30 Abs. 1 Satz 2) und unterliegen mit Rücksicht auf ihre öffentlich-rechtliche Sonderstellung besonderen Gewerbebeschränkungen und Kontrollmaßnahmen (§§ 32, 33). Vor den übrigen Maklern genießen sie aber ein wichtiges Vorrecht dadurch, daß nur für die durch ihre Vermittlung abgeschlossenen Geschäfte ein Anspruch auf Berücksichtigung bei der amtlichen Preisfeststellung gewährt wird (§ 31). Hinsichtlich der Vornahme freihändiger Käufe und Verkäufe börsen- oder marktgängiger Gegenstände sind sie den landesgesetzlich hierzu ermächtigten Handelsmaklern gleichgestellt (§ 34). Als Vertretung der Kursmakler kann eine Maklerkammer gebildet werden (§ 30 Abs. 2). In alledem erblickt aber das Gesetz nur die grundsätzlich wünschenswerte Regelung. Indem es zu den weitgehenden Befugnissen des früheren Bundesrats in bezug auf die Preisfeststellung auch das Recht hinzufügt, für einzelne Börsen die amtliche Preisfeststellung durch eine andere Instanz als den Börsenvorstand, und eine andere Regelung des Maklerwesens bis zum völligen Verzicht auf ihre Mitwirkung zuzulassen (§ 35 Abs. 1 Ziff. 1), bietet es die Möglichkeit zu Abweichungen der verschiedensten Art von dem gesetzlichen Systeme.

Im Gegensatz hierzu verfolgt das Gesetz im III. Abschnitt hinsichtlich des Zulassungswesens das Ziel, einheitliche zwingende Grundsätze für alle deutschen Wertpapierbörsen herbeizuführen. Zwar wird auch hier, soweit es sich um die öffentlich-rechtlichen Bestimmungen (§§ 36—43) handelt, dem früheren Bundesrat und — subsidiär — den Landesregierungen ein bedeutungsvolles Ergänzungsrecht beigelegt (§ 44). Indessen ist damit — abgesehen von der verschiedenen Bemessung des an den einzelnen Börsen zulassungsfähigen Grundkapitals (§ 44 Abs. 1) — nicht die Ermöglichung verschiedener Vorschriften für die einzelnen Börsen gewollt, als vielmehr wiederum der Erlaß möglichst einheitlicher Vorschriften bezüglich solcher Punkte, für deren Regelung der Verordnungsweg dem schwerfälligeren Apparat der Gesetzgebung vorzuziehen ist. Infolgedessen ist im Börsengesetz in Verbindung mit der dazu ergangenen Bekanntmachung des Bundesrats vom 4. Juli 1910, der Verordnung vom 20. 4. 1932 und dem Gesetz vom 27. 12. 1951 eine im wesentlichen vollständige Kodifikation des Zulassungsrechts enthalten. Nur die Vorschriften über eine etwaige Beschwerde gegen Beschlüsse der Zulassungsstelle sind in die Börsenordnungen verwiesen (§ 36 Abs. 4). Der Zweck des Gesetzes ist der Schutz der Öffentlichkeit gegen die Einführung unsicherer Wertpapiere in den Börsenhandel. Es verfolgt den Zweck durch die Schaffung einer Instanz, die dafür sorgt, daß der Öffentlichkeit die denkbar größte Aufklärung über die an der Börse gehandelten Wertpapiere zuteil wird, sowie durch eine weitgehende Emittentenhaftung für unrichtige und unvollständige Prospektangaben. Demgemäß ist es die wesentliche Aufgabe der Zulassungsstelle, die Unterlagen der einzuführenden Wertpapiere zu prüfen und dafür zu sorgen, daß in dem Prospekt der Öffentlichkeit sämtliche Tatsachen mitgeteilt werden, deren Kenntnis für die Beurteilung des Wertes erheblich erscheint (§ 36 Abs. 3 Buchst. a und b). Außerdem muß, aber nur in bestimmten Fällen, die Zulassung auch aus sachlichen Bedenken der Zulassungsstelle gegen die Eignung eines Wertpapiers zum Gegenstand des Börsenhandels sowie aus örtlichen Gründen abgelehnt werden (§§ 36 Abs. 3 Buchst. c, 37 Abs. 1 Satz 2).

Im übrigen liegt der Zulassungsstelle weder die Prüfung der Bonität der Wertpapiere, deren Zulassung beantragt ist, noch die Kontrolle der ihr von dem Antragsteller gemachten Angaben ob. In dieser Richtung muß die Öffentlichkeit selbst ihr Interesse wahren, wozu ihr das Gesetz als besondere zivilrechtliche Waffe die eigenartige Ausgestaltung der Emittentenhaftung gibt (§§ 45—49). Vom Prospektzwang und der Zulassung durch die Zulassungsstelle befreit sind die deutschen Bundes- und Länderanleihen (§ 39), während andere — in der Hauptsache die mündelsicheren, nicht staatlichen Papiere — durch Anordnung der Landesregierung davon befreit werden können (§ 40). Andrerseits ist in bestimmten Fällen die Zulassung an erschwerende Bedingungen geknüpft (§ 41). Die sonstigen Bestimmungen dieses Abschnitts betreffen das Verhältnis der Zulassungsstellen untereinander (§ 37), die formellen Voraussetzungen der Zulassung (§ 38) und die in dem Ausschluß von der amtlichen Preisfeststellung und in dem Verbot der Kursveröffentlichung gipfelnden Folgen der Nichtzulassung (§ 43).

Während in den ersten drei Abschnitten die Struktur des Gesetzes von 1896 eingreifenden Änderungen durch die Novelle von 1908 nicht unterworfen worden ist, hat die Bearbeitung des Problems des Börsenterminhandels im IV. Abschnitt eine völlige Umgestaltung erfahren. Das Gesetz von 1896 trug dem wirtschaftlichen Bedürfnis ungenügend Rechnung, indem es Börsentermingeschäfte in Aktien von Bergwerks- und Fabrikunternehmungen sowie in Getreide und Mühlenfabrikation unbedingt untersagte. Ferner suchte es den rechtspolitischen Zweck, unerfahrene und kapitalschwache Elemente von den sonstigen Termingeschäften fernzuhalten, in untauglicher Weise dadurch zu erreichen, daß es die Wirksamkeit erlaubter Börsentermingeschäfte einschließlich des Schutzes gegen den Spiel- und Differenzeinwand von der Eintragung beider Parteien in das Börsenregister abhängig machte. In das Börsenregister durfte sich jeder eintragen lassen, der die hohe Gebühr und die Öffentlichkeit des Registers nicht scheute. Die vorerwähnten Verbote erwiesen sich in der Folgezeit als volkswirtschaftlich nachteilig, während die ablehnende Haltung des Verkehrs gegen den Registerzwang dazu führte, daß sich der Terminhandel, insoweit er erlaubt blieb, größtenteils ohne rechtliche Sicherheit abspielte.

Die Novelle schlägt zwischen der völligen Freiheit des Terminhandels und seiner übermäßigen Beschränkung einen Mittelweg ein, der sich in großen Zügen wie folgt kennzeichnen läßt:

Das Verbot des Börsenterminhandels in Bergwerks- und Fabrikanteilen sowie in Getreide und Mehl ist zwar grundsätzlich aufrechterhalten (§§ 63, 65). Doch ist hinsichtlich der ersteren Gruppe dem früheren Bundesrat das vielfach ausgeübte Recht, Ausnahmen zuzustimmen, eingeräumt (§ 63 Abs. 1), hinsichtlich der letzteren Gruppe kraft Gesetzes von dem Verbot ausgenommen das vom Gesetz besonders ausgestaltete handelsrechtliche Lieferungsgeschäft in Getreide und Mehl, wenn es sich innerhalb der der Branche unmittelbar zugehörigen Personenkreise hält (§ 67). Die als zivilrechtliche Folge verbotswidriger Börsentermingeschäfte angeordnete Nichtigkeit (§§ 64 Abs. 1, 66 Abs. 1) ist insofern abgeschwächt, als die auf das Verbot gestützte Zurückforderung des auf Grund des Geschäfts Geleisteten bei verbotenen Börsentermingeschäften in Getreide und Mehl befristet ist (§ 66 Abs. 2), bei den übrigen verbotenen Börsentermingeschäften überhaupt wegfällt.

Für das erlaubte Börsentermingeschäft, d. i. dasjenige, das nicht gegen ein durch das Gesetz oder den früheren Bundesrat erlassenes Verbot verstößt, ist das frühere System der Selbstqualifikation ersetzt durch das System der gesetzlichen Qualifikation; m. a. W., das Gesetz bezeichnet selbst die Kreise, innerhalb deren dem Börsenterminhandel Rechtssicherheit gewährt wird (§ 53). Die Rechtssicherheit erstreckt sich hier auch auf den Schutz gegen die Einwände aus den §§ 762 und 764 BGB — Spiel- und Differenzeinwand —, dies jedoch nur unter der Voraussetzung, daß es sich um Börsentermingeschäfte in solchen Wertpapieren oder Waren handelt, die an einer deutschen Börse zum Börsenhandel zugelassen sind (§ 58; vgl. auch über die verschiedene börsenverwaltungsrechtliche Behandlung dieser und der sonstigen erlaubten Börsentermingeschäfte die §§ 50, 51). Erlaubten Börsentermingeschäften, an denen andere als die vom Gesetz bezeichneten Kreise beteiligt sind, versagt das Gesetz — von einem Ausnahmefall (§ 57) abgesehen — die Klagbarkeit (§§ 52, 51), allerdings nicht, ohne die Unwirksamkeit in einigen wichtigen Punkten — weitergehend als die Nichtigkeit verbotener Börsentermingeschäfte — zu mildern (§§ 55, 56). Darüber hinaus tut das Gesetz noch einen wichtigen Schritt zugunsten des im Handelsregister eingetragenen Kaufmanns, dem es gestattet, mit dem Publikum wenigstens beschränkt wirksame Börsentermingeschäfte in Wertpapieren zu schließen, nämlich, wenn er sich in bestimmter Form eine Sicherheit bestellen läßt (§ 54).

Das oben erwähnte, in § 67 umrissene handelsrechtliche Lieferungsgeschäft in Getreide und Mehl ist, vorausgesetzt, daß es sich innerhalb der dort genannten Personenkreise hält und mithin kein verbotenes Börsentermingeschäft ist, sonstigen Wirksamkeitsbeschränkungen nicht unterworfen. Nur ist ihm gegenüber ein Einwand statthaft, der im Wortlaut dem Differenzeinwand aus § 764 BGB entspricht (§ 68).

Für die verbotenen Börsentermingeschäfte in Getreide und Erzeugnissen der Getreidemüllerei begnügt sich das Gesetz aber nicht mit den zivilrechtlichen Nichtigkeitsfolgen. Der V. Abschnitt des Gesetzes läßt gegen sie noch ein eigenes Ordnungsstrafverfahren — wiederum in zwei Instanzen — zu (§§ 71 bis 87). Außerdem ist der Abschluß solcher Geschäfte im Rückfall ebenso wie der Mißbrauch von verbotenen Börsentermingeschäften und Differenzgeschäften in Getreide und Mehl zu unnatürlichen Preistreibereien mit einer kriminellen Strafe bedroht (§§ 91—93).

Die Bestimmungen über Börsentermingeschäfte sind seit dem Jahre 1931 gegenstandslos gewesen. Sie gewinnen jedoch jetzt erneut Bedeutung, nachdem der Terminhandel in Waren im Jahre 1954 an der Hamburger Börse wieder aufgenommen worden ist (Zuckerterminbörse, neuerdings Kaffeeterminbörse), und Erwägungen schweben, auch den Wertpapierterminhandel in absehbarer Zeit zu erneuern.

Der VI. Abschnitt enthält außer den bereits erwähnten §§ 91—93 noch eine Reihe von Strafandrohungen, — gegen die betrügerische Preisbeeinflussung und den Prospektbetrug (§ 88), gegen die Gewährung und Annahme von Bestechungen für Mitteilungen in der Presse, durch die der Börsenpreis beeinflußt werden soll (§ 89), gegen die verbotswidrige Veröffentlichung oder Verbreitung von Preislisten (§ 90), die Verleitung zum Börsenspiel (§ 94) und die Kommissionsuntreue (§ 95) —, und endlich eine Präzision des börsengesetzlichen Wertpapierbegriffs (§ 96).

Das Börsengesetz hat vielfach Kritik gefunden. So hat es Nußbaum (Komm. zum BörsG, 1910 S. XXVIII) „in formeller Beziehung als in solchem Maße mißlungen wie kein anderes der neueren Reichsgesetze" bezeichnet. Göppert, Das Recht der Börsen, 1932 S. 40 hat ihm als Fehler angerechnet, daß es „über die Zustände, die es vorfand, nicht hinauszusehen vermocht hat, darum auch nicht imstande war, einer seinen eigenen Intentionen zuwiderlaufenden Entwicklung vorzubeugen, so z. B. bei der Regelung der Zulassung von Wertpapieren zum Börsenhandel". In der Tat sind solche Mängel des BörsG recht offensichtlich und haben zu oft schwierigen Auslegungsfragen geführt. Im ganzen allerdings wird man sagen können, daß das Gesetz trotz seiner Mängel eine erstaunliche Lebensfähigkeit bewiesen hat und daß kaum damit zu rechnen ist, daß es bald durch ein neues Gesetz abgelöst werden wird. Seine Vorschriften werden vielmehr noch für längere Zeit die Basis des Börsenwesens bilden.

Über Reformfragen der Jetztzeit unterrichten Schlegelberger-Hildebrandt, Handelsgesetzbuch, 3. Bd., 1956 S. 1841 ff.

Börsengesetz

Vom 22. Juni 1896 (RGBl. S. 157)

in der Fassung der Bekanntmachung vom 27. 5. 1908 (RGBl. S. 215) unter Berücksichtigung der Änderungen und Ergänzungen durch die Gesetze vom 23. 12. 1920 (RGBl. S. 2317), 28. 12. 1921 (RGBl. 1922 I S. 25), 26. 5. 1933 (RGBl. I S. 295) und 5. 3. 1934 (RGBl. I S. 169) sowie der Verordnungen vom 31. 3. 1925 (RGBl. I S. 31), 8. 12. 1931 (RGBl. I S. 699, 716) und 31. 12. 1940 (RGBl. 1941 I S. 21).

I. Allgemeine Bestimmungen über die Börsen und deren Organe

Einleitung: Der erste Abschnitt des BörsG, der die §§ 1—28 umfaßt, enthält die Bestimmungen, die jede Börse, jeden Börsenverkehr und jedes an den Börsen getätigte Geschäft betreffen. Sie beziehen sich zunächst auf die Errichtung und Aufhebung der Börse sowie auf die Staatsaufsicht über sie (§§ 1—2). Die Schaffung eines Börsenausschusses als Sachverständigenorgan wird in § 3 geregelt. Der Erlaß und der Inhalt der Börsenordnungen werden in den §§ 4—6 behandelt, während § 7 den Ausschluß vom Börsenbesuch und § 8 die Verhinderung und Beseitigung von Störungen in der Ordnung und beim Geschäftsverkehr in der Börse regelt. Anschließend behandeln die §§ 9—27 die Börsenehrengerichtsbarkeit. In § 28 schließlich wird die Börsenschiedsgerichtsbarkeit berührt.

§ 1

Die Errichtung einer Börse bedarf der Genehmigung der Landesregierung. Diese ist befugt, die Aufhebung bestehender Börsen anzuordnen.

Die Landesregierungen üben die Aufsicht über die Börsen aus. Sie können die unmittelbare Aufsicht den Handelsorganen (Handelskammern, kaufmännischen Korporationen) übertragen.

Der Aufsicht der Landesregierungen und der mit der unmittelbaren Aufsicht betrauten Handelsorgane unterliegen auch die auf den Börsenverkehr bezüglichen Einrichtungen der Kündigungsbüros, Liquidationskassen, Liquidationsvereine und ähnlicher Anstalten.

Schrifttum: Die Kommentare zum Börsengesetz von Apt, 1909; Kahn, 1909; Bernstein, 1910; Nussbaum, 1910; Rehm u. a., 1910; ferner Jastrow, Die Bedeutung des staatlichen Genehmigungsrechts für die Börsen, DJZ 1897 S. 209; Pfleger, Börsenrechtliche Studien, Holdheims MSchr. Jg. 7 (1898) S. 123; Tischer, Der Begriff und die Errichtung einer Börse, Hirths Annalen 1899 S. 1 ff.; Kiesel, Die deutsche Börse in ihrer rechtlichen Gestaltung seit dem Börsengesetz, Diss. 1910; Proebsting, Die Staatsaufsicht über die deutschen Börsen, Diss. 1910; Wienck, Staatsaufsicht im Börsenwesen, Diss. 1913; Onstein, Staatsaufsicht im Börsenwesen, Diss. 1916;

Göppert, Das Wesen der Börse im Rechtssinn, Gruchots Beitr. Bd. 72 (1932), S. 1 ff.; ders., Das Recht der Börsen, 1932; Martini, Recht der Börsen, 1948; Sieg, Börsenrecht (Textsammlung), 1953; Huber, Wirtschaftsverwaltungsrecht, 1. Bd., 1953, S. 610 bis 641; Schlegelberger-Hildebrandt, Handelsgesetzbuch, Bd. III, 1956, Anhang nach § 382. Deutsches Börsenrecht (S. 1773—1862).

1. Die Errichtung einer „Börse" bedarf nach § 1 Abs. 1 Satz 1 BörsG der Genehmigung der Landesregierung. Das Gesetz enthält keine Erklärung des Begriffs „Börse", sondern setzt ihn als bekannt voraus bzw. überläßt es der Übung, aus der tatsächlichen Gestaltung der vorhandenen Börsen im Einzelfall den Anhalt dafür zu gewinnen, wann eine kaufmännische Versammlung als Börse i. S. des Gesetzes anzusehen ist (Begr. I, 25). Diese Gestaltung ist aber so verschieden, daß sich eine klare Begriffsbestimmung und Abgrenzung von ähnlichen Veranstaltungen daraus nicht entnehmen läßt. Gemeinsam ist allen Börsen nur, daß es Veranstaltungen zwecks Abhaltung von täglich oder in sonstigen kurzen Zwischenräumen zu festbestimmter Zeit und an festbestimmtem Ort stattfindenden Versammlungen von Interessenten sind, namentlich von Kaufleuten oder kaufmännischen Hilfspersonen, die diese Versammlungen zum Zwecke des Abschlusses von Handelsgeschäften besuchen. Unter den Handelsgeschäften sind Geschäfte in Wertpapieren und Großhandelsgeschäfte in Waren die wichtigsten, wenn auch keineswegs die einzigen. Für Warenbörsen hat das PreußOVG in OVG 34, 335 hervorgehoben, daß die Versammlungen dem Handel mit nicht zur Stelle gebrachten, vertretbaren Waren dienen müssen, und zwar so, daß der in ihnen betriebene Handel zwar nicht ausschließlich, aber doch in erheblichem Maß ein Handel von Großhändlern untereinander ist. Ob es erforderlich ist, daß in größerem Umfang mit abstrakter, nur typenmäßig, d. i. nach allgemein festgesetzten Mustersorten, bezeichneter Ware gehandelt wird, hat das OVG dahingestellt sein lassen. Dagegen hat es ausgesprochen, daß das Vorhandensein bestimmter Einrichtungen, insbesondere zur Preisfeststellung, eine notwendige Voraussetzung zur Erfüllung des Begriffs „Börse" i. S. des Gesetzes nicht ist.

Alle bisher festgestellten positiven Begriffsmerkmale der Börsen treffen indessen auch auf andere Veranstaltungen, börsenähnliche Versammlungen und dgl. zu, so daß die Frage, was eine Börse im Rechtssinn ist, nur aus dem Zweck des Gesetzes geschlossen werden kann. Maßgebend ist, welche Veranstaltungen nach dem Willen des Gesetzgebers unter die Bestimmungen des BörsG fallen sollten (Göppert S. 32 ff.; Huber I S. 610). Hierfür ist wesentlich, daß sich die Mißstände, die das BörsG beseitigen wollte, im termingeschäftlichen Großhandel in Waren bestimmter Art sowie im Wertpapierhandel ergeben hatten. Der (materielle) Rechtsbegriff der Börse umfaßt daher die regelmäßigen Veranstaltungen, bei denen Verkäufer und Vermittler (Makler) zu bestimmter Zeit und an bestimmten Orten zusammenkommen, um dem Terminhandel in Waren oder dem Handel in Wertpapieren nachzugehen (Huber I S. 610). Dementsprechend sind Waren- und Wertpapierbörsen zu unterscheiden, wobei jedoch die Warenbörsen noch einer Unterscheidung von den Großhandelsmärkten bedürfen.

Großhandelsmärkte sind in der Regel Märkte, auf denen Geschäfte in Waren, die sich nicht an Ort und Stelle befinden, abgeschlossen werden. Solche Märkte, die öffentlich-rechtliche oder Privatmärkte sein können, sind deshalb noch nicht Börsen im materiellen Sinn. Von den eigentlichen Warenbörsen (Produktenbörsen) unterscheiden sie sich dadurch, daß bei diesen die Pflege des Börsentermingeschäfts oder eines funktionell äquivalenten, börsenmäßig qualifizierten Zeitgeschäfts zu finden ist. Die besondere börsenmäßige Qualifikation dieses Geschäfts besteht darin, daß durch die völlige Schablonisierung des Geschäftsinhalts, die nur den Preis der Parteivereinbarung überläßt, eine absolute Fungibilität aller Abschlüsse für denselben Termin erreicht wird, die es bis an die Grenzen des Möglichen erleichtert, ein am Markt eingegangenes Engagement durch Eingehung eines Gegengeschäfts abzuschließen (Göppert S. 59).

Auch eine solche Warenbörse im materiellen Sinn fällt erst dann unter das BörsG, wenn die Genehmigung (Abs. 1 Satz 1) erteilt ist. Daß auch eigentliche Großhandelsmärkte zu Börsen im formellen Sinn erhoben werden können, folgt daraus, daß die Genehmigung „nach freiem, durch keine rechtlichen Merkmale gebundenem Ermessen" erfolgt (Göppert S. 53). Märkte, die auch nicht annähernd die Voraussetzungen einer „Börse" erfüllen, darf allerdings die Landesregierung nicht zu Börsen im formellen Sinn erheben. Das wäre ein Mißbrauch des Gesetzes.

Hinsichtlich der Wertpapierbörsen wollte das BörsG den Handel mit solchen Wertpapieren unter Kontrolle bringen, die in großen, gleichartigen Mengen für den Erwerb durch das Publikum ausgegeben werden (Göppert S. 55), wobei den Wertpapieren Wechsel und ausländische Zahlungsmittel gleichgestellt sind (§ 96 BörsG). Solche Umsatzstellen für das am Wertpapier als Anlage- oder Spekulationsobjekt interessierte Publikum sind regelmäßig Börsen im materiellen Sinn, neben denen andere, ähnliche Veranstaltungen für den Wertpapierhandel keine Rolle spielen. Diese Märkte für Wertpapiere sind daher, wenn sie nicht formell als Börsen genehmigt sind, stets als Börse i. S. des BörsG anzuerkennen oder zu verbieten (s. Anm. 3).

2. Die Genehmigung der Landesregierung, eine Börse zu errichten, hat nicht den Charakter einer Erlaubnis an den „Errichter", eine Börse ins Leben zu rufen oder sie als Börse im formellen Sinn fortzusetzen, wenn sie im materiellen Sinn schon vorhanden war. Die Genehmigung ist vielmehr ein Hoheitsakt, der die nunmehr genehmigten Zusammenkünfte durch ihre Anerkennung als öffentliche Börse in eine öffentlich-rechtliche Sphäre stellt, in der die Börse als Erscheinung des Wirtschaftslebens allein dem Börsenrecht untersteht. In ihr ist gleichzeitig die Übertragung gewisser hoheitlicher Befugnisse auf die zu bildenden Börsenorgane enthalten, die diese Befugnisse als „beliehene Stellen" (Huber I S. 632/633) ausüben. Selbstverständlich ist mit der Genehmigung i. S. des Abs. 1 Satz 1 für den Träger der Börse, der eventuell den Antrag auf börsenrechtliche Genehmigung gestellt hat, die Erlaubnis verbunden, die für das Stattfinden und ordnungsmäßige Funktionieren der Börsen notwendigen Maßnahmen

in die Wege zu leiten und innerhalb des durch die Genehmigung begründeten objektiven Rechtszustandes fortzusetzen.

3. Wenn § 1 Abs. 1 Satz 1 die Errichtung einer Börse von einer Genehmigung abhängig macht, so liegt in dieser Bestimmung zugleich ein V e r b o t d e r V e r a n s t a l t u n g v o n P r i v a t b ö r s e n, d. h. von nicht genehmigten Zusammenkünften, bei denen Börsengeschäfte (s. oben) getätigt werden. Dieser Charakter der Bestimmung war früher im Hinblick auf § 65 Abs. 1 RGO umstritten, kann jedoch jetzt als feststehend betrachtet werden (vgl. Preuß. OVG 34, 315; Huber I S. 615/616). Wird eine nicht-genehmigte Börse veranstaltet, so kann dieser die öffentliche Ordnung verletzende Zustand mit staatlichem Zwang (Polizeigewalt) beseitigt werden. Wo nicht die Landesregierung von sich aus eingreift, kann unter Umständen die Bundesregierung die Landesregierung zum Einschreiten anhalten (Art. 84 Abs. 3 GG; Huber I S. 616). Gegen die Polizeiverfügung auf Schließung der Privatbörse usw. kann der Betroffene (z. B. die Vereinigung, die die Börse veranstaltet) Klage im Verwaltungsstreitverfahren erheben, falls er der Ansicht ist, daß die Veranstaltung keine „Börse", sondern ein genehmigungsfreier Privatmarkt sei (Huber I S. 616).

4. Mit der Genehmigung erhält die Börse die Grundlage für ihr Wirken. Ihre Betätigung verlangt jedoch, daß ein „T r ä g e r" ihre Existenz durch Bereitstellung der äußeren Mittel ermöglicht. Das BörsG nimmt von ihm keine Notiz, sondern setzt ihn voraus.

T r ä g e r d e r B ö r s e, d. h. Unternehmer der Börse, der die regelmäßigen Zusammenkünfte der Börsenbesucher zwecks Durchführung des Börsenhandels durch Bereitstellung der dafür notwendigen Räumlichkeiten, sonstigen Bedürfnisse und des Personals ermöglicht, ist in der Regel ein privater Verein oder die Industrie- und Handelskammer des Ortes, an dem die Börse errichtet wird. Auf den Träger finden die Vorschriften des BörsG keine Anwendung. Er unterliegt weder der Börsenaufsicht des § 1 Abs. 2 Satz 1 noch sonstigen reglementierenden Bestimmungen. Soweit Industrie- und Handelskammern als Körperschaften des öffentlichen Rechts eine Börse errichten, unterliegen sie zwar der Staatsaufsicht als öffentlich-rechtliche Körperschaften und damit auch der Aufsicht in ihrer Eigenschaft als Börsenträger. Indessen darf diese Aufsicht mit der Börsenaufsicht i. S. des Abs. 2 Satz 1 nicht verwechselt werden. Letztere erstreckt sich lediglich auf die Börse als körperschaftsähnliches Gebilde mit einem durch das Börsenrecht eigentümlich ausgestatteten öffentlich-rechtlichen Status.

Insoweit die Börse als öffentlich-rechtliche Einrichtung der Organe bedarf, werden deren Entstehen und Funktionen in der Börsenordnung geregelt, soweit sie nicht das BörsG bereits geregelt hat. Durch die ihnen durch die Rechtsordnung (Gesetz und Börsenordnung) übertragenen Aufgaben werden sie amtliche Stellen mit behördlichem Charakter (Göppert S. 183) bzw. mit Hoheitsrechten beliehene Stellen (Huber I S. 632), ohne deren Existenz die Börse nicht in Funktion treten kann.

Wenn somit die B ö r s e auch keine öffentlich-rechtliche Körperschaft ist, ist sie andererseits doch mehr als nur eine Erscheinungsform des Wirtschaftslebens. Sie ist ein R e c h t s g e b i l d e s u i g e n e r i s, das sich durch Rechtskontinuität auszeichnet, was sich auch darin zeigt, daß die Börsen die Krisen- und Kriegszeiten, während deren sie geschlossen waren, überdauert haben und die Wiederaufnahme der Zusammenkünfte keiner erneuten Genehmigung bedurfte (Huber I S. 618).

5. Gegenwärtig bestehen 11 staatlich genehmigte Warenbörsen in Deutschland: Die Produktenbörse Berlin, die Bremer Getreide- und Futtermittelbörse und die Bremer Baumwollbörse, die Frankfurter Getreide- und Produktenbörse, die Hamburger Getreidebörse, Kaffeebörse, Zuckerbörse, Kautschukbörse, Metallbörse und Baumwollbörse, die Niedersächsische Getreide- und Produktenbörse in Hannover, die Produkten- und Warenbörse zu Köln, die Mannheimer Produktenbörse, die Bayerische Warenbörse in München, die Produktenbörse Nürnberg, die Landesproduktenbörse Stuttgart und die Produktenbörse Würzburg.

Zum größten Teil sind diese Börsen Abteilungen von Gesamtbörsen, denen auch die Wertpapierbörsen eingegliedert sind.

Neben diesen Warenbörsen sind 8 Wertpapierbörsen (Effektenbörsen) vorhanden: die Wertpapierbörse Berlin, die Bremer Wertpapierbörse, die Rheinisch-Westfälische Börse zu Düsseldorf, die Wertpapierbörse in Frankfurt/Main, die Hanseatische Wertpapierbörse Hamburg, die Niedersächsische Börse zu Hannover, die Bayerische Wertpapierbörse in München und die Wertpapierbörse in Stuttgart.

Außer diesen Börsen im formellen Sinn bestehen zahlreiche Märkte und Veranstaltungen, die sich ebenfalls als Börse bezeichnen, in Wirklichkeit aber private Großhandelsmärkte sind. Sie unterstehen nicht dem BörsG; ein Terminhandel an ihnen würde sie verbotbar machen (s. die Aufzählung bei Huber I S. 614).

6. Nach Abs. 1 Satz 2 ist die Landesregierung befugt, die Aufhebung bestehender Börsen anzuordnen. Diese Befugnis erstreckt sich nicht nur auf Börsen, die vor Inkrafttreten des BörsG errichtet worden sind, sondern auch auf später errichtete Börsen.

Dem Wesen der Genehmigung als eines im öffentlichen Interesse vorgenommenen Verwaltungsaktes entspricht es, daß der durch die Genehmigung geschaffene Rechtszustand jederzeit wieder beseitigt werden kann, wenn er dem öffentlichen Interesse zuwiderläuft (Göppert S. 76). Willkürlich darf allerdings die Genehmigung nicht zurückgenommen werden. Gegen die willkürliche Aufhebung könnte der Börsenvorstand als betroffene, mit Hoheitsrechten beliehene Stelle Klage im Verwaltungsstreitverfahren erheben (verneinend Göppert S. 77). Ob auch der Träger der Börse berechtigt ist, Klage zu erheben, ist zweifelhaft (dafür Huber I S. 620; vgl. aber Göppert S. 77).

Mit der Aufhebung wird der Börse der öffentlich-rechtliche Status entzogen; die Börsenordnung wird wirkungslos; die Börsenorgane verlieren ihre Funktionen. Die Aufhebung hindert jedoch nicht, daß die Zusammenkünfte eventuell als Großhandelsmarkt fortgesetzt werden, sofern sich der Handel in Bahnen abspielt, bei denen die Qualifikation als Börsengeschäfte fehlt (ebenso Göppert S. 77, Huber I S. 620/621).

Eine Pflicht zur Entschädigung des Trägers der Börse kann der Landesregierung aus der Ausübung des Rechts in Abs. 1 Satz 2 nicht entstehen.

7. Die Landesregierungen üben die Aufsicht über die Börsen aus (Abs. 2 Satz 1). Diese Befugnis war durch § 1 der Verordnung über die Börsen-, Hypothekenbank- und Schiffspfandbriefbankaufsicht vom 28. 9. 1934 (RGBl. I S. 863) auf den Reichswirtschaftsminister übertragen worden. Sie liegt im Hinblick auf die verfassungsrechtliche Garantie der Verwaltungshoheit der Länder (Art. 83 GG) nunmehr wieder bei den Ländern, könnte auch nicht vom Bundesminister für Wirtschaft an sich gezogen werden (so aber Schlegelberger - Hildebrandt S. 1777).

Zur Abgrenzung ist zunächst folgendes zu sagen:

a) Das BörsG bezieht sich lediglich auf die Börse als Einrichtung des öffentlichen Rechts (vgl. oben Anm. 4). Auch die in Abs. 2 Satz 1 normierte Aufsicht richtet sich daher allein auf diese Seite der Börsen. Soweit der Träger der Börse und seine Aufgaben in bezug auf die Bedürfnisse der Börse in Rede stehen, kann die Staatsgewalt keine Aufsichtsrechte geltend machen. Ist der Träger eine öffentlich-rechtliche Körperschaft, so unterliegt sie als solche der Staatsaufsicht, die jedoch von der Börsenaufsicht formell und materiell zu trennen ist. Selbstverständlich kann in diesem Fall über die Körperschaftsaufsicht auch die Trägertätigkeit beaufsichtigt werden.

b) Über die aus allgemeinen verwaltungsrechtlichen Prinzipien folgenden Aufsichtsbefugnisse hinaus gehen die in § 8 Abs. 1 und Abs. 2 Satz 4 sowie in § 35 Abs. 2 und § 44 Abs. 3 geregelten besonderen Befugnisse der Börsenaufsichtsbehörde bzw. der Landesregierung. Hier werden Befugnisse beigelegt bzw. Rechte zu positivem Selbsthandeln an Stelle der Börsenorgane zugestanden, die im Rahmen der in Abs. 2 und 3 normierten Börsenaufsicht nicht selbstverständlich sind (teilweise anders Göppert S. 246). Noch weniger Bestandteil der allgemeinen Börsenaufsicht sind die einzelnen der Landesregierung beigelegten Befugnisse in § 7 Abs. 4, § 32 Abs. 2, § 38 Abs. 2, § 40 Abs. 1 und § 41 Abs. 1 Satz 2.

c) Von der Börsenaufsicht zu trennen ist auch die Aufsicht über die Kursmakler, die eine von den übrigen Börsenbesuchern abweichende, halbbeamtete Stellung einnehmen. Ihre Rechtsstellung wird in den §§ 30 und 32 geregelt. Hier hat das Gesetz der Landesregierung praktisch freie Hand gelassen, wobei es durchaus möglich ist, daß sie die Aufsicht über die Kursmakler dem Staatskomissar oder der Maklerkammer, dem Börsenvorstand oder dem mit der unmittelbaren Aufsicht über die Börsen beauftragten Handelsorgan überläßt (so richtig Göppert S. 246).

Auch die Aufsicht über die Maklerkammer ist nicht Teil der Börsenaufsicht, sondern selbständige, für sich bestehende Aufsicht.

d) Gegenstand des börsenaufsichtlichen Handelns sind schließlich nicht das Ehrengericht (§ 9) und die Kommissionen für das Ordnungsstrafverfahren wegen verbotenen Börsenterminhandels (§§ 73 ff. BörsG).

8. Inhalt und Umfang der Börsenaufsicht ergeben sich aus den positiv rechtlichen Bestimmungen (§ 1 Abs. 1 Satz 2, Abs. 2 Satz 1 und

Abs. 3), den verwaltungsrechtlichen Grundprinzipien, dem Gewohnheitsrecht und der bisherigen Übung.

Die Ausübung der Staatsaufsicht setzt zunächst das Vorhandensein einer staatlich genehmigten Börse voraus, die einschließlich der auf den Börsenverkehr bezüglichen Einrichtungen den Gegenstand der Börsenaufsicht bildet.

Hinsichtlich der Auswahl der Aufsichtsmittel ist zunächst zu berücksichtigen, daß sich die Aufsichtsgewalt nicht gegen die ordnungsgemäße Ausübung der den Börsenorganen durch das BörsG übertragenen Aufgaben richten darf. Die Staatsaufsicht kann vielmehr die Organe der Börse nur zur Erfüllung ihrer öffentlichen Aufgaben anhalten, wobei gegebenenfalls gleichzeitig die Allgemeinheit gegen den Mißbrauch dieser Funktionen zu schützen ist. Aufsichtsrechtliche Maßnahmen, die darüber hinausgehen, sind unzulässig. Selbstverständlich können die Börsenorgane solchen über das Zulässige hinausgehenden Anweisungen freiwillig nachkommen und insoweit ihre Funktionen beschränken. Eine solche Einschränkung darf aber nicht die Selbstverantwortung der Börsenorgane, wo diese festliegt, beseitigen.

Im übrigen darf die Börsenaufsicht nicht zu einer unangemessenen Beschränkung des notwendigen Eigenlebens der Börse führen und etwa das selbstverantwortliche Handeln der Börsenorgane durch das Handeln der Staatsverwaltung ersetzen. So kann z. B., abgesehen von besonderen Einzelfällen, die Aufsichtsbehörde nicht verlangen, daß der gesamte Schriftwechsel eines Börsenorgans laufend in Abschrift vorgelegt wird, praktisch also eine Briefzensur durchgeführt wird. Hier läge eine Überspannung, ein Mißbrauch des dem Aufsichtsorgan zustehenden Informationsrechts vor, die mit der Eigenverantwortung der Börsenorgane nicht in Einklang stehen würde.

Stellen die Organe der Staatsaufsicht einen Rechtsverstoß fest, so sind sie nicht verpflichtet, einzuschreiten. Es gilt das Opportunitätsprinzip, d. h., daß die Aufsichtsbehörde zu prüfen hat, ob ein Einschreiten bei Berücksichtigung aller maßgeblichen Umstände vom Standpunkt des öffentlichen Interesses aus geboten ist.

Das Recht, zu beanstanden, ist stets gegeben, das Recht, notfalls unmittelbar einzugreifen, hat dort seine Grenze, wo eine Maßnahme der Börsenorgane nicht rückgängig gemacht werden kann. Hat ein Börsenorgan einen begnüstigenden Verwaltungsakt erlassen, den es nicht hätte erlassen dürfen, so kann die Aufsichtsbehörde seine Aufhebung nur verlangen bzw. ihn selbst aufheben, wenn die für den Widerruf begünstigender Verwaltungsakte geltenden Rechtsgrundsätze dies gestatten.

Die einzusetzenden Aufsichtsmittel müssen in der Regel dem Grundsatz der Verhältnismäßigkeit entsprechen. Verletzt ein Akt der Börsenorgane materiell-rechtliche oder verfahrensrechtliche Normen, so kann die Aufsichtsbehörde darauf nicht mit dem stärksten Mittel, der Aufhebung der Börse (Abs. 1 Satz 2), antworten.

Die Anwendung von Aufsichtsmitteln setzt voraus, daß die Aufsichtsbehörde die Möglichkeit hat, sich über alle Angelegenheiten der Börse hinreichend zu informieren. Diese Befugnis folgt aus der jedem Aufsichtsrecht innewohnenden Beobachtungsfunktion. Das Beobachtungs- oder Informationsrecht wird durch die Bestimmungen über die Bestellung der Staatskommissare (§ 2 BörsG) besonders betont. Hier werden sogar positivrechtliche Vorschriften über die einzelnen Formen des aufsichtlichen Informationsrechts aufgezählt. Es ist selbstverständlich, daß sich die Aufsichtsbehörde in erster Linie des Staatskommissars zur Einholung von Informationen bedienen wird. Sie ist jedoch hierauf nicht angewiesen, sondern selbst berechtigt, mündliche oder schriftliche Berichte über einzelne Vorgänge oder periodisch über den Verlauf des Geschäftsverkehrs an der Börse oder bestimmte Teilgebiete usf. anzufordern. Das gleiche gilt für die Einsicht in die Akten oder in den Schriftwechsel, soweit dies nicht in eine Briefzensur ausartet. Ein Informationsrecht besteht m. E. auch in bezug auf die Einnahmen und Verwendung der Gebühren für den Börsenbesuch, für die Zulassung von Wertpapieren usw., da es sich hier um öffentlich-rechtliche Gebühren handelt (Huber I S. 627).

Ebenso kann die Aufsichtsbehörde verlangen, daß ihre Vertreter zu den Sitzungen des Börsenvorstandes, der Zulassungsstelle, irgendwelcher Ausschüsse und ähnlicher Stellen Zutritt und gegebenenfalls Gelegenheit zur Äußerung erhalten.

Dem Informationsrecht stehen die Informationspflichten der Börsenorgane gegenüber (a. M. Rehm u. a., Anm. 21). So haben sie z. B. angeforderte Akten zu übermitteln, erbetene Berichte einzureichen, Einsichtnahme in Akten zu gestatten usf. Erfüllen die Börsenorgane diese Pflichten nicht, so ist die Aufsichtsbehörde zu Zwangsmaßnahmen (Zwangsgeld, unmittelbarer Zwang) befugt, entsprechend den in den einzelnen Ländern geltenden Vorschriften über das Verwaltungszwangsverfahren.

Bestehen Anhaltspunkte dafür, daß Börsenorgane Rechtspflichten verletzt haben, so kann die Aufsichtsbehörde von der aus dem Aufsichtsrecht fließenden Befugnis Gebrauch machen, konkrete Beanstandungen auszusprechen (Berichtigungsfunktion), notfalls aber auch, wenn gegen zwingende gesetzliche Vorschriften verstoßen worden ist, zu verlangen, daß die rechtswidrige Maßnahme aufgehoben wird. Selbstverständlich müssen sich diese Forderungen im Rahmen der verwaltungsrechtlich vertretbaren Möglichkeiten halten. Ebenso kann die Aufsichtsbehörde auch die Organe bei Unterlassung bestimmter öffentlich-rechtlicher Akte zu ihrer Vornahme auffordern, wenn für die Organe eine Rechtspflicht zur Vornahme besteht.

Verstoßen Hoheitsakte der Börsenorgane gegen materiell-rechtliche Normen oder sind sie sonst fehlerhaft, so ist die Aufsichtsbehörde schließlich befugt, diese Akte mit unmittelbarer Rechtswirkung selbst aufzuheben, soweit dies verwaltungsrechtlich statthaft ist. Diese Befugnis folgt aus der Tatsache, daß die hoheitsrechtlichen Befugnisse der Börsenorgane aus der Hoheitsgewalt des Staates abgeleitet sind und daß die Landesregierung äußerstenfalls die Börse sogar aufheben kann (Abs. 1 Satz 2).

Ein Recht, selbst an Stelle der zuständigen Börsenorgane zu handeln, hat dagegen die Landesregierung nicht. Sie kann z. B. nicht die in den §§ 36 ff. der Zulassungsstelle beigelegten Zuständigkeiten im Einzelfall in Anspruch nehmen und durch eigene Verwaltungsmaßnahmen ersetzen.

9. Die „unmittelbare Aufsicht" über die Börsen kann von den Landesregierungen auf die Handelsorgane (Handelskammern, kaufmännische Korporationen) übertragen werden (§ 1 Abs. 2 Satz 2). Gemeint sind die Körperschaften der Selbstverwaltung der Wirtschaft, die teils öffentlich-rechtliche, teils privatrechtliche Rechtsform hatten, jedoch in jedem Fall zur Ausübung gesetzlicher Befugnisse berechtigt waren und vom Gesetz anerkannte Vertretungsorgane des Handels darstellten (vgl. Bremer, JR 1955, 332). Unter dem Begriff „Handelsorgane" sind jetzt regelmäßig die Industrie- und Handelskammern zu verstehen, unabhängig davon, welche Rechtsstellung sie im einzelnen haben. Soweit sie die Rechtsform rechtsfähiger oder nicht-rechtsfähiger Vereine haben, sind sie regelmäßig „beliehene Verbände" (vgl. Huber I S. 212 ff., 219, 220; Bremer a. a. O. S. 333).

Übertragung der unmittelbaren Börsenaufsicht bedeutet Übertragung einer Aufsicht, die sich in der unmittelbaren Einwirkung auf die Börse äußert. Sie ist im Prinzip von der Staatsaufsicht als solcher nicht wesentlich unterschieden, muß jedoch insofern als minderen Ranges betrachtet werden, als ihre Aufsichtsrechte nur so weit gehen als das ordnungsgemäße und reibungslose Funktionieren der Börse in Rede steht. Die Beobachtung von Fragen grundsätzlicher und überlokaler Bedeutung ist allein Sache der Landesregierung.

Sofern das Handelsorgan (Abs. 2 Satz 2) zugleich Träger der Börse und Inhaber der unmittelbaren Börsenaufsicht ist, hat es eine Doppelstellung, deren Funktionen streng zu trennen sind (Göppert S. 248 ff.; Huber I S. 621). Die Börsenaufsicht ist staatliche Auftragsangelegenheit, bei der das Handelsorgan an die Weisungen der Landesregierungen gebunden ist. Als Träger der Börse ist das Handelsorgan dagegen von der mittelbaren Börsenaufsicht der Landesregierung frei, insoweit es lediglich die üblichen Funkttionen eines Trägers der Börse, die Bereitstellung der erforderlichen Räume und Einrichtungen und die Zurverfügungstellung der für die Geschäftsführung der Börse erforderlichen Hilfskräfte wahrnimmt.

Ist das Handelsorgan Körperschaft des öffentlichen Rechts, so unterliegen selbstverständlich auch ihre Funktionen als Träger der Börse der über sie als Körperschaft ausgeübten Staatsaufsicht.

10. Nach § 1 Abs. 3 erstreckt sich die Aufsicht der Landesregierungen auch auf gewisse auf den Börsenverkehr bezügliche Einrichtungen und ähnliche Anstalten. Die hier behandelten Einrichtungen sind deshalb besonders hervorgehoben, weil sie in der Regel nicht in organischem Zusammenhang mit den Börsen stehen und daher nicht gemäß Abs. 2 ohne weiteres der Staatsaufsicht unterworfen, sondern von privater Seite geschaffene Unternehmungen sind, die sich auf die Abwicklung der Börsengeschäfte beziehen. Natürlich besteht derartigen privaten Unternehmungen gegenüber kein unmittelbares Aufhebungsrecht wie nach Abs. 1 der Börse selbst gegenüber. Im übrigen gilt auch hier das in Anm. 7 Gesagte. Außerdem kann ihre Benutzung seitens der Börsenbesucher durch Börsenordnungen und Geschäftsbedingungen verhindert werden.

Kündigungsbüros hießen Unternehmungen zur Ausgleichung (Skontrierung) der für denselben Termin eingegangenen Lieferungsverpflichtungen im Warenterminhandel zwecks möglichster Einschränkung der Warenbewegung. Derartige Büros bestehen nicht mehr.

Liquidationskassen heißen Unternehmungen, die gegen Einschüsse den Vertragsparteien die Erfüllung von Warentermingeschäften gewährleisten und selbst für Rechnung der Beteiligten deren Abwicklung vornehmen. Liquidationskassen bestanden seinerzeit in Hamburg, Magdeburg und Berlin (für die Metallbörse).

Liquidationsvereine heißen Vereine, die Büros zur Ausgleichung (Skontrierung) der für denselben Termin eingegangenen Lieferungsverpflichtungen ihrer Mitglieder im Wertpapierterminhandel zwecks möglichster Einschränkung der Stückebewegung unterhalten. Vereinigungen dieser Art bestanden in Berlin, Breslau und Frankfurt. Den gleichen Zweck verfolgte das Effektenliquidationsbüro in Hamburg.

Als ähnliche Anstalten sind in der Begründung (I, 26) die Maklervereine hervorgehoben. Der Hinweis ist gegenstandslos. Die Kursmakler unterliegen im übrigen der Staatsaufsicht entsprechend den einschlägigen für sie erlassenen Bestimmungen (vgl. § 30). Als Beispiel für eine „ähnliche Anstalt" ist noch der Garantiefonds der Berliner Börse zu erwähnen, der eine Einrichtung zur Bekämpfung des Erfüllungsrisikos darstellte. Zu diesem Zweck hatten die vier Berufsgemeinschaften der Berliner Börse ihre Mitglieder verpflichtet, zur Bildung eines Garantiefonds Beträge in festgelegter Höhe an einen Treuhänder zu zahlen. Die Beträge waren dazu bestimmt, Verluste bis zur Höhe von 70 v. H. zu decken, welche die Einzahler bei Börsengeschäften in amtlich an einer deutschen Börse notierten Wertpapieren des Kasse- und Terminmarktes durch die Zahlungsunfähigkeit des Vertragsgegners erlitten (vgl. Ascher, ZfH 1929, 201 ff.).

§ 2

Bei den Börsen sind als Organe der Landesregierung Staatskommissare zu bestellen. Ihnen liegt es ob, den Geschäftsverkehr an der Börse, sowie die Befolgung der in bezug auf die Börse erlassenen Gesetze und Verwaltungsbestimmungen nach näherer Anweisung der Landesregierung zu überwachen. Sie sind berechtigt, den Beratungen der Börsenorgane beizuwohnen und die Börsenorgane auf hervorgetretene Mißbräuche aufmerksam zu machen. Sie haben über Mängel und über die Mittel zu ihrer Abstellung Bericht zu erstatten.

Mit Zustimmung des Bundesrats kann für einzelne Börsen die Tätigkeit des Staatskommissars auf die Mitwirkung beim ehren-

gerichtlichen Verfahren beschränkt oder, sofern es sich um kleine Börsen handelt, von der Bestellung eines Staatskommissars abgesehen werden.

Schrifttum: Göppert S. 262 ff.; Wiedenfeld, Der Begriff „Börsenorgane" im BörsG, Holdheims MSchr. Jg. 7 (1898) S. 185 ff.

1. § 2 handelt von der Bestellung und den Aufgaben der Staatskommissare im allgemeinen. Ergänzende Vorschriften sind in § 29 Abs. 2 enthalten, der das schon aus § 2 folgende Recht, bei der amtlichen Feststellung der Börsenpreise zugegen zu sein, besonders betont, und in § 30 Abs. 2, der der Landesregierung aufträgt, die näheren Bestimmungen über das Verhältnis der Kursmakler und ihrer Vertretung zu den Staatskommissaren zu erlassen. Ferner wird ihre Stellung im Börsenehrengerichtsverfahren in den §§ 11, 13, 14 Abs. 1, § 16 Abs. 1 und 2, § 17 Abs. 1, § 18 Abs. 3, §§ 19 und 23 Abs. 1 und im Ordnungsstrafverfahren wegen verbotenen Börsenterminhandels in Getreide und Erzeugnissen der Getreidemüllerei in den §§ 74, 78 Abs. 3, §§ 79, 80, 81 Abs. 2 und § 93 behandelt.

2. Das BörsG schreibt die Bestellung von Staatskommissaren zwingend vor (Abs. 1 Satz 1). Eine Beschränkung ihrer Tätigkeit auf die Mitwirkung beim ehrengerichtlichen Verfahren oder ein gänzliches Absehen von ihrer Bestellung ist für einzelne Börsen nur mit Zustimmung des „Bundesrats" möglich (vgl. unten Anm. 7).

Die Bestellung der Staatskommissare erfolgt, obwohl dies vom Gesetz nicht ausdrücklich gesagt wird, durch die Landesregierung. Ob als Landesregierung die Landesregierung als Ganzes oder der zuständige Minister (Senator) aufzufassen ist, richtet sich nach dem Verfassungsrecht der einzelnen Länder. Im allgemeinen wird der zuständige Minister (Senator) den Staatskommissar ernennen.

Die Landesregierung ist bei der Auswahl des Staatskommissars an keine Beschränkungen hinsichtlich des Berufs, der Vorbildung usw. gebunden (Begr. I, 26). Die Staatskommissare werden durch die Bestellung Landesbeamte und sind, wie schon die Bezeichnung „Organe der Landesregierung" ergibt, nicht Börsenorgane. Selbstverständlich bleibt es der Landesregierung unbenommen, z. B. auch den für Börsenfragen zuständigen Referenten der Landesregierung zum Staatskommissar zu ernennen, so daß er zweierlei Funktionen in sich vereinigt.

Nach der Fassung des BörsG ist es nicht ausgeschlossen, daß mehrere Staatskommissare für eine Börse bestellt werden. Diese können sowohl gleichgeordnet als auch im Verhältnis der Über- oder Unterordnung tätig werden.

3. Den Staatskommissaren obliegt es, den Geschäftsverkehr an der Börse sowie die Befolgung der in bezug auf die Börse erlassenen Gesetze und Verwaltungsbestimmungen nach näherer Anweisung der Landesregierung zu überwachen (Abs. 1 Satz 2). Die Staatskommissare sollen sich in dem Verkehr an der Börse bewegen und über die Entwicklung der Formen des Börsenhandels dauernd auf dem Laufenden halten, um so als unparteiische Beobachter die Aufmerksamkeit der Landesregierung auf etwa hervorgetretene Mißbräuche hinlenken und zugleich die Mittel zu ihrer Beseitigung angeben zu können (Begr. I, 21).

Die Staatskommissare sind somit keine besondere Aufsichtsinstanz, sondern ein Bestandteil der Börsenaufsicht der Landesregierungen (§ 1 Abs. 2), der der Landesregierung eine wirksame Handhabung der Börsenaufsicht ermöglichen soll.

Mit dem Wortlaut des Abs. 1 Satz 2 sind die Beobachtungsfunktionen der Staatskommissare sehr umfassend umschrieben. Die ihnen hierdurch zustehenden Befugnisse gestatten ihnen eine intensive, sich auf alle Einzelheiten des Börsenverkehrs erstreckende Beobachtung. In der Regel sind die Staatskommissare darauf angewiesen, über ihre Beobachtungen an die vorgesetzte Dienststelle zu berichten (Göppert S. 266). Nur bei Mißbräuchen (Abs. 1 Satz 3) geht das Recht zum Beobachten in ein Recht zum Einschreiten über; sie können die Börsenorgane auf Mißbräuche aufmerksam machen, d. h. sie können verlangen, daß die Börsenorgane ihre insoweit vorzubringenden Ausführungen entgegennehmen (Rehm u. a., Anm. 2).

Im übrigen beschränkt sich die Überwachung der Staatskommissare nicht darauf, nur Mißstände aufzuspüren und den Börsenverkehr auf Innehaltung der durch das Börsenrecht vorgeschriebenen guten Ordnung zu kontrollieren. Sie haben vielmehr das Recht und die Pflicht, sich auch Erkenntnisse zu verschaffen, die wirtschafts- oder börsenpolitisch von Bedeutung sind, um sie der Landesregierung näherzubringen (Göppert S. 266).

Die Befugnisse nach § 2 BörsG sind Mindestbefugnisse. Die Landesregierung kann sie mit Hilfe des § 4 Abs. 2 Satz 2 BörsG (Herrschaft über den Inhalt der Börsenordnung) erweitern. So könnte z. B. angeordnet werden, daß die Staatskommissare Beschlüsse der Börsenorgane mit aufschiebender Wirkung beanstanden können, oder daß die Ausführung bestimmter Beschlüsse von der Zustimmung des Staatskommissars abhängig ist (so Göppert S. 266 Anm. 1).

4. Die Staatskommissare sind berechtigt, den Beratungen der Börsenorgane beizuwohnen und sie auf hervorgetretene Mißbräuche aufmerksam zu machen (Abs. 1 Satz 3). Der Ausdruck „Börsenorgan" erscheint nicht nur hier, sondern findet sich auch in den §§ 3, 7 Abs. 4, §§ 9, 30 Abs. 2. Über seine Auslegung finden sich in der Begründung und in den Berichten über die Beratung des Gesetzes zahlreiche Widersprüche. Nach der Begründung (I, 21) soll das Gesetz darunter den Börsenvorstand und das ihm etwa vorgesetzte Handelsorgan zusammenfassen. Bei den Beratungen des Gesetzes wurde darauf hingewiesen, daß z. B. auch die Zulassungsstelle (§ 30) und andere durch die Börsenordnungen zu schaffende Organe als Börsenorgane angesehen werden müßten. Erklärt wurde aber auch, daß unter Börsenorganen im weitesten Sinn alles zu verstehen sei, was an öffentlichen Organen bezüglich der Leitung, Regelung und Ordnung des Börsengeschäfts vorhanden sei (KB I, 3, RTStenB I, 1970, 1972, 1999). Ist mithin hierdurch die Erläuterung der Begründung wesentlich erweitert, so ist diese andererseits insofern zu weitgehend, als das mit der unmittelbaren Börsenaufsicht betraute Handelsorgan nicht als Börsenorgan angesehen werden kann. Eine Aufsichtsinstanz kann begrifflich kein Organ der beaufsichtigten Veranstaltung sein. Trotzdem folgt der Sprachgebrauch des Gesetzes vereinzelt der Begründung, indem er das aufsichtführende Handelsorgan zu den Börsenorganen zählt (vgl. § 3 Anm. 4).

In Abs. 1 Satz 3 sind unter „Börsenorgane" alle korporativen Organe zu verstehen, auf die sich die Börsenaufsicht erstreckt (vgl. § 1 Anm. 7). Hierzu gehören auch die durch die Börsenordnungen, durch Geschäftsordnungen oder von Fall zu Fall eingesetzten Ausschüsse dieser Organe, soweit sie die Berechtigung zu selbständigen Entscheidungen haben. Damit erstreckt sich die Befugnis der Staatskommissare, den Beratungen beizuwohnen und auf Mißbräuche aufmerksam zu machen, auf jeden Fall auf die Beratungen des Börsenvorstandes und der Zulassungsstelle, aber auch der Maklerkammer (vgl. hierzu § 30 Abs. 2) und der mit der unmittelbaren Aufsicht über die Börse betrauten Handelskammer, soweit dieser durch die Börsenordnung eine unmittelbare Mitwirkung bei der Leitung der Börse übertragen ist, z. B. wenn die Zulassung zum Börsenbesuch durch sie erfolgt (vgl. Göppert S. 268). Insoweit würde die Handelskammer als Börsenorgan fungieren.

Zur Teilnahme an den Beratungen schiedsrichterlicher Kommissionen sind die Staatskommissare nach allgemeinen Rechtsgrundsätzen nicht befugt.

Besonders geregelt ist ihre Befugnis zur Teilnahme an Sitzungen des Börsenehrengerichts (§ 11), der Berufungskammer (§ 23 Abs. 3) und der Kommissionen für das Ordnungsstrafverfahren (§ 79).

Die mit der unmittelbaren Aufsicht über die Börse betrauten Handelsorgane erledigen die ihnen durch die Aufsicht obliegenden Aufgaben, ohne den Staatskommissaren Gelegenheit zu geben, ihren Beratungen beizuwohnen. Jedoch können die Landesregierungen bei Übertragung der unmittelbaren Aufsicht oder später allgemein oder im Einzelfall eine andere Regelung treffen.

5. Das Recht, den Beratungen beizuwohnen und auf Mißstände aufmerksam zu machen, hat zum Inhalt, daß sich die Staatskommissare mit beratender Stimme beteiligen dürfen, also gehört werden müssen (Göppert S. 268). Daraus resultiert wiederum, daß ihnen nicht nur der Zutritt zu den Beratungen gestattet, sondern daß sie auch durch Mitteilungen der Börsenorgane über die Sitzungen in die Lage versetzt werden müssen, ihr Recht wahrzunehmen. Eine solche Mitteilungspflicht wird regelmäßig in den Börsenordnungen vorgeschrieben, ist aber selbstverständlich.

6. Die Staatskommissare sollen über Mängel und über die Mittel zu ihrer Abstellung Bericht erstatten (Abs. 1 Satz 4). Die Erfüllung dieser Informations- und Beratungspflicht setzt voraus, daß ihnen die Möglichkeit eingeräumt ist, sich über alle Einzelheiten des Geschäftsverkehrs an der Börse usw. in ausreichender Weise zu unterrichten. Diese Befugnis folgt zwar bereits aus der in jedem Aufsichtsrecht enthaltenen Beobachtungsfunktion (vgl. hierzu § 1 Anm. 8). Sie wird aber durch die in § 2 Abs. 1 Satz 4 niedergelegten Pflichten in besonderer Weise unter-

strichen. Man wird daher auch ohne positiv-rechtliche Vorschriften über den Umfang des Informationsrechts annehmen müssen, daß die Staatskommissare ebenso wie die eigentlichen Aufsichtsinstanzen (§ 1 Abs. 2 Satz 1 und 2) berechtigt sind, sich in einem praktisch fast unbegrenzten Ausmaß nicht nur über die Befolgung der Gesetze und Verwaltungsbestimmungen, die in bezug auf die Börse erlassen sind, zu unterrichten, sondern daß sich ihre Informationsbefugnisse auf alles richten können, was vom staatlichen Standpunkt aus für die Förderung der Börse und ihrer Funktionen von Interesse sein kann. Daß sie ihre Rechte nur durchsetzen können, soweit sie sie gegenüber Organen geltend machen, welche der Staatsaufsicht unterstehen, ist selbstverständlich. Gegenüber Stellen außerhalb der Börse bestehen keine Informationsrechte.

7. Mit Zustimmung des „Bundesrats" kann die Tätigkeit des Staatskommissars auf die Mitwirkung beim ehrengerichtlichen Verfahren (§§ 9 ff.) beschränkt werden (Abs. 2, 1. Hälfte). Die Zustimmung als Einzelverwaltungsakt des früheren Bundesrats bzw. Reichsrats ist gemäß § 2 Abs. 1 (i. V. mit § 2 Abs. 2) des Gesetzes über die Aufhebung des Reichsrats vom 14. 2. 1934 (RGBl. I S. 89) ersatzlos weggefallen (a. M. anscheinend Schlegelberger-Hildebrandt S. 1780, der den Bundesminister für Wirtschaft für zuständig hält). Die Anordnung der Beschränkung ist somit allein Sache der Landesregierung. Das gleiche gilt für die Abstandnahme von der Bestellung von Staatskommissaren bei kleinen Börsen (vgl. Abs. 2, 2. Satzhälfte).

8. Das BörsG sieht an weiteren Stellen die Einschaltung des „Bundesrates" vor (§ 2 Abs. 2, § 3 Abs. 2 und 3, §§ 6, 35 Abs. 1, § 44 Abs. 1 und 2, § 50 Abs. 6, § 63 Abs. 1 und 2, § 64 Abs. 1, §§ 67, 74 Satz 2, § 76 Abs. 3, § 84 Abs. 1 Satz 2). Hierzu ist folgendes zu sagen:

a) Die Befugnisse des Bundesrates nach der Verfassung von 1871 sind gemäß § 3 des Übergangsgesetzes vom 4. 3. 1919 (RGBl. S. 285) zunächst auf den damaligen Staatenausschuß übergegangen. Gemäß Art. 179 Abs. 1 Weimarer Verf. trat an die Stelle des Staatenausschusses der Reichsrat. Die nach den bisherigen Vorschriften dem Staatenausschuß zustehende Befugnis zum Erlaß von Verordnungen ging jedoch auf die Reichsregierung über (Art. 179 Abs. 2), wobei sie zu deren Erlaß der Zustimmung des Reichsrats nach Maßgabe der Weimarer Verfassung bedurfte. Der Reichsrat wurde durch das Gesetz über die Aufhebung des Reichsrats vom 14. 2. 1934 (RGBl. I S. 89) aufgehoben. Nach § 2 Abs. 1 dieses Gesetzes fiel die Mitwirkung des Reichsrats in Rechtsetzung und Verwaltung ersatzlos fort. Soweit der Reichsrat selbständig tätig geworden war, trat an seine Stelle der zuständige Reichsminister oder die von diesem im Benehmen mit dem Reichsminister des Innern bestimmte Stelle (§ 2 Abs. 2). Der in Börsensachen zuständige Reichsminister war der Reichswirtschaftsminister. Im Ergebnis waren somit sämtliche Befugnisse zum Erlaß von Verordnungen und zu selbständiger Verwaltungstätigkeit, die im BörsG dem Bundesrat zugestanden hatten, der Reichsregierung bzw. dem Reichswirtschaftsminister anheimgefallen.

Diese Befugnisse sind nach Art. 129 Abs. 1 GG auf die nunmehr sachlich zuständigen Stellen übergegangen. Zuständig ist jetzt die Bundesregierung bzw. der Bundesminister für Wirtschaft, wobei hinsichtlich der Kompetenz darauf hinzuweisen ist, daß von Ermächtigungen der Reichsregierung nach ständiger Praxis unter der Weimarer Verfassung auch der fachlich zuständige Reichminister Gebrauch machen konnte.

Der Erlaß von Rechtsverordnungen bedarf der Zustimmung des jetzigen Bundesrats (Art. 80 Abs. 2 GG).

b) Soweit der Bundesrat zum Erlaß von Verwaltungsvorschriften und Einzelverwaltungsakten ermächtigt war, kann es zweifelhaft sein, wer nunmehr die „sachlich zuständige Stelle" ist (Art. 129 Abs. 1 GG). In der Regel sind Ermächtigungen zum Erlaß von Verwaltungsvorschriften und Einzelverwaltungsakten auf die zuständigen obersten Landesbehörden übergegangen, soweit dem Verwaltungsakt nicht ausnahmsweise ein überregionaler Charakter zukommt. Vgl. hierzu v. Mangoldt, Art. 129 Anm. 3; OLG Köln in NJW 1954, 893; Jansen in JR 1954, 406. Notfalls muß die Zuständigkeit im Verfahren nach Art. 129 Abs. 1 Satz 2 GG festgestellt werden.

§ 3

Zur Begutachtung über die durch dieses Gesetz der Beschlußfassung des Bundesrats überwiesenen Angelegenheiten ist als Sachverständigenorgan ein Börsenausschuß zu bilden. Derselbe ist befugt, Anträge an den Reichskanzler zu stellen und Sachverständige zu vernehmen.

Der Börsenausschuß besteht aus mindestens dreißig Mitgliedern, welche vom Bundesrat in der Regel auf je fünf Jahre zu wählen sind. Eine erneute Wahl ist zulässig. Die Wahl der Hälfte der Mitglieder erfolgt auf Vorschlag der Börsenorgane. Darüber, in welcher Anzahl dieselben von den einzelnen Börsenorganen vorzuschlagen sind, bestimmt der Bundesrat. Die andere Hälfte wird unter angemessener Berücksichtigung von Landwirtschaft und Industrie gewählt.

Die Geschäftsordnung für den Ausschuß wird nach Anhörung desselben von dem Bundesrat erlassen; der letztere setzt auch die den Ausschußmitgliedern zu gewährenden Tagegelder und Reisekosten fest.

Schrifttum: Göppert S. 239 ff.

1. Die in § 3 niedergelegten Bestimmungen über die Aufgabe, Zusammensetzung und Geschäftsordnung des Börsenausschusses haben gegenwärtig keine Bedeutung. Der Börsenausschuß hat lediglich in der ersten Zeit nach Erlaß des BörsG eine regere Tätigkeit entfaltet (vgl. hierüber Göppert S. 239 ff.). Seit 1910 ist er nicht mehr zusammengetreten. Theoretisch ist seine erneute Bildung möglich, jedoch kaum wahrscheinlich.

2. An die Stelle des „Bundesrats" (Abs. 1 Satz 1) ist regelmäßig die Bundesregierung bzw. der Bundesminister für Wirtschaft getreten, soweit der Bundesrat selbständig tätig wurde; vgl. § 2 Anm. 7 und 8. Seine Zustimmung nach § 2 Abs. 2 ist ersatzlos weggefallen(a. a. O.).

Hinsichtlich der Angelegenheiten, die der Beschlußfassung des „Bundesrats" überwiesen sind, vgl. § 2 Anm. 8.

3. Der Börsenausschuß war ein ständiges sachverständiges Kollegium ohne behördlichen Charakter (Göppert S. 242). In bezug auf die Erstattung von Gutachten besaß er kein Recht, tätig zu werden, sondern war von einer entsprechenden Aufforderung abhängig.

4. Anträge an den „Reichskanzler" (Abs. 1 Satz 2) konnte der Börsenausschuß von sich aus stellen.

Die Vernehmung von Sachverständigen war nur möglich, wenn diese freiwillig vor ihm erschienen. Ein selbständiges Enqueterecht stand ihm nicht zu.

An die Stelle des „Reichskanzlers" trat gemäß § 5 des Übergangsgesetzes vom 4. 3. 1919 das „Reichsministerium" bzw. die Reichsregierung (Art. 52 Weimarer Verf.). Ihre Befugnisse konnten nach der Praxis unter der Weimarer Verfassung auch von jedem Reichsminister für seinen Geschäftsbereich selbständig ausgeübt werden. Zuständig ist nunmehr der Bundesminister für Wirtschaft (Art. 129 Abs. 1 GG).

5. Unter „Börsenorganen" (Abs. 2 Satz 3) sind die mit der unmittelbaren Börsenaufsicht betrauten Handelsorgane und die Börsenvorstände zu verstehen. Welche von diesen Körperschaften den Vorschlag macht, war früher vielfach in den Börsenordnungen (§ 4) bestimmt. Mangels einer solchen Bestimmung trifft die Landesregierung die Auswahl, indem sie an eine von beiden die Aufforderung zum Vorschlag richtet (Begr. I, 21). Zumeist gingen die Vorschläge von den Handelsorganen aus.

6. Was als „angemessene Berücksichtigung von Landwirtschaft und Industrie" zu betrachten ist (Abs. 2 Satz 5), steht im Ermessen der wählenden Behörde.

7. Eine Geschäftsordnung für den Börsenausschuß wurde im Jahre 1898 erlassen (abgedruckt bei Nußbaum, Anl. zu § 3). Sie bestimmt u. a., daß der Börsenausschuß bei Anwesenheit von 16 Mitgliedern beschlußfähig ist (§ 2), daß er seinen Vorsitzenden selbst wählt (§ 3), und daß er sich zwecks Erstattung von Gutachten, die im besonderen den Handel mit Waren oder den Handel mit Wertpapieren betreffen, in zwei Abteilungen teilt (§ 10). Ferner sind Sätze für die den Mitgliedern des Börsenausschusses und den Beisitzern der Berufungskammer zahlbaren Tagegelder und Reisevergütungen aufgestellt (§ 12).

§ 4

Für jede Börse ist eine Börsenordnung zu erlassen.

Die Genehmigung derselben erfolgt durch die Landesregierung. Dieselbe kann die Aufnahme bestimmter Vorschriften in die Börsenordnung anordnen, insbesondere der Vorschrift, daß in den Vorständen der Produktenbörsen die Landwirtschaft, die landwirtschaftlichen Nebengewerbe und die Müllerei eine entsprechende Vertretung finden.

Schrifttum: Göppert S. 103 ff.; ders., Die rechtliche Natur der Zulassung zum Börsenbesuch, 1931, S. 26 ff.; Huber, I S. 628—631.

1. Nach Abs. 1 ist für jede Börse im Rechtssinn eine Börsenordnung zu erlassen. Ihr Erlaß ist zwingend vorgeschrieben. Die Börsenordnung ist ein Ausfluß der staatlichen Rechtssetzungsgewalt, die das BörsG der Landesregierung für die inneren Angelegenheiten der von ihr genehmigten Börsen verleiht (Göppert S. 107). In der Genehmigung durch die Landesregierung (Abs. 2 Satz 1) ist incidenter die Delegation der Verordnungsgewalt auf die erlassende Stelle enthalten.

Die Börsenordnung hat den Charakter einer Rechtsverordnung. Vgl. Preuss. OVG 72, 396: „Das Reichsgesetz gibt nach alledem nur einen Rahmen oder Normativvorschriften und überläßt das weitere der landesrechtlichen oder börsenordnungsmäßigen Regelung der Art, daß die sich innerhalb dieses Rahmens bzw. der Normativvorschriften bewegenden Bestimmungen der ordnungsmäßig zustande gekommenen Börsenordnung gleiche Kraft haben sollen wie das BörsG selbst". Ihr Charakter als Rechtsverordnung folgt auch aus dem Inhalt der Börsenordnung, wie ihn das BörsG umreißt (§§ 5, 7 Abs. 3, § 8 Abs. 2 u. 3, § 36 Abs. 4, § 50 Abs. 1). Danach muß die Börsenordnung Bestimmungen treffen über die Stellung der Börsenorgane, über die Geschäftszweige der Börse, über die Zulassung zum Börsenbesuch, über die Zulassung von Waren und Wertpapieren zum Börsenhandel und zum Börsenterminhandel, über die Feststellung der Börsenkurse und über das Ausmaß der börsenrechtlichen Ehrenstrafen. Soweit die Börsenordnung derartige Bestimmungen enthält, handelt es sich um echte Rechtsnormen, die für die Organisation der Börse, für den Börsenbesuch und den Börsenverkehr sowie für die Geschäftstätigkeit an der Börse unmittelbar verbindlich sind.

Neben diesen Bestimmungen kann die Börsenordnung mehr, nämlich alles das anordnen, was auch sonst für eine geordnete, zweckentsprechende und gesetzmäßige Gestaltung des Geschäftsverkehrs an der Börse angezeigt ist (Göppert S. 111).

Ihrem Charakter als Rechtsverordnung entsprechend äußert sie verbindliche Kraft nicht nur gegenüber allen Börsenbesuchern, sondern auch gegenüber allen Verwaltungsstellen, die nach dem BörsG oder der Börsenordnung zu bilden sind.

Den Charakter als Rechtsverordnung hat die Börsenordnung jedoch nur insoweit, als sie die Institution der Börse als Markt für vertretbare (fungible) Güter börsenverwaltungsrechtlich regelt. Enthält die Börsenordnung auch die Regelung von Verfassung und Verwaltung eines als Träger der Börse fungierenden Börsenvereins, so haben die insoweit gefaßten Bestimmungen der Börsenordnung keinen Charakter als Rechtsverordnung. Im einzelnen kann es durchaus zweifelhaft sein, inwieweit die Börsenordnung Rechtsverordnung oder Privatrechtsordnung ist. Die Auffassung, daß die Börsenordnung im Sinne des BörsG nur die „wirtschaftspolizeiliche Börsenversammlungs-Ordnung" darstellt (Rehm u. a., Anm. 2), ist dagegen zu eng. Sie übersieht, daß das öffentliche Interesse an der Funktion der Börse weiter geht und im Prinzip alles umfaßt, was nicht dem Privatrechtsbereich überlassen bleiben muß. In diesem Sinn gehört z. B. auch das Festsetzen von Gebühren zum öffentlich-rechtlichen Bereich der Börsenordnung.

2. Wer die Börsenordnung zu erlassen hat, ist im Gesetz nicht gesagt. Nach der Begründung (I, 26) soll der Erlaß in der Regel durch das mit der unmittelbaren Aufsicht betraute Organ (Handelsorgan) geschehen. Im Gegensatz hierzu ist in der Theorie mehrfach die ausschließliche Zuständigkeit des Trägers der Börse (vgl. § 1 Anm. 4) für den Erlaß beansprucht worden (vgl. Nußbaum § 4 III und dort Angeführte). Diese Ansicht kann als überholt betrachtet werden. Der Erlaß kann vielmehr vom Träger der Börse, von der Börsenaufsichtsbehörde oder schließlich auch von der Landesregierung selbst ausgehen. Daß der Träger der Börse die Börsenordnung erlassen kann, folgt aus geschichtlichen Gründen und hat zahlreiche Beispiele. Die Landesregierung kann aber auch anordnen, daß die Börsenaufsichtsbehörde die Börsenordnung erläßt. Die Begründung (I, 17) hält dies sogar für das übliche. Eine solche Anordnung ist ein Ausfluß der Hoheitsrechte, die das BörsG den Landesregierungen über ihre Börsen einräumt, und entspricht der Verpflichtung, für den Erlaß einer genehmigungsfähigen Börsenordnung zu sorgen (Göppert S. 107). Daß die Landesregierungen schließlich den Erlaß der Börsenordnung ganz an sich ziehen können, folgt aus der Tatsache, daß der Erlaß eine von der Landesregierung abgeleitete Funktion darstellt, die die Landesregierung erforderlichenfalls selbst erfüllen kann (so Göppert S. 110, anders Huber I S. 630).

Zweifelhaft kann sein, ob die Landesregierung die Beauftragung der Börsenaufsichtsbehörde oder den Erlaß in eigener Zuständigkeit erst vornehmen kann, nachdem der Träger der Börse sich unfähig gezeigt hat, eine der Landesregierung genehme Börsenordnung vorzulegen. In Übereinstimmung mit der Begründung und der herrschenden Meinung ist diese Frage zu verneinen.

Die Landesregierung kann allerdings den Erlaß der Börsenordnung dem Träger nur insoweit entziehen, als die Börsenordnung im eigentlichen Sinn in Rede steht (s. Anm. 1). Dazu gehört die Regelung der Bestimmungen, die die Organisation der Börse, die Zulassung zum Börsenverkehr, die Ordnung der Börsenveranstaltung und die Ausübung der Börsenfunktionen betrifft (Huber I S. 630). Soweit sich darüber hinaus Bestimmungen in der Börsenordnung befinden, die z. B. den Charakter von Geschäftsbedingungen für den Abschluß der Börsengeschäfte haben, sind diese Vorschriften den Weisungen der Landesregierung entzogen (Göppert S. 111 ff.; Huber I S. 630). Insbesondere Bestimmungen, die nicht die Börse als solche, sondern die innere Struktur des Trägervereins betreffen, sind lediglich vereinsrechtlicher Natur. Sie verbleiben, auch wenn sie formell in die Börsenordnung aufgenommen sind, materiell im Bereich der vereinsrechtlichen Autonomie.

3. Die Rechtsverordnungsgewalt, auf der die Börsenordnung beruht, steht selbständig neben den Befugnissen der Landesregierung aus § 8 Abs. 1 (nämlich, Anordnungen zur Aufrechterhaltung der Ordnung und für den Geschäftsverkehr an der Börse zu erlassen), und dem Aufsichtsrecht aus § 1 Abs. 2. Der Erlaß der Börsenordnungsnormen fällt nicht in

den Rahmen der Aufsicht, ganz gleich, ob die Verordnungsgewalt an das mit der unmittelbaren Aufsicht betraute Handelsorgan delegiert ist oder nicht. Bei allen diesen Rechten handelt es sich um selbständige, von einander unabhängige Funktionen.

4. Als Rechtsverordnung bedarf die Börsenordnung regelmäßig der Verkündung (vgl. hierzu Art. 82 Abs. 1 Satz 2 GG i. V. mit dem Bundesgesetz vom 30. 1. 1950 — BGBl. S. 23 —; Art. 46 Abs. 2 und 3 der Verfassung von Berlin i. V. mit dem Gesetz vom 29. 1. 1953 — GVBl. S. 106). Das gilt insbesondere, wenn landesrechtlich die Verkündung vorgeschrieben ist. Aber auch sonst wird die Börsenordnung ohne Verkündung aus rechtsstaatlichen Gründen als unwirksam zu betrachten sein, insoweit ihr Inhalt Rechtsverordnungscharakter hat.

5. Die Landesregierung hat die Börsenordnung zu genehmigen (§ 4 Abs. 2 Satz 1). Es handelt sich nicht um eine aufsichtliche Genehmigung (so Rehm u. a., Anm. 16), sondern um die Bestätigung der Beauftragung der erlassenden Stelle durch die Landesregierung, um die Bestätigung der Delegation der Rechtssetzungsgewalt.

Die Genehmigung der Börsenordnung durch die Landesregierung ist notwendige Voraussetzung für ihre Wirksamkeit (Begr. 1, 27). Sie kommt selbstverständlich nur dort in Frage, wo nicht die Landesregierung selbst die Börsenordnung erläßt.

Nur die Landesregierung kann die Genehmigung erteilen. Eine Delegation an andere Stellen ist nicht möglich. Ob als Landesregierung im Sinne des Abs. 2 Satz 1 immer nur die Regierung als Ganzes oder der zuständige Minister (Senator) gemeint ist, richtet sich nach dem Verfassungsrecht der einzelnen Länder. Im übrigen ist die Börsenerrichtungsgenehmigung nach § 1 Abs. 1 Satz 1 von der Börsenordnungs-Genehmigung nach § 4 Abs. 2 Satz 1 scharf zu trennen.

Wenn die Börsenordnung der Genehmigung der Regierung bedarf, so gilt dies auch für jede Abänderung, sowie Außerkraftsetzung im Einzelfall (Rehm u. a., Anm. 18). Das betrifft jedoch nur diejenigen Bestimmungen, die öffentlich-rechtlicher Natur sind. Sind in der Börsenordnung auch Bestimmungen in bezug auf die Organisation des Trägers enthalten, so bedarf ihre Änderung nicht der Genehmigung nach Abs. 2 Satz 1.

Ob die Genehmigung an Auflagen und Bedingungen geknüpft werden kann, ist zweifelhaft (dafür Rehm u. a., Anm. 19). Da die Landesregierung den Erlaß der Börsenordnung ganz an sich ziehen kann, wird man diese Frage bejahen müssen.

6. Die Anordnungsbefugnis der Landesregierung in bezug auf die Aufnahme bestimmter Vorschriften in die Börsenordnung wird in Abs. 2 Satz 2, 2. Satzteil noch dahin konkretisiert, daß die Landesregierung insbesondere eine entsprechende Vertretung der Landwirtschaft, der landwirtschaftlichen Nebengewerbe und der Müllerei in den Vorständen der Produktenbörsen bestimmen kann. Daß das Gesetz dieses Recht besonders hervorhebt, stellt auf der einen Seite die entsprechende, schon im ersten Satzteil enthaltene Befugnis außer Zweifel, hat aber andererseits eine Beschränkung zum

Inhalt (Rehm u. a., Anm. 36). Auf Grund des Wortlauts der Bestimmung darf die Landesregierung eine solche Vertretung der Landwirtschaft usw. nur in den Vorständen der Produktenbörsen, nicht jedoch in anderen Vorständen anordnen. Unter den Begriff „Produktenbörse" fallen dabei Börsen, in denen Erzeugnisse der Landwirtschaft, der landwirtschaftlichen Nebengewerbe und der Müllerei (Mälzerei, Ölmüllerei, Zucker-, Kartoffelstärke- und Spiritusfabrikation) gehandelt werden.

Die Vertretung im Vorstand kann ferner nur insoweit angeordnet werden, als der Börsenvorstand eine amtliche Stelle mit behördlicher Eigenschaft darstellt, nicht z. B., soweit er zugleich den Vorstand eines privatrechtlichen Börsenvereins bildet. Da das Gesetz von „entsprechender" Vertretung spricht, darf die Vertretung lediglich entsprechend dem Umfang des Geschäftsverkehrs in solchen Produkten an der betreffenden Börse bestimmt werden. Hierbei ist auch darauf Rücksicht zu nehmen, daß die Börse in erster Linie eine Zusammenkunft von Kaufleuten darstellt (Rehm u. a., Anm. 39).

Das BörsG ermächtigt die Landesregierung zur Anordnung der Vertretung, verpflichtet sie indessen nicht dazu. Dies kann jedoch durch Landesgesetz geschehen.

§ 5

Die Börsenordnung muß Bestimmungen treffen:

1. über die Börsenleitung und ihre Organe;

2. über die Geschäftszweige, für welche die Börseneinrichtungen bestimmt sind;

3. über die Voraussetzungen der Zulassung zum Besuche der Börse;

4. darüber, in welcher Weise die Preise und Kurse zu notieren sind.

1. Das BörsG enthält keine allgemeinen Bestimmungen über den zulässigen Inhalt der Börsenordnung. Es erwähnt in § 5 nur vier Materien, über die eine Regelung in der Börsenordnung getroffen werden muß. Eine Verletzung dieser Vorschriften berührt indessen nicht die Gültigkeit einer staatlich genehmigten (§ 4 Abs. 2 Satz 1) Börsenordnung.

Außer in § 5 sind noch in § 8 Abs. 2 und 3, § 36 Abs. 4 und § 50 Abs. 1 Bestimmungen über den obligatorischen Inhalt der Börsenordnung getroffen worden. Vgl. ferner § 7 Abs. 3 und § 36 Abs. 4. Auch dort, wo die Börsenordnung etwas zwingend ordnen muß, kann sie Einzelheiten an Börsenorgane delegieren, wie z. B. das Nähere über die Kursnotierung (Rehm u. a., Anm. 2).

2. Bestimmungen über die Börsenleitung und ihre Organe (§ 5 Nr. 1) sind Bestimmungen über die Leitung der Börsenversammlung und den Börsenvorstand sowie über dessen etwaige Abteilungen und über Ausschüsse und Mitglieder, die mit der selbständigen Erledigung von in das Gebiet der Börsenleitung fallenden Aufgaben betraut sind.

Zur Leitung der Börsenversammlung gehört die gesamte Fürsorge dafür, daß die Börse in der gesetzlich geordneten Weise funktioniert. Börsenleitung in diesem Sinne betrifft aber nur den äußeren Verkehr zwischen den Börsenbesuchern. Der wirtschaftliche Verkehr zwischen ihnen, der Inhalt der Geschäfte, ist darin nicht enthalten. Auch die Leitung eines etwaigen Börsenvereins als Träger der Börse ist nicht Teil der Börsenleitung, kann aber in der Börsenordnung geregelt werden.

Zu den Organen der Börsenordnung gehören nicht nur diejenigen, die zur Leitung notwendig sind, sondern auch diejenigen, deren Funktion nur als zweckmäßig erscheint (Rehm u. a., Anm. 7). Auf jeden Fall muß ein Börsenvorstand vorhanden sein (vgl. § 4 Abs. 2 Satz 2, § 8 Abs. 2 Satz 1, § 29 Abs. 1 und 2). Die Börsenordnung hat daher zu bestimmen, wer ihn bildet und aus welchen Personen er besteht. Da die Erledigung dieser Fragen den Börsenorganen überlassen ist, sind die diesbezüglichen Bestimmungen für die einzelnen Börsen verschieden. Neben den Vorschriften über die Zusammensetzung des Börsenvorstandes haben die Börsenordnungen auch Vorschriften über den Geschäftsgang des Börsenvorstandes zu treffen.

Das Ehrengericht, die Zulassungsstelle und die Kursmakler kommen als Organe der Börsenleitung hier schon deshalb nicht in Betracht, weil alle für sie notwendigen Bestimmungen im BörsG getroffen oder der Landesgesetzgebung überlassen sind.

3. Das BörsG unterscheidet Geschäftszweige, für welche die Börseneinrichtungen bestimmt sind (§ 5 Nr. 2) und solche, für die die Benutzung von Börseneinrichtungen zugelassen ist (§ 6). Im ersteren Fall haben die zugelassenen Börsenbesucher einen Anspruch auf Benutzung der Börseneinrichtungen, im letzteren nicht (§ 6 Satz 2). Obwohl hierbei davon ausgegangen wurde, daß die Gegenstände des Börsenhandels einzeln oder der Kategorie nach namhaft zu machen sind (Begr. I, 27), ist in den Börsenordnungen vielfach bei der gemäß § 5 getroffenen Angabe der Geschäftszweige, für welche die Börseneinrichtungen bestimmt sind, von jedweder Einschränkung abgesehen. Insbesondere ist an den Waren- und Produktenbörsen durch die Börsenordnungen häufig der Handel in „Waren aller Art" zugelassen worden. Damit ist die Grenzlinie zwischen den im § 15 und den im § 6 behandelten Geschäftszweigen verwischt, und es wird notfalls höchstens aus der tatsächlichen Übung, insbesondere mit Hilfe der regelmäßig erfolgenden Preisnotierungen festgestellt werden können, welche Geschäftszweige zur einen oder anderen Gruppe gehören. Unter keine von beiden fallen, auch bei der allgemeinsten Fassung der Börsenordnung, Geschäftszweige, die für den Börsenverkehr überhaupt oder für den Verkehr an einer bestimmten Börse nach deren besonderen Art nicht geeignet sind; Personen, die sich zwecks Pflege solcher Geschäftszweige an der Börse einfinden, ist gemäß § 8 Abs. 4 der Zutritt zu untersagen.

Nach § 6 Abs. 3 kann der „Bundesrat" für bestimmte Geschäftszweige die Benutzung der Börseneinrichtungen untersagen oder von Bedingungen abhängig machen. Hier kann also nicht bloß die Landesregierung eingreifen. Vgl. im übrigen § 6 Anm. 4.

4. Das BörsG regelt nur (in § 7) die Voraussetzungen, unter denen der Zutritt zur Börse nicht gewährt werden darf. Die Feststellung der Voraussetzungen, unter denen er gewährt werden kann oder muß, ist in die Börsenordnungen verwiesen, um die Eigenart der einzelnen Börsen zu schonen. Infolgedessen herrscht auch hier eine große Vielgestaltigkeit. Im allgemeinen bedarf es zum Börsenbesuch, ohne daß der Personenkreis der Zutrittsberechtigten an sich begrenzt ist, des Besitzes einer Börsenkarte. Im übrigen wird zumeist unterschieden, ob es sich um eine dauernde Zulassung zum Besuch der Börse mit der Befugnis zur Teilnahme am Börsenhandel (vgl. § 53 Abs. 2 Ziff. 1) oder um eine nicht derart qualifizierte Zulassung — insbesondere als Angestellter, Pressevertreter — handelt. Je nachdem sind bestimmte Erfordernisse formeller und materieller Art aufgestellt. Ebenso verschieden ist die Übung, wer die Zulassung vornimmt, bzw. wo eine solche besonders erfolgen muß. Soweit hierüber die Börsenordnung nichts anderes bestimmt, ist sie als Akt der Börsenleitung und daher als solche des Börsenvorstandes anzusehen.

In keinem Fall bedürfen die an der Börse amtlich beschäftigten Personen (Staatskommissar, Vertreter der Aufsichtsbehörde usw.) einer Zulassung. Wegen der Kursmakler vgl. § 30.

Ob die Zahlung der etwaigen Gebühren für den Börsenbesuch, deren Festsetzung und Einziehung zu den Voraussetzungen der Zulassung i. S. des § 5 Ziff. 3 gehört, kann zweifelhaft sein. In der Regel wird, soweit Gebühren erhoben werden, die Ausfolgung der Börsenkarte von der vorherigen Zahlung abhängig gemacht. Über die Rechtsmittel wegen Verweigerung der Zulassung vgl. § 7 Anm. 14. Zur Klage auf Zulassung zur Börse vgl. auch HambgOVG in JW 1933, 144.

5. Die in § 5 Ziff. 4 enthaltenen Bestimmungen müssen sich, wenn eine amtliche Preisfeststellung erfolgt, im Rahmen der §§ 29 ff. halten, insoweit nicht Abweichungen gemäß § 35 Abs. 1 Nr. 1 vom „Bundesrat" zugelassen sind.

§ 6

Die Börsenordnung kann für andere als die nach § 5 Ziff. 2 zu bezeichnenden Geschäftszweige, sofern dies nicht mit besonderen Bestimmungen dieses Gesetzes (§§ 42, 43, 51) im Widerspruche steht, die Benutzung von Börseneinrichtungen zulassen. Ein Anspruch auf die Benutzung erwächst in diesem Falle für die Beteiligten nicht. Der Bundesrat ist befugt, für bestimmte Geschäftszweige die Benutzung der Börseneinrichtungen zu untersagen oder von Bedingungen abhängig zu machen.

Schrifttum: Göppert S. 113 ff.

1. Außer in § 6 sind noch in § 7 Abs. 3, § 29 Abs. 1 und 2 und § 43 Bestimmungen über den fakultativen Inhalt der Börsenordnungen getroffen.

2. § 5 Ziff. 2 hat zum Inhalt, daß die Börsenordnung Bestimmungen über die Geschäftszweige treffen muß, für welche die Börseneinrichtungen bestimmt sind. § 6 Satz 1 bestimmt, daß die Börsenordnung auch für andere Geschäftszweige die Benutzung von Börseneinrichtungen zulassen darf. Grund hierfür war, gewissen Gepflogenheiten der Börsenpraxis entgegenzukommen. Hiernach ist z. B. möglich, daß eine Börsenordnung die Benutzung der Börse für das Speditionsgeschäft zuläßt.

3. § 6 Satz 2 macht eine Einschränkung in bezug auf den „Anspruch auf Benutzung" der Börseneinrichtungen. Gestattet die Börsenordnung die gastweise Benutzung der Börseneinrichtungen, so sollen die Beteiligten keinen öffentlich-rechtlichen Anspruch hierauf haben. Das bedeutet, daß diese Zulassung jederzeit widerruflich ist. Das zuständige Organ der Börsenleitung kann also ohne weiteres (auch ohne Vorbehalt in der Börsenordnung) anordnen, daß z. B. eine Preisfestsetzung für solche Geschäfte nicht mehr stattfindet bzw. daß solche Geschäfte nunmehr vom Börsenverkehr ausgeschlossen sind (Göppert S. 114).

4. Die Bestimmung in Satz 3 berührt sich mit § 44 Abs. 2, geht aber weiter als diese, indem sie sich auf alle Geschäftszweige bezieht und auch nicht unterscheidet, ob die Benutzung der Börseneinrichtungen bereits stattfindet oder noch nicht, während § 44 Abs. 2 nur Bedeutung hat für Wertpapiere, deren Zulassung zum Börsenhandel noch nicht erfolgt ist.

An die Stelle des „Bundesrats" ist jetzt der Bundesminister für Wirtschaft getreten, der jedoch zum Erlaß von Rechtsverordnungen gemäß Satz 3 der Zustimmung des Bundesrats bedarf (Art. 80 Abs. 2 GG). Der Bundesminister für Wirtschaft kann hiernach untersagen oder an Bedingungen knüpfen, 1., daß gewisse andere Geschäftszweige als diejenigen, für die die Börseneinrichtungen bestimmt sind, zu deren Benutzung zugelassen werden, oder 2., daß die Börseneinrichtungen für gewisse Geschäftszweige nicht bestimmt werden dürfen. Satz 3 bezieht sich nicht nur auf Satz 1. Der Bundesminister für Wirtschaft kann daher auch bezüglich der Frage, für welche Geschäftszweige eine Börse bestimmt sein soll, einengende Bestimmungen treffen (Rehm u. a., Anm. 2).

§ 7

Vom Börsenbesuch sind ausgeschlossen:

1. **(weggefallen);**
2. **Personen, welche sich nicht im Besitz der bürgerlichen Ehrenrechte befinden;**
3. **Personen, welche infolge gerichtlicher Anordnung in der Verfügung über ihr Vermögen beschränkt sind;**
4. **Personen, welche wegen betrüglichen Bankrotts rechtskräftig verurteilt sind;**
5. **Personen, welche wegen einfachen Bankrotts rechtskräftig verurteilt sind;**

6. Personen, welche sich im Zustand der Zahlungsunfähigkeit befinden;

7. Personen, gegen welche durch rechtskräftige oder für sofort wirksam erklärte ehrengerichtliche Entscheidung auf Ausschließung von dem Besuch einer Börse erkannt ist.

Die Zulassung oder Wiederzulassung zum Börsenbesuche kann in den Fällen unter 2 und 3 nicht vor der Beseitigung des Ausschließungsgrundes, in dem Falle unter 5 nicht vor Ablauf von sechs Monaten, nachdem die Strafe verbüßt, verjährt oder erlassen ist, erfolgen; sie darf in dem letzteren Falle und ebenso in dem Falle unter 6 nur stattfinden, wenn der Börsenvorstand den Nachweis für geführt erachtet, daß die Schuldverhältnisse sämtlichen Gläubigern gegenüber durch Zahlung, Erlaß oder Stundung geregelt sind. Einer Person, welche im Wiederholungsfalle in Zahlungsunfähigkeit oder in Konkurs geraten ist, muß die Zulassung oder Wiederzulassung mindestens für die Dauer eines Jahres verweigert werden. In dem Falle unter 4 ist der Ausschluß ein dauernder.

Die Börsenordnungen können weitere Ausschließungsgründe festsetzen.

Auf Antrag der Börsenorgane kann die Landesregierung in besonderen Fällen Ausnahmen von den Vorschriften über die Ausschließung vom Börsenbesuche erlassen.

Vorbemerkung: § 7 Abs. 1 Ziff. 1 betraf „Personen weiblichen Geschlechts". Die Bestimmung ist durch das Gesetz über die Abänderung des BörsG vom 28. 12. 1921 (RGBl 1922 I S. 25) gestrichen worden.

1. § 7 bestimmt, wer kraft Gesetzes vom Börsenbesuch ausgeschlossen ist. Unter Börsenbesuch ist nicht die bloße Anwesenheit in den Börsenräumen während der Börsenstunden, sondern die Beteiligung an den Börsenzusammenkünften zu verstehen (Göppert S. 116). Börsenbesuch in diesem Sinne ist daher nicht die Anwesenheit von Börsenangestellten, Boten und Personen, die nur kraft Amtes die Börse besuchen, ohne am Börsenhandel teilzunehmen. „Beteiligt" sind aber auch Presseberichterstatter.

Die Börsenordnungen können das Betreten der Börsenräume näher regeln, z. B. auch das Betreten durch Boten der Börsenfirmen. Solche Regelungen stellen indessen nicht Regelungen des Börsenbesuchs im Rechtssinne dar (Göppert S. 116).

Börsenbesuch im Rechtsinn kann nur von physischen Personen, nicht von Firmen, Gesellschaften oder juristischen Personen ausgeübt werden.

2. Der Ausschluß vom Börsenbesuch gemäß § 7 ist im Unterschied zu der Ausschließung gemäß § 8 keine disziplinare Bestrafung von Börsenbesuchern, sondern die Verneinung der Befähigung zum Börsenbesuch mit Rücksicht auf Tatbestände, die teilweise gar keine Verfehlung des Betroffenen in sich bergen und — außer dem im Abs. 1 Ziff. 7 aus bestimmten

Gründen mit aufgenommenen Tatbestand der ehrengerichtlichen Verurteilung — einen bereits erfolgten Börsenbesuch nicht voraussetzen; er hindert deshalb den Betroffenen nicht nur, Börsenbesucher zu bleiben, sondern auch, Börsenbesucher zu werden.

Was die Wirkung der einzelnen Ausschlußfälle anlangt, so wirkt der Ausschluß aus den in § 7 Abs. 1 angegebenen gesetzlichen Gründen für alle deutschen Börsen, der Ausschluß aus gemäß § 7 Abs. 3 börsenordnungsmäßig festgesetzten Gründen für die Börse oder die Börsen, in deren Börsenordnung die Gründe festgesetzt sind, die Ausschließung gemäß § 8 nur für die Börse, deren Vorstand sie verhängt hat. In den meisten Ausschließungsfällen, nämlich in allen, in denen die Ausschließung gemäß § 7 Abs. 1 oder aus ähnlichen, gemäß § 7 Abs. 3 börsenordnungsmäßig festgesetzten Gründen, sowie in allen Fällen, in denen sie zur Strafe erfolgt, erstreckt sich die Ausschließung auch auf diejenigen Personen, deren Fähigkeit, die Börse zu besuchen, lediglich von der Zulassung des Ausgeschlossenen abgeleitet ist; dagegen können für solche Personen, deren Ausschließung nur aus äußeren Verkehrsrücksichten, z. B. wegen Krankheit erfolgt ist, Vertreter zum Börsenbesuch zugelassen werden.

3. § 7 Abs. 1 Ziff. 2 betrifft Personen, welche sich nicht im Besitz der bürgerlichen Ehrenrechte befinden. Maßgebend hierfür sind die §§ 32 ff. StGB. Vgl. insbesondere § 32:

„Neben der Todesstrafe und der Zuchthausstrafe kann auf den Verlust der bürgerlichen Ehrenrechte erkannt werden, neben der Gefängnisstrafe nur, wenn die Dauer der erkannten Strafe drei Monate erreicht und entweder das Gesetz den Verlust der bürgerlichen Ehrenrechte ausdrücklich zuläßt oder die Gefängnisstrafe wegen Annahme mildernder Umstände an Stelle von Zuchthausstrafe ausgesprochen wird.

Die Dauer dieses Verlustes beträgt bei zeitiger Zuchthausstrafe mindestens zwei und höchstens zehn Jahre, bei Gefängnistrafe mindestens ein Jahr und höchstens fünf Jahre."

4. Beschränkung der Vermögensverfügung im Sinne der Ziff. 3 liegt insbesondere bei Entmündigung oder Konkurseröffnung vor (Begr. I, 18). Die Einleitung einer Pflegschaft fällt nicht hierunter, weil die Verfügung über das Vermögen dadurch nicht beschränkt wird, Minderjährigkeit nicht, weil die hiermit bewirkte Beschränkung der Geschäftsfähigkeit auf Gesetz und nicht auf gerichtlicher Anordnung beruht. Minderjährige sind aber gemäß § 7 Abs. 3 durch viele Börsenordnungen vom Besuch der Börse mit Befugnis zur Teilnahme am Börsenhandel ausgeschlossen.

5. Rechtsgrundlage für die Bestrafung wegen betrügerischen Bankrotts ist § 239 KO:

„Schuldner, welche ihre Zahlungen eingestellt haben, oder über deren Vermögen das Konkursverfahren eröffnet worden ist, werden wegen betrüglichen Bankerotts mit Zuchthaus bestraft, wenn sie in der Absicht, ihre Gläubiger zu benachteiligen,

1. Vermögensstücke verheimlicht oder beiseite geschafft haben,
2. Schulden oder Rechtsgeschäfte anerkannt oder aufgestellt haben, welche ganz oder teilweise erdichtet sind,
3. Handelsbücher zu führen unterlassen haben, deren Führung ihnen gesetzlich oblag, oder
4. ihre Handelsbücher vernichtet oder verheimlicht oder so geführt oder verändert haben, daß dieselben keine Übersicht des Vermögenszustandes gewähren.

Sind mildernde Umstände vorhanden, so tritt Gefängnisstrafe nicht unter drei Monaten ein."

6. Die Strafbestimmung für einfachen Bankrott (§ 7 Abs. 1 Ziff. 5) ist in § 240 KO enthalten:

„Schuldner, welche ihre Zahlungen eingestellt haben, oder über deren Vermögen das Konkursverfahren eröffnet worden ist, werden wegen einfachen Bankerotts mit Gefängnis bestraft, wenn sie

1. durch Aufwand, Spiel oder Wette oder durch Differenzhandel mit Waren oder Börsenpapieren übermäßige Summen verbraucht haben oder schuldig geworden sind;

2. in der Absicht, die Eröffnung des Konkursverfahrens hinauszuschieben, Waren oder Wertpapiere auf Kredit entnommen und diese Gegenstände erheblich unter dem Werte in einer den Anforderungen einer ordnungsmäßigen Wirtschaft widersprechenden Weise veräußert oder sonst weggegeben haben;

3. Handelsbücher zu führen unterlassen haben, deren Führung ihnen gesetzlich oblag, oder dieselben verheimlicht, vernichtet oder so unordentlich geführt haben, daß sie keine Übersicht ihres Vermögenszustandes gewähren, oder

4. es gegen die Bestimmungen des Handelsgesetzbuchs unterlassen haben, die Bilanz ihres Vermögens in der vorgeschriebenen Zeit zu ziehen.

Neben der Gefängnisstrafe kann in den Fällen der Nr. 1, 2 auf Verlust der bürgerlichen Ehrenrechte erkannt werden. Sind mildernde Umstände vorhanden, so kann auf Geldstrafe erkannt werden."

7. Der Begriff der Zahlungsunfähigkeit im Sinne von Abs. 1 Ziff. 6 ist nicht aus Rechtsvorschriften zu entnehmen. Wann Zahlungsfähigkeit vorliegt, ist vielmehr Tatfrage. Die Börsenordnungen können den Begriff näher umschreiben und haben gemäß § 7 Abs. 3 vielfach eine sehr weite Auslegung zugelassen. Eine derartige Börsenordnungsvorschrift ist für die Feststellung der Zahlungsunfähigkeit bei anderen Rechtsverhältnissen nicht maßgeblich (KG in BA 1910/11, 303).

8. Die in Abs. 1 Ziff. 7 angeführte rechtskräftige oder gemäß § 16 Abs. 4 für sofort wirksam erklärte ehrengerichtliche Ausschließung von einer Börse (§ 15 Abs. 1) ist in diesem Zusammenhang erwähnt, um zum Ausdruck zu bringen, daß sie diesen Ausschluß von allen deutschen Börsen bewirkt. Unbeachtlich ist dabei, ob das Urteil auf zeitweilige oder dauernde Ausschließung von der Börse lautet.

Eine andere Form des Ausschlusses ist der Ausschluß durch Ordnungsstrafe (§ 8 Abs. 2 Satz 2), die zwar auch einen gesetzlichen Ausschließungsgrund bildet, jedoch nur den Besuch der betreffenden Börse hindert.

9. § 7 Abs. 2 behandelt die Dauer der gesetzlichen Ausschließung vom Besuch der Börse. Danach entfällt das Besuchsrecht für immer, wenn der Börsenbesucher wegen betrügerischen Bankerotts rechtskräftig verurteilt ist (Abs. 1 Ziff. 4 — Abs. 2 Satz 3 —) oder wenn er durch rechtskräftiges Urteil des Ehrengerichts dauernd vom Börsenbesuch ausgeschlossen ist (Abs. 1 Ziff. 7 in Verbindung mit § 14 Abs. 1). In den übrigen Fällen erlischt das Besuchsrecht nur vorübergehend. Dabei sind folgende Fälle zu unterscheiden: bei Ziff. 1 für die Dauer der Aberkennung (Abs. 2 Satz 1), bei Ziff. 3 für die Dauer der Beschränkung (Abs. 2 Satz 1), bei Ziff. 5 für ein halbes Jahr, seitdem die wegen der Straftat erkannte Strafe verbüßt, verjährt oder erlassen ist (Abs. 2 Satz 1), bei Ziff. 6 für die Dauer des zahlungsunfähigen Zustandes (Abs. 2 Satz 1) bzw. bei wiederholter Zahlungsunfähigkeit oder wiederholtem Konkurs für die Dauer eines Jahres nach Beendigung der Zahlungsunfähigkeit bzw. des Konkurses (Abs. 2 Satz 2).

Wer durch Urteil des Ehrengerichts zeitweise vom Börsenbesuch ausgeschlossen ist, ist nur für die durch das Urteil festgesetzte Zeit am Börsenbesuch verhindert. Der Fall des § 7 Abs. 1 Ziff. 7 ist in Abs. 2 nicht erwähnt, weil die ehrengerichtliche Ausschließung ihre zeitliche Wirkung unmittelbar regelt (§ 15 Abs. 1).

10. Die Ausschließung durch die Börsenordnungen im Sinne des Abs. 3 bedeutet hier das Verbot der Zulassung bzw. die von selbst eintretende Aufhebung der Zulassung, sofern nicht die Börsenordnungen im gegebenen Fall eine ausdrückliche Anordnung des Börsenvorstandes als Voraussetzung bestimmen (Rehm u. a., Anm. 23). Teilweise haben es die Börsenordnungen bei den gesetzlichen Gründen bewenden lassen, teilweise sind sie darüber hinausgegangen. So haben die Börsenordnungen z. B. Personen ausgeschlossen, die dem rechtskräftigen Urteil eines Schiedsgerichts der betreffenden Börse nicht innerhalb einer bestimmten Frist nachkommen, oder die Strafgelder, Sühnegelder oder Börsenbeiträge nicht zahlen; ebenso Personen, die sich nicht den festgestellten Usancen unterwerfen oder ihre Verpflichtungen aus an der Börse geschlossenen Geschäften nicht erfüllen.

11. Personen, gegen die ein gesetzlicher oder börsenordnungsmäßiger Ausschließungsgrund (§ 7 Abs. 1 oder Abs. 3) vorliegt, sind zum Börsenbesuch nicht zuzulassen. Tritt ein solcher Ausschließungsgrund hinsichtlich Personen ein, die bereits Börsenbesucher sind, so bedarf es einer formellen Ausschließung, die allerdings, insofern der Ausschließungsgrund — wie alle gesetzlichen — die Ausschließung von selbst herbeiführt, nur deklaratorischen Charakter hat; durch Verzicht auf den Börsenbesuch dürfte aber die formelle Ausschließung abgewendet werden können. In den meisten Börsenordnungen ist das Ausschließungsverfahren noch näher geregelt. Insbesondere ist mehrfach gegen die Ausschließung die an eine Frist gebundene Beschwerde an das aufsichtsführende Handelsorgan als Rechtsmittel zugelassen. Die Beschwerde steht im Zweifel nur dem Betroffenen zu. Bei Ausschließung von Personen, deren Fähigkeit, die Börse zu besuchen, von der Zulassung eines Dritten abgeleitet ist, gilt der Dritte als Betroffener. Wird nichts Besonderes gesagt, so hat die Beschwerde aufschiebende Wirkung, soweit sie gegen die Ausschließung bereits zugelassener Börsenbesucher gerichtet ist. Mitglieder der Beschwerdeinstanz, die an der durch die Beschwerde angefochtenen Entscheidung teilgenommen haben, dürfen an der Beschlußfassung über die Beschwerde nicht teilnehmen.

Durch die Zulassung der börsenordnungmäßigen Beschwerde wird das Verwaltungsstreitverfahren nicht ausgeschlossen. Es kann nach Erschöpfung des Beschwerdeweges beschritten werden. Der Verwaltungsrechtsweg wird in den einzelnen Ländern entsprechend den dortigen Gesetzen über Verwaltungsgerichtsbarkeit eröffnet.

12. Die Landesregierung kann in besonderen Fällen, also nicht generell, Ausnahmen von den Vorschriften über die Ausschließung vom Börsenbesuch zulassen (Abs. 4). Dabei gilt für Ausnahmen von den gesetzlichen Ausschließungsgründen, daß ein Antrag der Börsenorgane, die über die Zulassung und Ausschließung entscheiden, vorliegt. Dieser Antrag muß sich auf individuelle Fälle beziehen. Der Dispens kann die Ausschließungsfrist verkürzen oder ganz beseitigen.

Auf die Ausschließung durch ehrengerichtliche Entscheidung (§ 7 Abs. 1 Ziff. 7) ist die Bestimmung nur insoweit anwendbar, als die a. a. O. ausgesprochene mittelbare Folge — die Ausschließung auch von anderen Börsen als derjenigen, zu welcher der Verurteilte vorher zugelassen war — in Betracht kommt. Die Ausschließung von derjenigen Börse, von welcher der Verurteilte durch die Entscheidung unmittelbar verwiesen worden ist, kann dagegen nur vom Träger der Staatsgewalt durch Begnadigung gemildert oder erlassen werden.

§ 8

Die Börsenaufsichtsbehörde ist befugt, zur Aufrechterhaltung der Ordnung und für den Geschäftsverkehr an der Börse Anordnungen zu erlassen.

Die Handhabung der Ordnung in den Börsenräumen liegt dem Börsenvorstand ob. Er ist befugt, Personen, welche die Ordnung oder den Geschäftsverkehr an der Börse stören, sofort aus den Börsenräumen zu entfernen und mit zeitweiliger Ausschließung von der Börse oder mit Geldstrafe zu bestrafen. Das Höchstmaß beider Strafen wird durch die Börsenordnung festgesetzt. Die Ausschließung von der Börse kann mit Genehmigung der Börsenaufsichtsbehörde durch Anschlag in der Börse bekanntgemacht werden.

Gegen die Verhängung der Strafen findet innerhalb einer durch die Börsenordnung festzusetzenden Frist die Beschwerde an die Börsenaufsichtsbehörde statt.

Finden sich an der Börse Personen zu Zwecken ein, welche mit der Ordnung oder dem Geschäftsverkehr an derselben unvereinbar sind, so ist ihnen der Zutritt zu untersagen.

1. Die nach Abs. 1 der Börsenaufsichtsbehörde erteilte Befugnis, zur Aufrechterhaltung der Ordnung und für den Geschäftsverkehr an der Börse Anordnungen zu erlassen, kann sowohl von der Landesregierung als auch von dem gemäß § 1 Abs. 2 mit der unmittelbaren Aufsicht betrauten Handelsorgan ausgeübt werden.

Der übliche Weg für den Erlaß von Anordnungen im Sinne des § 8 ist die Aufnahme entsprechender Bestimmungen in die Börsenordnung (§ 4). Soweit die Börsenaufsichtsbehörde von ihrer Befugnis, die Anordnungen zu erlassen, keinen Gebrauch macht, ist auch der Börsenvorstand dafür zuständig (Begr. I, 23).

2. Die Anordnungen börsenpolizeilicher Art bezwecken die Erhaltung der äußeren Ordnung, während zur Verfolgung unehrenhaften Verhaltens das Ehrengerichtsverfahren (§ 9 ff.) dient. Unter Umständen kann sich allerdings ein und dieselbe Handlung als Störung der Ordnung und als Verfehlung gegen die Berufsehre darstellen. Daß alsdann die Anwendung der Ordnungsvorschriften eine Bestrafung durch das Ehrengericht nicht ausschließt und umgekehrt, ergibt sich aus der inneren Verschiedenheit der angedrohten Maßregeln. Indessen legt das Gesetz für den Fall, daß im Ehrengerichtsverfahren nur eine börsenpolizeilich zu ahndende Handlung festgestellt wird, im § 15 Abs. 2 dem Ehrengericht die Befugnis bei, seinerseits die Bestrafung im Ordnungswege zu bewirken, damit eine doppelte Prüfung und Verhandlung vermieden wird (Begr. I, 29).

3. Die Handhabung der Ordnung in den Börsenräumen (Abs. 2 Satz 1) ist Sache des Börsenvorstandes. Das bedeutet, daß die Aufsichtsbehörde, außer bei Gefahr im Verzug, die Ordnung an der Börse nicht selbst handhaben darf. Der Vorstand besitzt dieses Recht allerdings lediglich in den Börsenräumen zur Börsenzeit (Rehm u. a., Anm. 14). Für diesen Zeitraum stellt die Ordnungsgewalt abgeleitete Staatsgewalt dar und ist nicht Ausfluß des Hausrechts des Trägers der Börse.

Die Ordnung an der Börse ist gestört, wenn z. B. jemand während der Börsenzeit andere Besucher öffentlich beleidigt, Lärm erregt, den Anstand verletzt usw. oder sich in den Börsenräumen bewegt, obwohl er offensichtlich an einer die übrigen Börsenbesucher gefährdenden körperlichen oder geistigen Krankheit leidet.

Der Geschäftsverkehr ist gestört, wenn z. B. jemand die Platzverteilung oder die für die Abgabe von Erklärungen vorgesehenen Zeitbestimmungen nicht beachtet (Rehm u. a., Anm. 19).

Als eine Störung der Ordnung und des Geschäftsverkehrs an der Börse ist es auch anzusehen, wenn sich vom Börsenbesuch ausgeschlossene Personen dennoch in den Börsenräumen einfinden (Begr. I, 23).

4. Liegt eine Störung vor, so kann der Börsenvorstand die Person, die die Störung hervorgerufen hat, sofort aus den Börsenräumen entfernen und mit zeitweiliger Ausschließung von der Börse oder mit Geldstrafe bestrafen (§ 8 Abs. 2 Satz 2).

Sofortige Entfernung aus den Börsenräumen kann unter Anwendung von unmittelbarem Zwang geschehen.

Zeitweilige Ausschließung von der Börse ist das Verbot des Börsenbesuchs (Teilnahme am Geschäftsverkehr an der Börse) für eine bestimmte Zeit. Nach Ablauf der Ausschließungsfrist ist der Betroffene zum Börsenbesuch wieder berechtigt, ohne daß es einer förmlichen Wiederzulassung bedarf.

Die Geldstrafe ist Ordnungsstrafe, nicht Kriminalstrafe.

Das Höchstmaß der Ausschließung wie der Geldstrafe ist in den Börsenordnungen zu bestimmen (Abs. 2 Satz 3). Das Höchstmaß der Geldstrafe darf nach Art. II Abs. 2 der VO über Vermögensstrafen und Bußen vom 6. 2. 1924 (RGBl. I S. 44) 1000 Deutsche Mark nicht überschreiten.

5. Welches und wie viele von den Zwangsmitteln angewendet werden dürfen, richtet sich nach der Schwere der Verfehlung (Rehm u. a., Anm. 22). Die Verhältnismäßigkeit muß gewahrt sein. Neben der sofortigen Entfernung von der Börse kann nur zeitweilige Ausschließung oder Geldstrafe verhängt werden, nicht beides (vgl. das „oder" in Abs. 2 Satz 3). Die Mittel können wiederholt werden.

Wenn der „Börsenvorstand" die Maßregeln treffen kann, so bedeutet dies nicht, daß in jedem Fall sämtliche Mitglieder zusammen beschließen müssen. Die Maßnahmen der sofortigen Entfernung und der Geldstrafe können einem Mitglied oder Ausschuß des Vorstandes übertragen werden. Lediglich bei der Ausschließung wird man einen Beschluß des gesamten Börsenvorstandes bzw., wo Abteilungsvorstände vorhanden sind, des ganzen Abteilungsvorstandes für notwendig halten müssen, da die Maßnahme eine für die wirtschaftliche Existenz des Ausgeschlossenen oft entscheidende Bedeutung hat.

Die Börsenordnungen können und werden das Verfahren im allgemeinen näher regeln.

6. Die Ausschließung von der Börse kann mit Genehmigung der Börsenaufsichtsbehörde durch Anschlag in der Börse bekanntgemacht werden (Abs. 2 Satz 4). Die Genehmigung der Börsenaufsichtsbehörde kann allgemein erteilt werden. Nur die Ausschließung, nicht auch die Geldstrafen dürfen bekanntgemacht werden. Im übrigen wird man mit einem solchen Mittel der öffentlichen Brandmarkung nur im Ausnahmefall vorgehen.

7. Die in Abs. 3 festgelegte Beschwerdemöglichkeit betrifft nur die Maßnahmen der Ausschließung und der Geldstrafe, nicht die sofortige Entfernung aus den Börsenräumen. Die Frist, innerhalb der die Beschwerde zu erheben ist, muß in der Börsenordnung festgesetzt sein. Es handelt sich um eine Rechtsbeschwerde, die an die nächste, dem Börsenvorstand vorgesetzte Aufsichtsbehörde, regelmäßig also an das aufsichtsführende Handelsorgan zu richten ist (§ 1 Abs. 2 Satz 2). Bei Ablehnung kann der Betroffene jetzt regelmäßig Klage im Verwaltungsstreitverfahren erheben.

Die Beschwerde hat aufschiebende Wirkung (s. dagegen § 16 Abs. 4). An der Entscheidung über sie dürfen Personen, die an der angefochtenen Entscheidung mitgewirkt haben, nicht mitwirken.

8. Die in Abs. 4 enthaltene Möglichkeit, Personen den Zutritt zur Börse zu untersagen, betrifft nicht Börsenbesucher, sondern sonstiges, die Börse aufsuchendes Publikum. Gegen die Untersagung des Zutritts haben diese Personen nur die Aufsichtsbeschwerde.

§ 9

An jeder Börse wird ein Ehrengericht gebildet. Es besteht, wenn die unmittelbare Aufsicht über die Börse einem Handelsorgane (§ 1 Abs. 2) übertragen ist, aus der Gesamtheit oder einem Ausschusse dieses Aufsichtsorgans, andernfalls aus Mitgliedern, welche von den Börsenorganen gewählt werden. Die näheren Bestimmungen über die Zusammensetzung des Ehrengerichts werden von der Landesregierung erlassen.

Schrifttum: Göppert S. 166 ff.

1. § 9 betrifft die Notwendigkeit und Zusammensetzung des Ehrengerichts. Die Bezeichnung „Ehrengericht" ist an Stelle der von der Börsenenquetekommission vorgeschlagenen Bezeichnung „Disziplinarhof" gewählt worden; dennoch ist das Ehrengericht in Wirklichkeit ein Disziplinargericht, da nur das im Zusammenhang mit ihrer Börsentätigkeit stehende Verhalten der Börsenbesucher (§ 10), nicht ihr sonstiges geschäftliches oder außergeschäftliches Verhalten seiner Beurteilung unterliegt.

2. An jeder Börse muß ein Ehrengericht vorhanden sein. Es dient dem Zweck, Störungen des Börsenverkehrs durch die Teilnahme nicht vertrauenswürdiger Börsenbesucher zu verhüten. Deshalb kann es Börsenbesucher, welche sich im Zusammenhange mit ihrer Tätigkeit an der Börse eine mit der Ehre oder dem Anspruch auf kaufmännisches Vertrauen nicht zu vereinbarende Handlung haben zuschulden kommen lassen, zur Verantwortung ziehen (§ 10). Es übt ihm durch Gesetz verliehene staatliche Hoheitsrechte aus und ist eine selbständige Behörde an der Börse (so Göppert S. 171 gegen Rehm u. a., Anm. 4, 5).

3. Das nach § 9 zu bildende Ehrengericht ist die erste Instanz der Disziplinargerichtsbarkeit in Börsensachen. Die zweite Instanz bildet die Berufungskammer (s. §§ 17 ff.).

4. Es herrscht Streit darüber, ob das Ehrengericht ein Börsenorgan im Sinne des § 2 Abs. 1 Satz 3 ist oder nicht (dafür Rehm u. a., § 9 Anm. 3; dagegen besonders Göppert S. 250, 268). Die Streitfrage, die m. E. im verneinenden Sinn zu beantworten ist, ist ohne praktische Bedeutung. Denn die Befugnisse des Staatskommissars im ehrengerichtlichen Verfahren sind besonders geregelt; im übrigen steht die Aufsicht in bezug auf Organisation und Geschäftsgang, gleichviel, aus welchen Mitgliedern es besteht, der Landesregierung zu, während es in bezug auf seine richterlichen Entscheidungen volle richterliche Unabhängigkeit genießt. Eine Aufsicht des mit der unmittelbaren Börsenaufsicht ausgestatteten Handelsorgans über das Ehrengericht kann nach dessen gesetzlicher Struktur auch dann nicht in Betracht kommen, wenn das Ehrengericht aus einem Ausschuß dieses Organs besteht.

5. § 9 Satz 2 bestimmt, aus welchen Personen (Mitgliedern) sich das Ehrengericht zusammensetzt. Zwei Fälle werden unterschieden: wenn die unmittelbare Aufsicht über die Börse einem Handelsorgan übertragen ist (§ 1 Abs. 2), so besteht das Ehrengericht aus der Gesamtheit oder einem Ausschuß dieses Aufsichtsorgans; ist dagegen die unmittelbare Aufsicht nicht einem Handelsorgan übertragen, so setzt es sich aus Personen (Mitgliedern) zusammen, die von den Börsenorganen gewählt werden.

Handelsorgane sind die durch Gesetz eingerichteten Vertretungsorgane des Handels, insbesondere die Industrie- und Handelskammern als Körperschaften des öffentlichen Rechts, aber auch die mit staatlicher Billigung gebildeten freiwilligen Vertretungskörperschaften der Wirtschaft, die Aufgaben der wirtschaftlichen Selbstverwaltung wahrnehmen (ebenso Rehm u. a., § 1 Anm. 25; vgl. auch Bremer, JR 1955, 332).

Nach der Begründung (I, 24) soll für die Mitgliedschaft im Ehrengericht die Berufszugehörigkeit zu den den Börsenhandel betreibenden und vermittelnden Erwerbszweigen entscheidend sein. Wie die Zulassung der „Gesamtheit" des aufsichtsführenden Handelsorgans als Ehrengericht zeigt, ist hierbei an die Zugehörigkeit zum kaufmännischen Beruf im weiteren

Sinne gedacht, nicht nur an eine unmittelbar mit dem Börsenhandel zusammenhängende Geschäftstätigkeit. Allerdings werden die Ehrengerichte, sofern sie nicht aus der Gesamtheit des Handelsorgans bestehen, vorzugsweise aus Börsenbesuchern gebildet, da diesen die zur Beurteilung der Beschuldigungen erforderliche Sachkunde mehr als anderen Kaufleuten innewohnt. Die Zuziehung eines Rechtskundigen (Syndikus) mit beratender Stimme ist statthaft.

Ob in den Ausschuß auch Personen gewählt werden können, die nicht dem Handelsorgan selbst angehören, ist streitig. Einzelne frühere Börsenordnungen haben dies zugelassen. Die Frage dürfte aber im Hinblick auf den Wortlaut des Gesetzes („aus einem Ausschuß dieses Aufsichtsorgans") zu verneinen sein (ebenso Göppert S. 173).

Liegt nicht der erste Fall vor, so haben die Börsenorgane die Mitglieder des Ehrengerichts zu bestimmen. Dabei dürfte unter Börsenorgan nur der Börsenvorstand zu verstehen sein; das übergeordnete Handelsorgan nicht, weil nur Börsen in Betracht kommen können, die einem solchen nicht unterworfen sind, die übrigen Börsenorgane nicht, weil ihre Beschränkung auf besondere Aufgaben der Befassung mit der Bildung des Ehrengerichts entgegensteht.

6. Die näheren Bestimmungen über die Bildung des Ehrengerichts sind regelmäßig in den Börsenordnungen enthalten und gelten durch deren Genehmigung (§ 4 Abs. 2) als von der Landesregierung erlassen.

§ 10

Das Ehrengericht zieht zur Verantwortung Börsenbesucher, welche im Zusammenhange mit ihrer Tätigkeit an der Börse sich eine mit der Ehre oder dem Anspruch auf kaufmännisches Vertrauen nicht zu vereinbarende Handlung haben zu Schulden kommen lassen. Amtlich bestellte Kursmakler und ihre Stellvertreter unterliegen jedoch nicht der Gerichtsbarkeit des Ehrengerichts.

Schrifttum: Göppert S. 174 ff.; Sammlung von Entscheidungen der Berufungskammer in Börsenehrengerichtssachen, herausgegeben vom Reichsamt des Innern, 1909 (zitiert I); Sammlung desgl., herausgegeben vom Reichswirtschaftsministerium, 1928 (zitiert II); Meyer, die Rechtsprechung der Berufungskammer in Börsenehrengerichtssachen, BA 1927/28, 439 ff.

Vorbemerkung: § 10 Satz 2 ist durch Ziff. 1 des Gesetzes zur Änderung des BörsG vom 5. 3. 1934 (RGBl. I S. 169) hinzugefügt worden. Der Grund hierfür war, daß die besondere Regelung der Rechte und Pflichten der amtlich bestellten Kursmakler und ihrer Stellvertreter durch die §§ 30 und 32 BörsG einer Anwendung der Vorschriften über das Verfahren von den Börsenehrengerichten widerspricht.

1. Nach Satz 1 können Börsenbesucher, welche sich im Zusammenhang mit ihrer Tätigkeit an der Börse eine mit der Ehre oder dem Anspruch auf kaufmännisches Vertrauen nicht zu vereinbarende Handlung haben zuschulden kommen lassen, durch das Ehrengericht zur Verantwortung gezogen werden. Voraussetzung für die Verfolgung durch das Börsenehrengericht ist also, daß a) die Hand-

lungsweise eines Börsenbesuchers in Rede steht, b) die Handlung dieses Besuchers mit einer Tätigkeit an der Börse im Zusammenhang steht, c) die Handlung entweder mit der Ehre oder dem Anspruch auf kaufmännisches Vertrauen nicht zu vereinbaren ist, und schließlich d), daß sich der Börsenbesucher die Handlung hat „zuschulden kommen lassen". Die Voraussetzungen werden im Folgenden näher untersucht.

2. Nur „Börsenbesucher" werden zur Verantwortung gezogen. Börsenbesucher in diesem Sinn sind lediglich physische, nicht auch juristische Personen (II, 35). Im übrigen ist die Bestimmung dieses Begriffs, je nach den Vorschriften der im Einzelfall maßgeblichen Börsenordnung über die Zulassung zum Börsenbesuch (vgl. § 5 Ziff. 3) verschieden.

Soweit für die Zulassung ein förmliches Verfahren oder auch nur die Ausstellung ständiger Eintrittskarten erfordert ist, wird hierdurch die Börsenbesuchereigenschaft begründet. Wer nach der Börsenordnung zum Besuch einer Börse zugelassen ist, kann die Zuständigkeit ihres Ehrengerichts nicht wirksam deshalb bestreiten, weil er die Börse tatsächlich nicht besucht (BerK 5. 12. 1910). Soweit solche Erfordernisse für den Börsenbesuch nicht bestehen, gelten als Börsenbesucher diejenigen, die an der Börse tatsächlich, und zwar nicht nur gelegentlich, eine Tätigkeit ausüben.

Innerhalb des derart begrenzten Personenkreises macht das Gesetz in Verfolg des Zweckes, unehrenhafte Elemente vom Börsenverkehr auszuschalten (Begr. I, 24) keinen Unterschied, welcher Tätigkeit die Börsenbesucher im Verkehr an der Börse nachgehen, und ob sie ihre Tätigkeit selbständig oder als Angestellte ausüben (II, 21, 57, 97, 246). Auch Berichterstatter der Presse können vom Ehrengericht zur Verantwortung gezogen werden (I, 1, 56, 112).

Die Eigenschaft als Börsenbesucher kann auch dann vorhanden sein, wenn der Börsenbesuch in unrechtmäßiger Weise erfolgt (II, 63).

Freiwilliger Verzicht auf den Börsenbesuch nach Begehung der strafbaren Handlung berührt die Zuständigkeit des Ehrengerichts zur Aburteilung der Tat in keiner Beziehung (I, 15, 34, 82; II, 65, 171, 225, 232).

Die Berufungskammer hat darüber hinaus auch alle diejenigen Mitinhaber oder Leiter von Firmen als Börsenbesucher i. S. des § 10 angesehen, „welche Geschäfte an der Börse abschließen oder unmittelbar an der Verwirklichung von an der Börse getätigten Geschäften mitarbeiten oder an solchen beteiligt sind, ohne daß sie selbst zum Börsenbesuch zugelassen sind". Falls sie Geschäfte an der Börse von ihren zur Börse zugelassenen Angestellten oder durch Dritte besorgen lassen und zur Zeit der Begehung der vom Ehrengericht abzuurteilenden Handlung die gesetzlichen Voraussetzungen der Zulassung zur Börse oder die von der Börsenordnung festgesetzten Erfordernisse der Zulassung erfüllen, sollen sie ebenfalls als Börsenbesucher i. S. des § 10 vom Börsenehrengericht bestraft werden können (II, 165, 199). Diese Rechtsprechung verstößt gegen den Wortlaut des Gesetzes sowie gegen die Logik. Denn es kann z. B. niemand „zeitweilig vom Börsenbesuch ausgeschlossen werden, der weder Börsenbesucher ist noch war" (so richtig Meyer a. a. O. S 440).

Schließlich ist zu erwähnen, daß das Ehrengericht einer Börse nur die Besucher dieser Börse zur Rechenschaft ziehen kann. Der Umstand, daß der Beschuldigte Besucher einer anderen deutschen Börse ist, vermag die Zuständigkeit des Ehrengerichts dort, wo er nicht als Börsenbesucher anzusehen ist, nicht zu begründen (BerK 25. 11. 1905).

3. Die Handlung, die vom Börsenehrengericht verurteilt werden kann, muß „im Zusammenhang mit der Tätigkeit der Börsenbesucher an der Börse" stehen. Der Gesetzgeber hat es für zu weitgehend erachtet, den Geschäftsbetrieb der Börsenbesucher auch außerhalb der Börse der ehrengerichtlichen Kontrolle zu unterstellen (Begr. I, 24). Das deshalb zur Voraussetzung des ehrengerichtlichen Einschreitens gemachte Tatbestandsmerkmal des Zusammenhanges der Handlung mit der Tätigkeit des Beschuldigten an der Börse hat jedoch in der Übung eine sehr weite Auslegung erfahren. Die Berufungskammer vertritt mit Recht die Auffassung, daß jeder Börsenbesucher in seiner gesamten Tätigkeit dem Ehrengericht untersteht, soweit die zu beanstandende Handlung einen sei es auch nur mittelbaren sachlichen Zusammenhang mit seiner Tätigkeit an der Börse aufweist oder, anders ausgedrückt, seine Tätigkeit an der Börse die Grundlage der Handlung bildet. Unerheblich ist, ob die Handlung an der Börse begangen ist oder nicht. Es genügt, daß sie in einem Bereich der geschäftlichen Betätigung liegt, für die der Täter einen Rückhalt an der Börse sucht und bei der er die an der Börse fortlaufend erworbene Geschäftskunde verwertet (I, 40, 57, 67, 89, 107, 122; II, 12, 37, 45, 105, 127, 140, 236).

In diesem Sinn ist der Zusammenhang z. B. vorhanden, wenn der Beschuldigte an der Börse Getreidegeschäfte macht, und es ein Getreidegeschäft ist, wegen dessen er zur Verantwortung gezogen wird (BerK 4. 7. 1901). Der Zusammenhang geht ferner bei Geschäften nicht deshalb verloren, weil es sich im Einzelfall um nicht notierte und selbst um nicht börsenfähige Werte handelt (BerK 26. 10. 1907; 6. 10. 1910).

In Übereinstimmung mit der für kaufmännische Börsenbesucher geltenden Übung ist hinsichtlich der die Börse besuchenden Berichterstatter der Presse der Zusammenhang beispielsweise zu Ungunsten eines Handelsredakteurs als vorhanden angenommen worden, der fahrlässig über eine Bank, „die durch ihre Geschäftstätigkeit und durch die von ihr ausgegebenen Aktien in den vielfältigsten Beziehungen zur Börse steht", kreditschädigende Nachrichten veröffentlicht hatte: „denn hierdurch können die Börse und die in ihr vertretenen wirtschaftlichen Interessen auf das empfindlichste betroffen werden" (I, 57). Allerdings erklärt die Berufungskammer in dieser Entscheidung auch, daß die Auffassung, daß „durch die in Ausübung des handelsjournalistischen Berufs erfolgenden Publikationen eines Börsenbesuchers der Zusammenhang ein für allemal und prinzipiell begründet" sei, nicht zutreffend ist (I, 66). Ob der Journalist seine Informationen an oder außerhalb der Börse erhalten hat, ist dabei unerheblich.

Nicht im Zusammenhang mit der Tätigkeit an der Börse stehen Urteile eines Börsenbesuchers zur Begründung eines Ablehnungsgesuches im Börsenehrengerichtsverfahren (BerK 23. 5. 1908).

4. Die Handlung, derentwegen ein Börsenbesucher durch das Ehrengericht zur Verantwortung gezogen werden kann, muß eine solche sein, die sich „mit der Ehre oder dem Anspruch auf kaufmännisches Vertrauen" nicht vereinbaren läßt. Die Begründung (I, 29) führt als bemerkenswerte Beispiele, aus denen ein Anhalt für die Voraussetzungen ehrengerichtlichen Einschreitens zu entnehmen ist, folgendes auf:

a) Arglistige Beeinflussung der Kurse oder Preise, insbesondere durch Scheingeschäfte, Abschiebungen, Unter-der-Hand-Regulierungen und Verbreitung falscher Gerüchte;

b) Gewährung und Annahme von Geschenken in der Absicht, Äußerungen in der Presse zugunsten oder zum Nachteile gewisser Unternehmungen herbeizuführen oder zu unterdrücken;

c) Anwendung von Geschäftsbedingungen, die gegen den kaufmännischen Anstand verstoßen;

d) Verhalten eines Emittenten, das nach § 45 seine Schadensersatzpflicht begründet;

e) Anreizung zu Börsenspekulationen, die außerhalb des Geschäftsbetriebes des Angereizten liegen, falls sie in einer des ehrbaren Kaufmanns unwürdigen Weise erfolgen, gleichviel, ob die Anreizung durch den Anreizenden persönlich oder durch Agenten, Briefe, Anzeigen, Reklamen in öffentlichen Blättern oder dergleichen erfolgt;

f) Abschluß von Börsengeschäften mit Handelsangestellten und Personen, die im Handelsgewerbe „Gesindedienste" verrichten, ohne Genehmigung der Prinzipale, desgleichen mit Kassenbeamten öffentlicher Behörden ohne Genehmigung der Dienstbehörde, bei Kenntnis dieser Stellungen seitens des Abschließenden und bei Mangel besonderer Gründe für den guten Glauben, daß die Geschäfte in den Kreis der durch die Verwaltung eigenen Vermögens der Betreffenden oder ihrer Angehörigen erforderten fallen;

g) Abschluß von Börsenspekulationsgeschäften mit Personen in unselbständiger oder dürftiger wirtschaftlicher Lage, oder mit Personen, deren Geschäftsbetrieb solche Abschlüsse nicht gewöhnlich mit sich bringt, in einem Umfang, der im auffälligen Mißverhältnis zu ihrer wirtschaftlichen Lage steht wenn diese Umstände dem Abschließenden bei Anwendung gewöhnlicher Aufmerksamkeit nicht entgehen konnten;

h) wiederholte Benutzung unkontraktlicher Ware zur Kündigung, wenn der Kündigende wußte oder den Umständen nach wissen mußte, daß die Ware den an die lieferungsfähige Qualität zu stellenden Anforderungen nicht entspricht; desgleien alle Kündigungen ohne vorhandene Ware sowie alle Scheinkündigungen.

Ferner ist in der Begründung (I, 41) die Möglichkeit ehrengerichtlicher Verfolgung wegen Verletzung des § 37 Abs. 2 erwähnt; außerdem wurden in der Reichstagskommission Scheinzeichnungen durch das Emissionshaus oder ihm Nahestehende und Begünstigungen letzterer bei der Zuweisung gezeichneter Beträge als ehrengerichtlich strafbar hervorgehoben (KB I, 25). Endlich herrschte in der Reichstagskommission die „einmütige Meinung", daß die mißbräuchliche Benutzung des Terminhandels zum Börsenspiel in geeigneten Fällen eine ehrengerichtlich zu ahndende Handlung wäre (KB I, 77). Wie die Ausführungen hierzu zeigen, ging man jedoch dabei größtenteils von einer allgemeinen Verurteilung der gewerbsmäßigen Börsenspekulation und Verkennung ihrer wirtschaftlichen Bedeutung aus. Demgegenüber bedarf es der ausdrücklichen Feststellung, daß das Vorhandensein dieser Spekulation eine wesentliche Voraussetzung für die Funktion der Börse als eines stets bereiten Marktes für den An- und Verkauf der dort gehandelten Waren und Wertpapiere ist.

Zur Definition der Begriffe „Ehre" und „Anspruch auf kaufmännisches Vertrauen" ist im einzelnen folgendes zu sagen:

Ehre ist die Achtungswürdigkeit des Einzelnen innerhalb der Gemeinschaft, hier innerhalb der Börsenkreise, d. h. der Wert, der dem Einzelnen nach dem Maße der Erfüllung der ihm innerhalb dieser Gemeinschaft obliegenden Pflichten zukommt. Die Achtungswürdigkeit bestimmt sich nicht nach einem von den Beziehungen zur Außenwelt losgelösten inneren Wert des Menschen.

Anspruch auf kaufmännisches Vertrauen bedeutet Anspruch auf das Maß von Vertrauen, wie es im kaufmännischen Verkehr üblich ist, wie es aber auch von den die Börse bildenden Kaufleuten bei denjenigen vorausgesetzt werden muß, denen sie durch Zulassung zum Besuch der Börse Einblick in ihren Geschäftsbetrieb gewähren. Daher können auch Börsenbesucher, die dem Kaufmannsstand nicht angehören, dagegen verstoßen (I, 65).

Der Anspruch auf kaufmännisches Vertrauen kann verletzt werden, ohne daß eine unehrenhafte Handlung begangen ist (I, 1), insbesondere durch grobe Fahrlässigkeit (I, 57). Es sind somit Fälle denkbar, bei denen die inkriminierte Handlung nur unter das eine oder das andere Tatbestandsmerkmal fällt. In solchen Fällen aber zwischen unehrenhaften und „ehrenhaften, aber vertrauenswidrigen Handlungen" zu unterscheiden (so Rehm u. a., Anm. 2), geht zu weit. Die Handlungsweise ist hier in bezug auf „Ehre" völlig irrelevant. Im allgemeinen wird jedoch, wie schon die Begründung zeigt, die Grenze zwischen dem einen und dem anderen Tatbestandsmerkmal in der Praxis sehr schwierig zu ziehen sein. Da für beide Arten strafbarer Handlungen die gleichen Strafen vorgesehen sind (vgl. § 15 Abs. 1 BörsG), kommt es im einzelnen weniger darauf an, ob eine Handlung gegen die Ehre oder gegen den Anspruch auf kaufmännisches Vertrauen verstößt, als vielmehr darauf, ob in ihr überhaupt ein Verstoß gegen die kaufmännische Moral, die beide Begriffe deckt (II, 47), zu finden ist (Meyer a. a. O. S. 441).

Im übrigen dürfte die ehrlose Handlungsweise in der Regel schwerer als ein Verstoß gegen den Anspruch auf kaufmännisches Vertrauen zu bewerten sein (II, 4).

Aus der Kasuistik ist noch folgendes von Bedeutung: Die Berufungskammer hat zwischen dem gesetzlich zugelassenen und dem ehrenrechtlich erlaubten streng unterschieden. Die Ehrengerichte haben sich allein mit der sittlichen Seite der unterbreiteten Vorgänge zu befassen und die Prüfung, ob eine gesetzlich erlaubte Handlung auch den Anforderungen des kaufmännischen Anstandes und der kaufmännischen Ehre genügt, frei von aller Rücksicht auf die den Gerichten zu überlassenden Rechtsfragen abzugeben (I, 21; II, 47, 196). Mithin braucht ein Börsenbesucher nicht rechtswidrig gehandelt zu haben, um vom Ehrengericht verurteilt zu werden (II, 47). In Verfolg dieser Auffassung hat die Berufungskammer jede Berufung von Börsenbesuchern auf die Unklagbarkeit von Börsentermingeschäften, namentlich die Erhebung oder die Androhung des Differenzeinwandes, auch schon die Erwähnung dieses Einwandes in der Absicht, dadurch ein Entgegenkommen des Vertragsgegners zu erreichen, unter allen Umständen als ehrwidrig betrachtet (vgl. z. B. I, 52, 82, 133; II, 97, 189, 248). Ebenso ist auch der Kettenhandelseinwand (II, 80, 94, 171), der Einwand der mangelnden Handelserlaubnis (II, 145, 191, 211), der Einwand des verbotenen Handels (II, 101, 125) und der Preistreiberei-Einwand (II, 108, 112) als mit der kaufmännischen Moral nicht vereinbar zu betrachten. Das Gleiche gilt für Nichtigkeitseinwände jeder Art (II, 76) sowie für alle Einwände, die der tatsächlichen rechtlichen Grundlage entbehren und nur der Verschleppung dienen (II, 17, 138, 183). Für die Erhebung dieser Einwände läßt die Berufungskammer auch nicht als Entschuldigungsgründe gelten, daß sich der Beschuldigte wegen seiner ungünstigen Vermögenslage und im Interesse seiner anderen Gläubiger nicht für berechtigt hält, die an ihn gestellten Forderungen anzuerkennen (I, 100), oder daß sein Vertragsgegner die Erfüllung seiner Verbindlichkeiten verweigert (I, 89), oder daß der Beschuldigte sich nachträglich mit dem Vertragsgegner geeinigt hat (II, 21).

Unbeachtlich ist, ob der Beschuldigte solche Einwände selbst erhoben oder geduldet, oder ob sie sein Anwalt erhoben hat (I, 45, 81, 133; II, 76, 89, 99, 101, 112). Für die Einwände des Anwalts ist der Beschuldigte in jedem Fall ehrengerichtlich haftbar (II, 99).

Ebenso stehen Schiedsverträge unter dem Schutz der Vertragstreue. Deshalb ist die Nichtanerkennung des Spruchs eines vereinbarten Schiedsgerichts, mag der Beschuldigte sich erst durch Verurteilung vor dem ordentlichen Gericht zur Zahlung des geschuldeten Betrages zwingen lassen (II, 127) oder die Unwirksamkeit des Schiedsspruchs durch Anrufung des ordentlichen Gerichts herbeizuführen suchen (II, 220), strafbar. Schon der Versuch, den Gang des Schiedsverfahrens mit nicht einwandfreien Mitteln zu unterbrechen, unterliegt der Verfolgung durch das Ehrengericht (II, 78). Der Börsenbesucher darf sich auch dann nicht von einem Vertrag lossagen, wenn die Gegenpartei einem Staat angehört, der sich zu Deutschland in einem unfreundlichen oder selbst gegnerischen Verhältnis befindet, es sei denn, daß der Gesetzgeber dies vorschreibt. Andernfalls verdient ein derartiger Vertragsbruch eine besonders scharfe Mißbilligung (II, 138).

Strafbar ist auch der Abschluß von Spekulationsgeschäften mit Angestellten anderer Banken ohne vorherige Einholung der Zustimmung ihres Geschäftsherrn (I, 24, 78, 105; II, 1, 109, 186). Zur Strafbarkeit genügt, wenn an solche Personen gewerbsmäßig Anerbietungen für Börsengeschäfte wie Börsenberichte und dergleichen gesandt werden (BerK 7. 4. 1914).

Die Strafbarkeit erstreckt sich auch auf Geschäfte mit Angestellten in gehobener Stellung wie Prokuristen und Abteilungsdirektoren einer Bank

(II, 62). Dagegen ist der Geschäftsführer einer GmbH oder das Vorstandsmitglied einer AG nicht als Angestellter zu betrachten (II, 19). Nicht strafbar sind Spekulationsgeschäfte von Angestellten mit Wissen ihres Prinzipals (II, 57). Ehrwidrig ist es jedoch, wenn dem Angestellten als Entlohnung lediglich Gelegenheit zu Spekulationen geboten und er damit zu diesen Geschäften angereizt wird (II, 186).

In jedem Fall ehrwidrig ist auch die Anreizung der Spekulationslust von zu Börsengeschäften ungeeigneten Personen (II, 10, 47, 157), namentlich auch durch Versendung verlockender Offerten (II, 48).

Sind strafrechtlich strafbare Handlungen begangen worden, so können sie zugleich Anlaß zu ehrengerichtlicher Ahndung bieten, wenn das Erfordernis des Zusammenhangs mit der Börsentätigkeit des Beschuldigten erfüllt ist. Dies gilt auch dann, wenn die Kriminalstrafe bereits verhängt ist. Im übrigen braucht nicht jede kriminelle Handlung zugleich einen Verstoß gegen die Ehre oder gegen den Anspruch auf kaufmännisches Vertrauen darzustellen.

Auch die Nichtbeachtung von Bestimmungen, die von den Börsenorganen zum Wohl der Börse erlassen sind, kann als ehrwidriges Verhalten betrachtet werden. So hat z. B. die Berufungskammer das Verhalten eines Börsenbesuchers, der entgegen der Absicht der Börsenordnung Personen, deren Fernhaltung von der Börse bezweckt war, durch unlautere Mittel Zutritt verschafft hatte, wegen dieser Handlung bestraft (II, 90). Ebenso hat die Berufungskammer einen Börsenbesucher, der für Personen, die nicht im Angestelltenverhältnis zu ihm standen, eine auf den Namen seiner Firma lautende Angestelltenkarte besorgt hatte (II, 153), und einen Börsenbesucher, der eine ihm als Angestellten einer Firma erteilte Börsenkarte als Geschäftsführer einer später von ihm selbst gegründeten Gesellschaft weiter benutzte (II, 140), ehrengerichtlich bestraft.

Hinsichtlich des Verhältnisses zwischen Bankier und Kunden hat die Berufungskammer festgestellt, daß dieses Verhältnis immer ein gewisses Vertrauensverhältnis darstellt (II, 22). Die Berufungskammer erblickt demgemäß in jedem Versuch eines Bankiers, beim Abschluß oder bei der Ausübung von Börsengeschäften zum Nachteil des Kunden einen unerlaubten Vorteil zu erringen, einen Verstoß gegen die kaufmännische Ehre (I, 85; II, 228). Ehrwidrig ist in diesem Zusammenhang auch das Tätigen von Börsenspekulationen in Vollmacht und auf Rechnung eines nicht genügend Geschäftskundigen, sofern nicht für dessen weitgehende Aufklärung über die Tragweite der Geschäfte und seine genaue laufende Information gesorgt wird (II, 57). Scharfe Geschäftsbedingungen eines Bankiers sind indessen nicht ohne weiteres geeignet, ehrengerichtlich verfolgt zu werden (II, 159).

Für die geschäftlichen Handlungen seiner Angestellten ist der Geschäftsherr ehrengerichtlich nicht nur verantwortlich, wenn er mit den Handlungen einverstanden war (I, 123), sondern auch, wenn er die Handlungen nicht genügend im Hinblick auf den gebotenen kaufmännischen Anstand kontrolliert hat (II, 47).

5. Der Börsenbesucher muß sich die Handlung „zu Schulden kommen lassen". Unter „Schuld" sind die willentlichen Beziehungen des

Börsenbesuchers zu der inkriminierten Handlung zu verstehen, die dazu führen, ihm aus dieser Handlung einen Vorwurf zu machen. Ob er vorsätzlich oder fahrlässig handelt, spielt dabei keine Rolle. Entscheidend ist die Einstellung des Börsenbesuchers zu den Forderungen der Allgemeinheit der Börsenbesucher. Verletzt er diese Forderungen, ohne daß ihm ein Schuldausschließungsgrund zur Seite steht, so kann er ehrengerichtlich bestraft werden.

§ 11

Von der Einleitung oder Ablehnung eines ehrengerichtlichen Verfahrens ist der Staatskommissar (§ 2) zu unterrichten. Er kann die Einleitung eines ehrengerichtlichen Verfahrens verlangen. Diesem Verlangen sowie allen von dem Kommissar gestellten Beweisanträgen muß stattgegeben werden. Der Kommissar hat das Recht, allen Verhandlungen beizuwohnen und die ihm geeignet erscheinenden Anträge sowie Fragen an den Beschuldigten, die Zeugen und Sachverständigen zu stellen.

1. § 11, der Bestimmungen über die Teilnahme des Staatskommissars am ehrengerichtlichen Verfahren trifft, bezieht sich unmittelbar nur auf das Verfahren vor dem Ehrengericht; jedoch finden seine Vorschriften auf das Verfahren von der Berufungskammer entsprechende Anwendung (§ 23 Abs. 3).

2. Das ehrengerichtliche Verfahren wird auf Antrag oder von Amts wegen eingeleitet. Den Antrag kann jedermann stellen. Stellt ihn der Staatskommissar, so muß ihm das Ehrengericht entsprechen. Stellt ihn der Börsenvorstand, ein anderes Börsenorgan oder die Börsenaufsichtsbehörde (§ 8 Abs. 1), so steht in diesen Fällen die Einleitung des Verfahrens im Ermessen des Ehrengerichts. Im übrigen ist die Börsenaufsichtsbehörde nach § 27 verpflichtet, ehrenwidrige Handlungen der Börsenbesucher dem Staatskommissar oder, wenn ein solcher nicht bestellt ist, dem Ehrengericht zur Kenntnis zu bringen. Für den Börsenvorstand oder ein anderes Organ der Börse besteht diese Pflicht nicht.

Einleitung und Ablehnung des ehrengerichtlichen Verfahrens erfolgen durch Beschluß des Ehrengerichts. Der Beschluß auf Einleitung bedarf nicht der Zustimmung des Staatskommissars; der Beschluß auf Ablehnung wird dagegen hinfällig, wenn der Staatskommissar gemäß Satz 2 die Einleitung des Verfahrens verlangt. Die Ablehnung eines ehrengerichtlichen Verfahrens ist nur vor Eröffnung der Voruntersuchung (§ 12) statthaft; ist diese eröffnet, so kann gegebenenfalls nur Einstellung des Verfahrens gemäß § 13 erfolgen.

3. Das Ehrengericht ist befugt, den Sachverhalt vor der Beschlußfassung über die Einleitung des Verfahrens zu prüfen. Es kann zunächst ein Ermittlungsverfahren durchführen und die Angaben des Antrags durch Beweiserhebung ergänzen. Die Gerichte sind ihm zur Rechtshilfe verpflichtet (§ 26).

4. Die dem Staatskommissar im Ehrengerichtsverfahren zugewiesene Stellung deckt sich nicht mit der eines Staatsanwalts (Begr. I, 25); die sich aus seinen allgemeinen Aufgaben (§ 2) ergebenden Befugnisse sind lediglich hier fester als im übrigen umgrenzt und ausgestaltet. Zu seinen aus § 11 herzuleitenden Rechten gehört auch die Akteneinsicht, da diese stets zur Information erforderlich sein kann. Überhaupt ist der Staatskommissar berechtigt, allen Verhandlungen beizuwohnen. Er ist daher auch zu allen Verhandlungen ohne weiteres zu laden. Das gilt ebenso für Verhandlungen im Ermittlungs- wie im Voruntersuchungsverfahren.

5. Nur den Beweisanträgen des Staatskommissars ist stattzugeben. Stellt der Beschuldigte solche Anträge, so steht es dem Ehrengericht frei, ihnen zu entsprechen.

§ 12

Zur Vorbereitung der Hauptverhandlung kann das Ehrengericht einem Mitgliede die Führung einer Voruntersuchung übertragen. In der Voruntersuchung wird der Beschuldigte unter Mitteilung der Beschuldigungspunkte vorgeladen und, wenn er erscheint, mit seinen Erklärungen und Anträgen gehört.

Zeugen und Sachverständige dürfen nur unbeeidigt vernommen werden.

1. In den §§ 12 ff. werden die Hauptpunkte des ehrengerichtlichen Verfahrens durch eine verhältnismäßig geringe Zahl von Vorschriften geregelt, welche die prozessualen Fragen, die sich im Lauf eines Verfahrens ergeben können, durchaus nicht erschöpfen. Die Ausführung des vom Gesetz gegebenen Rahmens ist der Übung überlassen. Zu einer grundsätzlich richtigen Gestaltung dieser Übung bietet sich die entsprechende Anwendung der auf verwandten Rechtsgebieten bestehenden Vorschriften an, insbesondere derjenigen der StPO (BerK 21. 1. 1898). Dementsprechend ist die Voruntersuchung nicht etwa der einzige Weg, der dem Ehrengericht zur Aufklärung des Tatbestandes vor Anberaumung der Hauptverhandlung zusteht. Das Ehrengericht kann auch vorbereitende Ermittlungen vornehmen und erst dann, je nach deren Ergebnis, noch eine Voruntersuchung stattfinden lassen oder ohne solche das ehrengerichtliche Verfahren ablehnen (§ 11) oder die Hauptverhandlung anberaumen (§ 13). Auf das Verfahren bei Vornahme der Ermittlungen finden die im Interesse des Beschuldigten gegebenen Vorschriften über die Voruntersuchung (Führung durch ein Mitglied des Ehrengerichts; Anspruch des Beschuldigten auf Ladung und Gehör; Zuziehung eines vereideten Protokollführers, § 24) keine Anwendung. Dennoch ist die Anordnung des Ermittlungsverfahrens für den Beschuldigten günstiger als die Eröffnung einer Voruntersuchung, weil darin nicht zum Ausdruck kommt, daß das Ehrengericht einen die „Vorbereitung der Hauptverhandlung" erfordernden Verdacht für vorliegend erachtet. Zeugen und Sachverständige können im Ermittlungsverfahren ebenso wie in der Voruntersuchung vernommen werden.

2. Die Eröffnung einer Voruntersuchung steht im freien Ermessen des Ehrengerichts. Der Staatskommissar kann sie ebensowenig wie der Beschuldigte verlangen. Ist jedoch die Voruntersuchung eröffnet, so muß auch in ihr den Beweisanträgen des Staatskommissars stattgegeben werden (§ 11).

3. Mitglied des Ehrengerichts ist jede Person, die nach den Bestimmungen der Landesregierung zum Mitglied des Ehrengerichts bestellt oder gewählt worden ist. Ein Syndikus als rechtskundiger Beisitzer mit nur beratender Stimme erfüllt diese Voraussetzungen nicht. Die Übertragung der Voruntersuchung an ihn ist jedoch dann statthaft, wenn seine Zuziehung zur ordnungsmäßigen Zusammensetzung des Schiedsgerichts notwendig ist. Im übrigen kann der Mangel des Verfahrens, der in der Übertragung der Voruntersuchung an eine hierzu nicht qualifizierte Person liegt, dadurch geheilt werden, daß das Ergebnis der Voruntersuchung von dem Ehrengericht sorgfältig nachgeprüft wird (BerK 27. 10. 1906).

4. Das Mitglied, das die Voruntersuchung führt, kann im Gegensatz zum Strafprozeß (§ 23 Abs. 2 StPO) hier nach allgemeiner Übung auch in der Hauptverhandlung mitwirken.

5. Die Beschuldigungspunkte sind derart anzugeben, daß der Beschuldigte sich auf seine Verteidigung vorbereiten kann. Liegt dem Verfahren eine Anzeige zu Grunde, aus der die Beschwerdepunkte nicht klar genug hervorgehen, so muß das Ehrengericht auf geeignetem Wege vorher die Ergänzung herbeiführen. Die Unterlassung der vorgeschriebenen Angabe bei der Vorladung ist jedoch kein erheblicher Mangel des Verfahrens, wenn dem Beschuldigten dann die Beschwerdepunkte mitgeteilt werden, und er sich nunmehr äußert (BerK 3. 11. 1897).

6. Da das Gesetz Bestimmungen über die Art der Ladung nicht getroffen hat, genügt, sofern nicht anderweite Vorschriften im Aufsichtswege erlassen werden, jede den Nachweis der erfolgten Ladung ermöglichende Form.

7. Ein Zwang zum Erscheinen kann auf den Beschuldigten nicht ausgeübt werden, auch nicht durch Inanspruchnahme der Gerichte, da diese gemäß § 26 nur dem Ersuchen um Vernehmung von Zeugen und Sachverständigen zu entsprechen haben.

8. Der Beschuldigte kann sich entsprechend § 137 StPO auch in der Voruntersuchung des Beistandes eines Verteidigers bedienen. Zur Verteidigung können nicht nur Rechtsanwälte sowie Rechtslehrer an deutschen Hochschulen gewählt werden (s. § 138 Abs. 1 StPO), sondern jede Person, die in der Lage ist, eine ordnungsgemäße Verteidigung durchzuführen. Ein Recht auf Akteneinsicht steht dem Verteidiger erst nach Anberaumung der Hauptverhandlung (§ 13) zu. Vgl. § 147 StPO.

9. Auf Zeugen und Sachverständige kann ein Zwang zum Erscheinen und Aussagen mittelbar gemäß § 26 ausgeübt werden. Doch dürfen sie in der Voruntersuchung auch durch die Gerichte nur unbeeidigt vernommen werden. Wegen des Aussageverweigerungsrechts vgl. § 14 Anm. 8.

10. Jede Vernehmung in der Voruntersuchung ist zu protokollieren (§ 24).

11. § 12 gilt nicht für das Berufungsverfahren (vgl. § 23 Abs. 3).

§ 13

Mit Zustimmung des Staatskommissars kann das Ehrengericht das Verfahren einstellen, andernfalls ist die Hauptverhandlung anzuberaumen.

1. Ist ein ehrengerichtliches Verfahren eingeleitet, so kann das Ehrengericht das Verfahren jederzeit einstellen, gleichgültig ob eine Voruntersuchung stattgefunden hat oder nicht, wenn der Staatskommissar der Einstellung zustimmt. Hat daher das Ehrengericht die Absicht, das Verfahren einzustellen, so hat es dem Staatskommissar eine dementsprechende Mitteilung zu machen und die Zustimmung des Staatskommissars abzuwarten (a. M. Rehm u. a., Anm. 2). Stimmt der Staatskommissar zu, so stellt das Ehrengericht das Verfahren durch Beschluß ein.

2. Die Anberaumung der Hauptverhandlung, d. h. die der strafprozessualen Eröffnung des Hauptverfahrens entsprechende Entscheidung, daß die Hauptverhandlung anzuberaumen ist, kann durch Verfügung des Vorsitzenden erfolgen, wenn sie sich durch den Widerspruch des Staatskommissars gegen die vom Ehrengericht beabsichtigte Einstellung des Verfahrens von selbst ergibt. Andernfalls bedarf sie eines Beschlusses des Ehrengerichts. Die Mitwirkung an diesem Beschluß ist anders als im Strafprozeß (§ 23 Abs. 3 StPO) niemals ein Hindernis der Mitwirkung in der Hauptverhandlung.

§ 14

Die Hauptverhandlung vor dem Ehrengerichte findet statt, auch wenn der Beschuldigte nicht erschienen ist. Sie ist nicht öffentlich. Das Ehrengericht kann die Öffentlichkeit der Verhandlung anordnen. Die Anordnung muß erfolgen, falls der Staatskommissar oder der Beschuldigte es beantragt, sofern nicht die Voraussetzungen des § 173 des Gerichtsverfassungsgesetzes vorliegen.

Der Beschuldigte ist befugt, sich des Beistandes eines Verteidigers zu bedienen.

Das Ehrengericht ist berechtigt, Zeugen und Sachverständige vorzuladen und eidlich zu vernehmen.

1. § 14 regelt einzelne Verfahrensfragen der Hauptverhandlung und überläßt das Weitere dem Ermessen des erkennenden Gerichts. Die Lücken werden durch die entsprechenden Bestimmungen der Strafprozeßordnung (§§ 226—275 StPO) auszufüllen sein, wobei jedoch bei andersartiger Handhabung des Verfahrens nur grobe Verstöße gegen das Wesen der Rechtspflege einen Mangel des Verfahrens begründen können.

2. Nach Abs. 1 Satz 1 findet die Hauptverhandlung vor dem Ehrengericht auch dann statt, wenn der Beschuldigte nicht erschienen ist. Dieser muß

aber ordnungsgemäß geladen sein. Ein Zwang zum Erscheinen kann nicht ausgeübt werden. Dem Vertagungsantrag des nicht erschienenen Beschuldigten ist nicht zu entsprechen, wenn kein bestimmter Verhinderungsgrund angegeben ist (BerK 13. 12. 1902).

Zur Hauptverhandlung ist im übrigen auch der Staatskommissar zu laden (§ 11 Satz 4).

3. Die Hauptverhandlung ist im Regelfall nicht öffentlich (Abs. 1 Satz 2). Das Gesetz hat diese Vorschrift getroffen, weil der kaufmännische Kredit auch des zu Unrecht Beschuldigten unter öffentlicher Verhandlung empfindlich leiden kann, und weil häufig ein berechtigtes Interesse vorliegen wird, die vor dem Ehrengericht zur Sprache kommenden Geschäftsangelegenheiten geheim zu halten (Begr. I, 30). Diese Erwägungen sprechen auch dafür, grundsätzlich die Akten des Ehrengerichts vor Einsicht- und Kenntnisnahme Unbeteiligter zu schützen. Sie sind auch nicht an ordentliche Gerichte auszufolgen, selbst wenn die darin etwa befindlichen Entscheidungen öffentlich bekanntgemacht worden sind (§ 16). Nur wenn bei objektiver Würdigung des Interesses der ersuchenden Behörde oder des Beweisführers an der Kenntnis und Verwertung des Akteninhalts das berechtigte Interesse des von dem ehrengerichtlichen Verfahren Betroffenen an der Geheimhaltung der Akten erheblich überwiegt, wird deren Mitteilung als zulässig und geboten anzusehen sein. Die Entscheidung über die Aktenübersendung auf Ersuchen von ordentlichen Gerichten liegt in jedem Fall im freien Ermessen des Ehrengerichts (II, 30).

4. Das Ehrengericht kann die Öffentlichkeit der Verhandlung anordnen (Abs. 1 Satz 3). Vgl. auch §§ 169 GVG. Öffentlichkeit der Verhandlung ist dann gegeben, wenn jedermann die Möglichkeit hat, der Verhandlung beizuwohnen (RG in JW 1938, 1019). Wegen Überfüllung des Raumes können aber Zuhörer zurückgewiesen werden, ohne daß damit die Öffentlichkeit der Verhandlung ausgeschlossen würde (RGSt. 47, 322). Ebenso kann eine Anordnung getroffen werden, daß nur den mit besonderen Erlaubniskarten versehenen Personen der Eintritt in das Sitzungszimmer gestattet wird (RG in HRR 1931 Nr. 169).

Ob öffentlich oder nicht-öffentlich verhandelt worden ist, sollte entsprechend § 272 Ziff. 5 StPO im Protokoll vermerkt werden.

5. Die Öffentlichkeit der Hauptverhandlung ist anzuordnen, wenn es der Staatskommissar oder der Beschuldigte beantragt (Abs. 1 Satz 4). Entsprechenden Anträgen ist nur dann nicht Folge zu leisten, wenn „die Voraussetzungen des § 173 GVG vorliegen". § 173 (jetzt § 172) GVG lautet: „In allen Sachen kann durch das Gericht für die Verhandlung oder für einen Teil davon die Öffentlichkeit ausgeschlossen werden, wen sie eine Gefährdung der öffentlichen Ordnung, insbesondere der Staatssicherheit, eine Gefährdung der Sittlichkeit oder die Gefährdung eines wichtigen Geschäfts- oder Betriebsgeheimnisses besorgen läßt." Vgl. hierzu die Strafbestimmungen in dem Gesetz vom 5. 4. 1888 (RGBl. S. 133), Art. II und III in der Fassung des 2. Teils Art. III der Verordnung vom 9. 3. 1932 (RGBl. I S. 121) und § 184 b StGB.

6. Die Befugnis des Beschuldigten, sich des Beistandes eines Verteidigers zu bedienen (Abs. 2), entspricht § 137 Abs. 1 StPO. Die Befugnis dürfte nicht nur für die Hauptverhandlung, sondern ebenso wie bei der strafprozessualen Verteidigung in jeder Lage des Verfahrens Geltung haben. Abweichend von § 138 StPO braucht der Verteidiger kein Rechtsanwalt oder Rechtslehrer an deutschen Hochschulen zu sein, bzw. bedürfen andere Personen nicht der Genehmigung des Ehrengerichts.

7. Das Ehrengericht ist nach Abs. 3 berechtigt, Zeugen und Sachverständige vorzuladen und eidlich zu vernehmen. Der Berechtigung des Ehrengerichts steht eine Verpflichtung dieser Personen, der Vorladung Folge zu leisten und sich vernehmen und beeiden zu lassen, nicht gegenüber. Das Ehrengericht kann daher im Falle des Nichterscheinens oder der unbefugten Aussage- oder Eidesverweigerung nur mit Hilfe der ordentlichen Gerichte einen Zwang ausüben (§ 26). Das Protokoll über die Vernehmung durch die ordentlichen Gerichte ist dann in der Hauptverhandlung zu verlesen.

8. Die Bestimmungen der Strafprozeßordnung über das Zeugnis- und Gutachtenverweigerungsrecht und über die Formen der Vernehmung und Vereidigung usw. finden entsprechende Anwendung (§§ 52 ff.; §§ 72 ff. StPO).

9. Ist der Beschuldigte erschienen, so sind mangels zwingender Gegengründe Zeugen und Sachverständige in seiner Anwesenheit zu vernehmen. Ein Verstoß hiergegen führt indessen nicht zur Aufhebung des erstinstanzlichen Urteils, wenn es als ausgeschlossen gelten muß, daß die Zeugen und Sachverständigen in seiner Anwesenheit in irgendeiner wesentlichen Beziehung anders ausgesagt hätten, als es in seiner Abwesenheit geschehen ist (BerK 19. 9. 1908). Im übrigen muß dem Beschuldigten Gelegenheit gegeben werden, sich zu rechtserheblichen Teilen der Zeugenaussagen zu äußern, weil andernfalls der Rechtsgrundsatz, daß vor dem Urteil dem Beschuldigten Gelegenheit zu geben ist, sich zur Beweisaufnahme im vollen Umfang zu äußern, verletzt wird (II, 64). Daß der Sachverständige vorgeladen wird, ist nicht notwendig. Es genügt, daß sein Gutachten zum Gegenstand der Hauptverhandlung gemacht wird (II, 159).

10. Die Vorschriften des § 14 gelten auch für das Berufungsverfahren (§ 23).

§ 15

Die Strafen bestehen in Verweis sowie in zeitweiliger oder dauernder Ausschließung von der Börse.

Ergibt sich, daß keine unehrenhafte Handlung, sondern nur eine Störung der Ordnung oder des Geschäftsverkehrs an der Börse vorliegt, so kann die Bestrafung gemäß § 8 Absatz 2 durch das Ehrengericht stattfinden.

1. Geldstrafe ist als Strafe für die unter § 10 fallenden Handlungen nicht zugelassen. Sie kann vom Ehrengericht nur verhängt werden, wenn eine Verurteilung auf Grund des § 15 Abs. 2 stattfindet.

2. In welcher Weise die Strafe des Verweises vollstreckt wird, hängt von dem Ermessen des Ehrengerichts ab. Gewöhnlich findet neben der

Verkündung und gegebenenfalls (§ 16) Zustellung der auf Verweis lautenden Entscheidung eine förmliche Erteilung des Verweises nicht statt.

3. Die gleichzeitige Verhängung der beiden Strafen des Verweises und der Ausschließung von der Börse wegen derselben Handlung ist unzulässig (BerK 16. 12. 1908).

4. Bei zeitweiliger Ausschließung liegt die kalendermäßige Festsetzung der Ausschließungsfrist, auch abgesehen von dem Fall des § 16 Abs. 4, dem Ehrengericht ob, demzufolge auch die Erteilung der Erlaubnis zu Unterbrechungen der Strafverbüßung. Doch kann diese Befugnis dem Börsenvorstand übertragen werden. Nach Ablauf der Frist ist der Ausgeschlossene zum Börsenbesuch wieder berechtigt, ohne daß es einer förmlichen Wiederzulassung bedarf.

Die dauernde Ausschließung tritt, abgesehen von dem Fall des § 16 Abs. 4 mit der Rechtskraft der Entscheidung in Wirksamkeit. Die tatsächliche Durchführung der Ausschließung ist Sache des Börsenvorstandes.

5. Über die Wirkung der Ausschließung für alle deutschen Börsen vgl. § 7 Anm. 2 und 8, über die Zulässigkeit von Ausnahmen hiervon § 7 Anm. 12, über die Wirkung der Ausschließung auf Personen, deren Fähigkeit, die Börse zu besuchen, lediglich von der Zulassung der Ausgeschlossenen abgeleitet ist, § 7 Anm. 2.

6. Unter unehrenhafter Handlung (Abs. 2) ist eine nach § 10 zur ehrengerichtlichen Ahndung geeignete Handlung zu verstehen. Die Verschiedenheit der Ausdrucksweise gegenüber § 10 ist darauf zurückzuführen, daß die in der Reichstagskommission an dem Regierungsentwurf bewirkte Änderung der Bezeichnung in § 10 bei der Fassung des § 15 vom Gesetzgeber versehentlich nicht berücksichtigt worden ist.

7. Wenn eine Handlung zugleich nach § 10 und § 8 Abs. 2 strafbar ist, kann das Ehrengericht nicht neben der Strafe des § 15 Abs. 1 noch eine Ordnungsstrafe gemäß § 8 Abs. 2 verhängen. Strenggenommen müßte dann die Handlung insoweit noch zur Aburteilung des Börsenvorstandes gelangen; in der Übung wird das aber kaum vorkommen.

§ 16

Die Entscheidung wird in der Sitzung, in welcher die mündliche Verhandlung geschlossen wird, unter Angabe der Gründe verkündet oder spätestens innerhalb zwei Wochen nach dem Schlusse der Verhandlung dem Staatskommissar und dem Angeschuldigten in einer mit Gründen versehenen Ausfertigung zugestellt.

Dem nicht erschienenen Beschuldigten ist auch die verkündete Entscheidung zuzustellen. Sowohl der Staatskommissar wie der Beschuldigte können auch bei in ihrer Gegenwart erfolgter Verkündung der Entscheidung eine mit Gründen versehene Ausfertigung derselben beanspruchen.

Das Ehrengericht kann in der Entscheidung anordnen, daß und auf welche Weise sie öffentlich bekanntzumachen ist.

Das Ehrengericht kann, wenn auf zeitweilige oder dauernde Ausschließung von der Börse erkannt ist, anordnen, daß die Wirkung der Entscheidung sofort eintrete.

Auf Antrag des freigesprochenen Beschuldigten hat das Gericht die öffentliche Bekanntmachung der Freisprechung anzuordnen.

1. § 16 behandelt die Verkündung, Zustellung, Bekanntmachung und vorläufige Vollstreckbarkeit der Entscheidungen des Ehrengerichts. Entscheidungen i. S. des § 16 sind nicht alle vom Ehrengericht ergehenden Willenserklärungen, sondern nach Lage der Dinge nur Urteile und Beschlüsse, die die Instanz beendigen. Die Urteile können auf Freisprechung, Verurteilung oder Einstellung des Verfahrens lauten, letzteres z. B. wenn eine res judicata vorliegt (vgl. RGSt. 64, 42).

Die Frage der Zuständigkeit des Ehrengerichts ist vor Eintritt in die sachliche Erörterung der Beschuldigungen von Amts wegen zu prüfen (II, 17, 54, 88). Bei mangelnder Zuständigkeit hat kein Freispruch, sondern lediglich die Einstellung des Verfahrens durch Beschluß (nicht durch Urteil) zu erfolgen (II, 54 entgegen II, 7, wo wegen Unzuständigkeit freigesprochen wird). Der Einstellungsbeschluß kann wie ein Urteil durch Berufung (§ 17) angefochten werden (I, 9).

Auf die innerhalb der Hauptverhandlung durch Urteil oder Beschluß erfolgende Einstellung findet § 13 keine Anwendung.

2. Auf die Beratung und Abstimmung finden die §§ 194 ff. GVG entsprechende Anwendung. Doch ist für die Entscheidung in allen Fällen, also abweichend vom Strafprozeß auch für die Verurteilung, einfache Mehrheit ausreichend. Bilden sich in Bezug auf die Strafbemessung mehr als zwei Meinungen, von denen keine die Mehrheit hat, so sind entsprechend § 196 Abs. 3 GVG die für die höchste Strafe abgegebenen Stimmen den für die nächstgeringere abgegebenen so lange hinzuzurechnen, bis sich eine Mehrheit ergibt.

3. Das Urteil braucht nur von dem Vorsitzenden oder, im Falle seiner Behinderung, von einem ihn vertretenden Mitglied des Ehrengerichts unterzeichnet zu sein (anders § 275 Abs. 2 StPO). Für die Ausfertigung genügt die Beglaubigung durch den als Urkundsbeamten fungierenden Beamten des Ehrengerichts.

4. Nach § 16 Abs. 1 ist es in das Ermessen des Gerichts gestellt, das Urteil im Anschluß an die Hauptverhandlung zu verkünden oder spätestens innerhalb von zwei Wochen nach dem Schluß der Verhandlung dem Staatskommissar und dem Beschuldigten in einer mit Gründen versehenen Ausfertigung zuzustellen. Es ist daher nicht als ein Mangel des Verfahrens anzusehen, wenn das Ehrengericht das Urteil nicht verkündet (II, 211). Die Überschreitung der Frist von zwei Wochen ist kein wesentlicher Mangel des Verfahrens, sondern lediglich die Verletzung einer Ordnungsvorschrift, die eine Aufhebung des Urteils und Zurückverweisung der Sache an die erste Instanz nicht rechtfertigt (II, 140).

5. Nach Abs. 2 Satz 1 ist dem nicht erschienenen Beschuldigten nicht nur die nicht-verkündete Entscheidung, sondern auch die verkündete Entscheidung zuzustellen. Die Entscheidung ist ihm auch dann zuzustellen, wenn er bei Verkündung durch einen Verteidiger vertreten war.

6. Auch dann, wenn der Staatskommissar oder der Beschuldigte bei der Verkündung der Entscheidung am Schluß der Hauptverhandlung zugegen waren, können sie eine schriftliche Ausfertigung der Entscheidung beanspruchen (§ 16 Abs. 2 Satz 2). Dieses Recht kann ein Verteidiger, der bei der Verkündung an Stelle des Beschuldigten anwesend war, nicht ausüben. Wird Berufung eingelegt (§ 17), so ist die Entscheidung auf jeden Fall dem Staatskommissar und dem Beschudigten zuzustellen (§ 19).

7. Das Ehrengericht kann in der Entscheidung (also nicht nachträglich) anordnen, daß und auf welche Weise sie öffentlich bekannt zu machen ist (§ 16 Abs. 3). Die Berufungskammer hatte ursprünglich ausgesprochen, daß die Veröffentlichung der Entscheidung keine Verschärfung der Strafe und daher nicht auf schwere Fälle beschränkt sei, die diesbezügliche Bestimmung vielmehr nur einen Teil der das Verfahren regelnden Vorschriften bilde. Die Bedeutung der Vorschrift liege in der abschreckenden, erzieherischen Wirkung, welche die Veröffentlichung einer Entscheidung äußern kann. Deshalb empfehle es sich auch nicht, nur den Tenor zu veröffentlichen, sondern auch den Grund anzugeben. Später ist die Berufungskammer von diesem Standpunkt mit Recht abgegangen (Entsch. vom 22. 9. 1906). Diese Auffassung entspricht der Begründung (Begr. I, 30).

Ein freisprechendes Urteil ist nach der Absicht des Gesetzes nur zu veröffentlichen, wenn es der freigesprochene Beschuldigte selbst beantragt (I, 36) — vgl. Abs. 5.

8. Grundsätzlich tritt die Wirkung der Entscheidung auf zeitweilige oder dauernde Ausschließung von der Börse (§ 16 Abs. 4) erst mit der Rechtskraft oder an dem vom Ehrengericht festgesetzten späteren Termin ein. Abs. 4 gestattet eine Ausnahme für Fälle, in denen die Verfehlung derart ist, daß das Verbleiben des Bestraften an der Börse eine Fortsetzung oder Wiederholung der strafbaren Handlung befürchten läßt. Die Anordnung muß auf jeden Fall auf die Fälle beschränkt bleiben, in denen sie wegen besonders schwerer Verfehlungen im öffentlichen Interesse unbedingt geboten erscheint (II, 94).

Die Möglichkeit des Abs. 4 bezieht sich auch auf die Anordnung der öffentlichen Bekanntmachung des Urteils als einem Teil der Entscheidung (I, 45; II, 94).

9. Das Ehrengericht muß die Freisprechung eines Beschuldigten öffentlich bekanntmachen, wenn dieser einen entsprechenden Antrag stellt (Abs. 5). Hier ist die öffentliche Bekanntmachung ein Mittel zur Rehabilitierung des Beschuldigten. Vgl. im übrigen Anm. 7.

§ 17

Gegen die Entscheidung des Ehrengerichts steht sowohl dem Staatskommissar als dem Beschuldigten die Berufung an die periodisch zu bildende Berufungskammer offen.

Die Berufungskammer besteht aus einem Vorsitzenden und sechs Beisitzern, die von dem Reichswirtschaftsminister bestimmt werden; von den Beisitzern dürfen nicht mehr als zwei derselben Börse angehören.

Für den Vorsitzenden und die Beisitzer werden in gleicher Weise Stellvertreter bestellt.

In einer Spruchsitzung dürfen nicht mehr als zwei Beisitzer mitwirken, welche derselben Börse angehören.

Vorbemerkung: § 17 Abs. 2 beruht auf Ziff. 2 des Gesetzes zur Änderung des BörsG vom 5. 3. 1934 (RGBl. I S. 169).

1. § 17 betrifft die Zulässigkeit der Berufung und die Bildung der Berufungskammer. Die Notwendigkeit der Berufung ergibt sich aus dem unter Umständen sehr einschneidenden Eingriff des Ehrengerichts in die Berufs- und Vermögenssphäre des Verurteilten, wenn auf zeitweilige oder dauernde Ausschließung von der Börse erkannt ist.

2. Abs. 1 bestimmt, daß sowohl der Staatskommissar als auch der Beschuldigte das Recht haben, gegen die Entscheidung des Ehrengerichts Berufung bei der Berufungskammer einzulegen.

Der Staatskommissar kann auch zugunsten des Beschuldigten Berufung einlegen.

3. Der Berufungskammer ist die Entscheidung über das Rechtsmittel der Berufung ohne jede Einschränkung übertragen. Sie ist daher auch berechtigt, erforderlichenfalls eine Sache in die Vorinstanz zurückzuverweisen.

4. An die Stelle des Reichswirtschaftsministers ist gemäß Art. 129 Abs. 1 GG der Bundesminister für Wirtschaft getreten. Er hat die Berufungskammer in Börsenehrengerichtssachen im Jahre 1951 wieder errichtet (vgl. BAnz. Nr. 233 vom 1. 12. 1951). Durch die entsprechende Bekanntmachung sind der Vorsitzende, die Beisitzer sowie die Stellvertreter bestellt worden. Die Geschäftsstelle der Berufungskammer befindet sich bei dem Bundesminister für Wirtschaft.

5. Die Heranziehung der Stellvertreter (§ 17 Abs. 3) hat nur für den Fall der Behinderung der ordentlichen Beisitzer zu erfolgen.

§ 18

Die Einlegung der Berufung geschieht zu Protokoll oder schriftlich bei dem Ehrengericht, welches die anzugreifende Entscheidung erlassen hat.

Die Frist zur Einlegung der Berufung beträgt eine Woche.

Sie beginnt, falls die Entscheidung verkündet worden ist, für den Staatskommissar und den erschienenen Beschuldigten mit der Verkündung, im übrigen mit der Zustellung der Entscheidung.

1. Die Erklärung kann in das Sitzungsprotokoll eingefügt oder nachträglich von dem als Protokollführer fungierenden Beamten des Ehrengerichts aufgenommen werden. Immerhin empfiehlt sich, mangels gesetzlicher Regelung der Protokollaufnahme, für den Verurteilten, die Berufung schriftlich bei dem Ehrengericht einzulegen.

2. Die Frist ist eine Notfrist und kann nicht verlängert werden. Auf die Fristberechnung und die Wiedereinsetzung in den vorigen Stand finden die Bestimmungen der Strafprozeßordnung (§§ 42 ff.) entsprechende Anwendung.

§ 19

Nach Einlegung der Berufung ist dem Staatskommissar sowie dem Beschuldigten, sofern es nicht bereits geschehen, die angefochtene Entscheidung, mit Gründen versehen, zuzustellen.

1. § 19 bezieht sich auf den Fall, daß die Berufung vor Zustellung einer Ausfertigung der Entscheidung eingelegt wird. Eine Urteilszustellung wird nicht in allen Fällen vorgenommen (vgl. § 16 Abs. 1 u. 2).

2. Die Zustellung an den Staatskommissar und den Beschuldigten muß erfolgen, wenn auch nur einer von beiden Berufung eingelegt hat.

3. Über die Form der Zustellung vgl. § 12 Anm. 6.

§ 20

Zur schriftlichen Rechtfertigung der Berufung steht demjenigen, der sie rechtzeitig eingelegt hat, eine Frist von einer Woche offen. Sie beginnt mit dem Ablaufe der Einlegungsfrist oder, wenn zu dieser Zeit die Entscheidung noch nicht zugestellt war, mit deren Zustellung.

1. § 20 betrifft das Recht, die eingelegte Berufung schriftlich zu rechtfertigen, und die Frist für die Einreichung dieser Rechtfertigungsschrift. Berufungsschrift, d. h. Berufungseinlegungsschrift und Berufungsrechtfertigungsschrift sind zu unterscheiden. Die Berufungsrechtfertigung ist zur Wirksamkeit der Berufung nicht erforderlich. Die Rechtfertigung kann später als die Einlegung erfolgen. Auch diese Schrift ist beim Ehrengericht einzureichen (§ 23 Abs. 1). Die Rechtfertigung kann nicht zu Protokoll gegeben werden (§ 18 Abs. 1).

2. Die Rechtfertigungsfrist kann vom Ehrengericht verlängert werden (§ 22).

3. Über die Berechnung der Frist vgl. § 18 Anm. 2.

§ 21

Die Berufungsschrift des Beschuldigten und die etwa eingehende Rechtfertigung wird dem Staatskommissare, die Berufungsschrift und die Rechtfertigung des Staatskommissars dem Beschuldigten mitgeteilt. Innerhalb einer Woche nach der Mitteilung kann eine Beantwortungsschrift eingereicht werden.

1. Die Mitteilungen haben durch das Ehrengericht zu erfolgen.

Unter Berufungsschrift ist die Berufungseinlegungsschrift zu verstehen (§ 18 Abs. 1). Falls Berufung zu Protokoll eingelegt worden ist, tritt an die Stelle der Berufungsschrift die Protokollabschrift.

2. Über die Berechnung der Frist vgl. § 18 Anm. 2, über die Befugnis des Ehrengerichts, sie zu verlängern, vgl. § 22, über die Folge der Versäumnis vgl. Anm. 3 ebenda.

§ 22

Die Fristen zur Rechtfertigung und zur Beantwortung der Berufung können auf Antrag von dem Ehrengerichte verlängert werden.

1. § 22 gestattet nur die Verlängerung der Fristen zur Rechtfertigung und zur Beantwortung der Berufung. Die Berufungseinlegungsfrist (§ 18 Abs. 2) kann also nicht verlängert werden. Über die Möglichkeit der Wiedereinsetzung in den vorigen Stand vgl. § 18 Anm. 2.

2. Die Verlängerung geschieht nur auf Antrag. Sie bedarf keiner Zustimmung von anderer Seite, etwa des Staatskommissars. Ein Rechtsmittel gegen die Ablehnung oder gegen die Gewährung der Verlängerung ist nicht gegeben.

§ 23

Nach Ablauf der in den §§ 18, 20, 21 und 22 bestimmten Fristen werden die Akten an die Berufungskammer eingesandt. Zu der Verhandlung ist der Beschuldigte vorzuladen und der Staatskommissar zuzuziehen.

Die Berufungskammer kann zur Aufklärung des Sachverhaltes vorherige Beweiserhebung veranlassen.

Auf das Verfahren vor der Berufungskammer finden die Vorschriften der §§ 11, 14, 15 und 16 Anwendung.

1. § 23 behandelt das Verfahren vor der Berufungskammer, das gemäß Abs. 3 im wesentlichen dem Verfahren in der ersten Instanz gleicht. Es findet jedoch keine Voruntersuchung statt (vgl. aber Abs. 2). Der Staatskommissar hat in der Berufungsverhandlung die Rechte aus § 11 Satz 3 und Satz 4 (Recht, der Verhandlung beizuwohnen, Antragsrecht, Fragerecht) sowie aus § 14 Abs. 1 Satz 4 (Antrag auf Öffentlichkeit der Verhandlung). Der Sachverhalt kann durch ein beauftragtes Mitglied (Abs. 2) oder einen ersuchten Richter (§ 26) vor der Berufungsverhandlung noch näher aufgeklärt werden.

2. Nach Abs. 1 sind die Akten der ersten Instanz nach Ablauf der in den §§ 18 (Berufungseinlegung), 20 (Rechtfertigung), 21 (Beantwortung der Berufungsschrift und der Rechtfertigungsschrift durch Staatskommissar und Beschuldigten) und 22 (Fristenverlängerung) bestimmten Fristen an die Berufungskammer einzusenden.

Voraussetzung für die Aktenübersendung ist, daß überhaupt Berufung eingelegt ist und nicht vor der Übersendung zurückgenommen wird. Ist

Berufung eingelegt worden, so sind die Akten stets nach Ablauf der angezogenen Fristen der Berufungskammer zu übersenden. Die Entscheidung über die Wahrung der Fristen obliegt der Berufungskammer. Das Ehrengericht hat also auch bei verspäteter Einlegung der Berufung die Akten an die Berufungskammer einzusenden, falls die Berufung nicht etwa auf Anraten des Ehrengerichts zurückgenommen wird.

3. Zu der Berufungsverhandlung ist der Beschuldigte vorzuladen und der Staatskommissar hinzuzuziehen (Abs. 1 Satz 2). Die strafprozessuale Vorschrift, wonach bei nicht genügender Entschuldigung des Ausbleibens des Angeklagten die von ihm eingelegte Berufung sofort zu verwerfen ist (§ 329 StPO), findet hier keine Anwendung. Es gilt vielmehr § 14 Abs. 1 Satz 1 (vgl. § 23 Abs. 3). Die Hinzuziehung des Staatskommissars wird durch Abs. 3 konkretisiert. Hinzuzuziehen ist der Staatskommissar bei derjenigen Börse, deren Ehrengericht die angefochtene Entscheidung gefällt hat.

4. Da die Beweiserhebungen (Abs. 2) ausdrücklich als „vorherige" bezeichnet werden, können sie von der Berufungskammer in einer Sitzung oder auf schriftlichem Wege beschlossen werden, bevor die in Abs. 1 erwähnte Verhandlung mit Zuziehung des Beschuldigten und des Staatskommissars stattfindet. Wegen des Zwanges zum Erscheinen und Aussagen gilt dasselbe wie für die erstinstanzliche Voruntersuchung. Ein Zwang zum Erscheinen kann also auf den Beschuldigten nicht ausgeübt werden, auch nicht durch Inanspruchnahme der Gerichte, da diese gemäß § 26 nur dem Ersuchen um Vernehmung von Zeugen und Sachverständigen zu entsprechen haben. Auf Zeugen und Sachverständige kann mittelbar ein Zwang zum Erscheinen und Aussagen gemäß § 26 ausgeübt werden.

Aus dem Ausschluß der Anwendbarkeit des § 12 auf das Verfahren vor der Berufungskammer (vgl. Abs. 3) ist zu folgen, daß bei den von dieser veranlaßten Beweiserhebungen die Beeidigung von Zeugen und Sachverständigen durch das ersuchte Gericht gegebenenfalls erfolgen kann, während das beauftragte Kammermitglied auch hier nicht dazu befugt ist.

5. Als Verfahren vor der Berufungskammer (Abs. 3) ist in diesem Sinn sowohl das Verfahren während der vorherigen Beweiserhebungen als auch das Verfahren in der Berufungsverhandlung anzusehen. Hinsichtlich der Stellung des Staatskommissars muß jedoch auf Abs. 1 hingewiesen werden, wonach der Staatskommissar „zu der Verhandlung" hinzuzuziehen ist. Daraus ist zu schließen, daß der Staatskommissar hier außerhalb der eigentlichen Berufungsverhandlung keine Befugnisse hat.

Nicht angezogen sind in Abs. 3 die für die erste Instanz geltenden §§ 12 und 13. An die Stelle des § 12 tritt für die Berufungskammer die Vorschrift des § 23 Abs. 2. Aus der Übergehung des § 13 ergibt sich, daß die Berufungskammer ein Verfahren, das bereits zu einer erstinstanzlichen Entscheidung geführt hat, außerhalb der Berufungsverhandlung nicht mehr einstellen kann, z. B. bei geringeren Verfehlungen oder wenn sich ein Verfahrenshindernis herausstellt (vgl. dagegen § 153 a, Abs. 2, § 206 a StPO).

6. Die Abs. 1—3 des § 23 geben nur Anhaltspunkte für das Verfahren in der Berufungsinstanz. Die noch offenen Fragen sollten in möglichster Analogie zur Strafprozeßordnung beantwortet werden, wobei aber zu berücksichtigen ist, daß das Ehrengerichtsverfahren freier gestaltet ist. Der Berufungskammer ist jedenfalls die Entscheidung über das Rechtsmittel der Berufung ohne jede Einschränkung in bezug auf Art und Form der Entscheidung übertragen (I, 9).

Hält die Berufungskammer die Vorschriften über die Einlegung der Berufung nicht für beachtet (§ 18 Abs. 1) oder ist die Berufungsfrist nicht gewahrt (§ 18 Abs. 2 und 3), so ist das Rechtsmittel der Berufung als unzulässig zu verwerfen (§ 319 Abs. 1, § 322 Abs. 1 StPO). Betrachtet die Berufungskammer die Berufung als unbegründet, so ist die Berufung ebenfalls zu verwerfen. Hält die Kammer die Berufung für begründet, so sind in Abweichung von den Vorschriften des § 328 StPO über den Inhalt des Berufungsurteils im wesentlichen drei Möglichkeiten denkbar (vgl. Rehm u. a., Anm. 3—5): a) die Sache ist im größeren Umfang nicht spruchreif; b) der Sachverhalt bedarf nur noch einer geringen weiteren Aufklärung; c) die Sache ist an sich spruchreif, wird aber von der Kammer anders gewürdigt.

Im Fall a) wird die Sache zweckmäßig unter Aufhebung des erstinstanzlichen Urteils zur Entscheidung an das Ehrengericht zurückverwiesen. Es entspricht dies der Natur einer Rechtspflege mit Instanzenzug. Selbstverständlich könnte die Berufungskammer auch in diesem Fall „vorherige Beweiserhebungen" (§ 23 Abs. 2) einleiten und dann selbst entscheiden; sie braucht es aber nicht.

Wird zurückverwiesen, so ist das Ehrengericht an die Entscheidung gebunden, d. h. es muß erneut ein Urteil fällen.

Ist der Sachverhalt nur im geringen Umfang aufklärungsbedürftig (Fall b), so wird die Kammer entsprechend § 23 Abs. 2 „vorherige Beweiserhebungen" veranlassen und dann in der Sache selbst entscheiden.

Ist schließlich die Sache an sich spruchreif (Fall c), so wird die Berufungskammer in jedem Fall die „Verhandlung" (Abs. 1) anberaumen und ebenfalls in der Sache selbst entscheiden. Der Zurückverweisung einer Sache in die Vorinstanz bedarf es also auch nicht bei einer anderweiten rechtlichen Beurteilung des Sachverhalts durch die Berufungskammer, sofern die Sachlage genügend geklärt und der Beschuldigte im Laufe der Verhandlung auf die geänderte Betrachtungsweise aufmerksam gemacht worden ist, auch Gelegenheit gehabt hat, sich hierzu zu äußern (II, 47; vgl. auch II, 179). Ehrengerichtlich strafbare Handlungen können naturgemäß nur insoweit zur Beurteilung der Schuldfrage herangezogen werden, als sie bereits dem Urteil der ersten Instanz zugrunde gelegt worden sind.

Hat die Entscheidung erster Instanz der Beschuldigte oder der Staatskommissar zu seinen Gunsten angefochten, so darf die Kammer die Art und Höhe der Strafe nicht zum Nachteil des Beschuldigten ändern; vgl. § 331 StPO (a. M. Rehm u. a., Anm. 5). Eine Abweichung von diesem durch das Vereinheitlichungsgesetz vom 12. 9. 1950 (BGBl. S. 455) im Strafprozeß wiederhergestellten Verbot der reformatio in peius hätte das BörsG sonst ausdrücklich erwähnen müssen.

7. Die Kosten des Berufungsverfahrens trägt, soweit nicht § 25 Platz greift, die Bundeskasse.

8. Eine Wiederaufnahme des durch rechtskräftiges Urteil abgeschlossenen Verfahrens zu Gunsten des Verurteilten ist entsprechend § 359 StPO möglich (II, 106, 206, 254); desgleichen zu Ungunsten des Verurteilten in Analogie zu § 362 StPO. Vgl. aber § 363 StPO (bloße Änderung des Strafmaßes). Es ist stets ein Antrag des Verurteilten, seines Verteidigers oder des Staatskommissars erforderlich. Die in § 366 Abs. 2 StPO gewählte Form des Antrags kann allerdings im Hinblick auf die freiere Gestaltung des Ehrengerichtsverfahrens nicht als Voraussetzung für seine Rechtsgültigkeit betrachtet werden.

Über die Zulassung des Antrags befindet, wenn eine Entscheidung der Berufungskammer angefochten wird, diese, sonst das Ehrengericht, das die angefochtene Entscheidung erlassen hat. Das Ehrengericht ist, wenn dem Wiederaufnahmeantrag stattgegeben und für die Freisprechung genügend Beweise vorhanden sind, befugt, den Verurteilten ohne Erneuerung der Hauptverhandlung freizusprechen (II, 206). Vgl. § 371 Abs. 2 StPO.

§ 24

Über jede Vernehmung in der Voruntersuchung und über die Hauptverhandlung ist durch einen vereideten Protokollführer ein Protokoll aufzunehmen.

1. § 24 schreibt nur für die Voruntersuchung und Hauptverhandlung vor, daß über jede Vernehmung des Beschuldigten, der Zeugen und Sachverständigen ein Protokoll aufzunehmen ist, also nicht für das Ermittlungsverfahren. Eine Protokollaufnahme empfiehlt sich aber auch hier. Die Vorschriften beziehen sich auch auf das Verfahren zweiter Instanz.

2. Das Protokoll in der Voruntersuchung wird sich, trotzdem die entsprechende Anwendung nicht vorgeschrieben ist, nach § 188 StPO zu richten haben:

„Über jede Untersuchungshandlung ist ein Protokoll aufzunehmen. Das Protokoll ist von dem Untersuchungsrichter sowie dem Protokollführer zu unterschreiben.

Das Protokoll muß Ort und Tag der Verhandlung sowie die Namen der mitwirkenden oder beteiligten Personen angeben und ersehen lassen, ob die wesentlichen Förmlichkeiten des Verfahrens beobachtet sind.

Das Protokoll ist den bei der Verhandlung beteiligten Personen, soweit es sie betrifft, zur Genehmigung vorzulesen oder zur eigenen Durchlesung vorzulegen. Die Genehmigung ist zu vermerken und das Protokoll von den Beteiligten entweder zu unterschreiben oder darin anzugeben, weshalb die Unterschrift unterblieben ist.

Niederschriften über die Erklärung des Angeschuldigten, über die Angaben von Zeugen und Sachverständigen und über das Ergebnis eines Augenscheins können in einer gebräuchlichen Kurzschrift als Anlage des Protokolls aufgenommen werden. Die Anlage ist den Beteiligten vorzulesen und allein von dem Protokollführer zu unterschreiben. In dem Protokoll ist zu vermerken, daß die Verlesung geschehen und die Genehmigung erfolgt ist, oder welche Einwendungen erhoben worden sind. Nach Beendigung der Verhandlung ist unverzüglich eine Übertragung der Anlage des Protokolls in die gewöhnliche Schrift anzufertigen und von dem Protokollführer zu beglaubigen. Die Übertragung tritt für das weitere Verfahren an die Stelle der Anlage. Der Nachweis der Unrichtigkeit der Übertragung ist zulässig."

Die Art der Aufnahme bestimmt der Untersuchungsführer.

3. Auch für die Protokollierung der Hauptverhandlung werden die Bestimmungen der StPO (§§ 271 ff.) als richtungweisend anzuwenden sein.

Danach ist das Protokoll von dem Vorsitzenden des Ehrengerichts und dem Protokollführer zu unterschreiben (§ 271 Abs. 1). Vgl. ferner § 271 Abs. 2 (Verhinderung des Vorsitzenden an der Unterschrift). Über den Protokollinhalt vgl. § 272:

„Das Protokoll über die Hauptverhandlung enthält:
1. den Ort und den Tag der Verhandlung;
2. die Namen der Richter, Geschworenen und Schöffen, des Beamten der Staatsanwaltschaft, des Urkundsbeamten der Geschäftsstelle und des zugezogenen Dolmetschers;
3. die Bezeichnung der strafbaren Handlung nach der Anklage;
4. die Namen der Angeklagten, ihrer Verteidiger, der Privatkläger, Nebenkläger, Verletzten, die Ansprüche aus der Straftat geltend machen, gesetzlichen Vertreter, Bevollmächtigten und Beistände;
5. die Angabe, daß öffentlich verhandelt oder die Öffentlichkeit ausgeschlossen ist."

Zur Beurkundung der Hauptverhandlung vgl. § 273:

„Das Protokoll muß den Gang und die Ergebnisse der Hauptverhandlung im wesentlichen wiedergeben und die Beobachtung aller wesentlichen Förmlichkeiten ersichtlich machen, auch die Bezeichnung der verlesenen Schriftstücke sowie die im Laufe der Verhandlung gestellten Anträge, die ergangenen Entscheidungen und die Urteilsformel enthalten.

Aus der Hauptverhandlung vor dem Amtsrichter und dem Schöffengericht sind außerdem die wesentlichen Ergebnisse der Vernehmungen in das Protokoll aufzunehmen.

Kommt es auf die Feststellung eines Vorgangs in der Hauptverhandlung oder des Wortlauts einer Aussage oder einer Äußerung an, so hat der Vorsitzende die vollständige Niederschreibung und Verlesung anzuordnen. In dem Protokoll ist zu vermerken, daß die Verlesung geschehen und die Genehmigung erfolgt ist, oder welche Einwendungen erhoben worden sind."

Es sind alle wesentlichen Tatsachen im Laufe der Verhandlung aufzunehmen, so z. B. die Tatsache der Vernehmung und der Vereidigung oder Nichtbeeidigung von Zeugen und Sachverständigen, die Verlesung von Urkunden, der Erteilung des letzten Wortes an den Beschuldigten usw.

4. Die Aufnahme des Protokolls hat durch einen vereideten Protokollführer zu geschehen. Die Vereidigung erfolgt durch den Vorsitzenden, sofern nicht der Protokollführer bereits einen allgemeinen Diensteid geleistet hat.

§ 25

Neben der Strafe kann auf vollständigen oder teilweisen Ersatz der durch das Verfahren entstandenen baren Auslagen erkannt werden. Geldstrafen und Kosten sind wie Gemeindeabgaben beizutreiben.

Vorbemerkung: § 25 Satz 2 ist durch Ziff. 3 des Gesetzes zur Änderung des BörsG vom 5. 3. 1934 (RGBl. I S. 169) eingefügt worden.

1. Nur neben der Strafe kann auf vollständigen oder teilweisen Ersatz der dem Beschuldigten durch das Verfahren entstandenen baren Auslagen erkannt werden. Dem freigesprochenen Beschuldigten dürfen Kosten nicht auferlegt werden, auch nicht für die öffentliche Bekanntmachung, die er nach § 16 Abs. 5 verlangen kann. Andererseits sind die ihm erwachsenen Auslagen nicht erstattungsfähig.

2. Bei Verurteilung des Beschuldigten muß nicht stets auf Ersatz der durch das Verfahren entstandenen baren Auslagen erkannt werden. Die diesbezügliche Entscheidung steht vielmehr im freien Ermessen des Gerichts (BerK. 20. 7. 1897).

3. Zu den baren Auslagen gehören auch die durch den Zusammentritt des Gerichts entstehenden Kosten, die namentlich in der zweiten Instanz erheblich sind, da die Beisitzer Tagegelder, die auswärtigen Beisitzer auch Reisevergütungen erhalten. Anderweite Kosten des Verfahrens als die tatsächlich entstandenen baren Auslagen dürfen dem Beschuldigten nicht auferlegt werden (BerK. 9. 5. 1898; 5. 6. 1899).

4. Da auf den Ersatz der Auslagen „erkannt" wird, gehört diese Entscheidung in den Tenor des Urteils.

5. Die dem Beschuldigten nicht zur Last fallenden oder nicht beitreibbaren Auslagen und Kosten für das ehrengerichtliche Verfahren einschließlich der allgemeinen Verwaltungskosten für Geschäftsstelle und Personal sind, soweit das Verfahren erster Instanz in Betracht kommt, von demjenigen zu tragen, dem die Börseneinnahmen zufließen, d. h. von dem Träger der Börse, soweit es sich um Kosten der Berufungsinstanz handelt, vom Bund.

6. Nach § 25 Satz 2 sind Geldstrafen und Kosten wie Gemeindeabgaben beizutreiben. Die Form der Beitreibung ist in den einzelnen Ländern verschieden und richtet sich nach entsprechenden Landesgesetzen.

§ 26

Die Gerichte sind verpflichtet, dem Ersuchen des Ehrengerichts sowie der Berufungskammer um Vernehmung von Zeugen und Sachverständigen zu entsprechen.

1. § 26 betrifft die Rechtshilfe der Gerichte in bezug auf die Vernehmung von Zeugen und Sachverständigen. Rechtshilfe liegt nur vor, wenn die ersuchende Behörde die Amtshandlung ihrer sachlichen Zuständigkeit nach selbst vornehmen könnte und nur Zweckmäßigkeit für die Vornahme durch die ersuchte Behörde spricht. Zweckmäßig ist die Inanspruchnahme der Rechtshilfe vor allem dann, wenn der zu Vernehmende weitab wohnt; geboten ist sie, wenn er einer Ladung nicht folgt oder unbefugt die Aussage oder Eidesleistung verweigert (vgl. § 14 Anm. 7). Die Beeidigung der Zeugen und Sachverständigen steht aber auch dem Rechtshilfegericht nur zu, wenn bereits die erstinstanzliche Hauptverhandlung anberaumt ist (s. § 14 Abs. 3). Maßgebend für die mit der Rechtshilfe in Zusammenhang stehenden Rechtsfragen sind die §§ 156 ff. GVG.

2. Gerichte i. S. des § 26 sind alle Gerichte der ordentlichen streitigen Gerichtsbarkeit und die Strafgerichte, nicht jedoch die Verwaltungsgerichte.

3. Zuständig für die Rechtshilfe ist das Amtsgericht, in dessen Bezirk die Amtshandlung vorgenommen werden soll (§ 157 GVG). Vgl. hierzu § 4 der Notverordnung vom 1. 12. 1930 (RGBl. I S. 604); danach können die Rechtshilfeersuchen durch Anordnung des „Reichsministers für Justiz" für die Bezirke mehrerer Amtsgerichte einem von ihnen ganz oder zum Teil zur Erledigung zugewiesen werden. Ergeht eine derartige Anordnung, so gilt insoweit der Bezirk des letzteren Amtsgerichts als die Bezirke der übrigen Amtsgerichte mitumfassend. Die Anordnung ist auch zulässig, wenn die mehreren Amtsgerichte nicht in dem Bezirk desselben Landgerichts gelegen sind.

4. Das Ersuchen um Vernehmung darf das ersuchte Gericht nur ablehnen, wenn ihm die örtliche Zuständigkeit mangelt, oder die vorzunehmende Handlung nach dem Recht des ersuchten Gerichts verboten ist (§ 158 GVG). Zur Ablehnung wegen fehlender örtlicher Zuständigkeit genügt nicht, daß die zu vernehmenden Personen außerhalb des Bezirks wohnen, falls eine Gegenüberstellung stattfinden soll, oder die Vernehmung mehrerer Personen zweckmäßig an einem Ort des Bezirks geschieht.

Eine Ablehnung wegen rechtlicher Unzulässigkeit ist z. B. dann möglich, wenn die nochmalige Vernehmung eines Zeugen ohne sachlichen Grund verlangt wird, weil dies einen Mißbrauch des Zeugniszwangs bedeuten würde. Es muß ersichtlich sein, was der Zeuge jetzt mehr bekunden würde (RGZ 114, 2).

Auf die Vernehmung des Beschuldigten ist die Rechtshilfepflicht der Gerichte nicht ausgedehnt.

5. Gegen die Ablehnung des Vernehmungsersuchens ist die Möglichkeit der Beschwerde gegeben (§ 159 Abs. 1 GVG). Über die Beschwerde entscheidet das Oberlandesgericht, zu dessen Bezirk das ersuchte Gericht gehört. Hinsichtlich der Kosten vgl. § 164 GVG.

6. Laden die Gerichte Zeugen oder Sachverständige auf Ersuchen des Ehrengerichts und erscheinen diese nicht, so stehen ihnen Zwangsmittel zu (vgl. §§ 380, 409 ZPO).

§ 27

Die mit der Aufsicht über die Börsen betrauten Organe sind verpflichtet, Handlungen der Börsenbesucher, welche zu einem ehrengerichtlichen Verfahren Anlaß geben, zur Kenntnis des Staatskommissars oder, wenn ein solcher nicht bestellt ist, zur Kenntnis des Ehrengerichts zu bringen.

1. Die Anzeige ist bei dem Staatskommissar oder, wenn ein Staatskommissar nicht bestellt ist, bei dem Ehrengericht anzubringen.

2. Mit der Aufsicht über die Börse betraute Organe sind die mit der unmittelbaren Aufsicht beauftragten Organe des Handelsstandes; vgl. hierzu § 1 Anm. 9.

3. Die Bestimmung legt nur den Börsenaufsichtsorganen eine Anzeigepflicht auf. Für den Börsenvorstand, die Kommissionen oder ein anderes Organ der Börse besteht eine solche Pflicht nicht. Die Berechtigung zur Anzeige steht dagegen, wie jedermann, auch den Börsenorganen oder Behörden zu (Begr. I, 31; KB I, 9).

Durch ausdrückliche Vorschrift in der Börsenordnung kann auch den Leitungsorganen der Börse die Pflicht auferlegt werden, ehrengerichtlich zu ahndende Vergehen der Börsenbesucher zur Anzeige zu bringen.

4. Erhält der Staatskommissar eine Anzeige, so steht es in seinem Ermessen, ob er sie an das Ehrengericht weitergibt (Rehm u. a., § 11 Anm. 3). Über das Recht des Staatskommissars, die Einleitung eines ehrengerichtlichen Verfahrens zu verlangen, vgl. § 11.

§ 28

Eine Vereinbarung, durch welche die Beteiligten sich der Entscheidung eines Börsenschiedsgerichts unterwerfen, ist nur verbindlich, wenn beide Teile zu den Personen gehören, die nach § 53 Börsentermingeschäfte abschließen können, oder wenn die Unterwerfung unter das Schiedsgericht nach Entstehung des Streitfalls erfolgt.

Schrifttum: Kisch, Die Unterwerfung unter das Börsenschiedsgericht, Rheinische Zeitschr. für Zivil- und Prozeßrecht, 1. Jg. (1909), S. 13 ff.

1. § 28 will nicht die Schiedsvereinbarung gegenüber den allgemeinen Vorschriften der ZPO (§§ 1025 ff.) erleichtern, sondern beschränken. Nach den Grundsätzen der ZPO (§ 1026) könnten sich die Parteien schon bei Eingehung eines bestimmten Rechtsgeschäfts für die daraus erwachsenden Streitigkeiten dem Börsenschiedsgericht unterwerfen. Nach § 28 BörsG ist eine solche schon vor der Entstehung eines Streitfalls erklärte Unterwerfung nur dann wirksam, wenn die entsprechende Vereinbarung von Personen ausgeht, die Börsentermingeschäfte abschließen können, es sei denn, daß die Vereinbarung nach Entstehung des Streitfalls geschlossen wird.

2. Der Schiedsvertrag, d. h. die Vereinbarung, durch welche sich die Beteiligten der Entscheidung des Börsenschiedsgerichts unterwerfen, unterliegt den Vorschriften der ZPO. Maßgebend für die Form ist der durch Art. 1 IX Ziff. 33 des Gesetzes zur Änderung des Verfahrens in bürgerlichen Rechtsstreitigkeiten vom 27. 10. 1933 (RGBl. I S. 780) neu gefaßte § 1027 ZPO:

„Der Schiedsvertrag muß ausdrücklich geschlossen werden und bedarf der Schriftform; andere Vereinbarungen als solche, die sich auf das schiedsgerichtliche Verfahren beziehen, darf die Urkunde nicht enthalten. Der Mangel der Form wird durch die Einlassung auf die schiedsgerichtliche Verhandlung zur Hauptsache geheilt.

Die Vorschrift des Abs. 1 findet keine Anwendung, wenn der Schiedsvertrag für beide Teile ein Handelsgeschäft ist und keine der Parteien zu den im § 4 des Handelsgesetzbuches bezeichneten Gewerbetreibenden gehört.

Soweit der Schiedsvertrag nach Abs. 2 der Schriftform nicht bedarf, kann jede Partei die Errichtung einer schriftlichen Urkunde über den Vertrag verlangen."

Da sich die Vereinbarungen i. S. des § 28 auf sachlich-rechtliche Handelsgeschäfte beziehen und in der Regel keiner der Beteiligten Minderkaufmann i. S. des § 4 HGB, vielmehr formell und faktisch (vgl. § 53 Abs. 1 Satz 2 BörsG) Vollkaufmann sein wird, bedürfen sie regelmäßig nicht der Schriftform.

Das Schiedsgericht braucht nicht ausdrücklich vereinbart zu werden. Die Vereinbarung kann sich aus den Umständen des Geschäftsabschlusses ergeben, ebenso aus Usancen und Handelsbräuchen, wenn die Beteiligten sie bei dem betreffenden Geschäft als für sie maßgebend anerkannt haben

(Kisch a. a. O. S. 28 ff.). Sie kann auch stillschweigend geschehen. Ähnliches gilt für die Erwähnung des Schiedsgerichts in den Börsenordnungen oder Schiedsgerichtsordnungen der Börsen; die Erwähnung begründet eine starke Vermutung für das Bestehen einer entsprechenden Usance. Sie ist anzunehmen, wenn zu der Erwähnung in der Börsenordnung usw. die faktische Übung, die tatsächliche Beobachtung der Vorschrift durch die Börsenbesucher hinzutritt. Ob eine solche Beobachtung vorliegt, ist eine Frage der tatsächlichen Würdigung. Handelt es sich um ständige Börsenbesucher, so darf die Kenntnis der Usance ohne weiteres angenommen werden. Die Vereinbarung liegt dann im Abschluß eines entsprechenden Geschäfts.

Nach RG in JW 1922, 706 soll eine Vereinbarung auch dort als stillschweigend geschlossen angenommen werden, wo der Abschließende den Handelsbrauch oder die Usance zwar nicht kannte, aber mit ihnen rechnen mußte. Das ist abzulehnen; die Schiedsgerichtsbarkeit ist rein fakultativ. Verstöße hiergegen stehen mit § 28 BörsG nicht in Einklang (Huber I S. 636).

Die Vereinbarung kann im übrigen auch in jeder stillschweigenden Einlassung auf die sachliche Verhandlung vor dem Schiedsgericht liegen (RG in JW 1931, 1802). Sie wird sogar dann angenommen, wenn sich der Beteiligte nach früherer Rüge der Nichtzuständigkeit des Schiedsgerichts rügelos auf die Verhandlung einläßt (RGZ 116, 89).

3. Börsenschiedsgerichte sind alle Schiedsgerichte, die zur Entscheidung von Streitigkeiten aus Börsengeschäften berufen sind, sei es, daß sie aus oder von Börsenorganen gebildet sind, sei es, daß sie sich aus bestimmten an der Börse tätigen Personen zusammensetzen, die von den Vertragsparteien als Schiedsrichter gewählt worden sind (vgl. Begr. I, 31).

Nicht Börsenschiedsgerichte i. S. des § 28 sind Börsenschiedsgerichte für öffentlich-rechtliche Streitigkeiten und Schiedsgerichte privat-rechtlicher Börsenvereine, die den Börsenbesuchern nicht als solchen, sondern als Mitgliedern des Vereins dienen sollen.

Schiedsgerichte i. S. des § 28 sind ferner nicht die Sachverständigenkommissionen zur Entscheidung über die Lieferbarkeit von Waren oder Wertpapieren (Begr. a. a. O.; vgl. RGZ 45, 351; RG in JW 1902, 636; 1910, 836). Allerdings kann ihren Gutachten die tatsächliche Wirkung eines Urteils beigelegt sein, z. B. wenn die Parteien sich verpflichten, das Gutachten als bindend anzuerkennen.

4. Personen, die nach § 53 Börsentermingeschäfte abschließen können, sind Kaufleute, die in das Handelsregister eingetragen sind, oder deren Eintragung nach § 36 HGB nicht erforderlich ist, oder eingetragene Genossenschaften, insoweit nicht faktisch ein Kleingewerbebetrieb vorliegt (§ 53 Abs. 1 Satz 2). Diesen Kaufleuten stellt § 53 Abs. 2 bestimmte andere Personen gleich.

Die Fähigkeit, Börsentermingeschäfte nach § 53 abschließen zu können, muß zur Zeit der Vereinbarung vorhanden sein. Späterer Erwerb begründet nicht, späterer Verlust beeinträchtigt nicht die Wirksamkeit der Vereinbarung. Bei späterer Abtretung der Rechte aus einem Vertrag, der eine Schiedsgerichtsklausel enthält, gehen die Ansprüche aus dieser auf den

Rechtserwerber über (RGZ 56, 183). An einen rechtsverbindlichen Schiedsvertrag des Gemeinschuldners ist auch der Konkursverwalter gebunden (KG in BA 1912/13, 321).

Wenn die Voraussetzung vorliegt, ist eine Vereinbarung (s. Anm. 2) auf Unterwerfung unter das Börsenschiedsgericht schon dann rechtswirksam, wenn sie vor der Entstehung eines Streitfalls für die aus der Eingehung eines bestimmten Rechtsgeschäfts erwachsenden Streitigkeiten getroffen wird. Andernfalls ist sie nur gültig, wenn sie abgeschlossen worden ist, nachdem der Streitfall, dessen Entscheidung in Frage steht, unter den Parteien entstanden ist.

Neben der besonderen Voraussetzung, daß beide Teile zu den Personen gehören, die nach § 53 Börsentermingeschäfte abschließen können, gelten die allgemeinen Voraussetzungen für die Wirksamkeit jedes Schiedsvertrags über künftige Rechtsstreitigkeiten. Hierzu gehört insbesondere, daß er sich auf ein bestimmtes Rechtsverhältnis und die daraus entspringenden Rechtsstreitigkeiten bezieht (§ 1026 ZPO). Ein Schiedsvertrag über „alle Streitigkeiten aus der Geschäftsverbindung" erfüllt diese Vorschrift nicht, wenn nicht bei den einzelnen Geschäften darauf besonders Bezug genommen wird (RGZ 36, 422; RG in JW 1908, 458). Dagegen gilt ein Kontokorrentverhältnis als ein bestimmtes Rechtsverhältnis i. S. des § 1026 (RG in BA 1904/5, 157). Ferner muß, wenn die Schiedsabrede Bestandteil eines anderen Vertrags ist, dieser selbst wirksam sein. Dabei kommt es nicht darauf an, ob sie gleichzeitig mit dem Hauptvertrag geschlossen ist. Sie gilt als Bestandteil auch solcher Verträge, bezüglich deren sie vor dem Abschluß der Verträge geschlossen worden ist, so daß also namentlich durch vorherige Vereinbarung von allgemeinen Geschäftsbedingungen, die die Schiedsgerichtsklausel enthalten, zwischen dem Kommissionär und dem Komittenten kein selbständiger Schiedsvertrag zustande kommt, die Schiedsgerichtsklausel vielmehr (als lex contractus) einen Bestandteil der später abgeschlossenen einzelnen Geschäfte bildet (RGZ 58, 155; RG in JW 1904, 76). Das Erfordernis der Wirksamkeit des Hauptvertrags spielt für die Börsenschiedsgerichte häufig eine Rolle, weil den dort geltend gemachten Klagen oft die Behauptung entgegengesetzt wird, daß die Forderung aus verbotenen oder dem Differenz- oder Spieleinwand unterliegenden Börsentermingeschäften herrühre. Trifft diese Behauptung zu, so ist auch der Schiedsvertrag unwirksam (RGZ 43, 408; RG in JW 1901, 286; RGZ 56, 20; 58, 154; RG in JW 1905, 401). In diesen Fällen ruht, auch wenn das Schiedsgericht sich trotz Geltendmachung der Unzuständigkeit seitens des Beklagten für zuständig erklärt und den Beklagten durch Schiedsspruch verurteilt hat, die Entscheidung tatsächlich beim ordentlichen Gericht. Dieses hat, sei es anläßlich des Antrags auf Vollstreckbarerklärung, sei es anläßlich der Klage auf Aufhebung des Schiedsspruchs, die Rechtswirksamkeit des Hauptvertrags als Voraussetzung der Zulässigkeit des schiedsrichterlichen Verfahrens festzustellen (§§ 1041, 1042 ZPO). Mit der Verneinung der Zulässigkeit wird der Schiedsspruch hinfällig.

5. Die Unterwerfung unter das Schiedsgericht nach Entstehung des Streitfalls (§ 28, letzter Halbsatz) ist stets als

ein selbständiger Schiedsvertrag zu erachten, dessen Wirksamkeit von der Wirksamkeit des Geschäfts, aus dem die Streitigkeit herrührt, unabhängig ist. Der häufigste hier in Betracht kommende Fall ist, daß der Beklagte sich auf das Verfahren vor dem Schiedsgericht einläßt, ohne den Nichtbestand eines rechtsgültigen Schiedsvertrags unter Vorbringung der Tatsachen, die den Schluß auf einen solchen Bestand aus den Unterlagen der dort vorgebrachten Klage entkräften sollen, geltend zu machen (RGZ 27, 381). Um die Folge der Unterwerfung unter das Schiedsgericht auszuschließen, ist es jedoch nicht erforderlich, daß der sich auf das Schiedsverfahren einlassende Beklagte die Zuständigkeit ausdrücklich bestreitet. Eine Unterwerfung unter das Schiedsgericht ist auch dann nicht anzunehmen, wenn der Beklagte die Zuständigkeit stillschweigend bestreitet. Ob in der Behauptung der Unwirksamkeit des Geschäfts, aus dem die Streitigkeit herrührt, ein stillschweigendes Bestreiten der Zuständigkeit des Schiedsgerichts liegt, hängt davon ab, von welcher Art im Ganzen genommen die Stellungnahme des Beklagten vor dem Schiedsgericht gegenüber der Klage ist. Das Bestreiten ist anzunehmen, wenn er beispielsweise unter Erhebung des Differenzeinwands lediglich die Klageabweisung fordert, während das aus der Stellung eines Widerklageantrags — z. B. auf Herausgabe des Einschusses — hervorgehende Verlangen einer sachlichen Entscheidung den Schluß rechtfertigt, daß er sich die schiedsrichterliche Erledigung gefallen läßt (RGZ 43, 407). Hat der Beklagte, ausdrücklich oder stillschweigend, die Zuständigkeit des Schiedsgerichts bestritten, so geht er durch weiteres sachliches Verhandeln vor dem Schiedsgericht des Einwandes der Unzuständigkeit nicht verlustig (RG in BA 1904/5, 156).

6. Auf das Börsenschiedsgericht und das Schiedsgerichtsverfahren finden die §§ 1025 ff. ZPO Anwendung, soweit diese Vorschriften nicht durch Schiedsgerichtsordnungen oder Vereinbarung abgeändert worden sind. Von Bedeutung sind besonders § 1032 (Ablehnung eines Schiedsrichters), der insofern zwingendes Recht darstellt, als er keine Abschwächung duldet, ferner § 1034 (Anhörung der Parteien vor Erlaß des Schiedsspruchs) und § 1039 (Förmlichkeiten des Schiedsspruchs), die ebenfalls zwingender Natur sind. Vgl. wegen der eventuellen Aufhebung des Schiedsspruchs § 1041 ZPO.

Die Schiedsgerichtsordnungen oder Vereinbarungen sehen häufig Möglichkeiten vor, das Verfahren zu beschleunigen. Solche Bestimmungen sind zulässig, soweit sie nicht gegen zwingende Verfahrensmaximen verstoßen.

7. Wenn Börsenschiedsgerichte als ständige Einrichtungen auf Grund der Börsenordnungen etc. gebildet worden sind, um den Börsenbesuchern für die Entscheidung von Rechtsstreitigkeiten nach Maßgabe eines privatrechtlichen Schiedsvertrags zur Verfügung zu stehen, so unterstehen sie als Börseneinrichtungen (§ 1 Abs. 3) der Börsenaufsicht. Dagegen sind sie keine Börseneinrichtungen in diesem Sinn, wenn sie nur für den Einzelfall nach Maßgabe eines Schiedsvertrags gebildet werden, auch wenn sie Schiedsgerichte im Sinne des § 28 BörsG sein sollten (Göppert S. 256). Das letztere gilt auch für ständige Schiedsgerichte der Ver-

einigungen von Börsenbesuchern selbst dann, wenn die Vereinigungen Objekt der Aufsicht sind.

Die Aufsicht beschränkt sich darauf, die Rechtmäßigkeit des Verfahrens dieser Stellen zu kontrollieren (vgl. im einzelnen Göppert S. 256/257). Innerhalb dieser Beschränkung haben die Schiedsgerichte der Aufsichtsbehörde die Kontrolle durch Auskunftserteilung, evtl. auch durch die Erlaubnis, daß Beauftragte der Aufsichtsbehörde bei den Verhandlungen (nicht bei den Beratungen) anwesend sind, zu ermöglichen.

II. Feststellung des Börsenpreises und Maklerwesen

Einleitung: Abschnitt II des BörsG behandelt in § 29 die Zuständigkeiten und das Verfahren bei der amtlichen Feststellung des Börsenpreises von Waren und Wertpapieren. Dabei ist zu beachten, daß eine amtliche Kursfeststellung für nicht zugelassene Wertpapiere nicht erfolgen darf (§ 43). Dies gilt trotz erfolgter Zulassung auch dann, wenn bei Wertpapieren, welche zur öffentlichen Zeichnung aufgelegt werden, die Zuteilung an die Zeichner noch nicht beendet ist (§ 42).

In § 30 werden die Bestellung der Kursmakler und sonstige hiermit in Zusammenhang stehende Fragen geregelt. § 31 betrifft den Anspruch auf Berücksichtigung der von Kursmaklern vermittelten Geschäfte bei der amtlichen Kursfeststellung, sowie die Berechtigung des Börsenvorstandes bzw. der Maklerkammer, auch andere Geschäfte zu berücksichtigen. § 32 wiederum ergänzt § 30 und regelt Rechtsstellung und Aufgaben der Kursmakler, wobei gewisse Beschränkungen ihrer Geschäftstätigkeit normiert werden. In § 33 sind Einzelheiten in bezug auf das von den Kursmaklern zu führende Tagebuch enthalten, das vor Gebrauch dem Börsenvorstand zur Beglaubigung der Zahl der Blätter oder Seiten vorzulegen ist. § 34 stellt die Befugnis der Kursmakler zu öffentlichen Verkäufen und Käufen fest. In § 35 werden dem „Bundesrat" bestimmte Befugnisse bezüglich der amtlichen Feststellung des Börsenpreises von Waren oder Werpapieren beigelegt. Auf Grund dieser Vorschrift ist insbesondere die Bekanntmachung betreffend die Feststellung des Börsenpreises vom 21. 11. 1912 ergangen. Vgl. Anhang I 2.

§ 29

Bei Waren oder Wertpapieren, deren Börsenpreis amtlich festgestellt wird, erfolgt diese Feststellung sowohl für Kassa- wie für Zeitgeschäfte durch den Börsenvorstand, soweit die Börsenordnung nicht die Mitwirkung von Vertretern anderer Berufszweige vorschreibt. An Wertpapierbörsen, an denen eine Maklerkammer besteht, erfolgt die amtliche Feststellung der Börsenpreise durch die Kursmakler unter Aufsicht der Maklerkammer.

Bei der Feststellung darf außer dem Staatskommissar, dem Börsenvorstande, den Börsensekretären, den Kursmaklern und den Vertretern der beteiligten Berufszweige, deren Mitwirkung die Börsenordnung vorschreibt, niemand zugegen sein.

Als Börsenpreis ist derjenige Preis festzusetzen, welcher der wirklichen Geschäftslage des Verkehrs an der Börse entspricht.

Schrifttum: Göppert S. 195 ff.; Löb, Kursfeststellung und Maklerwesen an der Berliner Effektenbörse, Conrads Jahrb., Bd. 66 (1896) S. 237 ff.; Wermert, Über die Kursnotierung an der Börse, ihre Schäden und die Mittel zur Schaffung der Kurszettelwahrheit, Conrads Jahrb., Bd. 88 (1907) S. 601 ff.; Horwitz, Die Kursbildung am Aktienmarkt seit der Stabilisierung, 1929; Meithner, Die Preisbildung an der Effektenbörse, 1930; Prion, Die Preisbildung an der Wertpapierbörse, 1930; v. Schwedler, Kursbestimmungsfaktoren am Aktienmarkt, 1935.

Vorbemerkung: § 29 Abs. 1 Satz 2 ist durch Ziff. 4 des Gesetzes zur Änderung des BörsG vom 5. 3. 1934 (RGBl. I S. 169) eingefügt worden.

1. § 29 Abs. 1 und 2 enthält die formellen Vorschriften über die amtliche Feststellung des Börsenpreises, Abs. 3 die materiellen Vorschriften.

Dem Börsenpreis ist durch eine Reihe gesetzlicher Vorschriften wie durch die allgemeine Verkehrsanschauung eine Bedeutung beigelegt, die sich auf zahlreiche Rechtsbeziehungen auch außerhalb der Börse erstreckt. Hierbei ist regelmäßig kein Unterschied gemacht, ob der Börsenpreis amtlich festgestellt ist oder nicht. Nur ausnahmsweise, in § 400 HGB für das Effektenkommissionsgeschäft und in § 14 HypothekenbankG werden vom Gesetz besonders bestimmte Wirkungen lediglich an das Vorhandensein eines amtlich festgestellten Börsenpreises geknüpft. Besonders wichtig ist der Börsenpreis für das Kommissionsgeschäft: Bei Waren, die einen Börsen- oder Marktpreis haben, und bei Wertpapieren, bei denen ein Börsen- oder Marktpreis amtlich festgestellt wird, kann der Kommissionär den ihm erteilten Kauf- oder Verkaufsauftrag durch Selbsteintritt ausführen und diesen Preis dem Kommittenten in Rechnung stellen (§ 400 HGB). Selbsteintritt bedeutet, daß der Einkaufskommissionär Waren oder Wertpapiere nunmehr selbst als Verkäufer verspricht oder daß der Verkaufskommissionär Waren oder Wertpapiere als Käufer selber übernimmt. Demgemäß hat der selbsteintretende Kommissionär von nun ab alle Rechte und Pflichten eines Verkäufers oder Käufers. Doch behält der Kommissionär auch nach der Erklärung des Selbsteintritts eine Rechtsstellung, die von der des gewöhnlichen Käufers oder Verkäufers in bestimmten Beziehungen abweicht.

Der Börsenpreis dient ferner als Grundlage für die Ermittlung des Schadenersatzes wegen Nichterfüllung von Fixgeschäften (§ 376 Abs. 2 HGB; vgl. auch für den Konkursfall § 18 KO) und als Bewertungsfaktor bei der Aufstellung der Bilanz von Aktiengesellschaften (§ 133 Ziff. 3 AktG). Sein Vorhandensein begründet vielfach für den zur Vornahme eines Selbsthilfe-, Zwangs- oder Notverkaufs oder Deckungskaufs Befugten das Recht, einen solchen Verkauf oder Kauf statt auf dem Wege der öffentlichen Versteigerung freihändig durch die gesetzlich hierzu ermächtigten Personen zu bewirken (vgl. § 34 BörsG). Wegen weiterer Fälle, in denen dem Börsenpreis kraft bundesgesetzlicher Vorschriften Bedeutung beigelegt ist, vgl. z. B. § 821 ZPO. Auch landesgesetzliche Vorschriften kommen in Betracht. Endlich spielt der Börsenpreis in Usancen sowie bei Verträgen, insbesondere Auseinandersetzungen aller Art, als Bewertungsgrundlage eine Rolle.

2. § 29 Abs. 1 spricht von der amtlichen Feststellung des Börsenpreises bei Waren oder Wertpapieren, ohne zu bestimmen, wann eine amtliche Kursfeststellung stattfinden muß. Diese Frage beantworten die Börsenordnungen, die Bestimmungen darüber enthalten, in welchen Geschäftszweigen eine amtliche Preisfeststellung stattfindet. Nach § 35 Abs. 1 Ziff. 2 kann zudem der „Bundesrat" eine amtliche Feststellung des Börsenpreises bestimmter Waren allgemein oder für einzelne Börsen vorschreiben. Für Wertpapiere ist eine solche Befugnis nicht vorgesehen.

Bei Waren und anderen Gegenständen (Geldsorten etc.) ist Voraussetzung für die amtliche Kursfeststellung, daß die betreffende Börse entsprechend ihrer Börsenordnung dem Handel in dem betreffenden Geschäftszweig dient, bei Wertpapieren, daß diese gemäß Abschnitt III des BörsG zum Börsenhandel zugelassen sind. Für Wertpapiere, deren Zulassung zum Börsenhandel verweigert oder nicht nachgesucht worden ist, darf eine amtliche Feststellung des Preises nicht erfolgen (§ 43 Satz 1). Auch dürfen für solche an der Börse abgeschlossenen Geschäfte Preislisten (Kurszettel) nicht veröffentlicht werden, soweit nicht die Börsenordnung für besondere Fälle Ausnahmen gestattet (§ 43 Satz 3). Vgl. hinsichtlich der Sperrfrist für die Preisfeststellung bei den im Handel per Erscheinen gehandelten Wertpapieren § 42.

Die amtliche Feststellung des Börsenpreises ist diejenige, die von den auf Grund des Gesetzes dazu Berufenen nach Maßgabe der für die einzelne Börse getroffenen Bestimmungen (§ 5 Ziff. 4) vollzogen wird. Sie begründet die Vermutung der Richtigkeit des festgestellten Kurses (vgl. Abs. 3), die jedoch durch den Nachweis, daß die amtliche Feststellung den gesetzlichen Anforderungen und somit der wahren Sachlage widerspricht, widerlegt werden kann (Begr. I, 33; RGZ 12, 8).

Während in § 29 Abs. 1 Satz 1 von „Feststellung des Börsenpreises" gesprochen wird, werden in § 29 Abs. 3 und § 30 Abs. 1 Satz 1 die Ausdrücke „festsetzen" und „Festsetzung" gebraucht Beides bedeutet dasselbe. Die übrigen Bestimmungen des Abschnitts II sprechen nur von Feststellung.

3. Die amtliche Feststellung des Börsenpreises erfolgt bei Waren oder Wertpapieren sowohl für Kassa- wie für Zeitgeschäfte durch den Börsenvorstand, soweit die Börsenordnung nicht die Mitwirkung von Vertretern anderer Berufszweige vorschreibt (Abs. 1 Satz 1). Für Wertpapierbörsen gilt außerdem die Sonderbestimmung des Abs. 1 Satz 2.

Als Ware in dem hier in Betracht kommenden Sinn ist ebenso wie i. S. des § 1 Abs. 2 Ziff. 1 HGB jedes bewegliche Erzeugnis zu verstehen, das Gegenstand des Handelsverkehrs sein kann. Die Grenze sollte nicht zu eng gezogen werden.

Ob für Waren, und gegebenenfalls für welche, die amtliche Feststellung des Börsenpreises erfolgt, wird gemäß § 5 Ziff. 2 aus der Börsenordnung hervorgehen. Insoweit das nicht der Fall ist, richtet es sich nach den tatsächlichen Verhältnissen, deren Berücksichtigung Sache des Börsenvorstandes ist. Vgl. auch § 35 Abs. 1 Ziff. 2 und Abs. 2.

Der Ausdruck Wertpapiere ist hier im weiteren Sinn zu verstehen, so daß auch Zins- und Gewinnanteilscheine, Banknoten, Münzen, Wechsel, Schecks, Anweisungen und Auszahlungen darunter fallen (Begr. I, 59; vgl. auch § 96). Doch ist bei den Wertpapieren im engeren Sinn, auf die sich der Abschnitt III des Gesetzes bezieht (vgl. § 36 Anm. 2), Voraussetzung der amtlichen Preisfeststellung die Zulassung zum Börsenhandel (vgl. §§ 36, 39, 40) und die Innehaltung der für die Einführung vorgeschriebenen Fristen (vgl. § 38 Abs. 1, § 42 und ZulBek. § 17). Bei den übrigen ist, ebenso wie bei Waren (s. oben), die Bestimmung der Börsenordnung oder des Börsenvorstandes maßgeblich.

Kassageschäfte (im Warenverkehr auch Loko- oder Effektivgeschäfte genannt) sind solche, die alsbald oder doch innerhalb einer kurzen, hauptsächlich der Erfüllungsvorbereitung wegen vorgesehenen Frist zu erfüllen sind. Den Kassageschäften werden nach den Usancen der meisten Börsen als wirtschaftlich zugehörig auch gewisse kurzfristige Zeitgeschäfte, z. B. „per morgen", „per einige Tage" zugerechnet, sowie alle Geschäfte mit nicht ausdrücklich bestimmter Lieferungsfrist, sofern nicht die sonstigen Umstände auf die Absicht der Parteien, ein Zeitgeschäft abzuschließen, hindeuten.

Zeitgeschäfte sind Geschäfte, bei denen sich Käufer und Verkäufer durch Hinausschieben der Erfüllung auf einen in der Zukunft liegenden Termin gegenseitig Kredit gewähren. Sie werden im Wertpapierhandel zumeist auf den letzten Monatstag (ultimo), im Warenhandel auf einen vom Verkäufer zu bestimmenden Tag des vereinbarten Erfüllungsmonats abgeschlossen. Sie können aber auch bei Kündigung des einen oder anderen Teils, wenn „täglich" oder „auf Ankündigung" gehandelt ist, fällig werden. Die Termingeschäfte (§§ 50 ff.) sind eine Art der Zeitgeschäfte.

Die Hervorhebung der beiden Geschäftsarten soll besagen, daß die Preise für jede gesondert festzustellen sind. Die Verschiedenheit der Preise für Zeitgeschäfte gegenüber den Kassapreisen ergibt sich im Wertpapierhandel daraus, daß auf erstere neben den für die Bildung der letzteren bestimmenden Momenten noch weitere Umstände — die wechselseitige Kreditgewährung und die übrigen Zeitgeschäftsbedingungen, bei Aktien und sonstigen Anteilscheinen auch das Anwachsen des Gewinnanteils — einwirken. Im Warenhandel entspricht den verschiedenen Preisen überhaupt verschiedene Ware. Denn hier wird im Terminmarkt einschl. des handelsrechtlichen Lieferungsgeschäfts Ware mit feststehender Lieferungsqualität börsenmäßig gehandelt, wohingegen die Lokogeschäfte und diejenigen Zeitgeschäfte, die nicht Börsentermingeschäfte sind, einfache Marktgeschäfte mit individuellem Vertragsinhalt sind. Insbesondere kommt bei ihnen in der Regel eine von den Parteien jeweils im Vertrag bezeichnete Qualität in Betracht. Während daher für Warentermingeschäfte, ebenso wie im Wertpapierterminhandel, die wirklich gezahlten Preise genau registriert werden, geht bei den übrigen Warengeschäften vielfach die Übung dahin, auf Grund der Ermittlung der gezahlten Preise und der verschiedenen Qualitäten usw., für die sie sich verstehen, Spannungspreise zu notieren, die ein Bild von der Marktlage geben sollen, ohne die Bedeutung einer vollständigen Registrierung der gezahlten Preise zu haben.

4. Wenn Abs. 1 bestimmt, daß „die Preisfeststellung" durch den Börsenvorstand erfolgt, soweit die Börsenordnung nicht die Mitwirkung von Vertretern anderer Berufszweige „vorschreibt, so wird diese Befugnis des Börsenvorstandes modifiziert durch § 29 Abs. 1 Satz 2, wonach an Wertpapierbörsen, an denen eine Maklerkammer besteht, die amtliche Preisfeststellung durch die Kursmakler unter Aufsicht der Maklerkammer erfolgt, und durch § 30 Abs. 1 Satz 1, wonach die Kursmakler an den sonstigen Waren- und Wertpapierbörsen bei der amtlichen Preisfeststellung von Waren oder Wertpapieren mitzuwirken haben.

Der Börsenvorstand kann im übrigen ein oder mehrere Mitglieder mit der amtlichen Feststellung der Preise und Kurse betrauen. Gemäß § 35 Abs. 1 Ziff. 1 BörsG kann die Feststellung mit Erlaubnis des „Bundesrats" auch anderen Organen übertragen werden.

Die Bestimmung, daß die Börsenordnung die Mitwirkung von Vertretern anderer Berufszweige vorschreiben kann, ist nur auf solche Berufsvertreter zu beziehen, die nicht gemäß § 4 Abs. 2 Satz 2 dem Börsenvorstand als Mitglieder angehören.

5. Von besonderer Bedeutung ist die Vorschrift des Abs. 1 Satz 2, daß an Wertpapierbörsen, an denen eine Maklerkammer besteht, die amtliche Preisfeststellung durch die Kursmakler unter Aufsicht der Maklerkammer erfolgt. Diese Bestimmung ist eingefügt worden, weil der Gesetzgeber der Auffassung war, daß die Kursmakler infolge der Notwendigkeit, ständig an der Börse anwesend zu sein, am besten geeignet seien, die Kursfeststellung vorzunehmen, und daß durch die Beaufsichtigung durch die Maklerkammer, einer von der Landesregierung geschaffenen Körperschaft, die Korrektheit der Notierungen gewährleistet wird.

Über nähere Einzelheiten bezüglich der Kursmakler und der Maklerkammer vgl. §§ 30, 32—34.

6. Bei der Kursfeststellung darf außer dem Staatskommissar, dem Börsenvorstand, den Börsensekretären, den Kursmaklern und den Vertretern der beteiligten Berufszweige, deren Mitwirkung die Börsenordnung vorschreibt, niemand zugegen sein (Abs. 2). Die endgültige Kursfeststellung soll also unter Ausschluß der Öffentlichkeit stattfinden. Von der Vorschrift der Nichtöffentlichkeit der endgültigen Kursfeststellung können Ausnahmen nur gemäß § 35 Abs. 1 Ziff. 1 zugelassen werden.

Von der endgültigen Feststellung ist die sich unter Kontrolle und Mitwirkung der Börsenbesucher an der Börse vollziehende vorbereitende Feststellung durch die Kursmakler, das sog. Kursmachen, zu unterscheiden. Obwohl es in der Praxis nur selten vorkommt, daß der beim Kursmachen ermittelte Börsenpreis nicht auch als amtlicher festgestellt wird, erfolgt rechtlich die verantwortliche Feststellung doch erst bei dem in Abs. 2 vorgeschriebenen Vorgang durch die hierzu berufenen Stellen bzw. Personen. Keinem Zweifel unterliegt, daß zu dem gestatteten Personenkreis des Abs. 2

außer dem Staatskommissar auch sonstige Beamte der Landesregierung gehören.

7. Nach § 29 Abs. 3 ist als Börsenpreis derjenige Preis festzusetzen, welcher der wirklichen Geschäftslage an der Börse entspricht. Die Vorschrift gibt die Begriffsbestimmung des Börsenpreises und ist die einzige materielle Vorschrift des BörsG über die amtliche Kursnotierung.

Aus Abs. 3 ist zunächst zu entnehmen, daß der Börsenpreis nur auf Grund von an der Börse abgeschlossenen Geschäften festgestellt werden kann. Damit er der wirklichen Geschäftslage an der Börse entspricht, müssen bei seiner Feststellung alle Geschäfte außer Betracht bleiben, deren Preise durch besondere persönliche Beziehungen und sonstige nicht den Handel im ganzen berührende Umstände beeinflußt sind (Begr. I, 33). Solche Umstände können namentlich in den individuellen Verhältnissen des Käufers oder Verkäufers beruhen, ferner in Vereinbarungen, durch welche die usancemäßigen, für die Preisbemessung erheblichen Bedingungen des Geschäfts abgeändert werden. Desgleichen kommt es auch nicht auf die Geschäftslage außerhalb der Börse oder auf den sog. „inneren Wert" bei Wertpapieren an.

Selbstverständlich sind Scheingeschäfte jeder Art auszuscheiden (vgl. auch die Strafvorschriften in den §§ 88, 92 BörsG). Sie zu erkennen, ist Aufgabe der die Preisfeststellung bewirkenden Instanzen. Doch besteht die Gefahr von Scheingeschäften ernstlich nur bei solchen Wertpapieren und Warengattungen, für die es an Interessenten an der Börse fehlt. Denn in der Regel werden vermöge des Zusammentreffens von Verkäufern und Käufern an der Börse einem Käufer, der zu auffallend hohem Kurse kaufen will, und einem Verkäufer, der zu auffallend niedrigem Kurse verkaufen will, alsbald zahlreiche Verkäufer oder Käufer gegenübertreten.

Andererseits müssen die feststellenden Instanzen dafür sorgen, daß möglichst alle der Berücksichtigung fähigen Geschäfte zur Berücksichtigung gelangen. Gewinnen sie die Überzeugung, daß die abgeschlossenen Geschäfte der wirklichen Geschäftslage des Verkehrs an der Börse nicht entsprechen, so ist die Feststellung des Börsenpreises zu verweigern. Dagegen darf nicht, wie in der Reichstagskommission (KB I, 11) irrtümlich angenommen wurde, ein von den tatsächlichen Abschlußpreisen abweichender „angemessener" Börsenpreis festgestellt werden. Die Feststellung eines auf bloßer Schätzung beruhenden Börsenpreises, ein fiktiver Kurs, ist ausgeschlossen. Vielfach erhalten daher die Börsenordnungen die Vorschrift, daß die Notierung eines auf bloßer Schätzung beruhenden Preises unzulässig ist. Das Prinzip, daß der Kurs der wirklichen Geschäftslage des Verkehrs an der Börse entsprechen muß, hat nicht zur Folge, daß ein Kurs, der diesen Voraussetzungen entspricht, unter allen Umständen notiert werden muß. Die feststellenden Instanzen haben vielmehr das Recht, auch in diesem Fall einen Kurs zu streichen, wenn besondere Gründe dies rechtfertigen. Ebenso können sie eine Repartierung der Aufträge vornehmen, z. B. wenn dem unlimitierten Angebot keine entsprechende Nachfrage gegenübersteht oder umgekehrt und die Aufträge in vollem Umfang nur zu einem unverhältnismäßig niedrigen bzw. hohen Kurs erfüllt werden müßten.

8. Das Gesetz legt in Abs. 3 nur das Erfordernis der Kurswahrheit für die Feststellung des Börsenpreises fest, überläßt aber die Art der Feststellung im übrigen der, den verschiedenen Verhältnissen an den einzelnen Börsen entsprechend verschiedenen Übung. Es kommen für Wertpapierbörsen hauptsächlich zwei Methoden in Betracht: die Feststellung fester (variabler) Kurse und die Feststellung des Einheitskurses.

Bei der Feststellung fester Kurse werden die verschiedenen Kurse, die im Laufe der Börsenzeit bei den an der Börse abgeschlossenen Geschäften vereinbart worden sind, hintereinander notiert (sog. fortlaufende Notierung). Überwiegend werden hierbei die Anfangs- und Schlußkurse sowie die in der Zwischenzeit eingetretenen Schwankungen notiert.

Bei der Feststellung des Einheitskurses wird durch ein der freien Vereinbarung entzogenes Verfahren für jedes Wertpapier auf Grund der den Kursmaklern vor und bei der vorläufigen Preisfeststellung erteilten Aufträge ein einheitlicher, für das gesamte Geschäft maßgeblicher Kurs ermittelt. Der Einheitskurs, der mithin die gleichmäßige Behandlung aller Aufträge gewährleistet, muß so beschaffen sein, daß dazu so viele Aufträge wie möglich, und zwar alle nicht limitierten (Bestens-) Aufträge sowie alle unter ihm limitierten Verkaufs- und über ihm limitierten Kaufaufträge voll und die zum Kurs limitierten Aufträge wenigstens teilweise, zur Ausführung gelangen. Bis zur Feststellung des Einheitskurses bleiben alle den Kursmaklern erteilten Aufträge in der Schwebe. Nach seiner Bemessung richtet sich, welche davon zu Geschäftsabschlüssen führen.

Sowohl die festen Kurse als auch der Einheitskurs sind Börsenpreise, zu denen sich Umsätze tatsächlich vollzogen haben. Die grundsätzliche Verschiedenheit zwischen dem Handel nach festen Kursen und dem Handel nach Einheitskurs liegt darin, daß sich jener frei abspielt, während dieser reglementiert ist, indem alle bei der Kursbildung zu berücksichtigenden Geschäfte durch den Kursmakler vermittelt werden müssen, und er nicht nur die zusammenpassenden Aufträge zusammenzubringen, sondern nach den dargelegten Grundsätzen den Kurs zu errechnen hat, der für seine Vermittlungstätigkeit alsdann bestimmend ist.

Ohne Geschäftsabschlüsse können Börsenpreise begrifflich nicht entstehen. Wenn dem Angebot keine oder eine verhältnismäßig nur geringe Nachfrage gegenübersteht und umgekehrt, oder wenn die geforderten und gebotenen Preise zu weit auseinandergehen, um zu Abschlüssen zu führen, so werden üblicherweise auf Grund der Kaufangebote „Geldkurse" oder auf Grund der Verkaufsangebote „Briefkurse" festgestellt. Diese Kurse sind keine Börsenpreise im Sinne des Gesetzes und begründen nicht das gesetzliche Selbsteintrittsrecht des Kommissionärs (RGZ 34, 121). Sie sind aber nicht nur als Bewertungsmaßstab weiten Interessentenkreisen ein Ersatz für die Börsenpreise — das gilt namentlich für die Geldkurse —, sondern spielen insbesondere auch für die Börsenmakelei und das Börsenkommissionsgeschäft eine große Rolle, indem sie dem Auftraggeber zu dem

Nachweis der Ausführbarkeit seines Auftrags und damit zu dem Anspruch auf Schadloshaltung wegen unterlassener Ausführung verhelfen können. Endlich können sie sogar ein vereinbarungs- oder usancemäßiges Selbsteintrittsrecht des Kommissionärs begründen. Daher ist die Vorschrift des Abs. 3 auch auf sie anzuwenden.

Zwecks Klarstellung der Marktlage an der Börse werden die Kurse mit besonderen Kennzeichen versehen. Die Bedeutung der verschiedenen Kennzeichen wird häufig in den Börsenordnungen der einzelnen Wertpapierbörsen noch näher erläutert.

Irrtümlich festgestellte Kurse können von der zur Feststellung berufenen Instanz (Abs. 1; vgl. oben Anm. 3) berichtigt werden. Vielfach ist der Antrag auf Berichtigung nach herrschender Praxis oder durch ausdrückliche Bestimmung der Börsenordnung an eine Ausschlußfrist gebunden. Durch deren Versäumnis wird aber ebensowenig wie durch die Ablehnung der fristgemäß beantragten Berichtigung das Recht berührt, die Unrichtigkeit amtlich festgestellter Kurse gerichtlich geltend zu machen.

9. Die Forderung des Abs. 3, daß nur der Gechäftsverkehr an der Börse bei der Kursfeststellung zu berücksichtigen ist, ist während der Zeit der nationalsozialistischen Herrschaft vielfach unberücksichtigt geblieben. Teils hat die damalige Regierung verhindert, daß Börsenkurse unter einem bestimmten Niveau festgestellt wurden; teils wurde verboten, daß bestimmte Grenzen nach oben überschritten wurden. So wurde unter anderem auch verlangt, daß Kurserhöhungen oder Ermäßigungen von einem Tag zum anderen einen gewissen Prozentsatz nicht über- oder unterschritten. Schließlich wurde Anfang 1943 ein Kursstop angeordnet, wonach die Aktienkurse vom 25. 1. 1943 nicht mehr überschritten werden durften. Auch für festverzinsliche Werte sind später Stopkurse festgesetzt worden.

Die gesetzliche Grundlage dieser Maßnahmen wurde zunächst in der Börsenaufsicht des Reichswirtschaftsministers gesehen, schließlich in der 2. VO über Maßnahmen auf dem Gebiet des Börsenwesens während des Krieges vom 30. 3. 1943 (RGBl. I S. 176). Nach § 1 dieser VO konnte der Reichswirtschaftsminister während der Dauer des Krieges Anordnungen über die Festsetzung von Börsenpreisen für Wertpapiere und Bestimmungen über Preise der zum amtlichen Börsenhandel nicht zugelassenen Wertpapiere treffen. Beim Vorliegen besonderer Verhältnisse konnte er Ausnahmen für einzelne Geschäfte zulassen. Ein Rechtsgeschäft über Wertpapiere, das zu höheren als den nach § 1 festgesetzten oder zugelassenen Preisen abgeschlossen wurde, war nichtig (§ 2 Abs. 1). Der Reichswirtschaftsminister war auch ermächtigt, alle sonstigen Maßnahmen zu treffen, um einen Handel zu anderen als den auf Grund des § 1 festgesetzten Preisen zu unterbinden (§ 2 Abs. 2). Ein Verstoß gegen die Vorschriften konnte mit Gefängnis und Geldstrafe sowie Entzug der Papiere bestraft werden (§ 3). Entsprechend dieser Verordnung wurden schließlich die in den amtlichen Kursblättern bekanntgegebenen Kurse der Aktien, Pfandbriefe, Kommunalschuldverschreibungen, Industrieobligationen usw. zu allgemein verbindlichen Höchstpreisen erklärt (AO des RWM vom 29. 9. 1943 in DRAnz. Nr. 231 vom 4. 10. 1943).

§ 30

An den Börsen sind Kursmakler zu bestellen, die an den Wertpapierbörsen, an denen eine Maklerkammer besteht, die Börsenpreise der Wertpapiere amtlich festzustellen, an den sonstigen Börsen bei der amtlichen Feststellung des Börsenpreises von Waren und Wertpapieren mitzuwirken haben. Sie werden von der Landesregierung bestellt und entlassen und leisten vor Antritt ihrer Stellung den Eid, daß sie die ihnen obliegenden Pflichten getreu erfüllen werden.

Eine Vertretung der Kursmakler (Maklerkammer) ist bei der Bestellung neuer Kursmakler und bei der Verteilung der Geschäfte unter die einzelnen Makler gutachtlich zu hören. Die näheren Bestimmungen über die Rechte und Pflichten der Kursmakler, ferner über ihre Bestellung und Entlassung, die Organisation ihrer Vertretung und ihr Verhältnis zu den Staatskommissaren und den Börsenorganen werden von der Landesregierung erlassen.

Schrifttum: Göppert S. 146 ff.; Heymann, Der Handelsmakler, Ehrenbergs Handbuch Bd. V, Abt. I, 1. Hälfte; Matthes, Das Recht der Kursmakler, 1932.

Vorbemerkung: Die Fassung des § 30 ist durch Ziff. 5 des Gesetzes zur Änderung des BörsG vom 5. 3. 1934 (RGBl. I S. 169) abgeändert worden. Durch die Neufassung ist die Verantwortung für die Kursfeststellung an den Börsen, an denen eine Maklerkammer besteht, den Kursmaklern übertragen worden. An den übrigen Börsen sind sie weiterhin Hilfspersonen des Börsenvorstandes. § 30 Abs. 1 Satz 1 ist teilweise schon in § 29 Abs. 1 Satz 2 enthalten.

1. Nach § 30 Abs. 1 Satz 1 sind an den Börsen K u r s m a k l e r zu bestellen, die u n t e r s c h i e d l i c h e B e f u g n i s s e haben, je nachdem, ob sie ihre Tätigkeit an Wertpapierbörsen ausüben, an denen eine Maklerkammer besteht, oder an sonstigen Wertpapier- oder Warenbörsen. An den Wertpapierbörsen, an denen eine Maklerkammer besteht, ist die amtliche Kursfeststellung in ihre Hand gelegt (vgl. auch § 29 Abs. 1 Satz 2). An den übrigen Börsen haben sie bei der Kursfeststellung von Waren und Wertpapieren nur mitzuwirken.

Die Bestellung der Kursmakler obliegt der Landesregierung (Abs. 1 Satz 2), der auch die näheren Bestimmungen über ihre Rechte und Pflichten, ferner über ihre Bestellung und Entlassung und über die Organisation ihrer Vertretung und ihr Verhältnis zu den Staatskommissaren und den Börsenorganen vorbehalten sind (Abs. 2 Satz 2). Von ihrer Bestellung kann nur im Rahmen des § 35 Abs. 1 Ziff. 1 Abstand genommen werden (Rehm u. a., § 30 Anm. 1, Göppert S. 153). Die Bestellung kommt selbstverständlich auch nicht für Börsen in Betracht, an denen eine amtliche Preisfeststellung nicht stattfindet. Für diese Börsen entfällt die Anwendbarkeit der

§§ 29—34. Insbesondere gilt das auch hinsichtlich der zur Mitwirkung an der amtlichen Preisfeststellung berufenen sonstigen Personen, insoweit nicht etwa durch Börsenordnungen, Anstellungsbedingungen usw. ein anderes bestimmt ist.

2. Die an den Börsen zu bestellenden Kursmakler sind Börsenhändler (Handelsmakler), die auf eine bestimmte Tätigkeit an der Börse beschränkt sind (vgl. § 32). Gleichzeitig stehen sie in einem besonderen öffentlichrechtlichen Rechtsverhältnis, das nicht nur ihre Funktion als Kursfeststellungs- oder Mitwirkungsorgan bei der Kursfeststellung zum Gegenstand hat, sondern auch ihre geschäftliche Betätigung berührt (Göppert S. 146).

Insoweit die Kursmakler die Vermittlung von Verträgen über Gegenstände des Börsenverkehrs übernehmen, finden auf sie, soweit nichts anderes bestimmt ist, die §§ 93—104 HGB Anwendung, subsidiär die Bestimmungen des BGB über den Maklervertrag (§§ 652 ff.). Sie sind Kaufleute (§ 1 Abs. 2 Ziff. 7 HGB), in das Handelsregister eintragungspflichtig (OLG 8, 245) und haben die Pflicht zur Führung und Aufbewahrung kaufmännischer Bücher (§ 38 HGB; vgl. auch § 33 BörsG).

Da die Vorschriften des HGB über Handelsmakler Anwendung finden, sind sie verpflichtet, eine Schlußnote auszustellen (§ 94), die unverzüglich jeder Partei nach Abschluß des Geschäfts zuzustellen ist. Das Rechtsverhältnis der Schlußnoten mit vorbehaltener Aufgabe regelt sich nach § 95 HGB. Die Kursmakler dürfen Geschäfte an Aufgabe nur abschließen, soweit dies zur Ausführung der ihnen erteilten Aufträge notwendig ist (§ 32 BörsG). Sie haben gegebenenfalls die Verpflichtung zur Aufbewahrung der übergebenen Warenprobe bei Verkauf nach Probe, falls nicht die Parteien verzichten oder ein abweichender Handelsbrauch bezüglich der betreffenden Ware besteht (§ 96 HGB). Sie haften jeder Partei für den durch ihr Verschulden entstandenen Schaden (§ 98 HGB).

Der Maklerlohn (Courtage) ist mangels Vereinbarung oder eines abweichenden Ortsgebrauchs von jeder Partei zur Hälfte zu bezahlen (§ 99). Er ist beim Wertpapiergeschäft für Aktien, festverzinsliche Werte, Kuxe usw. verschieden hoch und wird gelegentlich abgeändert.

Die Kursmakler haben schließlich die Verpflichtung zur Führung und Aufbewahrung eines Tagebuches (§ 100 HGB; vgl. auch § 33 BörsG). Über besondere Pflichten in bezug auf ihre Vermittlungstätigkeit und entsprechende Beschränkungen vgl. § 32.

Neben diesen die Kursmakler als geschäftstätige Vermittler betreffenden Vorschriften sind die Bestimmungen des BörsG von Bedeutung, die die Kursmakler als Kursfeststellungs- oder Mitwirkungsorgan bei der Kursfeststellung betreffen. Vgl. hierzu Anm. 3.

3. Die Kursmakler werden von der Landesregierung bestellt und entlassen und leisten vor Antritt ihrer Stellung den Eid, daß sie die ihnen obliegenden Pflichten getreu erfüllen (Abs. 1 Satz 2). Sie werden durch die Ernennung nicht Beamte und leisten daher auch nicht den Beamteneid, sondern den hier normierten besonderen Eid. In ihrer „halbbeamteten" Stellung sind sie Inhaber eines staatlich

gebundenen Berufs (Göppert S. 155, Huber I S. 792). Eine bestimmte Zeitdauer hat das Gesetz für ihre Bestellung nicht vorgeschrieben. Regelmäßig erfolgt sie auf Lebenszeit. Die Landesregierungen haben in dieser Beziehung freie Hand (§ 30 Abs. 2 Satz 2).

Die Vereidigung erfolgt im allgemeinen durch den Staatskommissar.

Regelmäßig werden die Kursmakler aus dem Kreis der Kursmakler-Stellvertreter (Substitute) entnommen, die sich wiederum in der Hauptsache aus Bankangestellten ergänzen. Der Betrieb des Maklergewerbes (§ 93 HGB) ist nach dem Gesetz (vgl. § 32 Abs. 1 Satz 1) nicht Voraussetzung, so daß auch Personen aus anderen Berufskreisen zu Kursmaklern ernannt werden können. Im übrigen ergibt sich aus § 32 Abs. 1 Satz 1 in Verbindung mit § 31 Satz 1 die Verpflichtung der Kursmakler, von jedem zum Börsenhandel befugten Börsenbesucher Aufträge in den Waren und Wertpapieren anzunehmen, an deren amtlicher Preisfeststellung sie mitzuwirken berufen sind oder bei denen sie sie selbst vornehmen.

Aus der gesetzlichen Verpflichtung, an der Börse als Vermittler tätig zu sein, ergibt sich, daß die Landesregierung nicht Personen zu Kursmaklern bestellen kann, die börsenunfähig sind (vgl. § 7 BörsG). Aus der Natur der Sache folgt, daß sie auch nur solche Personen bestellen kann, die nicht nur die erforderlichen geschäftlichen Kenntnisse, sondern auch genügend Kredit besitzen, um in den durch § 32 BörsG gezogenen Grenzen dem Verkehr durch Übernahme eines eigenen Obligos zu dienen (Göppert S. 154).

Ihre Entlassung erfolgt durch die Behörde, die die Bestellung vorgenommen hat. In der Regel kann die Entlassung erfolgen, wenn sie sich einer groben Verletzung der ihnen obliegenden Pflichten schuldig machen oder sich durch ihr Verhalten in oder außer dem Amt der Achtung, des Ansehens und des Vertrauens, die ihr Beruf erfordern, unwürdig zeigen, oder zur Erfüllung ihrer Dienstpflicht dauernd untauglich sind. Die Frage, ob trotz Art. 2 Abs. 1, Art. 12 Abs. 1 GG die Erreichung einer bestimmten Altersgrenze einen Grund zur Entlassung abgeben kann, wird mit Rücksicht auf § 30 Abs. 2 Satz 2 zu bejahen sein.

4. Bei der Bestellung neuer Kursmakler und bei der Verteilung der Geschäfte unter die einzelnen Makler ist die Vertretung der Kursmakler (Maklerkammer) gutachtlich zu hören (§ 30 Abs. 2 Satz 1). Neben den schon in § 29 Abs. 1 Satz 2 und nachfolgend in § 31 Satz 2, 2. Halbsatz erwähnten Aufgaben der Maklerkammer ist die hier erwähnte Aufgabe von besonderer Bedeutung.

Was zunächst die „Vertretung der Kursmakler (Maklerkammer)" betrifft, dürfte die Auffassung, daß eine solche Vertretung nicht in einer selbständigen Organisation zu bestehen brauchte (so Göppert S. 156), in dieser Unbedingtheit nicht zutreffend sein. Die Bestimmung ist vielmehr so aufzufassen, daß dort, wo eine größere Anzahl von Kursmaklern bestellt ist, die Schaffung einer besonderen Organisation als amtliches Vertretungs- und Selbstverwaltungsorgan eine öffentlich-rechtliche Pflicht der Landesregierung darstellt. Dabei ermächtigt das BörsG (Abs. 3 Satz 2) die Landesregierung, die Organisation und ihren Aufgaben- und Pflichtenkreis ganz nach ihrem freien Ermessen zu gestalten, wobei nur zwingende Vorschriften des BörsG nicht verletzt werden dürfen.

Sind an einer Börse nur wenige Kursmakler bestellt, so daß die Errichtung einer Maklerkammer sachlich nicht gerechtfertigt wäre, kann allerdings von der Errichtung abgesehen werden.

Die Maklerkammer erhält mit ihrer Errichtung den Status einer Körperschaft öffentlichen Rechts.

Die in Abs. 2 Satz 1 geregelte gutachtliche Äußerung bei Bestellung neuer Kursmakler und bei Verteilung der Geschäfte unter die einzelnen Makler, d. h. bei der Bestimmung der Wertpapiere oder Waren, für die der einzelne bei der Kursfeststellung mitwirken soll, kann entsprechend dem Obengesagten entweder von der Maklerkammer ausgehen oder von den Kursmaklern, falls keine Maklerkammer besteht. Ist keine Maklerkammer vorhanden, so können alle Kursmakler oder ein von ihnen gewählter Vertrauensmann gehört werden (Göppert S. 156).

Die Landesregierung kann bei Verteilung der Geschäfte unter die einzelnen Kursmakler über die gesetzlich vorgesehene Anhörung hinausgehen und die Geschäftsverteilung der Maklerkammer selbst übertragen. Daß die Landesregierung die Verteilung selbst vornehmen müßte, ist nach Sinn und Zweck der Bestimmungen nicht anzunehmen (Göppert S. 156; a. M. Rehm u. a., Anm. 18 mit weiteren Nachweisen).

Die Verpflichtung der Landesregierung, bei der Bestellung neuer Kursmakler die Maklerkammer gutachtlich zu hören, schließt nicht deren Berechtigung aus, vor Bestellung und Entlassung der Kursmakler auch die aufsichtführenden Handelsorgane und die Börsenvorstände hierüber gutachtlich zu hören oder sich in bezug auf die Bestellung der Kursmakler Vorschläge von ihnen machen zu lassen (KB. I, 12).

5. Die Landesregierung kann die auf sie übertragene Befugnis, die näheren Bestimmungen über die Bestellung und Entlassung der Kursmakler, über die Organisation ihrer Vertretung und über ihr Verhältnis zu den Staatskommissaren und den Börsenorganen zu erlassen (Abs. 2 Satz 2), entweder für alle ihr unterstehenden Börsen gemeinsam oder für jede einzelne Börse ausüben. Die Bestimmungen werden regelmäßig in „Maklerordnungen" zusammengefaßt. Die Maklerordnungen sind Rechtsverordnungen. Eine Delegation der Rechtsetzungsbefugnis auf das aufsichtführende Handelsorgan oder den Börsenvorstand dürfte unzulässig sein (so auch Göppert S. 153).

§ 31

Bei Geschäften in Waren oder Wertpapieren kann ein Anspruch auf Berücksichtigung bei der amtlichen Feststellung des Börsenpreises nur erhoben werden, wenn sie durch Vermittlung eines Kursmaklers abgeschlossen sind. Die Berechtigung des Börsenvorstandes, auch andere Gechäfte zu berücksichtigen, bleibt hierdurch unberührt; im Falle des § 29 Abs. 1 Satz 2 steht diese Berechtigung der Maklerkammer zu.

Vorbemerkung: Die Fassung des § 31 Satz 2, 2. Halbsatz beruht auf Ziff. 6 des Gesetzes zur Änderung des BörsG vom 5. 3. 1934 (RGBl. I S. 169).

1. Aus der Bestimmung, daß nur für die durch Kursmakler abgeschlossenen Geschäfte ein Anspruch auf Berücksichtigung bei der amtlichen Preisfeststellung erhoben werden kann, ergibt sich das einzige gesetzliche Vorrecht, das den Kursmaklern vor den „freien Maklern" (Anm. 3) eingeräumt ist. Die Vorschrift versteht sich von selbst, soweit Einheitskurse festgestellt werden, da hier ohnehin nur die von den Kursmaklern vermittelten Geschäfte Berücksichtigung finden (vgl. § 29 Anm. 8). Sie ist aber von großer praktischer Bedeutung, soweit feste Kurse festgestellt werden (s. a. a. O). Denn bei allen Geschäften, bei denen es auch nur einem Beteiligten auf die amtliche Preisfeststellung ankommt, wird hier, um diese zu sichern, die Vermittlung durch einen Kursmakler herbeigeführt werden müssen. Weitere Voraussetzung für die Berücksichtigung ist außer der ausdrücklich genannten, daß das Geschäft den für die Börse geltenden Usancen entspricht (Rehm u. a., Anm. 3). Geschäfte unter dem usancemäßig festgelegten Mindestbetrag oder Geschäfte, für die sonstige besondere Vereinbarungen getroffen sind, geben auch dann keinen Anspruch auf Berücksichtigung, wenn sie durch Kursmakler vermittelt werden (Rehm u. a., a. a. O.).

Ferner gibt es keinen Anspruch auf tägliche Kursfeststellung. Vielmehr bestimmt die Börsenordnung oder das von ihr hiermit betraute Börsenorgan, an welchen Tagen und in welchen Zwischenräumen die Feststellung erfolgt.

2. Der Börsenvorstand bzw. die Maklerkammer (§ 29 Abs. 1 Satz 2) haben das Recht, auch andere Geschäfte bei der amtlichen Feststellung des Börsenpreises zu berücksichtigen (§ 31 Satz 2). Die Berücksichtigung der nicht durch Kursmakler vermittelten Geschäfte ist, soweit nicht nach Einheitskurs gehandelt wird, i. S. des § 29 Abs. 3 dann geboten, wenn die von den Kursmaklern abgeschlossenen Geschäfte ein richtiges Urteil über die Lage des Marktes nicht gestatten (KB. I, 13). Unter dieser Voraussetzung sind nicht nur abgeschlossene Geschäfte (bezahlte Ware), sondern auch Angebot oder Nachfrage (Brief- und Geldkurse) zu berücksichtigen (Rehm u. a., Anm. 4). Praktisch kann dies nur werden, soweit feste Kurse (insbesondere beim Zeitgeschäft und im Warenverkehr) notiert werden, dagegen nicht bei Einheitskursen, bei denen nur die von den Kursmaklern vermittelten Geschäfte bei der amtlichen Feststellung des Börsenpreises Berücksichtigung finden (Rehm u. a., a. a. O.).

3. Neben den Kursmaklern vermitteln sog. freie Makler im Geschäftsverkehr an der Börse. Die freien Makler betätigen sich auch im Handel mit unnotierten Werten (geregelter Freiverkehr; vgl. § 43 Anm. 7).

Auf sie kommen lediglich die §§ 93—104 HGB zur Anwendung.

Bei den von ihnen vermittelten Geschäften besteht im Gegensatz zum sog. „offiziellen Verkehr" (Anm. 1) kein Anspruch auf Berücksichtigung bei der Kursfeststellung.

§ 32

Die Kursmakler müssen, solange sie die Tätigkeit als Kursmakler ausüben, die Vermittlung von Börsengeschäften in den Waren oder Wertpapieren betreiben, für die sie bei der amtlichen Feststellung der Börsenpreise mitwirken oder für die ihnen diese Feststellung selbst übertragen ist. Sie dürfen in solchen Geschäftszweigen nur insoweit Handelsgeschäfte für eigene Rechnung oder in eigenem Namen schließen oder eine Bürgschaft für die von ihnen vermittelten Geschäfte übernehmen, als dies zur Ausführung der ihnen erteilten Aufträge nötig ist; die Landesregierung bestimmt, in welcher Weise die Beobachtung dieser Vorschrift zu überwachen ist. Die Gültigkeit der abgeschlossenen Geschäfte wird hierdurch nicht berührt.

Die Kursmakler dürfen, soweit nicht die Landesregierung Ausnahmen zuläßt, kein sonstiges Handelsgewerbe betreiben, auch nicht an einem solchen als Kommanditist oder stiller Gesellschafter beteiligt sein; ebensowenig dürfen sie zu einem Kaufmann in dem Verhältnis eines Prokuristen, Handlungsbevollmächtigten oder Handlungsgehilfen stehen.

Schrifttum: Göppert S. 163 ff.

Vorbemerkung: § 32 Abs. 1 beruht auf Ziff. 7 des Gesetzes zur Änderung des BörsG vom 5. 3. 1934 (RGBl. I S. 169). Satz 1 stand früher in § 30 Abs. 1 und ist bei der Neufassung des § 32 Abs. 1 hierher übernommen worden.

1. Nach Abs. 1 Satz 1 sind die Kursmakler zur tatsächlichen Ausübung ihres Amtes während der Dauer ihrer Bestellung verpflichtet, indem sie die Vermittlung von Börsengeschäften in den Waren oder Wertpapieren betreiben müssen, für die sie bei der amtlichen Feststellung des Börsenpreises mitwirken oder für die ihnen diese Feststellung übertragen ist. Dieser Pflicht (von Göppert S. 139 Betriebspflicht genannt) steht das Recht der Börsenbesucher gegenüber, die Vermittlung der Kursmakler in Anspruch zu nehmen. Die Börsenbesucher können allerdings auch unmittelbar untereinander abschließen oder sich beliebiger anderer Vermittler bedienen. Sie sind nur dann auf den Kursmakler angewiesen, wenn sie sicher sein wollen, daß der Kaufabschluß bei der amtlichen Preisfeststellung berücksichtigt wird (Göppert S. 164).

Die Verpflichtung, Börsenbesuchern zur Vermittlung von Börsengeschäften zur Verfügung zu stehen, hat einen Kontrahierungszwang zur Folge, dem die Aufsichtsbehörde durch öffentlich-rechtliche Mittel Nachdruck verleihen kann. Er gilt auch gegenüber jeder an der Börse vertretenen Firma, wenn nicht seine Ablehnung aus besonderen Gründen gerechtfertigt ist (Nussbaum § 30 IV c; Göppert S. 164).

Die Betriebspflicht besteht jedoch nur insoweit, als die Vermittlungstätigkeit unter die Geschäftszweige fällt, für welche die Kursmakler bei der amtlichen Feststellung des Börsenpreises mitwirkend oder bestimmend sind.

An den Börsen, an denen eine Geschäftsverteilung unter die Kursmakler stattfindet, gilt also die Betriebspflicht nur für die den einzelnen Maklern zugewiesenen bestimmten Warengattungen oder Wertpapiere.

2. In den bezeichneten Geschäftszweigen (Anm. 1) dürfen die Kursmakler nur die Vermittlung von Börsengeschäften betreiben. Abgesehen von den besonders zugelassenen Ausnahmen (Anm. 3) dürfen sie Handelsgeschäfte weder für eigene Rechnung im eigenen oder fremden Namen noch im eigenen Namen für fremde Rechnung schließen (Abs. 1 Satz 2) oder eine Bürgschaft für die von ihnen vermittelten Geschäfte übernehmen. Das Verbot erstreckt sich auf Handelsgeschäfte an wie außerhalb der Börse. Geschäfte im Rahmen der Vermögensverwaltung sind keine Handelsgeschäfte. In anderen als den bezeichneten Geschäftszweigen ist es den Kursmaklern erlaubt, Handelsgeschäfte zu schließen. Indessen dürfen diese gemäß Abs. 3 außer Handelsmaklergeschäften nicht gewerbsmäßig sein (s. Anm. 6).

Die Landesregierungen können gemäß § 30 Abs. 2 Satz 2 weitere Beschränkungen, insbesondere durch die Anstellungsbedingungen, anordnen.

3. Von dem in Anm. 2 beschriebenen Verbot sind Ausnahmen gestattet. Die Kursmakler können solche Geschäfte insoweit schließen oder eine Bürgschaft übernehmen, als es zur Ausführung der ihnen erteilten Aufträge notwendig ist. Die Notwendigkeit kann rechtlich wie wirtschaftlich begründet sein. Fälle rechtlicher Notwendigkeit ergeben sich aus § 95 HGB. Als Fälle wirtschaftlicher Notwendigkeit gelten solche, in denen die Kursmakler sonst außerstande wären, ihnen erteilte Aufträge sachgemäß auszuführen. Das bedeutet mit anderen Worten, daß der Selbsteintritt ihnen als Mittel erlaubt ist, sich die Courtage oder den Auftraggeber zu erhalten, nicht aber, um aus der Börsentendenz Kursgewinn zu erzielen. Deshalb gehört hierher insbesondere der Fall, daß ein Kauf- oder Verkaufsauftrag durch Abschluß mit einem Dritten nicht im vollen Umfang zu erledigen ist, weil das Angebot oder die Nachfrage nicht dafür ausreicht. Alsdann wird der Kursmakler den fehlenden oder überschießenden Teilbetrag (Spitze) selbst abgeben oder übernehmen, um nicht auf das ganze Geschäft verzichten zu müssen. Der Kursmakler überschreitet auch dann nicht die Grenzen der ihm erlaubten Vermittlung, wenn er, um die zeitlichen Lücken zwischen dem Eingehen der Aufträge auszufüllen oder um nicht unlimitierte Aufträge mit solchen Gegenaufträgen, die der Marktlage widersprechen, zusammenzubringen, zunächst selbst gibt oder nimmt, vorausgesetzt, daß er nicht in der Spekulation bleiben will, sondern sich sobald als möglich selbst eine Gegenpartei sucht. Namentlich im spekulativen Geschäft erfordert es oft das Bedürfnis des Verkehrs, daß er dergestalt sein Kapital oder seinen darauf beruhenden Kredit in den Dienst seiner Vermittlungstätigkeit stellt. In allen Fällen, abgesehen von dem in § 95 Abs. 3 HGB geregelten, handelt es sich jedoch lediglich um ein Recht des Kursmaklers, auf dessen Ausübung der Auftraggeber keinen Anspruch hat.

In der Übung wird die Frage, ob eigene Geschäfte des Kursmaklers sich innerhalb der Grenzen des Zulässigen bewegt haben, immer nur von Fall zu Fall nach den begleitenden Umständen zu entscheiden sein. Ist z. B. in einem Wertpapier, dessen Kurs sich um 100 % herum bewegt hat, dem

Kursmakler ein Auftrag erteilt, 10 000 DM bestens zu verkaufen, und müßte er beim Mangel entsprechender Kaufaufträge den Einheitskurs auf 99 % herabsetzen, so handelt er in sachgemäßer Ausführung des Auftrags, wenn er den Kurs wie bisher auf 100 % feststellt und zu diesem Kurs den Rest oder sogar die gesamten 10 000 selbst übernimmt. Dagegen wäre es im gleichen Falle nicht zulässig, wenn er den Kurs auf 99,10 % feststellte und somit die Kauflustigen, die 99 % geboten haben, ausfallen ließe, um an deren Stelle mit dem geringen Unterschiede von 0,10 % einen vermeintlich billigen Kauf für sich selbst abzuschließen. Könnte wiederum der Kursmakler nachweisen, daß er infolge eines früheren Fehlers oder einer nach den oben dargelegten Börsengebräuchen entstandenen eigenen Verpflichtung 10 000 dieses Papiers schuldig war, so wäre in der Eindeckung keine Überschreitung seiner Befugnisse zu erblicken, selbst dann nicht, wenn er alle Kauflustigen bis zu 100 % ausfallen ließe und den Kurs auf 10,10 % feststellte, um die 10 000 für eigene Rechnung zu erwerben. Daher ist in Zweifelsfällen stets zu prüfen, ob durch den Selbsteintritt des Kursmaklers eine der wirklichen Geschäftslage des Verkehrs an der Börse nicht entsprechende Preisfeststellung herbeigeführt worden ist. Hierbei ist zu berücksichtigen, daß die Verpflichtungen des Kursmaklers, in welche er, wie geschildert, sogar wider seinen Willen und wider seine Absicht kommen kann, zur Geschäftslage des Verkehrs an der Börse gehören.

4. Zum Zweck der Überwachung (Abs. 1 Satz 2 a. E.) ist in den Börsenmaklerordnungen bestimmt, daß die Kursmakler in ihrem Tagebuch (§ 33) die für eigene Rechnung oder im eigenen Namen abgeschlossenen Geschäfte täglich zusammenzustellen haben, und daß den Aufsichtsbehörden die Einsicht in das Tagebuch zusteht.

5. Zuwiderhandlungen der Kursmakler gegen die öffentlich-rechtlichen Verbote in Abs. 1 Satz 2 berühren nicht die Gültigkeit der abgeschlossenen Geschäfte (Abs. 1 Satz 3). Auch ist die Benutzung der Börseneinrichtungen hierfür nicht ausgeschlossen. Der zuwiderhandelnde Kursmakler setzt sich jedoch disziplinarer, unter Umständen auch ehrengerichtlicher Bestrafung aus.

6. Nach § 32 Abs. 2 dürfen die Kursmakler kein sonstiges Handelsgewerbe betreiben oder sich an einem solchen beteiligen. Sie sind also auf dasjenige Gewerbe beschränkt, zu dessen Ausübung sie amtlich bestellt sind. So darf der Fondsmakler nur die Vermittlung von Börsengeschäften in Wertpapieren, Wechseln, Geldsorten usw. betreiben, der Produktenmakler nur die Vermittlung von Börsengeschäften in Waren (Rehm u. a., Anm. 6, weitergehend Meyer, 3. Aufl., Anm. 7). Der Kursmakler ist dabei allerdings nicht auf den ihm zugewiesenen Geschäftskreis beschränkt (vgl. Anm. 1); vielmehr kann ein Wertpapiermakler auch über den ihm zugewiesenen Geschäftskreis hinaus Geschäfte in Wertpapieren vermitteln. In bezug auf diese Geschäfte steht er einem freien Makler gleich.

Das Verbot, ein sonstiges Handelsgewerbe zu betreiben, bezieht sich auch auf die Betätigung als gesetzlicher Vertreter geschäftsunfähiger Personen, als Vorstandsmitglied von Aktiengesellschaften, Geschäftsführer von Gesellschaften mit beschränkter Haftung oder in ähnlichen Stellungen.

Abs. 2 bezieht das Verbot ferner ausdrücklich auf die Beteiligung als Kommanditist oder stiller Gesellschafter. Hieraus folgt, daß der Kursmakler auch nicht ein Handelsgewerbe auf seine Rechnung durch Dritte betreiben lassen darf. Nicht verboten ist die Betätigung als Aktionär einer Gesellschaft oder als Mitglied einer eingetragenen Genossenschaft. Ob eine Beteiligung als Gesellschafter an einer Gesellschaft mit beschränkter Haftung zulässig ist, dürfte nach den Umständen des Falles zu beurteilen sein.

Die Tätigkeit als Aufsichtsratsmitglied wird durch das BörsG nicht untersagt.

7. Kursmakler dürfen nach Abs. 2, 2. Halbsatz auch nicht zu einem Kaufmann in dem Verhältnis eines Prokuristen, Handlungsbevollmächtigten oder Handlungsgehilfen stehen (§§ 48—58, § 59 ff. HGB). Hierunter fallen auch ähnliche Vertretungsverhältnisse im Rahmen geschäftlicher Betätigung.

8. Die Verbote des Abs. 2 gelten nur, soweit nicht die Landesregierung Ausnahmen zuläßt. Ausnahmen können sowohl allgemein als auch für den Einzelfall erfolgen. Letzteres kann z. B. von Bedeutung sein, wenn ein Kursmakler durch Eheschließung oder Erbfall in die Notwendigkeit versetzt wird, ein Handelsgeschäft zu betreiben. Das Handelsgewerbe, zu dessen Betrieb der Kursmakler ermächtigt wird, darf jedoch keinen Geschäftszweig betreffen, bei welchem er hinsichtlich seiner Neutralität bei der Kursfeststellung in Konflikt kommen könnte. Dies würde dem Prinzip, daß er kein eigenes Interesse an der Höhe des Kurses haben soll, widersprechen.

Von dem Verbot, in einem Abhängigkeitsverhältnis zu stehen (Abs. 2. 2. Halbsatz), kann die Landesregierung keine Befreiung gewähren.

9. Im Zusammenhang mit den Bestimmungen in § 32 Abs. 1 ist die Frage aufgeworfen worden (Rehm u. a., Anm. 8), ob die Kursmakler Aufträge seitens Abwesender, insbesondere von Nichtbörsenbesuchern, entgegennehmen können. Die Frage ist dahin zu beantworten, daß der Kursmakler nur von Börsenbesuchern Aufträge entgegennehmen darf. In welcher Form die Aufträge erteilt werden, ob mündlich, schriftlich oder telefonisch, spielt dabei keine Rolle.

10. Die Verbote des Abs. 2 betreffen nicht das Zusammengehen eines Kursmaklers mit einem anderen zwecks gemeinschaftlichen Betriebs des Maklergeschäfts. Im allgemeinen hat diese Möglichkeit mit Rücksicht auf die Geschäftsverteilung unter die einzelnen Makler keine Bedeutung.

§ 33

Das von dem Kursmakler zu führende Tagebuch ist vor dem Gebrauche dem Börsenvorstande zur Beglaubigung der Zahl der Blätter oder Seiten vorzulegen.

Wenn ein Kursmakler stirbt oder aus dem Amte scheidet, ist sein Tagebuch bei dem Börsenvorstande niederzulegen.

Bei Wertpapierbörsen, bei denen eine Maklerkammer besteht, tritt an die Stelle des Börsenvorstandes die Maklerkammer.

Vorbemerkung: § 33 Abs. 3 ist durch Ziff. 8 des Gesetzes zur Änderung des BörsG vom 5. 3. 1934 (RGBl. I S. 169) hinzugefügt worden.

1. Das Tagebuch (Abs. 1) hat der Kursmakler als Handelsmakler gemäß § 100 HGB zu führen:

„Der Handelsmäkler ist verpflichtet, ein Tagebuch zu führen und in dieses alle abgeschlossenen Geschäfte täglich einzutragen. Die Eintragungen sind nach der Zeitfolge zu bewirken; sie haben die im § 94 Abs. 1 bezeichneten Angaben zu enthalten. Das Eingetragene ist von dem Handelsmäkler täglich zu unterzeichnen.

Die Vorschriften der §§ 43, 44 über die Einrichtung und Aufbewahrung der Handelsbücher finden auf das Tagebuch des Handelsmäklers Anwendung."

Der in § 100 Abs. 1 in Bezug genommene § 94 Abs. 1 HGB lautet:

„Der Handelsmäkler hat, sofern nicht die Parteien ihm dies erlassen oder der Ortsgebrauch mit Rücksicht auf die Gattung der Ware davon entbindet, unverzüglich nach dem Abschlusse des Geschäfts jeder Partei eine von ihm unterzeichnete Schlußnote zuzustellen, welche die Parteien, den Gegenstand und die Bedingungen des Geschäfts, insbesondere bei Verkäufen von Waren oder Wertpapieren deren Gattung und Menge sowie den Preis und die Zeit der Lieferung enthält."

Die Schlußnote ist eine Privaturkunde, deren alleiniger Zweck ist, den Beweis des Vereinbarten zu erleichtern; die Wirksamkeit des Geschäfts wird durch sie nicht berührt (RGZ 123, 98). Die Urkunde hat die Vermutung der Vollständigkeit und Richtigkeit für sich (RG in JW 1937, 392). Jede Partei muß die Schlußnote unverzüglich prüfen, da aus vorbehaltloser Annahme regelmäßig die Genehmigung des Geschäfts mit dem Inhalt der Schlußnote zu folgern ist (§ 346 HGB).

Über den steuerrechtlichen Schlußnotenzwang vgl. §§ 51, 60 ff. KVStDV 1955 — Anhang I 10 —.

Als Handelsmakler treffen den Kursmakler auch die Verpflichtungen aus § 101 HGB, den Parteien Auszüge aus dem Tagebuch zu geben, und der Vorlegungszwang aus § 102 HGB, wonach das Gericht im Laufe eines Rechtsstreits auch ohne Antrag einer Partei die Vorlegung des Tagebuchs anordnen kann, um es mit der Schlußnote, den Auszügen oder anderen Beweismitteln zu vergleichen. Handelsmakler, die den Vorschriften über die Führung und Aufbewahrung des Tagebuchs zuwiderhandeln, können nach § 103 HGB mit Geldstrafe bis zu 1000 DM, möglicherweise auch höher (§ 27 a StGB) bestraft werden.

2. Über die in § 33 Abs. 1 enthaltene Forderung auf Vorlage der Tagebücher zwecks Beglaubigung der Blätter oder Seiten vor dem Gebrauch können die Landesregierungen hinausgehen. Auf solche Vorschriften bezieht sich aber nicht die Strafvorschrift des § 103 HGB.

3. Die Verpflichtung zur Niederlegung der Tagebücher bei dem Börsenvorstand oder bei der Maklerkammer (Abs. 2 und 3) erstreckt sich auf alle Tagebücher, in denen sich Eintragungen befinden, seit deren Vornahme noch nicht 10 Jahre verstrichen sind (§ 44 Abs. 1 HGB).

Im Todesfall geht sie auf die Erben über. Zwangsmittel zu ihrer Erfüllung fehlen jedoch.

§ 34

Die Kursmakler sind zur Vornahme von Verkäufen und Käufen befugt, die durch einen dazu öffentlich ermächtigten Handelsmakler zu bewirken sind.

1. § 34 gibt den Kursmaklern die Befugnis zur Vornahme der erwähnten Verkäufe und Käufe, ohne daß sie dafür einer besonderen öffentlichen Ermächtigung bedürfen. Die Bestellung zu Kursmaklern schließt also die Ermächtigung zu solchen Geschäften ohne weiteres in sich ein.

Öffentliche Versteigerungen i. S. des § 383 Abs. 3 BGB können sie dagegen nicht ohne weiteres vornehmen (KG in Rechtspr. 6, 89). Sie bedürfen dazu einer besonderen nach Landesrecht zu erteilenden Ermächtigung.

2. Die öffentlich ermächtigten Handelsmakler unterscheiden sich von den Kursmaklern dadurch, daß sie nicht zur Vermittlung von Handelsgeschäften, sondern nur zur Vornahme gewisser Verkäufe und Käufe amtlich bestellt sind.

3. Die öffentliche Ermächtigung von Handelsmaklern zur Vornahme von Verkäufen und Käufen wird nach Maßgabe der Landesgesetze erteilt (in den Nachfolgeländern des ehemaligen Preußen gemäß Art. 13 AGBGB). Sie bezieht sich auf den durch Bundes- oder Landesrecht oder Vertrag — an Stelle der Versteigerung — zugelassenen freihändigen Verkauf und Kauf von Waren, die einen Börsen- oder Marktpreis haben. Als bundesgesetzliche Bestimmungen, durch welche Verkäufe dieser Art zugelassen sind, kommen in Betracht: §§ 371, 373 Abs. 2, § 376 Abs. 3, § 379 Abs. 2, § 388 Abs. 2, §§ 389, 391, 407, 417 Abs. 1, § 437 Abs. 2 HGB; §§ 385, 753, 1221, 1235 Abs. 2, §§ 1295, 1477, 2042 BGB; hierzu tritt der Deckungskauf gemäß § 376 Abs. 3 HGB.

Ein Beispiel für landesgesetzliche Bestimmungen bietet das preußische AG zum BGB, Art. 41, § 10 a (Pfandverkauf auf Grund des Gesetzes betr. das Pfandleihgewerbe).

§ 35

Der Bundesrat ist befugt:

1. **eine von den Vorschriften im § 29 Abs. 1 und 2 und in den §§ 30 und 31 abweichende amtliche Feststellung des Börsenpreises von Waren oder Wertpapieren für einzelne Börsen zuzulassen;**
2. **eine amtliche Feststellung des Börsenpreises bestimmter Waren allgemein oder für einzelne Börsen vorzuschreiben;**
3. **Bestimmungen zu erlassen, um eine Einheitlichkeit der Grundsätze über die den Feststellungen von Warenpreisen zugrunde zu legenden Mengen und über die für die Feststellung der Preise von Wertpapieren maßgebenden Gebräuche herbeizuführen.**

Die Befugnis der Landesregierung zu Anordnungen der im Abs. 1 bezeichneten Art wird hierdurch nicht berührt, soweit der Reichsrat oder die Reichsregierung keine Anordnungen getroffen hat; zu Anordnungen der im Abs. 1 Ziffer 1 bezeichneten Art bedarf jedoch die Landesregierung der Zustimmung der Reichsregierung. Die Anordnungen sind der Reichsregierung zur Kenntnisnahme mitzuteilen.

Vorbemerkung: § 35 Abs. 2 beruht auf Ziff. 9 des Gesetzes zur Änderung des BörsG vom 5. 3. 1934 (RGBl. I S. 169). Im Unterschied zur alten Fassung des Abs. 2, in der von einer Anordnungsbefugnis der Landesregierung lediglich in bezug auf Abs. 1 Ziff. 2 und 3 gesprochen wurde, läßt § 35 Abs. 2 diese Befugnis jetzt auch in bezug auf Abs. 1 Ziff. 1 gelten.

1. Die Befugnis in Abs. 1 Ziff. 1, abweichende Vorschriften über die amtliche Feststellung des Börsenpreises von Waren und Wertpapieren „zuzulassen", gibt die Möglichkeit, hinsichtlich der Kursnotierung den Besonderheiten einzelner Börsen Rechnung zu tragen. Sie erstreckt sich sowohl darauf,daß die Kursfeststellung durch den Börsenvorstand bzw. die Kursmakler zu erfolgen hat (§ 29 Abs. 1), daß sie unter Ausschluß der Öffentlichkeit stattfindet (§ 29 Abs. 2), und daß die Kursmakler an den „sonstigen" Börsen bei der amtlichen Feststellung des Börsenpreises von Waren und Wertpapieren mitzuwirken haben (§ 30 Abs. 1) als auch darauf, daß nur die von Kursmaklern vermittelten Geschäfte Anspruch auf Berücksichtigung bei der amtlichen Kursfeststellung geben (§ 31); vgl. Rehm u. a., Anm. 3.

Der „Bundesrat" kann die Abweichungen nur zulassen, nicht verfügen. Sie müssen daher zunächst in den Börsenordnungen vorgesehen (§ 5 Ziff. 4) und mithin von der Landesregierung genehmigt oder angeordnet sein. Die Zulassung ist bisher teils durch formellen Bescheid, teils stillschweigend erfolgt.

Die demgemäß zugelassenen Abweichungen waren früher so zahlreich, daß die gesetzliche Regelung nur für wenige Börsen maßgebend war.

2. Zu Abs. 1 Ziff. 2: Nach § 29 hat der Börsenvorstand den Börsenpreis nur insoweit festzustellen, als eine amtliche Feststellung des Börsenpreises überhaupt erfolgt. Das bedeutet, daß der börsenbehördlichen Feststellung des Börsenpreises Waren entzogen bleiben können, bei denen Bedenken gegen eine amtliche Notierung nicht bestehen. Um dies zu verhüten, gibt Abs. 1 Ziff. 2 dem „Bundesrat" die Befugnis, für bestimmte Waren eine amtliche Preisfestsetzung vorzuschreiben.

Der Erlaß solcher, insbesondere im Hinblick auf die Preisfeststellung für landwirtschaftliche Erzeugnisse (KB I, 15) vorgesehenen Vorschriften würde nur insofern wirksam sein, als die Waren an den Börsen tatsächlich gehandelt werden.

Von der Vorschrift ist bisher kein Gebrauch gemacht worden.

3. Von der Befugnis, Bestimmungen zur Vereinheitlichung der Kursfeststellung an den verschiedenen Börsen zu erlassen (Abs. 1 Ziff. 3), hat der „Bundesrat" in der Bekanntmachung betr. die Feststellung des Börsenpreises von Wertpapieren vom 21. 11. 1912 — Anhang I 2 — Gebrauch gemacht.

4. Die Befugnisse des „Bundesrats" nach Abs. 1 sind, soweit die Zulassung von abweichenden amtlichen Feststellungen des Börsenpreises in Frage kommt (Abs. 1 Ziff. 1), ersatzlos weggefallen (vgl. § 2 Anm. 8; a. M. Schlegelberger-Hildebrandt S. 1784); in bezug auf Ziff. 2 und 3 sind sie dem Bundesminister für Wirtschaft zugefallen, der sie mit Zustimmung des Bundesrats ausüben kann (Art. 129 Abs. 1, Art. 80, Abs. 2 GG).

5. Soweit der „Reichsrat" oder die „Reichsregierung" keine Vorschriften erlassen hat, kann die Landesregierung von der Befugnis zu Anordnungen der in Abs. 1 bezeichneten Art (also in bezug auf alle Ziffern) Gebrauch machen (Abs. 2 Satz 1). Entsprechende Vorschriften können in den Börsenordnungen getroffen werden. Hinsichtlich Anordnungen der in Abs. 1 Ziff. 1 bezeichneten Art muß jedoch vorher die Zustimmung der „Reichsregierung" eingeholt werden.

Unter Anordnungen, die der „Reichsregierung" zur Kenntnisnahme mitzuteilen sind (Abs. 2 Satz 2) sind nur Anordnungen in bezug auf Abs. 1 Ziff. 2 und 3 zu verstehen, da bei Anordnungen zu Abs. 1 Ziff. 1 ohnehin die Zustimmung der „Reichsregierung" vorliegen muß.

An die Stelle der Reichsregierung ist die Bundesregierung bzw. der Bundesminister für Wirtschaft getreten.

III. Zulassung von Wertpapieren zum Börsenhandel

Einleitung: Abschnitt III des BörsG (§§ 36—49) behandelt die Zulassung von Wertpapieren zum Börsenhandel und die Prospekthaftung. In den §§ 36—38 werden die Funktionen der Zulassungsstelle geregelt, wobei § 38 auch die Veröffentlichung des Zulassungsantrages und des Börsenprospekts bestimmt. § 39 trifft Bestimmungen über die Zulassung von Deutschen Reichs-(Bundes)- und Staatsanleihen, § 40 über Ausnahmen vom Prospektzwang. Die §§ 41 und 42 enthalten Sperrfristen für die Zulassung von Aktien und für die Kursfeststellung in einem bestimmten Sonderfall. § 43 legt fest, daß für nicht zugelassene Wertpapiere eine amtliche Feststellung des Preises nicht erfolgen darf. Auch dürfen Geschäfte in solchen Wertpapieren von Kursmaklern nicht vermittelt werden. Ermächtigungen des „Bundesrats" zu Bestimmungen über den Mindestbetrag des Grundkapitals bei Zulassung von Aktien usw. sind in § 44 niedergelegt, während die §§ 45 bis 49 die Prospekthaftung betreffen.

Die Vorschriften über die Zulassung von Wertpapieren werden durch die Bekanntmachung betr. die Zulassung von Wertpapieren zum Börsenhandel vom 4. 7. 1910, durch die Verordnung betr. die Zulassung von Wertpapieren zum Börsenhandel vom 20. 4. 1932, durch das Gesetz über die Börsenzulassung umgestellter Wertpapiere vom 27. 12. 1951, ferner durch Grundsätze der Aufsichtsbehörden der Länder und Richtlinien der Wertpapierbörsen des Bundesgebietes ergänzt. Vgl. Anhang I 1, 3, 5, 6 und 7.

§ 36

Die Zulassung von Wertpapieren zum Börsenhandel erfolgt an jeder Börse durch eine Kommission (Zulassungsstelle), von deren Mitgliedern mindestens die Hälfte aus Personen bestehen muß, die sich nicht berufsmäßig am Börsenhandel mit Wertpapieren beteiligen.

Von der Beratung und Beschlußfassung über die Zulassung eines Wertpapiers zum Börsenhandel sind diejenigen Mitglieder ausgeschlossen, welche an der Einführung dieses Wertpapiers in den

Börsenhandel beteiligt sind; für die ausscheidenden Mitglieder sind Stellvertreter nach näherer Bestimmung der Börsenordnung zu berufen.

Die Zulassungsstelle hat die Aufgabe und die Pflicht:

a) die Vorlegung der Urkunden, welche die Grundlage für die zu emittierenden Wertpapiere bilden, zu verlangen und diese Urkunden zu prüfen;

b) dafür zu sorgen, daß das Publikum für alle zur Beurteilung der zu emittierenden Wertpapiere notwendigen tatsächlichen und rechtlichen Verhältnisse soweit als möglich informiert wird, und bei Unvollständigkeit der Angaben die Emission nicht zuzulassen;

c) Emissionen nicht zuzulassen, durch welche erhebliche allgemeine Interessen geschädigt werden oder welche offenbar zu einer Übervorteilung des Publikums führen.

Die Zulassungsstelle darf die Emission ohne Angabe von Gründen ablehnen. Im übrigen werden die Bestimmungen über die Zusammensetzung der Zulassungsstelle sowie über die Zulässigkeit einer Beschwerde gegen deren Entscheidungen durch die Börsenordnungen getroffen. Die Zulassungsstelle ist befugt, zum Börsenhandel zugelassene Wertpapiere von demselben auszuschließen.

Schrifttum: Göppert S. 210 ff.; Thorwart, Die Zulassung von Wertpapieren an den Börsen, BA 1901/2, 9 ff.; Dove, Die Funktionen der Zulassungsstelle, BA 1904/5, 179 ff.; Jakobs, Die Zulassung von Wertpapieren zum Börsenhandel, 1914.

1. Nach § 36 Abs. 1 Satz 1 erfolgt die Zulassung von Wertpapieren zum Börsenhandel an jeder Börse durch eine Kommission, die das Gesetz als Zulassungsstelle bezeichnet.

Unter Zulassung zum Börsenhandel ist die öffentlich-rechtliche Erlaubnis zu verstehen, daß die betreffenden Wertpapiere unter Benutzung der Börseneinrichtungen und durch Vermittlung der Kursmakler an der Börse gehandelt werden dürfen, und daß bei diesen Papieren der Börsenpreis amtlich festgestellt werden darf (§ 29 Abs. 1, §§ 42, 43). Die Zulassung zum Börsenhandel ist zu unterscheiden von der „Emission" und der „Einführung in den Börsenhandel mit amtlicher Notiz". Emission ist die Ausgabe neuer Wertpapiere, das erste Angebot der Wertpapiere an die Öffentlichkeit (Göppert S. 211). Die Emission kann durch Angebot an der Börse nach erfolgter Zulassung, aber auch ohne vorherige Zulassung (ohne amtliche Notiz) sowie außerhalb der Börse durch Auflegung zur Zeichnung, im Wege des Schalterverkaufs usw. erfolgen. Die Emission ist „untergebracht", wenn sie von einer Bank oder einem Bankenkonsortium zu einem festen Kurs (Übernahmekurs) übernommen und zu einem darüber liegenden Kurs (Ausgabekurs) zum Bezug oder zur Zeichnung angeboten wird.

Als Einführung in den Börsenhandel mit amtlicher Notiz wird die Herbeiführung der ersten Umsätze an der Börse bezeichnet, die

die Basis für die amtliche Preisfeststellung abgeben. Soweit Kursmakler bestellt sind, müssen diese Umsätze durch den Kursmakler erfolgen, dem der Handel in diesen Wertpapieren zugeteilt ist (vgl. § 30 Anm. 4). Regelmäßig muß die Zulassung zum Börsenhandel durch die Zulassungsstelle vorausgehen. Vgl. aber § 39.

Die Zulassung zum Börsenhandel erfolgt immer nur für eine bestimmte Börse.

2. § 36 spricht von der Zulassung von „Wertpapieren". Zweifelhaft ist dabei, was unter dem Begriff „Wertpapiere" in Abschnitt III zu verstehen ist. Der Begriff des Wertpapiers läßt sich nicht ohne weiteres aus den Gesetzen, die ihn zwar vielfach verwenden, aber an keiner Stelle eine allgemeine Begriffsbestimmung geben, entnehmen. Vielmehr läßt sich nachweisen, daß er nicht immer im gleichen Sinn gebraucht, sondern ihm bald eine weitere, bald eine engere Bedeutung gegeben wird. Die Bedeutung i. S. der §§ 36 ff. BörsG muß daher aus Sinn und Zweck dieser Vorschriften entnommen werden. Aus § 96 Abs. 1, der die im II. und IV. Abschnitt sowie in § 88 für Wertpapiere getroffenen Bestimmungen auf Wechsel und ausländische Zahlungsmittel erstreckt, ergibt sich, daß Wechsel trotz ihrer Wertpapiereigenschaft nicht unter die Zulassungsvorschriften für Wertpapiere fallen. Wertpapiere i. S. der §§ 36 ff. BörsG sind vielmehr nur diejenigen Wertpapiere, die „in größeren gleichartigen Mengen ausgegeben werden, um einem unbegrenzten Personenkreis als Vermögensanlage zu dienen" (Göppert S. 211). Wertpapiere nicht-fungiblen, sondern individuellen Charakters fallen also nicht darunter. Vgl. auch § 1 Abs. 1 DepG, der den Begriff der Wertpapiere i. S. des Depotgesetzes definiert, dessen Definition aber nicht ohne weiteres übernommen werden kann.

Zulassungsfähige Wertpapiere sind somit z. B. Schuldverschreibungen des Bundes, der Länder, der Kommunalverbände und öffentlichen Körperschaften, Hypothekenpfandbriefe, Industrieobligationen, Wandelschuldverschreibungen, Aktien, Genußscheine und Kuxe des neuen Rechts. Zertifikate sind als Wertpapiere zu erachten, wenn die Verwertung des in ihnen verbrieften Rechts an den Besitz der Urkunde geknüpft ist, sie also nicht bloße Legitimationspapiere sind. Urkunden über Anteile von Gesellschaften mit beschränkter Haftung sind Beweisurkunden ohne Wertpapiercharakter.

3. Die Zulassung erfolgt an jeder Börse, die dem Handel mit Wertpapieren dient, durch eine Kommission (Zulassungsstelle), deren Mitglieder mindestens zur Hälfte aus Personen bestehen muß, die sich nicht am Börsenhandel mit Wertpapieren beteiligen (Abs. 1). Die Zulassungsstelle ist eine amtliche Stelle, die kraft Gesetzes an jeder Wertpapierbörse besteht. Die Zusammensetzung und Bildung dieses Kollegiums regelt die für die betreffende Börse erlassene Börsenordnung (§ 36 Abs. 4 Satz 2). Die Zulassungsstelle ist gleichzeitig ein Börsenorgan (§ 2 Abs. 1), dessen Beratungen der Staatskommissar beizuwohnen berechtigt ist.

Die Bestimmung, daß mindestens die Hälfte der Mitglieder der Zulassungsstelle aus Personen bestehen muß, die sich nicht berufsmäßig am Handel mit Wertpapieren beteiligen, hat den Sinn, daß neben den Emissions- und

Bankinteressen auch die Interessen der Gesamtheit, insbesondere des kaufenden Publikums, Vertretung finden sollen. Das Merkmal der berufsmäßigen, nicht der gewerbsmäßigen Beteiligung ist gewählt, um die Beschränkung auch auf die Vorstandsmitglieder der an dem Wertpapierhandel beteiligten juristischen Personen zu erstrecken (Begr. II, 16). Aufsichtsratsmitglieder von Banken fallen nicht unter die Beschränkung (KB II, 11), ebensowenig Personen, die sich am Wertpapierhandel beteiligen, ohne durch ihren Beruf darauf hingewiesen zu sein (vgl. kritisch Göppert S. 213). Die Beschränkung, die auch für die Stellvertreter gilt, bezieht sich nur auf die Zusammensetzung der Zulassungsstelle als solcher, nicht auf die jeweilige Zusammensetzung bei der einzelnen Abstimmung. Doch können auch hierfür ähnliche Vorschriften durch die Börsenordnung getroffen sein. Die Verletzung der Beschränkung bietet einen Beschwerdegrund gegen die bei ordnungswidriger Zusammensetzung gefaßten Beschlüsse, macht diese aber nicht ohne weiteres unwirksam.

Über Aufgaben und Pflichten der Zulassungsstelle vgl. unten Anm. 6.

4. Nach Abs. 2, 1. Halbsatz sind diejenigen Mitglieder der Zulassungsstelle von der Beratung und Beschlußfassung über die Zulassung eines Wertpapiers zum Börsenhandel ausgeschlossen, die an der Einführung dieses Wertpapiers in den Börsenhandel beteiligt sind. Zweck dieser Vorschrift ist, daß die Entscheidungen der Zulassungsstelle mit größtmöglicher Unbefangenheit gefällt werden. Der Begriff der Beteiligung ist daher hier weit auszulegen. Als beteiligt sind deshalb stets die Inhaber und Verwaltungs-, also auch Aufsichtsratsmitglieder des Unternehmens anzusehen, für dessen Wertpapiere die Zulassung beantragt wird, die Firmen, die den Antrag auf Zulassung stellen, sowie solcher, die als Konsortialbeteiligte interessiert sind. In anderen zweifelhaften Fällen muß die Zulassungsstelle darüber entscheiden, ob eine Beteiligung i. S. des § 36 Abs. 2 vorliegt. Das ausgeschlossene Mitglied darf den Verhandlungen auch nicht als Zuhörer beiwohnen.

Wegen der Folgen der Verletzung gilt das oben in Anm. 3 Gesagte.

5. Für die ausscheidenden Mitglieder sind Stellvertreter nach näherer Bestimmung der Börsenordnung zu berufen (Abs. 2, 2. Halbsatz). In der Regel nehmen die Börsenordnungen von vornherein Mitglieder und Stellvertreter in Aussicht, wobei zumeist, dem praktischen Bedürfnis entsprechend, die Einrichtung der Stellvertreter auf alle Fälle der Behinderung der Mitglieder ausgedehnt wird. Denkbar wäre jedoch auch, daß die Börsenordnung auf die Geschäftsordnung der Zulassungsstelle verweist und daß die Geschäftsordnung nähere Bestimmungen darüber trifft, wie im einzelnen Fall die Zahl der Mitglieder und Stellvertreter zu bestimmen ist, usf.

Auf jeden Fall sind auch die Stellvertreter Mitglieder der Zulassungsstelle. Bei ihrer Bestellung muß ebenfalls die Vorschrift des Abs. 1 beachtet werden.

6. Abs. 3 regelt die Aufgaben und Pflichten der Zulassungsstelle.

Abweichend vom Entwurf des BörsG, demzufolge die sachlichen Voraussetzungen für die Zulassung und das Verfahren vor der Zulassung nicht reichsgesetzlich festgelegt, sondern lediglich dem „Bundesrat" die Befugnis zu diesbezüglichen Anordnungen erteilt werden sollte (Begr. I, 38), sind infolge Reichstagsbeschlusses einerseits in § 36 Abs. 3 die Aufgaben und Pflichten der Zulassungsstelle in das Gesetz selbst aufgenommen, andererseits in § 44 Abs. 2 weitere Bestimmungen in das Ermessen des „Bundesrats" gestellt worden. Da der „Bundesrat" derartige Bestimmungen durch die Bekanntmachung vom 4. 7. 1910 (ZulBek.) — Anhang I 1 — erlassen hat, im Laufe der Zeit auch weitere Gesetze und Verordnungen in bezug auf die Zulassung von Wertpapieren zum Börsenhandel ergangen sind, ist die Aufzählung im BörsG unvollständig.

Die Streitfrage, ob die Zulassungsstellen nur aus den im BörsG angegebenen oder gemäß § 44 etwa vom „Bundesrat" oder von der Landesregierung festgestellten Gründen Zulassungsanträge zurückweisen dürfen, mithin mangels solcher Gründe ein Anspruch auf Zulassung besteht, oder ob die Zulassungsstellen aus jedem anderen, nach ihrer Meinung durchgreifenden Grunde die Zulassung versagen können, ist im ersteren Sinn zu entscheiden (a. M. Göppert S. 218). Für diese Auffassung spricht, daß die in Abs. 3 Buchst. c enthaltenen Möglichkeiten der Ablehnung eines Antrages so weitgehend sind, daß man sich darüber hinaus nicht noch Gründe vorstellen kann, die für eine Ablehnung herangezogen werden könnten, ohne daß diese Heranziehung als Willkür betrachtet werden müßte. Insoweit der Zulassungsantrag nicht zurückzuweisen ist, hat die Zulassungsstelle lediglich den Beruf, die Vollständigkeit des Prospekts und seiner Unterlagen herbeizuführen, ohne aber mit der Zulassung irgendwelche Verantwortlichkeit für die Güte und Sicherheit des Wertpapiers und die Richtigkeit der Prospektangaben zu übernehmen (Prospekttheorie). Eine zivilrechtliche Verantwortlichkeit der Zulassungsstelle oder ihrer Mitglieder kommt nicht in Betracht.

Ihre Geschäfte regelt die Zulassungsstelle im allgemeinen durch eine Geschäftsordnung selbst — vgl. als Beispiele Anhang II 1 D, 4 B, 5 D, 6 B und 8 B.

7. Über die Aufgaben der Zulassungsstellen im einzelnen (Abs. 3 Buchst. a—c) ist folgendes zu sagen:

Die Zulassungsstelle hat über die Börsenzulassung der Wertpapiere, auf die sich der Antrag bezieht, innerhalb der Grenzen zu entscheiden, die das BörsG sowie ergänzende Gesetze, Verordnungen und Vorschriften ziehen. Die Aufgaben beziehen sich

a) darauf, daß die Zulassungsstelle die Vorlegung der Urkunden verlangt, welche die Grundlage für die zu emittierenden Wertpapiere bilden, und daß sie diese Urkunden prüft (Abs. 3 Buchst. a). Welche Urkunden im Einzelfall die Grundlage für die Zulassung bilden, bestimmt sich nach der Art des Wertpapiers, das zugelassen werden soll (Rehm u. a., Anm. 11). Maßgebend ist hier insbesondere § 9 ZulBek. — Anhang I 1. Beweisstücke sind danach (Abs. 2) in einer Form vorzulegen, die nach dem Ermessen der Zulassungsstelle den Inhalt glaubhaft macht. Weitere diesbezügliche Einzelheiten sind in den Geschäftsordnungen der Zulassungsstellen enthalten. Wenn in Abs. 3 Buchst. a von „zu emittierenden Wertpapieren" gesprochen wird, so ist dieser Ausdruck ungenau. Gemeint ist: „zum Börsenhandel zuzulassenden".

Prüfung der Urkunden bedeutet, daß sich die Zulassungsstelle von der Ordnungsmäßigkeit der Nachweise und der Rechtsgültigkeit von Genehmigungen etc. überzeugt.

b) Die Zulassungsstelle hat ferner die Aufgabe, dafür zu sorgen, daß das Publikum über alle zur Beurteilung der zuzulassenden Wertpapiere notwendigen tatsächlichen und rechtlichen Verhältnisse soweit als möglich informiert wird (Abs. 3 Buchst. b). Es handelt sich hierbei um die Angaben, deren Veröffentlichung im Prospekt (§ 38 Abs. 2) verlangt werden muß. Sie sind in den §§ 6—8 ZulBek. zusammengestellt. Vgl. hinsichtlich Ausnahmen §§ 10 und 11 ZulBek. Die Zulassungsstelle kann weitere i. S. des § 36 Abs. 3 Buchst. b notwendige Angaben fordern. Derartige Angaben werden besonders für die Zulassung von Wertpapieren von Aktiengesellschaften, namentlich von Aktien verlangt. Zu solchen Angaben können je nach der Besonderheit des Einzelfalls nähere Mitteilungen über den Umfang des Unternehmens, die Lage des der Gesellschaft gehörenden Grundbesitzes, die Betriebseinrichtungen, weiter die Angabe von Verbindlichkeiten, die nicht aus der Bilanz hervorgehen usw. gehören. Auch hier geben die börsenverwaltungsrechtlichen Bestimmungen, Bedingungen und Verfahrensordnungen der einzelnen Börsen, die auf der Übertragung der Entscheidungsbefugnisse bezüglich der Zulassungsanträge auf die öffentlichrechtlichen Zulassungsstellen beruhen, nähere Einzelheiten.

Zu der erforderlichen Information des Publikums, auf welche die Zulassungsstelle hinzuwirken hat, ist auch notwendig, daß die Angaben in deutlicher und übersichtlicher Fassung gemacht werden. Dagegen gehört es nicht zur Zuständigkeit der Zulassungsstelle, in Fällen, in denen über eine Verpflichtung des Wertpapierausstellers Zweifel bestehen, eine bindende Erklärung des letzteren i. S. der Übernahme der Verpflichtung herbeizuführen. In diesen Fällen kann die im Hinblick auf § 36 Abs. 3 Buchst. b nötige Klarstellung nur derart beansprucht werden, daß in dem Prospekt der subjektive Rechtsstandpunkt des Ausstellers zum Ausdruck kommt. Insoweit Verhältnisse in Frage kommen, die sonst als Geschäftsgeheimnisse der Öffentlichkeit vorenthalten werden, ist im Einzelfall zu prüfen, ob deren Offenlegung zu einer sachgemäßen Beurteilung seitens der Erwerber der zuzulassenden Wertpapiere erforderlich ist. Natürlich besteht hinsichtlich aller nicht allgemein bekannten Tatsachen, durch die eine ungünstige Beeinflussung der Rentabilität eintreten kann, z. B. eines großen Prozesses mit unsicherem Ausgang, die Angabepflicht der für den Prospekt Haftenden (§ 45). Hierzu bedarf es nicht einer besonderen Aufforderung seitens der Zulassungsstelle.

Das Recht der Zulassungsstelle, unnütze Angaben im Prospekt zu streichen, ist durch § 13 Abs. 3 ZulBek. festgestellt. Keinesfalls dürfen reklamehafte Angaben geduldet werden.

c) Bei Unvollständigkeit der Angaben (oben b) hat die Zulassungsstelle die „Emission" nicht zuzulassen, ebenso dann nicht, wenn die „Emissionen" erhebliche allgemeine Interessen schädigen oder offenbar zu einer Übervorteilung des Publikums führen würden (Abs. 3 Buchst. b a. E. und Buchst. c).

Emission bedeutet hier wie unter a) und in Abs. 4 den Inbegriff der Wertpapiere, deren Zulassung beantragt ist. Die Emission nicht zulassen oder ablehnen, heißt also, die Zulassung verweigern.

Das Gleiche gilt selbstverständlich, wenn die in Abs. 3 Buchst. a genannten Urkunden nicht vorgelegt werden oder ihre Vorlage zu Bedenken in bezug auf Ordnungsmäßigkeit oder Rechtsgültigkeit Anlaß gibt.

Die hier (Abs. 3 Buchst. b und c) enthaltenen Rechte, Emissionen nicht zuzulassen, sind weit gefaßt. Unter „erheblichen allgemeinen Interessen" sind die Interessen der Allgemeinheit als solcher zu verstehen (Rehm u.a., Anm. 9), die zum Beispiel bei Zulassung einer ausländischen Anleihe beeinträchtigt sein könnten, wenn der Erlös zu Zwecken verwandt werden soll, die den Interessen der Bundesrepublik zuwiderlaufen. Erhebliche allgemeine Interessen können aber auch berührt sein, wenn die Zulassung der Wertpapiere ein übermäßiges Ausweiten von Wirtschaftszweigen bewirken würde, dem gleichsam automatisch der Zusammenbruch folgen muß.

Bei der Entscheidung, ob erhebliche allgemeine Interessen geschädigt werden, wird die Zulassungsstelle etwaigen Erklärungen zuständiger Staatsorgane besondere Bedeutung beimessen müssen. Die Entscheidung trifft jedoch die Zulassungsstelle selbst. Ihre eventuell gegenteilige Auffassung können die Aufsichtsorgane (Landesregierung, Handelskammer) nicht durch unmittelbaren Eingriff in die Entscheidung oder durch eine die Zulassungsstelle bindende Anweisung durchsetzen (Rehm u. a., Anm. 9). Dies würde dem klaren Wortlaut des Gesetzes widersprechen.

„Offenbare Übervorteilung des Publikums" ist eine Übervorteilung, die offenbar ist, d. h. auf der Hand liegt (Rehm u. a., Anm. 10). Ob dieses Merkmal gegeben ist, kann nur im Einzelfall festgestellt werden. Die Feststellung ist objektiv zu treffen. Vgl. im übrigen die §§ 1—3 ZulBek., die die Aufgabe haben, einer Übervorteilung vorzubeugen.

„Schädigung erheblicher allgemeiner Interessen" und „offenbare Übervorteilung des Publikums" sind unbestimmte Rechtsbegriffe (vgl. Reuss, DVBl. 1953, 649 ff.), deren Auslegung durch die Verwaltungsgerichte nachgeprüft werden kann (vgl. auch Bachof, JZ 1955, 97 ff.).

In der Übung kommt es vor, daß Vertagung auf unbestimmte Zeit oder bis zu einem Zeitpunkt beschlossen wird, zu dem eine bessere Information als zur Zeit des Beschlusses möglich ist, z. B. bis zum Vorliegen der nächsten Bilanz. Derartige Beschlüsse finden im Gesetz keine Stütze, da nach § 36 Abs. 3 Buchst. b nur für die Information über die Verhältnisse „soweit als möglich", d. i., als zur Zeit möglich, zu sorgen ist. Andererseits sind sie vielfach zweckmäßig. Sie können auch für den Antragsteller vorteilhaft sein, namentlich, wenn andernfalls eine Ablehnung in Betracht kommt. Doch bleibt dem Antragsteller immer das Recht, sich mit einer solchen Vertagung nicht einverstanden zu erklären und eine sachliche Entscheidung über den Antrag zu verlangen. Eine solche Entscheidung kann unter Umständen mit der Untätigkeitsklage im Verwaltungsstreitverfahren erzwungen werden, sofern nicht vorher noch eine förmliche Beschwerde erhoben werden kann.

8. Die in Abs. 3 Buchst. c angeführten materiellen Gründe für die Ablehnung der Zulassung sind durch § 14 Ziff. 2 ZulBek. erweitert worden. Nach § 14 Ziff. 2 a. a. O. ist der Antrag auch abzulehnen, wenn der Zulassung Bedenken örtlicher Natur oder wichtige wirtschaftliche Bedenken entgegenstehen oder wenn der Zulassungsstelle Umstände bekannt sind, die eine erhebliche Benachteiligung der Erwerber der Wertpapiere oder eine Gefährdung erheblicher allgemeiner Interessen befürchten lassen.

Bedenken örtlicher Natur liegen beispielsweise vor, wenn Wertpapiere eines Unternehmens, das nach der Gesamtheit seiner Verhältnisse von rein lokaler Bedeutung ist, an einer ganz außerhalb seines Interessengebiets belegenen Börse eingeführt werden sollen. Hiervon können besonders Wertpapiere betroffen werden, deren Betrag zwar die in § 1 ZulBek. vorgeschriebene Mindestgrenze erreicht, aber dennoch seiner Höhe nach die Zulassung an mehreren Börsen als nicht geeignet erscheinen läßt. Unter die „wichtigen wirtschaftlichen Bedenken" fällt zunächst die in § 36 Abs. 3 Buchst. c genannte Schädigung erheblicher Interessen der Allgemeinheit. Es sollen aber auch Fälle getroffen werden, in denen sich die Bedenken nicht sowohl dagegen richten, daß diese Werte dem Publikum an der Börse zum Kauf angeboten werden, als gegen die Vorgänge, die der Schaffung der Werte zugrunde liegen, oder gegen die Form der Werte selbst. Die Bedeutung der Ablehnung beschränkt sich dann nicht auf die einzelne Emission. Indem sie den offenen Markt für die so geschaffenen Werte sperrt, wirkt sie vielmehr dahin, daß in Zukunft ähnliche Vorgänge unterbleiben.

Durch die Fassung: „Umstände, die eine erhebliche Benachteiligung der Erwerber der Wertpapiere befürchten lassen" wird der in § 36 Abs. 3 Buchst. c angeführte Ablehnungsgrund der offenbaren Übervorteilung des Publikums wiedergegeben und gleichzeitig gemäß § 44 Abs. 2 BörsG wesentlich erweitert, indem an die Stelle der offenbaren bewußten Benachteiligung die auf bestimmte Umstände gegründete Befürchtung einer tatsächlichen Benachteiligung gesetzt ist. Liegen die Verhältnisse eines Unternehmens noch so unklar, daß sich seine Aussichten schlechterdings nicht beurteilen lassen, oder stehen eingreifende Veränderungen in den für die Rentabilität entscheidenden Umständen bevor, so ist die Zulassungsstelle hiernach in der Lage, die Zulassung der Werte abzulehnen.

Auch bei dem in § 14 Ziff. 2 ZulBek. genannten weiteren Ablehnungsgrund: „Gefährdung erheblicher allgemeiner Interessen" liegt eine Wiedergabe und Erweiterung eines in § 36 Abs. 3 Buchst. c vorgesehenen Ablehnungsgrundes vor. An die Stelle der „Schädigung erheblicher allgemeiner Interessen" tritt hier schon die auf bestimmte Umstände gegründete Befürchtung einer „Gefährdung" dieser Interessen. Es handelt sich dabei nicht um Interessen des anlagesuchenden Publikums, sondern um solche der Allgemeinheit.

Auch die hier erörterten Begriffe sind unbestimmte Rechtsbegriffe (s. oben).

9. Neben die in Anm. 7 behandelten Zulassungsvoraussetzungen des § 36 Abs. 3 Buchst. a—c und der Zulassungsbekanntmachung vom 4. 7. 1910 treten als weitere gesetzliche und börsenverwaltungsrechtliche Bestimmungen die VO betr. die Zulassung von Wertpapieren vom 20. 4. 1932, das Gesetz über die Börsenzulassung umgestellter Wertpapiere vom 27. 12. 1951, die Grundsätze der Aufsichtsbehörden der Länder über die Zulassung von Wertpapieren zum Börsenhandel vom 7. 7. 1952 und die Richtlinien der Wertpapierbörsen des Bundesgebietes über Zulassung, Lieferbarkeit und Handel von Aktien sowie von Anteilen an Kolonialgesellschaften, die auf Grund des D-Markbilanzgesetzes in Deutscher Mark neu festgesetzt worden sind, vom 1. 10. 1951 — vgl. Anhang I 3, 5, 6 und 7.

10. Nachdem in Abs. 3 Buchst. b und c gesagt ist, wann die Zulassungsstelle die Aufgabe und die Pflicht hat, den Zulassungsantrag nicht zu genehmigen, erklärt das Gesetz in Abs. 4 Satz 1, daß die Zulassungsstelle die Emission (d. h. die Zulassung) ohne Angabe von Gründen ablehnen darf. Dieser Bestimmung, die aus Rücksicht auf die Mitglieder der Zulassungsstelle, die einer Kritik ihrer Berufsgenossen unterliegen könnten, in das Gesetz aufgenommen worden ist, sollte keine tiefere Bedeutung beigelegt werden. Das Recht, dem Antragsteller die Gründe der Ablehnung nicht anzugeben, entbindet die Zulassungsstelle zunächst nicht davon, sich bei jeder Ablehnung über ihre Gründe klar zu werden. Es bedeutet ferner nicht, daß die Zulassungsstelle die Zulassung nach völlig freiem Ermessen ablehnen kann. Dieser Schluß, den Göppert S. 222 und Huber I S. 639 aus Abs. 4 Satz 1 ziehen, ist angesichts der besonderen Regelungen in § 36 Abs. 3 und § 14 ZulBek. unhaltbar. Es wäre dann nicht notwendig gewesen, die Voraussetzungen für die Zulassung einzeln aufzuführen.

Im übrigen müssen die Gründe, wenn eine formelle Beschwerde zulässig ist (vgl. Abs. 4 Satz 2) und im Einzelfall erfolgt, der Beschwerdeinstanz auf jeden Fall mitgeteilt werden, damit sie in der Lage ist, den Beschluß nachzuprüfen. Abgesehen davon sind auch bei unmittelbarer Klage im Verwaltungsstreitverfahren gegen den Beschluß oder bei Klage gegen die Beschwerdeentscheidung die Gründe zu eröffnen.

11. In Abs. 4 Satz 2 wird bestimmt, daß B e s t i m m u n g e n ü b e r d i e Z u s a m m e n s e t z u n g d e r Z u l a s s u n g s s t e l l e sowie über die Zulässigkeit einer Beschwerde gegen deren Entscheidungen d u r c h d i e B ö r s e n o r d n u n g e n getroffen werden. Dementsprechend sind auch regelmäßig in den Börsenordnungen Einzelheiten über die Zusammensetzung der Zulassungsstelle enthalten. Auch die Frage, wer die Zulassungsstelle zusammenzusetzen hat, ist im Gesetz nicht geregelt, sondern der Erledigung durch die Börsenordnungen überlassen. Die diesbezüglichen Bestimmungen sind daher für die einzelnen Börsen ganz verschieden. Teils werden die Mitglieder der Zulassungsstelle von den Handelskammern gewählt, teils von dem Träger der Börse oder deren Vorstand. Die Wahl kann aber auch von dem Börsenvorstand oder den Börsenmitgliedern vollzogen werden.

Auch die Bestimmungen über die Zulässigkeit einer Beschwerde gegen die Entscheidungen der Zulassungsstelle sollen durch die Börsenordnungen getroffen werden. Nach der Vorschrift der Börsenordnung richtet sich nicht nur, ob gegen die Entscheidungen der Zulassungsstelle überhaupt die Beschwerde als Rechtsmittel stattfindet, sondern bejahendenfalls auch, welche Stelle als Beschwerdeinstanz eingesetzt ist (wohl ausnahmslos das aufsichtführende Handelsorgan). Ferner bestimmt die Börsenordnung, ob die Beschwerde an eine Frist gebunden ist und ob sie nur gegen Entscheidungen bestimmter Art oder ohne solche Beschränkung zulässig ist. Die Berechtigung, die börsenordnungsmäßige Beschwerde einzulegen, steht mangels einer anderweiten Regelung in der Börsenordnung nur demjenigen zu, der die Zulassung der Wertpapiere beantragt hat. Die börsenordnungsmäßig festgesetzte Beschwerdeinstanz kann, wenn die Beschwerde nicht zurückzuweisen ist, sowohl die angefochtene Entscheidung abändern, also auch die Zulassung aussprechen, als auch die Sache, gegebenenfalls mit bindender Weisung für eine anderweite Entscheidung, an die Zulassungsstelle zurückverweisen. Die Bestimmung des Abs. 2 bezüglich des Ausschlusses Beteiligter von der Beratung und Beschlußfassung ist auch auf die Beschwerdeinstanz auszudehnen. Mitglieder der Beschwerdeinstanz, die als Mitglieder der Zulassungsstelle an der angefochtenen Entscheidung mitgewirkt haben, dürfen an der Entscheidung über die Beschwerde nicht mitwirken. Im übrigen richtet sich das Verfahren der Beschwerdeinstanz nach deren geschäftsordnungsmäßigen Grundsätzen.

Streitig ist, ob außerhalb des börsenordnungsmäßig geregelten Instanzenzuges im Aufsichtsweg in die Entscheidungen der Zulassungsstelle eingegriffen werden kann. Vielfach wurde der Standpunkt eingenommen, daß die Landesregierung das Recht habe, die Zulassungsstelle wirksam mit Anweisungen im Aufsichtswege zu versehen, und zwar nicht nur unter rechtlich formalen, sondern auch unter Zweckmäßigkeitsgesichtspunkten. Auch wurde behauptet, daß die Landesregierung befugt sei, dem mit der unmittelbaren Börsenaufsicht betrauten Handelsorgan als einem ihr untergeordneten Verwaltungsorgan Direktiven für die Ausübung der Aufsicht und die zu treffenden Entscheidungen zu geben. Hierzu ist festzustellen, daß der Zulassungsstelle als Träger eigener Verantwortung insoweit keine Anweisung gegeben werden kann, als sie ihre Funktionen im Rahmen des für sie gesetzten Rechtes ausübt. Wenn auch ihre Tätigkeit grundsätzlich der Staatsaufsicht unterworfen ist, kann doch in ihre Entscheidungsbefugnisse im Wege der Börsenaufsicht nicht eingegriffen werden (weitergehend Göppert S. 252/253).

Gegen die Entscheidungen der Zulassungsstelle ist nach Erschöpfung des Beschwerdeweges oder, falls ein solcher nicht gegeben ist, unmittelbar Klage im Verwaltungsstreitverfahren gegeben. Mit ihrer Entscheidung erfüllt die Zulassungsstelle als „beliehene

Stelle" (Huber I S. 632) öffentlich-rechtliche Funktionen. Ihre Entscheidung ist ein Hoheitsakt, der in gleicher Weise mit der Klage im Verwaltungstreitverfahren angegriffen werden kann wie Verwaltungsakte staatlicher oder körperschaftlicher Behörden (vgl. Huber II S. 613).

12. Nach Abs. 4 Satz 3 ist die Zulassungsstelle befugt, zum Börsenhandel zugelassene Wertpapiere von demselben auszuschließen. Eines Antrags bedarf es nicht. Die Befugnis, nicht Pflicht, besteht für die Zulassungsstelle sinngemäß nur bei Vorliegen derselben Gründe, aus denen ein Zulassungsantrag abzulehnen ist (vgl. z. B. § 14 ZulBek.), oder im Falle der Nichterfüllung von bei der Zulassung von Wertpapieren übernommenen Verpflichtungen (§ 4 a. E. ZulBek.). Sie erstreckt sich auf die von der Zulassungsstelle zum Börsenhandel zugelassenen Wertpapiere, nicht dagegen auf die kraft Gesetzes (§ 39) oder durch Anordnung der Landesregierung (§ 40 Abs. 1) zugelassenen. Im übrigen ist zu einem solchen Beschluß erforderlich, daß die Gründe erst nachträglich eingetreten oder zur Kenntnis der Zulassungsstelle gelangt sind. Eine nachträgliche Änderung der Ansicht der Zulassungsstelle genügt nicht (Rehm u. a., Anm. 16).

Zweifelhaft ist, ob der Börsenvorstand befugt ist, ohne daß die Zulassung zurückgenommen ist, die Notiz eines Wertpapiers vorübergehend einzustellen, wenn beispielsweise die noch im Umlauf befindlichen Stücke zu einem eigentlichen Börsenhandel nicht mehr ausreichen. Gegen die Befugnis spricht die Erwägung, daß dadurch eine wesentliche Wirkung der Zulassung ohne Mitwirkung der Zulassungsstelle aufgehoben wird. In der Übung hat sich aber diese Handhabung bisher durchführen lassen, weil sie hinsichtlich ihrer Wirkung, namentlich auch wegen der Möglichkeit, sie durch einfachen Beschluß wieder rückgängig zu machen, milder ist als die Zurücknahme der Zulassung, die in den in Betracht kommenden Fällen gewöhnlich auch statthaft wäre.

§ 37

Wird von der Zulassungsstelle einer Börse der Antrag auf Zulassung von Wertpapieren zum Börsenhandel abgelehnt, so hat die Zulassungsstelle den Vorständen der übrigen deutschen Börsen für Wertpapiere Mitteilung zu machen. Dabei ist anzugeben, ob die Ablehnung mit Rücksicht auf örtliche Verhältnisse oder aus anderen Gründen erfolgt ist. In letzterem Falle darf die Zulassung von einer anderen Börse nur mit Zustimmung derjenigen Stelle erteilt werden, welche die Zulassung abgelehnt hat.

Der Antragsteller hat anzugeben, ob das Gesuch um Zulassung bereits bei einer anderen Börse eingereicht ist oder gleichzeitig eingereicht wird. Ist dies der Fall, so sollen die Wertpapiere nur mit Zustimmung der anderen Zulassungsstelle zugelassen werden.

1. Die Zulassung von Wertpapieren kann bei einer oder, wie regelmäßig, bei mehreren Börsen beantragt werden. Wird sie bei mehreren Börsen beantragt, so kann dies gleichzeitig oder nacheinander geschehen. Die in

§ 37 Abs. 1 Satz 1 vorgesehene Mitteilung ist in jedem Falle zu machen. Die Börsenvorstände haben die Mitteilung an die Zulassungsstelle ihrer Börse weiterzugeben.

2. Insoweit gegen den Ablehnungsbeschluß Beschwerde zulässig ist (§ 36 Abs. 4), wird zweckmäßigerweise der Ablauf der Beschwerdefrist, und, wenn Beschwerde eingelegt ist, die Entscheidung der Beschwerdeinstanz abgewartet werden. Andernfalls bedarf es bei Abänderung des Beschlusses nochmaliger Mitteilung.

3. Hinsichtlich der Mitteilung, ob die Ablehnung mit Rücksicht auf örtliche Verhältnisse oder aus anderen Gründen erfolgt ist (Abs. 1 Satz 2), vgl. § 14 ZulBek.

Unter „örtlichen Gründen (Verhältnissen)" sind solche Gründe zu verstehen, die zwar der entscheidenden Zulassungsstelle die Zulassung unmöglich machen, nicht aber anderen Zulassungsstellen. Vgl. z. B. § 44 Abs. 1 BörsG i. V. mit § 1 ZulBek.

Eine Angabe der „anderen" Gründe ist nicht erforderlich. Es genügt also die Mitteilung, daß die Ablehnung nicht aus örtlichen Gründen erfolgt ist (KB I, 20).

4. Ist die Zulassung „aus anderen Gründen" abgelehnt worden, so darf die Zulassung an einer anderen Börse nur mit Zustimmung der ablehnenden Zulassungsstelle erfolgen (Abs. 1 Satz 3).

Wird ein Zulassungsantrag, der bereits von der Zulassungsstelle einer Börse genehmigt ist, durch eine zweite unmittelbar nachher, aber nicht gleichzeitig angegangene Zulassungsstelle abgelehnt, so hat diese Ablehnung an sich keine Folge für den Beschluß der Zulassungsstelle, die den Zulassungsantrag genehmigt hat. Doch steht es letzterer frei, in eine erneute Beratung über den bereits genehmigten Zulassungsantrag einzutreten und das Wertpapier gemäß § 36 Abs. 4 wieder auszuschließen, wenn die Ablehnungsgründe der zweiten Zulassungsstelle ihr auf Grund selbständiger Prüfung hierzu einen Anlaß bieten.

5. Die Verpflichtung des Antragstellers nach Abs. 2 Satz 1, anzugeben, ob das Gesuch um Zulassung bereits bei einer anderen Börse eingereicht ist oder gleichzeitig eingereicht wird, erstreckt sich bezüglich der „bereits eingereichten" auf alle früher bei anderen Börsen gestellten Zulassungsanträge, über die bereits entschieden ist oder die Entscheidung noch aussteht, nicht aber auf wieder zurückgenommene. Die Zurücknahme ist bis zur endgültigen Beschlußfassung möglich. Doch sollten davon, wenn der gleiche Antrag bei mehreren Börsen gestellt war, die beteiligten Zulassungsstellen seitens derjenigen, bei der er zurückgenommen worden ist, in Kenntnis gesetzt werden. Handelt der Antragsteller den Vorschriften zuwider, so kann sein Verhalten Anlaß zu ehrengerichtlichem Einschreiten geben (Begr. I, 41).

6. Die Bestimmung des Abs. 2 Satz 2 hat die Bedeutung, daß die Zustimmung der anderen Börsen nur dann erforderlich ist, wenn der Antrag „schwebt". Ist er bereits genehmigt, so braucht die Zustimmung nicht mehr eingeholt zu werden.

Gleichzeitigkeit i. S. des Abs. 2 Satz 1 liegt also immer dann vor, wenn diejenige Zulassungsstelle, bei der der Antrag zuerst eingereicht worden ist, vor der Einreichung bei einer anderen Stelle noch keinen endgültigen Beschluß über den Antrag gefaßt hat.

Im übrigen ist die Zurücknahme eines Zulassungsantrages bei einer Börse auch bei gleichzeitiger Einreichung bei mehreren Börsen jederzeit bis zur Beschlußfassung der Zulassungsstelle möglich. Von einer solchen Zurücknahme sind die übrigen Zulassungsstellen zu unterrichten.

§ 38

Der Antrag auf Zulassung von Wertpapieren ist von der Zulassungsstelle unter Bezeichnung des Antragstellers, des Betrags sowie der Art der einzuführenden Wertpapiere zu veröffentlichen. Zwischen dieser Veröffentlichung und der Einführung an der Börse muß eine Frist von mindestens sechs Tagen liegen.

Vor der Einführung an der Börse ist ein Prospekt zu veröffentlichen, der die für die Beurteilung der einzuführenden Wertpapiere wesentlichen Angaben enthält. Das gleiche gilt für Konvertierungen und Kapitalserhöhungen. Wird der Antrag gestellt, ein an einer deutschen Börse eingeführtes Wertpapier an einer anderen Börse zuzulassen, so kann die Landesregierung auf Antrag der Zulassungsstelle genehmigen, daß von der Veröffentlichung eines Prospekts abgesehen wird.

Schrifttum: Bermann, Die Neuregelung des Börsenzulassungsverfahrens bei der Einziehung von Aktien, BA 1931/32, 293 ff.; Neufeld, Aktieneinziehung und Börsenzulassung, JW 1932, 1617 ff.

1. § 38 bezieht sich nur auf diejenigen Wertpapiere, für die es einer Zulassung durch die Zulassungsstelle und der Veröffentlichung eines Prospekts bedarf. Hinsichtlich der deutschen „Reichs- und Staatsanleihen", die gemäß § 39 an jeder deutschen Börse zugelassen sind, und der in § 40 bezeichneten Schuldverschreibungen, insoweit sie durch Befreiung vom Prospektzwang seitens der Landesregierung als zugelassen gelten, sind die für die Einführung an der Börse notwendigen Mitteilungen in den genannten Paragraphen besonders geregelt.

2. Die Vorschrift, daß die Zulassungsstelle den Antrag auf Zulassung von Wertpapieren unter Bezeichnung des Antragstellers, des Betrages sowie der Art der einzuführenden Wertpapiere zu veröffentlichen hat (Abs. 1 Satz 1), wird durch § 12 ZulBek. ergänzt. Hier wird insbesondere die A r t u n d W e i s e d e r V e r ö f f e n t l i c h u n g näher bestimmt, wozu die Börsenordnungen und die Geschäftsordnungen der Zulassungsstellen weitere Einzelheiten festlegen können. Nach § 12 ZulBek. hat die Veröffentlichung durch Börsenaushang sowie im „Reichsanzeiger" (jetzt Bundesanzeiger; vgl. das Bundesgesetz über Bekanntmachungen vom 17. 5. 1950 — BGBl. S. 183 — und das Berliner Gesetz über Bekanntmachungen vom 9. 1. 1951 nebst Änderungsgesetz vom gleichen Tage — GVBl. S. 240 —) und in mindestens zwei anderen inländischen von der Zulassungsstelle zu bezeichnenden Zeitungen zu erfolgen. Unter diesen Zeitungen muß sich eine am Börsenplatz erscheinende und bei Aktien und Schuldverschreibungen von inländischen Aktiengesellschaften und Kommanditgesellschaften auf Aktien eine befinden, die in dem engeren Wirtschaftsgebiet erscheint, dem die Gesellschaft angehört (§ 12 Abs. 2 ZulBek.).

Die Veröffentlichung hat unter Bezeichnung des Antragstellers zu erfolgen. Antragsteller kann nach § 5 Abs. 1 ZulBek. nur eine an der Börse vertretene öffentliche Bankanstalt, Privatbank oder Bankfirma sein. An der Börse vertreten bedeutet: an derjenigen Börse vertreten, an der die Wertpapiere zugelassen werden sollen. Zu den Privatbanken gehören auch die Hypothekenbanken. In allen Fällen muß es sich jedoch um ein wirkliches Bankunternehmen oder Bankgeschäft handeln. Firmen, die mißbräuchlich die Bezeichnung „Bank" oder dgl. führen, kommen nicht in Betracht. Vgl. hierzu § 10 des Reichsgesetzes über das Kreditwesen in der Fassung vom 25. 9. 1939 (RGBl. I S. 1955).

Gehört der Aussteller der Wertpapiere zu einer der in § 5 Abs. 1 ZulBek. genannten Kategorien, so kann er selbst die Zulassung beantragen.

Der Antrag ist ferner unter der Bezeichnung des Betrags und der Art der einzuführenden Wertpapiere zu veröffentlichen. Unter „Betrag" ist dabei der in Deutsche Mark der Bank Deutscher Länder ausgedrückte Gesamtbetrag der zum Börsenhandel zuzulassenden Stücke der betreffenden Emission zu verstehen, unter „Art der einzuführenden Wertpapiere" ihre Klassifikation als Aktien, Schuldverschreibungen, Pfandbriefe etc.

3. Die zwischen der Veröffentlichung des Antrags auf Zulassung und der Einführung an der Börse einzuhaltende Frist von mindestens 6 Tagen (Abs. 1 Satz 2) ist eine gesetzliche Mindestfrist. Gemäß § 44 Abs. 2 und 3 können der „Bundesrat" und die einzelnen Landesregierungen unter Umständen Bestimmungen treffen, die eine Verlängerung der Frist zwischen der Veröffentlichung und der Einführung an der Börse bewirken. Weitere Mindestfristen treffen § 12 Abs. 3 und § 17 ZulBek., wonach die Zulassung erst erfolgen darf, wenn seit der Veröffentlichung in der von der Zulassungsstelle bestimmten Zeitung drei Tage verstrichen sind, und die Wertpapiere frühestens am dritten Werktage nach dem Tage des Zulassungsbeschlusses und nach dem Tage, an dem der Prospekt zuerst veröffentlicht worden ist, an der Börse eingeführt werden dürfen.

Die Frage, ob Längstfristen für die Einführung festgesetzt werden können (z. B. ein Monat nach der letzten Prospektveröffentlichung und drei Monate nach der Bekanntgabe des Zulassungsbeschlusses an den Antragsteller) ist im Hinblick auf die der Zulassungsstelle in § 36 Abs. 3 Buchst. b zugewiesene Aufgabe zu bejahen (vgl. Rehm u. a., Anm. 3).

4. Die Bestimmung, daß vor Einführung an der Börse ein Prospekt zu veröffentlichen ist, der die Angaben zu enthalten hat, die für die Beurteilung der einzuführenden Wertpapiere wesentlich sind (Abs. 2 S. 1), wird durch § 16 ZulBek. ergänzt. Hiernach ist der von der Zulassungsstelle genehmigte Prospekt von dem Antragsteller in denselben Zeitungen zu veröffentlichen, in denen der Antrag veröffentlicht worden ist.

Der Prospekt ist eine Erklärung derjenigen, die ihn unterzeichnen. Er hat die Aufgabe, das Publikum über alle tatsächlichen und rechtlichen Verhältnisse, die für die Beurteilung der Wertpapiere wesentlich sind (§ 36 Abs. 3 Buchst. b, § 38 Abs. 2), soweit als möglich zu unterrichten. Die ZulBek. trifft in den §§ 6—8 und 10 ins einzelne gehende Vorschriften über die in den Prospekt aufzunehmenden Angaben. Dazu müssen die nach Lage des Einzelfalls noch erforderlichen Angaben treten.

Über die Rechtsfolgen, die sich an die Unrichtigkeit oder Unvollständigkeit des Prospekts knüpfen, vgl. §§ 45—49. Sie stellen die Haftung derjenigen fest, die den Prospekt erlassen haben oder von denen er ausgeht (vgl. insbesondere § 45 Abs. 1 Satz 1).

Wegen der Zulässigkeit abgekürzter Prospekte in bestimmten Fällen vgl. § 11 ZulBek. Nicht zu verwechseln hiermit sind die Auszüge aus Prospekten, die außerhalb der gesetzlichen Verpflichtung in anderen als den sog. Pflichtblättern (vgl. § 16 ZulBek.) von den Emissionshäusern veröffentlicht werden. Auf deren Abfassung hat die Zulassungsstelle an sich keinen Einfluß. Es liegt ihr auch eine Kontrolle darüber nicht ob. Sie kann aber, äußerstenfalls durch Zurücknahme der Zulassung (§ 36 Abs. 4 Satz 3), dagegen einschreiten, daß auf diesem Weg irreführende Informationen ins Publikum gelangen.

Der Prospekt ist „vor der Einführung an der Börse" zu veröffentlichen. Über den Begriff „Einführung an der Börse" vgl. § 36 Anm. 1.

5. Nach Abs. 2 Satz 1 gilt das gleiche für Konvertierungen und Kapitalerhöhungen, d. h. es bedarf außer bei der ersten Einführung auch bei Konvertierungen und Kapitalerhöhungen der Veröffentlichung eines Prospekts. Die Fassung des Abs. 2 Satz 1 ist unklar. Die Anführung von „Kapitalerhöhungen" ist überflüssig und in der Gleichstellung mit Konvertierungen ohne Sinn (Göppert S. 232). In bezug auf Konvertierungen besagt die Vorschrift, daß die Zulassung nicht bestehen bleiben darf, falls bei schon zugelassenen Wertpapieren eine Konvertierung eingetreten ist, und daß ein weiterer Handel mit amtlicher Notiz die erneute Zulassung und damit auch die Einreichung eines neuen Prospekts erfordert. Die Frage, ob in solchen Fällen die Zulassung ohne weiteres hinfällig wird oder zurückgenommen werden muß, ist im letzteren Sinn zu entscheiden (Göppert S. 232).

Solange die Zurücknahme der Zulassung nicht erfolgt ist, bleibt ein Handel mit amtlicher Notiz zulässig.

Wann eine Konvertierung i. S. des § 38 Abs. 2 Satz 2 vorliegt, ist in bezug auf Anleihepapiere und Aktien verschieden zu beurteilen. Bei Anleihepapieren sind außer Zinsherabsetzungen auch alle sonstigen Veränderungen der Anleihebedingungen als Konvertierung anzusehen, insoweit sie die bisherigen Grundlagen für die Bewertung der Papiere ändern (z. B. Veränderungen der Tilgungsbedingungen oder Sicherheiten, Aufhebung einer etwa der Anleihe gewährten Steuerfreiheit usf.). Dagegen sind Änderungen in den Verhältnissen des Schuldners, die Einführung neuer allgemeiner Steuern etc. keine Veränderungen, die eine „Konvertierung" darstellen (Göppert S. 232/233).

Bei Aktien fällt unter den Begriff „Konvertierung" nicht nur die ordentliche Kapitalherabsetzung nach den §§ 175 ff. AktG, sondern auch die vereinfachte Herabsetzung des Grundkapitals nach den §§ 182 ff. AktG und die Kapitalherabsetzung durch Einziehung von Aktien nach den §§ 192—194 AktG, zu der die VO vom 20. 4. 1932 — Anhang I 3 — ergänzende Bestimmungen in bezug auf die Zulassung der Aktien trifft. Die Zulassung der Aktien ist hiernach zurückzunehmen (§ 1). Dabei bestehen jedoch zwei Ausnahmen:

Die Zulassungsstelle kann von der Zurücknahme absehen, wenn die Verhältnisse der Gesellschaft durch die Einziehung nicht oder nicht wesentlich berührt werden (§ 1 Satz 2). In der Regel wird dies bei Einziehung von Aktien der Fall sein, die der Gesellschaft unentgeltlich zur Verfügung gestellt werden oder die zu Lasten des aus der Jahresbilanz sich ergebenden Reingewinns oder einer freien Rücklage eingezogen werden (§ 192 Abs. 3 AktG).

Die Zulassung ist ferner nicht zurückzunehmen, wenn eine Herabsetzung des Grundkapitals durch Einziehung von Aktien in erleichterter Form um nicht mehr als 10 vom Hundert erfolgt. In diesem Fall ist der Erlaß einer von der Zulassungsstelle zu genehmigenden Bekanntmachung vorgesehen, die nicht den Rechtscharakter eines Prospekts hat, auch nicht die Prospekthaftung begründet (§ 4 Abs. 2).

Hinsichtlich der Zulassung der durch die Währungsgesetze umgestellten Wertpapiere vgl. das Gesetz über die Börsenzulassung umgestellter Wertpapiere vom 27. 12. 1951 — Anhang I 6 —:

Das Gesetz geht davon aus (§ 1 Abs. 1 Satz 1), daß sowohl die Neufestsetzung des Nennbetrages von Aktien in Deutscher Mark als auch die Umstellung des Nennbetrages von Schuldverschreibungen auf Deutsche Mark keine Konvertierung i. S. des § 38 Abs. 2 BörsG darstellen. Daraus folgt, daß eine Neuzulassung regelmäßig nicht erforderlich ist. Nur wenn die in § 1 Abs. 1 Satz 2 des Gesetzes genannten Voraussetzungen vorliegen, besteht die Pflicht zur Neuzulassung von Aktien entsprechend den börsengesetzlichen Bestimmungen. Hierbei handelt es sich um die Fälle, in denen es unbedingt notwendig ist, daß das Publikum durch eine Prospektveröffentlichung über die Verhältnisse unterrichtet wird, die zur Beurteilung der Wertpapiere erforderlich sind, und in denen die Zulassungsstelle den Börsenhandel mit Wertpapieren unter Umständen verhindern muß. Daß dies nur für Aktien, nicht auch für Schuldverschreibungen gilt, hat seinen Grund darin, daß das Umstellungsverhältnis von Schuldverschreibungen kraft Gesetzes feststeht, während das der Aktien auf einem Beschluß der Hauptversammlung beruht.

Wo keine Neuzulassung verlangt ist, bestimmt das Gesetz jedoch die Veröffentlichung einer prospektähnlichen Bekanntmachung (§ 2). Sie unterliegt aber nicht den strengen Vorschriften des BörsG z. B. bezüglich der Prospekthaftung.

6. Die in § 28 Abs. 2 Satz 3 vorgesehene Möglichkeit ist im Interesse der Belebung des Verkehrs an den kleineren Börsen eingeführt worden (Rehm u. a., Anm. 8). Die Freistellung von der Veröffentlichung eines Prospekts setzt einen Antrag der Zulassungsstelle derjenigen Börse voraus, an der das bereits an einer anderen Börse zugelassene Wertpapier nunmehr zugelassen werden soll. Die Landesregierung wird den Antrag nur genehmigen, wenn das Publikum als ausreichend informiert angesehen werden kann. Das wird in erster Linie dann der Fall sein, wenn die Zulassung an der ersten Börse nur kurze Zeit zurückliegt.

Landesregierung i. S. des Abs. 2 Satz 3 ist die Regierung, der die Börse untersteht, an der die Einführung ohne erneute Prospektveröffentlichung erfolgen soll.

Die Landesregierung kann die Ausnahmebewilligung auch in der Weise geben, daß sie bei der Einführung an der anderen Börse eine abgekürzte Prospektveröffentlichung gestattet (Begr. II, 18). Die Befreiung von der Einreichung eines Prospekts ist ebenso wie die gänzliche Befreiung von der Veröffentlichung ausgeschlossen.

§ 39

Deutsche Reichs- und Staatsanleihen sind an jeder Börse zum Börsenhandel zugelassen. Dies gilt für deutsche Reichsanleihen auch dann, wenn sie als Buchschulden des Reichs in das Reichsschuldbuch eingetragen sind. Zum Zwecke der Einführung an der Börse teilt der Reichsminister für Finanzen oder die oberste Landesbehörde die Merkmale der einzuführenden Anleihe dem Börsenvorstand mit. Die Veröffentlichung eines Prospektes ist nicht erforderlich.

Vorbemerkung: Die jetzige Fassung des § 39 beruht auf § 3 der VO über die Behandlung von Anleihen des Deutschen Reiches im Bank- und Börsenverkehr vom 31. 12. 1940 (RGBl. 1941 I S. 21).

1. Unter den ohne Mitwirkung der Zulassungsstelle zugelassenen Wertpapieren sind die deutschen Reichs- und Staatsanleihen (jetzt Bundes- und Landesanleihen) vor den in § 40 behandelten Wertpapieren dadurch bevorzugt, daß sie kraft Gesetzes zugelassen sind, während die in § 40 angeführten Papiere durch Anordnung der Landesregierung zugelassen werden können. Deutsche Bundes- und Landesanleihen sind solche, für deren Verzinsung und Rückzahlung der Bund oder ein Land als Darlehnsschuldner haftet. Den Unterschied hierzu bilden Schuldverschreibungen, deren Verzinsung und Rückzahlung vom Bund oder einem Land lediglich gewährleistet ist (§ 40). Ob das eine oder andere zutrifft, läßt sich vielfach nur durch Prüfung des Rechtsverhältnisses ermitteln. Der Umstand, daß in den maßgeblichen Gesetzen von der Gewährleistung oder Garantie des Staates für die Verpflichtungen der ausstellenden Anstalt (Bank, Kasse) die Rede ist, genügt allein nicht, um solche Schuldverschreibungen zu den in § 40 besonders behandelten Wertpapieren zu rechnen. Aus der Organisation und rechtlichen Konstruktion der Anstalt kann sich ergeben, daß trotz der gewählten Ausdrücke die Anstalt kein selbständiges Rechtssubjekt, sondern

nur eine Staatseinrichtung (statio fisci) ist, so daß zwar die Einnahmen und Ausgaben der Anstalt gesondert verwaltet werden, der Staat aber für letztere Selbstschuldner, nicht Bürge ist.

Die Entscheidung in Zweifelsfällen liegt zunächst dem Börsenvorstand ob. In letzter Linie steht sie der Landesregierung als höchster Aufsichtsbehörde zu (Begr. II, 17).

Den deutschen Reichs- und Staatsanleihen sind durch die VO des Reichspräsidenten über Maßnahmen auf dem Gebiete der Finanzen, der Wirtschaft und der Rechtspflege vom 18. 3. 1933, Kap. XVII Art. 1 (RGBl. I S. 108) die Wertpapiere der Deutschen Reichsbahn-Gesellschaft und durch § 30 des Gesetzes über die Deutsche Reichsbank vom 15. 6. 1939 (RGBl. I S. 1015) die Reichsbankanteile gleichgestellt worden.

Selbstverständlich sind auch Bundes- und Landesanleihen an der Börse einzuführen (§ 39 Satz 3), bevor sie amtlich gehandelt werden dürfen. Dabei ist § 42 BörsG von Bedeutung, der auch für diese Wertpapiere gilt.

2. Eines Zulassungsverfahrens bedürfen deutsche Bundesanleihen auch dann nicht, wenn sie als Buchschulden in das „Reichsschuldbuch" eingetragen sind (§ 39 Satz 2); vgl. hierzu die Reichsschuldenordnung vom 13. 2. 1924 (RGBl. I S. 95) nebst Änderungen und Ergänzungen des Gesetzes über die Errichtung einer Schuldenverwaltung des Vereinigten Wirtschaftsgebietes vom 13. 7. 1948 (WiGBl. S. 73) und die Verordnung über die Bundesschuldenverwaltung vom 13. 12. 1949 (BGBl. 1950 S. 1).

3. Zu den Merkmalen der einzuführenden Anleihe (Satz 3), gehören die Stückelung, der Zinssatz, die Zinstermine und die Rückzahlungsbedingungen, nicht dagegen die Gesamtsumme des auszugebenden Betrages (KB. II, 7 ff.), infolgedessen auch nicht die Unterscheidungsnummern der einzelnen Wertpapiere (typenmäßige Zulassung). Damit sind der Bund und die Länder in die Lage versetzt, neue Anleihen ohne weiteres an der Börse einzuführen, sofern die zum Zweck der Einführung früherer Anleihen mitgeteilten Merkmale auch auf die neue Anleihe zutreffen. Nur sind sie, wenn die einzuführenden Wertpapiere zur öffentlichen Zeichnung aufgelegt sind, gemäß § 42 verpflichtet, die Beendigung der Zuteilung abzuwarten.

4. Dadurch, daß nach § 39 Satz 4 die Veröffentlichung eines Prospekts nicht erforderlich ist, entfällt die Prüfungspflicht der Zulassungsstelle, überhaupt jede Tätigkeit dieses Organs im Falle des § 39. Hinsichtlich der Einführung in den Börsenhandel mit amtlicher Notiz hat der Börsenvorstand das Erforderliche zu veranlassen.

5. Gebühren werden für die Einführung deutscher Bundes- und Landesanleihen an den deutschen Börsen nicht erhoben.

§ 40

Für Schuldverschreibungen, deren Verzinsung und Rückzahlung von dem Reiche oder einem Bundesstaate gewährleistet ist, und für Schuldverschreibungen einer kommunalen Körperschaft, der Kreditanstalt einer solchen Körperschaft, oder einer kommunalständischen Kreditanstalt oder einer unter staatlicher Aufsicht stehenden Pfand-

briefanstalt kann die Landesregierung (§ 1) anordnen, daß es der Einreichung eines Prospekts nicht bedarf. Mit dieser Anordnung gilt die Zulassung zum Börsenhandel als erfolgt.

Zum Zwecke der Einführung an der Börse sind dem Börsenvorstande der Betrag und die Merkmale der einzuführenden Wertpapiere mitzuteilen; bei den Pfandbriefen und gleichartigen Schuldverschreibungen einer kommunalständischen öffentlichen Grundkreditanstalt oder einer unter staatlicher Aufsicht stehenden öffentlichen Pfandbriefanstalt bedarf es der Angabe des Betrags nicht.

1. Nach § 36 Abs. 3 Buchst. b hat die Zulassungsstelle dafür zu sorgen, daß das Publikum über alle zur Beurteilung der zu emittierenden Wertpapiere notwendigen tatsächlichen und rechtlichen Verhältnisse soweit als möglich informiert wird. Das geschieht insbesondere durch den Prospekt. Nach § 40 Abs. 1 kann die Landesregierung für die hier genannten Schuldverschreibungen anordnen, daß es der Einreichung eines Prospekts nicht bedarf. Mit dieser Anordnung gilt gleichzeitig die Zulassung zum Börsenhandel als erfolgt (Abs. 1 Satz 2). Eine Prüfung der Emission durch die Zulassungsstelle entfällt somit. Die Tätigkeit der Zulassungsstelle wird in diesen Fällen durch die Anordnung der Landesregierung ersetzt.

Selbstverständlich kann die Landesregierung die Zulassungsstelle vor ihrer Anordnung über etwaige, der Zulassung entgegenstehende Bedenken hören, braucht dies jedoch nicht zu tun.

Da das Gesetz die Kategorien der Schuldverschreibungen festlegt, bei denen eine Prospektbefreiung stattfinden kann, sollten die etwa von der Landesregierung befragten Stellen Bedenken gegen die Prospektbefreiung nur dann äußern, wenn im konkreten Fall aus besonderen Gründen eine Prospektbefreiung nicht zweckmäßig ist (Rehm u. a., Anm. 1). Prinzipielle Bedenken gegen jede Prospektbefreiung stehen mit der Entscheidung des Gesetzgebers im Widerspruch.

Die Landesregierung kann im übrigen ihre Anordnung mit Auflagen verbinden und an Bedingungen knüpfen.

Die durch die Anordnung erfolgte Zulassung kann nur von der Landesregierung zurückgenommen werden.

Ergeht die Anordnung nicht, so sind die Wertpapiere gleich den übrigen, nicht privilegierten Papieren gemäß §§ 36—38 BörsG zu behandeln.

2. Die Landesregierung kann die Prospektbefreiung nur für Schuldverschreibungen aussprechen, deren Verzinsung und Rückzahlung von dem Reich (jetzt Bundesrepublik) oder einem Bundesstaat (jetzt Land) gewährleistet ist oder die von bestimmten Körperschaften oder Anstalten emittiert werden.

Garantieübernahmen finden sich bei Papieren, durch deren Ausgabe Kapital beschafft werden soll, dessen Verwendung im öffentlichen Interesse liegt. Wann eine Garantie vorliegt, richtet sich nach allgemeinen Rechtsgrundsätzen (vgl. RGZ 90, 416). Die Garantie muß sich sowohl auf die Verzinsung als auch auf die Rückzahlung beziehen.

Welche Körperschaften als kommunale Körperschaften anzusprechen sind, richtet sich nach dem Verfassungs- und Verwaltungsrecht der einzelnen Länder. Das Gleiche gilt für die Begriffe „Kreditanstalt einer kommunalen Körperschaft" und „Kommunalständische Kreditanstalt". Pfandbriefanstalten, die unter staatlicher Aufsicht stehen, sind vor allem auch die Hypothekenbanken gemäß dem mehrfach geänderten Hypothekenbankgesetz vom 13. 7. 1899 (RGBl. S. 375).

3. § 40 Abs. 2 regelt die Einführung an der Börse der in Abs. 1 Satz 1 bezeichneten Wertpapiere, wenn die Landesregierung von der dort festgelegten Befugnis Gebrauch gemacht hat. Die Einführung ist das tatsächliche Verkaufsangebot von Stücken der Neuemission, nachdem die Vorbereitungen für die Kursnotiz durch den Börsenvorstand und die Maklerkammer (Geschäftsverteilung unter den Kursmaklern) getroffen worden sind. Vgl. im übrigen § 36 Anm. 1.

Die Pflicht, dem Börsenvorstand bestimmte Einzelheiten der einzuführenden Wertpapiere mitzuteilen (Abs. 2, 1. Halbsatz) liegt denjenigen ob, die an der Eröffnung des Börsenhandels interessiert sind. Das kann die Körperschaft oder Anstalt sein, die die Schuldverschreibungen ausgibt, oder das Emissionshaus.

Hinsichtlich des Umfangs der anzugebenden Einzelheiten macht Abs. 2 einen Unterschied zwischen den in Abs. 1 bezeichneten Schuldverschreibungen. Handelt es sich um Pfandbriefe und gleichartige Schuldverschreibungen wie z. B. Rentenbriefe kommunalständischer öffentlicher Grundkreditanstalten oder unter staatlicher Aufsicht stehender öffentlicher Pfandbriefanstalten, so bedarf es keiner Angabe des Betrages, sondern nur der sonstigen Merkmale der einzuführenden Wertpapiere. Bei den Schuldverschreibungen der unter staatlicher Aufsicht stehenden Pfandbriefanstalten, insbesondere den Hypothekenbanken, sind dagegen der Betrag und die Merkmale dem Börsenvorstand zwecks Einführung anzugeben. Durch das Erfordernis, den Betrag mitzuteilen, ist für die im § 40 behandelten Wertpapiere im Unterschied zu den in § 39 behandelten die typenmäßige Zulassung (vgl. § 39 Anm. 3) ausgeschlossen.

4. Die Frage, ob für die Zulassung und Einführung der in § 40 behandelten Wertpapiere Gebühren erhoben werden dürfen, wenn die Zulassung gemäß Abs. 1 durch Anordnung der Landesregierung, also unter Ausschaltung jeder Tätigkeit der Zulassungsstelle, als erfolgt gilt, hat in der Übung die Lösung gefunden, daß in solchen Fällen keine Zulassungsgebühr, wohl aber eine Einführungsgebühr erhoben wird.

§ 41

Die Zulassung von Aktien eines zur Aktiengesellschaft oder zur Kommanditgesellschaft auf Aktien umgewandelten Unternehmens zum Börsenhandel darf vor Ablauf eines Jahres nach Eintragung der Gesellschaft in das Handelsregister und vor der Veröffentlichung der ersten Jahresbilanz nebst Gewinn- und Verlustrechnung

nicht erfolgen. In besonderen Fällen kann diese Frist von der Landesregierung (§ 1) ganz oder teilweise erlassen werden.

Die Zulassung von Anteilscheinen oder staatlich nicht garantierten Obligationen ausländischer Erwerbsgesellschaften ist davon abhängig, daß die Emittenten sich auf die Dauer von fünf Jahren verpflichten, die Bilanz sowie die Gewinn- und Verlustrechnung jährlich nach Feststellung derselben in einer oder mehreren von der Zulassungsstelle zu bestimmenden deutschen Zeitungen zu veröffentlichen.

Schrifttum: Riesenfeld, Der Begriff der ersten Jahresbilanz, Gruchots Beitr. Bd. 2 S. 834 ff.; Hackenburg, Die Umwandlung eines Unternehmens in eine Aktiengesellschaft 1. S. des § 39 BörsG, Holdheims MSchr., Jg. 5 S. 317 ff.

1. Die in § 41 vorgeschriebene Innehaltung eines Sperrjahres für die Zulassung bestimmter Aktien zum Börsenhandel soll verhindern, daß derartige Aktien in den Börsenhandel gelangen, bevor eine begründete Beurteilung der Entwicklung der Gesellschaft möglich ist (KB. I, 22 ff.). Sie gilt nur für Aktien, die durch Umwandlung von nicht aktiengesellschaftlichen Unternehmungen, z. B. Gesellschaften mit beschränkter Haftung und Gewerkschaften in Aktiengesellschaften usw. geschaffen worden sind. Auf die Aktien neu gegründeter Aktiengesellschaften und Kommanditgesellschaften auf Aktien findet Abs. 1 keine Anwendung.

Zweifelhaft ist die Anwendbarkeit in den Fällen, in denen eine bereits bestehende Gesellschaft dieser Art ein bisher nicht aktiengesellschaftliches Unternehmen im Wege der sogenannten Nachgründung (§ 45 AktG) erworben oder zum Zwecke des Erwerbs dieses Unternehmens ihr Grundkapital erhöht hat. Insofern damit eine Umgehung des § 41 BörsG bezweckt wird, hat die Zulassungsstelle auf der Innehaltung des Sperrjahres und der Veröffentlichung der Bilanz des ersten Geschäftsjahres zu bestehen. Doch wird eine solche Umgehung niemals dann anzunehmen sein, wenn die Bedeutung des erworbenen Unternehmens im Verhältnis zu dem erwerbenden derart ist, daß die Beurteilung jenes Unternehmens keine wesentliche Voraussetzung für die Beurteilung des Wertes der zuzulassenden Aktien bildet.

Ist die Umwandlung im Wege der Kapitalerhöhung einer bestehenden Gesellschaft erfolgt, so läuft die Frist von der Eintragung der Erhöhung in das Handelsregister.

2. Die erste Jahresbilanz ist die Bilanz des ersten Geschäftsjahres (§ 39 HGB, §§ 125 ff., § 219 Abs. 3 AktG). Ihre Veröffentlichung nebst der Veröffentlichung der Gewinn- und Verlustrechnung ist eine weitere Voraussetzung für die Zulassung der Aktien des in eine Aktiengesellschaft oder Kommanditgesellschaft auf Aktien umgewandelten Unternehmens zum Börsenhandel. Über die Bekanntmachung des Jahresabschlusses (Bilanz nebst Gewinn- und Verlustrechnung) s. §§ 143, 144, 219 Abs. 3 AktG.

3. Nach Abs. 1 Satz 2 kann die Landesregierung die Frist („vor Ablauf eines Jahres nach Eintragung der Gesellschaft in das Handelsregister") ganz oder teilweise erlassen. Ob sie von dieser Befugnis Gebrauch macht, steht in ihrem Ermessen. Gedacht ist an Fälle, in denen die Abkürzung der Frist aus allgemeinen Interessen geboten ist (KB. I, 23).

4. Die Zulassung von Anteilscheinen oder staatlich nicht garantierten Obligationen ausländischer Erwerbsgesellschaften macht § 41 Abs. 2 davon abhängig, daß sich die Emittenten verpflichten, die Bilanz usw. der Gesellschaften während der Dauer von fünf Jahren in deutschen Zeitungen zu veröffentlichen.

Das Verlangen bezweckt, die ausländischen Erwerbsgesellschaften denselben Kontrollmöglichkeiten durch das Publikum zu unterstellen, wie dies bei inländischen aktiengesellschaftlichen Unternehmungen auf Grund der Vorschriften des Aktiengesetzes ohnehin der Fall ist. Die Beschränkung auf 5 Jahre ist mit Rücksicht auf die gleiche Dauer der Prospekthaftung (§ 47) gewählt worden. In der Regel legen die Zulassungsstellen den Emittenten die Verpflichtung aber für die ganze Zeit auf, während der die Werte hier gehandelt werden. Man wird dies mit Rücksicht darauf, daß das Gesetz nur Mindesterfordernisse aufstellen wollte, für rechtlich zulässig halten müssen.

Ausländische Erwerbsgesellschaften sind solche Erwerbsgesellschaften, die den Sitz ihrer Hauptniederlassung im Ausland haben. Auf ausländische Staats- und Kommunalanleihen bezieht sich die Vorschrift des Abs. 2 nicht, weil sie nur eine Gleichstellung der ausländischen Erwerbsgesellschaften mit den zu den Veröffentlichungen nach deutschem Recht verpflichteten inländischen Aktiengesellschaften bezweckt, auf staatlich garantierte Obligationen ausländischer Erwerbsgesellschaften — d. h. solche Obligationen, deren Verzinsung und Rückzahlung von einem Staate gewährleistet ist, — nicht, weil bei ihnen die staatliche Garantie das für die Beurteilung des Wertes Wesentlichste ist, demgegenüber die fortlaufende Kenntnis der Bilanzen des Unternehmens selbst entbehrlich ist (KB. I, 22).

Unter „Emittenten" sind die Aussteller der Wertpapiere zu verstehen, also diejenigen, die das Wertpapier ausfertigen. Die Emittenten ausländischer Wertpapiere werden aber meist die Zulassung zum Börsenhandel an einer deutschen Börse nicht selbst betreiben, sondern sich der Vermittlung deutscher Banken bedienen. Diese stellen den Antrag und übernehmen auch die Verpflichtung als Voraussetzung für die Zulassung.

§ 42

Für Wertpapiere, welche zur öffentlichen Zeichnung aufgelegt werden, darf vor beendeter Zuteilung an die Zeichner eine amtliche Feststellung des Preises nicht erfolgen. Vor diesem Zeitpunkte sind Geschäfte von der Benutzung der Börseneinrichtungen ausgeschlossen und dürfen von den Kursmaklern nicht notiert werden. Auch dürfen für solche Geschäfte Preislisten (Kurszettel) nicht veröffentlicht oder in mechanisch hergestellter Vervielfältigung verbreitet werden.

Schrifttum: Jakobson, Der Handel per Erscheinen, BA 1901/2, 163 ff.

1. § 42 entzieht dem sog. „Handel per Erscheinen" die Benutzung der Börseneinrichtungen, insbesondere die Notiz durch die Kursmakler, die amtliche Preisfeststellung sowie die Veröffentlichung von Preisen im Kurszettel. „Handel per Erscheinen" ist der Abschluß von Geschäften in zur öffentlichen Zeichnung aufgelegten Wertpapieren vor Ausgabe der Stücke zur Erfüllung bei oder nach der Einführung. Er gewährt den Käufern die Möglichkeit, den begehrten Posten sicher zu erwerben, statt auf das erfahrungsgemäß stets unsichere Ergebnis der Zuteilung auf ihre Zeichnung angewiesen zu sein. Die Erschwerung dieses Handels durch § 42 beruht demgegenüber auf der Erwägung, daß dadurch die Emissionshäuser in die Lage versetzt würden, wenn sie die zur öffentlichen Zeichnung aufgelegten Wertpapiere gleichzeitig im Wege des Handels per Erscheinen zu höherem Kurs als dem Zeichnungspreise verkaufen könnten, die Zeichner bei der Zuteilung wenig oder gar nicht zu berücksichtigen, andererseits dagegen, wenn der Kurs beim Handel per Erscheinen unter den Zeichnungspreis herabgedrückt würde, genötigt wären, im Wege dieses Handels die Wertpapiere wieder aufzunehmen (KB. I, 23). Daher unterwirft das Gesetz die Geschäfte per Erscheinen, ohne ihre zivilrechtliche Gültigkeit zu berühren, bis zur beendeten Zuteilung, also unter Umständen über die im § 38 Abs. 1 festgesetzte Mindestfrist hinaus, den in § 42 vorgesehenen Einschränkungen.

Letztere greifen indessen nur insoweit durch, als die Wertpapiere tatsächlich zur öffentlichen Zeichnung aufgelegt worden sind. Ist ein Teilbetrag aufgelegt, ein anderer von der Zeichnung ausgeschlossen, so finden auf diesen Restbetrag die Untersagungsvorschriften des § 42 keine Anwendung. Freilich dürfen dann bei der Preisfeststellung lediglich solche Geschäfte berücksichtigt werden, die zu den gewöhnlichen börsenmäßigen Bedingungen, also zur Lieferung und Abnahme am folgenden Tage geschlossen sind und daher nur den Restbetrag betreffen können.

Da jetzt die Zulassung regelmäßig erst nach Abschluß der Zeichnung beantragt wird, ist § 42 praktisch weitgehend gegenstandslos geworden.

2. Zu den Börseneinrichtungen (Satz 2) gehören die in § 1 Abs. 3 behandelten Einrichtungen, ferner die Börsenschiedsgerichte, Sachverständigenkommissionen usw. Der Börsenvorstand soll auch verhindern, daß sich für die Geschäfte ein „Markt" in den Börsenräumen bildet. In der Übung wird freilich nicht verhütet, daß Börsenbesucher unter sich oder durch Vermittlung freier Makler die Geschäfte an der Börse abschließen.

3. Nach dem Kommissionsbeschluß erster Lesung sollte verboten sein, vor dem im § 42 umschriebenen Zeitpunkt „Preise öffentlich oder in mechanisch hergestellten Preislisten" zu notieren, um zu verhindern, daß sich mit der Nichtzulassung ein gewerbsmäßiger Handel außerhalb der Börse bilde (KB. I, 24). Wenngleich die spätere Änderung der Fassung offenbar nur aus redaktionellen Gründen hervorgegangen ist, läßt der nunmehrige Wortlaut des Gesetzes (Satz 3) jedenfalls gelegentliche Mitteilungen einzelner Preise nicht mehr als unzulässig erscheinen. Dagegen dürfte eine regelmäßig an der gleichen Stelle wiederkehrende Preisveröffentlichung nach Entstehungsgeschichte und Sinn des Gesetzes als „Preisliste" i. S. des § 42

auch dann anzusehen sein, wenn dies nicht in Listenform geschieht und selbst, wenn es sich nur um den Preis eines einzigen Wertpapiers handelt (a. M. Bernstein, S. 158; Rehm u. a., Anm. 2; Nußbaum, § 42 II d). Das bezieht sich aber nur auf Börsenpreise i. S. des § 29, nicht auf Geld- und Briefkurse (vgl. § 29 Anm. 8).

Im übrigen ist nicht bloß die Veröffentlichung in der Presse, sondern auch das Auslegen, der Aushang oder das Anschlagen an Orten, die dem Publikum zugänglich sind, verboten (KB I, 54).

Ob die Geschäfte an oder außerhalb der Börse abgeschlossen sind, ist unerheblich.

4. Zuwiderhandlungen gegen das Verbot, Preislisten über die im Handel per Erscheinen gehandelten Wertpapiere zu veröffentlichen, werden gemäß § 90 bestraft. Der Zuwiderhandelnde muß allerdings wissentlich gehandelt haben, d. h. in Kenntnis der Tatsachen, die das Verbot nach sich ziehen (z. B. in Kenntnis, daß die Zuteilung an die Zeichner noch nicht beendet ist). Das Verbot ist nicht auf Börsenbesucher beschränkt.

§ 43

Für Wertpapiere, deren Zulassung zum Börsenhandel verweigert oder nicht nachgesucht ist, darf eine amtliche Feststellung des Preises nicht erfolgen. Geschäfte in solchen Wertpapieren sind von der Benutzung der Börseneinrichtungen ausgeschlossen und dürfen von den Kursmaklern nicht vermittelt werden. Auch dürfen für solche an der Börse abgeschlossenen Geschäfte Preislisten (Kurszettel) nicht veröffentlicht oder in mechanisch hergestellter Vervielfältigung verbreitet werden, soweit nicht die Börsenordnung für besondere Fälle Ausnahmen gestattet.

1. § 43 betrifft die Folgen der verweigerten oder nicht nachgesuchten Zulassung von Wertpapieren. Er bezieht sich, was durch den Wortlaut des Relativsatzes verdunkelt wird, allgemein auf nicht zugelassene Wertpapiere (Begr. I, 38, KB I, 24). Die Geschäfte hierin sind nicht verboten, unterliegen aber, abgesehen von den in Satz 3 a. E. vorgesehenen Ausnahmen, denselben Erschwerungen wie die in § 42 behandelten Geschäfte (vgl. § 42 Anm. 1).

Im übrigen ist die Fassung des § 43 nicht ganz korrekt. Nach § 39 wird die Zulassung für deutsche Reichs- und Staatsanleihen nicht nachgesucht, ebenso nicht für die in § 40 Abs. 1 bezeichneten Papiere, sofern die Landesregierung anordnet, daß es der Einreichung eines Prospekts nicht bedarf. Diese Papiere werden durch § 43 selbstverständlich nicht von der amtlichen Preisfeststellung und der Benutzung der Börseneinrichtungen ausgeschlossen.

2. Zu den Börseneinrichtungen (Satz 2) gehören auch hier wie in § 42 die in § 1 Abs. 3 behandelten Einrichtungen, ferner die Börsenschiedsgerichte, Sachverständigenkommissionen usw.

3. Durch die Fassung des § 43 Satz 3 ist, im Unterschied zu § 42, das Verbot auf die Veröffentlichung von Preisen solcher Geschäfte in nicht zugelassenen Papieren beschränkt, die an der Börse, d. h. an einer deutschen Börse, an der sie nicht zugelassen sind, abgeschlossen worden sind. Nicht verbotswidrig ist die Veröffentlichung von Preisen, bei deren Ermittlung die an der Börse getätigten Abschlüsse zwar auch berücksichtigt, in der Hauptsache aber andere, außerhalb der Börse entstandene Preisbildungen zum Anhalt genommen worden sind (RG II StS 2. Mai 1911).

4. Über die Begriffe Preislisten, Kurszettel vgl. § 42 Anm. 3.

5. Dem Verbot in Satz 3, Preislisten (Kurszettel) zu veröffentlichen oder in mechanisch hergestellter Vervielfältigung zu verbreiten, wird durch die Strafbestimmung des § 90 Nachdruck verliehen. Vgl. hierzu § 42 Anm. 4 und die Erl. zu § 90.

6. Durch die Bestimmung in Satz 3 a. E., daß die Börsenordnung für besondere Fälle Ausnahmen gestatten kann, sollte ein sog. nichtamtlicher Handel in Kreisobligationen, Obligationen von Kleinbahnen und ähnlichen Wertpapieren von geringem Gesamtkapital an den Börsen und eine nichtamtliche Veröffentlichung der durch diesen Handel an den Börsen gebildeten Preise nach näherer Bestimmung der Börsenordnung erleichtert und gestattet werden (KB I, 24). Von dieser Möglichkeit ist kaum Gebrauch gemacht worden.

7. Trotz der Vorschriften des § 43 gibt es neben dem Handel in amtlich notierten Werten ein umsatzmäßig bedeutendes G e s c h ä f t i n a m t l i c h n i c h t n o t i e r t e n W e r t e n. Zu ihnen gehören Industrieaktien, Bankaktien, Versicherungswerte, Kolonialpapiere und Kuxe, aber auch Rentenpapiere, Industrieanleihen, Aufwertungsobligationen usw. Ihre Vermittlung erfolgt durch freie Makler oder Banken, die die Wertpapiere nicht nur an, sondern auch außerhalb der Börse handeln.

Art und Umfang des Geschäftsverkehrs in amtlich nicht notierten Werten (g e r e g e l t e r F r e i v e r k e h r) sind in den Geschäftsordnungen der Ausschüsse für Geschäfte in amtlich nicht notierten Werten bzw. in den entsprechenden Richtlinien der einzelnen Börsen reglementiert — vgl. Anhang II 6 C, 7 C und D. Als Spitzenorganisation für die an den Börsen bestehenden Ortsausschüsse für unnotierte Werte fungiert eine ständige Kommission für Angelegenheiten des Handels in amtlich nicht notierten Werten beim Bundesverband des privaten Bankgewerbes. Ihre Aufgabe ist, Richtlinien für die Einbeziehung von Wertpapieren in den geregelten Freiverkehr aufzustellen und die Usancen für diesen Handel zu vereinheitlichen.

Die Kurse dieser Werte werden durch freie Makler ermittelt. Ihre Feststellung ist selbstverständlich nicht „amtlich". Auch dürfen amtliche Kurszettel für diese Werte nicht veröffentlicht werden. In der Praxis hilft man sich dadurch, daß besondere Preislisten nicht-amtlichen Charakters herausgegeben werden.

Neben dem geregelten Freiverkehr hat sich eine dritte Art des Handels in Wertpapieren, welche weder zum amtlichen Börsenhandel noch zum geregelten Freiverkehr zugelassen sind, herausgebildet, der sog. „T e l e f o n v e r k e h r" oder u n g e r e g e l t e F r e i v e r k e h r. Es handelt sich bei diesem Geschäftsverkehr um Wertpapiere, bei denen wegen der geringen

Kapitalbasis und des begrenzten Abnehmerkreises eine Hereinnahme in den geregelten Freiverkehr nicht in Betracht kommt, und deren Handel sich deshalb nicht an der Börse, sondern im telefonischen Verkehr von Bank zu Bank abwickelt.

§ 44

Der Bundesrat bestimmt den Mindestbetrag das Grundkapitals, welcher für die Zulassung von Aktien an den einzelnen Börsen maßgebend sein soll, sowie den Mindestbetrag der einzelnen Stücke der zum Handel an der Börse zuzulassenden Wertpapiere.

Weitere Bestimmungen über die Aufgaben der Zulassungsstelle und die Voraussetzungen der Zulassung trifft der Bundesrat.

Die Befugnis der Landesregierung, ergänzende Bestimmungen zu treffen, wird hierdurch nicht berührt; diese Bestimmungen sind dem Reichskanzler mitzuteilen.

1. Das BörsG hat in § 36 grundlegende Bestimmungen über die Zulassung von Wertpapieren zum Börsenhandel getroffen und die Aufgaben und Pflichten der Zulassungsstelle umschrieben. § 44 Abs. 1 und 2 räumt dem „Bundesrat" die Befugnis ein, in dieser Richtung weitere Bestimmungen zu treffen, die als allgemein verbindliche Rechtssätze Rechtsverordnungscharakter haben. Soweit solche Bestimmungen erlassen werden, dürfen sie mit den sonstigen Vorschriften des BörsG nicht in Widerspruch stehen.

Die Befugnisse des „Bundesrats" sind auf den Bundesminister für Wirtschaft übergegangen, der zum Erlaß einer Rechtsverordnung der Zustimmung des jetzigen Bundesrats bedarf. Vgl. im einzelnen § 2 Anm. 8.

Auf Grund der Abs. 1 und 2 sind die mehrfach geänderte Bekanntmachung betr. die Zulassung von Wertpapieren zum Börsenhandel vom 4. 7. 1910 (Anhang I 1) und die VO betr. die Zulassung von Wertpapieren zum Börsenhandel vom 20. 4. 1932 (Anhang I 3) ergangen. Vgl. auch die VO des Reichspräsidenten über Maßnahmen auf dem Gebiete der Finanzen, der Wirtschaft und der Rechtspflege vom 18. 3. 1933 (RGBl. I S. 122), Kap. XVII Art. 1 betr. die Zulassung der Wertpapiere der Deutschen Reichsbahn-Gesellschaft zum Börsenverkehr, die Verordnung über die Behandlung von Anleihen des Deutschen Reichs im Bank- und Börsenverkehr vom 31. 12. 1940 (RGBl. 1941 I S. 21) und das Gesetz über die Börsenzulassung umgestellter Wertpapiere vom 27. 12. 1951 — Anhang I 6.

2. Die Ermächtigung des „Bundesrats" gemäß Abs. 1 und 2 soll die Landesregierungen nicht hindern, ergänzende Bestimmungen zu treffen (§ 44 Abs. 3). Die Landesregierungen erhalten damit keine neuen Befugnisse, sondern nur die Bestätigung, daß ihre bestehenden nicht beeinträchtigt werden. Sie dürfen aber nur ausgeübt werden, wenn Bestimmungen der in Abs. 2 bezeichneten Art vom „Bundesrat" nicht getroffen sind (KB I, 26). Soweit die Befugnis besteht, können solche Bestimmungen auch in der Börsenordnung getroffen werden. In der Regel wird es sich lediglich um formelle Vorschriften handeln, da materiellrechtlich die Aufgaben der Zulassungsstelle und die Voraussetzungen der Zulassung überregional festgelegt sind.

Entsprechende Bestimmungen der Landesregierung sind dem „Reichskanzler", d. h. jetzt dem Bundesminister für Wirtschaft mitzuteilen.

§ 45

Sind in einem Prospekt, auf Grund dessen Wertpapiere zum Börsenhandel zugelassen sind, Angaben, welche für die Beurteilung des Wertes erheblich sind, unrichtig, so haften diejenigen, welche den Prospekt erlassen haben, sowie diejenigen, von denen der Erlaß des Prospekts ausgeht, wenn sie die Unrichtigkeit gekannt haben oder ohne grobes Verschulden hätten kennen müssen, als Gesamtschuldner jedem Besitzer eines solchen Wertpapiers für den Schaden, welcher demselben aus der von den gemachten Angaben abweichenden Sachlage erwächst. Das gleiche gilt, wenn der Prospekt infolge der Fortlassung wesentlicher Tatsachen unvollständig ist und diese Unvollständigkeit auf böslichem Verschweigen oder auf der böslichen Unterlassung einer ausreichenden Prüfung seitens derjenigen, welche den Prospekt erlassen haben, oder derjenigen, von denen der Erlaß des Prospekts ausgeht, beruht.

Die Ersatzpflicht wird dadurch nicht ausgeschlossen, daß der Prospekt die Angaben als von einem Dritten herrührend bezeichnet.

Schrifttum: Göppert, Stückeloser Effektenverkehr, Zulassungsverfahren und Prospekthaftung, BA 1931/32, 199 ff.

1. § 45 betrifft die Haftung für den Inhalt des Prospekts, dessen Aufgabe es ist, das Publikum für alle zur Beurteilung der zuzulassenden Papiere notwendigen tatsächlichen und rechtlichen Verhältnisse möglichst weitgehend zu informieren. Die Zulassungsstelle hat auf eine solche Gestaltung des Prospektes hinzuwirken (§ 36 Abs. 2 Buchst. b). Sie kann indessen nicht dafür haften, daß die Angaben richtig und vollständig sind, weil sie nicht in der Lage ist, die Vollständigkeit und Richtigkeit der gemachten Angaben überall nachzuprüfen. § 45 legt deshalb denjenigen, die für den Prospekt verantwortlich sind, eine Ersatzpflicht auf, wenn der Prospekt schuldhaft Mängel aufweist. Vgl. aber § 46 Abs. 3.

2. Über den Begriff „Prospekt" vgl. § 38 Anm. 4. Prospektähnliche Bekanntmachungen kommen für die Haftung aus § 45 nicht in Betracht. Die Prospekthaftung ist also auf Fälle beschränkt, in denen die Zulassung durch Beschluß der Zulassungsstelle erfolgt. Die Fälle, in denen die Zulassungsstelle für die Zulassung ausgeschaltet ist (§§ 39, 40), scheiden von vornherein aus.

Unter dem Prospekt, auf Grund dessen Wertpapiere zum Börsenhandel zugelassen sind (Abs. 1 Satz 1), ist im übrigen nur der Prospekt in seiner endgültigen, von der Zulassungsstelle genehmigten Form zu verstehen. Auf anderweite Fassungen, mögen sie auch vor oder nach der Zulassung unter der Bezeichnung „Prospekt" veröffentlicht worden sein, können Ansprüche aus § 45 nicht gestützt werden. Vgl. aber unten Anm. 12 sowie wegen der möglichen Strafbarkeit § 88 Abs. 3.

3. Unter „Angaben, welche für die Beurteilung des Wertes erheblich sind" (Abs. 1 Satz 1), fallen nicht subjektive Urteile. Doch ist beispielsweise der nach einer Bemerkung über das Steigen der Einnahmen sich findende Zusatz: „Auch stehen den Mehreinnahmen entsprechende Ausgaben gegenüber", als Versicherung einer Tatsache anzusehen, nämlich, daß prozentual die Ausgaben nicht in höherem Maß als die Einnahmen gestiegen seien (RGZ 43, 84). Welche Angaben für die Beurteilung des Wertes erheblich sind, ist von Fall zu Fall zu entscheiden.

4. Die Haftung trifft diejenigen, die den Prospekt erlassen haben, und diejenigen, von denen der Erlaß des Prospekts ausgeht (Abs. 1 Satz 1).

Den Prospekt erlassen haben diejenigen, die ihn unterzeichnen. Hierbei ergab sich die Streitfrage, ob die Emissionshäuser als „Erlasser" des Prospekts haftbar gemacht werden könnten, wenn, wie früher üblich, der eigentliche Prospekt lediglich von dem Aussteller der zugelassenen Wertpapiere vollzogen, die Emissionshäuser aber nur eine Nachschrift des Inhalts unterzeichneten, daß die Wertpapiere zugelassen sind und von ihnen eingeführt werden. Auf Abs. 2, der gerade mit Rücksicht auf diese Handhabung aufgenommen wurde (KB I, 27), ließ sich die Haftbarkeit nicht stützen, da er sie nur „nicht ausschließt", nicht begründet. Das RG hat die Haftbarkeit des Emissionshauses als „Erlasser" bejaht (RGZ 80, 197). Die Frage ist gegenstandslos geworden, nachdem in § 5 Abs. 3 der ZulBek. bestimmt wird:

„Der Prospekt ist von denjenigen, welche ihn erlassen, zu unterzeichnen; zu diesen muß der Antragsteller gehören. Die Unterschrift des Antragstellers kann unter eine Nachschrift gesetzt werden."

Auch „diejenigen, von denen der Erlaß des Prospekts ausgeht", sollen haftbar sein. Durch diese Worte sollte die Haftbarkeit derjenigen begründet werden, die „ hinter dem Prospekt stehen", z. B. kapitalkräftiger Bankhäuser, die weniger kapitalkräftige benutzen, um Wertpapiere in den Verkehr zu bringen, nicht etwa Personen, die dem Emissionshaus das Material zur Aufstellung des Prospekts geliefert haben (KB I, 28). Von wem in diesem Sinn der Erlaß des Prospekts „ausgeht", wem insoweit die Urheberschaft an dem Erlaß des Prospekts zugesprochen werden muß, wird immer nur aus der konkreten Sachlage heraus zu entscheiden sein.

5. Streitig ist, ob Aktiengesellschaften und Kommanditgesellschaften auf Aktien als Erlasser oder Urheber des Prospekts über ihre eigenen Aktien von deren Erwerbern aus § 45 haftbar gemacht werden können. Das ist von besonderer Bedeutung für den Fall, daß der Aussteller allein die Zulassung beantragt hat, was nach § 5 Abs. 1 und 4 ZulBek. unter gewissen Voraussetzungen denkbar ist.

Das RG hat diese Frage früher verneint, da der Aktionär nach handelsrechtlichen Grundsätzen den ihm durch die Beteiligung an der Gesellschaft erwachsenden Schaden gegen diese nicht geltend machen könne (besonders RGZ 54, 129; 62, 29). Später hat es diesen Standpunkt nur insoweit beibehalten, als es die Schadensersatzansprüche aus § 45 demjenigen versagt, der seine durch Zeichnung oder durch Ausübung des Bezugsrechts bei der Gründung oder Kapitalerhöhung erfolgte Beteiligung an einer Aktiengesellschaft anficht. Dagegen erblickt es in einem späteren Erwerb von Aktien, auch wenn die Gesellschaft selbst Verkäuferin ist, einen „auf Erwerb von Wertobjekten gegen Entgelt gerichteten Umsatzvertrag". Dieser soll, obwohl er dem Effekt nach gleichfalls eine Beteiligung an der Gesellschaft herbeiführt, seinem Wesen nach kein unter dem Gesellschaftsrecht stehender Rechtsakt sein, sondern den allgemeinen Rechtsgrundsätzen unterliegen und insbesondere auch die Prospekthaftung gegen die Gesellschaft, um deren Anteile es sich handelt, begründen (RG in BA 1907/08, 348; 1908/09, 354).

6. Die Haftung tritt ein, wenn diejenigen, die den Prospekt erlassen haben usw., die Unrichtigkeit des Prospekts gekannt haben. In diesem Fall ist die Handlungsweise nach § 88 Abs. 3 auch strafbar.

Die Haftung tritt ferner ein, wenn die Erlasser bzw. Urheber des Prospekts seine Unrichtigkeit ohne grobes Verschulden hätten kennen müssen. Eine für alle Fälle gültige Regel, wann grobes Verschulden vorliegt, läßt sich nicht geben, weil allein die Umstände in jedem einzelnen Fall über das Maß der anzuwendenden Sorgfalt entscheiden. Grobe Fahrlässigkeit begeht im allgemeinen, wer die nach den gesamten Umständen erforderliche Sorgfalt in ungewöhnlich großem Maße verletzt und das unbeachtet läßt, was jedem einleuchten mußte (RGZ 141, 131). Eine allgemeine Gepflogenheit der Emissionsbanken, bei Einführung von Aktien die Richtigkeit der Buchführung des Unternehmens nachzuprüfen, ist nicht vorauszusetzen (RG in BA 1910/11, 123). Sind ihnen aber Tatsachen bekannt, die eine Nachprüfung angebracht erscheinen lassen, so ist die Unterlassung der Nachprüfung als grobes Verschulden anzusehen (RGZ 80, 199).

7. Haftung als Gesamtschuldner bedeutet, daß jeder Schuldner auf die volle Leistung verpflichtet ist, der Gläubiger diese aber nur einmal zu fordern hat. Die Einzelheiten richten sich nach den §§ 421—427 BGB.

8. Wer als Besitzer des Wertpapiers i. S. des § 45 Abs. 1 Satz 1 zu gelten hat, kann zweifelhaft sein. Die Frage ist nur zu entscheiden, wenn man auf § 46 Abs. 1 vorausgreift. Hiernach erstreckt sich die Ersatzpflicht nur auf diejenigen Stücke, welche auf Grund des Prospekts zugelassen und von dem Besitzer auf Grund eines im Inland abgeschlossenen Geschäfts erworben sind. Diese Fassung beweist, daß weder der rein tatsächliche Besitz (§ 854 Abs. 1 BGB), noch der mittelbare Besitz des § 868 BGB ausreicht, sondern daß es sich um einen Eigentumsbesitz handeln muß, der auf einem Geschäft beruht (§ 872 BGB). Als weitere Begriffsbegrenzung ergibt sich aus dem in § 46 Abs. 2 dem Ersatzpflichtigen gewahrten Recht, die Ersatzansprüche durch Erstattung des Erwerbspreises abzufinden, daß das dem Erwerb zu Grunde liegende Geschäft ein entgeltliches sein muß.

Der Besitzer „eines solchen Wertpapiers" muß das Papier ferner „auf Grund eines im Inland abgeschlossenen Geschäfts erworben" haben; vgl. § 46 Abs. 1.

9. Der Anspruch auf Prospekthaftung setzt mindestens die Möglichkeit eines ursächlichen Zusammenhanges zwischen den unrichtigen Prospektangaben und dem Erwerb der Wertpapiere zu einem bestimmten Preis durch den den Anspruch erhebenden Besitzer voraus. Diese Möglichkeit ist aber der Rechtsprechung des RG zufolge schon dann gegeben, wenn sich unter Mitwirkung der offenkundigen allgemeinen Verhältnisse eine dem Inhalt des Prospekts entsprechende Stimmung des zur Annahme der Papiere angerufenen Publikums gebildet hat, und der Erwerber dadurch zum Erwerb bestimmt worden ist. Wer den Anspruch auf Prospekthaftung erhebt, braucht danach nicht den Prospekt gelesen zu haben, ihn nicht einmal zu kennen, wenn er nur, beeinflußt durch diese Stimmung, die Wertpapiere erworben hat. Der Erwerb infolge dieser Stimmung stellt den vom Gesetz erforderten Zusammenhang her. Keinesfalls kann der Anspruch dann erhoben werden, wenn die Besitzer der Wertpapiere diese bei Erscheinen des Prospekts, der ihre Zulassung bekanntgab, bereits erworben hatten (RGZ 80, 203 ff. und dort angeführte Entscheidungen).

10. Auf die Bemessung des Schadens, zu dem, wie aus dem Erfordernis des möglichen ursächlichen Zusammenhangs mit der Prospektunrichtigkeit (vgl. oben Anm. 9) hervorgeht, Nachteile, die auch unabhängig von dem Inhalt des Prospekts, etwa infolge allgemeinen Rückgangs der Konjunktur etc. eingetreten sein würden, nicht gehören (Begr. I, 41), finden die allgemeinen Bestimmungen des bürgerlichen Rechtes (§§ 249 ff. BGB) Anwendung. Dem Besitzer steht daher entweder der Anspruch auf Erstattung des Unterschieds zwischen dem Erwerbspreis des Wertpapiers und dem geringeren wirklichen Wert zur Zeit des Erwerbs, oder auch, wenn anzunehmen ist, daß bei Kenntnis des wahren Sachverhalts der Erwerb überhaupt unterblieben wäre, der Anspruch auf Rücknahme des Papiers gegen Zahlung des Erwerbspreises zu (RGZ 46, 87). Daneben ist er an der Geltendmachung eines weiteren Schadens, z. B. des Zinsverlustes, keinesfalls gehindert. Indessen erfährt die Ersatzpflicht eine wesentliche Einschränkung durch § 46 Abs. 2 und 3, insbesondere durch das Übernahmerecht des Ersatzpflichtigen (vgl. § 46 Anm. 2). Über die Pflicht des Ersatzberechtigten, nach erlangter Kenntnis von seinen Ansprüchen dem Verpflichteten Mitteilung zu machen, vgl. § 46 Anm. 6. Zum Verkauf des Wertpapiers zwecks Feststellung oder Verringerung des Schadens ist der Ersatzberechtigte nicht verpflichtet und auch mangels besonderer Vereinbarung nicht berechtigt (RGZ 46, 89; RG in BA 1904/05 S. 188).

11. Die Prospekthaftung tritt nicht nur ein, wenn die in Rede stehenden Angaben „unrichtig" sind, sondern auch, wenn „der Prospekt infolge der Fortlassung wesentlicher Tatsachen unvollständig ist" (Abs. 1 Satz 2). Welche Tatsachen als wesentlich zur Vollständigkeit des Prospekts gehören, ist nach den Umständen des Einzelfalls zu beurteilen. Wesentlich sind vor allem die Angaben, deren Veröffentlichung im Prospekt (§ 38 Abs. 2) verlangt werden muß (vgl. hierzu die §§ 6—8 ZulBek.), ebenso aber auch die weiteren von der Zulassungsstelle entsprechend § 36 Abs. 3 Buchst. b geforderten Angaben etc.

Eingeschränkt wird die Haftung hier dadurch, daß die Unvollständigkeit auf böslichem Verschweigen oder auf der böslichen Unterlassung einer „ausreichenden Prüfung" beruhen muß. Böslich ist eine Handlung oder Unterlassung, wenn eine Schädigung hiermit zwar nicht beabsichtigt, jedoch als mögliche Folge vorausgesehen wird (ROHG 17, 301; RGZ 1, 22).

12. Von der Prospekthaftung aus den §§ 45 ff. ist die aus anderen zivilrechtlichen Bestimmungen hergeleitete Haftung der Emittenten oder sonstigen Erlasser von Prospekten oder prospektähnlichen Verlautbarungen zu unterscheiden. Hierhin gehören namentlich § 40 Ziff. 3 AktG und die §§ 823, 826 BGB. § 40 Ziff. 3 AktG lautet:

„Als Gesamtschuldner mit den Gründern und den Personen, für deren Rechnung die Gründer Aktien übernommen haben, ist der Gesellschaft zum Schadenersatz verpflichtet:

1. . . .
2. . . .
3. wer vor Eintragung der Gesellschaft in das Handelsregister oder in den ersten zwei Jahren nach der Eintragung die Aktien öffentlich ankündigt, um sie in den Verkehr einzuführen, wenn er die Unrichtigkeit oder Unvollständigkeit der Angaben, die zum Zwecke der Gründung der Gesellschaft gemacht worden sind (§ 39 Abs. 1), oder die Schädigung der Gesellschaft durch Einlagen oder Sachübernahmen kannte oder bei Anwendung der Sorgfalt eines ordentlichen Geschäftsmanns kennen mußte."

Die Bestimmung bezieht sich auf die Haftung gegenüber der Gesellschaft, ist also von der börsenrechtlichen Haftung gegenüber dem Besitzer rechtlich vollkommen unabhängig. Sie betrifft die öffentliche Ankündigung der Aktien, d. h. ihre sich unmittelbar an die Abnehmer wendende Einführung in den öffentlichen Verkehr (Auflegung, Emission), von der die Haftung aus dem Prospekt gemäß §§ 45 ff. BörsG streng zu unterscheiden ist.

Die Bestimmungen der §§ 823, 826 BGB finden insbesondere Anwendung, wenn es sich um Prospekte oder prospektähnliche Verlautbarungen handelt, die der Zulassung der Wertpapiere zum Börsenhandel nicht als Grundlage gedient haben. Dagegen kann nach herrschender Ansicht in allen Fällen, die unter § 45 fallen, die, in mehrfacher Hinsicht schärfere, Haftung aus den §§ 823, 826 BGB von dem Wertpapierbesitzer nicht geltend gemacht werden, auch dann nicht, wenn die unrichtigen Prospektangaben in betrügerischer Absicht gemacht worden sind (§ 88 Abs. 3), weil aus der Fassung des Gesetzes (vgl. namentlich § 48 Abs. 2) und seinem Zweck (vgl. Begr. I, 39) zu entnehmen ist, daß die gesetzliche Regreßpflicht gegenüber dem Wertpapierbesitzer für diese Fälle durch das BörsG erschöpfend geregelt sein sollte (a. M. Bernstein S. 165). Wegen weitergehender Ansprüche auf Grund von Verträgen vgl. § 48 Abs. 2.

13. Nach Abs. 2 wird die Ersatzpflicht dadurch nicht ausgeschlossen, daß der Prospekt die Angaben als von einem Dritten herrührend bezeichnet. Die Vorschrift hat nur noch Bedeutung für gelegentliche Angaben in den Prospekten, in denen Dritte als Urheber bezeichnet werden. Dahin gehören z. B. Angaben von Sachverständigen über die Bedeutung und den Wert von Grundstücken, Konzessionen, Patenten, über den mutmaßlichen Umfang von Erzvorkommen, Kohlenfeldern und dgl. In solchen Fällen würden diejenigen, welche den Prospekt erlassen haben, sowie diejenigen, von denen der Erlaß des Prospekts ausgeht, ersatzpflichtig sein, wenn sie die

Unrichtigkeit der Angaben des Dritten (Sachverständigen) gekannt haben oder ohne grobes Verschulden hätten kennen müssen, oder wenn sie die Unvollständigkeit einer solchen Angabe böslich verschwiegen oder eine ausreichende Prüfung nach dieser Richtung böslich unterlassen haben.

§ 46

Die Ersatzpflicht erstreckt sich nur auf diejenigen Stücke, welche auf Grund des Prospekts zugelassen und von dem Besitzer auf Grund eines im Inland abgeschlossenen Geschäfts erworben sind.

Der Ersatzpflichtige kann der Ersatzpflicht dadurch genügen, daß er das Wertpapier gegen Erstattung des von dem Besitzer nachgewiesenen Erwerbspreises oder desjenigen Kurswerts übernimmt, den die Wertpapiere zur Zeit der Einführung hatten.

Die Ersatzpflicht ist ausgeschlossen, wenn der Besitzer des Papiers die Unrichtigkeit oder Unvollständigkeit der Angaben des Prospekts bei dem Erwerbe kannte. Gleiches gilt, wenn der Besitzer des Papiers bei dem Erwerbe die Unrichtigkeit der Angaben des Prospekts bei Anwendung derjenigen Sorgfalt, welche er in eigenen Angelegenheiten beobachtet, kennen mußte, es sei denn, daß die Ersatzpflicht durch bösliches Verhalten begründet ist.

1. Zu Abs. 1: Die Prospekthaftung bezieht sich nur auf diejenigen Stücke, die auf Grund des Prospekts zugelassen sind. Gleichgültig ist, wer die Einführung der Stücke an der Börse besorgt hat. Die Haftung ist nicht auf die von dem Ersatzpflichtigen selbst ausgegebenen Stücke beschränkt (Begr. I, 40).

Der Begriff des „Besitzers" bedarf im Hinblick auf die Befähigung zur Geltendmachung der Ersatzansprüche aus den §§ 45 ff. einer besonderen Auslegung. Die Fassung des Abs. 1, derzufolge der Besitzer die Stücke auf Grund eines Geschäfts erworben haben muß, beweist nämlich, daß weder der rein tatsächliche Besitz, noch der sog. abgeleitete Besitz im Sinne des § 868 BGB ausreicht, sondern daß es sich um einen Eigentumsbesitz handelt, der auf einem Geschäft beruhen muß. Als weitere Begriffsbegrenzung ergibt sich aus dem in Abs. 2 dem Ersatzpflichtigen gewährten Recht, die Ersatzansprüche durch Erstattung des Erwerbspreises abzufinden, daß das dem Erwerb zu Grunde liegende Geschäft ein entgeltliches sein muß. In Übereinstimmung hiermit kennzeichnet das RG als Besitzer einer Aktie denjenigen, der auf Grund käuflichen Erwerbs des Wertpapiers in ein Rechtsverhältnis als Mitglied der Gesellschaft getreten ist und sich in den Besitz der Aktienurkunde gesetzt hat (RGZ 80, 201). Durch Aufgabe des Besitzes geht die Aktivlegitimation verloren (vgl. unten Anm. 2); nicht dagegen durch einen infolge Aktienzusammenlegung herbeigeführten Umtausch der ursprünglich erworbenen Stücke in Aktien mit anderen Nummern und Genußscheine, da die in ihrem Wert verminderte Aktie an Stelle der ursprünglichen Aktien tritt und in sich sämtliche Einzelrechte vereinigt, die mit den ursprünglichen Aktien erworben worden sind (RG a. a. O.).

Voraussetzung für den Anspruch ist ferner, daß der Besitzer die Stücke auf Grund eines im Inland geschlossenen Geschäfts erworben hat. Ob ein Geschäft im Inland oder im Ausland abgeschlossen worden ist, beurteilt sich nach den Bestimmungen des bürgerlichen Rechts über das Zustandekommen von Verträgen (ebenso Kahn, § 44 Anm. 2; a. M. Apt S. 46). Bei einem Vertrag unter Anwesenden ist der Vertragsschluß dort vorgenommen, wo der Antrag des einen Teils von dem andern angenommen wird (RGZ 62, 381 ff.).

2. Zu Abs. 2: Der Besitzer kann seinerseits nur Schadensersatz gemäß § 45 (vgl. dort Anm. 11) verlangen. Das Gesetz gibt jedoch, um übertriebene Schadensberechnungen abzuschneiden, dem Ersatzpflichtigen das Recht, der Ersatzpflicht durch Übernahme des Wertpapiers, und zwar nach seiner Wahl zu einem der in Abs. 2 bezeichneten Preise, zu genügen und hierdurch alle weiteren Ansprüche des Besitzers aus § 45 auszuschließen. Über die Pflicht des Besitzers, dem Ersatzpflichtigen rechtzeitig die Möglichkeit zur Ausübung dieses Rechts zu gewähren, vgl. Anm. 6. Im Rechtsstreit wird das Übernahmerecht nicht von Amts wegen berücksichtigt, sondern muß einwendungsweise geltend gemacht werden. Solange der Ersatzpflichtige das Übernahmerecht ausüben kann, ist der Besitzer, der einen Ersatzanspruch erhoben hat oder erheben will, gehindert, das Wertpapier zu veräußern, es sei denn, daß der Ersatzpflichtige den Anspruch als solchen anerkannt hat, und daß zwischen den Beteiligten vereinbart wird, entweder, daß die Höhe des Schadens im besonderen Verfahren festgestellt wird, oder daß sie sich aus dem Unterschied zwischen dem Erwerbspreis oder Einführungskurs und dem jetzigen Verkaufserlös ergeben soll (RGZ 46, 89).

Zu ersetzen sind auch die vom Erwerber gezahlten Provisions- und Courtagekosten sowie ein ihm etwa erwachsener Zinsverlust.

Der Kurswert, den die Wertpapiere zur Zeit der Einführung hatten, ist der erste Börsenpreis, der für die Papiere bei ihrer Einführung festgestellt worden ist.

3. Zu Abs. 3 Satz 1: Der Ersatzpflichtige kann einwenden, daß der den Ersatz beanspruchende Besitzer des auf Grund des Prospekts zugelassenen Wertpapiers die Unrichtigkeit oder Unvollständigkeit der Angaben im Prospekt gekannt hat. In diesem Fall stehen dem Besitzer Ersatzansprüche selbst dann nicht zu, wenn die Unrichtigkeit oder Unvollständigkeit des Prospekts auf Arglist zurückzuführen ist. Als Zeitpunkt des Erwerbs kommt der Zeitpunkt in Betracht, zu dem das (Anschaffungs-) Geschäft, auf Grund dessen der Kläger in den Besitz des Stückes gelangt ist, abgeschlossen worden ist.

4. Die Ersatzpflicht ist ferner ausgeschlossen, wenn der Besitzer des Papiers bei dem Erwerb die Unrichtigkeit der Angaben des Prospekts bei Anwendung derjenigen Sorgfalt, welche er in eigenen Angelegenheiten beobachtet, kennen mußte (Abs. 3 Satz 2). Demzufolge kann im Fall der Prospektunrichtigkeit bezüglich derselben Wertpapiere die Ersatzpflicht geschäftsgewandten Besitzern, insbesondere Bankiers und Kaufleuten gegenüber, ausgeschlossen sein, während sie gegenüber anderen, die weniger gewandten Bevölkerungskreisen angehören, besteht (KB I, 29), es sei denn, daß grobe Fahrlässigkeit vorliegt. Denn nach § 277 BGB ist derjenige, der nur für diejenige Sorgfalt einzustehen hat, welche er in eigenen Angelegenheiten anzuwenden pflegt, von der Haftung wegen grober Fahrlässigkeit nicht befreit. Grobe Fahrlässigkeit begeht, wer die nach den gesamten Umständen erforderliche Sorgfalt in ungewöhnlich großem Maße verletzt und das unbeachtet läßt, was jedem einleuchten muß (RGZ 141, 131).

5. Der Ausschluß der Ersatzansprüche wegen Unrichtigkeit des Prospekts tritt, wenn dem Besitzer eine Fahrlässigkeit der im Abs. 3 gekennzeichneten Art nachgewiesen werden kann, auch dann ein, wenn der Prospekterlasser oder -urheber selbst fahrlässig oder sogar grobfahrlässig gehandelt hat. Nur bei böslichem Verhalten des Ersatzpflichtigen wird der Ersatzanspruch durch die eigene Fahrlässigkeit des Ersatzberechtigten nicht berührt. Für die Haftung wegen Unvollständigkeit des Prospekts ist die Böslichkeit Voraussetzung des Klageanspruchs (§ 45 Abs. 1), so daß dem darauf gestützten Anspruch gegenüber der Einwand der Fahrlässigkeit des Besitzers nicht in Betracht kommt.

6. Der Ersatzverpflichtete kann ein konkurrierendes Verschulden des Ersatzberechtigten i. S. des § 254 BGB dann geltend machen, wenn dieser nach erlangter Kenntnis von der Prospektunrichtigkeit einer Vergrößerung des Schadens im Interesse des Ersatzpflichtigen nicht dergestalt vorbeugt, daß er ihm durch Mitteilung seiner Ansprüche Gelegenheit gibt, von dem in § 46 Abs. 2 vorgesehenen Recht der Übernahme Gebrauch zu machen und seinerseits mit den Wertpapieren so zu verfahren, wie es nach seinem Ermessen seinem Interesse entspricht (RGZ 46, 89). Der Ersatzberechtigte braucht die Mitteilung an den Ersatzverpflichteten jedoch erst zu machen, nachdem er sich über die Sachlage unterrichtet und über einen bestimmten Inhalt der zu erhebenden Ansprüche schlüssig gemacht hat (RG a. a. O.). Es kann auch aus der gänzlichen Unterlassung der Mitteilung ein konkurrierendes Verschulden dann nicht hergeleitet werden, wenn das Verhalten des Verpflichteten beweist, daß er sich doch nicht zur Übernahme der Wertpapiere verstanden hätte (RGZ 80, 202 ff.).

§ 47

Der Ersatzanspruch verjährt in fünf Jahren seit der Zulassung der Wertpapiere.

1. Obwohl der Gesetzgeber mit der fünfjährigen Frist ein für alle Mal die Dauer des Anspruchs begrenzen wollte (Ausschlußfrist) und die Verjährung hier im Widerspruch zu § 198 BGB nicht mit der Entstehung des Anspruchs beginnt, zwingt doch der Wortlaut dazu, die Frist als Verjährungsfrist zu behandeln, so daß sie den Bestimmungen des BGB über Hemmung, Unterbrechung, Wirkung usw. unterliegt. Die in Frage kommenden Bestimmungen sind die §§ 202, 203, 205, 208, 209, 211—217 BGB.

2. Der Lauf der Frist beginnt mit der Zulassung, also nicht erst mit der Einführung der Wertpapiere. Die Zulassung ist der von der Zulassungsstelle gefaßte Beschluß, dessen Datum maßgebend ist (Rehm u. a., Anm. 1). Der Beginn wird nicht etwa dadurch gehemmt, daß die Zulassung unter Verletzung gesetzlicher Vorschriften beschlossen worden ist (a. M. Kahn § 45 Anm. 1).

§ 48

Eine Vereinbarung, durch welche die nach den §§ 45 bis 47 begründete Haftung ermäßigt oder erlassen wird, ist unwirksam.

Weitergehende Ansprüche, welche nach den Vorschriften des bürgerlichen Rechtes auf Grund von Verträgen erhoben werden können, bleiben unberührt.

1. Die Unwirksamkeit (Abs. 1) beschränkt sich auf im Voraus getroffene Vereinbarungen zwischen dem Ersatzverpflichteten und dem Ersatzberechtigten. Dagegen sind solche Vereinbarungen wirksam, nachdem das Vorhandensein des Schadensersatzanspruchs aus den §§ 45—47 zur Kenntnis des Ersatzberechtigten gelangt ist.

2. Die gesetzliche Prospekthaftung hindert nicht, daß vertragsmäßig weitere Haftungen übernommen werden, z. B. durch Garantieübernahme für die Richtigkeit besonderer Prospektangaben (Abs. 2). Ansprüche dieser Art, die sowohl gegen die nach § 45 Ersatzverpflichteten — beispielsweise wegen leichten Verschuldens —, als auch gegen Dritte — z. B. Ratgeber, Garanten — vertragsmäßig begründet werden können, unterliegen den allgemeinen Bestimmungen des bürgerlichen Rechts. Vgl. wegen der gerichtlichen Zuständigkeit § 9 Anm. 1.

§ 49

Für die Entscheidung der Ansprüche aus den §§ 45 bis 48 ist ohne Rücksicht auf den Wert des Streitgegenstandes ausschließlich das Landgericht des Ortes zuständig, an dessen Börse die Einführung des Wertpapiers erfolgte. Besteht an diesem Landgericht eine Kammer für Handelssachen, so gehört der Rechtsstreit vor diese. Die Revision sowie die Beschwerde gegen Entscheidungen des Oberlandesgerichts geht an das Reichsgericht.

1. Ob unter die Ansprüche aus den §§ 45—48 auch die im § 48 Abs. 2 erwähnten Ansprüche fallen, d. h. die Ansprüche aus Verträgen, welche nach bürgerlichem Recht eine weitere Haftung der aus dem Prospekt Haftenden begründen, ist zweifelhaft. Der Wortlaut des § 49 spricht für die Bejahung, die auch im Interesse einer sachgemäßen Rechtspflege erwünscht ist (ebenso Rehm u. a., Anm. 1; a. M. Apt § 49 Anm. 1, Bernstein S. 183, Nussbaum § 49). Wo bei dem zuständigen Landgericht eine Kammer für Handelssachen besteht, was stets der Fall sein wird, gehört der Rechtsstreit vor diese (Satz 2).

2. Hat die Einführung des Wertpapiers an mehreren Börsen stattgefunden, so kann der Kläger zwischen den Landgerichten, in deren Bezirk die Börsen liegen, wählen; vgl. § 35 ZPO: „Unter mehreren zuständigen Gerichten hat der Kläger die Wahl."

3. Die Revision gegen Entscheidungen des Oberlandesgerichts (Satz 4) ist ebenso wie die Beschwerde ohne Rücksicht auf den Wert des Streitgegenstandes gegeben; s. § 547 ZPO: „Ohne Rücksicht auf den Wert des Beschwerdegegenstandes findet die Revision statt:

1. . . . . .
2. in den Rechtsstreitigkeiten über Ansprüche, für welche die Landgerichte ohne Rücksicht auf den Wert des Streitgegenstandes ausschließlich zuständig sind."

4. An die Stelle des Reichsgerichts, das durch MRG 2 Art. I 2 seine Amtsgewalt verloren hat, ist für das Bundesgebiet und West-Berlin der Bundesgerichtshof getreten (Gesetz zur Wiederherstellung der Rechtseinheit auf dem Gebiete der Gerichtsverfassung, der bürgerlichen Rechtspflege, des Strafverfahrens und des Kostenrechts vom 12. September 1950, Art. 1 I Ziff. 10 — BGBl. S. 455/BerlGVBl. 1951 I S. 99 —).

IV. Börsenterminhandel

Einleitung: Abschnitt IV (§§ 50—70) enthält teils börsenverwaltungs-, teils börsenprivatrechtliche Bestimmungen.

§ 50 regelt die Voraussetzungen und Formen der Zulassung von Waren oder Wertpapieren zum Börsenterminhandel, § 51 die verwaltungsrechtlichen Folgen des Verbots von Börsentermingeschäften in bestimmten Waren oder Wertpapieren oder der Verweigerung der Zulassung zum Börsenterminhandel oder des Abschlusses von Börsentermingeschäften unter nicht vom Börsenvorstand festgesetzten Bedingungen.

In den §§ 52—62 werden die Rechtsverhältnisse der nicht verbotenen Börsentermingeschäfte, in den §§ 63—66, 68—70 die Rechtsverhältnisse der verbotenen Börsentermingeschäfte behandelt.

Hinsichtlich der nicht verbotenen Börsentermingeschäfte bestimmt § 52, daß ein Börsentermingeschäft nur nach Maßgabe der §§ 53—56 wirksam ist, und § 53, unter welchen Voraussetzungen es vollwirksam ist, während die §§ 55—57 einzelne Rechtswirkungen dieser Geschäfte regeln. In den §§ 58, 59 und 60 werden der Ausschluß des Spiel- und Differenzeinwands bei bestimmten Börsentermingeschäften und verschiedene Verträge über Börsentermingeschäfte behandelt. § 61 bezieht sich auf im Ausland abgeschlossene und zu erfüllende Börsentermingeschäfte.

Sondervorschriften über Börsentermingeschäfte in Wertpapieren enthält § 54, über solche in Waren § 62.

Bei den verbotenen Börsentermingeschäften sind die kraft Gesetzes verbotenen Börsentermingeschäfte in Getreide und Erzeugnissen der Getreidemüllerei (§§ 65, 66, 68—70), die vom „Bundesrat" nicht genehmigten Börsentermingeschäfte in Anteilen von Bergwerks- und Fabrikunternehmungen (§ 63 Abs. 1, §§ 64, 69 und 70) und die vom „Bundesrat" ausdrücklich verbotenen Börsentermingeschäfte in bestimmten Waren und Wertpapieren (§ 63 Abs. 2, §§ 64, 69 und 70) zu unterscheiden.

§ 67 regelt die Voraussetzungen, unter denen ein handelsrechtliches Lieferungsgeschäft in Getreide und Erzeugnissen der Getreidemüllerei unanfechtbar ist.

Die seit 1950 bzw. 1952 gestattete Teilnahme deutscher Firmen am Devisen- bzw. Warenterminhandel an bestimmten ausländischen Börsen ist unabhängig von dem Terminhandel an deutschen Börsen. Die außenhandelsrechtlichen Genehmigungen sind rein devisenrechtlicher Natur (Huber I S. 641).

Ein Warenterminhandel besteht an der Hamburger Börse in Zucker und Kaffee. Weiterer Terminhandel ist bis jetzt nicht zugelassen, jedoch in Vorbereitung; vgl. auch Schottelius, Die Bedeutung des Warentermingeschäfts für die Wirtschaft, BB 1956, 452.

§ 50

Die Zulassung von Waren oder Wertpapieren zum Börsenterminhandel erfolgt durch den Börsenvorstand nach näherer Bestimmung der Börsenordnung. Der Börsenvorstand ist befugt, die Zulassung zurückzunehmen.

Vor der Zulassung sind die Geschäftsbedingungen für den Börsenterminhandel in den zuzulassenden Waren oder Wertpapieren festzusetzen.

Der Börsenvorstand hat vor der Zulassung von Waren zum Börsenterminhandel in jedem einzelnen Falle Vertreter der beteiligten Erwerbskreise gutachtlich zu hören und das Ergebnis dem Reichskanzler mitzuteilen. Die Zulassung darf erst erfolgen, nachdem der Reichskanzler erklärt hat, daß er zu weiteren Ermittelungen keinen Anlaß finde.

Die Zulassung von Wertpapieren zum Börsenterminhandel darf nur erfolgen, wenn die Gesamtsumme der Stücke, in denen der Börsenterminhandel stattfinden soll, sich nach ihrem Nennwerte mindestens auf zehn Millionen Reichsmark beläuft.

Anteile einer inländischen Erwerbsgesellschaft dürfen nur mit Zustimmung der Gesellschaft zum Börsenterminhandel zugelassen werden. Eine erfolgte Zulassung ist auf Verlangen der Gesellschaft spätestens nach Ablauf eines Jahres von dem Tage an gerechnet, an welchem das Verlangen dem Börsenvorstande gegenüber erklärt worden ist, zurückzunehmen.

Der Bundesrat kann weitere Bestimmungen über die Voraussetzungen der Zulassung treffen.

Schrifttum: Laband, Die Änderung des Börsengesetzes, BA 1907/8, 81 ff.; Düringer, Zur Börsengesetznovelle, BA 1907/8, 114 ff.; Stranz, DJZ 1908, 522; Weber, Die Novelle zum Börsengesetz, DJZ 1908, 609 ff.; Neukamp, Die Novelle zum Börsengesetz, BA 1907/8, 209 ff.; ders., Die Novelle zum Börsengesetz, SeuffBl. 73, 593 ff.; Jacusiel, Der Börsenterminhandel in Wertpapieren unter dem neuen BörsG, LZ 1908, 570 ff. Nussbaum, Zur Praxis des neuen Börsengesetzes, JW 1911, 297 ff.; ders., Die Börsengeschäfte, Ehrenbergs Hdb. des Handelsrechts, Bd. IV. 2 S. 641 ff.; Göppert, Zur „Begriffsbestimmung des Börsentermingeschäfts", BA 1912/13, 271 ff.; ders., Über das Börsentermingeschäft in Wertpapieren, 1914.

Vorbemerkung: In Abs. 4 ist durch die VO zur Überleitung des BörsG in das neue Währungsverhältnis vom 21. 3. 1925 (RGBl. I S. 31) der Betrag von 20 Millionen Mark in 10 Millionen Reichsmark abgeändert worden.

1. § 50 stellt die Voraussetzungen auf, unter denen Waren und Wertpapiere im allgemeinen zum Börsenterminhandel zugelassen werden dürfen, und regelt damit börsenverwaltungsrechtlich den zugelassenen (offiziellen) Börsenterminhandel, während § 51 verwaltungsrechtliche Bestimmungen über den nicht zugelassenen (inoffiziellen) Börsenterminhandel trifft. Ergänzt wird § 50 durch die §§ 63, 67 und 96 sowie durch Abschnitt III (§§ 36—49).

2. Nach Abs. 1 Satz 1 erfolgt die Zulassung von Waren oder Wertpapieren zum Börsenterminhandel durch den Börsenvorstand nach näherer Bestimmung der Börsenordnung, wobei jedoch auch die weiteren, für Waren und Wertpapiere zum Teil unterschiedlichen Voraussetzungen in Abs. 2—5 Berücksichtigung finden müssen.

Im einzelnen ist hierzu folgendes zu sagen (Anm. 3—13):

3. Börsenterminhandel ist der zum Gegenstand eines dauernden Handels gemachte Abschluß von Börsentermingeschäften. Im Gegensatz zu § 48 des BörsG von 1896 hat die Novelle davon abgesehen, eine Begriffsbestimmung des Börsentermingeschäfts zu geben. Die Begriffsbestimmung des § 48 lautete: „Als Börsentermingeschäfte in Waren oder Wertpapieren gelten Kauf- oder sonstige Anschaffungsgeschäfte auf eine festbestimmte Lieferungszeit oder mit einer festbestimmten Lieferungsfrist, wenn sie nach Geschäftsbedingungen geschlossen werden, die von dem Börsenvorstande für den Terminhandel festgesetzt sind, und wenn für die an der betreffenden Börse geschlossenen Geschäfte solcher Art eine Feststellung von Terminpreisen (§§ 29, 35) erfolgt."

Den Bestrebungen der beteiligten Kreise, den Beschränkungen der unter diese Begriffsbestimmung fallenden Geschäfte dadurch zu entgehen, daß sie in der Folgezeit Geschäfte gleicher Funktion unter Vermeidung der in § 48 festgelegten Merkmale abschlossen, trat die Rechtsprechung des RG entgegen. Es erklärte die in der Begriffsbestimmung des Gesetzes angegebenen Merkmale nicht für allein ausschlaggebend, sondern erachtete die Vorschriften des Abschnitts IV auch auf solche börsenmäßigen Zeitgeschäfte für anwendbar, die nach ihrem materiellen Inhalt und nach ihrer wirtschaftlichen Natur und Zweckbestimmung unter die Geschäfte fallen, die der Gesetzgeber habe treffen wollen und ausdrücklich getroffen hätte, wenn er ihre Einkleidung in eine andere Rechtsform, als diejenige, die er formuliert hat, vorausgesehen hätte (vgl. RGZ 42, 43 ff.; insb. 44, 107).

In der Novelle ist auf eine Begriffsbestimmung des Börsentermingeschäfts verzichtet worden. Dies ist weniger mit Rücksicht auf die Erfahrungen mit der Begriffsbestimmung des früheren § 48 geschehen als in der Erkenntnis, daß das Börsentermingeschäft eine wechselnde wirtschaftliche Erscheinungsform ist. Sie ist nicht an äußeren Merkmalen, sondern an ihrer Funktion feststellbar.

Die wirtschaftliche Aufgabe des Börsentermingeschäfts ist im Wertpapierhandel, der Spekulation das technisch vollendetste Mittel zu leichter Bewältigung ihrer Umsätze unter möglichst geringer Bewegung von Geld und Wertpapieren zu geben. Im Warenhandel ist es die Aufgabe, als Effektivgeschäft die Lieferung der Waren in einem künftigen Zeitpunkt unter Vermeidung von Unkosten wie Lagergeld usw. zu gestatten oder als Hilfsgeschäft des Effektivgeschäfts zur zeitlichen und räumlichen Verteilung der im Effektivhandel gekauften Waren und zur Sicherung gegen Preisschwankungen zu dienen.

Um diese Aufgaben zu erfüllen, muß das Börsentermingeschäft nicht nur die Möglichkeit bieten, durch Abschluß eines Gegengeschäfts für das eingegangene Engagement Deckung zu suchen, sondern es muß auch von vornherein darauf angelegt sein, die Benutzung dieser Möglichkeit in denkbar weitestem Maß zu erleichtern. Hierzu ist zunächst erforderlich, daß der Geschäftsinhalt alles Individuelle abgestreift hat und auf typische Bedingungen zurückgeführt ist. Weiter aber erhält das Börsentermingeschäft seine Besonderheit gegenüber anderen Geschäften, bei denen das Zugrundelegen typischer Abschlußbedingungen erstrebt wird, durch die es zu einer Massenerscheinung machende Beziehung zu einem bestehenden Terminmarkt, auf dem jederzeit ein völlig gleiches Geschäft abgeschlossen werden kann. Gleichzeitig bilden sich für solche Geschäfte Preise und Usancen, die die gleichzeitige Abwicklung großer Mengen von Geschäften im Wege der Überweisung und Verrechnung ermöglichen (Begr. II, 19 ff.; Göppert in BA 1912/13, 271 ff.).

Aus dem hiermit umrissenen W e s e n d e s B ö r s e n t e r m i n g e s c h ä f t s folgt im einzelnen:

Es ist nicht erforderlich, daß der Abschluß im Börsengebäude oder zur Börsenzeit bewirkt ist, wenn nur die Zugehörigkeit des Geschäfts zu einem Terminmarkt ersichtlich ist (RGZ 47, 112; RG in JW 1902, 638; RGSt. 44, 55 ff.; RGZ 101, 362). Es bedarf dafür weder Geschäftsbedingungen, die vom Börsenvorstand für den Börsenterminhandel festgesetzt sind (RGZ 42, 43 ff.), noch der amtlichen Feststellung von Terminpreisen (RGZ 47, 112; übereinstimmend Begr. II, 19). Das Börsentermingeschäft kann auch im Inland nach Geschäftsbedingungen einer ausländischen Börse eingegangen und nur im Inland zu erfüllen sein (RGZ 43, 92; RG in BA 1905/6, 95). Es braucht dem Börsentermingeschäft kein Preis zugrunde zu liegen, der sich an der Börse gebildet hat oder von der Preisbildung an der Börse beeinflußt ist (anders RGZ 101, 362). Endlich ist auch der Fixcharakter kein unbedingtes Erfordernis des Börsentermingeschäfts, sondern nur insoweit wesentlich, als das Fixgeschäft allein befähigt ist, der Funktion des Börsenterminhandels zu dienen (vgl. Begr. II, 19; Göppert in BA 1912/13, 275). Letztere Voraussetzung trifft auf den Wertpapierterminhandel allgemein zu (vgl. aber RGZ 44, 115). Inwieweit sie auf den Warenterminhandel zutrifft, hat die Übung zu entscheiden; hier aber mit der Maßgabe, daß das in § 67 behandelte, die Stellung einer angemessenen Nachfrist erheischende Zeitgeschäft in Getreide und Erzeugnissen der Getreidemüllerei nach dem unzweifelhaften Willen des Gesetzgebers als Börsentermingeschäft, und zwar als verbotenes und gemäß § 71 strafbares angesehen werden muß, wenn bei seinem Abschluß die im § 67 Abs. 1 gestellten Bedingungen nicht erfüllt sind. Im Ergebnis stimmt hiermit die spätere Rechtsprechung des RG überein (RGZ 79, 235).

Kassageschäfte können an sich nicht Börsentermingeschäfte sein. Sie werden es auch dadurch nicht ohne weiteres, daß der Kaufpreis bis Ultimo gestundet wird (RG in BA 1905/6, 190; 1906/7, 242). Das gilt aber nicht für solche Geschäfte, bei denen die äußere Form des Kassageschäfts einen auf den Abschluß von Börsentermingeschäften gerichteten Parteiwillen verdeckt (RGZ 91, 45). Deshalb hat das RG in ständiger Rechtsprechung die unter der Herrschaft des früheren Gesetzes häufig abgeschlossenen sogenannten Kontogeschäfte (das sind Kassageschäfte mit Hinausschiebung von Abnahme und Zahlung bis Ultimo) für Börsentermingeschäfte erachtet, wenn zwischen den Parteien diese, dem Wesen des Kassageschäfts fremde gegenseitige Kreditierung allgemein für die Abrechnung ihrer Kassageschäfte, ausdrücklich oder stillschweigend, vereinbart war (RGZ 45, 68; 59, 323). Ebenso können sich aus wirklichen Kassageschäften durch Verschiebung der Abwicklung Börsentermingeschäfte in Gestalt der einzelnen Prolongationen entwickeln (RGZ 66, 95). Ein ernstgemeintes Kassageschäft wird allerdings auch durch einen spekulativen Charakter nicht zum Börsentermingeschäft (RG in HRR 1937 Nr. 855).

Börsentermingeschäfte sind im besonderen auch die Prämiengeschäfte des Börsenterminhandels (vgl. RGZ 47, 112; 136, 107). Bei ihnen hat der eine Vertragsteil gegen eine gewisse Vergütung, die Prämie, ein bestimmtes Wahlrecht, das er am „Erklärungstag" ausübt.

4. Für die Zulassung des Börsenterminhandels in Waren ist zu berücksichtigen, daß Getreide und Erzeugnisse der Getreidemüllerei gemäß § 65 nicht zum Börsenterminhandel zugelassen werden können. Die Zulassung anderer Waren zum Börsenterminhandel hat, abgesehen von den Bestimmungen des § 50 zur Voraussetzung, daß die Einrichtungen der Börse, an der sie zum Börsenterminhandel zugelassen werden sollen, für den Handel in diesen Waren bestimmt sind (vgl. § 5 Ziff. 2), und daß der Benutzung keine Untersagung des „Bundesrats" entgegensteht (vgl. § 6 Satz 3). Ferner ist Voraussetzung für die Zulassung von Waren, daß Börsentermingeschäfte darin nicht gemäß § 63 Abs. 2 verboten sind.

5. Der Ausdruck Wertpapiere in Abs. 1, 2 und 4 ist hier im weiteren Sinn zu verstehen (vgl. § 29 Anm. 3). Doch scheiden auf Grund des Abs. 4 als zum Börsenterminhandel nicht zulassungsfähig alle Wertpapiere aus, die keinen Nennwert haben oder für deren Gesamtsumme sich ein Mindestnennbetrag nicht feststellen läßt (vgl. unten Anm. 12). Im übrigen hat die Zulassung von Wertpapieren zum Börsenterminhandel, abgesehen von den Bestimmungen des § 50, zur Voraussetzung, daß die Einrichtungen der Börse, an der sie zum Börsenterminhandel zugelassen werden sollen, für den Handel in Wertpapieren bestimmt sind (§ 5 Ziff. 2), und daß der Benutzung keine Untersagung des „Bundesrats" entgegensteht (§ 6 Satz 3). Bei den Wertpapieren, auf die sich Abschnitt III des BörsG bezieht, ist außerdem Voraussetzung, daß sie von der Zulassungsstelle zum Börsenhandel zugelassen sind. Auch dürfen Börsentermingeschäfte darin nicht gemäß § 63 Abs. 2 oder gemäß § 63 Abs. 1 (in Anteilen von Bergwerks- oder Fabrikunternehmungen mangels Genehmigung des „Bundesrats") verboten sein.

6. Die Zulassung erfolgt durch den Börsenvorstand. Nur der Börsenvorstand selbst, nicht etwa die Zulassungsstelle (§ 36), kann Waren oder Wertpapiere zum Börsenterminhandel zulassen. Wenn an einer Börse besondere Abteilungen für einzelne Geschäftszweige bestehen, so erfolgt die Zulassung, ebenso wie alle anderen dem Börsenvorstand nach Abschnitt IV obliegenden Beschlußfassungen, nicht durch den Gesamtbörsenvorstand, sondern durch die Börsenvorstände der zuständigen Abteilungen.

Der Börsenvorstand kann die Zulassung von Amts wegen in die Wege leiten und beschließen, ohne daß es eines Antrags bedarf (Begr. II, 21). Ein Anspruch auf Zulassung zum Börsenterminhandel besteht nicht. Der Börsenvorstand ist in der Lage, sie aus Zweckmäßigkeitsgründen zu verweigern, auch wenn alle gesetzlichen Voraussetzungen erfüllt sind. Gegen den zulassenden oder ablehnenden Beschluß des Börsenvorstandes ist eine förmliche Beschwerde im Gesetz nicht vorgesehen, kann aber in der Börsenordnung vorgesehen werden. Ein Ermessenmißbrauch bei der Beschlußfassung könnte mit der Klage im Verwaltungsstreitverfahren angegriffen werden.

Die von der Begründung (II, 21) der Landesregierung zugeschriebene Macht, unerwünschte Zulassungen im Börsenaufsichtswege ohne weiteres außer Kraft setzen zu können, dürfte nur insoweit anzuerkennen sein, als die Zulassung gesetzliche oder börsenstatutarische Vorschriften verletzt.

7. Nur nach näherer Bestimmung der Börsenordnung (Abs. 1 Satz 1 a. E.) kann die Zulassung zum Börsenterminhandel in Waren oder Wertpapieren vorgenommen werden. Das bedeutet, daß die Börsenordnung selbst einen Börsenterminhandel in Waren oder Wertpapieren im allgemeinen zulassen muß, bevor der Börsenvorstand die Zulassung aussprechen kann.

8. Die börsenverwaltungsrechtliche Bedeutung der Zulassung liegt darin, daß für alle Geschäftsabschlüsse in den zugelassenen Waren oder Wertpapieren die Börseneinrichtungen benutzt werden können (Handel im Börsengebäude und zur Börsenzeit, Mitwirkung der Kursmakler bei der Vermittlung von Geschäftsabschlüssen, amtliche Feststellung der Börsenpreise, Veröffentlichung von Kurszetteln über die festgestellten Preise). Dies ergibt sich aus dem Vergleich mit § 51, der die Folgen der Nichtzulassung feststellt.

Die börsenprivatrechtliche Bedeutung liegt insbesondere darin, daß gegen die Rechtsgültigkeit von Börsentermingeschäften, die in den zum Börsenterminhandel zugelassenen Gegenständen und zugleich nach den vom Börsenvorstand festgesetzten Geschäftsbedingungen abgeschlossen sind, also offizielle Börsentermingeschäfte darstellen, von denjenigen, für die die Geschäfte nach börsenrechtlichen Grundsätzen (§§ 53, 54, 57) rechtsverbindlich sind, weder der Spiel- noch der Differenzeinwand (§§ 762, 764 BGB) erhoben werden kann. Gegenüber Geschäften, die im nicht zugelassenen (inoffiziellen) Börsenterminhandel abgeschlossen werden, sind dagegen diese Einwände zulässig, auch wenn die Geschäfte vom Standpunkt des BörsG aus rechtswirksam sind.

9. Der Börsenvorstand ist befugt, die Zulassung von Waren oder Wertpapieren zum Börsenterminhandel zurückzunehmen (Abs. 1 Satz 2). Die Zurücknahme steht wie die Zulassung im freien Ermessen des Börsenvorstands. Über Fälle, in denen die Zulassung zurückgenommen werden muß, vgl. unten Anm. 12 und Abs. 5 Satz 2.

10. Sollen Waren oder Wertpapiere zum Börsenterminhandel zugelassen werden, so sind vorher die Geschäftsbedingungen für diesen Handel festzusetzen (Abs. 2). In den Geschäftsbedingungen sind namentlich die Mindestmengen und Mindesteigenschaften (Lieferungsqualität) der zu handelnden Waren, sowie die Mindestbeträge der zu handelnden Wertpapiere zu bestimmen. Sie können allgemein für ganze Kategorien festgesetzt werden. Die Landesregierungen sind in der Lage, sich durch das Verlangen der Aufnahme besonderer Vorschriften in die Börsenordnungen gemäß § 4 Abs. 2 BörsG einen Einfluß auf den Inhalt der Geschäftsbedingungen zu sichern (Begr. II, 21). Die Hauptbedeutung der Geschäftsbedingungen besteht darin, daß ihre Zugrundelegung ein wesentliches Tatbestandsmerkmal der offiziellen Börsentermingeschäfte ist.

11. Vor der Zulassung von Waren zum Börsenterminhandel hat der Börsenvorstand in jedem einzelnen Fall Vertreter der beteiligten Erwerbskreise gutachtlich zu hören und das Ergebnis dem „Reichskanzler" (jetzt Bundesminister für Wirtschaft) mitzuteilen (Abs. 3 Satz 1). Die Zulassung darf erst dann erfolgen, wenn der Bundesminister für Wirtschaft erklärt hat, daß er zu weiteren Ermittlungen keinen Anlaß findet (Abs. 3 Satz 2). Diese Voraussetzungen gelten somit im Gegensatz zu der Voraussetzung in Abs. 2 nur für die Zulassung von Waren. Wie die Anhörung der Vertreter der beteiligten Erwerbskreise erfolgt, in welcher Weise sie auszuwählen sind, ist im Gesetz nicht festgelegt. Hierüber kann das Nähere in den Börsenordnungen geregelt werden.

Hält der Bundesminister für Wirtschaft weitere Ermittlungen für erforderlich, so ist diesem Verlangen Folge zu leisten.

Der Bundesminister für Wirtschaft hat hier nicht wie nach § 63 Abs. 2 die Möglichkeit, ein gesetzliches Untersagungsrecht auszuüben. Er kann aber tatsächlich die Zulassung verhindern, indem er die in Abs. 3 Satz 2 als Voraussetzung der Zulassung festgesetzte Erklärung nicht abgibt.

12. Wertpapiere dürfen zum Börsenterminhandel nur zugelassen werden, wenn sich die Gesamtsumme der Stücke, in denen der Börsenterminhandel stattfinden soll, nach ihrem Nennwert auf mindestens 10 Millionen Deutsche Mark beläuft (Abs. 4). Dieser Mindestbetrag muß, unabhängig von der Höhe des Gesamtkapitals, von den zu gleichem Kurs zu handelnden Stücken vorhanden sein. Sinkt die Gesamtsumme der Stücke durch Tilgungen oder Konvertierungen unter 10 Millionen Deutsche Mark, so hat der Börsenvorstand die Zulassung gemäß Abs. 1 Satz 2 zurückzunehmen. Andererseits ist im Fall der Vermehrung der Gesamtsumme der Stücke durch Kapitalerhöhungen, Erweiterungen des Anleihebetrags und dgl. eine erneute Zulassung des neu ausgegebenen Betrags zum Börsenterminhandel nicht erforderlich, sofern nur die neuen Stücke gemäß Abschnitt III zum Börsenhandel zugelassen und mit den früher zugelassenen Stücken gleichwertig und gleich lieferbar sind.

Wertpapiere, die keinen Nennwert haben, wie z. B. Kuxe, können zum Börsenterminhandel nicht zugelassen werden (Begr. II, 21). Das gleiche gilt für solche Wertpapiere, für deren Gesamtsumme sich ein Mindestnennbetrag nicht feststellen läßt, wie Devisen und ausländische Geldsorten. Soweit hierin ein Zeithandel stattfindet, bewegt er sich nicht in den charakteristischen Formen des Börsenterminhandels, sondern nach für den Einzelfall vereinbarten Bedingungen.

Bei Wertpapieren in ausländischer Währung muß der gemäß § 3 der Bekanntmachung vom 21. 11. 1912 — Anhang I 2 — in deutsche Währung umgerechnete Nennbetrag den Mindestbetrag von 10 Millionen Deutsche Mark erreichen.

13. Sollen Anteile einer inländischen Erwerbsgesellschaft zum Börsenterminhandel zugelassen werden, so ist die Zustimmung der betreffenden Gesellschaft erforderlich (Abs. 5 Satz 1). Derartige Anteile können nur Aktien einer Aktiengesellschaft sein. Die Erklärung der Zustimmung muß seitens des Vorstandes der Gesellschaft erfolgen (RT StenB II, 4770; Rehm u. a., Anm. 27). Sie ist auch dann rechtswirksam, wenn durch die Satzung bestimmt wird, daß der Vorstand die Genehmigung oder deren Widerruf nur mit Zustimmung der Hauptversammlung erklären darf (§ 103 AktG).

Die Erklärung wirkt lediglich für die Börse, deren Börsenvorstand gegenüber sie abgegeben worden ist.

14. Sind Anteile einer inländischen Erwerbsgesellschaft zum Börsenterminhandel zugelassen, so kann die betreffende Gesellschaft die Zurücknahme der Zulassung verlangen. In diesem Fall ist die Zulassung spätestens nach Ablauf eines Jahres von dem Tage an gerechnet, an welchem das Verlangen dem Börsenvorstand gegenüber erklärt worden ist, zurückzunehmen (Abs. 5). Die Gesellschaft kann dieses Recht notfalls durch Klage im Verwaltungsstreitverfahren erzwingen.

15. Nach Abs. 6 kann der „Bundesrat" weitere Bestimmungen über die Voraussetzungen der Zulassung zum Börsenterminhandel treffen. Diese Bestimmung, von der bisher kein Gebrauch gemacht worden ist, ermöglicht den Erlaß gleichmäßiger Bestimmungen für alle deutschen Börsen. Solche Bestimmungen können sich auf alle Arten von Waren oder Wertpapieren oder auf einzelne bestimmte Waren oder Wertpapiergattungen beziehen.

Die nach Abs. 6 zu erlassenden Bestimmungen sind allgemein verbindliche Rechtssätze, die abstrakte Tatbestände regeln. Zu ihrem Erlaß ist der Bundesminister für Wirtschaft (vgl. § 2 Anm. 8) nur mit Zustimmung des Bundesrats ermächtigt (§ 80 Abs. 2 GG).

§ 51

Soweit Börsentermingeschäfte in bestimmten Waren oder Wertpapieren verboten sind oder die Zulassung zum Börsenterminhandel endgültig verweigert oder zurückgenommen worden ist, ist der Börsenterminhandel von der Benutzung der Börseneinrichtungen und der Vermittelung durch die Kursmakler ausgeschlossen. Findet an einer Börse ein Börsenterminhandel nach Geschäftsbedingungen statt, die von den festgesetzten Geschäftsbedingungen (§ 50 Abs. 2) abweichen, oder findet ein Börsenterminhandel in solchen Waren oder Wertpapieren statt, die zum Börsenterminhandel nicht zugelassen sind, so ist er durch Anordnung des Börsenvorstandes von der Benutzung der Börseneinrichtungen und der Vermittelung durch die Kursmakler auszuschließen. Der Börsenvorstand kann den Erlaß der Anordnung aussetzen, wenn Verhandlungen wegen Zulassung der Waren oder Wertpapiere zum Börsenterminhandel schweben. Die Aussetzung darf höchstens auf ein Jahr erfolgen.

Soweit der Börsenterminhandel auf Grund des Abs. 1 von der Benutzung der Börseneinrichtungen und der Vermittelung durch die Kursmakler ausgeschlossen ist, dürfen für Börsentermingeschäfte, sofern sie im Inland abgeschlossen sind, Preislisten (Kurszettel) nicht veröffentlicht oder in mechanisch hergestellter Vervielfältigung verbreitet werden.

1. § 51 trifft börsenverwaltungsrechtliche Maßnahmen bezüglich des sogenannten inoffiziellen (nicht zugelassenen) Börsenterminhandels, der von dem in § 50 geregelten offiziellen Terminhandel zu unterscheiden ist. Vgl. auch § 50 Anm. 8.

2. Im Sinne des Abs. 1 Satz 1 verbotene, d. h. an und außerhalb der Börse verbotene Börsentermingeschäfte sind

a) Börsentermingeschäfte in Getreide und Erzeugnissen der Getreidemüllerei (§ 65),

b) Börsentermingeschäfte in Anteilen von Bergwerks- und Fabrikunternehmungen ohne Genehmigung des „Bundesrats" (§ 63 Abs. 1),

c) Börsentermingeschäfte, die vom „Bundesrat" verboten, oder bei denen die vom „Bundesrat" für ihre Zulässigkeit festgesetzten Bedingungen nicht beachtet sind (§ 63 Abs. 2).

3. Unter „endgültiger Verweigerung" ist ein Ablehnungsbeschluß aus materiellen Gründen zu verstehen, im Unterschied zu einer Ablehnung aus formellen Gründen oder zur Vertagung einer Entscheidung.

4. Über die Zurücknahme der Zulassung vgl. § 50 Anm. 9.

5. Die Gleichstellung der Verweigerung und Zurücknahme der Zulassung mit dem Verbot von Börsentermingeschäften (Abs. 1 Satz 1) hat nur für die im § 51 behandelte börsenverwaltungsrechtliche Seite des Börsenterminhandels Bedeutung. In materiellrechtlicher Beziehung sind die Börsentermingeschäfte in Waren oder Wertpapieren, deren Zulassung zum Börsenterminhandel verweigert oder zurückgenommen worden ist, von den verbotenen scharf zu unterscheiden. Sie bilden mit den in Satz 2 und 3 behandelten Börsentermingeschäften (in zugelassenen Waren oder Wertpapieren unter Nichtbeachtung der vom Börsenvorstand festgesetzten Geschäftsbedingungen; in Waren oder Wertpapieren, die deswegen nicht zugelassen sind, weil über ihre Zulassung überhaupt noch nicht Beschluß gefaßt worden ist; endlich in Waren oder Wertpapieren, über deren Zulassung noch Verhandlungen schweben) die Gruppe der sogenannten „inoffiziellen" Börsentermingeschäfte, und fallen als solche unter die Bestimmungen der §§ 52—62, im Gegensatz zu den verbotenen, für welche die Bestimmungen der §§ 64—66 gelten. Den offiziellen, d. h. den im Sinne des § 50 zugelassenen Geschäften gegenüber sind sie nur durch die im § 51 vorgesehenen Beschränkungen, sowie dadurch, daß sie nicht gegen die Einwände aus den §§ 762 und 764 BGB geschützt sind (§ 58), zurückgesetzt.

6. Börseneinrichtungen sind die in § 1 Abs. 3 behandelten Einrichtungen, ferner Börsenschiedsgerichte, Sachverständigenkommissionen usf.

7. Der Ausschluß der Vermittlung durch die Kursmakler (Abs. 1 Satz 1 a. E.) findet im Gegensatz zu den anderen in Abs. 1 behandelten Fällen kraft Gesetzes statt, ohne daß es eines Beschlusses des Börsenvorstandes bedarf. Bei den verbotenen Börsentermingeschäften (vgl. oben Anm. 2) trifft er auf alle Börsen zu, bei den übrigen nur auf die Börse, deren Vorstand den dem Ausschluß zugrunde liegenden Beschluß gefaßt hat.

8. Waren oder Wertpapiere, die zum Börsenterminhandel nicht zugelassen sind (Abs. 1 Satz 2) sind solche, deren Zulassung nicht beantragt oder noch nicht endgültig verweigert ist. Vgl. oben Anm. 3.

9. Die Anordnung des Börsenvorstandes auf Ausschluß setzt voraus, daß inoffizielle Geschäfte der gekennzeichneten Art in einer gewissen Anzahl und mit einer gewissen Regelmäßigkeit an der Börse abgeschlossen werden. Sie wirkt nur für die Börse, für die sie erlassen wird.

10. Wenn der Börsenvorstand den Erlaß der Anordnung in dem in Rede stehenden Fall aussetzt (Abs. 1 Satz 3), so ist die Benutzung der Börseneinrichtungen und die Vermittlung durch die Kursmakler, insbesondere auch die amtliche Kursfeststellung zulässig. Dagegen sind die Geschäfte hinsichtlich der Einwände aus den §§ 762 und 764 BGB den übrigen inoffiziellen Börsentermingeschäften gleichgestellt (vgl. oben Anm. 5 a. E.).

11. Die Frist in Abs. 1 Satz 4 läuft von dem Tag, an dem der Börsenvorstand beschlossen hat, den Erlaß der Ausschließungsanordnung auszusetzen. Bei Ablauf der Frist muß der Börsenvorstand entweder die Zulassung aussprechen oder die ausgesetzte Ausschließungsanordnung treffen.

12. Ob ein Geschäft im Inland abgeschlossen ist (Abs. 2), ist nach allgemeinen Rechtsgrundsätzen zu beurteilen. Bei einem Vertrag unter Abwesenden ist das Rechtsgeschäft des Vertragsschlusses dort vorgenommen, wo der Antrag des einen Teils von dem anderen angenommen wird (RGZ 62, 381).

Da Börsentermingeschäfte auch außerhalb der Börse abgeschlossen werden können, ist die Erstreckung des Verbots auf die im Inland abgeschlossenen Geschäfte weitergehend als die des ähnlichen Verbots in § 43 auf die an der Börse abgeschlossenen Geschäfte.

13. Die Zuwiderhandlung gegen das Verbot der Veröffentlichung von Preislisten (Kurszetteln) — Abs. 2 — ist in § 90 unter Strafe gestellt, sofern die Zuwiderhandlung „wissentlich" geschieht.

§ 52

Ein Börsentermingeschäft, das nicht gegen ein durch dieses Gesetz oder den Bundesrat erlassenes Verbot verstößt, ist nur nach Maßgabe der §§ 53 bis 56 wirksam.

1. § 52 betrifft alle diejenigen Börsentermingeschäfte, die nicht durch das BörsG (§ 65) oder einen Beschluß des „Bundesrats" (§ 63 Abs. 2) verboten sind. Den durch Beschluß gemäß § 63 Abs. 2 ausdrücklich verbotenen Geschäften sind die Börsentermingeschäfte in Anteilen von solchen Bergwerks- und Fabrikunternehmungen gleichgestellt, die der „Bundesrat" nicht ausdrücklich genehmigt hat (§ 63 Abs. 1) oder bei denen die vom „Bundesrat" für ihre Zulässigkeit festgesetzten Bedingungen nicht beachtet sind (§ 63 Abs. 2). Soweit diese Fälle nicht vorliegen und es sich auch nicht um die einer Sonderregelung unterworfenen Geschäfte nach § 67 handelt, sind also die §§ 53—56 für alle Börsentermingeschäfte, offizielle wie inoffizielle, maßgeblich. Andererseits sind aber diese Geschäfte nur nach Maßgabe der §§ 53—56 wirksam und allein nach diesen Vorschriften zu beurteilen. Die Bestimmungen des HGB und BGB kommen lediglich subsidiär zur Anwendung, insoweit das BörsG keine abweichenden Bestimmungen enthält, wie z. B. in bezug auf den Einwand aus Zwang, Betrug und Irrtum, die Auslegung von Willenserklärungen und dgl.

2. Die Überschreitung der dem erlaubten Börsentermingeschäft gezogenen Grenzen erzeugt nicht nur eine Einrede, sondern hat ohne weiteres die Unwirksamkeit zur Folge (Begr. II, 26). Klagen aus unverbindlichen Börsentermingeschäften sind daher von Amtswegen abzuweisen, auch wenn der Beklagte nicht erscheint oder erklärt, sich auf die Unklagbarkeit nicht berufen zu wollen (RGZ 44, 54). Wegen des Anerkenntnisses und Vergleichs vgl. § 59 und Anm. 1 dazu. Die für die Verbindlichkeit maßgebenden Tatsachen hat die sich auf die Verbindlichkeit stützende Partei darzulegen und zu beweisen (RG in Holdheims MSchr. 1905, 21). Die Unwirksamkeit erstreckt sich auf alle Nebenansprüche sowie auf die Nebenabreden des Hauptgeschäfts, insbesondere auch auf die Vereinbarung des Schiedsgerichts, ferner auf Sicherheitsbestellungen, soweit sie nicht den Erfordernissen des § 54 entsprechen, sowie auf Bürgschaftsübernahme aus unverbindlichen Börsentermingeschäften (RGZ 30, 216; 38, 238; 52, 364). Ein Zurückbehaltungsrecht kann durch das unverbindliche Geschäft nicht begründet werden (RG in JW 1897, 311). Hingegen wird durch das unverbindliche Börsentermingeschäft eine natürliche Verbindlichkeit begründet (vgl. §§ 55, 56).

3. Gegen die Berufung auf die Unwirksamkeit eines Börsentermingeschäfts kann nicht geltend gemacht werden, daß die von diesem Recht Gebrauch machende Partei dadurch gegen Treu und Glauben oder gegen die guten Sitten verstößt (RG in BA 1907/8, 202; RG in JW 1908, 467; RG in BA 1908/9, 125). Dagegen kann unter besonderen Umständen, insbesondere wegen der falschen Vorspiegelung von Tatsachen, aus denen die andere Partei im Hinblick auf § 53 beim Abschluß des Geschäfts dessen Verbindlichkeit folgern durfte, ein Schadensersatzanspruch aus § 826 BGB erhoben werden. Ferner kann in der Berufung auf die Unwirksamkeit eines Börsentermingeschäfts ein wichtiger Grund zur Entlassung von Gesellschaftsvorständen usw. erblickt werden (RGZ 53, 267). Wegen der ehrengerichtlichen Strafbarkeit vgl. § 10 Anm. 4.

§ 53

Das Geschäft ist verbindlich, wenn auf beiden Seiten als Vertragschließende Kaufleute, die in das Handelsregister eingetragen sind oder deren Eintragung nach § 36 des Handelsgesetzbuchs nicht erforderlich ist, oder eingetragene Genossenschaften beteiligt sind. Personen, deren Gewerbebetrieb über den Umfang des Kleingewerbes nicht hinausgeht, gehören, auch wenn sie in das Handelsregister eingetragen sind, nicht zu den Kaufleuten im Sinne dieser Vorschrift.

Den im Abs. 1 bezeichneten Kaufleuten stehen gleich:

1. **Personen, die zur Zeit des Geschäftsabschlusses oder früher berufsmäßig Börsentermingeschäfte oder Bankiergeschäfte betrieben haben oder zum Besuch einer dem Handel mit Waren der bei dem Geschäft in Frage kommenden Art oder einer dem Handel mit Wertpapieren dienenden Börse mit der Befugnis zur Teilnahme am Börsenhandel dauernd zugelassen waren;**
2. **Personen, die im Inlande zur Zeit des Geschäftsabschlusses weder einen Wohnsitz noch eine gewerbliche Niederlassung haben.**

1. § 53 macht die Verbindlichkeit von erlaubten, also sowohl offiziellen wie inoffiziellen Börsentermingeschäften abhängig von der sog. Termingeschäftsfähigkeit der Vertragsparteien. Durch dieses Erfordernis, das an die Stelle des von dem früheren Recht vorgeschriebenen Erfordernisses der Eintragung in das Börsenregister die Zugehörigkeit zu einem, vornehmlich nach dem Gesichtspunkt geschäftlicher Urteilsfähigkeit begrenzten Personenkreis setzt, wird eine Börsenrechtssphäre geschaffen, innerhalb deren allein dem Börsenterminhandel völlige Freiheit eingeräumt ist (Begr. II, 117).

2. Termingeschäftsfähig sind zunächst Kaufleute, die in das Handelsregister eingetragen sind, oder deren Eintragung nach § 36 HGB nicht erforderlich ist, oder eingetragene Genossenschaften (Abs. 1 Satz 1).

In das Handelsregister eingetragen sind regelmäßig alle Kaufleute kraft Betätigung (§ 1 HGB) und diejenigen, die nach § 2 HGB eingetragen werden müssen (Kaufmann kraft Eintragung). Vgl. auch § 3 Abs. 2 HGB. In den in das Handelsregister, das ist in das deutsche Handelsregister (Begr. II, 28) eingetragenen Kaufleuten sind auch alle Handelsgesellschaften inbegriffen (Begr. II, 27). Über die öffentlich-rechtliche Pflicht zur Eintragung vgl. § 29 HGB.

Nicht erforderlich ist, daß Kaufleute, die als Inhaber oder persönlich haftende Gesellschafter einer Firma eingetragen sind, das Börsentermingeschäft im Betriebe des Handelsgewerbes dieser Firma schließen.

Nach § 36 HGB nicht notwendig ist die Eintragung von Unternehmen bestimmter öffentlicher Körperschaften:

„Ein Unternehmen des Reichs, eines deutschen Landes oder eines inländischen Kommunalverbandes braucht nicht in das Handelsregister eingetragen zu werden. Erfolgt die Anmeldung, so ist die Eintragung auf die Angabe der Firma sowie des Sitzes und des Gegenstandes des Unternehmens zu beschränken."

§ 36 gilt sowohl für Unternehmen, die die Gebietskörperschaft selbst, ohne besondere Rechtspersönlichkeit des Unternehmens, betreibt, als auch für Unternehmen mit eigener Rechtspersönlichkeit, die trotzdem der Gebietskörperschaft besonders eng verbunden sind, wie z. B. städtische Sparkassen; vgl. RGZ 166, 339. Die Bestimmung gilt nicht für öffentlich-rechtlich organisierte Unternehmen, für die dies nicht zutrifft.

Eingetragene Genossenschaften sind Gesellschaften von nicht geschlossener Mitgliederzahl, die die Rechte einer „eingetragenen Genossenschaft" nach Maßgabe des Gesetzes, betr. die Erwerbs- und Wirtschaftsgenossenschaften vom 1. 5. 1889 (RGBl. S. 55) nebst zahlreichen Änderungen erworben haben. Die eingetragenen Genossenschaften sind besonders aufgeführt, weil sie nach § 17 GenG nur als Kaufleute i. S. des HGB, nicht auch anderer Gesetze gelten (Begr. II, 25).

3. Für den Fall einer zu Unrecht erfolgten oder fortbestehenden Eintragung ins Handelsregister finden die §§ 5 und 15 HGB grundsätzlich Anwendung, insoweit nicht für Kleingewerbetreibende (§ 4 HGB) durch Abs. 1 Satz 2 eine Ausnahme ausdrücklich festgesetzt ist.

4. Wann der Gewerbebetrieb über den Umfang des Kleingewerbes nicht hinausgeht (Abs. 1 Satz 2), ist nach der Verkehrsauffassung zu entscheiden. Zu berücksichtigen sind der ganze Geschäftsaufbau, die Art des Warenbezugs und Kredits, das Betriebskapital, die Kassenführung, die Zahl der Angestellten usf.; vgl. auch KG in JW 1936, 1684; KG in HRR 1937 Nr. 857.

Die Termingeschäftsfähigkeit muß bei Abschluß des Geschäfts vorhanden sein. In welchem Zeitpunkt ein Geschäft als abgeschlossen gilt, bestimmt sich nach bürgerlichem Recht (§§ 151 ff. BGB).

5. Die Gleichstellung der in Abs. 2 aufgeführten Personen mit dem in Abs. 1 umgrenzten Personenkreis bezieht sich nur auf Geschäfte i. S. des § 53, nämlich auf solche, bei denen beide Parteien börsentermingeschäftsfähig sind. Für Börsentermingeschäfte in Wertpapieren, bei denen ein Teil nicht börsentermingeschäftsfähig ist, sind die in Abs. 1 bezeichneten Kaufleute und Genossenschaften vor den in Abs. 2 aufgeführten Personen durch § 54 bevorzugt.

6. Abs. 2 Ziff. 1 bezieht sich lediglich auf physische Personen. Das geht schon daraus hervor, daß nur solche zum Besuch einer Börse zugelassen werden können (vgl. § 7 Anm. 1). Die hier aufgeführten Personen werden vielfach unter der Bezeichnung „Börsenleute" zusammengefaßt.

7. „Berufsmäßig" geht weiter als gewerbsmäßig: es gehören zu denen, die berufsmäßig Börsentermin- und Bankiergeschäfte betreiben, neben den Kommissionären, Maklern und Händlern an Terminbörsen auch Nichtkaufleute, wie Vorstandsmitglieder, Geschäftsführer, Prokuristen und Handelsbevollmächtigte von solchen Firmen, die Geschäfte der genannten Art betreiben, vorausgesetzt, daß deren Abschluß zu den beruflichen Obliegenheiten dieser Personen gehört. Dagegen trifft auf den gewohnheitsmäßig spekulierenden Privatmann das Merkmal der Berufsmäßigkeit nicht zu.

8. Hinsichtlich der Bankiergeschäfte vgl. auch § 1 Ziff. 4 HGB. Der Begriff des Bankiers oder Bankgeschäfts ist nicht gesetzlich bestimmt; § 10 des Reichsgesetzes über das Kreditwesen in der Fassung vom 25. 9. 1939 (RGBl. I S. 1955) behält die Bezeichnungen „Bank", „Bankier" und solche, in denen diese Worte vorkommen, den Unternehmen vor, die bei Inkrafttreten des Gesetzes als Kreditinstitut bestanden, oder den Personen oder Unternehmen, denen eine Erlaubnis zum Betreiben von Kreditinstitutsgeschäften oder die Befugnis zur Führung einer der Bezeichnungen erteilt worden ist. Kreditinstitut (Bank) sind alle inländischen Banken und Sparkassen. Die Bestimmungen zur Neuordnung des Geldwesens von 1948 gebrauchen an Stelle des Ausdrucks „Kreditinstitut" den Ausdruck „Geldinstitut". Die Begriffe decken sich im wesentlichen.

9. Den in Abs. 1 bezeichneten Kaufleuten stehen ferner Personen gleich (Abs. 2 Ziff. 1), die „zum Besuch einer dem Handel mit Waren der bei dem Geschäft in Frage kommenden Art oder einer dem Handel mit Wertpapieren dienenden Börse mit der Befugnis zur Teilnahme am Börsenhandel dauernd zugelassen waren".

Wesentlich ist also bei diesen Personen nicht der tatsächliche Börsenbesuch, sondern die dauernde Zulassung zum Börsenbesuch mit der Befugnis zur Teilnahme am Börsenhandel. Es wird also eine qualifizierte Zulassung erfordert. Wo nach der Börsenordnung die Berechtigung zum Börsenbesuch einem unbegrenzten Personenkreis zusteht, ist die demgemäß gewährte und ausgeübte Berechtigung zum Börsenbesuch mithin nicht ausreichend. Doch wird die Tatsache des Börsenbesuchs vielfach zum Nachweis des berufsmäßigen Abschlusses von Börsentermingeschäften verwertet werden können. Im übrigen richtet sich nach den Bestimmungen der Börsenordnung der einzelnen Börse, wann eine qualifizierte Zulassung i. S. des § 53 vorliegt. Nach diesen Bestimmungen ist auch die Frage zu entscheiden, ob Angestellte als derart zugelassen zu gelten haben. Meist ergibt sich die Verneinung aus der Vorschrift, daß deren Zulassung nicht dauernd erfolgen kann.

Die Börse, an der die Person „mit der Befugnis zur Teilnahme am Börsenhandel dauernd zugelassen" war, kann nur eine deutsche Börse sein, da nur hierfür eine Zulassung auf Grund einer von der Landesregierung genehmigten Börsenordnung stattfindet.

Im übrigen begründet die qualifizierte Zulassung zum Besuch einer Warenbörse, im Unterschied zu der qualifizierten Zulassung zum Besuch einer Effektenbörse, nur eine beschränkte Börsentermingeschäftsfähigkeit, nämlich nur für Geschäfte in den an der in Betracht kommenden Warenbörse (loko oder auf Zeit) gehandelten Waren. Welche Waren an der einzelnen Börse gehandelt werden, ist nach den tatsächlichen Verhältnissen festzustellen.

Die qualifizierte Zulassung zum Besuch einer Effektenbörse ist auch dann als vorhanden anzusehen, wenn die in Betracht kommende Börse in verschiedenen Abteilungen dem Handel in Wertpapieren und Waren dient und der Börsenbesucher der Abteilung Warenbörse zugerechnet ist oder war.

10. Personen i. S. des Abs. 2 Ziff. 2 sind sowohl physische als auch juristische Personen.

Zum Inland gehört mit Rücksicht darauf, daß das Deutsche Reich als staatsrechtliche Einheit fortbesteht (vgl. hierzu BGH in NJW 1952, 182 und 1415), die Bundesrepublik einschließlich Berlin (West), das Saarland sowie die sowjetisch besetzte Zone Deutschlands.

Zum Wohnsitz vgl. § 7 BGB. Danach begründet jemand an einem Ort einen Wohnsitz, wenn er sich an diesem Ort ständig niederläßt. Der Wohnsitz kann gleichzeitig an mehreren Orten bestehen. Er wird aufgehoben, wenn die Niederlassung mit dem Willen aufgehoben wird, sie aufzugeben.

Gewerbliche Niederlassung ist eine Niederlassung, von der aus unmittelbar Geschäfte gemacht werden. Die Unterhaltung eines Lagers und die Bestellung eines Agenten mit Abschlußprovision begründet keine gewerbliche Niederlassung (RG in JW 1899, 2).

11. Für die Zugehörigkeit zu den in Abs. 2 Ziff. 2 bezeichneten Personen ist die Staatsangehörigkeit nicht wesentlich. Immerhin werden in der Regel Ausländer darunter fallen. Diesen will das Gesetz die Börsentermingeschäftsfähigkeit zuerkennen, einmal, weil der Staat kein Interesse hat, sie vor Verlusten an der Börse zu schützen, ferner aber, weil es im Sinne der internationalen Handelsbeziehungen liegt, ihnen den klagbaren Anspruch aus Börsentermingeschäften mit deutschen börsentermingeschäftsfähigen Personen nicht vorzuenthalten (Begr. II, 28).

§ 54

Betrifft das Geschäft Wertpapiere und gehört der eine Teil nicht zu den Personen, die nach § 53 Börsentermingeschäfte abschließen können, ist aber der andere Teil ein Kaufmann oder eine Genossenschaft der im § 53 Abs. 1 bezeichneten Art und hat sich dieser Teil für die Erfüllung des Geschäfts eine Sicherheit bestellen lassen, so

ist er befugt, aus der Sicherheit Befriedigung zu suchen; auch ist das Geschäft für ihn verbindlich.

Die Sicherheitsleistung hat die im Abs. 1 bezeichneten Wirkungen nur, wenn die Sicherheit aus Geld oder aus Wertpapieren, die einen Kurswert haben, besteht und der Besteller dem anderen Teile gegenüber schriftlich und ausdrücklich erklärt, daß die Sicherheit zur Deckung von Verlusten aus Börsentermingeschäften dienen soll.

Das Schriftstück, in dem die Erklärung abgegeben wird, darf andere Erklärungen des Bestellers der Sicherheit nicht enthalten.

Besteht die Sicherheit aus Wertpapieren, so müssen sie in der Erklärung nach Gattung und nach Zahl oder Nennwert bezeichnet sein.

Eine Erklärung, die diesen Vorschriften nicht entspricht, ist nichtig.

Zur Wahrung der schriftlichen Form genügt die telegraphische Übermittelung. Wird diese Form gewählt, so kann nachträglich die Abgabe einer schriftlichen Erklärung verlangt werden.

Eine Erklärung, durch die eine Änderung der bestellten Sicherheit bewirkt wird, ist insoweit nicht stempelpflichtig, als der bisherige Gesamtnennwert der Sicherheit nicht überschritten wird.

1. Während die Wirksamkeit von Börsentermingeschäften in Waren, um diese entsprechend der wirtschaftlichen Funktion des Warenterminhandels (vgl. § 50 Anm. 3) der reinen Spekulation zu entziehen (KB. II, 90; RT. StenB. II, 4767) von der Börsentermingeschäftsfähigkeit beider Parteien abhängig gemacht ist, eröffnet § 54 die Möglichkeit, an nicht verbotenen Börsentermingeschäften in Wertpapieren auch die nicht zur Börsenrechtssphäre gehörenden Personen zu beteiligen. Er gesteht den erlaubten, offiziellen wie inoffiziellen (vgl. § 51 Anm. 5) Börsentermingeschäften in Wertpapieren unter bestimmten Voraussetzungen eine beschränkte Wirksamkeit auch für den Fall zu, daß sie von einer aus § 53 Abs. 1 börsentermingeschäftsfähigen Partei mit einer nicht börsentermingeschäftsfähigen Partei abgeschlossen sind. Dies betrifft insbesondere den Verkehr zwischen Bankier und Publikum.

2. Die Sicherheit (Abs. 1) kann auch von Dritten für den nicht börsentermingeschäftsfähigen Teil bestellt sein.

3. Das Geschäft ist, wenn gemäß § 54 Sicherheit geleistet ist, ein sog. hinkendes. Während es für die börsentermingeschäftsfähige Vertragspartei verbindlich ist (vgl. unten Anm. 4), ist die rechtliche Verbindlichkeit für die nicht börsentermingeschäftsfähige Vertragspartei durch den Betrag oder Wert der geleisteten Sicherheit begrenzt. Der Zweck der Begrenzung in Verbindung mit den ferneren Vorschriften des § 54 ist, der nicht termingeschäftsfähigen Partei die möglichste Klarheit über das von ihr eingegangene Risiko zu geben (Begr. II, 14). Mit dieser Maßgabe ist dann aller-

dings das Geschäft auch für die nicht börsentermingeschäftsfähige Partei voll wirksam (§ 52), also auch jede Nebenabrede, soweit sie innerhalb jener Grenze zur Ausführung gelangen kann. Die im Bankgeschäft übliche Nachschußklausel, das ist die Vereinbarung, daß der Kunde die geleistete Sicherheit, wenn sie sich als nicht ausreichend erweist, verstärken muß, widrigenfalls der Bankier befugt ist, das Engagement durch Gegengeschäft vorzeitig glattzustellen, gibt deshalb dem Bankier das Recht, gegebenenfalls die Zwangsregulierung vorzunehmen und sich wegen der Differenz an die Sicherheit zu halten. Dagegen kann er weder die nachträgliche Ergänzung der Sicherheit erzwingen, noch einen, den Betrag oder Wert der geleisteten Sicherheit übersteigenden Ausspruch aus der Zwangsregulierung gegen den Kunden geltend machen.

4. Unter den Voraussetzungen des Abs. 1 ist das Geschäft für die termingeschäftsfähige Partei „verbindlich" (Abs. 1 a. E.). Das bedeutet, daß die termingeschäftsfähige Vertragspartei, der gemäß § 54 Sicherheit geleistet ist, im Gegensatz zu der termingeschäftsunfähigen Partei zur Erfüllung aller Verbindlichkeiten aus den Börsentermingeschäften, für welche die Sicherheit geleistet ist, verpflichtet ist, solange die Sicherheit, mag sie noch so gering sein, vorhanden ist. Der Sicherheitsempfänger wird weder durch Rückgabe der Sicherheit befreit, es sei denn, daß sie im Einverständnis mit dem Vertragsgegner erfolgt, noch durch deren Verbrauch für ein anderes Geschäft. Aber er braucht seine Verpflichtung lediglich so zu erfüllen, wie es dem Geschäft entspricht. Er kann also insbesondere die ihm obliegende Leistung bis zur Bewirkung der Gegenleistung verweigern (Begr. II, 29).

5. Die in Abs. 1 bezeichneten Wirkungen treten nur ein, wenn die Sicherheit aus Geld oder aus Wertpapieren, die einen Kurswert haben, besteht und der Besteller der Sicherheit dem anderen Teil schriftlich und ausdrücklich erklärt, daß die Sicherheit zur Deckung von Verlusten aus Börsentermingeschäften dienen soll (Abs. 2). Über weitere Voraussetzungen vgl. Abs. 3 und 4.

Unter „Geld" ist nicht nur Währungsgeld, sondern usuelles Geld, d. h. alles, was der Verkehr als Zahlungsmittel gelten läßt, zu verstehen. Dazu gehören auch ausländische Münzen und Banknoten (KB. II, 63) — Mit einer Geldsumme, die der Kunde sich erst zu diesem Zweck von dem Bankier geliehen hat, kann eine wirksame Sicherheit für unklagbare Börsentermingeschäfte nicht geleistet werden (OLG Hamm in BA 1913/14, 137).

„Wertpapiere" sind hier im engeren Sinn zu verstehen (vgl. § 36 Anm. 2), da der Gesetzgeber Wechsel, Schecks usw. ausschließen wollte (KB. II, 63). Das Erfordernis des Kurswertes, den die Wertpapiere zur Zeit der Sicherheitsbestellung haben müssen, gilt als erfüllt, wenn sie an einer in- oder ausländischen Börse regelmäßig gehandelt und notiert werden. Daß eine amtliche Preisfeststellung dafür erfolgt, ist nicht notwendig (KB. a. a. O.).

Über die Hingabe der Sicherheit enthält das Gesetz keine besondere Vorschrift. Im Verkehr ist die Hinterlegung gemäß § 232 BGB wegen der damit verbundenen Kosten, Zinsverluste und Unbequemlichkeiten nicht üblich, sondern nur die Verpfändung oder Sicherungsübereignung. Der Bestellende zahlt das Geld beim Bankier ein oder gibt ihm die Wertpapiere ins Depot. Wird Geld eingezahlt, so wird der Empfänger dessen Eigentümer. Der Leistende hat lediglich die Forderung auf Rückerstattung. Die Befriedigung des Empfängers geschieht durch Aufrechnung seiner aus dem Termingeschäft herrührenden Forderung gegen diese Forderung. Ist die Sicherheit in Wertpapieren geleistet, so finden auf die Verwahrung die Bestimmungen des Bankdepotgesetzes vom 4. 2. 1937 (RGBl. I S. 171) Anwendung. Die Befriedigung des Empfängers erfolgt alsdann mangels anderweiter Vereinbarung nach den Vorschriften des bürgerlichen Rechtes (§§ 1220 ff. BGB) und des Handelsrechtes (§ 368 HGB).

Zur Erfüllung der schriftlichen Form genügt die eigenhändige Namensunterschrift (§ 126 BGB). Eine Blankettunterschrift erfüllt die Voraussetzung nicht (s. Anm. 6), auch nicht eine faksimilierte Unterschrift (RG in JW 1900, 469).

6. Die ausdrückliche Erklärung, daß die Sicherheit zur Deckung von Verlusten aus Börsentermingeschäften dienen soll (Abs. 2 a. E.), muß im Text der Urkunde wörtlich enthalten sein. Die Urkunde muß die Worte zu der Zeit enthalten, da der Besteller der Sicherheit sie durch Unterschrift vollzieht. Die Unterzeichnung von Blanketts würde der Vorschrift des Gesetzes nicht genügen (HansOLG in BA. 1911/12, 279), ebensowenig die Bezugnahme auf den in der Urkunde selbst nicht enthaltenen Text des Gesetzes (RGZ 65, 179). Dagegen ist es nicht erforderlich, daß das einzelne Geschäft, für dessen Erfüllung die Sicherheit bestellt wird, ausdrücklich bezeichnet wird. Dadurch ist es ermöglicht, daß zwischen dem Besteller und dem Empfänger neben- oder nacheinander mehrere Börsentermingeschäfte abgeschlossen werden, für deren Erfüllung die Sicherheit gleichmäßig haftet (Begr. II, 29). Im Kontokorrentverkehr haftet nach Ziehung und Anerkennung des Saldos die Sicherheit für den aus Börsentermingeschäften herrührenden Passivsaldo des Bestellers. Über die Errechnung dieses Saldos beim Zusammentreffen von aus Börsentermingeschäften herrührenden mit vollwirksamen Verbindlichkeiten des Schuldners vgl. § 55 Anm. 3.

Die nachträgliche Abänderung oder Verstärkung der Sicherheit muß von neuem in der Form des § 54 erfolgen.

7. Das Schriftstück, in dem die Erklärung, daß die Sicherheit zur Deckung von Verlusten aus Börsentermingeschäften dienen soll, abgegeben wird, darf andere Erklärungen des Bestellers der Sicherheit nicht enthalten (Abs. 3; vgl. eine ähnliche Bestimmung in § 1027 Abs. 1 ZPO). Damit sind auch Erklärungen des Bestellers der Sicherheit, die sich auf die Verwahrung der Sicherheit, die Art der Befriedigung daraus und dergl. beziehen, unzulässig.

8. Wenn die Sicherheit aus Wertpapieren besteht, müssen sie in der Erklärung nach Gattung und nach Zahl oder Nennwert bezeichnet sein Abs. 4). Verkehrsübliche Gattungsbezeichnungen sind aber als Abkürzungen zulässig. Nicht erforderlich ist die Nummernangabe. Dadurch wird die Möglichkeit geboten, daß sich der Empfänger gemäß § 10 DepG von dem

Leistenden in einer besonderen, auch schriftlich und ausdrücklich abzugebenden Erklärung die Ermächtigung erteilen läßt, an Stelle der als Sicherheit verpfändeten Wertpapiere gleichartige Wertpapiere zurückzugewähren.

9. Eine Erklärung, die den Vorschriften der Abs. 2—4 nicht entspricht, ist nichtig. Die Sicherheitsbestellung ist also wirkungslos, wenn auch nur eine dieser Formvorschriften nicht erfüllt ist. Die Sicherheit kann alsdann stets zurückgefordert werden (KB. II, 91), wobei sich die Rückgabepflicht auch auf den aus der Sicherheit erzielten Erlös erstreckt (RG in JW 1898, 23). Letzteres ist nicht der Fall, wenn sich der Besteller der Sicherheit ausdrücklich damit einverstanden erklärt, daß der Empfänger den Erlös behält (HansOLG in BA 1903/04, 191). Vgl. im übrigen Anm. 10.

10. In Ergänzung zu der Bestimmung in Abs. 2 über die „schriftliche Erklärung" bestimmt Abs. 6, daß zur Wahrung der schriftlichen Form die telegraphische Übermittlung genügt; vgl. auch § 127 BGB. Das aufgegebene Telegramm braucht vom Absender nicht unterzeichnet zu sein (Staudinger-Riezler, § 127 Anm. 2 a). Übermittelt ist das Telegramm, wenn es dem Adressaten zugegangen ist; vgl. § 130 Abs. 1 und 2 BGB. Übermittlung durch Fernschreiber ist der telegraphischen Übermittlung gleichzuachten (Staudinger-Riezler a. a. O., Anm. 2 c).

Bei telegraphischer Übermittlung kann nachträglich der Empfänger der Erklärung eine der Schriftform des § 126 BGB entsprechende Beurkundung verlangen, eventuell darauf klagen. Die Bedeutung dieses Verlangens liegt auf prozeßrechtlichem Gebiet; vgl. § 416 ZPO.

11. Abs. 7 ist nach Wegfall des Reichsstempelgesetzes gegenstandslos geworden.

§ 55

Das auf Grund des Geschäfts Geleistete kann nicht deshalb zurückgefordert werden, weil für den Leistenden nach den §§ 52 bis 54 eine Verbindlichkeit nicht bestanden hat.

1. Der dem § 762 BGB nachgebildete § 55 erstreckt den Ausschluß der Rückforderung auch auf Leistungen, die vor der Abwicklung des Geschäfts erfolgt sind. Hierbei ist jedoch das Anwendungsgebiet scharf von dem des § 54 abgegrenzt. Nach § 54 macht die für die Erfüllung des Geschäfts geleistete Sicherheit das nicht verbotene Geschäft in Wertpapieren unter bestimmten Voraussetzungen und im bestimmten Umfang rechtsverbindlich. Nach § 55 wird dem nicht verbotenen, rechtsunverbindlichen Geschäft in Waren und in Wertpapieren die Erfüllbarkeit beigelegt, wenn und insoweit auf Grund des Geschäfts eine Leistung erfolgt ist. Daraus folgt, daß eine Sicherheitsleistung, auch wenn sie den Voraussetzungen des § 54 nicht entspricht — also eine für Warenbörsentermingeschäfte oder eine unter Außerachtlassung einer der im § 54 gegebenen Vorschriften für Wertpapierbörsentermingeschäfte geleistete Sicherheit —, niemals als Leistung auf Grund des Geschäfts gelten darf (KB II, 91). Ob eine Leistung auf Grund des Geschäfts oder zur Sicherheit für die Erfüllung des Geschäfts erfolgt ist, kann im Einzelfall zweifelhaft sein. Letzteres ist aber immer dann der Fall, wenn zurzeit der Leistung eine rechtliche oder natürliche Verbindlichkeit des Leistenden aus bestimmten Geschäften nicht besteht. Daher sind die dem Kommissionär von dem Kunden auf den künftigen Saldo im allgemeinen geleisteten Zahlungen (Einschüsse), selbst bei entgegenstehender Parteierklärung, als Sicherheitsleistung, nicht als Leistung auf Grund des Geschäfts zu betrachten (RGZ 38, 234 ff.; 56, 23; RG in BA 1910/11, 335). Diese auf dem früheren Recht fußenden Entscheidungen sind auch nach geltendem Recht als zutreffend zu erachten. Abweichend hiervon läßt das RG in BA 1909/10, 27 eine Vorausbezahlung des Verkäufers auf die bei einer etwaigen verlustbringenden Abwicklung sich ergebende Differenz als Leistung i. S. des § 55 zu. Es werde hierdurch zunächst ein Guthaben des Leistenden begründet, daß sich mit seinen jeweils entstehenden Verbindlichkeiten „automatisch mindere". Letztere Entscheidung ist jedoch nicht überzeugend, da sie die vom Gesetz absichtlich und deutlich gezogene Grenzlinie zwischen der Leistung i. S. des § 54 und i. S. des § 55 verwischt und die zum Schutze der nicht termingeschäftsfähigen Vertragspartei dienenden Formvorschriften des § 54 gegenstandslos macht. Dagegen ist die beim Prämiengeschäft gezahlte Vorprämie, gleichviel, ob man annimmt, daß sie für die Einräumung oder daß sie für die Ausübung des Wahlrechts des Käufers gewährt wird, der Rückforderung entzogen (RGZ 79, 408).

2. Das gemäß § 55 der Rückforderung entzogene „Geleistete" muß so beschaffen sein, daß es hinsichtlich der ganzen oder Teil-Forderung, auf die es geleistet wird, eine Verbindlichkeit des Leistenden weder übrig läßt noch begründet (RGZ 47, 52; RG in JW 1904, 124). Leistungen an Erfüllungsstatt (§ 364 Abs. 1 BGB) fallen, unbeschadet der gesetzlichen Gewährleistungspflicht des Leistenden (§ 365 BGB), grundsätzlich hierunter. Doch ist die Übernahme einer neuen Verbindlichkeit zum Zweck der Befriedigung des Gläubigers, abweichend von § 364 Abs. 2 BGB, auch dann keine i. S. des § 55 wirksame Leistung, wenn sie an Erfüllungsstatt erfolgt. Das trifft namentlich zu auf die Eingehung einer Wechselverbindlichkeit seitens des Schuldners (RGZ 71, 292 und dort angeführte Entsch.; 77, 280). Erst die freiwillige Einlösung des Wechsels ist die Leistung (RGZ 47, 50). Bis dahin kann der Schuldner den Wechsel zurückfordern (RGZ 51, 361). Hat der Gläubiger den Wechsel — sei es auch mit Zustimmung des Schuldners — an einen gutgläubigen Dritten weitergegeben, und bezahlt der Schuldner an diesen auf Grund einer Verurteilung im Wechselprozeß, so kann er den Termingeschäftsgläubiger hierfür mit der Bereicherungsklage, und, sofern die Weitergabe gegen den Willen des Schuldners, um ihm seine Einwendungen aus dem zugrunde liegenden Rechtsverhältnis abzuschneiden, geschehen ist, auch mit der Schadensersatzklage aus § 826 BGB in Anspruch nehmen (RGZ 51, 359; 56, 321; 77, 278). Dieser Anspruch ist dem Wechselschuldner nur dann nicht zuzubilligen, wenn er es unterlassen hat, vor der Einklagung des Wechsels oder bis zu der zur Befriedigung des Wechselgläubigers führenden völligen Durchführung des Wechselverfahrens von dem ursprünglichen Wechselempfänger die Rückgabe des

Wechsels oder Befreiung von der Wechselschuld zu verlangen, da hierin die freiwillige Erfüllung der Wechselschuld zu erblicken ist (RG in Holdheims MSchr. 1904, 27).

Entsprechendes gilt von Schecks.

Die Einräumung eines rein dinglichen Rechts, z. B. einer Grundschuld, ist, wenn sie zur Befriedigung, nicht bloß zur Sicherung erfolgt, eine wirksame Leistung, nicht dagegen die Bestellung einer Hypothek mit Rücksicht auf deren engen Zusammenhang mit der persönlichen Forderung (vgl. RGZ 73, 143). Eine wirksame Leistung ist ferner die Abtretung von Forderungen gegen Dritte, daher auch die Hingabe von Wechseln, aus denen Dritte wirksam, nicht etwa nur als Bürgen für die Börsentermingeschäftsschuld, verpflichtet sind. Endlich ist Erfüllungsleistung die vertragsmäßige Aufrechnung (vgl. unten Anm. 3).

3. Die vertragsmäßige Aufrechnung als Leistung ist von besonderer Bedeutung im Kontokorrentverkehr zwischen dem Bankier und dem Kunden. Sie vollzieht sich durch Übersendung des Kontoauszugs seitens des ersteren und der Anerkennung des hierin errechneten Saldos seitens des letzteren. Mit dieser Anerkennung sind alle aus erlaubten, wirksamen wie unwirksamen, Posten der Kredit- und Debetseite, insoweit sie sich im Endbetrage decken, aufgerechnet. Der Saldobetrag selbst wird jedoch durch das Anerkenntnis des damit Belasteten zu einer klagbaren Forderung nur, wenn die größere Kontoseite sich ausschließlich aus wirksamen Posten zusammensetzt. Setzt sie sich ausschließlich aus unwirksamen Posten zusammen, so ist das Anerkenntnis gemäß § 59 hinfällig. Setzt sie sich endlich aus Posten beiderlei Art zusammen, so war nach der früheren Rechtsprechung des RG (RGZ 56, 19; 59, 192; 82, 175) auf dem Wege der sog. verhältnismäßigen Aufrechnung zu ermitteln, inwieweit dem Saldobetrag eine rechtsverbindliche Kraft zukommt. Diese Rechtsprechung des RG ist im Schrifttum stark bekämpft worden (vgl. Hagens in DJZ 1905, 109). Das RG hat später (RGZ 132, 218; 140, 345; 144, 311) zwar nicht die Lehre von der verhältnismäßigen Gesamtaufrechnung, wohl aber die bisherige Rechtsauffassung von der teilweisen Unwirksamkeit des Saldoanerkenntnisses aufgegeben. Das RG läßt die Erklärungen der Parteien in dem mit der Anerkennung des Saldos geschlossenen Verrechnungsvertrag nach Treu und Glauben unter Berücksichtigung der Umstände des Einzelfalls gelten. Das Aufrechnungsangebot soll dementsprechend nur als unter der stillschweigenden auflösenden Bedingung der Verrechnung aller Geschäfte als wirksam abgegeben und auch nur als in diesem Sinn angenommen gelten. Beruft sich der Saldoschuldner auf die Klaglosigkeit gewisser im Kontokorrent mitverrechneter Geschäfte, so ist die Verrechnung als nicht erfolgt anzusehen. Diese Rechtsauffassung führt dazu, daß die Klaglosigkeit unverbindlicher Börsentermingeschäfte trotz Einstellung in das Kontokorrent geltend gemacht werden kann, ohne daß hierdurch wirksame Forderungen der anderen Kontokorrentpartei beeinträchtigt werden.

Die Auffassung des RG führt nicht stets zur völligen Unwirksamkeit des Verrechnungsvertrages und damit auch des Saldoanerkenntnisses. Die

Auslegung des Verrechnungsvertrages kann vielmehr nach §§ 133, 157 BGB im Einzelfall auch zu anderen Ergebnissen führen. Das RG geht davon aus, daß die Kontokorrentparteien die vertragsmäßige Verrechnung nicht für den Fall wollen, daß sich eine Partei später auf die Klaglosigkeit bestimmter Geschäfte beruft. Die Annahme einer derartigen stillschweigenden auflösenden Bedingung, wonach alle Geschäfte als wirksam verrechnet werden, ist ausgeschlossen, wenn der Saldoschuldner bei der Anerkennung des Saldos wußte, daß unverbindliche Börsentermingeschäfte verrechnet worden sind. In einem solchen Fall liegt in der bewußt vollzogenen vertragsmäßigen Verrechnung eine besondere Leistung i. S. des § 55 (vgl. OLG Hamburg in BA 1938/39, 760).

Nicht nur die vertragsmäßige Verrechnung am Ende der Rechnungsperiode, sondern auch eine Einzahlung im Laufe der Periode kann als besondere Leistung i. S. des § 55 angesehen werden. So kann z. B. eine Bareinzahlung, die der Terminschuldner nach seiner Aufklärung über die Klaglosigkeit der Termingeschäfte geleistet hat, um die Spekulation fortzusetzen, zum Ausgleich der Terminschulden verbucht werden (RG in BA 1937/38, 133). Hierbei ist gleichgültig, ob die Geschäfte auf einem besonderen Terminkonto oder auf dem allgemeinen Konto verbucht worden sind. In solchen Fällen wäre es mit Treu und Glauben nicht vereinbar, wenn der Kunde seine Einschüsse zurückfordern könnte. Voraussetzung ist allerdings, daß die Einschüsse zur Tilgung von Schulden aus Börsentermingeschäften und nicht zur Tilgung anderer Schulden gemacht worden sind.

In den Geschäftsbedingungen der Banken wird die Art und Weise der Verrechnung meist genau geregelt. Danach werden bei der periodischen Verrechnung regelmäßig zunächst die Posten aus unverbindlichen Termingeschäften verrechnet und dann das für die Bank oder den Kunden aus Termingeschäften noch verbleibende Guthaben bei der weiteren Verrechnung in erster Reihe getilgt. Notwendig ist dabei, daß in den Bedingungen besonders deutlich zum Ausdruck gebracht wird, daß die Vereinbarung auch zur Verrechnung wirksamer Forderungen gegen unwirksame führt.

Unter besonderen Umständen kann die Geltendmachung der Unverbindlichkeit von Börsentermingeschäften und des Differenzeinwands gegen die guten Sitten verstoßen und daher nach §§ 826, 249 BGB unberücksichtigt bleiben (RGZ 144, 242; 146, 190; RG in BA 1938/39, 532).

§ 56

Gegen Forderungen aus Börsentermingeschäften ist eine Aufrechnung auf Grund anderer Börsentermingeschäfte auch dann zulässig, wenn diese Geschäfte nach den §§ 52 bis 54 für den Aufrechnenden eine Forderung nicht begründen.

1. Unter Forderungen aus Börsentermingeschäften, *gegen* die nach § 56 der Aufrechnende auf Grund anderer Börsentermingeschäfte einseitig aufrechnen kann (vgl. unten Anm. 2), sind nur *klagbare* Forderungen zu verstehen (Begr. II, 30). Hierzu gehört auch die Forderung aus einem anerkannten Kontokorrentsaldo (vgl. § 55 Anm. 3). Gegen Forderungen, die nicht aus Börsentermingeschäften herrühren, z. B. aus Kassageschäften, Giroverkehr usw., findet die in § 56 zugelassene einseitige Aufrechnung nicht statt.

2. § 56 bezieht sich nur auf die gemäß § 388 BGB erklärte einseitige Aufrechnung im Unterschied zu der der Leistung i. S. des § 55 gleichstehenden vertragsmäßigen Aufrechnung (vgl. § 55 Anm. 3). Die allgemeinen Vorschriften des bürgerlichen Rechts für die einseitige Aufrechnung (§§ 387 ff. BGB), insbesondere das Erfordernis fälliger und gleichartiger Leistungen gemäß § 387, erhalten hier lediglich eine Erweiterung. Während nach bürgerlichem Recht nur klagbare Forderungen der einseitigen Aufrechnung unterliegen, kann hier der Aufrechnende auch seine unklagbaren Forderungen aus erlaubten Börsentermingeschäften zur Aufrechnung bringen. Das ist aber nur statthaft gegen Forderungen der oben in Anm. 1 erläuterten Art. Als Anwendungsgebiet kommen die Fälle in Betracht, in denen zwischen den Parteien gemäß § 54 Geschäfte von verschiedenen Verbindlichkeitsgraden für jeden Teil, oder in denen zwischen ihnen sowohl unverbindliche als auch gemäß § 54 verbindliche oder gemäß § 57 als verbindlich geltende Geschäfte geschlossen worden sind, oder in denen die Geschäfte der Parteien wegen eines im Verlauf der Geschäftsverbindung eingetretenen Wechsels in der Börsentermingeschäftsfähigkeit einer Partei teils wirksam, teils unwirksam sind. Von besonderer Bedeutung ist die Bestimmung für das Verhältnis zwischen dem Bankier und dem Kunden, der gemäß § 54 Sicherheit geleistet hat. Ohne die Bestimmung würde der Bankier dem Kunden die Gewinne aus Börsentermingeschäften auszahlen müssen, während sich der Kunde der Bezahlung von Verlusten aus solchen Geschäften, insoweit sie nicht durch die Sicherheit gedeckt sind, entziehen könnte. Dieser Unbilligkeit wird durch § 56 für den Fall abgeholfen, daß die Gegenforderung des Kunden noch schwebt. Ist die Gegenforderung schon bezahlt, so ist ihre Verwendung zur Aufrechnung von selbst ausgeschlossen. Der Bankier ist im vorerwähnten Fall auch nicht verpflichtet, sich vorzugsweise aus der Sicherheit zu befriedigen, da er nach § 54 lediglich befugt ist, aus der Sicherheit Befriedigung zu suchen. Er kann vielmehr zunächst die einseitige Aufrechnung gemäß § 56 vornehmen und die noch verbleibende Sicherheit zur Deckung anderer Geschäfte, für die sie vereinbarungsgemäß ebenfalls haften sollte, verwenden.

§ 57

Ein nicht verbotenes Börsentermingeschäft gilt als von Anfang an verbindlich, wenn der eine Teil bei oder nach dem Eintritte der Fälligkeit sich dem anderen Teile gegenüber mit der Bewirkung der vereinbarten Leistung einverstanden erklärt und der andere Teil diese Leistung an ihn bewirkt hat.

Schrifttum: Silbermann, Der Eintritt der Vollverbindlichkeit unverbindlicher Börsengeschäfte (§ 57 BörsG), 1931.

1. Nach § 57 wird ein unwirksames Börsentermingeschäft dann vollwirksam, wenn der eine Vertragschließende das Geschäft

im Einvernehmen mit dem Vertragsgegner effektiv erfüllt. Diese hier vorgesehene Mängelheilung bei Erfüllungsannahme dient dem Schutz der wirtschaftlich die gleichen Zwecke wie gewöhnlich die Kassageschäfte erfüllenden Börsentermingeschäfte, die nicht in spekulativer Absicht, sondern zu Verwendungs- und Anlagezwecken geschlossen werden. Das Merkmal der beiderseitigen Parteiabsicht, tatsächlich zu veräußern und zu erwerben, sieht das Gesetz in der im beiderseitigen Einverständnis auch nur von einer Seite erfolgten effektiven Erfüllung (Begr. II, 30). In solchen Fällen könnte, wenn nicht beide Teile börsentermingeschäftsfähig (§ 53) sind, ohne § 57 die Partei, die die Leistung angenommen hat und gemäß § 55 nicht zurückzugeben braucht, sich gemäß § 52 trotzdem der Gegenleistung entziehen. Auf Grund des § 57 tritt jedoch durch die Erfüllungsannahme eine Mängelheilung derart ein, daß das Geschäft einschließlich aller Nebenabreden sowie der in § 59 behandelten Vereinbarungen und akzessorischen Verbindlichkeiten so angesehen wird, als sei es von Anfang an wirksam gewesen.

2. Für § 57 ist es ohne Bedeutung, ob nur einer der Vertragschließenden oder beide börsentermingeschäftsunfähig sind. Die Beschränkungen des § 54 greifen hier nicht Platz. § 57 bezieht sich auch auf Börsentermingeschäfte in Waren.

3. Gültig kann das Börsentermingeschäft erst bei oder nach Fälligkeit der Leistung werden. Wird das Einverständnis mit der Effektiverfüllung vor der Fälligkeit der Leistung (d. h. vor dem Eintritt des Termins) erklärt, so ist eine solche Erklärung rechtlich bedeutungslos. Die Gültigkeit tritt ein, sobald bei oder nach dem Eintritt der Fälligkeit der Leistung der eine Teil diese Leistung bewirkt und der andere Teil sich hiermit einverstanden erklärt. Gleichgültig ist, ob die Leistung zuerst bewirkt und darauf die Einverständniserklärung abgegeben wird oder umgekehrt, und welche von beiden Leistungen (Zahlung des Kaufpreises oder Lieferung der Ware oder des Wertpapiers) bewirkt wird. Stets muß jedoch der Vertragsgegner des Leistenden sein Einverständnis mit der Leistung erklären.

4. Unter der vereinbarten, d. h. der durch das Börsentermingeschäft vereinbarten Leistung ist nach der Erklärung des Regierungsvertreters in der Reichstagskommission „auf seiten des Verkäufers die Lieferung der Ware, auf seiten des Käufers die Zahlung des Kaufpreises" zu verstehen (KB II, 67). Der Wortlaut des Gesetzes hindert jedoch nicht, in Übereinstimmung mit dem Zweck der Vorschrift (vgl. Anm. 1) und der Verkehrssitte, § 57 auch auf andere Arten der Effektiverfüllung der vereinbarten Leistung anzuwenden. Die in Anm. 2 und 3 zu § 55 behandelten Erfüllungsarten, sind somit grundsätzlich auch geeignet, die vereinbarte Leistung im Sinne des § 57 zu bewirken. Nur muß im Unterschied zu der Erfüllung des auf Grund des Geschäfts Geleisteten i. S. des § 55 die Erfüllung der vereinbarten Leistung i. S. des § 57 stets derart sein, daß dadurch die auf Seiten des einen Teils aus dem Geschäft bestehende rechtliche oder natürliche Verbindlichkeit ihrem ganzen Umfang nach getilgt wird. Deshalb ist regelmäßig eine Teilleistung zwar i. S. des § 55, nicht aber i. S. des § 57 ausreichend. Sie kann es allerdings sein, wenn sie als Erfüllung eines selb-

ständig darstellbaren Teils des Geschäfts hingegeben und angenommen wird. Dann wird dadurch dieser Teil des Geschäfts nach dem Willen der Parteien zu einem selbständigen Geschäft gemacht (unbestimmt RGZ 82, 177).

Beim Prämiengeschäft ist, wenn der Käufer die Prämie im voraus bezahlt hat und demnächst erklärt, die Wertpapiere beziehen oder liefern zu wollen, nicht die Zahlung der Prämie, obschon sie auf Grund des Geschäfts geleistet ist (vgl. Anm. 1 zu § 55), sondern die Erfüllung der aus dieser Erklärung sich ergebenden Verpflichtung die vereinbarte Leistung. Am zweifelhaftesten gestaltet sich die Entscheidung, ob der Verkäufer die vereinbarte Leistung bewirkt hat, in den Fällen, in denen er nach ausdrücklicher oder stillschweigender Vereinbarung der Parteien im Besitz der verkauften Waren oder Wertpapiere verbleiben soll. Hier kann nach dem Sinn des Gesetzes die Vorschrift des § 57 nur dann zur Anwendung gelangen, wenn dem Käufer das Eigentum und der mittelbare Besitz gemäß § 930 BGB übertragen worden sind. Der vertragliche Vorbehalt des Pfandrechts seitens des Verkäufers schließt die Anwendung des § 57 zu seinen Gunsten nicht aus (für Wertpapiere RGZ 82, 181). Der Entscheidung des RG, derzufolge der Bankier die vereinbarte Leistung dadurch bewirkt hat, daß er die Wertpapiere „angeschafft" und dem Kunden die „Anschaffung" bekanntgegeben hat (RG in BA 1912/13, 301), ist nach dem Vorgesagten unter der Voraussetzung beizustimmen, daß das Eigentum an den Wertpapieren, eventuell schon vor Absendung des Stückeverzeichnisses (§ 18 Abs. 3 DepG) auf den Kunden übergegangen ist. Das kann dadurch geschehen sein, daß der Bankier als Kommissionär die Papiere für den Kunden in Streifbanddepot gelegt oder ihm einen Sammeldepotanteil übertragen hat (§§ 930 BGB, 24 DepG; vgl. RGZ 139, 114) oder dadurch, daß der Kommissionär als unmittelbarer oder verdeckter Stellvertreter des Kunden (Kommittenten) Eigentum für ihn erworben hat (vgl. RGZ 140, 229).

Dagegen kann in der auf Verlangen des Käufers vom Bankier vorgenommenen Prolongation die vereinbarte Leistung nicht erblickt werden. Hierdurch wird die effektive Erfüllung nicht bewirkt, sondern im Gegenteil hinausgeschoben (anders früher das RG in RGZ 82, 181 und in JW 1914, 534; wie hier, Göppert, Börsentermingeschäft, S. 9; Nußbaum in HansRZ 1918, 265 ff. und RG in JW 1930, 3754 mit Anm. Nußbaum).

Bei Kaufgeschäften über Namenshares unter der vielfach üblichen Vereinbarung, daß die Shares in den Büchern der Gesellschaft nicht auf den Namen des Käufers eingetragen werden, sondern der eingetragene oder einzutragende Verkäufer oder Dritte, vornehmlich ein in England ansässiges Bankinstitut, sie als Treuhänder für den Käufer besitzt, ist die vereinbarte Leistung als bewirkt anzusehen, wenn dem Käufer gegenüber klargestellt ist, daß der Verkäufer die Shares für den Käufer erworben hat und der vereinbarungsgemäß eingetragene Treuhänder sie für ihn hält (anscheinend übereinstimmend RGZ 82, 179; RG in BA 1912/13, 301).

5. Die Erklärung ist eine einseitige empfangsbedürftige Willenserklärung i. S. des § 130 BGB. Sie muß also dem Vertragsgegner zugehen. Es genügt eine stillschweigende, aus den Umständen zu folgernde Willenserklärung, insbesondere durch widerspruchslose Annahme der Leistung (RGZ 76, 84). Die Anerkennung des Saldos schließt eine mindestens stillschweigende Einverständniserklärung mit den aus den Abrechnungen ersichtlichen Leistungen des anderen Teiles in sich (RGZ 82, 181).

Stillschweigendes Einverständnis wird man auch darin sehen können, daß der Käufer der Waren oder Wertpapiere nach Ablieferung des Kaufgegenstandes einen Teil des Kaufpreises dem Verkäufer bezahlt. Dagegen ist bloßes Stillschweigen auf die von der Bank bewirkten Übersendung des Stückeverzeichnisses, selbst wenn sie mit einem Begleitschreiben des Inhalts erfolgt, daß bei Schweigen Einverständnis angenommen wird, oder wenn allgemeine Geschäftsbedingungen eine derartige Bestimmung enthalten, nicht als Einverständniserklärung i. S. des § 57 anzusehen (Rehm u. a., Anm. 11).

6. Anderer Teil kann auch ein Dritter im Einverständnis mit dem „anderen Teil" sein. Ebenso kann die Leistung an einen Dritten im Einverständnis mit dem ursprünglich Empfangsberechtigten bewirkt werden (vgl. RG in JW 1937, 2455).

§ 58

Gegen Ansprüche aus Börsentermingeschäften in Waren oder Wertpapieren, die zum Börsenterminhandel zugelassen sind (§ 50), kann von demjenigen, für welchen das Geschäft nach den Vorschriften der §§ 53, 54, 57 verbindlich ist, ein Einwand aus den §§ 762 und 764 des Bürgerlichen Gesetzbuchs nicht erhoben werden. Soweit gegen die bezeichneten Ansprüche ein solcher Einwand zulässig bleibt, finden die Vorschriften der §§ 54 und 56 über die Befriedigung aus der Sicherheit und die Zulässigkeit der Aufrechnung entsprechende Anwendung.

1. Die Verweisung auf § 50 im Text zeigt, daß der Schutz gegen die Einwände aus den §§ 762, 764 BGB nur den offiziellen Börsentermingeschäften (vgl. § 50 Anm. 8) gewährt ist (Begr. II, 31). Da in § 50 die Zulassung durch den Börsenvorstand vorausgesetzt ist, kann auf an ausländischen Börsen abgeschlossene Börsentermingeschäfte § 58 keine Anwendung finden (RGZ 76, 373; 79, 385). Ferner tritt die Vergünstigung nur ein, wenn die Geschäfte an derjenigen Börse, an der die Waren oder Wertpapiere zum Börsenterminhandel zugelassen sind, und nach den für diese Börse festgesetzten Geschäftsbedingungen abgeschlossen oder, sofern es sich um Kommissionsgeschäfte handelt, auszuführen sind. Doch wird die letztere Voraussetzung nicht dadurch beseitigt, daß neben den obligatorischen Geschäftsbedingungen noch weitere vereinbart sind, welche die obligatorischen unberührt lassen und nicht mit der Absicht des Gesetzes, die dem Börsenhandel Fernerstehenden zu schützen, in Widerspruch stehen (HansOLG in BA 1913/14, 343).

2. Nach dem Wortlaut des Abs. 1 Satz 1 sind die Einwände aus den §§ 762, 764 BGB in den Fällen der §§ 53, 57 beiden Teilen, in den Fällen des § 54 dem Vollkaufmann (§ 54 Abs. 1), dem Sicherheit bestellt worden ist, versagt.

3. § 762 BGB lautet:

„Durch Spiel oder durch Wette wird eine Verbindlichkeit nicht begründet. Das auf Grund des Spieles oder der Wette Geleistete kann nicht deshalb zurückgefordert werden, weil eine Verbindlichkeit nicht bestanden hat.

Diese Vorschriften gelten auch für eine Vereinbarung, durch die der verlierende Teil zum Zwecke der Erfüllung einer Spiel- oder einer Wettschuld dem gewinnenden Teile gegenüber eine Verbindlichkeit eingeht, insbesondere für ein Schuldanerkenntnis."

§ 764 BGB lautet:

„Wird ein auf Lieferung von Waren oder Wertpapieren lautender Vertrag in der Absicht geschlossen, daß der Unterschied zwischen dem vereinbarten Preise und dem Börsen- und Marktpreise der Lieferungszeit von dem verlierenden Teile an den gewinnenden gezahlt werden soll, so ist der Vertrag als Spiel anzusehen. Dies gilt auch dann, wenn nur die Absicht des einen Teiles auf die Zahlung des Unterschieds gerichtet ist, der andere Teil aber diese Absicht kennt oder kennen muß."

Spielverträge i. S. des § 762 sind Börsengeschäfte dann, wenn beide Parteien den Kauf zum Schein abschließen, in Wirklichkeit aber darüber einig sind, daß weder der Verkäufer zu liefern noch der Käufer den Kaufpreis zu zahlen hat, sondern das Recht des gewinnenden Teiles auf Empfang, die Pflicht des verlierenden auf Leistung einer nach Maßgabe der Kursbewegung zu berechnenden Geldsumme beschränkt ist. Durch § 764 werden diesen Spielgeschäften solche Geschäfte gleichgestellt, bei deren Abschluß bei beiden Parteien oder auch nur bei einer Partei unter Kenntnis oder fahrlässiger Nichtkenntnis der Gegenpartei die darin umschriebene „Differenzabsicht" obwaltet. Die hierdurch legalisierte Auffassung des Differenzeinwandes aus § 764 als eines Sonderfalls des Spieleinwandes aus § 762, die auch in der Einreihung in den 17. Titel des Bürgerlichen Gesetzbuches: „Spiel, Wette" zum Ausdruck kommt, ist darauf zurückzuführen, daß vor dem Erlaß des Bürgerlichen Gesetzbuchs die Rechtsprechung sich darauf angewiesen sah, mangels gesetzlicher Beschränkungen des Börsentermingeschäfts dem Mißbrauch dieser Geschäftsform durch erweiterte Auslegung der partikularrechtlichen Bestimmungen über das Spiel entgegenzutreten (vgl. insbesondere RGZ 34, 85 ff.). § 764 war vom Gesetzgeber dazu bestimmt, den hierbei herausgebildeten Begriff des „Differenzgeschäfts" festzustellen. Durch die gewählte Formulierung ist jedoch diese Absicht nicht erreicht worden.

Der Wortlaut des § 764 bietet schon insofern Schwierigkeiten, als darin von dem Börsen- oder Marktpreis der Lieferungszeit die Rede ist, während in Wirklichkeit zur Lieferungszeit — sei sie, wie regelmäßig im Wertpapierhandel ein Tag, sei sie gar, wie zumeist im Warenhandel, ein Monat oder ein noch längerer Zeitraum, — gewöhnlich eine Mehrheit schwankender Preise in Betracht kommt. Vor allem aber ist die Absicht jedes nicht ganz geschäftsunkundigen Differenzgeschäftskontrahenten nicht darauf gerichtet, durch den Unterschied zwischen den Preisen der Vertrags- und Lieferungszeit einen Gewinn zu erzielen, sondern während dieses Zeitraums ein gewinnbringendes Gegengeschäft zu machen.

Das Reichsgericht hat den § 764, obwohl das mit seiner Fassung unvereinbar war, auch auf solche Fälle angewandt, indem es davon ausging, daß das von vornherein zum Abschluß während des schwebenden Engagements in Aussicht genommene Gegengeschäft lediglich das Mittel sei, den Preisunterschied für einen bestimmten Zeitpunkt zu ermitteln, und es zum Wesen des Differenzgeschäfts nur gehöre, daß sich der Stichtag genau bestimmen läßt (RGZ 79, 238; RG in BA 1913/14, 102).

Die herrschende Meinung hat diese Auffassung bekämpft (vgl. Göppert, Börsentermingeschäft, S. 13 ff.). Insbesondere hat sie den Gedanken des im voraus bestimmten Stichtages angesichts der in der Praxis üblichen Geschäfte für verfehlt gehalten. Das Reichsgericht hat später zuerst bei der Frage der börsenmäßigen „Sicherungsgeschäfte" im Anschluß an die Urteile des OLG Düsseldorf (BA 1911/12, 144), des KG (Holdheims MSchr. 1913, 3) und des OLG Hamburg (HansGZ 1918, 86) in RGZ 107, 22 die sog. Hedge-Geschäfte des Baumwollterminhandels gegen den Differenzeinwand geschützt (ähnlich RWG in JW 1923, 964 mit Anm. Curtius). In RGZ 117, 267 hat es schließlich jenen Rechtsgrundsatz für Sicherungsgeschäfte einerseits auf das Gebiet des Devisenhandels erstreckt, andererseits allgemeiner ausgesprochen, daß § 764 nicht etwa wirtschaftlich berechtigte Geschäfte treffen will, bei denen die Gegendeckung lediglich zu dem Zweck erfolgt, gegen Verluste aus nicht vorhersehbaren Schwankungen der Marktlage eine Sicherung zu schaffen. § 764 sei vielmehr überhaupt nur gegen solche Geschäfte gerichtet, die ohne Beziehung zum Güterumsatz des Wirtschaftslebens und der mit ihm verbundenen wirtschaftlichen Tätigkeit aus den Schwankungen des Marktes Gewinne zu erzielen suchen (vgl. auch Nußbaum in JW 1927, 2297). In der gleichen Entscheidung hat das RG auch ausgesprochen, daß bei der Beurteilung, ob es sich um ein ernstlich gemeintes Lieferungsgeschäft handelt, das aus irgendwelchen Gründen mit einem Gegengeschäft verbunden ist, oder um ein Differenzgeschäft, die Frage von wesentlicher Bedeutung ist, ob das Geschäft zu dem Berufskreis des Käufers in Beziehung steht.

Für Kassageschäfte kommt der Differenzeinwand aus § 764 wegen der in ihm vorausgesetzten Verschiedenheit der Zeitpunkte des Vertragsabschlusses und der Lieferung nicht in Betracht (RGZ 52, 251 ff.; 59, 323; 66, 97 u. a.), wohl aber der Spieleinwand aus § 762 BGB. Allerdings kann sich unter der bloßen Form des Kassageschäfts ein Differenzgeschäft i. S. des § 764 verbergen. Daher ist diese Vorschrift insbesondere anwendbar auf Kassakäufe, bei welchen die Absicht dahin ging, daß in Wirklichkeit das gehandelte Papier nicht gekauft werde, sondern dem angeblichen Käufer oder Einkaufskommittenten nur der unmittelbar nach dem Vertrag notierte Börsenpreis zu Lasten und später der Börsenpreis eines angeblichen Verkaufstages gutgeschrieben werden sollte. Für die Annahme, daß ein Kassageschäft nicht ernstlich gewollt sei, genügt aber weder die Spekulationsabsicht der Vertragschließenden, noch der Umstand, daß die gekaufte Ware nicht in den Besitz des Kommittenten gelangt oder in der Hand des Kommissionärs bleibt und weiter verkauft wird, ohne in das Eigentum des Kommittenten übergegangen zu sein (RG in JW 1902, 257 ff.; 445 ff.; RGZ 52, 250; 59, 321; 91, 42).

4. Die Rechtslage der einem Einwand aus den §§ 762 und 764 BGB unterliegenden Börsentermingeschäfte ist von der der an sich unwirksamen erlaubten Börsentermingeschäfte nicht wesentlich verschieden. In prozes-

sualer Beziehung ist auch die Unwirksamkeit jener von Amts wegen zu beachten, nur mit der Maßgabe, daß eine Vermutung für die Gültigkeit eines formell ordnungsmäßigen Geschäfts spricht und deshalb der Gegenbeweis demjenigen obliegt, der sich auf die Ungültigkeit beruft (RG in JW 1897, 171, 349; RGZ 79, 239; RG in BA 1913/14, 225).

In materiell-rechtlicher Beziehung gelten folgende Unterschiede: Während nach § 54 für unverbindliche erlaubte Börsentermingeschäfte, ohne Rücksicht, ob es offizielle oder inoffizielle sind, wirksam Sicherheit bestellt werden kann, macht den Einwand aus den §§ 762 und 764 BGB die Sicherheitsbestellung unwirksam, wenn es sich um inoffizielle Geschäfte handelt (RGZ 79, 381; RG in BA 1913/14, 225). Ferner können nach § 56 Forderungen aus jenen, ebenfalls unbeschränkt, gegen Forderungen aus verbindlichen Börsentermingeschäften aufgerechnet werden, nicht aber Forderungen aus inoffiziellen Börsentermingeschäften, die dem Einwand aus den §§ 762 und 764 unterliegen.

Hinsichtlich der moralischen Beurteilung der Erhebung eines Einwandes aus den §§ 762 und 764 vgl. § 52 Anm. 3 und § 10 Anm. 4.

5. Satz 2 bezieht sich ebenso wie Satz 1 auf Ansprüche aus offiziellen Börsentermingeschäften (vgl. Anm. 1). Er regelt den in Satz 1 nicht berücksichtigten Fall, in dem derartige Ansprüche gegen nicht börsentermingeschäftsfähige Personen erhoben werden, die gemäß § 54 Sicherheit bestellt haben. In diesem Fall wird nach Satz 2 die Gültigkeit der Sicherheitsbestellung sowie die Zulässigkeit der in § 56 vorgesehenen Aufrechnung durch Erhebung der Einwände aus den §§ 762 und 764 BGB nicht berührt.

6. Nach dem in Anm. 1—5 Dargelegten ist die Bedeutung der Einwände aus den §§ 763 und 764 BGB für Börsentermingeschäfte nach geltendem Börsenrecht gering. Für verbindliche offizielle Börsentermingeschäfte sind sie durch § 58 Satz 1 ausgeschlossen. Andererseits stellen die verbotenen Börsentermingeschäfte kein Anwendungsgebiet für sie dar, da deren Unwirksamkeit nach § 64 schärfere Folgen hat als der Spielcharakter eines Börsentermingeschäfts. Somit bleibt als Anwendungsgebiet, immer abgesehen von dem einer Sonderregelung unterworfenen Geschäft aus § 67, nur der inoffizielle erlaubte Börsenterminhandel. Dabei kommt aber für wirksame, d. h. unter börsentermingeschäftsfähigen Personen abgeschlossene Börsentermingeschäfte in Betracht, daß deren Parteien in der Regel Börsenbesucher sind, bei denen die Annahme des Spiel- und Differenzgeschäfts nicht Platz greift (vgl. oben Anm. 3). Die Einwände aus den §§ 762 und 764 BGB werden hier also nur dann praktisch, wenn solche Geschäfte zwischen einem Kommissionär und einem börsentermingeschäftsfähigen Kommittenten außerhalb der Börse abgeschlossenen worden sind. Gegenüber Ansprüchen aus nicht verbotenen, aber unverbindlichen inoffiziellen Börsentermingeschäften endlich werden sie neben dem leichter zu erweisenden Einwand des Börsentermingeschäfts nur in den aus Anm. 4 a. E. ersichtlichen Fällen, in denen sie weiter wirken als dieser, eine Rolle spielen.

§ 59

Die Vorschriften der §§ 52 bis 58 gelten auch für eine Vereinbarung, durch die der eine Teil zum Zwecke der Erfüllung einer Schuld aus einem nicht verbotenen Börsentermingeschäfte dem anderen Teile gegenüber eine Verbindlichkeit eingeht, insbesondere für ein Schuldanerkenntnis.

1. § 59 bezieht sich nicht auf Erfüllungsgeschäfte i. S. des § 55 (vgl. § 55 Anm. 1—3). Vielmehr ist unter den hier behandelten Vereinbarungen, wie die Hervorhebung des Schuldanerkenntnisses zeigt, in erster Linie an solche gedacht, die zwischen Gläubiger und Schuldner zum Zweck der nachträglichen Heilung unwirksamer Geschäfte getroffen werden (Begr. II, 157). Dazu gehören neben den (abstrakten, selbständigen) Schuldanerkenntnissen (§ 781 BGB), deren Hauptfall die Anerkennung des Debetsaldos im Kontokorrentverkehr ist (vgl. § 55 Anm. 3), die Schuldversprechen (§ 780 BGB), die novatorischen Verträge, wie die Umwandlung der Termingeschäftsschuld in eine Darlehnsschuld (§ 607 Abs. 2 BGB; vgl. RG in BA 1906/7, 208; RG in Holdheims MSchr. 1909, 107), auch wenn für das Darlehn eine Hypothek bestellt wird (RGZ 47, 50), die Eingehung von Wechsel- und Scheckverbindlichkeiten (vgl. § 55 Anm. 2), Sicherungsversprechen (Begr. II, 14) u. a. m.

Prozessuale Anerkenntnisse sind vor den außergerichtlichen nicht begünstigt. Vergleichsweise abgegebene Erfüllungsversprechen sind dann unbeschränkt wirksam, wenn zwischen den Parteien streitig ist, ob ein klagbares Geschäft vorliegt und der Streit hierüber durch den Vergleich erledigt wird. Besteht dagegen über die Unverbindlichkeit des Geschäfts Einigkeit, so ist der Vergleich als eine Vereinbarung i. S. des § 59 zu behandeln (RGZ 37, 416; 49, 193; RG in BA 1902/3, 143). Im ersteren Fall empfiehlt es sich, in die Vergleichsformel aufzunehmen, daß über die Klagbarkeit gestritten wurde.

Zweifel bestehen bei der Frage, ob § 59 auch auf Vereinbarungen zu beziehen ist, die zum Zweck der Erfüllung der Schuld aus einem nicht verbotenen Börsentermingeschäft von einem Dritten dem Gläubiger gegenüber oder von dem Schuldner einem Dritten gegenüber eingegangen werden. Der insoweit von der ähnlichen Vorschrift des § 762 Abs. 2 BGB abweichende Wortlaut und noch mehr der Sinn des Gesetzes sprechen für die Bejahung der Frage. Außerdem ist die Wirksamkeit akzessorischer Verpflichtungen, Bürgschaft, Schuldübernahme usw., natürlich von der Wirksamkeit des Hauptgeschäfts abhängig.

Nicht unter § 59 fällt die Hingabe eines Darlehns seitens eines Dritten an den Termingeschäftsschuldner zwecks Erfüllung des (unwirksamen) Termingeschäfts. Solche Darlehen können aber als gegen die guten Sitten verstoßend (§ 138 BGB), nichtig sein (RGZ 67, 356; 70, 2). Wegen der Hingabe des Darlehns seitens der Gegenpartei vgl. § 54 Anm. 5 Abs. 2.

2. Die Regel, daß unwirksame Börsentermingeschäfte durch die zwischen Gläubiger und Schuldner nachträglich getroffenen Vereinbarungen der unter § 59 fallenden Art nicht wirksam werden, erleidet (selbstverständlich nur hinsichtlich erlaubter Geschäfte) dann eine Ausnahme, wenn die Unwirksamkeit des Geschäfts auf mangelnder Termingeschäftsfähigkeit beruhte, dieser Mangel aber bei der Vereinbarung beseitigt ist, und nach dem Parteiwillen die Wirksamkeit der neuen Verpflichtung von der ursprünglichen Verpflichtung nicht abhängig sein soll. Dagegen können inoffizielle Börsentermingeschäfte, die einem Einwand aus den §§ 762 und 764 BGB unterliegen, durch solche Vereinbarungen niemals wirksam gemacht werden.

§ 60

Die Vorschriften der §§ 52 bis 59 finden auch Anwendung auf die Erteilung und Übernahme von Aufträgen sowie auf die Vereinigung zum Zwecke des Abschlusses von nicht verbotenen Börsentermingeschäften.

1. § 60 läßt die §§ 52—59 in bezug auf 2 Fälle Anwendung finden: a) auf die Erteilung und Übernahme von Aufträgen zum Zwecke des Abschlusses von nicht verbotenen Börsentermingeschäften und b) auf die Vereinigung von Personen zum gleichen Zweck.

2. Im Fall a) bedeutet dies, daß nur eine börsentermingeschäftsfähige Person (§ 53) einen Auftrag zum Abschluß von Börsentermingeschäften an eine andere börsentermingeschäftsfähige Person mit voller Rechtswirksamkeit erteilen kann. Auftraggeber und Beauftragter müssen also zu den in § 53 bezeichneten Personenkategorien gehören, wenn ein rechtswirksames Auftragsverhältnis entstehen soll. Gleichgültig ist, ob der Beauftragte demnächst ein Börsentermingeschäft mit einer börsentermingeschäftsfähigen oder mit einer börsentermingeschäftsunfähigen Person abschließt.

Auf Aufträge zur Übernahme einer Bürgschaft oder einer Pfandbestellung für Börsentermingeschäfte bezieht sich § 60 nicht. Die Rechtsgültigkeit solcher Aufträge beurteilt sich nach allgemeinen Rechtsgrundsätzen.

Ist der Auftraggeber oder der Auftragnehmer oder sind beide börsentermingeschäftsunfähig, so finden die §§ 54—59 auf das Auftragsverhältnis Anwendung; d. h., daß sowohl der Auftrag wie dessen Übernahme nur eine natürliche Verbindlichkeit erzeugen, die aber gemäß den erwähnten Bestimmungen Rechtswirkungen hervorrufen kann (Rehm u. a., Anm. 5).

3. Zu den Aufträgen i. S. des § 60 gehören vornehmlich die Kommissionsaufträge (§§ 383 ff. HGB). Für die im Börsenverkehr die Regel bildenden Kommissionsgeschäfte, die durch Selbsteintritt des Kommissionärs zu Kaufgeschäften werden, ist aber nach vollzogenem Selbsteintritt § 60 ohne Bedeutung, da auf diese die §§ 52—59 unmittelbar anzuwenden sind.

Nicht unter § 60 fallen Aufträge zu An- und Verkäufen, die nur im Wege des Termingeschäfts bewirkt werden können, aber im Verhältnis zwischen Kommittenten und Kommissionär als Kassageschäfte zu festem, von dem Terminpreis unabhängigen Preis, wenn auch mit hinausgeschobener Lieferzeit, abgeschlossen und abgerechnet werden (RG in BA 1910/11, 317; 1911/12, 263; 1913/14, 259).

4. Durch die Erwähnung des Falles b) in § 60 (vgl. oben Anm. 1) soll verhindert werden, daß börsentermingeschäftsunfähige Personen, indem sie sich mit börsentermingeschäftsfähigen zum Abschluß von Börsentermingeschäften vereinigen und diesen den verbindlichen Abschluß der Geschäfte überlassen, im Wege der Abrechnung an den Geschäften beteiligt werden. In Betracht kommen hierfür in erster Reihe Gelegenheitsgesellschaften (§§ 705 ff. BGB), ferner stille (§§ 335 ff. HGB) oder kommanditistische Beteiligungen (§§ 161 ff. HGB) sowie offene Handelsgesellschaften (§§ 105 ff. HGB) vor ihrer Eintragung, vorausgesetzt, daß der Abschluß von Börsentermingeschäften der wesentliche Zweck der Vereinigung ist. Auf Gesellschaften mit selbständiger Rechtspersönlichkeit wie Aktiengesellschaften, Kommanditgesellschaften auf Aktien, Gesellschaften mit beschränkter Haftung usf. bezieht sich § 60 nicht, während die persönlich haftenden Gesellschafter sonstiger eingetragener Firmen schon als solche gemäß § 53 unbeschränkt börsentermingeschäftsfähig sind.

5. Für Aufträge und Vereinigungen zu Spiel- und Differenzgeschäften fehlt eine dem § 60 entsprechende Bestimmung. Infolgedessen sind diese, insoweit sie nicht zugleich unter den Tatbestand des § 60 fallen, rechtlich günstiger gestellt als die in § 60 behandelten Aufträge und Vereinigungen. Sie begründen zwar ebensowenig wie diese einen Anspruch auf Vornahme des Geschäfts oder auf Schadenersatz wegen Nichterfüllung. Hingegen ist, wenn daraus Geschäfte vorgenommen worden sind, die Klage auf Herausgabe des erzielten Gewinns, bei Gesellschaftsverträgen auch auf anteilmäßige Tragung des Verlustes, nach überwiegender Ansicht zulässig (RGZ 40, 256; 43, 152; 51, 15; 58, 280). Das trifft natürlich nicht auf Fälle zu, in denen das Auftragsverhältnis lediglich die Einkleidung des zwischen den Beteiligten selbst abgeschlossenen Spiel- oder Differenzgeschäfts ist (RGZ 34, 91 u. a.).

§ 61

Die Vorschriften der §§ 52 bis 60 finden auch Anwendung, wenn das Geschäft im Auslande geschlossen oder zu erfüllen ist.

1. § 61 stellt die nicht verbotenen Börsentermingeschäfte, die im Ausland geschlossen oder zu erfüllen sind, den im Inland abgeschlossenen gleich. Diese zwingende, durch Parteivereinbarung nicht abänderbare Vorschrift soll verhindern, daß ausländische Börsentermingeschäfte eine günstigere Rechtsstellung genießen als inländische, weil andernfalls das deutsche Publikum auf die Spekulation an ausländischen Börsen, für die weniger strenge Gesetze als in Deutschland gelten, hingewiesen wäre (Begr. I, 52). Sie beschränkt aber die Anwendbarkeit des deutschen Rechts, insoweit es nicht nach den Grundsätzen des internationalen Privatrechts oder infolge der Vereinbarung eines deutschen Erfüllungsorts ohnehin Anwendung findet, auf die §§ 52—60. Die Vorschriften für die verbotenen Börsentermingeschäfte (§§ 63 ff.) sind also auf Auslandsgeschäfte nicht ohne weiteres anwendbar.

2. Ob ein Zeitgeschäft unter die Bestimmungen über den Börsenterminhandel fällt, ist für Auslandsgeschäfte nach denselben Grundsätzen zu ent-

scheiden wie für Inlandsgeschäfte (RGZ 43, 92; 44, 57; RG in JW 1903, 318; 1903 Beil. 100). Als Börsentermingeschäfte waren insbesondere Börsengeschäfte anzusehen, die an der Londoner und Pariser Börse in Shares gemacht wurden (RGZ 79, 382; RG in BA 1911/12, 263; 1913/14, 136; vgl. aber § 60 Anm. 3).

3. Ausländische Urteile, welche die Wirksamkeitsbeschränkungen der §§ 52—60 unberücksichtigt lassen, können, weil die Anerkennung gegen den Zweck des § 61 (vgl. oben Anm. 1) verstoßen würde, in Deutschland nach § 328 Abs. 1 Ziff. 4 ZPO nicht anerkannt und demgemäß nach § 723 Abs. 2 ZPO nicht für vollstreckbar erklärt werden.

§ 62

Bei einem Börsentermingeschäft in Waren kommt der Verkäufer, der nach erfolgter Kündigung eine nicht vertragsmäßige Ware liefert, in Verzug, auch wenn die Lieferungsfrist noch nicht abgelaufen ist.

Eine entgegenstehende Vereinbarung ist nichtig.

1. Die Vorschrift bezieht sich nur auf den Börsenterminhandel in Waren (vgl. jedoch die ähnliche Bestimmung des § 67 Abs. 2 Ziff. 2 für Lieferungsgeschäfte in Getreide und Erzeugnissen der Getreidemüllerei). Sie schließt die vor Erlaß des Börsengesetzes dem Verkäufer gewährte Befugnis, nach erfolgter Andienung vertragswidriger Ware bis zum Ablauf der im Warenterminhandel regelmäßig nach Monaten bemessenen Lieferungsfrist die Ankündigung nochmals und wiederholt zu bewirken, aus, weil in dem Mißbrauch des Erfüllungsversuchs mittels vertragswidriger Ware eine Schädigung des Käufers und die Gefahr eines die Preisbildung beeinflussenden Preisdrucks erblickt wurde (Begr. I, 49).

2. Wann eine Ware vertragsmäßig ist, richtet sich nach den Usancen, die meist eine bestimmte Abweichung von der Normalqualität zulassen. Ein Verschulden des Verkäufers setzt § 62 nicht voraus.

3. Liefert der Verkäufer nach erfolgter Kündigung eine nicht vertragsmäßige Ware, so gerät er dadurch allein in Erfüllungsverzug. Der Käufer hat also alsdann, wenn es sich um Fixgeschäfte handelt, gemäß § 376 HGB das Recht, ohne Gewährung einer Nachfrist vom Vertrag zurückzutreten oder statt der Erfüllung Schadenersatz wegen Nichterfüllung zu verlangen oder auf Erfüllung zu bestehen. Dem ihm in diesem Fall drohenden Nachteil kann der Verkäufer nur dadurch entgehen, daß er die Ware vor der Kündigung (Ankündigung, Andienung, Lieferungsbereitschaftserklärung) durch Sachverständige untersuchen läßt und erst zur Kündigung schreitet, nachdem die Vertragsmäßigkeit hierbei festgestellt ist.

§ 63

Börsentermingeschäfte in Anteilen von Bergwerks- und Fabrikunternehmungen sind nur mit Genehmigung des Bundesrats zulässig.

Der Bundesrat kann Börsentermingeschäfte in bestimmten Waren und Wertpapieren verbieten oder die Zulässigkeit von Bedingungen abhängig machen.

1. § 63 gibt dem „Bundesrat" Befugnisse in bezug auf die Zulassung von Anteilen von Bergwerks- und Fabrikunternehmungen zum Börsenterminhandel (Abs. 1) sowie in bezug auf die für bestimmte Gattungen von Waren und Wertpapieren zu erlassenden Verbote oder Beschränkungen des Börsenterminhandels (Abs. 2). Während sich Abs. 1 nur auf den Börsenterminhandel in Wertpapieren bezieht, betrifft Abs. 2 sowohl den Börsenterminhandel in Wertpapieren als auch in Waren.

2. Wenn Abs. 1 von „Anteilen" spricht, so folgt hieraus, daß sich die Vorschrift auf Schuldverschreibungen und solche Genußscheine, die keine Aktienrechte verleihen, nicht bezieht.

3. B e r g w e r k s u n t e r n e h m u n g e n i. S. des Abs. 1 sind Unternehmungen, welche die Gewinnung unterirdischer Mineralien in bergtechnischen Verfahren zum Gegenstand haben (RGZ 19, 192). F a b r i k u n t e r n e h m u n g e n sind Gewerbebetriebe, die sich mit der Bearbeitung, Verarbeitung und Veredlung von Rohstoffen, Halbfabrikaten und fertigen Erzeugnissen befassen. Maßgebend sind die tatsächlichen Verhältnisse, nicht die Satzungsbestimmungen. Unter Abs. 1 fallen auch solche Unternehmen, die nicht ausschließlich oder vorwiegend auf Bergbau oder Fabrikbetrieb gerichtet sind, sofern nur der Bergwerks- oder Fabrikbetrieb zu ihren wesentlichen Geschäften gehört (RGSt. 44, 55), dagegen nicht Trustgesellschaften, die Anteile von Bergwerks- und Fabrikunternehmungen besitzen. Nimmt eine Gesellschaft nach Zulassung ihrer Anteile zum Börsenterminhandel den Bergwerks- oder Fabrikbetrieb auf, so ist zur Fortsetzung dieses Börsenterminhandels die Genehmigung des „Bundesrats" erforderlich.

4. Ob es sich um in- oder ausländische Unternehmungen handelt, ist nach dem Wortlaut des Gesetzes und der Handhabung des „Bundesrats" gleichgültig (vgl. Bekanntmachungen des Reichskanzlers in RGBl. 1908 S. 585; 1910 S. 910 und 1911 S. 917 bezüglich eines schweizerischen Fabrik- und eines englischen und eines belgischen Bergwerksunternehmens). A. M. Rehm u. a., Anm. 6. Wegen der in Anteilen dieser Unternehmungen an ausländischen Börsen abgeschlossenen Termingeschäfte vgl. § 61 Anm. 1.

5. Die Bestimmung, daß die Geschäfte nur mit Genehmigung des „Bundesrats" zulässig sind, hat die Bedeutung, daß B ö r s e n t e r m i n g e s c h ä f t e i n A n t e i l e n v o n B e r g w e r k s - u n d F a b r i k u n t e r n e h m u n g e n m a n g e l s d e r G e n e h m i g u n g g r u n d s ä t z l i c h v e r b o t e n sind. Das ergibt sich daraus, daß im § 64 Abs. 1 von den „verbotenen" Börsentermingeschäften in Anteilen von Bergwerks- oder Fabrikunternehmungen die Rede ist unter ausdrücklicher Verweisung auf die Bestimmung dieses Paragraphen. Die Zulassung von Ausnahmen konnte nur durch den „Bundesrat" erfolgen. Der „Bundesrat" war aber nicht befugt, die Ausnahme allgemein für alle zum Börsenterminhandel geeigneten Anteile von Bergwerks- und Fabrikunternehmungen oder etwa für gewisse Kategorien auszusprechen, sondern er mußte für jedes einzelne Bergwerks- und Fabrikunternehmen, für das er die Ausnahme bewilligen wollte, einen dementsprechenden Beschluß fassen (KB II, 96). Ist ein solcher Beschluß bezüglich eines bestimmten Unternehmens ergangen, so sind Börsentermingeschäfte in dessen Anteilen nicht mehr verbotene Börsentermingeschäfte, wohl aber bis zu der gemäß § 50 erfolgten Zulassung durch den Börsenvorstand inoffizielle (§ 51 Anm. 1 und 5). In der Übung wurde die nach § 63 erforderliche Genehmigung von dem Börsenvorstand herbeigeführt, nachdem dieser sich schlüssig geworden war, die in Frage kommenden Anteile im Falle der Genehmigung zum Börsenterminhandel zuzulassen, und die hierfür in § 50 geforderten Voraussetzungen erfüllt waren. Der „Bundesrat" konnte die Genehmigung für mehrere oder alle deutschen Börsen erteilen. Vgl. als Beispiele die Bekanntmachungen im RGBl. 1908 S. 239; 1908 S. 465 usf.

Die Genehmigung kann jederzeit zurückgenommen werden.

Die Beantwortung der Frage, welche Behörde in bezug auf Genehmigungen nach Abs. 1 an die Stelle des „Bundesrats" getreten ist, hängt davon ab, ob die Genehmigung ihrem Wesen nach als Rechtsverordnung oder als Verwaltungsakt anzusehen ist (vgl. § 2 Anm. 8). Mit Rücksicht darauf, daß mit der Genehmigung die in den §§ 64, 69 und 70 enthaltenen privatrechtlichen Folgen entfallen, ist entgegen der Praxis unter der Herrschaft der Weimarer Verfassung anzunehmen, daß die Genehmigung qualitativ einer Rechtsverordnung entspricht. Nachfolger in die Befugnisse des „Bundesrats" wäre somit der Bundesminister für Wirtschaft, der zum Erlaß einer entsprechenden Bekanntmachung der Zustimmung des Bundesrats bedürfte (Art. 129 Abs. 1, Art. 80 Abs. 2 GG).

6. Ein Verbot gemäß § 63 Abs. 2 wurde bisher nur in wenigen Fällen ausgesprochen.

7. Die Befugnis, die Zulässigkeit von Börsentermingeschäften von Bedingungen abhängig zu machen, ist bisher nicht ausgeübt worden. In den dem „Bundesrat" durch diese Befugnis zugewiesenen Machtbereich fällt das Verbot bestimmter Formen der Börsentermingeschäfte, z. B. der Prämien-, Stellage- und Nochgeschäfte (Begr. I, 48). Ferner war der „Bundesrat" in der Lage, für Börsentermingeschäfte in bestimmten Gegenständen die Benutzung gewisser Einrichtungen, wie der Liquidationskassen, mit der Wirkung vorzuschreiben, daß unter Nichtbeachtung dieser Vorschriften abgeschlossene Geschäfte verboten sind (Begr. II, 29). Derartige Beschränkungen des Börsenterminhandels durch entsprechende Anordnung würden dann die Bedeutung haben, daß, wenn auch im übrigen die Börsentermingeschäfte in den betreffenden Waren oder Wertpapieren als nicht verbotene mit der durch die §§ 50 ff. umschriebenen Wirksamkeit abgeschlossen werden könnten, solche Börsentermingeschäfte in denselben Waren oder Wertpapieren, bei denen gegen die Anordnungen des „Bundesrats" über Ausschluß gewisser Bedingungen oder über die notwendige Einhaltung gewisser Bedingungen verstoßen wird, als verbotene i. S. der §§ 63 ff. zu behandeln wären.

8. Die Befugnisse nach Abs. 2 haben Rechtsverordnungscharakter. An die Stelle des „Bundesrats" ist nach Art. 129 Abs. 1 GG der Bundesminister für Wirtschaft getreten, der zum Erlaß entsprechender Bestimmungen der Zustimmung des Bundesrats bedarf (Art. 80 Abs. 2 GG).

§ 64

Durch ein verbotenes Börsentermingeschäft in Anteilen von Bergwerks- oder Fabrikunternehmungen (§ 63 Abs. 1) sowie durch ein Börsentermingeschäft, das gegen ein von dem Bundesrat erlassenes Verbot verstößt (§ 63 Abs. 2), wird eine Verbindlichkeit nicht begründet. Die Unwirksamkeit erstreckt sich auch auf die Bestellung einer Sicherheit.

Das auf Grund des Geschäfts Geleistete kann nicht deshalb zurückgefordert werden, weil nach Abs. 1 Satz 1 eine Verbindlichkeit nicht bestanden hat.

1. In § 64 werden in Verbindung mit den §§ 69 und 70 die zivilrechtlichen Bestimmungen für die nach § 63 verbotenen Börsentermingeschäfte getroffen. Durch Satz 1 wird deren Unwirksamkeit und Unklagbarkeit unabhängig von der Termingeschäftsfähigkeit des Beteiligten ausdrücklich festgestellt. Dieser Rechtszustand unterliegt jedoch der durch Abs. 2 bewirkten Einschränkung.

2. Die Unwirksamkeit der in Rede stehenden Börsentermingeschäfte erstreckt sich auch auf die Bestellung einer Sicherheit (Abs. 1 Satz 2). Auch unter den Voraussetzungen des § 54 kann mithin keine Sicherheit rechtswirksam für verbotene Börsentermingeschäfte bestellt werden. Hierdurch sowie durch die Nichtanwendbarkeit der §§ 56 und 57 unterscheiden sich diese von den in den §§ 52—62 behandelten unverbindlichen erlaubten Börsentermingeschäften.

3. Die Bestimmung des Abs. 2 schwächt die Wirkung der Nichtigkeit verbotener Geschäfte aus § 134 BGB ab. Durch den Abschluß eines verbotenen Börsentermingeschäftes entsteht insofern eine natürliche Verbindlichkeit, als das zu seiner Erfüllung Geleistete nicht zurückgefordert werden kann. Die Bestimmung entspricht damit der für die unverbindlichen Börsentermingeschäfte in § 55 gegebenen Vorschrift. Wegen der abweichenden Regelung für verbotene Börsentermingeschäfte in Getreide oder Erzeugnissen der Getreidemüllerei vgl. § 66 Abs. 2.

4. Wegen des Spiel- und Differenzeinwandes bei verbotenen Börsentermingeschäften vgl. § 58 Anm. 6.

§ 65

Börsentermingeschäfte in Getreide und Erzeugnissen der Getreidemüllerei sind verboten.

1. § 65 verbietet Börsentermingeschäfte in Getreide und Erzeugnissen der Getreidemüllerei, also auch in Mehl, Kleie und dgl. Durch den Wortlaut „Erzeugnisse der Getreidemüllerei" ist klargestellt, daß insbesondere

der Terminhandel in Rüböl als einem Erzeugnis der Ölmüllerei nicht unter das Verbot fallen würde.

2. Von dem Verbot des § 65 werden, wie sich aus der Darlegung des Börsentermingeschäftsbegriffs in § 50 Anm. 3 ergibt, nicht die im Getreidegroßverkehr häufigen Geschäfte betroffen, denen, insbesondere durch Vereinbarung einer individuellen Lieferungsqualität, der börsenmäßige Charakter fehlt (vgl. auch § 67 Anm. 2). Dagegen ist die Anwendung des § 65 nicht dadurch ausgeschlossen, daß das Geschäft nicht als Fixgeschäft vereinbart ist (vgl. § 50 Anm. 3). Dieser Auffassung zufolge stellen sich die in § 67 geregelten Zeitgeschäfte in Getreide und Erzeugnissen der Getreidemüllerei, wenn die dort bezeichneten Personen daran beteiligt sind, als Ausnahme von der Regel des § 65 dar (vgl. § 50 Anm. 3; § 67 Anm. 1; § 71 Anm. 2).

3. Das Verbot des § 65 hat die in § 66 Abs. 1 ausgesprochenen Folgen, d. h. das Geschäft ist nichtig, soweit nicht § 66 Abs. 2 Platz greift oder § 67 Anwendung findet.

4. Über die Strafbarkeit verbotener Börsentermingeschäfte in Getreide und Erzeugnissen der Getreidemüllerei vgl. §§ 71 ff., § 91.

5. Im Ausland abgeschlossene Börsentermingeschäfte fallen nicht unter § 65. Das gilt sowohl für Geschäfte zwischen Inländern als auch für Geschäfte zwischen Ausländern oder zwischen Inländern und Ausländern, unabhängig davon, ob die Vertragschließenden ihren Wohnsitz (§ 7 BGB) oder ihre geschäftliche Niederlassung im Inland oder Ausland haben, sofern nur der Abschluß im Ausland erfolgt ist (RGZ 55, 183). Die an einer ausländischen Börse zu erfüllenden Börsentermingeschäfte sind den im Ausland abgeschlossenen gleichzusetzen (RG in BA 1907/8, 201).

§ 66

Durch ein verbotenes Börsentermingeschäft in Getreide oder Erzeugnissen der Getreidemüllerei wird eine Verbindlichkeit nicht begründet. Die Unwirksamkeit erstreckt sich auch auf die Bestellung einer Sicherheit.

Das Recht, das auf Grund des Geschäfts Geleistete deshalb zurückzufordern, weil nach Abs. 1 Satz 1 eine Verbindlichkeit nicht bestanden hat, erlischt mit dem Ablaufe von zwei Jahren seit der Bewirkung der Leistung, es sei denn, daß der zur Rückforderung Berechtigte vor dem Ablaufe der Frist dem Verpflichteten gegenüber schriftlich erklärt hat, daß er die Herausgabe verlange.

1. § 66 trifft in Verbindung mit den §§ 69 und 70 die zivilrechtlichen Bestimmungen für die nach § 65 verbotenen Börsentermingeschäfte. § 66 Abs. 1 entspricht § 64 Abs. 1, so daß insoweit das dort Bemerkte auch für § 66 zutrifft. § 66 Abs. 2 weicht von § 64 Abs. 2 in verschiedenen Beziehungen ab.

2. Hinsichtlich der Worte in Abs. 2: „das auf Grund des Geschäfts Geleistete“ vgl. § 55 Anm. 1—3.

3. Nach Abs. 2 erzeugen die Börsentermingeschäfte in Getreide und Erzeugnissen der Getreidemüllerei, obwohl sie nicht nur zivilrechtlich verboten (§ 65), sondern auch unter Strafe gestellt sind (§§ 71 ff., § 91), in gewissem Umfang eine natürliche Verbindlichkeit. Abweichend von der Regelung der Verhältnisse für die übrigen verbotenen Börsentermingeschäfte in § 64 wird aber für die nach § 65 verbotenen Geschäfte ein mehr der Nichtigkeit sich nähernder Zustand geschaffen, um in stärkerem Maße von dem Abschluß solcher Geschäfte abzuschrecken. Das Gesetz erkennt grundsätzlich das Recht an, das auf Grund des nach § 65 verbotenen Geschäfts Geleistete zurückzufordern, jedoch mit der besonderen Einschränkung, daß dieses Recht nicht, wie nach bürgerlichem Recht, in 30 Jahren verjährt, sondern bereits nach 2 Jahren seit Bewirkung der Leistung erlischt. Letztere Einschränkung kann aber der Leistende wiederum dadurch beseitigen, daß er vor Ablauf der Frist dem anderen Teil gegenüber schriftlich die Rückforderung verlangt. Wegen der hierfür erforderlichen Form usw. vgl. §§ 126, 130 ff. BGB. Im übrigen ist der Rückforderungsanspruch nach den §§ 812 ff. BGB zu behandeln. Er fällt also fort, wenn der Leistende wußte, daß er zur Leistung nicht verpflichtet war (§ 814; RG in BA 1905/6, 119; RG in JW 1908, 467). Das Gleiche gilt, wenn der Empfänger zu der Zeit, in der er die Nichtigkeit der Leistung erfährt, oder der Herausgabeanspruch rechtshängig wird, durch den Empfang der Leistung nicht mehr bereichert ist (§§ 818, 819 BGB). Endlich entfällt der Rückforderungsanspruch, wenn der Leistende durch Weiterveräußerung oder Verbrauch der empfangenen Gegenleistung seinerseits zu deren Rückgewährung außerstande ist (RG in BA 1905/6, 262). Daß die Erfüllung verbotener Geschäfte einer sittlichen oder Anstandspflicht entsprechen und aus diesem Grund die Rückforderung des Geleisteten gemäß § 814 BGB ausgeschlossen sein kann, wird vom Reichsgericht verneint (RG in BA 1904/5, 60; 1905/6, 262; 1910/11, 13).

4. Über den Spiel- und Differenzeinwand bei Börsentermingeschäften in Getreide und Erzeugnissen der Getreidemüllerei vgl. § 68.

5. Die Strafbarheit von verbotenen Geschäften der in Rede stehenden Art ist in den §§ 71 ff., 91 ff. geregelt.

§ 67

Die Vorschriften der §§ 50 bis 66 finden keine Anwendung auf den Kauf oder die sonstige Anschaffung von Getreide oder Erzeugnissen der Getreidemüllerei, wenn der Abschluß nach Geschäftsbedingungen erfolgt, die der Bundesrat genehmigt hat, und als Vertragschließende nur beteiligt sind:

1. **Erzeuger oder Verarbeiter von Waren derselben Art, wie die, welche den Gegenstand des Geschäfts bilden, oder**
2. **solche Kaufleute oder eingetragene Genossenschaften, zu deren Geschäftsbetriebe der Ankauf, der Verkauf oder die Beleihung von Getreide oder Erzeugnissen der Getreidemüllerei gehört.**

In den Geschäftsbedingungen muß festgesetzt sein:

1. **daß im Falle des Verzugs der nicht säumige Teil die Annahme der Leistung nicht ablehnen kann, ohne dem säumigen Teile eine angemessene Frist zur Bewirkung der Leistung zu bestimmen;**
2. **daß nur eine Ware geliefert werden darf, die vor der Erklärung der Lieferungsbereitschaft (Andienung) von beeidigten Sachverständigen untersucht und lieferbar befunden worden ist;**
3. **daß auch eine nicht vertragsmäßig beschaffene Ware geliefert werden darf, wenn der Minderwert nach der Feststellung der Sachverständigen eine bestimmte Höhe nicht überschreitet und dem Käufer der Minderwert vergütet wird, sowie daß ein von den Sachverständigen festgestellter Mehrwert bis zu einer bestimmten Höhe dem Verkäufer zu vergüten ist.**

1. § 67 bezweckt die Sicherheit der börsenmäßigen Zeitgeschäfte nach dem seinerzeitigen sog. „Berliner Schlußschein". Die darin geregelten Geschäfte waren vor Erlaß der Novelle von 1908 von den beteiligten Verkehrskreisen als Ersatz für den gesetzlich verbotenen, aber wirtschaftlich unentbehrlichen börsenmäßigen Zeithandel in Getreide und Mehl getroffen worden. Hierbei sollte durch die obligatorische Nachfristgewährung der Anwendung der Bestimmungen über Börsentermingeschäfte vorgebeugt werden, da diese nach dem Wortlaut des damaligen § 48 (vgl. § 50 Anm. 3) den Fixcharakter zur begrifflichen Voraussetzung hatten. Nach der aus dem jetzigen BörsG folgenden Auffassung des Begriffs „Börsentermingeschäfte" (§ 50 ebenda) würden die in § 67 geregelten Geschäfte als Börsentermingeschäfte an sich als verbotene unter die §§ 65, 66 usw. fallen. Um dies zu verhindern, sind die in § 67 umschriebenen Geschäfte, sofern sie sich innerhalb der darin bezeichneten Personenkreise halten, aus den Vorschriften über das Börsentermingeschäft herausgenommen und einer besonderen Regelung unterworfen worden. In dieser Regelung unterstehen sie, selbstverständlich unter Berücksichtigung des § 68, allein den allgemeinen Vorschriften des Handelsgesetzbuchs und des Bürgerlichen Gesetzbuchs.

Damit ist aber lediglich ausgesprochen, daß ein Geschäft der in § 67 bezeichneten Art, bei dem nur die gesetzlich legitimierten Personen beteiligt sind, kein verbotenes Börsentermingeschäft ist. Seine Börsentermingeschäftsnatur wird davon nicht berührt. Es wird demgemäß, sobald der legitimierte Personenkreis überschritten wird, zum verbotenen Börsentermingeschäft (vgl. Göppert in BA 1912/13, 274).

2. Auf Zeitgeschäfte ohne börsenmäßigen Charakter bezieht sich § 67 ebensowenig wie § 65 (vgl. Anm. 2 dazu) und die sonstigen Bestimmungen des IV. Abschnitts des BörsG. Dahin gehören alle Kaufgeschäfte über individuell bestimmte Ware, z. B. Kauf nach Probe, Kauf nach einer bestimmten Herkunft und dgl. Solche werden häufig zwischen Händlern untereinander, ferner regelmäßig zwischen Landwirten einerseits,

Müllern, Händlern oder Verbrauchern andererseits über die eigene Produktion der ersteren, zwischen Müllern einerseits, Händlern, Bäckern oder sonstigen Verbrauchern andererseits über das eigene Fabrikat der ersteren geschlossen. Das gleiche gilt von Geschäften auf spätere Lieferung, bei denen zwar der Gegenstand der Lieferung eine im börsenmäßigen Lieferungsgeschäft gehandelte Ware ist, aber durch anderweite Individualisierung des Vertragsinhalts die jederzeitige Möglichkeit eines adäquaten Gegengeschäfts ausgeschlossen erscheint, wie z. B. Lieferung in kleineren Mengen, an verschiedenen Orten, zu verschiedenen Zeiten, Ausschluß der Übertragbarkeit der Abnahme auf andere und dgl. Inwieweit diese Individualisierung tatsächlich vorhanden ist, muß immer Tatfrage bleiben.

3. Als Beispiele für Geschäftsbedingungen, die der „Bundesrat" genehmigt hat (Abs. 1) vgl. die Bekanntmachung betr. die Geschäftsbedingungen der Produktenbörse zu Berlin für den Zeithandel in Getreide und Mehl vom 29. 5. 1908 (RGBl. S. 240) unter Berücksichtigung der Nachträge vom 4. 6. 1910 (RGBl. S. 875) und 14. 10. 1913 (RGBl. S. 732). Hinsichtlich eines Beispiels aus neuerer Zeit vgl. RGBl. 1927 S. 79, 537, 540.

4. Die in Abs. 1 Ziff. 1 und 2 umschriebenen Eigenschaften müssen beim Vertragsabschluß vorhanden sein.

Erzeuger und Verarbeiter (Ziff. 1) sind nur solche Personen, welche die Waren im eigenen Betrieb erzeugen oder verarbeiten.

Da die Legitimation der in Ziff. 1 genannten Personen zu Geschäften nach § 67 sich auf Geschäfte über Waren derselben Art beschränkt, wie die, welche sie erzeugen oder verarbeiten, kann beispielsweise ein nur Roggen, Hafer oder Mais anbauender Landwirt keine Geschäfte nach § 67 über Weizen abschließen.

Kaufleute i. S. der Ziff. 2 sind Voll- oder Minderkaufleute. Auf die Eintragung in das Handelsregister kommt es nicht an. Daher fallen auch Bäcker als Minderkaufleute unter Ziff. 2. Bankiers fallen darunter, wenn sie sich mit der Beleihung von Getreide und Mehl befassen.

Der Gegenstand des einzelnen Geschäfts braucht bei den Personen der Ziff. 2 nicht auch Gegenstand ihres Geschäftsbetriebs zu sein. Es kommt nur darauf an, daß sie überhaupt zu dem Personenkreis der Ziff. 2 gehören (Kg in BA 1910/11, 303).

5. Die (Nach)-Frist des Abs. 2 Ziff. 1 darf ihrer Dauer nach nicht von vornherein fest bestimmt sein (RGZ 44, 103). Sie ist nicht zu verwechseln mit den in den genehmigten Geschäftsbedingungen fest bestimmten Abnehmefristen, nach deren Ablauf erst von einem Verzug des Käufers die Rede sein kann.

Durch Abs. 2 Ziff. 1 wird die aus § 286 Abs. 1 BGB begründete Verpflichtung des erst innerhalb der Nachfrist leistenden Teiles zum Ersatz des dem anderen Teil hierdurch bis zur Bewirkung der Leistung entstehenden Schadens nicht berührt.

6. Über die mit Abs. 2 Ziff. 2 verfolgte Absicht vgl. § 62 Anm. 1. Durch die Andienung wird die Lieferungspflicht fällig.

7. Durch die Bestimmung des Abs. 2 Ziff. 3 wird dem Lieferer einer besonders guten Ware eine Vergünstigung gewährt. Andererseits soll auch eine Ware, die nur wenig hinter der normalen Qualität zurückbleibt, deren sonstige Eigenschaften aber den Verwendungszweck nicht beeinträchtigen, von der Lieferung nicht ausgeschlossen sein, damit nicht der Markt in weiterer Folge durch Zwangsgeschäfte ungerechtfertigten Preisschwankungen unterliegt. Die Lieferungsqualität bildet dann nicht das alleinige Erfüllungsmittel, sondern nur die Preisbasis für den Kontrakt. Das Wesen des Geschäfts als Börsentermingeschäft wird hiervon nicht berührt. Das gleiche ist vielmehr auch auf verschiedenen anderen Gebieten des Börsenterminhandels üblich gewesen.

8. Die Erteilung der Genehmigung des „Bundesrats" ist Ausübung delegierter Gesetzgebungsgewalt. Für den Charakter der Genehmigung als Gesetzgebungsakt spricht auch die Art und Weise der Publikation im Reichsgesetzblatt und die bisherige Übung. Nachfolger in die Rechtsstellung des „Bundesrats" ist daher der Bundesminister für Wirtschaft gemäß Art. 129 Abs. 1 GG, der zur Genehmigung der Zustimmung des jetzigen Bundesrats bedarf (Art. 80 Abs. 2 GG).

§ 68

Wird ein auf Lieferung von Getreide oder Erzeugnissen der Getreidemüllerei lautender Vertrag in der Absicht geschlossen, daß der Unterschied zwischen dem vereinbarten Preise und dem Börsen- oder Marktpreise der Lieferungszeit von dem verlierenden Teile an den gewinnenden gezahlt werden soll, so finden die Vorschriften des § 66 auch dann Anwendung, wenn es sich nicht um ein verbotenes Börsentermingeschäft handelt. Dies gilt auch dann, wenn nur die Absicht des einen Teiles auf die Zahlung des Unterschieds gerichtet ist, der andere Teil aber diese Absicht kennt oder kennen muß.

Die Vorschriften der §§ 762, 764 des Bürgerlichen Gesetzbuchs bleiben bei einem auf die Lieferung von Getreide oder Erzeugnissen der Getreidemüllerei lautenden Vertrag außer Anwendung.

1. Der vom Gesetzgeber mit § 68 verfolgte Zweck ist, zu verhindern, daß die Geschäftsform des § 67 für wirtschaftlich unberechtigte Zwecke mißbraucht wird (RT. Sten. B. II, 4748, 4760, 4766, 4768, 4773). Demgegenüber läßt die Fassung die Möglichkeit offen, auch Zeitgeschäfte in Getreide und Erzeugnissen der Getreidemüllerei ohne börsenmäßigen Charakter darunter fallen zu lassen. Die dem Zweck des Gesetzes entsprechende Beschränkung der Anwendung auf Geschäfte nach § 67 ist aber umso gerechtfertigter, als der gesamte IV. Abschnitt sich nur auf börsenmäßige Zeitgeschäfte bezieht (a. M. Bernstein S. 316 ff., Nußbaum § 68 II). Loko- und Auslandsgeschäfte kommen für § 68 keinesfalls in Betracht.

2. Die in § 68 Abs. 1 bezeichneten Tatbestandsmerkmale des Getreidedifferenzgeschäfts entsprechen wörtlich den Tatbestandsmerkmalen des Differenzgeschäfts in § 764 BGB. Infolgedessen trifft das zu § 58 Anm. 3 über die Tatbestandsmerkmale der Differenzgeschäfte Bemerkte auch auf jene zu, nur mit der Maßgabe, daß gerade die wörtliche Übernahme dieser Merkmale, von denen der Gesetzgeber aus langjähriger Erfahrung wußte, daß sie auf die in der Übung regelmäßig vorkommenden Tatbestände nicht zutreffen, in noch höherem Maß gegen die Zulässigkeit der erweiternden Auslegung für den § 68 als für den § 764 BGB spricht.

Es bedarf auch an dieser Stelle besonderer Hervorhebung, daß wirtschaftlich berechtigte Geschäfte selbst dann keine Differenzgeschäfte sind, wenn im übrigen die Tatbestandsmerkmale des § 68 für darauf zutreffend erachtet werden. Das trifft namentlich zu auf die nach § 67 abgeschlossenen sog. Deckungs- und Versicherungsgeschäfte, die den am Umsatz von Getreide und Mehl beteiligten Kreisen die Möglichkeit bieten, sich gegen Verluste aus ihren dem Umsatz dienenden Lieferungsgeschäften zu versichern und damit gefährliche Spekulationen zu vermeiden. Wer, um das mit einem langfristigen Abschluß in Getreide oder Mehl verbundene Risiko zu vermeiden, ein entsprechendes Lieferungsgeschäft an der Börse eingeht, hat im allgemeinen die Absicht, das Börsenengagement zu geeigneter Zeit durch ein Gegengeschäft aufzulösen und durch den sich dabei ergebenden Gewinn oder Verlust die Verlust- oder Gewinnchance bei dem zugrundeliegenden Geschäft zu begrenzen. Er wird, sofern sich für die Ware anderweit bessere Verwendung findet, auch diese Absicht regelmäßig ausführen. Obwohl hier also unleugbar eine Differenzabsicht vorliegen und normalerweise auch zur Verwirklichung gelangen kann, handelt es sich um ein wirtschaftlich berechtigtes Geschäft. Der Wille des Gesetzgebers, die Rechtsbeständigkeit der Versicherungsgeschäfte durch § 68 nicht zu gefährden, ist bei den Reichstagsverhandlungen verschiedentlich betont worden (RT. StenB. II, S. 4766 A).

Aus dem Dargelegten folgt, daß ein gemäß § 67 abgeschlossenes Lieferungsgeschäft keinesfalls deshalb als Geschäft i. S. des § 68 behandelt werden darf, weil die früheren Geschäfte der Parteien zumeist oder auch sämtlich durch Gegengeschäfte abgewickelt worden sind (vgl. Göppert, Börsentermingeschäft, S. 24).

3. Durch die Tatsache, daß § 66 Anwendung finden soll, ist die zivilrechtliche Lage der nicht verbotenen Differenzgeschäfte in Getreide und Erzeugnissen der Getreidemüllerei ungünstiger als die der sonstigen nicht verbotenen Spiel- und Differenzgeschäfte. Denn infolge der diesbezüglichen Gleichstellung mit den nach § 65 verbotenen Börsentermingeschäften ist die Rückforderung des Geleisteten grundsätzlich (vgl. § 66) statthaft.

Dagegen sind die Strafbestimmungen über verbotene Börsentermingeschäfte mit Ausnahme des § 92 auf nicht verbotene Differenzgeschäfte in Getreide und Erzeugnissen der Getreidemüllerei nicht anwendbar.

4. Die Feststellung, daß dem anderen Teil die wirtschaftlich unberechtigte Spielabsicht seines Vertragsgegners beim Vertragsabschluß bekannt war oder bekannt sein mußte (Abs. 1 Satz 2), ist sehr schwierig. Es ist hierbei

davon auszugehen, daß bei Geschäften, die von den in Abs. 1 bezeichneten Personen abgeschlossen werden, eine Vermutung für die wirtschaftliche Berechtigung spricht. Dieser Vermutung gegenüber muß der sich auf § 68 Berufende den Beweis führen, daß sein Vertragsgegner wußte oder wissen mußte, daß er die Geschäfte nur in Spielabsicht abschloß, beispielsweise, weil dies bei den Vorverhandlungen zum Ausdruck gekommen ist oder weil der Vertragsgegner aus eingezogenen Auskünften oder dgl. seine wirtschaftliche Unfähigkeit, Geschäfte der in Frage stehenden Art, sei es auch nur als Versicherungsgeschäfte, im Rahmen seines Betriebs abzuschließen, ersehen hat oder ersehen mußte. Dagegen hat der Vertragsgegner nicht die Pflicht und auch nicht die Möglichkeit, im Einzelfall zu prüfen, ob eine in Abs. 1 bezeichnete Person das Geschäft durch Lieferung oder Abnahme zu erfüllen oder durch ein Gegengeschäft aufzulösen beabsichtigt und im letzteren Fall, ob ihm ein bestimmtes Umsatzgeschäft zugrunde liegt. Beispielsweise kann es vorkommen, daß ein Getreidehändler in Mannheim Roggen in Berlin verkauft, obwohl der Preis am ersteren Platz höher ist als in Berlin, ohne daß auch nur im entferntesten eine Spielabsicht vorzuliegen braucht. Natürlich erfolgt die Lieferung dann nicht von Mannheim. Sie kann aber von jedem anderen in der Preisparität günstiger belegenen Platz aus bewirkt werden.

5. Abs. 2 erklärt sich daraus, daß infolge der durch Abs. 1 herbeigeführten Verschärfung der Unwirksamkeit von Differenzgeschäften in Getreide und Erzeugnissen der Getreidemüllerei gegenüber der Unwirksamkeit der sonstigen, einem Einwand aus den §§ 762 und 764 BGB unterliegenden Geschäften die Anwendung der letzteren Vorschriften hierfür überflüssig erachtet wurde (KB II, 89).

§ 69

Die Vorschriften der §§ 64, 66, 68 gelten auch für eine Vereinbarung, durch die der eine Teil zum Zwecke der Erfüllung einer Schuld aus einem verbotenen Börsentermingeschäft oder einem Geschäfte der im § 68 bezeichneten Art dem anderen Teile gegenüber eine Verbindlichkeit eingeht, insbesondere für ein Schuldanerkenntnis.

1. Die Vorschriften über die Unverbindlichkeit bestimmter verbotener Börsentermingeschäfte (§ 64 Abs. 1, § 66 Abs. 1) und Differenzgeschäfte (§ 68 Abs. 1) werden durch § 69 auf Vereinbarungen ausgedehnt, mittels deren eine Partei, um ihre aus solchen Geschäften entstandene „Schuld" zu tilgen, neue Verbindlichkeiten eingeht. § 69 entspricht im Wortlaut § 59. Es besteht jedoch ein Unterschied darin, daß diejenigen Verbindlichkeiten, die zwecks Erfüllung verbotener Börsentermingeschäfte eingegangen werden, gänzlich nichtig sind und lediglich in demselben Umfang und unter denselben Voraussetzungen wie das verbotene Börsentermingeschäft erfüllt werden können, während die zwecks Erfüllung unwirksamer Börsentermingeschäfte anderweit eingegangenen neuen Verbindlichkeiten unter Umständen weitergehende Wirkungen erzeugen (Rehm u. a., Anm. 2).

2. Wegen der Begriffe „Vereinbarung", „Verbindlichkeit", „Schuldanerkenntnis vgl. § 59 Anm. 1.

§ 70

Die Vorschriften der §§ 64, 66, 68, 69 finden auch Anwendung auf die Erteilung und Übernahme von Aufträgen sowie auf die Vereinigung zum Zwecke des Abschlusses von verbotenen Börsentermingeschäften oder von Geschäften der im § 68 bezeichneten Art.

1. § 70 entspricht nach seiner Fassung dem für unwirksame Börsentermingeschäfte geltenden § 60, wie § 69 dem § 59. Während § 60 auf die Erteilung und Übernahme von Aufträgen und auf die Vereinigung zum Zwecke des Abschlusses nicht verbotener Börsentermingeschäfte die §§ 52 bis 59 Anwendung finden läßt, sind nach § 70 auf diejenigen Aufträge und auf Vereinigungen, die sich auf den Abschluß verbotener Börsentermingeschäfte oder sog. Differenzgeschäfte in Getreide und Erzeugnissen der Getreidemüllerei beziehen, die §§ 64, 66, 68 und 69 anzuwenden.

2. Aus § 70 folgt, daß weder aus der Erteilung noch aus der Übernahme von Aufträgen zum Abschluß von verbotenen Börsentermingeschäften oder nach § 68 rechtsunwirksamen Differenzgeschäften eine Klage erhoben werden kann.

Soweit sich § 70 auf Vereinigungen zum Zweck des Abschlusses von verbotenen Börsentermingeschäften oder Differenzgeschäften i. S. des § 68 bezieht, kann die Vorschrift kaum praktische Bedeutung erlangen. Es ist nicht anzunehmen, daß sich Vereinigungen zu dem ausgesprochenen Zweck bilden werden, verbotene Börsentermingeschäfte usw. abzuschließen.

Soweit sich Vereinigungen zum Abschluß von Bank- und Börsengeschäften im allgemeinen gebildet haben und im Einzelfall verbotene Termingeschäfte oder Differenzgeschäfte i. S. des § 68 abschließen, ist § 70 nicht anwendbar. Das verbotene Geschäft als solches ist zwar ungültig; auf den Bestand der Vereinigung hat der Abschluß eines derartigen Geschäfts aber keinen Einfluß.

V. Ordnungsstrafverfahren

Einleitung: Abschnitt V (§§ 71—87) ist durch die Novelle zum BörsG vom 8. 5. 1908 eingefügt worden. Nach dieser haben die Landesregierungen bei den Börsen, die dem Handel mit Getreide und Erzeugnissen der Getreidemüllerei dienen, für die Verhandlung und Entscheidung über die Festsetzung von Ordnungsstrafen wegen verbotenen Terminhandels in Getreide oder Mehl „Kommissionen" zu bilden (§ 73), die die in § 71 für ordnungswidrig erklärten Handlungen aburteilen.

Welche Handlungsweise ordnungswidrig ist, bestimmt § 71. § 72 betrifft die Verfolgungsverjährung, § 73 das Organ der Ordnungsstrafgewalt, die „Kommissionen". Ihre Verfassung, das Verfahren vor ihnen und der Vollzug der Ordnungsstrafe, die Berufungsmöglichkeit und die Berufungskommission werden in den §§ 74—85 behandelt. § 86 bezieht sich auf die Vollstreckungsverjährung, § 87 auf die Funktionen des Ehrengerichts (§ 10) neben dem Ordnungsstrafverfahren.

Die mit Ordnungsstrafe bedrohten Zuwiderhandlungen gegen § 71 können unter Umständen Kriminaldelikte werden; vgl. §§ 91, 92.

Die Bestimmungen sind bisher kaum angewandt worden; auch sind keine Vorschriften über das Verfahren in zweiter Instanz, insbesondere betreffend die Bildung der Berufungskommission erlassen worden (§ 74 Satz 2, § 84 Abs. 2). Die Vorschriften werden lediglich der Vollständigkeit halber erläutert.

§ 71

Wer ein verbotenes Börsentermingeschäft in Getreide oder Erzeugnissen der Getreidemüllerei schließt, hat, wenn die Zuwiderhandlung vorsätzlich begangen ist, eine Ordnungsstrafe bis zu zehntausend Mark verwirkt.

1. Täter kann nicht nur ein Börsenbesucher, sondern jeder sein, der ein nach § 65 verbotenes Börsentermingeschäft schließt (KB II, 100).

2. Zur Frage, welche Handlungsweise ein zivilrechtlich verbotenes Börsentermingeschäft in Getreide oder Erzeugnissen der Getreidemüllerei darstellt, vgl. § 65 Anm. 1 und 2. Der wichtigste Zweck des Ordnungsstrafverfahrens ist, die in § 67 bezeichneten Geschäfte in den dort angegebenen Personenkreisen zu halten (vgl. Göppert, Börsentermingeschäft, S. 26/27). Der Abschluß solcher Geschäfte unter Beteiligung hierzu nicht gesetzlich legitimierter Personen kommt auch für die Übung als Hauptanwendungsfall in Betracht, da die Ausbildung eines selbständigen Terminhandels neben dem nach § 67 geregelten nicht wahrscheinlich ist.

Verbotene Börsentermingeschäfte in sonstigen Waren (§ 63 Abs. 2) können nur ehrengerichtlich verfolgt werden.

3. Die strafrechtlichen Vorschriften über die Bestrafung der Anstiftung, der Beihilfe und des Versuchs kommen nicht in Betracht (vgl. unten Anm. 4).

4. Die „Zuwiderhandlung" ist keine strafbare Handlung i. S. des StGB, sondern ein besonders geregeltes Ordnungsvergehen (ebenso Rehm u. a., Anm. 8, anders Göppert S. 275). Die allgemeinen Bestimmungen des StGB sind deshalb nur insoweit anzuwenden, als es ausdrücklich vorgeschrieben ist (vgl. § 72) oder deren analoge Anwendung sinngemäß ist. Aus dem Wesen des Ordnungsstrafverfahrens folgt ferner, daß die „Strafbarkeit" aus § 71 durch die Ahndung derselben Handlung auf Grund des Kriminalstrafrechts — z. B. des § 92 BörsG — nicht berührt wird. Das gilt selbstverständlich auch in bezug auf die börsenehrengerichtliche Verfolgung gemäß §§ 10 ff. BörsG. Nur die Verurteilung nach § 91 schließt, wie sich aus dem Zusammenhang dieser Bestimmung mit § 71 ergibt, die Ordnungsstrafe des § 71 aus.

5. Nur ein vorsätzlicher Verstoß ist mit Ordnungsstrafe bedroht. Vorsätzlich handelt, wer den Tatbestand der strafbaren Handlung mit Wissen und Willen verwirklicht (RGSt 58, 249; 70, 258). Der Rechtsirrtum darüber, daß die zum gesetzlichen Tatbestand gehörenden Tatumstände das

Geschäft zu einem verbotenen machen, schließt die Strafbarkeit aus; da es sich hier um Ordnungsstrafrecht handelt, ist auch das Unrechtsbewußtsein erforderlich (RVG in ZAkDR 1944, 31).

Die Vorsätzlichkeit ist bei jedem der beiden Vertragschließenden besonders festzustellen. Wenn bei Geschäften nach § 67 der eine Teil den anderen über seine Zugehörigkeit zu dem in § 67 Abs. 1 Ziff. 1 und 2 umschriebenen Personenkreis getäuscht hat, hat der Getäuschte zwar ein verbotenes und deshalb gemäß § 66 unwirksames Geschäft abgeschlossen, aber nicht dem Verbot des § 65 vorsätzlich zuwidergehandelt. Befand sich der Täuschende selbst über seine Legitimation in einem Irrtum, so bleibt auch er straflos.

6. Nur die im Inland begangene Tat ist strafbar. Außerdem muß es sich um ein Geschäft handeln, für das eine Inlandsbörse maßgebend ist. Börsentermingeschäfte in Getreide, die an der New Yorker Börse abgeschlossen oder in Auftrag gegeben sind, fallen nicht unter § 71.

7. Die Höhe der Ordnungsstrafe richtet sich in Abweichung vom Text nach der VO über Vermögensstrafen und Bußen vom 6. 2. 1924 (RGBl. I S. 44), Art. II Abs. 2 i. V. mit Art. XIV Abs. 2 Ziff. 3. Danach beträgt die Ordnungsstrafe mindestens eine und höchstens 1000 Deutsche Mark.

8. Eine nicht beizutreibende Ordnungsstrafe kann nicht in Freiheitsstrafe umgewandelt werden.

9. Wegen der kriminellen Bestrafung des Abschlusses verbotener Börsentermingeschäfte vgl. §§ 91, 92.

§ 72

Die Verfolgung der nach § 71 strafbaren Handlungen verjährt in drei Jahren von dem Tage an gerechnet, an welchem sie begangen sind. Die Vorschriften der §§ 68, 69 des Strafgesetzbuchs finden entsprechende Anwendung.

1. Zu Satz 1: Verjährung der Strafverfolgung bedeutet, daß das Recht der Kommissionen zur Strafverfolgung, ihr Strafanspruch selbst und damit die Strafbarkeit der an sich vom Gesetz unter Ordnungsstrafe gestellten Handlungsweise wegfallen (vgl. RGSt. 61, 20). Andererseits begründet nach Meinung des RG die Verjährung der Strafverfolgung grundsätzlich nicht den Freispruch, sondern nur die Einstellung des Verfahrens (RGSt. 41, 167; 53, 276).

Die Verjährung ist ein von Amts wegen zu beachtendes Verfahrenshindernis (RGSt. 66, 328). Die Kommissionen müssen daher in jeder Lage des Verfahrens von Amts wegen darauf achten, ob die Strafverfolgung durch Verjährung gehemmt wird. Eine strafbare Handlung, die nicht mehr verfolgt werden darf, weil sie verjährt ist, kann bei der Strafzumessung für eine spätere Tat strafschärfend berücksichtigt werden (vgl. RG in DR 1939, 371).

2. Der Tag, an dem die Handlung begangen ist, ist wie bei § 67 Abs. 4 StGB mitzurechnen. Begangen ist die Handlung, wenn ihre gesetzlichen Merkmale verwirklicht sind.

3. Zu Satz 2: Die §§ 68, 69 StGB behandeln die Unterbrechung und das Ruhen der Verjährung:

„§ 68

Jede Handlung des Richters, welche wegen der begangenen Tat gegen den Täter gerichtet ist, unterbricht die Verjährung.

Die Unterbrechung findet nur rücksichtlich desjenigen statt, auf welchen die Handlung sich bezieht.

Nach der Unterbrechung beginnt eine neue Verjährung.

§ 69

Die Verjährung ruht während der Zeit, in welcher auf Grund gesetzlicher Vorschrift die Strafverfolgung nicht begonnen oder nicht fortgesetzt werden kann. Ist der Beginn oder die Fortsetzung eines Strafverfahrens von einer Vorfrage abhängig, deren Entscheidung in einem anderen Verfahren erfolgen muß, so ruht die Verjährung bis zu dessen Beendigung.

Ist zur Strafverfolgung ein Antrag oder eine Ermächtigung nach dem Strafgesetz erforderlich, so wird der Lauf der Verjährung durch den Mangel des Antrages oder der Ermächtigung nicht gehindert."

Entsprechende Anwendung dieser Bestimmungen bedeutet, daß als richterliche Handlungen (§ 68 Abs. 1 StGB) nur Handlungen der zur Mitwirkung im Ordnungsstrafverfahren berufenen Kommissionen (§ 73, 74), deren Vorsitzenden und beauftragten Mitglieder sowie der um solche Handlungen ersuchten ordentlichen Gerichte zu betrachten sind. Handlungen des Staatskommissars fallen nicht darunter.

Begangene Tat ist das zeitliche Ereignis, das den Gegenstand der Verfolgung bildet und später dem Urteil der Kommission unterstellt werden wird. Die richterliche Handlung muß erkennen lassen, daß sie wegen der Tat in diesem Sinn vorgenommen wird.

Es genügt jede „richterliche" Handlung, die dazu bestimmt ist, Aufklärung über die „Tat" zu schaffen, einerlei, ob sie von Erfolg begleitet ist oder nicht (RGSt 41, 18; RG in HRR 1940, 1420).

Örtliche Unzuständigkeit hebt die Eignung der Handlung zur Unterbrechung der Verjährung nicht auf.

Gegen den Täter richtet sich die Handlung nicht schon dann, wenn sie sich auf ihn bezieht, sondern nur, wenn sie mit der Absicht seiner Verfolgung vorgenommen wird. Handlungen, die keinen für die Untersuchung wesentlichen Gehalt haben, wie bloße Eingangsvermerke und Wiedervorlegungsverfügungen ohne sachlich fördernden Zweck, können die Unterbrechung der Verjährung nicht herbeiführen.

Der Staatskommissar hat im übrigen kein Recht, von der Kommission den Erlaß einer die Verjährung unterbrechenden Verfügung zu verlangen (Rehm u. a., Anm. 4).

Aus § 68 Abs. 2 StGB folgt, daß eine richterliche Handlung, die sich auf einen bestimmten Beteiligten beschränkt, die Verjährung mit Wirkung gegen einen anderen Beteiligten nicht unterbricht. Dabei ist aber stets zu beachten, daß sich eine Handlung, die äußerlich so gefaßt ist, als ob sie nur einen Beteiligten betrifft, ihrem Sinn nach noch auf einen anderen Beteiligten beziehen kann.

Die neue Verjährung i. S. des § 68 Abs. 3 StGB unterliegt denselben Rechtsregeln wie die alte (RGSt. 13, 57). Auch sie kann, unter Umständen wiederholt, unterbrochen werden.

Die Unterbrechung der Verjährung ist ebenso von Amts wegen zu berücksichtigen, wie die Verjährung selbst (RGSt 13, 57).

Die entsprechende Anwendung des § 69 Abs. 1 Satz 1 StGB wird kaum praktisch werden. § 69 Abs. 1 Satz 2 und Abs. 2 sind für das Ordnungsstrafverfahren gegenstandslos.

§ 73

Für die Verhandlung und Entscheidung über die Festsetzung von Ordnungsstrafen werden durch die Landesregierungen bei den Börsen, welche dem Handel mit Getreide oder Erzeugnissen der Getreidemüllerei dienen, Kommissionen gebildet.

Die Landesregierungen können für mehrere Börsen eine gemeinschaftliche Kommission bei einer dieser Börsen bilden.

1. Die Kommissionen (Abs. 1) sind besonders bestellte Gerichte i. S. des § 13 GVG. Die von ihnen zu verhängenden Strafen sind nicht Kriminalstrafen, wie Göppert S. 275 meint, sondern echte Ordnungsstrafen (ebenso Rehm u. a., § 71 Anm. 8).

Die Kommissionen sind wie die Ehrengerichte für Börsenbesucher keine für die Börse geschaffene Organisation, sondern selbständige, bei der Börse bestehende staatliche Behörden. Sie sind deshalb auch nicht Börsenorgane im Sinne des § 2 BörsG. Der Staatskommissar hat nur die Rechte und Pflichten, die sich aus den besonderen Vorschriften des Abschnitts V ergeben (Göppert S. 274).

2. Der Strafgewalt der Kommissionen unterstehen nicht nur Börsenbesucher; sie ergreift vielmehr jeden, der im Innen- oder Außengeschäft einer deutschen Börse ein verbotenes Börsentermingeschäft in Getreide oder Mehl schließt (Göppert S. 274).

3. Die Landesregierungen haben die nicht erzwingbare Pflicht, die Kommissionen zu bilden, jedoch nur bei denjenigen Börsen, welche dem Handel mit Getreide oder Erzeugnissen der Getreidemüllerei dienen. Es steht der Landesregierung frei (Abs. 2), für mehrere Börsen eine gemeinschaftliche Kommission bei einer dieser Börsen zu bilden. So war z. B. früher für alle preußischen Börsen eine gemeinschaftliche Kommission bei der Börse in Berlin gebildet worden (vgl. die Bestimmungen über das Ordnungsstrafverfahren wegen verbotenen Börsenterminhandels vom 13. 6. 1908, Preuß. HMBl. S. 233).

4. Wie sich die Kommissionen zusammensetzen, ist in § 76 geregelt. Die örtliche Zuständigkeit richtet sich nach § 77.

§ 74

Die Entscheidung der Kommissionen über die Festsetzung von Ordnungsstrafen können von dem Staatskommissar sowie von dem Beschuldigten mit der Berufung angefochten werden. Für die Verhandlung und Entscheidung über die Berufung wird durch den Bundesrat eine Berufungskommission gebildet.

1. Unter Satz 1 fallen auch Entscheidungen, durch welche Ordnungsstrafen nicht festgesetzt werden (Freisprechungen). Auf die Berufung finden nach § 79 die §§ 18—25 entsprechende Anwendung. Die Berufung ist bei der Kommission (nicht bei der Berufungskommission) schriftlich oder zu Protokoll einzulegen; § 18 Abs. 1. Die Frist zur Einlegung der Berufung (Notfrist) beträgt eine Woche und beginnt für den in der Spruchsitzung der Kommission nicht erschienenen Verurteilten mit der Zustellung, sonst mit der Verkündung des Urteils (§ 18 Abs. 3). Schriftliche Begründung der Berufung ist nicht erforderlich.

2. Für die Schriftlichkeit der Einlegung der Berufung genügt es, wenn die Erklärung, die die Einlegung der Berufung zum Inhalt hat, von dem Verurteilten unterzeichnet ist. Auch genügt telegrafische Einlegung. Zweckmäßig wird das Berufungsschreiben oder Telegramm mit dem Vor- und Zunamen, nicht mit dem Firmennamen gezeichnet, da sonst Zweifel an der Idendität des Erklärenden auftauchen können.

Ist die Berufung versehentlich an die Berufungskommission gerichtet, so gilt sie nur dann als rechtzeitig eingelegt, wenn sie innerhalb der Frist von einer Woche (§ 18 Abs. 2) von der Berufungskommission an die Kommission gelangt.

3. Vor der B e r u f u n g s k o m m i s s i o n (Satz 2) wird die Sache neu verhandelt. Es ist zulässig, daß der Beschuldigte, evtl. der Staatskommissar, neue Beweismittel beibringt und daß die in erster Instanz vernommenen Zeugen und Sachverständigen nochmals gehört werden. Auch kann sich der Beschuldigte des Beistands eines Verteidigers bedienen.

4. Die Berufungskommission ist bisher niemals gebildet worden. Die Funktion des Bundesrats ist auf den Bundesminister für Wirtschaft übergegangen (vgl. § 2 Anm. 8).

5. Die Berufungskommission könnte das Urteil der Kommission nur dann zum Nachteil des Beschuldigten abändern, wenn der Staatskommissar Berufung zuungunsten des Beschuldigten eingelegt hat.

§ 75

Die Kommissionen entscheiden in der Besetzung von fünf Mitgliedern, die Berufungskommission entscheidet in der Besetzung von sieben Mitgliedern, einschließlich der Vorsitzenden. Die Hälfte der Beisitzer muß aus Vertretern des Handels, die andere Hälfte muß aus Vertretern der Landwirtschaft bestehen.

1. Wenn Satz 1 sagt, daß die Kommissionen in der Besetzung von 5 Mitgliedern entscheiden, so besagt dies nicht, daß die Kommission nur 5 Mitglieder haben darf. Die Zahl der Mitglieder der Kommission kann mehr als 5, die der Berufungskommission mehr als 7 Mitglieder betragen. In diesem Fall wechseln die Mitglieder in den einzelnen Sitzungen. Allerdings werden Garantien für eine objektive Geschäftsverteilung durch das Gesetz nicht gegeben.

2. Die Kommissionen und die Berufungskommission sind nur dann ordnungsmäßig besetzt, wenn die Muß-Bestimmung des Satz 2 befolgt wird.

§ 76

Die Vorsitzenden der Kommissionen und der Berufungskommission müssen Reichs- oder Staatsbeamte sein.

Die Bestimmungen über die Berufung der erforderlichen Zahl von Beisitzern für die Kommissionen erläßt die Landesregierung.

Die Bestimmungen über die Berufung der erforderlichen Zahl von Beisitzern für die Berufungskommission erläßt der Bundesrat.

Das Amt der Beisitzer ist ein Ehrenamt. Die Beisitzer erhalten Vergütung der Reisekosten. Die Vorschriften des § 56 des Gerichtsverfassungsgesetzes finden mit der Maßgabe entsprechende Anwendung, daß über die Beschwerde der Vorsitzende der Berufungskommission entscheidet.

1. Anstatt Reichs- oder Staatsbeamte (Abs. 1) müssen die Vorsitzenden jetzt Bundes- oder Landesbeamte sein. Wer Bundesbeamter ist, richtet sich nach dem Bundesbeamtengesetz vom 14. 7. 1953 (BGBl. I S. 551). Vgl. insbesondere § 2 BBG. Wer Landesbeamter ist, ergeben die Landesbeamtengesetze.

2. Der Erlaß näherer Bestimmungen über die Berufung der Beisitzer ist der Landesgesetzgebung vorbehalten (Abs. 2), während die Bestimmungen über die Berufung der Beisitzer für die Berufungskommission (Abs. 3) Sache des „Bundesrats", jetzt des Bundesministers für Wirtschaft ist (vgl. § 2 Anm. 8).

3. Die Feststellung, daß das Amt der Beisitzer ein Ehrenamt ist (Abs. 4 Satz 1), bedeutet, daß es unentgeltlich auszuüben ist. § 55 GVG (angemessene Entschädigung für den den Schöffen etc. durch ihre Dienstleistung entstehenden Verdienstausfall und den mit der Dienstleistung verbundenen Aufwand) kann nicht analog angewendet werden; die Beisitzer erhalten nur Vergütung der Reisekosten (Abs. 4 Satz 2).

4. § 56 GVG lautet:

„Schöffen und Vetrauenspersonen des Ausschusses, die sich ohne genügende Entschuldigung zu den Sitzungen nicht rechtzeitig einfinden oder sich ihren Obliegenheiten in anderer Weise entziehen, sind zu einer Ordnungsstrafe in Geld zu verurteilen.

Die Verurteilung wird durch den Amtsrichter nach Anhörung der Staatsanwaltschaft ausgesprochen. Bei nachträglicher genügender Entschuldigung kann die Verurteilung ganz oder teilweise zurückgenommen werden. Gegen die Entscheidung ist Beschwerde des Verurteilten nach den Vorschriften der Strafprozeßordnung zulässig."

Die Ordnungsstrafe in Geld kann 1 bis 1000 DM betragen; Art. II der VO vom 6. 2. 1924 (RGBl. I S. 44). Eine Umwandlung in Freiheitsstrafe ist ausgeschlossen. Die Verurteilung erfolgt durch Beschluß, nicht durch Urteil. Gegen den Beschluß ist die Beschwerde an den Vorsitzenden der Berufungskommission gegeben.

§ 77

Zuständig ist die Kommission, die für diejenige Börse gebildet ist, welche für das Geschäft in Betracht kommt.

Ist ungewiß, welche Kommission zuständig ist, so erfolgt die Bestimmung der zuständigen Kommission durch den Vorsitzenden der Berufungskommission.

1. Um die Zuständigkeit der Kommission festzustellen (Abs. 1), muß die Beziehung des Geschäfts zu einer bestimmten Börse festgestellt werden. Eine solche Beziehung wird häufig ohne weiteres gegeben sein. Möglich ist auch ein In-Beziehung-stehen durch stillschweigende Vereinbarung. Ist zweifelhaft, welche Börse in Betracht kommt, so ist nach Abs. 2 zu verfahren.

2. Entscheidet der Vorsitzende der Berufungskommission über die Zuständigkeit (Abs. 2), so ist die für zuständig erklärte Kommission an die getroffene Entscheidung gebunden.

§ 78

Anzeigen von Zuwiderhandlungen können bei dem Vorsitzenden der Kommission mündlich oder schriftlich angebracht werden.

Die mit der Aufsicht über die Börsen oder mit der Börsenleitung betrauten Organe sind verpflichtet, Handlungen, die zur Festsetzung einer Ordnungsstrafe Anlaß geben können, zur Kenntnis des Vorsitzenden der Kommission zu bringen.

Personen, die der Begehung einer durch dieses Gesetz mit Ordnungsstrafe bedrohten Handlung verdächtig sind, ist auf Antrag des Staatskommissars oder von Amtswegen durch Anordnung des Vorsitzenden die Vorlegung eines Verzeichnisses aufzugeben, in welchem die von ihnen über Getreide oder Erzeugnisse der Getreidemüllerei abgeschlossenen Geschäfte, insoweit sie der unter Tarifnummer 4 b des Reichsstempelgesetzes vom 3. Juni 1906 (Reichsgesetzblatt S. 695) angeordneten Abgabe unterliegen, aufzuführen sind. Die Zeit, auf welche das Verzeichnis sich zu erstrecken hat, bestimmt der Vorsitzende. Dem Verzeichnis sind die aus Anlaß der Geschäfte abgesandten und empfangenen Handelsbriefe in Abschrift oder Urschrift sowie die Schlußnoten (§ 12 des Reichsstempelgesetzes) beizufügen.

1. Zuwiderhandlungen i. S. des Abs. 1 sind nur Zuwiderhandlungen gegen § 71. Werden Anzeigen solcher Zuwiderhandlungen bei anderen Stellen eingebracht (Staatskommissar, Börsenvorstand, Ehrengericht), so sind sie an den Vorsitzenden der Kommission abzugeben oder ist der Antragsteller darauf zu verweisen, sich unmittelbar an den Vorsitzenden der Kommission zu wenden. Das Ehrengericht kann allerdings bei Zuwiderhandlungen gegen § 71, die ein Börsenbesucher begangen hat, auch selbständig tätig werden. Vgl. § 87 Anm. 1.

2. Nach Abs. 2 haben die aufsichtführenden Handelsorgane (§ 1 Abs. 2 Satz 2) und der Börsenvorstand eine Mitteilungspflicht, wenn sich der Verdacht einer vorsätzlichen Zuwiderhandlung gegen das Verbot des § 65 ergibt. Es ist nicht erforderlich, daß die Zuwiderhandlung gegen das

Verbot bereits klar erhellt. Die in Abs. 2 genannten Organe sind vielmehr schon dann zur Anzeige verpflichtet, wenn Umstände vorliegen, die eine Zuwiderhandlung als möglich erscheinen lassen.

3. Durch Abs. 3 soll, wenn der Verdacht einer Zuwiderhandlung gegen § 71 vorliegt, die Nachprüfung der von dem Beschuldigten vorher und nachher abgeschlossenen Anschaffungsgeschäfte in Getreide und Erzeugnissen der Getreidemüllerei ermöglicht werden. Zu diesem Zweck kann der Vorsitzende der Kommission auf Antrag des Staatskommissars oder von Amts wegen die Vorlegung eines Verzeichnisses der Geschäfte anordnen, dem die aus Anlaß der Geschäfte abgesandten und empfangenen Handelsbriefe in Abschrift oder Urschrift sowie die Schlußnoten beizufügen sind (Abs. 3 Satz 1 und 3; sog. Deklarationszwang). Er kann auch den Zeitraum bestimmen, auf den sich die Vorlegung erstrecken soll (Abs. 3 Satz 2). Auf länger als drei Jahre zurückliegende Geschäfte kann wegen der Verjährungsbestimmung des § 72 der Deklarationszwang nicht erstreckt werden.

Stellt der Staatskommissar einen Antrag auf Vorlegung, so kann er nicht abgelehnt werden (§ 79 i. V. mit § 11).

Die in Abs. 3 Satz 1 angezogene Tarifnummer 4 b des Reichsstempelgesetzes ist durch das Kapitalverkehrsteuergesetz vom 8. 4. 1922 (RGBl. I S. 354) aufgehoben worden. An ihre Stelle trat § 35 Abs. 1 Buchst. d KVStG. In das Kapitalverkehrsteuergesetz vom 16. 9. 1934 (RGBl. I S. 1058) sowie in das KVStG 1955 (BGBl. I S. 590) sind die Vorschriften der bisherigen Kapitalverkehrsteuergesetze über die Steuer bei börsenmäßig gehandelten Waren nicht aufgenommen worden.

Damit ist Abs. 3 jedoch nicht gegenstandslos geworden (so Schlegelberger-Hildebrandt S. 1789). Vielmehr würde sich der Deklarationszwang auch jetzt auf die seinerzeit unter Tarif-Nr. 4 b RStG zusammengefaßten Geschäfte erstrecken.

4. Gegen die Anordnung des Vorsitzenden auf Vorlegung des Verzeichnisses findet eine Beschwerde nicht statt.

Entspricht der Beschuldigte der Anordnung nicht oder nur unvollkommen, so kann der Vorsitzende eine Ordnungsstrafe, die ohne Begrenzung wiederholt werden kann, festsetzen (§ 82 Abs. 3). Gegen die Festsetzung von Ordnungsstrafen zur Erzwingung der Vorlegung ist die an keine Frist gebundene Beschwerde gegeben, über die der Vorsitzende der Berufungskommission entscheidet (§ 82 Abs. 3 i. V. mit § 82 Abs. 2 und 3).

§ 79

Auf das Verfahren finden die Vorschriften des § 11, des § 12 Abs. 1, des § 14, des § 16 Abs. 1 bis 3, 5 sowie der §§ 18 bis 25 entsprechende Anwendung, soweit sich nicht aus den nachfolgenden Vorschriften Abweichungen ergeben.

1. Das Verfahren ist im allgemeinen dem ehrengerichtlichen Verfahren nachgebildet. Es sind deshalb in der Aufzählung der entsprechend anzuwendenden Vorschriften aus Abschnitt I nur

diejenigen fortgelassen, die auf das Ordnungsstrafverfahren überhaupt nicht zutreffen können oder hier abweichend geregelt sind. Nach § 12 Abs. 2 dürfen in der Voruntersuchung Zeugen und Sachverständige nur unbeeidigt vernommen werden, § 81 Abs. 2 gestattet dagegen die Beeidigung schon im Vorverfahren. An die Stelle des § 13 tritt hier § 80 Satz 3. § 15 bestimmt die ehrengerichtlichen Strafen, an deren Stelle die Ordnungsstrafe des § 71 tritt. § 16 Abs. 4 handelt von der Ausschließung von der Börse, die hier nicht in Betracht kommt, und § 17 von der Berufungskammer, an deren Stelle hier nach § 74 die Berufungskommission tritt.

2. Unter Berücksichtigung der in § 79 angezogenen Bestimmungen des BörsG würde das Verfahren wie folgt durchzuführen sein:

Auf Anzeige oder auf den nicht abzulehnenden (§ 11) Antrag des Staatskommissars hat der Vorsitzende der Kommission das Verfahren einzuleiten und den Sachverhalt zu erforschen. Er kann dabei von allen öffentlichen Behörden Auskunft verlangen und Ermittlungen jeder Art vornehmen (§ 80 Satz 4), insbesondere den Beschuldigten oder Zeugen und Sachverständige selbst vernehmen oder, falls zweckmäßig, durch die Gerichte vernehmen lassen (§ 83 Abs. 1). Zeugen und Sachverständige können auch im Vorverfahren (Ermittlungsverfahren, Voruntersuchung) vereidigt werden (§ 81 Abs. 2 Satz 2). Der Vorsitzende kann ferner die Vorlegung der Handelsbücher des Beschuldigten anordnen (§ 82 Abs. 1; vgl. auch Abs. 2) und, bei begründetem Verdacht, die Vorlegung eines Verzeichnisses der über Getreide oder Erzeugnisse der Getreidemüllerei abgeschlossenen Geschäfte des Beschuldigten verlangen (§ 78 Abs. 3). Von allen Terminen ist dem Staatskommissar Kenntnis zu geben (§ 11 Satz 4). In geeigneten Fällen hat der Vorsitzende einen Beschluß der Kommission herbeizuführen, daß eine Voruntersuchung durch ein Mitglied stattfindet (§ 12 Abs. 1).

Erweist sich der Verdacht im Laufe der Ermittlungen oder der Voruntersuchung als unbegründet, so kann der Vorsitzende das Verfahren jederzeit einstellen, wenn der Staatskommissar zustimmt (§ 80 Satz 3). Andernfalls beraumt er den Verhandlungstermin an und stellt die erforderlichen Ladungen zu.

Der Vorsitzende leitet die Hauptverhandlung, in der der Beschuldigte über die ihm zur Last gelegte Handlung zu vernehmen ist. Sie findet auch statt, wenn der ordnungsgemäß geladene Beschuldigte nicht erschienen ist (§ 14 Abs. 1 Satz 1). Sie ist nicht öffentlich, kann aber gegebenenfalls auch öffentlich sein (vgl. § 14 Abs. 1 Satz 2—4). Der Beschuldigte kann sich einen Verteidiger nehmen (§ 14 Abs. 2). Die Kommission entscheidet nach Stimmenmehrheit (§ 80 Satz 1).

Über die Vernehmung von Zeugen und Sachverständigen vgl. § 81 Anm. 1—5.

Die Entscheidung ergeht durch Verkündung oder Zustellung (§ 16 Abs. 1). Die Verurteilung kann, die Freisprechung muß auf Antrag des Beschuldigten veröffentlicht werden (§ 16 Abs. 3 und 5). In den Fällen des § 16 Abs. 2 und des § 19 muß die Entscheidung zugestellt werden.

Die §§ 5—14 der preußischen Bestimmungen über das Ordnungsstrafverfahren wegen verbotenen Börsenterminhandels vom 13. 6. 1908 (HMBl. S. 233) haben den wesentlichen Gang des Verfahrens zusammengefaßt. Vgl. auch Anhang II 5 E.

§ 80

Die Entscheidungen der Kommission erfolgen nach Stimmenmehrheit. Die außerhalb der Hauptverwaltung erforderlich werdenden Entscheidungen werden von dem Vorsitzenden erlassen. Die Einstellung des Verfahrens darf nur mit Zustimmung des Staatskommissars erfolgen. Der Vorsitzende kann von allen öffentlichen Behörden Auskunft verlangen und Ermittlungen vornehmen.

1. „Entscheidungen" der Kommission (Satz 1) sind nur Entscheidungen im Rahmen der Hauptverhandlung, z. B. Entscheidungen über Anträge auf Aussetzung der Hauptverhandlung, über die Ablehnung von Beweisanträgen usf., insbesondere auch Urteile.

Für das Abstimmungsverfahren ist § 196 Abs. 1—3 GVG ergänzend heranzuziehen:

„Das Gericht entscheidet, soweit das Gesetz nicht ein anderes bestimmt, mit der absoluten Mehrheit der Stimmen.

Bilden sich in Beziehung auf Summen, über die zu entscheiden ist, mehr als zwei Meinungen, deren keine die Mehrheit für sich hat, so werden die für die größte Summe abgegebenen Stimmen den für die zunächst geringere abgegebenen so lange hinzugerechnet, bis sich eine Mehrheit ergibt.

Bilden sich in einer Strafsache, von der Schuldfrage abgesehen, mehr als zwei Meinungen, deren keine die erforderliche Mehrheit für sich hat, so werden die dem Beschuldigten nachteiligsten Stimmen den zunächst minder nachteiligen so lange hinzugerechnet, bis sich die erforderliche Mehrheit ergibt. Bilden sich in der Straffrage zwei Meinungen, ohne daß eine die erforderliche Mehrheit für sich hat, so gilt die mildere Meinung."

2. § 80 Satz 4 gibt dem Vorsitzenden Rechte, die die StPO der Staatsanwaltschaft zuweist (§ 161 StPO). Der Vorsitzende der Kommission kann danach, auch ohne daß die Kommission eine förmliche Voruntersuchung durch ein Mitglied gemäß § 12 Abs. 1 beschlossen hat, zur Vorbereitung der Beschlußfassung der Kommission über Einstellung oder weitere Verfolgung der Sache Auskünfte einholen und Ermittlungen vornehmen.

§ 81

Auf die Vernehmung von Zeugen und Sachverständigen finden die Vorschriften der §§ 48 bis 64, 66 bis 80, 82 bis 86 der Strafprozeßordnung entsprechende Anwendung.

Die Beeidigung von Zeugen und Sachverständigen darf unterbleiben, wenn der Staatskommissar zustimmt. Sie kann bereits im Vorverfahren erfolgen.

Die Verhängung von Zwangsmaßregeln sowie die Festsetzung von Strafen gegen Zeugen und Sachverständige, welche der Ladung keine Folge leisten oder ihre Aussage oder deren Beeidigung verweigern, erfolgt auf Ersuchen durch das Amtsgericht, in dessen Bezirke die Zeugen oder Sachverständigen ihren Wohnsitz und in Ermangelung eines solchen ihren Aufenthalt haben.

1. Durch die ausdrückliche Bestimmung des Abs. 1, daß die Vorschriften der Strafprozeßordnung auf die Vernehmung von Zeugen und Sachverständigen entsprechend anzuwenden sind, ist deren Anwendung zwingend geworden. Beim ehrengerichtlichen Verfahren ist es demgegenüber dem Ehrengericht überlassen, bezüglich der Zeugen- und Sachverständigenvernehmung wie auch bezüglich aller übrigen Fragen der Ordnung des Verfahrens so zu verfahren, wie es ähnlichen Vorschriften entnommen werden kann, es sei denn, daß das BörsG eine bestimmte Regelung trifft. Allerdings muß auch dort das Verfahren so gehandhabt werden, daß es rechtsstaatlichen Grundsätzen entspricht.

2. Aus der Reihe der Einzelbestimmungen der StPO sind die §§ 65 (jetzt 65 und 66) und 81 fortgelassen. An die Stelle des § 65 (65 und 66) tritt § 81 Abs. 2 BörsG, während § 81 StPO, der die Unterbringung eines Beschuldigten in einer öffentlichen Anstalt zur Beobachtung des Geisteszustandes betrifft, für das Ordnungsstrafverfahren nicht in Betracht kommt.

3. Die durch Abs. 1 für anwendbar erklärten Vorschriften der Strafprozeßordnung haben seit Inkrafttreten des BörsG zum Teil eine andere Paragraphierung erhalten. Die in Abs. 1 erwähnte Paragraphenfolge ist jetzt: §§ 48—60, 63, 64, 66 c—80, 82—86 StPO. Es entfallen also die §§ 61, 62, 66 a, 66 b, 79 Abs. 1 sowie die §§ 80 a, 81, 81 a, 81 b, 81 c und 81 d StPO. Siehe auch Anm. 4.

4. Abs. 2 geht von der Tatsache aus, daß Zeugen und Sachverständige regelmäßig auf ihre Aussage bzw. ihr Gutachten zu beeiden sind. Dem entspricht nicht die neuere Entwicklung, die die Vereidigung unter bestimmten Umständen in das Ermessen des Gerichts (§§ 61, 79 Abs. 1 StPO) oder unter bestimmte Voraussetzungen (§§ 65, 66) stellt. Diese Vorschriften können in Anbetracht des Wortlauts des § 81 Abs. 1 nicht zur Anwendung gelangen. Die Vereidigung darf nur dann unterbleiben, wenn der Staatskommissar zustimmt.

5. Vorverfahren (Abs. 2 Satz 2) ist das gesamte Verfahren vor der Hauptverhandlung. Die Vorschrift, die von § 12 Abs. 2 abweicht, tritt an die Stelle des § 65 StPO.

6. Zu Abs. 3 vgl. §§ 70, 77 StPO.

§ 82

Im Laufe des Verfahrens kann die Vorlegung der Handelsbücher eines Beschuldigten angeordnet werden.

Der Beschuldigte kann zur Befolgung der Anordnung durch Ordnungsstrafen angehalten werden; die einzelne Strafe darf den Betrag von eintausend Mark nicht übersteigen. Gegen Entscheidungen über die Festsetzung von Ordnungsstrafen findet die Beschwerde statt. Über die Beschwerde entscheidet der Vorsitzende der Berufungskommission.

Die Vorschrift des Abs. 2 findet auch Anwendung, wenn der im § 78 Abs. 3 bezeichneten Anordnung nicht entsprochen wird.

1. Jeder Kaufmann ist verpflichtet, Bücher zu führen und in diesen seine Handelsgeschäfte und die Lage seines Vermögens nach den Grundsätzen ordnungsgemäßer Buchführung ersichtlich zu machen (§ 38 Abs. 1 HGB). Er ist verpflichtet, eine Abschrift (Kopie oder Abdruck) der abgesendeten Handelsbriefe zurückzubehalten und diese Abschriften sowie die empfangenen Handelsbriefe geordnet aufzubewahren (§ 38 Abs. 2 HGB). Weitere Buchführungspflichten bestehen auf Grund verschiedener Gesetze. Über Maklertagebücher s. §§ 100 HGB, 33 BörsG. Alle diese Handelsbücher, die daneben geführten Hilfsbücher und der dazu gehörende Schriftwechsel sind „Handelsbücher" i. S. des Abs. 1.

Ihre Vorlegung kann in jedem Stadium des Verfahrens verlangt werden. Außerhalb der Hauptverhandlung kann die Anordnung gemäß § 80 Satz 2 vom Vorsitzenden der Kommission getroffen werden.

2. Aus Abs. 2 Satz 1, 1. Halbsatz folgt, daß unmittelbare Zwangsmittel, Beschlagnahmen und Durchsuchungen im Ordnungsstrafverfahren nicht zulässig sind. Die Ordnungsstrafe darf nur gegen den Beschuldigten, nicht gegen einen anderen Besitzer der Handelsbücher verhängt werden. In Haft kann die Ordnungsstrafe nicht umgewandelt werden.

3. Die Beschwerde des Abs. 2 Satz 2 ist an keine Frist gebunden. Über sie entscheidet der Vorsitzende der Berufungskommission endgültig (Abs. 2 Satz 3).

4. Nach Abs. 3 können Ordnungsstrafen i. S. des Abs. 2 auch dann verhängt werden, wenn jemand, der verdächtig ist, vorsätzlich ein verbotenes Börsentermingeschäft in Getreide oder Erzeugnissen der Getreidemüllerei abgeschlossen zu haben, der Anordnung auf Vorlegung des in § 78 Abs. 3 angezogenen Verzeichnisses nicht entspricht.

§ 83

Anträgen der Kommissionen, der Berufungskommission sowie der Vorsitzenden sind die Gerichte innerhalb der Grenzen ihrer Zuständigkeit zu entsprechen verpflichtet.

Gegen die Entscheidungen der Gerichte findet die Beschwerde unter entsprechender Anwendung der Vorschriften der Strafprozeßordnung statt.

1. § 83 Abs. 1 geht insofern weiter als § 26, als die Rechtshilfe nicht auf die Vernehmung von Zeugen und Sachverständigen beschränkt wird. Das Ersuchen kann daher auch insbesondere auf die Vernehmung des Beschuldigten lauten.

Gerichte innerhalb der Grenzen ihrer Zuständigkeit sind die ordentlichen Gerichte.

2. Gegen die Entscheidungen der Gerichte (Beschlüsse, Verfügungen), ist die unbefristete Beschwerde zulässig, die in den §§ 304 ff. StPO geregelt ist. Vgl. insbesondere § 306 StPO:

> „Die Beschwerde wird bei dem Gericht, von dem oder von dessen Vorsitzenden die angefochtene Entscheidung erlassen ist, zu Protokoll der Geschäftsstelle oder schriftlich eingelegt. Sie kann in dringenden Fällen auch bei dem Beschwerdegericht eingelegt werden.

Erachtet das Gericht oder der Vorsitzende, dessen Entscheidung angefochten wird, die Beschwerde für begründet, so haben sie ihr abzuhelfen; andernfalls ist die Beschwerde sofort, spätestens vor Ablauf von drei Tagen, dem Beschwerdegericht vorzulegen.

Diese Vorschriften gelten auch für die Entscheidungen des Amtsrichters im Vorverfahren, des beauftragten oder ersuchten Richters und des Untersuchungsrichters."

Wegen der Vollzugshemmung vgl. § 307, wegen der Vorbereitung der Entscheidung des Beschwerdegerichts § 308. Die Entscheidung über die Beschwerde ergeht ohne mündliche Verhandlung (§ 309). Weitere Beschwerde (§ 310) kommt regelmäßig nicht in Betracht.

§ 84

Die Landesregierungen sind befugt, ergänzende Bestimmungen über das Verfahren in erster Instanz zu erlassen; sie können insbesondere auch über die Beitreibung der in die Staatskasse fließenden Ordnungsstrafen und Kosten Bestimmungen treffen.

Für das Verfahren in zweiter Instanz kann der Bundesrat ergänzende Bestimmungen erlassen.

Auf die Beitreibung von Ordnungsstrafen und Kosten finden die Vorschriften des Gesetzes über den Beistand bei Einziehung von Abgaben und Vollstreckung von Vermögensstrafen vom 9. Juni 1895 (Reichsgesetzbl. S. 256) Anwendung.

1. Die in Abs. 1, Satz 1, 1. Halbsatz ausgesprochene Ermächtigung ist trotz Art. 129 Abs. 3 GG in Geltung. Die Landesregierungen sollen lediglich die Normen des BörsG hinsichtlich gewisser technischer Einzelheiten erfüllen oder zwecks Durchführung ergänzen. Die Ermächtigung befugt die Landesregierungen nicht, Vorschriften ergänzenden Charakters zu erlassen, die die getroffenen Regelungen der Sache oder dem Umfang nach erweitern (v. Mangoldt, Art. 129 Bem. 3 c).

2. Die Ermächtigung in Abs. 1, Satz 1, 2. Halbsatz, Bestimmungen über die Beitreibung der in die Staatskasse fließenden Ordnungsstrafen und Kosten treffen, entspricht der auch sonst bestehenden Rechtslage. § 14 der Preußischen Bestimmungen über das Ordnungsstrafverfahren wegen verbotenen Börsenterminhandels (HMBl. 1908 S. 233) hatte vorgesehen, daß die Vollstreckung der Entscheidungen auf Grund einer von dem Vorsitzenden der Kommission erteilten, mit der Bescheinigung der Vollstreckbarkeit versehenen beglaubigten Abschrift der Entscheidungsformel nach Maßgabe der preußischen VO betr. das Verwaltungszwangsverfahren wegen Beitreibung von Geldbeträgen vom 15. 11. 1899 (GS S. 543) erfolgt. Dasselbe galt für die Vollstreckung einer Kostenfestsetzungsverfügung.

3. Das in Anm. 1 Gesagte gilt sinngemäß auch für § 84 Abs. 1 Satz 2. An die Stelle des „Bundesrats" ist der Bundesminister für Wirtschaft getreten, der die ergänzenden Rechtsvorschriften nur mit Zustimmung des Bundesrats erlassen könnte (Art. 80 Abs. 2 GG).

4. Das in Abs. 2 genannte, unverändert in Geltung befindliche Gesetz betrifft den Beistand, den die Behörden eines Landes denen des anderen zu leisten haben. Innerstaatlich regeln Landesgesetze die Vollstreckung.

§ 85

Eine auf Grund des § 71 festgesetzte Ordnungsstrafe fällt dem Staate zu, dessen Kommission die Entscheidung in erster Instanz erlassen hat. Kosten, die nicht von einem Beschuldigten zu erstatten sind, oder die von dem Erstattungspflichtigen nicht beigetrieben werden können, fallen der Staatskasse zur Last.

1. § 85 gilt für die Ordnungsstrafen der §§ 71 und 82 Abs. 2.

2. Ohne die Bestimmung, daß die Ordnungsstrafe dem Staate zufällt, dessen Kommission die Entscheidung in erster Instanz erlassen hat (Satz 1), würde die Bundeskasse als empfangsberechtigt zu gelten haben, insoweit die Ordnungsstrafen von der Berufungskommission (§ 74 Satz 2), die eine Bundesbehörde sein würde, oder deren Vorsitzenden festgesetzt sind.

3. Wird der Beschuldigte verurteilt, so können ihm die durch das Verfahren entstandenen baren Auslagen ganz oder zum Teil auferlegt werden (§§ 25, 79). Wegen der Beitreibung s. § 84 Anm. 2.

4. § 85 Satz 2 gilt auch für die Kosten in der zweiten Instanz. Diese trägt das Land, dessen Kommission die Entscheidung erster Instanz gefällt hat.

§ 86

Die Beitreibung der auf Grund des § 71 festgesetzten Ordnungsstrafen verjährt in zwei Jahren von dem Tage an gerechnet, an welchem die Entscheidung rechtskräftig geworden ist. Jede auf Beitreibung der Strafe gerichtete Handlung derjenigen Behörde, welcher die Vollstreckung obliegt, unterbricht die Verjährung.

1. § 86 bezieht sich ausdrücklich nur auf die Ordnungsstrafe des § 71. Eine analoge Anwendung in bezug auf die Ordnungsstrafen des § 82 Abs. 2 dürfte daher nicht angängig sein (a. M. Rehm u. a., Anm. 5).

2. Rechtskräftig werden die Entscheidungen der Kommissionen mit dem Ablauf der Berufungsfrist (§ 18), die Entscheidungen der Berufungskommission mit der Verkündung oder, wo nicht verkündet wird, mit dem Zugang der zuletzt zugegangenen Zustellung, entweder an den Staatskommissar oder an den Beschuldigten (§ 16 Abs. 1).

3. Nur eine Handlung der örtlich zuständigen Vollstreckungsbehörde unterbricht die Verjährung (§86 Satz 2). Auf Beitreibung der Strafe gerichtet ist die Handlung der Behörde auch dann, wenn eine bestimmte Zahlungsfrist bewilligt wird. Handlungen, die lediglich auf Beitreibung der Kosten gerichtet sind, unterbrechen die Verjährung nicht.

Wird die Verjährung unterbrochen, so beginnt eine neue Verjährung von gleicher Dauer, die ebenfalls wieder, unter Umständen auch mehrere Male, unterbrochen werden kann.

§ 87

Unbeschadet einer verwirkten Ordnungsstrafe kann das Ehrengericht (§ 10) Börsenbesucher wegen der in dem § 71 bezeichneten Handlungen mit Verweis sowie zeitweiliger oder dauernder Ausschließung von der Börse bestrafen.

1. Begeht ein Börsenbesucher eine Zuwiderhandlung gegen § 71, so kann seine Handlungsweise außer durch die Kommission auch durch das Ehrengericht geahndet werden. Beide Gerichte sind unabhängig von einander und können die Handlungsweise selbständig beurteilen (Rehm u. a., Anm. 2).

2. Wenn das Ehrengericht eine nach § 71 strafbare Handlung feststellt, so kann es wegen dieser Handlung auf die vom BörsG (§ 15 Abs. 1) festgelegten Ehrenstrafen erkennen. Nicht nötig ist, daß es neben der strafbaren Handlungsweise noch ein besonderes unehrenhaftes Verhalten feststellt, um strafen zu können (a. M. Meyer, 3. Aufl., Anm. 1). Das Ehrengericht kann auch von einer Bestrafung absehen, wenn es der Auffassung ist, daß die von der Kommission verhängte Ordnungsstrafe und eine etwa verhängte Veröffentlichung der Strafe eine ausreichende Sühne des ordnungswidrigen Verhaltens darstellen (Rehm u. a., Anm. 2).

3. Stellt das Ehrengericht fest, daß die zur Last gelegten Handlungen nicht die objektiven und subjektiven Merkmale des § 71 erfüllen, jedoch in anderer Hinsicht als unehrenhaft zu betrachten sind, so kann es wie auch sonst den betreffenden Börsenbesucher zur Verantwortung ziehen (§§ 10, 15 Abs. 1 und Abs. 2 i. V. mit § 8 Abs. 2).

VI. Straf- und Schlußbestimmungen

Einleitung: Abschnitt VI enthält eine Reihe von Strafbestimmungen (§§ 88 bis 92, 94 und 95), die nicht Ordnungsstrafrecht, sondern Kriminalrecht darstellen, und in § 96 eine Bestimmung, die verschiedene in bezug auf Wertpapiere getroffene Bestimmungen des BörsG auf Wechsel und ausländische Zahlungsmittel erstreckt.

§ 88 schützt die Preise, die sich auf Börsen oder anderen Märkten bilden, gegen täuschende Manipulationen, sowie den Kapitalmarkt und das Publikum gegen Prospektbetrug. § 89 richtet sich gegen den Pressemißbrauch zwecks Einwirkung auf den Börsenpreis durch das Gewähren auffälliger Vorteile und gegen das Unterdrücken bestimmter Pressenachrichten durch Vorteilsgewährung. In § 90 wird die Veröffentlichung und Verbreitung von Kurszetteln für Geschäfte unter Strafe gestellt, bei denen das BörsG an anderer Stelle die Veröffentlichung und Verbreitung von Kurszetteln verboten hat. § 91 erhebt die mit Ordnungsstrafe bedrohte Zuwiderhandlung gegen § 71 zum Kriminaldelikt, sofern gewisse besondere Voraussetzungen gegeben sind. Durch § 92 soll die Beeinflussung der Preise von Getreide und Erzeugnissen der Getreidemüllerei mittels verbotener Börsentermingeschäfte oder Differenzgeschäfte verhindert werden, während § 93 den sog. Deklarationszwang (§ 78 Abs. 3) und die Mittel zu seiner Durchsetzung (§ 82 Abs. 3) auf Personen erstreckt, die des Vergehens nach § 92 verdächtig sind. § 94 wendet sich gegen die Verleitung zu Börsenspekulationsgeschäften. In § 95, wohl der wichtigsten Strafvorschrift des VI. Abschnitts, wird das pflichtwidrige Handeln der Kommissionäre mit Strafe bedroht. Die Bestimmung ist nicht auf den Verkehr in Börsenwerten beschränkt.

Der bereits erwähnte § 96 dehnt in Abs. 1 die im II. und IV. Abschnitt des BörsG sowie in § 88 in bezug auf Wertpapiere getroffenen Bestimmungen auf Wechsel und ausländische Zahlungsmittel aus, definiert in Abs. 2 den Begriff „Zahlungsmittel" und gibt in Abs. 3 eine Ermächtigung in bezug auf die Ausdehnung des § 58 BörsG auf Börsentermingeschäfte in Wechseln und ausländischen Zahlungsmitteln, die zum Börsenterminhandel nicht zugelassen sind.

§ 88

Wer in betrügerischer Absicht auf Täuschung berechnete Mittel anwendet, um auf den Börsen- oder Marktpreis von Waren oder Wertpapieren einzuwirken, wird mit Gefängnis und zugleich mit Geldstrafe bis zu fünfzehntausend Mark bestraft. Auch kann auf Verlust der bürgerlichen Ehrenrechte erkannt werden.

Sind mildernde Umstände vorhanden, so kann ausschließlich auf die Geldstrafe erkannt werden.

Die gleiche Strafe trifft denjenigen, welcher in betrügerischer Absicht wissentlich unrichtige Angaben in Propekten (§ 38) oder in öffentlichen Kundgebungen macht, durch welche die Zeichnung oder der Ankauf oder Verkauf von Wertpapieren herbeigeführt werden soll. Die Strafverfolgung verjährt in fünf Jahren; § 22 des Gesetzes über die Presse vom 7. Mai 1874 (Reichsgesetzbl. S. 65) findet keine Anwendung.

Vorbemerkung: § 88 Abs. 3 Satz 2 ist durch den Vierten Teil, Kap. V, Art. 3 der Vierten VO des Reichspräsidenten zur Sicherung von Wirtschaft und Finanzen und zum Schutze des inneren Friedens vom 8. 12. 1931 (RGBl. I S. 699, 716) eingefügt worden.

1. Abs. 1 schützt die auf Börsen und Märkten vor sich gehende Preisbildung vor betrügerischer Beeinflussung. Täter kann jeder beliebige sein; auch ist gleichgültig, wo die Tat begangen wird.

Zum Begriff des Börsenpreises s. § 29 Anm. 7. Im allgemeinen ist Börsenpreis der vom Börsenvorstand oder von den Kursmaklern festgestellte Preis für börsengängige Waren oder Wertpapiere. Ob jedoch dieser Preis nach Maßgabe der §§ 29, 30, 35 amtlich festgestellt oder, wie z. B. bei verbotenen oder nicht zugelassenen Wertpapieren nur privat oder überhaupt nicht notiert wird, spielt keine Rolle. Auch Freiverkehrskurse sind durch Abs. 1 geschützt.

Marktpreis ist der Durchschnittspreis, der sich aus der Vergleichung der tatsächlich in einem bestimmten Zeitraum am Markt abgeschlossenen Geschäfte ermitteln läßt und der von zuständiger Seite örtlich festgesetzt oder auf Grund frei geschlossener Geschäfte festgestellt wird. Einseitige Festsetzung durch Verbände schafft keinen Marktpreis (RG in JW 1927, 1143).

Durch die Aufnahme des Marktpreises in den Tatbestand des Abs. 1 tritt die Strafbestimmung über den Rahmen des BörsG hinaus; das entspricht der Absicht des Gesetzgebers, die an den öffentlichen Märkten zur Notierung gelangenden Preise ebenso vor einer betrügerischen Einwirkung zu schützen wie die Börsenpreise (KB I, 52).

Den Wertpapieren stehen Wechsel und ausländische Zahlungsmittel gleich (§ 96 Abs. 1); dagegen bezieht sich § 88 nicht auf unverbriefte Rechte.

2. Der Tatbestand des Kursbetrugs erfordert ferner in subjektiver Beziehung

a) die betrügerische Absicht des Täters,

b) daß das angewandte Mittel auf Täuschung berechnet ist,

c) daß mit der Anwendung eine Einwirkung auf den Börsen- oder Marktpreis von Waren oder Wertpapieren bezweckt wird.

Betrügerische Absicht ist die Absicht, sich oder einem anderen einen rechtswidrigen Vermögensvorteil zu verschaffen. Ob ein Vermögensvorteil rechtswidrig ist, muß unter Berücksichtigung der Verkehrssitte der beteiligten Kreise entschieden werden. Eine künstliche Beeinflussung der Kurse ist jedenfalls dann rechtswidrig, wenn Mittel angewandt werden, die nach der Verkehrsanschauung unzulässig sind (RG in JW 1931, 203).

Das die Preisbeeinflussung bezweckende Mittel ist auf Täuschung berechnet, wenn damit eine irrtümliche Vorstellung hervorgerufen werden soll. Es kommt also nicht nur, wie beim strafrechtlichen Betrug (§ 263 StGB), die Täuschung über Tatsachen, sondern auch über Absichten, Meinungen usw. in Betracht (RGSt. 23, 440). Zu solchen Mitteln können Scheingeschäfte, Scheinangebote — z. B. das bei den sog. Ausweichkursen geübte Verfahren — sowie Veröffentlichungen und Mitteilungen jeder Art gehören, sofern sie zum Zweck der Preisbeeinflussung angewendet werden.

Nicht erforderlich ist, daß mit der Täuschung der Preis bestimmter Waren oder Wertpapiere beeinflußt werden soll. Es genügt die Anwendung auf Täuschung berechneter Mittel in der Absicht, an der Börse oder dem Markt im allgemeinen eine günstige oder ungünstige Stimmung hervorzurufen (KB I, 52). Bei wirtschaftlich berechtigten Einwirkungen auf die Preisbildung sind die vorgenannten subjektiven Merkmale nicht vorhanden, z. B. bei den namentlich gelegentlich der Einführung neuer Wertpapiere vorkommenden fingierten Käufen oder Verkäufen, deren Zweck ist, überhaupt die Feststellung eines Kurses zu ermöglichen, sowie bei Ankäufen, die Bankhäuser an der Börse vornehmen, um den Kurs eines Wertpapiers zu halten oder auch zu steigern (Begr. I, 57).

In objektiver Beziehung genügt die Anwendung des Mittels. Besteht es in einer Mitteilung an die zu täuschende Person, so gilt es als angewandt, wenn diese die Mitteilung erhält (RGSt. 23, 138). Ob der Zweck der Preisbeeinflussung erreicht ist oder mit dem angewandten Mittel überhaupt erreicht werden konnte, ist unerheblich. Der Versuch der künstlichen Beeinflussung ist zum vollendeten Vergehen erhoben (Rehm u. a., Anm. 7).

3. Abs. 3, der den Kapitalmarkt gegen die Einführung von Wertpapieren und den Handel damit auf Grund unwahrer Publikationen schützen will, bezieht sich ausschließlich auf Wertpapiere, und findet in bezug auf Waren eine Ergänzung in § 4 UWG.

Strafbar ist der sog. Prospektbetrug nur, wenn „unrichtige Angaben" gemacht werden. Unvollständigkeit der Angaben genügt nicht, es sei denn, daß die Richtigkeit der Angaben durch das Fortlassen wesentlicher Tatsachen wissentlich beeinträchtigt wird.

Nicht erforderlich ist, daß die Prospekte veröffentlicht, wohl aber, daß sie der Zulassungsstelle eingereicht sind. Strafrechtlich verantwortlich für die Prospekte sind diejenigen Personen, denen gemäß § 45 die zivilrechtliche Verantwortlichkeit obliegt.

Öffentliche Kundgebungen sind solche, die einer unbestimmt großen Personenzahl zugänglich sind, z. B. in Zeitungen oder durch Anschläge.

4. Die unrichtigen Angaben sind erst dann strafbar, wenn sie „in betrügerischer Absicht" und „wissentlich" gemacht worden sind. Wegen der betrügerischen Absicht vgl. oben Anm. 2. „Wissentlich" bedeutet vorsätzlich. Es genügt der Dolus eventualis. Der Vorsatz muß sich lediglich auf die Unwahrheit der Angaben beziehen. Für das Fortlassen wesentlicher Tatsachen gilt das oben Gesagte: der Täter muß wissen, daß die Lückenhaftigkeit des Prospekts den Prospekt unrichtig macht. Die Voraussetzungen der Strafbarkeit und der zivilrechtlichen Haftung des Emittenten, die schon bei Fahrlässigkeit gegeben ist, sind also verschieden.

Von dem Erfolg ist die Strafbarkeit der Handlung nicht abhängig.

5. Bei durch die Presse begangenen Vergehen gegen § 88 vgl. über die Strafbarkeit des verantwortlichen Redakteurs, Verlegers, Druckers oder Verbreiters, §§ 20 und 21 PressG (in Bayern, Bremen, Hessen und Württemberg-Baden nach 1945 durch Landespressegesetze ersetzt). § 22 PressG in der Fassung des Art. 13 des Gesetzes zur Änderung des Strafgesetzbuches vom 28. 6. 1935 (RGBl. I S. 839) sieht eine Verjährungsfrist von nur einem Jahr vor; sie ist in Fällen des § 88 also unanwendbar.

6. Stellt sich eine nach § 88 strafbare Handlung zugleich als vollendeter oder versuchter Betrug (§ 263 StGB) dar, so ist nach § 73 StGB nur § 263 StGB als das die schwerere Strafe androhende Gesetz anzuwenden; anders bei Idealkonkurrenz mit § 4 UWG. Über die Konkurrenz des § 88 mit § 89 vgl. § 89 Anm. 7. Über die Verjährung vgl. §§ 67 ff. StGB.

7. Die Gefängnisstrafe beträgt mindestens einen Tag und höchstens fünf Jahre (§ 16 Abs. 1 StGB), die daneben stets zu verhängende Geldstrafe mindestens 3 und höchstens 10 000 Deutsche Mark (vgl. § 27 StGB i. V. mit Art. XIV Abs. 2 Ziff. 2 der VO über Vermögensstrafen und Bußen vom 6. 2. 1924 — RGBl. I S. 44 —). Siehe auch §§ 27 a, 27 c StGB.

Bei mildernden Umständen kann in den Fällen des Abs. 1 und Abs. 3 ausschließlich auf Geldstrafe erkannt werden (Abs. 2).

§ 89

Wer für Mitteilungen in der Presse, durch welche auf den Börsenpreis eingewirkt werden soll, Vorteile gewährt oder verspricht oder sich gewähren oder versprechen läßt, welche in auffälligem Mißververhältnisse zu der Leistung stehen, wird mit Gefängnis bis zu einem Jahre und zugleich mit Geldstrafe bis zu fünftausend Mark bestraft.

Die gleiche Strafe trifft denjenigen, der sich für die Unterlassung von Mitteilungen der bezeichneten Art Vorteile gewähren oder versprechen läßt.

Der Versuch ist strafbar.

Sind mildernde Umstände vorhanden, so kann ausschließlich auf die Geldstrafe erkannt werden.

1. Durch § 89 wird die Pressebestechung, d. h. das Erkaufen von Pressemitteilungen und die Empfangnahme oder das Sichversprechenlassen von Schweigegeldern, damit bestimmte Mitteilungen in der Presse nicht erscheinen, unter Strafe gestellt. Zu beachten ist, daß im Tatbestand des Abs. 1 die aktive und passive Bestechung unter Strafe gestellt ist, im Tatbestand des Abs. 2 dagegen nur die passive Bestechung. Derjenige also, der im Falle des Abs. 2 die Vorteile für die Unterlassung gewisser Mitteilungen in der Presse gewährt oder verspricht, ist straffrei. Ein weiterer bedeutsamer Unterschied besteht auch darin, daß nach Abs. 2 Vorteile jeder Art und Höhe ausreichen, während nach Abs. 1 die Vorteile in einem auffälligen Mißverhältnis zur Leistung stehen müssen.

2. Als Mitteilung in der Presse (Abs. 1) gilt jede in einer Druckschrift i. S. des § 2 PressG enthaltene Mitteilung. Es macht also keinen Unterschied, ob eine Veröffentlichung in der periodischen Presse oder in sonstigen Presseerzeugnissen gewollt ist (Rehm u. a., Anm. 3).

3. Zweck der Mitteilung muß die Einwirkung auf den Börsenpreis von Waren oder Wertpapieren sein. Wechsel und ausländische Zahlungsmittel (§ 96 Abs. 1) stehen hier Wertpapieren nicht gleich. Über den Börsenpreis vgl. § 88 Anm. 1. Die Einwirkung auf den Marktpreis kommt für § 89, im Unterschied zu § 88, nicht in Betracht.

4. Ob die Mitteilung richtig oder unrichtig ist, ist für die Strafbarkeit unerheblich (KB I, 53; RT StenB I, 2063); ebenso, ob mit ihr der Zweck der Preisbeeinflussung erreicht werden kann oder nicht. Dagegen gehört zur Strafbarkeit mindestens die Kenntnis des Täters von dem bezeichneten Zweck der Mitteilung. Das Kennenmüssen genügt nicht.

5. Die Vorteile brauchen nicht Vermögensvorteile zu sein.

6. Das Tatbestandsmerkmal „auffälliges Mißverhältnis zur Leistung" ist § 302 a StGB entnommen. Wann dieses Mißverhältnis vorliegt, ist nach den Umständen des Einzelfalls zu beurteilen (RGSt. 4, 392). In der Regel wird ein Mißverhältnis dann vorliegen, wenn der Vorteil den Wert der in der Mitteilung enthaltenen Geistesarbeit, die Kosten der Veröffentlichung und den bei solchen Anlässen gerechtfertigten Gewinn erheblich übersteigt (Rehm u. a., Anm. 8). Darüber hinaus muß ein

„auffälliges" Mißverhältnis vorliegen, also ein Mißverhältnis, das ohne weiteres in die Augen fällt.

7. Verstößt die nach Abs. 1 strafbare Handlung zugleich gegen § 88 oder gegen § 253 StGB, so ist gemäß § 73 StGB nach diesen Bestimmungen zu strafen. Wegen der Verjährung vgl. §§ 67 ff. StGB.

8. Durch die in ihrem Wortlaut unklare Bestimmung des Abs. 2 soll verhindert werden, daß sich jemand Vorteile dadurch zu verschaffen sucht, daß er sich bereit erklärt, Mitteilungen, an denen die Börsenkreise ein Interesse hätten, nicht zu veröffentlichen (KB I, 53; RT StenB I, 2064). Eine Kursbeeinflussung wird hierbei mit der Unterlassung bezweckt, indem verhindert werden soll, daß die Mitteilung auf den Kurs einwirkt. Ob die Unterlassung der Mitteilung gegen die Berufspflicht des Täters verstößt, ist unerheblich.

9. Auf die Höhe der Vorteile kommt es nach Abs. 2 im Unterschied zu Abs. 1 nicht an. Vgl. Anm. 1.

10. Aktive Bestechung ist hier im Gegensatz zu Abs. 1 straffrei. Vgl. Anm. 1.

11. Als strafbarer Versuch (Abs. 3) stellt sich in den Fällen des § 89 das Fordern und Anbieten des Vorteils dar, sofern die bezügliche Erklärung dem anderen Teil zugegangen ist. Über die Bemessung der Versuchsstrafe vgl. §§ 43 ff. StGB.

12. Die in Abs. 1 bestimmte Geldstrafe, die nach Abs. 4 bei mildernden Umständen ausschließlich verhängt werden kann, beträgt nach § 27 Abs. 2 Ziff. 1 StGB i. V. mit Art. VIII Abs. 1 der VO über Vermögensstrafen und Bußen vom 6. 2. 1924 (RGBl. I S. 44) jetzt mindestens 3 und höchstens 10 000 Deutsche Mark.

§ 90

Wer wissentlich den Vorschriften der §§ 42, 43 oder des § 51 Abs. 2 zuwider Preislisten (Kurszettel) veröffentlicht oder in mechanisch hergestellter Vervielfältigung verbreitet, wird mit Geldstrafe bis zu eintausend Mark oder mit Haft oder mit Gefängnis bis zu sechs Monaten bestraft.

1. Die Verbote in den §§ 42, 43 und 51 Abs. 2 beziehen sich auf die Veröffentlichung oder Vervielfältigung von Kurszetteln für

a) Wertpapiere, die zur öffentlichen Zeichnung aufgelegt werden, bis zur beendeten Zuteilung an die Zeichner (§ 42);

b) Wertpapiere, deren Zulassung zum Börsenhandel verweigert oder nicht nachgesucht ist, jedoch nur, wenn die Geschäfte an der Börse abgeschlossen sind, und soweit nicht die Börsenordnungen Ausnahmen zulassen (§ 43); und

c) Wertpapiere und Waren, in denen der Börsenterminhandel durch das BörsG oder den „Bundesrat" verboten, oder deren Zulassung zum Börsenterminhandel vom „Bundesrat" oder den Börsenorganen endgültig verweigert oder zurückgenommen ist, oder für welche die Ausschließung von der Benutzung der Börseneinrichtungen und der Vermittlung durch die Kursmakler von seiten des Börsenvorstandes wegen Abweichung von den festgesetzten Geschäftsbedingungen oder wegen Nichtzulassung zum Börsenterminhandel angeordnet ist, falls das Geschäft im Inland an oder außerhalb der Börse abgeschlossen ist (§ 51 Abs. 2).

2. Hinsichtlich der Preislisten (Kurszettel) vgl. § 42 Anm. 3.

3. Veröffentlicht ist eine Preisliste, wenn sie dem Publikum, sei es durch Zeitungen, sei es durch Aushang, zugänglich gemacht worden ist; vgl. § 42 Anm. 3.

4. Verbreitung liegt vor, wenn die Preisliste einem größeren Personenkreis zugänglich gemacht worden ist. Sie ist jedoch nur dann strafbar, wenn sie mittels „mechanisch hergestellter Vervielfältigung" erfolgt.

5. Das Vergehen muß „wissentlich" verübt sein. Wissentlich ist das Vergehen verübt, wenn der Veröffentlicher oder Verbreiter in Kenntnis der Tatsachen, die das Verbot nach sich ziehen, gehandelt hat. Wissentlich bedeutet hier dasselbe wie vorsätzlich (RGSt. 64, 423; 72, 377). Bedingter Vorsatz ist nicht ausgeschlossen. Der Versuch ist straflos.

6. Die Geldstrafe beträgt jetzt mindestens 3 und höchstens 10 000 Deutsche Mark (§ 27 Abs. 2 Ziff. 1 StGB i. V. mit Art. VIII Abs. 1 der VO über Vermögensstrafen und Bußen vom 6. 2. 1924 — RGBl. I S. 44 —).

7. Über die Verjährung vgl. §§ 67 ff. StGB und § 22 PressG, über die Verantwortlichkeit für die durch die Presse begangenen Vergehen gegen § 90 vgl. §§ 20, 21 PressG sowie § 88 Anm. 5.

§ 91

Mit Gefängnis und mit Geldstrafe bis zu zehntausend Mark wird bestraft, wer aus dem Abschlusse von verbotenen Börsentermingeschäften in Getreide oder Erzeugnissen der Getreidemüllerei ein Gewerbe macht, nachdem er auf Grund des § 71 rechtskräftig zur Zahlung einer Ordnungsstrafe verurteilt worden ist, darauf abermals ein verbotenes Börsentermingeschäft in Getreide oder Erzeugnissen der Getreidemüllerei abgeschlossen hat und deshalb rechtskräftig verurteilt worden ist.

1. § 91 gestaltet die mit Ordnungsstrafe bedrohte Zuwiderhandlung gegen § 71 für den Fall, daß wiederholter Rückfall und gewerbsmäßige Begehung vorliegen, zum Kriminaldelikt aus. Wiederholter Rückfall ist dann gegeben, wenn eine Zuwiderhandlung gegen § 71 begangen worden ist, wegen dieser eine rechtskräftige Verurteilung erfolgt ist, danach erneut eine Zuwiderhandlung gegen § 71 begangen wurde, und diese Zuwiderhandlung wiederum zu einer rechtskräftigen Verurteilung geführt hat. Auch die zweite Verurteilung muß im Ordnungsstrafverfahren erfolgt sein (KB II, 101); eine Verurteilung auf Grund des § 92 kommt nicht in Betracht. Ob die Urteile vollstreckt worden sind, ist unerheblich.

Gewerbsmäßigkeit liegt vor, wenn der Täter den Willen hat, sich durch wiederholte Begehung eine Einnahmequelle zu verschaffen; dieser

Wille kann auch einer einzelnen Handlung entnommen werden (RGSt. 12, 391). Ob Gewerbsmäßigkeit vorliegt, ist vom Richter auf Grund selbständiger Prüfung zu entscheiden; an die Vorentscheidungen der Ordnungskommissionen ist er nicht gebunden (KB II, 101).

2. Stellt das ordentliche Gericht fest, daß die Tatbestandsmerkmale der Gewerbsmäßigkeit oder des wiederholten Rückfalls nicht gegeben sind, so muß es freisprechen. Eine Verweisung an die Kommission ist nicht möglich. Die Kommission kann aber alsdann ein Verfahren wegen Vergehens gegen § 71 einleiten. Ist eine Verurteilung durch das Gericht erfolgt, so kann eine nochmalige Bestrafung durch die Kommission wegen konkurrierender Zuwiderhandlung gegen § 71 nicht erfolgen. Hat die Kommission ein rechtskräftiges Urteil aus § 71 erlassen und stellt sich nunmehr heraus, daß an sich Gewerbsmäßigkeit und wiederholter Rückfall vorlag, so kann dennoch wegen derselben Tat ein gerichtliches Verfahren durchgeführt werden. Ein Verbrauch der Strafklage tritt also hier nicht ein (Rehm u. a., Anm. 6).

3. Der Versuch ist straflos.

4. Die Gefängnisstrafe beträgt mindestens einen Tag und höchstens fünf Jahre (§ 16 Abs. 1 StGB); die daneben stets zu verhängende Geldstrafe mindestens 3 Deutsche Mark (§ 27 Abs. 2 Ziff. 1 StGB). Die Verjährungsfrist beträgt gemäß § 67 Abs. 2 StGB fünf Jahre.

§ 92

Mit Gefängnis und mit Geldstrafe bis zu zehntausend Mark wird bestraft, wer in gewinnsüchtiger Absicht, um den Preis von Getreide oder Erzeugnissen der Getreidemüllerei im Widerspruche mit der durch die allgemeine Marktlage gegebenen Entwickelung zu beeinflussen, verbotene Börsentermingeschäfte oder Geschäfte schließt, die unter die Begriffsbestimmung des § 68 fallen. Sind mildernde Umstände vorhanden, so kann allein auf die Geldstrafe erkannt werden.

1. Durch die Bestimmung des § 92 soll künstlichen Preisbewegungen vorgebeugt werden, insbesondere den sogenannten Schwänzen (corner). Man versteht hierunter die Vornahme massenhafter Ankäufe zu dem Zweck, zur Lieferungszeit möglichst viel Ware aufzuspeichern und dadurch die Verkäufer, die ohne Deckung verkauft hatten, in die Zwangslage zu versetzen, zu weiter gesteigerten Preisen, also mit Verlust, die Ware von ihrem früheren Käufer zurückzukaufen. Die Absicht des Schwänzers ist dabei auf den tatsächlichen Erwerb der Ware gerichtet, während sie auf seiten der Verkäufer allerdings häufig auf die Ausgleichung des Preisunterschieds gerichtet sein wird.

2. „Gewinnsüchtige Absicht" ist hier Tatbestandsmerkmal (wie bei den §§ 301, 302 StGB). Gewinnsucht liegt nicht schon vor, wenn sich der Täter durch die Tat einen Vermögensvorteil verschaffen will. Gewinnsucht ist vielmehr Steigerung des berechtigten Erwerbssinns auf ein ungewöhnliches, sittlich anstößiges Maß. Eine derartige Steigerung ist anzunehmen, wenn der Täter mit solcher Macht von dem Streben nach materiellem Vorteil beherrscht wird, daß er diesem Streben ohne jede Rücksicht auf das Gesetz,

den geschäftlichen Anstand und die Allgemeinheit nachgibt. In der Regel wird die Gewinnsucht eine Eigenschaft des Täters sein, die die einzelne Tat überdauert. Sie kann aber auch nur ein einzelnes Mal, bei besonders günstiger Gelegenheit, in Erscheinung treten (RGSt. 60, 306, 390).

Gleichgültig ist, ob der Täter den Gewinn für sich oder einen anderen sucht (RGSt. 56, 245).

3. Außer in Gewinnsucht muß der Täter in der Absicht handeln, den Preis im Widerspruch zu der durch die allgemeine Marktlage gegebenen Entwicklung zu beeinflussen. Seine Handlungsweise ist also nur strafbar, wenn er eine künstliche Änderung der Konjunktur durch den Abschluß von verbotenen Börsentermingeschäften oder Differenzgeschäften (§ 68) in Getreide oder Erzeugnissen der Getreidemüllerei bezweckt. Die Gegensätzlichkeit der von dem Täter erstrebten Entwicklung zu der durch die allgemeine Marktlage gegebenen muß ihm bekannt sein.

4. Daß eine Schwänze (vgl. oben Anm. 1) durch verbotene Börsentermingeschäfte versucht wird, erscheint ausgeschlossen. Die in die Zwangslage versetzten Verkäufer würden, wenn das dennoch geschehen sein sollte, ohne weiteres durch Erhebung des Einwandes aus § 66 in der Lage sein, sich aus ihrer Zwangslage zu befreien. In einem derartigen Fall würden auch die kaufmännischen Grundsätze von Treu und Glauben einen solchen Weg zur Vereitelung einer Schwänze zulassen.

5. Zu den Geschäften, die unter die Begriffsbestimmung des § 68 fallen vgl. § 68 Anm. 1 und 2.

6. Über die Möglichkeit der gleichzeitigen Verfolgung einer Handlung gemäß § 92 und im Ordnungsstrafverfahren vgl. § 71 Anm. 4.

7. Der Versuch ist straflos.

Die Gefängnisstrafe beträgt mindestens einen Tag, höchstens 5 Jahre (§ 16 Abs. 1 StPO), die daneben stets zu verhängende Geldstrafe mindestens 3 und höchstens 10 000 Deutsche Mark (§ 27 Abs. 2 Ziff. 1 StPO).

§ 93

Auf Personen, die der Begehung der in § 92 bezeichneten strafbaren Handlung verdächtig sind, finden die Vorschriften des § 78 Abs. 3 und des § 82 Abs. 3 Anwendung.

1. Vgl. über Voraussetzungen und Inhalt des durch § 93 auf die des Vergehens gegen § 92 verdächtigen Personen ausgedehnten Deklarationszwangs § 78 Anm. 3.

2. Neben dem dem Kommissionsvorsitzenden zugesprochenen Recht besteht noch die Befugnis der Strafverfolgungsbehörde, selbständig mit den ihr durch die StPO eingeräumten Mitteln, zu denen aber nicht die dem Kommissionsvorsitzenden gemäß § 78 Abs. 3 vorbehaltene Anordnung auf Vorlegung des dort erwähnten Verzeichnisses gehört, vorzugehen. § 82 Abs. 1 brauchte deshalb nicht besonders für anwendbar erklärt zu werden.

§ 94

Wer gewohnheitsmäßig in gewinnsüchtiger Absicht andere unter Ausbeutung ihrer Unerfahrenheit oder ihres Leichtsinns zu Börsenspekulationsgeschäften verleitet, welche nicht zu ihrem Gewerbebetriebe gehören, wird mit Gefängnis und zugleich mit Geldstrafe bis zu fünfzehntausend Mark bestraft. Auch kann auf Verlust der bürgerlichen Ehrenrechte erkannt werden.

1. § 94, der die Verleitung zu Börsenspekulationsgeschäften betrifft, macht die Strafbarkeit von einer ganzen Reihe von Voraussetzungen abhängig. Die Strafandrohung richtet sich gegen jedermann, nicht nur gegen Börsenbesucher (RGStS II, 20. 5. 1914). Die Tat muß gegenüber jemandem begangen werden, zu dessen Gewerbebetrieb die durch die Verleitung zustande gekommenen Börsengeschäfte nicht gehören.

2. Gewohnheitsmäßigkeit erfordert einen durch die wiederholte Begehung erzeugten Hang zu dem betreffenden Delikt. Nach der Rechtsprechung wird eine Handlung gewohnheitsmäßig verübt, wenn ihre Verwirklichung den Ausfluß eines durch Übung entwickelten Hangs zu ihrer Begehung bildet (RGSt. 59, 143). Gewohnheitsmäßigkeit setzt voraus, daß mindestens zwei Einzelhandlungen begangen sind. Sie kann aber auch aus früheren erledigten Fällen geschlossen werden (RGSt. 58, 25).

Die Gewohnheitsmäßigkeit ist hier strafbegründend, nicht etwa nur straferhöhend.

Einzeltaten gewohnheitsmäßiger Straftaten bilden keine Handlungseinheit, sondern sind selbständige Vergehen. Möglich ist jedoch, daß mehrere „Sammelstraftaten" in Fortsetzungszusammenhang begangen werden (RGSt. 56, 326; 58, 10) und dann als ein und dieselbe Handlung abgeurteilt werden.

3. Bezüglich der gewinnsüchtigen Absicht vgl. § 92 Anm. 2.

4. Ausbeutung der Unerfahrenheit oder des Leichtsinns ist die bewußte Ausnutzung dieser Eigenschaften. Es gehört also zur Strafbarkeit, daß der Täter diese Eigenschaften bei Eingehung oder doch im Verlauf der Geschäftsverbindung erkannt hat (RG in JW 1913, 1051).

5. Unerfahrenheit i. S. des § 94 bedeutet Mangel an Erfahrung in Börsenspekulationsgeschäften (s. Anm. 7). Sie liegt vor, wenn der Verleitete infolge fehlender geschäftlicher Einsicht die Tragweite solcher Unternehmungen nicht genügend zu übersehen vermag (RG in JW 1913, 1050).

6. Leichtsinnig handelt, wer den Folgen seiner Handlung aus Sorglosigkeit oder aus Mangel an genügender Überlegung die ihnen zukommende Bedeutung nicht beilegt (RGSt. 17, 26). Insbesondere handelt leichtsinnig, wer sich, unbekümmert um die wirtschaftlichen Folgen, zu Börsenspekulationsgeschäften (Anm. 7) verleiten läßt, die seine Kräfte weit übersteigen (RG in JW 1913, 1050).

7. Börsenspekulationsgeschäfte sind Kassa- oder Zeitgeschäfte, die an einer Börse oder unter Zugrundelegung von Börsenusancen geschlossen worden sind, bei denen es lediglich auf die Erzielung eines Gewinns aus der Kursbewegung abgesehen ist. Den Gegensatz dazu bilden z. B. Börsengeschäfte zum Zweck der Kapitalsanlage, der Deckung oder der Versicherung (Begr. I, 58). Der rechtliche Charakter eines Prämiengeschäfts als Börsenspekulationsgeschäft wird nicht dadurch berührt, daß der Täter es dem erklärten Willen seines Auftraggebers zuwider schließlich nicht ausgeführt und von vornherein auch nicht auszuführen beabsichtigt hat.

8. Der Begriff des Verleitens erfordert nur, daß mit irgendwelchen Mitteln auf den Willen eines anderen zu dem Zweck eingewirkt worden ist, ihn zum Abschluß von Börsenspekulationsgeschäften zu bestimmen und daß diese Einwirkungen Erfolg gehabt haben. Es gibt keine Mittel, die in ihrer Anwendung gegen leichtsinnige oder unerfahrene Personen bei Verfolgung jenes Zweckes als erlaubt angesehen werden könnten. Die bloße Entsendung von Agenten zwecks Anknüpfung von Geschäftsverbindungen stellt sich daher im Sinne des § 94 schon als ein unzulässiges Verleiten dar (RG in JW 1913, 1049). Unerheblich ist, ob der Täter als Kommissionär oder als Eigenhändler aufgetreten ist. Ebenso ist es ohne Bedeutung, ob er die Kunden neu erworben oder von anderen Bankfirmen übernommen hat, oder ob die Kunden vorher schon Spekulationsgeschäfte an der Börse gemacht hatten oder von Haus aus dazu geneigt waren. Denn hierdurch wird nicht ausgeschlossen, daß sie zu den im einzelnen Fall abgeschlossenen Geschäften durch Zureden des Täters oder seiner Vertreter veranlaßt worden sind (RG a. a. O.).

9. Die Verleitung zu Börsenspekulationsgeschäften ist nur strafbar, wenn Personen verleitet werden, bei denen solche Geschäfte nicht zu ihrem Gewerbebetrieb gehören. Der Gesetzgeber hielt Personen, deren Gewerbe den Abschluß von Börsenspekulationsgeschäften mit sich bringt, eines besonderen strafrechtlichen Schutzes gegen Verleitung nicht für bedürftig (Begr. I, 58).

10. Die Geldstrafe beträgt mindestens 3 und höchstens 10 000 Deutsche Mark (§ 27 Abs. 2 Ziff. 1 StGB i. V. mit Art. VIII Abs. 1, Art. XIV Abs. 2 Ziff. 2 der VO über Vermögensstrafen und Bußen vom 6. 2. 1924 (RGBl. I S. 44).

11. Die Strafen sind dieselben wie in § 88; jedoch sind mildernde Umstände nicht zugelassen.

Der Versuch ist straflos.

Die Verjährung beginnt mit dem letzten Akt der gewohnheitsmäßigen Tätigkeit und wird in 5 Jahren vollendet (§ 67 Abs. 2 StGB).

12. In zivilrechtlicher Beziehung macht die nach § 94 strafbare Verleitung die infolge der Verleitung abgeschlossenen Börsenspekulationsgeschäfte nicht nichtig, da wohl die Verleitung gegen ein gesetzliches Verbot und die guten Sitten verstößt (§§ 134, 138 BGB), hinsichtlich der Geschäfte selbst aber beides nicht der Fall zu sein braucht. Doch hat der

Verleitete gegen den Verleiter wegen eines ihm entstandenen Verlustes Schadenersatzansprüche aus den §§ 823 Abs. 2, 826 BGB. Ferner tritt Nichtigkeit der Geschäfte selbst ein, wenn bei den Geschäften zugleich die Tatbestandsmerkmale des Betrugs (§ 263 StGB) erfüllt sind. Letzteres ist vom Reichsgericht in der zitierten Entscheidung gegen Animierbankiers (sog. bucketshops) angenommen worden, die sämtliche Geschäfte „in sich" erledigten, ohne sich wegen des Risikos Deckung zu verschaffen, und die zwar die Einschüsse und Prämien vereinnahmten, etwaige Kursgewinne ihres „Gegenspielers" aber von vornherein nicht auszuzahlen beabsichtigten und auch regelmäßig nicht ausgezahlt haben.

§ 95

Ein Kommissionär, welcher, um sich oder einem Dritten einen Vermögensvorteil zu verschaffen,

1. **das Vermögen des Kommittenten dadurch beschädigt, daß er hinsichtlich eines abzuschließenden Geschäfts wider besseres Wissen unrichtigen Rat oder unrichtige Auskunft erteilt, oder**
2. **bei der Ausführung eines Auftrags oder bei der Abwicklung eines Geschäfts absichtlich zum Nachteile des Kommittenten handelt,**

wird mit Gefängnis bestraft. Neben der Gefängnisstrafe kann auf Geldstrafe bis zu dreitausend Mark sowie auf Verlust der bürgerlichen Ehrenrechte erkannt werden.

In besonders schweren Fällen tritt an die Stelle der Gefängnisstrafe Zuchthaus bis zu zehn Jahren; eine besonders schwerer Fall liegt insbesondere dann vor, wenn die Tat das Wohl des Volkes geschädigt oder einen anderen besonders großen Schaden zur Folge gehabt oder der Täter besonders arglistig gehandelt hat.

Der Versuch ist strafbar in den Fällen der Ziffer 1.

Schrifttum: Martens, Untreue des Gelegenheitskommissionärs, NJW 1954, 541.

Vorbemerkung: Die Fassung des § 95 Abs. 2 beruht auf dem Gesetz zur Abänderung strafrechtlicher Vorschriften vom 26. 5. 1933, Art. IV (RGBl. I S. 295). Sie gilt im vollen Umfang weiter, obwohl die entsprechenden Fassungen in § 263 Abs. 4 Satz 2 und § 266 Abs. 2 Satz 2 StGB durch Art. 2 Ziff. 41 des Dritten Strafrechtsänderungsgesetzes vom 4. 8. 1953 (BGBl. I S. 75/Berl. GVBl. S. 758) hinsichtlich der beispielhaften Aufzählung der schweren Fälle aufgehoben worden sind.

1. Das BörsG von 1896 enthielt in den §§ 71—74 ausführliche Vorschriften über das Selbsteintrittsrecht im Kommissionshandel. Diese Vorschriften wurden wegen Übernahme in die §§ 400—405 HGB durch Art. 14 EGHGB aufgehoben. Nur die Strafvorschrift für pflichtwidrig handelnde Kommissionäre verblieb im BörsG, obwohl sie mit den aufgehobenen Vorschriften innerlich zusammenhängt und sich auf Kommissionsgeschäfte aller Art, nicht nur auf solche in Börsenwerten, bezieht (RGSt. 61, 341).

Das in Abs. 1 Ziff. 1 normierte Vergehen ähnelt dem Betrug, das in Abs. 1 Ziff. 2 der Untreue. Die Bestimmungen sind gegenüber den §§ 263 und 266 StGB leges speciales, schließen also die Anwendung dieser Bestimmungen aus (RG in JW 1930, 2725 mit Anm. Weber; OLG Dresden in DJ 1936, 1579; OLG Hamm in JZ 1953, 233 mit Anm. Bockelmann).

2. Kommissionär ist, wer es gewerbsmäßig übernimmt, Waren oder Wertpapiere für Rechnung eines anderen im eigenen Namen zu kaufen oder zu verkaufen (§ 383 HGB). Nur der Kommissionär selbst kann Täter oder Mittäter sein, als solcher auch der persönlich haftende Gesellschafter einer Kommanditgesellschaft oder einer offenen Handelsgesellschaft, nicht aber der Kommanditist oder der Prokurist des Kommissionärs oder ein sonstiger Handelsangestellter (RGSt. 69, 73). Täter kann auch der alleinige Gesellschafter einer GmbH sein, der als Geschäftsführer den der Gesellschaft erteilten Kommissionsauftrag ausführt (OLG Dresden in JW 1931, 812). Ob es sich um ein rechtlich verbindliches oder um ein gemäß §§ 60, 70 BörsG unverbindliches (termingeschäftliches) Kommissionsverhältnis handelt, ist ohne Bedeutung (RGSt. 41, 265).

Kommissionär ist auch der Gelegenheitskommissionär des § 406 Abs. 1 Satz 2 HGB (so RGSt. 61, 344; 62, 31; RG in JW 1931, 542; OLG Dresden in HRR 1930, 2051 und in DJ 1936, 1579; OLG Hamm in JZ 1953, 233 mit Anm. Bockelmann; a. M. Alsberg in JW 1931, 1198; Martens in NJW 1954, 541); desgleichen der Inhaber eines sog. Konsignationslagers (RG in JW 1932, 748).

3. Vermögensvorteil ist jeder Vorteil, der die Vermögenslage verbessert. Er braucht nicht unmittelbar aus dem Geschäft und auch nicht notwendig aus dem Vermögen des Kommittenten zu fließen (Rehm u. a., Anm. 4). Es genügt z. B. das Bestreben, durch Ausführung der Kommission den Börsenkurs zum eigenen Nutzen zu beeinflussen.

Das Erlangen des Vorteils muß in der Absicht des Täters liegen. Zur Absicht genügt das Bewußtsein, daß die Handlung zum Nachteil des Kommittenten geschieht. Die Absicht kann auch auf die Bereicherung eines Dritten gerichtet sein.

4. Vermögen ist die Summe alles dessen, was für eine Person einen in Geld ausdrückbaren wirtschaftlichen Wert hat, nachdem die Verbindlichkeiten abgezogen sind (BGHSt. 3, 102). Der Begriff ist im wesentlichen wirtschaftlicher Natur und nicht an die durch das Privatrecht gezogenen Grenzen gebunden (RGSt. 66, 337).

Vermögensbeschädigung liegt vor, wenn das Vermögen durch die verbotene Handlungsweise in seinem Wert gemindert wird, sei es durch Verminderung der Aktiven ihrem Wert nach, sei es durch Belastung mit neuen Verbindlichkeiten, denen kein entsprechender Erwerb gegenübersteht (RGSt. 16, 3). Bei der Bemessung des objektiven Wertes sind auch die individuellen Verhältnisse zu berücksichtigen, unter Umständen auch subjektive Elemente, d. h. das, was die Parteien bezweckt haben. Vermögensbeschädigung liegt z. B. auch vor, wenn jemand durch Täuschung zum Abschluß eines Kaufvertrages über eine andere als die gewünschte Ware veranlaßt wird und der Kaufpreis für diese angemessen ist, er aber für die andere Ware keinerlei Verwendung hat (BGH in NJW 1953, 836).

5. Die Erteilung des Auftrags ist nicht notwendige Voraussetzung für die Anwendbarkeit des § 95 Abs. 1 Ziff. 1. Der Tatbestand kann vielmehr auch durch doloses Abraten von einem Geschäft oder wahrheitswidrige Auskunft, die zu diesem Zweck gegeben wird, erfüllt werden. In allen Fällen muß dem Kommissionär die Unrichtigkeit des Rates oder der Auskunft bekannt sein; dolus eventualis genügt nicht. Durch Unterlassung einer Warnung macht sich der Kommissionär nicht strafbar.

6. Bei der Ausführung des Auftrags (Abs. 1 Ziff. 2) handelt auch der, der auftragswidrig handelt (RGSt. 34, 377).

7. „Absichtlich" (Abs. 1 Ziff. 2) bedeutet hier so viel wie wissentlich oder vorsätzlich (RG in Recht 1907, 716); es genügt daher in Bezug auf die Benachteiligung des Kommittenten der dolus eventualis.

8. Unter das Handeln zum Nachteil des Kommittenten fällt jedes positive Handeln gegen den Zweck des Vertrags (RGSt. 34, 377).

In Betracht kommen als Anwendungsfälle insbesondere arglistige Erteilung unrichtiger Ratschläge in Ansehung der Abwicklung eines Geschäfts, die wissentliche Berechnung unrichtiger Kurse, das absichtliche Auswählen eines ungünstigen Zeitpunkts für den Abschluß des Abwicklungsgeschäfts, die nachteilige Beeinflussung des Kurses, die Ankündigung nicht vorhandener Ware. Selbstverständlich bleibt es dem Kommissionär unbenommen, für Rechnung eines anderen Auftraggebers oder auch als Eigenhändler die durch den ordnungsmäßigen Gewerbebetrieb veranlaßten Handlungen vorzunehmen, wenn diese auch, z. B. durch Steigen oder Fallen des Kurses, dem Kommittenten Nachteil bringen können (Begr. I, 58).

Zum Nachteil handelt auch der Kommissionär, der die Ausführung des Auftrags pflichtwidrig unterläßt (RG in JW 1939, 936); ebenso ein Provinzbankier, der als Einkaufskommissionär für Wertpapiere das Selbsteintrittsrecht ausübt und, wenn er die Gefahr eines geschäftlichen Zusammenbruchs herannahen sieht, zur Vermeidung von Schädigungen des Kommittenten nicht dafür sorgt, daß die Wertpapiere von vornherein bei der Zentralbank in das „Depot B" genommen werden (RGSt. 70, 161).

9. Vgl. zur Geldstrafe die §§ 27 ff. StGB. Die Geldstrafe beträgt nunmehr in der Regel mindestens 3 und höchstens 10 000 Deutsche Mark (§ 27 Abs. 2 Ziff. 1 i. V. mit Art. VIII Abs. 1 der VO vom 6. 2. 1924 — RGBl. I S. 44 —). Das gilt auch bei Versuch und Beihilfe (RGSt. 18, 25). Die Höchstgeldstrafe des § 95 Abs. 1 Satz 2 ist damit gegenstandslos. Bei Gewinnsucht (Steigerung des berechtigten Erwerbssinns auf ein ungewöhnliches, ungesundes, sittlich anstößiges Maß; RGSt. 60, 306; BGH in NJW 1952, 983) kann auf Geldstrafe bis zu 100 000 Deutsche Mark erkannt werden (§ 27 a).

10. Über die Bemessung der Versuchsstrafe vgl. §§ 43 ff. StGB.

§ 96

Die in dem II. und IV. Abschnitte sowie im § 88 bezüglich der Wertpapiere getroffenen Bestimmungen gelten auch für Wechsel und ausländische Zahlungsmittel.

Als Zahlungsmittel im Sinne des ersten Absatzes gelten außer Geldsorten, Papiergeld, Banknoten und dergleichen auch Auszahlungen, Anweisungen und Schecks.

Die Reichsregierung kann mit Zustimmung des Reichsrats bestimmen, daß, unter welchen Voraussetzungen und für welche Zeitdauer die Vorschriften des § 58 auch auf Börsentermingeschäfte in Wechseln und ausländischen Zahlungsmitteln, die zum Börsenterminhandel nicht zugelassen sind, Anwendung finden.

Vorbemerkung: Die jetzige Fassung des § 96 beruht auf dem Gesetz über die Abänderung des BörsG vom 23. 12. 1920 (RGBl. S. 2317).

1. Zu Abs. 1: Abschnitt II betrifft die Feststellung des Börsenpreises und das Maklerwesen, Abschnitt IV den Börsenterminhandel, § 88 den Börsenbetrug (Kurs- und Prospektbetrug).

2. Das Erfordernis der Zustimmung des Reichsrats (Abs. 3) ist durch § 2 Abs. 1 des Gesetzes über die Aufhebung des Reichsrats vom 14. 2. 1934 (RGBl. I S. 89) weggefallen. An die Stelle der Reichsregierung ist gemäß Art. 129 Abs. 1 und 80 Abs. 1 Satz 1 GG die Bundesregierung bzw. der Bundesminister für Wirtschaft getreten, der zur Rechtsetzung aus § 96 Abs. 3 der Zustimmung des Bundesrats gemäß Art. 80 Abs. 2 bedürfte.

Von der Ermächtigung in Abs. 3 hat der Reichswirtschaftsminister in der VO über Börsentermingeschäfte in Wechseln und ausländischen Zahlungsmitteln vom 7. 3. 1925 (RGBl. I S. 20) Gebrauch gemacht. Sie hat folgenden Wortlaut:

„§ 1

Die Vorschriften des § 58 des Börsengesetzes vom 22. Juni 1896 in der Fassung der Bekanntmachung vom 27. Mai 1908 (Reichsgesetzbl. S. 215) finden auf Börsentermingeschäfte in Wechseln und ausländischen Zahlungsmitteln, die zum Börsenterminhandel nicht zugelassen sind, Anwendung. Die Vorschrift des § 3 der Devisenverordnung vom 8. November 1924 (Reichsgesetzbl. I S. 729) bleibt unberührt.

§ 2

Die Vorschriften dieser Verordnung finden auf die seit dem 1. Januar 1924 abgeschlossenen Börsentermingeschäfte mit der Maßgabe Anwendung, daß das bisherige Recht maßgebend bleibt, soweit zur Zeit des Inkrafttretens dieser Verordnung Ansprüche aus einem solchen Geschäfte durch Erfüllung oder in sonstiger Weise erloschen sind oder über sie rechtskräftig entschieden ist."

Die VO hat gegenwärtig keine praktische Bedeutung.

Anhang

I.

Allgemeines Börsenrecht sowie verwandte Gesetze und Bestimmungen

1.

Bekanntmachung betr. die Zulassung von Wertpapieren zum Börsenhandel

Vom 4. Juli 1910 (RGBl. S. 917)

unter Berücksichtigung der Verordnungen, betr. die Zulassung von Wertpapieren zum Börsenhandel vom 30. 11. 1917 (RGBl. S. 1089), 5. 11. 1924 (RGBl. I S. 735) und 4. 12. 1934 (RGBl. I S. 1215).

Auf Grund des § 44 Abs. 1, 2 des Börsengesetzes (Reichsgesetzbl. 1908 S. 215) hat der Bundesrat folgende Bestimmungen, betreffend die Zulassung von Wertpapieren zum Börsenhandel, beschlossen, die mit dem 15. Juli 1910 an die Stelle der geltenden Bestimmungen (Bekanntmachung des Reichskanzlers vom 11. Dezember 1896, Reichsgesetzbl. S. 763, Bekanntmachung des Reichskanzlers vom 20. Dezember 1900, Reichsgesetzbl. S. 1014) treten:

§ 1

(1) Wertpapiere, die auf einen Geldbetrag gestellt sind, dürfen zum Börsenhandel nur zugelassen werden, wenn von den Stücken, in denen der Börsenhandel stattfinden soll, mindestens vorhanden sind:

bei der Börse zu Berlin ein Gesamtnennwert von 1½ Millionen Reichsmark,
bei den Börsen zu Frankfurt (Main) und Hamburg ein Gesamtnennwert von 500 000 Reichsmark,
bei den übrigen Börsen ein Gesamtnennwert von 250 000 Reichsmark.

(2) Die Zulassungsstelle kann von diesem Erfordernis absehen,

1. wenn Wertpapiere desselben Ausstellers bereits an der Börse zum Handel zugelassen sind;
2. bei Anteilen einer Gesellschaft, deren Kapital herabgesetzt worden ist, wenn die Anteile der Gesellschaft vor der Herabsetzung an der Börse zum Handel zugelassen waren;
3. bei Anteilen einer Gesellschaft, deren Kapital auf Goldmark umgestellt worden ist, wenn die Anteile der Gesellschaft vor der Umstellung an der Börse zum Handel zugelassen waren und sofern der Gesamtnennwert der Stücke, in denen der Börsenhandel stattfinden soll, bei den

Börsen zu Berlin, Frankfurt (Main) und Hamburg mindestens 200 000 Reichsmark, bei den übrigen Börsen mindestens 100 000 Reichsmark beträgt.

(3) In besonderen Fällen kann der Reichswirtschaftsminister[1]) Ausnahmen von den Erfordernissen des Absatzes 1 zulassen.

(4) Die Zulassung von Wertpapieren an der Börse zu Berlin, deren Gesamtnennwert weniger als 1½ Millionen Reichsmark beträgt, ist zum 31. Dezember 1934 zurückzunehmen. Der Reichswirtschaftsminister[2]) kann Ausnahmen zulassen, insbesondere wenn für die Wertpapiere eine Heimatbörse außerhalb von Berlin nicht vorhanden ist.

(5) Der Reichswirtschaftsminister[3]) kann die Zurücknahme der Zulassung von Wertpapieren an der Börse zu Berlin, deren Gesamtnennwert 3 Millionen Reichsmark und weniger beträgt, anordnen,

a) wenn eine starke Mehrheit der Wertpapiere in der Hand einer oder weniger Personen gebunden ist,

b) wenn in den Wertpapieren an der Berliner Börse kein bedeutender Handel stattgefunden hat und eine Zusammenfassung des Handels an der Heimatbörse der Wertpapiere zweckmäßig erscheint.

(6) Neuzulassungen von Wertpapieren im Gesamtnennwert von 3 Millionen Reichsmark und weniger sollen an der Berliner Börse nur erfolgen, wenn ein ausreichender Handel an der Heimatbörse der Wertpapiere nicht, wohl aber an der Berliner Börse möglich erscheint.

§ 2

Wertpapiere, die nicht auf einen Geldbetrag gestellt sind (Kuxe, Genußscheine usw.), dürfen zum Börsenhandel nur zugelassen werden, wenn von den Stücken, in denen der Börsenhandel stattfinden soll, mindestens 1000 vorhanden sind. In besonderen Fällen kann die Börsenaufsichtsbehörde Ausnahmen zulassen.

§ 3

Anteile einer ausländischen Gesellschaft, die auf weniger als eintausend Mark gestellt sind, dürfen nur mit Genehmigung der Landesregierung zugelassen werden.

§ 4

Die Zulassung hat zur Voraussetzung:

1. daß die Wertpapiere vollgezahlt sind oder ihre Vollzahlung jederzeit zulässig ist; auf Aktien und Interimsscheine von Versicherungsgesellschaften findet diese Vorschrift keine Anwendung;
2. daß der Geldbetrag, auf den sie lauten, in deutscher Währung oder gleichzeitig in dieser und einer anderen Währung angegeben ist;
3. daß die Verpflichtung übernommen wird, die Auszahlung der Zinsen oder Gewinnanteile sowie verloster oder gekündigter Stücke und die Aushändigung neuer Zins- oder Gewinnanteilscheinbogen an einem deutschen Börsenplatze kostenfrei zu bewirken;

---

[1]) Nunmehr die Landesregierung gemäß Art. 129 Abs. 1, Art. 83 GG.

[2]) Jetzt der Senat von Berlin bzw. der Senator für Wirtschaft und Kredit gemäß Art. 48 Abs. 3 in Verbindung mit Art. 43 Abs. 5 der Verfassung von Berlin (VOBl. 1950 I S. 433).

[3]) Vgl. Anm. 2.

4. bei Schuldverschreibungen, daß die Verpflichtung übernommen wird, die Kündigungen und Verlosungen sowie einmal jährlich Verzeichnisse der früher gekündigten oder verlosten, aber noch nicht eingelösten Stücke (Restantenlisten) in mindestens einer an einem deutschen Börsenplatz erscheinenden Zeitung zu veröffentlichen;
5. bei Aktien inländischer Kreditbanken, daß die Verpflichtung übernommen wird, neben der Jahresbilanz regelmäßig Bilanzübersichten zu veröffentlichen. Für die Zwischenräume, in denen die Aufstellung und die Veröffentlichung zu erfolgen hat, und für das den Übersichten zugrunde zu legende Muster ist das Abkommen maßgebend, das eine Anzahl von Mitgliedern der Berliner Abrechnungsstelle untereinander und der Berliner Abrechnungsstelle gegenüber mit Zustimmung des Präsidenten des Reichsbankdirektoriums getroffen hat. Die diesem Abkommen entsprechenden Bestimmungen sowie spätere vom Reichskanzler genehmigte Änderungen werden im Reichsanzeiger veröffentlicht, und zwar die Änderungen unter Angabe des Zeitpunkts des Inkrafttretens.

Die Zulassungsstelle kann in geeigneten Fällen von diesen Voraussetzungen absehen. Ausnahmen von der Vorschrift unter Nr. 5 bedürfen der Zustimmung der Landesregierung. Sieht die Zulassungsstelle von der Vorschrift unter Nr. 2 ab, so hat sie den Kurs für die Umrechnung der fremden Währung in deutsche Währung für den Börsenhandel festzusetzen. Ausnahmen von den Vorschriften unter Nr. 1 bis 4 sind dem Staatskommissar unter Angabe der Gründe mitzuteilen.

Die Zulassungsstelle kann die Zulassung von der Erfüllung weiterer Voraussetzungen abhängig machen, die eine Erleichterung des Börsenverkehrs oder der Ausübung der den Erwerbern der Wertpapiere zustehenden Rechte bezwecken oder die hinsichtlich der Wertpapiere zu bewirkende Bekanntmachungen betreffen.

Werden die bei der Zulassung von Wertpapieren übernommenen Verpflichtungen (Abs. 1 Nr. 3 bis 5, Abs. 3) nicht erfüllt, so kann die Zulassungsstelle die Wertpapiere vom Börsenhandel ausschließen.

§ 5

Der Antrag auf Zulassung von Wertpapieren zum Börsenhandel muß von einer an der Börse vertretenen öffentlichen Bankanstalt, Privatbank oder Bankfirma gestellt werden.

Der Antrag ist bei der Zulassungsstelle schriftlich einzureichen; er muß Betrag und Art der einzuführenden Wertpapiere bezeichnen (§ 38 Abs. 1 des Börsengesetzes).

Dem Antrag sind die im § 9 bezeichneten Nachweise und der Prospekt beizufügen. Der Prospekt ist von denjenigen, welche ihn erlassen, zu unterzeichnen; zu diesen muß der Antragsteller gehören. Die Unterschrift des Antragstellers kann unter eine Nachschrift gesetzt werden.

Die Landesregierung kann anordnen, daß die Vorschrift des Abs. 1 auf bestimmte Arten von inländischen Wertpapieren nicht zur Anwendung kommen soll. In Einzelfällen kann die Zulassungsstelle Ausnahmen zulassen. Der Beschluß der Zulassungsstelle ist dem Staatskommissar mitzuteilen.

§ 6

Der Prospekt muß angeben:

1. das Gemeinwesen, die Gesellschaft oder Person, deren Werte zugelassen werden sollen;
2. den für den Ertrag der Emission vorgesehenen besonderen Verwendungszweck;
3. den Nennbetrag der zugelassenen Werte, und zwar sowohl den Betrag, der bereits vorhanden ist, wie den Betrag, der erst später ausgegeben werden soll, und den Zeitpunkt, zu dem die Ausgabe voraussichtlich erfolgen wird;
4. die Merkmale (Betrag, Reihen, Nummern) der Stücke, ob die Stücke auf den Inhaber, an Order oder auf Namen lauten und ob den Stücken Zins- oder Gewinnanteilscheine beigegeben werden; auf die Angabe der Nummern kann verzichtet werden, wenn die Beschaffung unverhältnismäßig schwierig ist;
5. die Bestimmungen über Kündbarkeit oder Unkündbarkeit sowie über die Tilgung der Werte;
6. die Art der Sicherstellung für Kapital, Zinsen oder Gewinnanteile und die Umstände, die für die Beurteilung der Sicherstellung von Bedeutung sind;
7. die Vorzugsrechte, die den Werten vor früher ausgegebenen Werten, oder diesen vor jenen zustehen (bevorrechtigte Forderungen, Vorzugsaktien usw.);
8. die bei Zins-, Gewinnanteil- oder Kapitalzahlungen erfolgenden Abzüge oder Beschränkungen;
9. den Zinssatz sowie die Plätze und die Termine, an denen die Zinsen oder Gewinnanteile und die Kapitalbeträge zahlbar sind;
10. die Verjährungsfristen für die Ansprüche auf Zinsen oder Gewinnanteile und auf die Kapitalbeträge; bei inländischen Wertpapieren sind diese Angaben nur erforderlich, insoweit Abweichungen von den gesetzlichen Vorschriften vorgesehen sind;
11. den gemäß § 4 Abs. 2 Satz 3 festgesetzten Umrechnungskurs.

§ 7

Außerdem muß der Prospekt enthalten:

A. bei Schuldverschreibungen eines ausländischen Staates, einer ausländischen kommunalen Körperschaft oder kommunalen Kreditanstalt:

1. eine Übersicht über den letzten (ordentlichen und außerordentlichen) Haushaltsetat oder die Angabe, daß ein Etat nicht veröffentlicht wird;
2. eine Übersicht über die wesentlichen Ergebnisse der drei letzten Jahreshaushaltsabschlüsse des Gemeinwesens;
3. eine Übersicht über den Schuldenbestand des Gemeinwesens;
4. sofern die Verbindlichkeiten, die das Gemeinwesen innerhalb der letzten 10 Jahre aus Anleihen nach Maßgabe der öffentlichen Anleihe-

bedingungen durch Zins- oder Kapitalzahlung zu erfüllen hatte, bisher unerledigt geblieben sind, die Mitteilung der darauf bezüglichen Umstände;

B. bei Wertpapieren (Anteilen, Schuldverschreibungen, Genußscheinen) eines gewerblichen Unternehmens:

1. die Bezeichnung des Zweckes und des Umfanges des Unternehmens;
2. Angaben über eine dem Unternehmen erteilte Konzession (Privileg), deren Dauer und die das Unternehmen besonders belastenden Konzessionsbedingungen;
3. Angaben über Rechte eines Dritten, das Unternehmen zu erwerben;
4. Angaben über die innerhalb der letzten drei Jahre eingetretenen Bau- oder Betriebsstörungen, durch welche die Ertragsfähigkeit des Unternehmens für längere Zeit wesentlich beeinträchtigt worden ist;
5. Angaben über die Befugnisse, die den Inhabern der Schuldverschreibungen gegenüber dem Aussteller eingeräumt sind;

C. bei Grundkredit-Obligationen und Pfandbriefen:

1. die Angabe der Bestände an zur Deckung der Schuldverschreibungen bestimmten Hypotheken, Grundschulden, Forderungen und Wertpapieren, sowie des Gesamtbetrags der im Umlauf befindlichen Schuldverschreibungen nach ihrem Nennwert für den Schluß des letzten Kalendervierteljahres;
2. die Angabe der wesentlichen Grundsätze, nach denen die Ermittelung des Wertes und die Beleihung der Pfandgegenstände erfolgt;
3. die Angabe des Betrags, bis zu dem Schuldverschreibungen und Pfandbriefe im Verhältnis zum Grundkapital und zu den Hypotheken ausgegeben werden dürfen;
4. die Angabe der wesentlichen Befugnisse, die den Inhabern der Schuldverschreibungen gegenüber dem Aussteller eingeräumt sind (Bestellung eines Pfandhalters, Faustpfandrechte und dergleichen);
5. die Angabe der dem Staate, der Gemeinde usw. zustehenden Aufsichtsbefugnisse.

Bei den Hypothekenpfandbriefen deutscher Hypothekenbanken (Hypothekenbankgesetz vom 13. Juli 1899, Reichsgesetzbl. S. 375)[4]) bedarf es der unter Nr. 2 bis 5 vorgeschriebenen Angaben nicht.

§ 8

Bei Wertpapieren einer Aktiengesellschaft oder Kommanditgesellschaft auf Aktien muß der Prospekt außer den durch §§ 6, 7 erforderten Angaben enthalten eine Angabe über:

1. den Gegenstand des Unternehmens;
2. die Höhe des Grundkapitals;
3. die Namen der Mitglieder des Aufsichtsrats und des Vorstandes;
4. die Art, wie die von der Gesellschaft ausgehenden Bekanntmachungen erfolgen;
5. das Geschäftsjahr der Gesellschaft;

---

[4]) Geändert am 14. 7. 1923 (RGBl. I S. 635), 26. 1. 1926 (RGBl. I S. 97), 21. 12. 1927 (RGBl. I S. 491), 29. 3. 1930 (RGBl. I S. 108).

6. die Bestimmungen über die Verteilung des Gewinns;
7. die zugunsten einzelner Aktionäre bedungenen besonderen Vorteile, sowie sie in fortlaufenden Bezügen oder in der Rückzahlung der Aktien bestehen;
8. wenn noch nicht zwei volle Jahre seit Eintragung der Gesellschaft in das Handelsregister verflossen sind: die zugunsten einzelner Aktionäre bedungenen, nicht unter Nr. 7 fallenden besonderen Vorteile; die von der Gesellschaft übernommenen vorhandenen oder herzustellenden Anlagen oder sonstigen Vermögensstücke; die von Aktionären auf das Grundkapital gemachten Einlagen, die nicht durch Barzahlung zu leisten sind, der Gesamtaufwand, der zu Lasten der Gesellschaft an Aktionäre oder andere als Entschädigung oder Belohnung für die Gründung oder deren Vorbereitung gewährt ist;
9. die in den letzten fünf Jahren verteilten Gewinnanteile;
10. die Bilanz des letzten Geschäftsjahrs nebst Gewinn- und Verlustrechnung oder, wenn die Bilanz des letzten Geschäftsjahres noch nicht genehmigt ist, nach Wahl der Zulassungsstelle die Bilanz des vorletzten Geschäftsjahrs, ergänzt durch Angaben, über den voraussichtlichen Abschluß des letzten Geschäftsjahrs, oder die von den Verwaltungsorganen aufgestellte Bilanz des letzten Geschäftsjahrs. Ist das erste Geschäftsjahr der Gesellschaft noch nicht abgelaufen, so genügt eine Gegenüberstellung der Vermögensstücke und Verbindlichkeiten;
11. die Höhe der Hypothekenschulden und Anleihen, deren Fälligkeit und Tilgungsart. Die Zulassungsstelle kann gestatten, daß diese Angaben kurz zusammengefaßt werden;
12. die Bezugsrechte der ersten Zeichner und anderer Personen;
13. die Bestimmungen des Gesellschaftsvertrags über die Art der Bestellung und Zusammensetzung des Aufsichtsrats und des Vorstandes, über die Art, wie die Berufung der Generalversammlung der Aktionäre geschieht, über die Aufstellung der Bilanz, die Ansammlung von Reservefonds, das Stimmrecht und die Bezugsrechte der Aktionäre. Bei Wertpapieren inländischer Gesellschaften genügt die Angabe derjenigen Abweichungen von den gesetzlichen Vorschriften, welche für die Erwerber der Wertpapiere von Interesse sind.

Die Vorschriften des Abs. 1 finden bei Wertpapieren anderer Gesellschaften entsprechende Anwendung.

§ 9

Es sind beizugeben:

1. jedem Zulassungsantrag ein Nachweis über den Rechtstitel (Gesetz, staatliche Genehmigung, Gesellschaftsvertrag, Gesellschaftsbeschluß usw.), auf dem die Berechtigung zur Ausgabe der Wertpapiere beruht, sowie über das Verhältnis zu früher ausgegebenen Werten (§ 6 Nr. 7);
2. dem Antrag auf Zulassung der Anleihe eines ausländischen Staates, einer ausländischen kommunalen Körperschaft oder kommunalen Kreditanstalt:
   der Nachweis, daß die durch § 7 A unter Nr. 1 bis 3 erforderlichen Übersichten auf amtlichen Feststellungen beruhen;

3. dem Antrag auf Zulassung der Werte eines Unternehmens, das auf einer Konzession beruht:
   die Konzessionsurkunde oder ein Auszug, der die im § 7 B unter Nr. 2 erforderten Angaben nachweist;
4. dem Antrag auf Zulassung von Wertpapieren einer Gesellschaft (§ 8):
   a) der Nachweis über die Eintragung in das Handelsregister,
   b) der Gesellschaftsvertrag,
   c) die Geschäftsberichte der letzten drei Jahre,
   d) bei inländischen Gesellschaften, wenn noch nicht zwei volle Jahre seit der Eintragung in das Handelsregister verflossen sind, der gemäß § 193 des Handelsgesetzbuchs von besonderen Revisoren erstattete Bericht.

Die Beweisstücke sind in einer Form vorzulegen, die nach dem Ermessen der Zulassungsstelle den Inhalt glaubhaft ergibt. Beweisstücken, die nicht in deutscher, englischer oder französischer Sprache abgefaßt sind, ist eine belaubigte Übersetzung beizufügen.

§ 10

Bei Schuldverschreibungen eines ausländischen Staates kann ausnahmsweise von den im § 7 A unter Nr. 1 bis 3 geforderten Angaben abgesehen werden, wenn die Finanzverhältnisse des Staates so klar liegen und so allgemein bekannt sind, daß es einer weiteren Information des Publikums im Sinne des § 36 Abs. 3 b des Börsengesetzes nicht bedarf. Das gleiche gilt bei Schuldverschreibungen einer ausländischen kommunalen Körperschaft oder kommunalen Kreditanstalt, wenn die Verzinsung und Rückzahlung von einem solchen Staate gewährleistet ist. Von den im § 7 A unter Nr. 2, 3 geforderten Angaben kann ausnahmsweise auch dann abgesehen werden, wenn die Angaben für den Staat nach Lage der Verhältnisse nicht zu beschaffen sind.

Ist die Verzinsung und Rückzahlung von Schuldverschreibungen von dem Reiche[5]), einem Bundesstaat[6]), einem ausländischen Staate, auf den die im Abs. 1 bezeichnete Voraussetzung zutrifft, oder einer inländischen kommunalen Körperschaft gewährleistet, so kann von den nach § 7 B unter Nr. 2 bis 4, § 8 unter Nr. 3 bis 8, 10 und § 9 unter Nr. 3, 4 erforderlichen Angaben und Nachweisen ausnahmsweise abgesehen werden.

Treffen auf einen ausländischen Staat die im § 7 A unter Nr. 4 bezeichneten Voraussetzungen zu, so ist die Bewilligung von Ausnahmen unzulässig.

Die bewilligten Ausnahmen sind dem Staatskommissar unter Angabe der Gründe mitzuteilen.

§ 11

Sind bereits Wertpapiere desselben Ausstellers an der Börse zugelassen, so kann die Zulassungsstelle gestatten, daß in dem Prospekt über die neu einzuführenden Wertpapiere auf den früher veröffentlichten Prospekt verwiesen wird. Sie kann ferner gestatten, daß bei der Einführung von Schuld-

[5]) Jetzt: Bundesrepublik.
[6]) Jetzt: Land.

verschreibungen, die bereits an der Börse zugelassen waren und bei denen lediglich eine Veränderung des Zinsfußes stattgefunden hat, in dem Prospekte nur die seit der ersten Zulassung der Anleihe eingetretenen Änderungen angegeben werden.

§ 12

Entspricht der Zulassungsantrag den Vorschriften des § 9, so verfügt die Zulassungsstelle die Veröffentlichung.

Die Veröffentlichung erfolgt auf Kosten des Antragstellers durch Börsenaushang und in mindestens einer von der Zulassungsstelle bestimmten inländischen Zeitung. In den Reichsanzeiger[7]) ist ein Hinweis auf die Veröffentlichung unter Angabe des Namens, des Ausgabetages und der Nummer der Zeitung aufzunehmen. Es bleibt dem pflichtmäßigen Ermessen der Zulassungsstelle überlassen, daneben die Veröffentlichung des Prospektes oder eines Hinweises in einer Tageszeitung vorzuschreiben, die in dem engeren Wirtschaftsgebiet des Ausstellers der Wertpapiere erscheint.

Die Zulassung darf erst erfolgen, wenn seit der Veröffentlichung in der von der Zulassungsstelle bestimmten Zeitung drei Tage verstrichen sind.

§ 13

Die Zulassungsstelle prüft, ob der Prospekt die vorgeschriebenen Angaben enthält. Ergeben sich Anstände, so fordert sie den Antragsteller zur Beseitigung auf.

Sie bestimmt ferner nach Maßgabe des § 36 Abs. 3 a, b des Börsengesetzes, welche Urkunden ihr noch zur Prüfung vorzulegen und welche Angaben noch in den Prospekt aufzunehmen sind.

Angaben, die in diesen Bestimmungen nicht vorgeschrieben sind und von der Zulassungsstelle nicht für nötig angesehen werden, sind zu streichen.

Die Landesregierung kann die Zulassungsstelle anweisen, bei Anträgen auf Zulassung von Wertpapieren die Aufnahme von Angaben in den Prospekt und die Vorlage von Beweisstücken dann nicht zu fordern, wenn die Geheimhaltung im Interesse der Landesverteidigung liegt.

§ 14

Der Antrag ist abzulehnen:

1. wenn die auf Grund des § 36 Abs. 3 a, b des Börsengesetzes oder dieser Bestimmung von der Zulassungsstelle verlangten Urkunden und Angaben nicht beigebracht werden;
2. wenn der Zulassung Bedenken örtlicher Natur oder wichtige wirtschaftliche Bedenken entgegenstehen oder wenn der Zulassungsstelle Umstände bekannt sind, die eine erhebliche Benachteiligung der Erwerber der Wertpapiere oder eine Gefährdung erheblicher allgemeiner Interessen befürchten lassen.

---

[7]) Jetzt: Bundesanzeiger gemäß § 1 des Gesetzes über Bekanntmachungen vom 17. 5. 1950 (BGBl. S. 183).

§ 15

Der Zulassungsbeschluß ist durch dreitägigen Aushang in der Börse zu veröffentlichen.

Die Beweisstücke (§ 9) sind von der Veröffentlichung des Zulassungsbeschlusses an bis zur Einführung an der Börse öffentlich auszulegen.

§ 16

Der von der Zulassungsstelle genehmigte Prospekt ist von dem Antragsteller in denselben Zeitungen zu veröffentlichen, in denen der Antrag veröffentlicht worden ist.

§ 17

Die Wertpapiere dürfen frühestens am dritten Werktag nach dem Tage des Zulassungsbeschlusses und nach dem Tage, an dem der Prospekt zuerst veröffentlicht worden ist, an der Börse eingeführt werden.

2.

Bekanntmachung betr. die Feststellung des Börsenpreises von Wertpapieren

Vom 21. November 1912 (RGBl. S. 537)
unter Berücksichtigung der Verordnung vom 22. 5. 1925 (RGBl. I S. 73).

Auf Grund des § 35 Abs. 1 Nr. 3 des Börsengesetzes (Reichsgesetzbl. 1908 S. 215) hat der Bundesrat folgende Bestimungen für die Feststellung des Börsenpreises von Wertpapieren beschlossen, die mit dem 1. Januar 1913 an die Stelle der geltenden Bestimmungen (Bekanntmachung des Reichskanzlers vom 28. Juni 1898, Reichsgesetzbl. S. 915) treten:

Für die Feststellung des Börsenpreises von Wertpapieren sind folgende Grundsätze maßgebend:

§ 1

Die Preise werden nach Prozenten des Nennwertes festgestellt. Für bestimmt zu bezeichnende Wertpapiere, namentlich für Aktien von Versicherungsgesellschaften, für solche Aktien von Terraingesellschaften, bei welchen im Gesellschaftsvertrage die Zahlung von Dividende ausgeschlossen ist, für Aktien von liquidierenden oder in Konkurs geratenden Gesellschaften, wenn auf die Aktien bereits eine Rückzahlung von Kapital stattgefunden hat, für Genußscheine, für Kuxe, für Lospapiere, sind Ausnahmen zulässig.

§ 2

Bei Wertpapieren, welche gleichzeitig auf die deutsche und auf eine ausländische Währung lauten, wird der Preisfeststellung die deutsche Währung zugrunde gelegt.

Ausnahmen für bestimmt zu bezeichnende Wertpapiere sind zulässig.

§ 3

Für die Umrechnung von Werten, die in ausländischer oder in einer außer Wirksamkeit getretenen inländischen Währung ausgedrückt sind, in die deutsche Währung gelten folgende Umrechnungssätze:

1 Pfund Sterling	=	20,40 Mark,
1 Frank, Lira, Peseta, Leu	=	0,80 Mark,
1 österreichischer Gulden (Goldi)	=	2,00 Mark,
1 österreichischer Gulden (Währung)	=	1,70 Mark,
1 österreichisch-ungarische Krone	=	0,85 Mark,
1 Gulden holländischer Währung	=	1,70 Mark,
1 skandinavische Krone	=	1,125 Mark,
1 alter Gold-Rubel	=	3,20 Mark,
1 Rubel	=	2,16 Mark,
1 alter Kredit-Rubel	=	2,16 Mark,
1 Peso	=	4,00 Mark,
1 Dollar	=	4,20 Mark,
1 Gulden süddeutscher Währung	=	12,00 Mark,
1 Mark Banko	=	1,50 Mark,

Ausnahmen für bestimmt zu bezeichnende Wertpapiere sind zulässig.

§ 4

Bei inländischen, auf Reichsmark oder auf Goldmark lautenden festverzinslichen Wertpapieren werden Stückzinsen nach dem Zinsfuß, mit dem das Wertpapier zu verzinsen ist, berechnet.

Als auf Goldmark lautende Wertpapiere gelten Wertpapiere, bei denen die Goldmark auf eine Gewichtseinheit des Feingoldes oder auf eine ausländische Währung zurückgeführt ist. Bei Umrechnung der Stückzinsen in Reichswährung ist eine Goldmark einer Reichsmark gleichzusetzen. Bei anderen Wertpapieren findet eine Berechnung von Stückzinsen nicht statt.

In geeigneten Fällen sind für bestimmt zu bezeichnende festverzinsliche Wertpapiere, insbesondere für Schuldverschreibungen in Zahlungsstockungen geratener Gesellschaften, Ausnahmen von der Vorschrift des Abs. 1 Satz 1 zulässig.

§ 5

Bei Berechnung der Stückzinsen wird das Jahr mit 360 Tagen, der Monat mit 30 Tagen angesetzt. Jedoch ist der Monat Februar mit 28, in Schaltjahren mit 29 Tagen anzusetzen, wenn der Endpunkt der Zinsberechnung in den Februar fällt.

§ 6

Bei Berechnung der Stückzinsen wird bei Kassageschäften der Kauftag, bei Zeitgeschäften der Erfüllungstag mitgerechnet.

§ 7

(aufgehoben)

§ 8

Aktien inländischer Gesellschaften werden vom zweiten Werktag ab nach dem Tage, an welchem die Generalversammlung den Wert des Gewinnanteilscheins für das abgelaufene Geschäftsjahr festgestellt hat, ohne diesen Gewinnanteilschein gehandelt.

(Abs. 2 aufgehoben)

Aktien ausländischer Gesellschaften werden erst dann ohne den Gewinnanteilschein gehandelt, wenn dieser zur Auszahlung gelangt.

Ausnahmen für bestimmt zu bezeichnende Wertpapiere sind zulässig.

§ 9

Die im § 1 Abs. 2, § 2 Abs. 2, § 3 Abs. 2, § 4 Abs. 2, § 8 Abs. 4 vorgesehenen Ausnahmen greifen nur Platz, wenn darüber zwischen den Börsenorganen sämtlicher Börsen, an denen die Wertpapiere zum Handel zugelassen sind, Einverständnis erzielt wird. Die vereinbarten Ausnahmen und der Zeitpunkt, mit dem sie in Kraft treten sollen, sind dem Reichswirtschaftsminister[1]) mitzuteilen; sie werden von diesem im Reichsanzeiger[2]) bekanntgemacht und erlangen damit für sämtliche deutsche Börsen Wirksamkeit.

§ 10

Aktien, die den bisherigen Bestimmungen gemäß bereits im Jahre 1912 ohne den Gewinnanteilschein für das im Jahre 1912 abgelaufene Geschäftsjahr der Gesellschaft zu handeln waren, sind nach dem 1. Januar 1913 auch dann ohne diesen Gewinnanteilschein zu handeln, wenn die Generalversammlung den Wert des Scheines noch nicht festgestellt hat.

3.

Verordnung betr. die Zulassung von Wertpapieren zum Börsenhandel

Vom 20. April 1932 (RGBl. I S. 181)

Auf Grund des § 44 Abs. 2 des Börsengesetzes in der Fassung der Bekanntmachung vom 27. Mai 1908 (Reichsgesetzbl. S. 215), der Verordnung des Reichspräsidenten über Aktienrecht, Bankenaufsicht und eine Steueramnestie vom 19. September 1931, Erster Teil, Artikel XIV (Reichsgesetzbl. I S. 493) sowie der Dritten Verordnung des Reichspräsidenten zur Sicherung von Wirtschaft und Finanzen und zur Bekämpfung politischer Ausschreitungen vom 6. Oktober 1931, Fünfter Teil, Kapitel II (Kapitalherabsetzung in erleichterter Form), § 12 (Reichsgesetzbl. I S. 537, 556) wird nach Zustimmung des Reichsrats verordnet:

§ 1

Werden Aktien einer Gesellschaft gemäß § 227 des Handelsgesetzbuches[1]) eingezogen, so hat die Zulassungsstelle die Zulassung der Aktien der Gesellschaft zurückzunehmen. Die Zulassungsstelle kann von der Zurücknahme der Zulassung absehen, wenn die Verhältnisse der Gesellschaft durch die Einziehung der Aktien nicht oder nicht wesentlich berührt werden.

---

[1]) Jetzt: Bundesminister für Wirtschaft.
[2]) An die Stelle des Reichsanzeigers ist gemäß § 1 des Gesetzes über Bekanntmachungen vom 17. 5. 1950 (BGBl. S. 183) der Bundesanzeiger getreten.
[1]) Jetzt § 192 des AktG vom 30. 1. 1937 (RGBl. I S. 107, ber. S. 588, 1140).

§ 2

Die Zulassungsstelle kann auf Antrag die Zurücknahme der Zulassung der Aktien aussetzen, wenn eine an der Börse vertretene öffentliche oder private Bank sich verpflichtet, die Wiederzulassung der Aktien innerhalb einer von der Zulassungsstelle zu bestimmenden angemessenen Frist zu beantragen.

§ 3

(1) Der Prospekt über die Einführung von Aktien, deren Zulassung infolge der Einziehung von Aktien zurückgenommen ist, muß die folgenden Angaben enthalten:

1. den Namen der Gesellschaft,
2. den Gegenstand des Unternehmens,
3. die Höhe des Grundkapitals vor und nach der Einziehung,
4. den Nennbetrag der zugelassenen Werte, und zwar sowohl den Betrag der Werte, die bereits vorhanden sind, wie der Werte, die erst später angegeben werden sollen, sowie den voraussichtlichen Zeitpunkt der Ausgabe,
5. die Merkmale (Betrag, Reihen, Nummern) der wiedereinzuführenden Stücke, ob diese Stücke auf den Inhaber, an Order oder auf Namen lauten und ob den Stücken Gewinnanteilscheine beigegeben werden,
6. die Namen der Mitglieder des Aufsichtsrates und des Vorstandes,
7. die für bestimmte Aktionäre, Aktiengattungen, Anteilscheine oder Genußscheine festgesetzten besonderen Vorteile hinsichtlich des Stimmrechts, der Gewinnverteilung oder der Liquidation,
8. die Bestimmungen über die Verteilung des Gewinnes, soweit sie von den gesetzlichen Vorschriften abweichen,
9. den Jahresabschluß des letzten Geschäftsjahres oder, wenn dieser noch nicht genehmigt ist, den von den Verwaltungsorganen aufgestellten Jahresabschluß des letzten Geschäftsjahres. Soweit die Bilanz den Stand der Gesellschaft vor oder nach der Einziehung nicht erkennen läßt, ist sie durch eine Vermögensaufstellung zu ergänzen,
10. Zeit und Art des Erwerbes der eingezogenen Aktien sowie den Erwerbspreis; insbesondere ist anzugeben, ob die Aktien nur von einem Teil der Aktionäre oder gleichmäßig von allen Aktionären erworben worden sind,
11. wenn die eigenen Aktien oder Vorratsaktien bereits vor der Einziehung bilanziert waren, den Wert, zu dem sie in der Bilanz eingesetzt waren,
12. Höhe und Verwendung des durch die Einziehung erzielten Buchgewinnes,
13. den Nennbetrag der eigenen Aktien oder Vorratsaktien, die die Gesellschaft oder die von ihr abhängigen Gesellschaften (§ 226 Abs. 4 des Handelsgesetzbuches)[2]) oder die ein Dritter für Rechnung oder unter Kursgarantie der Gesellschaft oder einer von ihr abhängigen Gesellschaft außer den eingezogenen Aktien noch besitzen, soweit diese Angaben nicht ausdrücklich in der Bilanz enthalten sind.

[2]) Jetzt §§ 15, 51 AktG.

(2) Die Zulassungsstelle kann weitere Angaben verlangen; sie kann mit Zustimmung der Börsenaufsichtsbehörde auch auf einzelne Angaben nach Abs. 1 verzichten.

§ 4

(1) Ist das Grundkapital einer Gesellschaft, deren Aktien zum Handel an der Börse zugelassen sind, durch Einziehung von Aktien in erleichterter Form herabgesetzt (die in der Einleitung genannte Verordnung vom 6. Oktober 1931, Fünfter Teil, Kapitel II), so finden die Vorschriften der §§ 1 bis 3 entsprechende Anwendung, soweit sich nicht aus den nachfolgenden Bestimmungen ein anderes ergibt.

(2) Die Zulassung der Aktien ist gemäß § 1 Satz 1 nicht zurückzunehmen, wenn die Gesellschaft insgesamt nicht mehr als 10 vom Hundert des Grundkapitals eingezogen hat. In diesem Falle hat die Gesellschaft eine Bekanntmachung zu erlassen, in der die im § 3 Abs. 1 angeführten Angaben enthalten sind. Die Bekanntmachung bedarf der Genehmigung der Zulassungsstelle. Diese kann weitere Angaben verlangen; sie kann mit Genehmigung der Börsenaufsichtsbehörde auch auf einzelne Angaben nach § 3 Abs. 1 verzichten. Der von der Zulassungsstelle genehmigte Wortlaut der Bekanntmachung ist in dem Deutschen Reichsanzeiger[3]) und einer von der Zulassungsstelle genehmigten Zeitung zu veröffentlichen. Wird die Bekanntmachung nicht binnen einer von der Zulassungsstelle zu bestimmenden Frist eingereicht oder veröffentlicht, so kann die Zulassungsstelle die Zulassung der Aktien zurücknehmen.

(3) In den Fällen der §§ 5, 6 der Ersten Verordnung zur Durchführung der Vorschriften über die Kapitalherabsetzung in erleichterter Form vom 18. Februar 1932 (Reichsgesetzbl. I S. 75) bedarf es der Aufnahme einer Vermögensaufstellung gemäß § 3 Nr. 9 Satz 2 in den Prospekt oder in die Bekanntmachung nicht.

§ 5

Die Verordnung findet auch auf die Fälle Anwendung, in denen eine Einziehung von Aktien bereits stattgefunden hat.

4.

Gebührenordnung für die Genehmigung zur Ausgabe von Inhaberschuldverschreibungen und in Angelegenheiten der Aufsicht über Börsen, Hypothekenbanken und Schiffspfandbriefbanken

Vom 21. Januar 1936 (RGBl. I S. 41)

Auf Grund des § 6 der Vierten Verordnung des Reichspräsidenten zur Sicherung von Wirtschaft und Finanzen und zum Schutze des inneren Friedens vom 8. Dezember 1931, Erster Teil, Kapitel III, Erster Abschnitt (Reichsgesetzbl. I S. 699, 703) und des § 3 der Verordnung über die Börsen-, Hypothekenbank- und Schiffspfandbriefbankaufsicht vom 28. September 1934 (Reichsgesetzbl. I S. 863) wird verordnet:

---

[3]) An die Stelle des Reichsanzeigers ist gemäß § 1 des Gesetzes über Bekanntmachungen vom 17. 5. 1950 (BGBl. S. 183) der Bundesanzeiger getreten.

§ 1

Für die Genehmigung zur Inverkehrsetzung von Schuldverschreibungen auf den Inhaber und in Angelegenheiten der Aufsicht über Börsen, Hypothekenbanken und Schiffspfandbriefbanken werden Gebühren nach Maßgabe dieser Verordnung und des folgenden Tarifs erhoben:

1. Hypothekeninstitute, private (Hypothekenaktienbanken, Schiffspfandbriefbanken, Hypothekenvereine und dgl.) Genehmigung	
a) zur Ausübung des Geschäftsbetriebs (§ 1 Hypothekenbankgesetz vom 13. Juli 1899 — Reichsgesetzbl. S. 375 — und § 1 Schiffsbankgesetz vom 14. August 1933 — Reichsgesetzbl. I S. 583)	300 bis 1000 RM
b) zur Änderung der Satzung (§ 1 a. a. O.)	20 bis 300 RM
c) der Anweisungen über die Wertermittlung von Grundstücken und von Schiffen (§ 13 a. a. O.)	20 bis 100 RM
d) der Grundzüge der Darlehnsbedingungen (§ 15 a. a. O.)	20 bis 100 RM
2. Inhaberschuldverschreibungen und Grundschuldbriefe[1])	
a) Genehmigung der Inverkehrsetzung gemäß §§ 795, 1195 des Bürgerlichen Gesetzbuches für jede angefangenen 100 000 Reichsmark des Nennwerts ...	50 RM
mindestens	200 RM
b) Genehmigung im Fall a) für Körperschaften oder Stiftungen des öffentlichen Rechts, soweit nicht die Anleihen für den Betrieb gewerbsmäßiger Veranstaltungen aufgenommen werden	1/4 der Gebühr zu 2 a)
3. Makler Bestallung als	
a) Kursmakler	30 bis 50 RM
b) Kursmaklerstellvertreter	10 bis 15 RM
4. Prospekte über an der Börse einzuführende Wertpapiere Befreiung von der Verpflichtung zur	
a) Veröffentlichung eines Prospekts (§ 38 Börsengesetz vom 27. Mai 1908 — Reichsgesetzbl. S. 215)	20 bis 30 RM
b) Einreichung eines Prospekts (§ 40 Abs. 1 a. a. O.)	15 bis 20 RM
5. Sonstige Genehmigungen, Erlaubniserteilungen, Ausnahmebewilligungen und andere zum unmittelbaren Nutzen der Beteiligten vorgenommene Amtshandlungen, soweit keine andere Gebühr vorgeschrieben ist	1 bis 150 RM

§ 2

Insoweit für den Ansatz einer Gebühr ein Spielraum gewährt wird, ist die Höhe der Gebühr unter Berücksichtigung des Umfangs und der Schwie-

[1]) Vgl. jetzt § 5 des Gesetzes über die staatliche Genehmigung der Ausgabe von Inhaber- und Orderschuldverschreibungen vom 26. 6. 1954 — Anhang I 8.

rigkeit der Sache, ihrer Bedeutung für den Antragsteller oder den aus der Amtshandlung Berechtigten und der Leistungsfähigkeit des Zahlungspflichtigen festzusetzen.

§ 3

Aus Billigkeitsgründen kann eine Ermäßigung oder in besonderen Ausnahmefällen ein Erlaß der Gebühren gewährt werden.

§ 4

Zur Zahlung der Gebühr ist derjenige verpflichtet, der die Amtshandlung veranlaßt hat, desgleichen auch derjenige, zu dessen Gunsten die Amtshandlung vorgenommen worden ist. Mehrere Gebührenschuldner haften als Gesamtschuldner.

§ 5

(1) Die Gebühren sind mit Vornahme der Amtshandlung fällig. Sie können schon vor ihrer Vornahme erfordert werden.

(2) Die Gebühren fließen der Reichskasse[2]) zu. Sie werden von den Finanzämtern nach den Vorschriften der Reichsabgabenordnung und der zu ihrer Durchführung usw. ergangenen und noch ergehenden Bestimmungen beigetrieben.

§ 6

Werden bei Vornahme einer Amtshandlung besondere bare Auslagen notwendig, so sind sie zu erstatten. Für die Erhebung der Auslagen gelten die Vorschriften über die Gebührenerhebung entsprechend. Die Vorschrift des § 2 findet keine Anwendung.

§ 7

Für die Mitwirkung bei Amtshandlungen, die nach dieser Verordnung gebührenpflichtig sind, dürfen Gebühren durch die Länder nicht erhoben werden[3]).

§ 8

Die Verordnung tritt mit dem 1. Oktober 1934 in Kraft.

5.

Richtlinien der Wertpapierbörsen des Bundesgebietes

über Zulassung, Lieferbarkeit und Handel von Aktien sowie von Anteilen an Kolonialgesellschaften, die auf Grund des D-Mark-Bilanzgesetzes in Deutscher Mark neu festgesetzt worden sind.

Vom 1. Oktober 1951

Da die Voraussetzungen für den Umtausch von Aktien oder Anteilen an Kolonialgesellschaften nach dem D-Mark-Bilanzgesetz und dem Wertpapierbereinigungsgesetz schon in zahlreichen Fällen vorliegen und Aktien-

[2]) Jetzt: Landeskasse. Soweit Gebühren nach § 5 des Gesetzes vom 26. 6. 1954 — vgl. Anm. 1 — erhoben werden, fließen sie dem Bund zu.
[3]) Die Vorschrift ist überholt — vgl. Anm. 2.

gesellschaften infolgedessen bereits mit dem Umtausch der auf Reichsmark lautenden Stücke begonnen haben, erscheint es erforderlich, bereits jetzt Richtlinien über Zulassung, Lieferbarkeit und Handel der auf Deutsche Mark ausgestellten Urkunden bekanntzugeben, obwohl das von der Bundesregierung genehmigte „Gesetz über die Börsenzulassung umgestellter Wertpapiere" noch nicht in Kraft getreten ist[1]). Vorbehaltlich einer anderweitigen gesetzlichen Regelung werden daher von den Wertpapierbörsen des Bundesgebietes mit Wirkung ab 1. Oktober 1951 vorläufig folgende Richtlinien erlassen. Die Bestimmungen gelten für Aktien und Anteile an Kolonialgesellschaften, auch wenn im nachstehenden Text nur Aktien genannt worden sind.

Richtlinien A

I. Die Neufestsetzung des Gesellschaftskapitals in Deutscher Mark wird in dem vorliegenden Gesetzentwurf nicht als Konvertierung im Sinne des § 38 Abs. 2 des Börsengesetzes angesehen.

A. Eine Neuzulassung zum Börsenhandel mit Prospektzwang ist jedoch erforderlich,

1. wenn das Grundkapital niedriger als im Verhältnis von einer Deutschen Mark für je zehn Reichsmark festgesetzt worden ist, oder
2. wenn in die Eröffnungsbilanz ein Kapitalentwertungskonto oder ein außerordentliches Kapitalentwertungskonto eingestellt ist und eines dieser Konten oder beide Konten zusammen ein Fünftel des Grundkapitals übersteigen, oder
3. wenn in die Eröffnungsbilanz ein Kapitalverlustkonto eingestellt ist.

B. Eine Neuzulassung nach A Ziffer 2 und 3 ist nicht erforderlich, sofern inzwischen oder in Abschlüssen für spätere Geschäftsjahre, die gleichzeitig mit der Beschlußfassung über die Neufestsetzung der Kapitalverhältnisse festgestellt werden,

1. das Kapitalentwertungskonto oder das außerordentliche Kapitalentwertungskonto oder beide Konten zusammen nur noch höchstens ein Fünftel des Grundkapitals betragen oder
2. das Kapitalverlustkonto getilgt worden ist.

II. Soweit eine Neuzulassung zum Börsenhandel nach Abschnitt I nicht notwendig ist, haben die Gesellschaften, deren Aktien sämtlich oder teilweise zum Handel an der Börse zugelassen sind, die Neufestsetzung der Kapitalverhältnisse in Deutscher Mark bekanntzugeben. Die Bekanntmachung muß enthalten:

1. Firma und Sitz der Gesellschaft,
2. das Geschäftsjahr der Gesellschaft,
3. das bisherige RM-Grundkapital, das neu festgesetzte DM-Grundkapital und dessen Stückelung mit Nummernangabe,
4. Angaben über die Durchführung des Umtausches der Aktien (vgl. Abschnitt IV),
5. etwaige Bestimmungen der Satzung über eine zwangsweise Einziehung der Aktien,

---

[1]) Das Gesetz ist am 29. 12. 1951 in Kraft getreten.

6. Bestimmungen der Satzung über die Gewinnverteilung,
7. zugunsten einzelner Aktionäre bedungene Sondervorteile, sowie einzelnen Aktiengattungen zustehende besondere Rechte, insbesondere hinsichtlich des Stimmrechts, der Verteilung des Gewinns und des Gesellschaftsvermögens,
8. die Eröffnungsbilanz in Deutscher Mark und die neueste Bilanz oder einen Hinweis auf ihre Veröffentlichungen in den Gesellschaftsblättern,
9. die Höhe der Grundpfandrechte, ferner der Anleihen unter Angabe des Gesamtnennbetrages der noch umlaufenden Anleihestücke, ihrer Fälligkeit und ihrer Tilgungsart (Angaben auf Grund der neuesten Bilanz),
10. eine ausführliche Darlegung der durch den Krieg und die Kriegsfolgen eingetretenen Änderung in den Verhältnissen der Gesellschaft.

Ferner muß die Bekanntmachung Angaben enthalten:

a) ob und welche Dividenden seit dem 1. Juli 1945 fällig geworden sind und in welcher Weise sie bezahlt wurden;
b) inwieweit die unter I B Ziffer 1 und 2 dieser Richtlinien genannten Konten inzwischen getilgt oder zurückgeführt wurden.

Die Zulassungsstelle kann weitere Angaben in der Bekanntmachung verlangen.

Die Bekanntmachung hat im Bundesanzeiger und in einer als Veröffentlichungsorgan der Börse bestimmten Zeitung zu erfolgen. Sind die Aktien an mehreren Börsen zugelassen, so kann die im Bundesanzeiger erforderliche Bekanntmachung für alle Börsen gemeinsam vorgenommen werden. An Stelle der Veröffentlichung in den Pflichtblättern aller beteiligten Börsen genügt in diesem Falle auch die Veröffentlichung im Pflichtblatt der Heimatbörse und ein Hinweis in den Pflichtblättern der übrigen beteiligten Börsen auf die Veröffentlichungen im Bundesanzeiger und im Pflichtblatt der Heimatbörse.

III. Von einem oder mehreren an der Börse vertretenen Kreditinstitut(en) werden der Zulassungsstelle möglichst schon vor der Aufforderung zum Umtausch der Aktien eingereicht:

1. der Entwurf der Bekanntmachung nach Abschnitt II,
2. die D-Mark-Eröffnungsbilanz mit Bericht sowie der neueste Geschäftsbericht mit Bilanz nebst Gewinn- und Verlustrechnung,
3. der Nachweis der handelsgerichtlichen Eintragung über das neufestgesetzte Aktienkapital (Handelsregisterauszug oder Belegblatt),
4. entwertete Blanketts oder sogenannte Nullbogen (Mäntel und Bogen) der neuen Aktienurkunden,
5. die Satzung in ihrer neuesten Fassung,
6. ferner ist mitzuteilen:
   a) an welchen Börsen die Aktien im amtlichen Verkehr eingeführt und welche an diesen Börsen vertretenen Kreditinstitute für die Gesellschaft anläßlich der Notierungsumstellung ihrer Aktien tätig sind,
   b) ob und wann der Zinsen- und Tilgungsdienst für Anleihen der Gesellschaft aufgenommen ist und gegebenenfalls warum nicht.

Sind die Aktien an mehreren Börsen zum amtlichen Handel zugelassen, so sind diese Unterlagen und Mitteilungen der Heimatbörse zugleich für die übrigen beteiligten Börsen in entsprechender Anzahl einzureichen. Heimatbörse ist die Börse, in deren Wirtschaftsbezirk die Gesellschaft ihren juristischen Sitz hat.

Die Heimatbörse prüft die Unterlagen und übermittelt alsdann ihre Stellungnahme den anderen beteiligten Börsen mit den für diese bestimmten Unterlagen. Geht von den anderen Börsen innerhalb von 14 Tagen seit Postaufgabe keine Beanstandung ein, veranlaßt die Heimatbörse in ihrem Pflichtblatt die Veröffentlichung der Bekanntmachung nach Abschnitt II und benachrichtigt hiervon gleichzeitig die anderen beteiligten Börsen.

Die Belegblätter über die Bekanntmachung sind jeder beteiligten Börse von einem oder mehreren an dieser Börse vertretenen Kreditinstitut(en) gleichzeitig mit dem Notierungsantrag, sofern er noch nicht vorliegt, einzureichen.

Gemäß den Richtlinien B der Wertpapierbörsen des Bundesgebietes für die Umstellung der Kursnotiz bei Aktien bestimmt der Börsenvorstand, von welchem Tage an die auf Deutsche Mark lautenden Stücke lieferbar sind und von wann ab die Kurse in Prozenten des D-Mark-Nennbetrages festgestellt werden. Sind die Aktien an mehreren Börsen zum amtlichen Handel zugelassen, so erfolgt die Lieferbarkeitserklärung und die Umstellung der Kursnotiz an allen Börsen am gleichen Tage auf Vorschlag der Heimatbörse.

IV. In der Regel sollen nur neugedruckte Urkunden für lieferbar erklärt werden, die den „Richtlinien für den Neudruck von Wertpapieren" entsprechen. Ausnahmsweise können auf Reichsmark lautende Aktien für lieferbar erklärt werden, wenn

1. entweder alle Aktien dieser Wertpapierart mit Lieferbarkeitsbescheinigungen versehen wurden oder auf die betreffende Wertpapierart die Vorschriften des Wertpapierbereinigungsgesetzes nicht anzuwenden sind und diese im Bundesanzeiger und in den Wertpapier-Mitteilungen bekanntgemacht worden ist, und
2. die Aktienmäntel auf Deutsche Mark abgestempelt worden sind; einer Abstempelung der Gewinnanteil- und Erneuerungsscheine (Bogen) bedarf es nicht.

V. Die Gesellschaft ist verpflichtet, Anforderungen des Gesetzes, die in den Börsenrichtlinien nicht berücksichtigt sind, unverzüglich nachzuholen.

Richtlinien B

der Wertpapierbörsen des Bundesgebietes für die Umstellung der Kursnotiz bei Aktien und Kolonialanteilen.

1. Auf Deutsche Mark lautende Aktien, deren Nennbeträge in einem anderen Verhältnis als 1 : 1 neu festgesetzt wurden, sind erst vom Tage der Aufnahme der D-Mark-Notiz an lieferbar.

Bis zu diesem Zeitpunkt verbleibt es bei der R-Mark-Notiz.

2. Bei auf Deutsche Mark lautenden Aktien, deren Nennbetrag im Verhältnis 1 : 1 neu festgesetzt worden ist, bestimmt der Börsenvorstand, von wann ab die auf Deutsche Mark lautenden Stücke neben den Reichsmark-Stücken lieferbar sind (wobei die R-Mark-Notiz beibehalten wird), und von wann ab nur noch die auf Deutsche Mark lautenden Stücke lieferbar sind und der Kurs in Prozenten des D-Mark-Nennbetrages festgestellt wird.

3. Die D-Mark-Notiz wird in der Regel am 5. Börsentage vor Ablauf der Umtauschfrist aufgenommen.

4. Am Tage der Aufnahme der D-Mark-Notiz erlöschen Kauf- und Verkaufsaufträge, wenn die Neufestsetzung des Aktienkapitals in einem anderen Verhältnis als 1 : 1 erfolgte.

5. Aktien, für die gemäß I der Richtlinien A eine Neuzulassung erforderlich ist, werden bis zum Ablauf der Umtauschfrist in Prozenten des R-Mark-Nennbetrages notiert. Bis zum gleichen Zeitpunkt sind die R-Mark-Stücke lieferbar.

Ist die Neuzulassung bis zum Ablauf der Umtauschfrist nicht erfolgt, wird die Zulassung zurückgenommen.

6. Für D-Mark-Nennbeträge festgestellte Kurse von Aktien werden im amtlichen Kursblatt besonders kenntlich gemacht.

Gebühren der Börsen
für Zulassung und Umstellung der Kursnotierung von Aktien auf Deutsche Mark gemäß den Richtlinien der Wertapierbörsen des Bundesgebietes
1. Oktober 1951

Für die Bearbeitung der Zulassung und Umstellung der Kursnotierung von Aktien auf Deutsche Mark sind auf Beschluß der Vorstände der Wertpapierbörsen an jeder Börse, an der die Aktien in den amtlichen Verkehr eingeführt sind, nachstehende Gebühren zu entrichten:

bis 5 Mill.	DM Aktienkapital	DM	250,—
über 5 bis 10 „	DM Aktienkapital	DM	500,—
über 10 bis 50 „	DM Aktienkapital	DM	750,—
über 50 „	DM Aktienkapital	DM	1000,—

Bei einer Neuzulassung mit Prospekt gemäß I A der „Richtlinien vom 1. 10. 1951" wird die Hälfte der üblichen Börsen-Zulassungsgebühren erhoben.

6.
Gesetz über die Börsenzulassung umgestellter Wertpapiere[1])

Vom 27. Dezember 1951
(BGBl. I S. 1004/BerlGVBl. 1952 I S. 387)

Der Bundestag hat das folgende Gesetz beschlossen:

§ 1

(1) Die Umstellung des Nennbetrages von Schuldverschreibungen auf Deutsche Mark sowie die Neufestsetzung des Nennbetrages von Aktien in

1) Vgl. Knapp in „Das Deutsche Bundesrecht", III H 33 S. 3—6.

Deutscher Mark sind keine Konvertierung im Sinne des § 38 Abs. 2 des Börsengesetzes. Aktien bedürfen jedoch nach der Neufestsetzung der Kapitalverhältnisse der Gesellschaft in Deutscher Mark einer Neuzulassung zum Börsenhandel, wenn

1. das Grundkapital niedriger als im Verhältnis von einer Deutschen Mark für je zehn Reichsmark festgesetzt worden ist, oder
2. in die Eröffnungsbilanz ein Kapitalentwertungskonto oder ein außerordentliches Kapitalentwertungskonto eingestellt ist und eines dieser Konten oder beide Konten zusammen ein Fünftel des Grundkapitals übersteigen, oder
3. in die Eröffnungsbilanz ein Kapitalverlustkonto eingestellt ist.

(2) Eine Neuzulassung nach Nummern 2 und 3 ist nicht erforderlich, sofern in Jahresabschlüssen in Deutscher Mark, die bis zum Inkrafttreten dieses Gesetzes festgestellt worden sind oder nach dem Inkrafttreten dieses Gesetzes gleichzeitig mit der Beschlußfassung über die Neufestsetzung der Kapitalverhältnisse festgestellt werden,

1. das Kapitalentwertungskonto oder das außerordentliche Kapitalentwertungskonto oder beide Konten zusammen nur noch höchstens ein Fünftel des Grundkapitals betragen, oder
2. das Kapitalverlustkonto getilgt worden ist.

(3) Sind Aktien einer Gesellschaft nur teilweise zum Börsenhandel zugelassen, so erstreckt sich die Zulassung auf das gesamte in Deutscher Mark umgestellte Grundkapital.

§ 2

(1) Gesellschaften, deren Aktien keiner Neuzulassung nach § 1 bedürfen, haben die Neufestsetzung der Kapitalverhältnisse in Deutscher Mark bekanntzumachen; die Bekanntmachung muß enthalten:

1. die Firma der Gesellschaft,
2. das Geschäftsjahr der Gesellschaft,
3. das bisherige Grundkapital, das neue Grundkapital und dessen Stükkelung,
4. Angaben über die Durchführung des Umtausches und der Abstempelung,
5. Bestimmungen der Satzung über eine zwangsweise Einziehung von Aktien,
6. Bestimmungen der Satzung über die Gewinnverteilung,
7. zu Gunsten einzelner Aktionäre bedungene Sondervorteile, sowie einzelnen Aktiengattungen zustehende besondere Rechte, insbesondere hinsichtlich des Stimmrechts, der Verteilung des Gewinns und des Gesellschaftsvermögens,
8. die Eröffnungsbilanz in Deutscher Mark oder einen Hinweis auf ihre Veröffentlichung in den Gesellschaftsblättern,
9. die Höhe der Grundpfandrechte, ferner der Anleihen unter Angabe des Gesamtnennbetrages der noch umlaufenden Anleihestücke, ihrer Fälligkeit und ihrer Tilgungsart,

10. eine Darlegung der durch den Krieg und die Kriegsfolgen eingetretenen Änderung in den Verhältnissen der Gesellschaft.

(2) Die Zulassungsstelle kann weitere Angaben in der Bekanntmachung verlangen.

§ 3

(1) Die Bekanntmachung hat im Bundesanzeiger und in einer von der Zulassungsstelle zu bestimmenden Zeitung zu erfolgen. Sind die Aktien an mehreren Börsen zugelassen, so kann die Veröffentlichung im Bundesanzeiger für alle Börsen gemeinsam vorgenommen werden. An Stelle der Veröffentlichungen in den Pflichtblättern aller beteiligten Börsen genügt in diesem Falle auch die Veröffentlichung im Pflichtblatt der Börse des Wirtschaftsraumes, in dem der Aussteller der Wertpapiere seinen Sitz hat (Heimatbörse) und ein Hinweis in den Pflichtblättern der übrigen beteiligten Börsen auf die Veröffentlichungen im Bundesanzeiger und im Pflichtblatt der Heimatbörse.

(2) Wird die Bekanntmachung nicht binnen einer von der Zulassungsstelle zu bestimmenden Frist veröffentlicht, so hat die Zulassungsstelle die Zulassung der Aktien zurückzunehmen.

(3) Ist vor Inkrafttreten dieses Gesetzes bereits eine Bekanntmachung erfolgt, die den Erfordernissen der §§ 2 und 3 entspricht, so bedarf es einer erneuten Bekanntmachung nicht.

§ 4

Dieses Gesetz gilt auch im Lande Berlin, sobald es gemäß Artikel 87 Abs. 2 seiner Verfassung die Anwendung dieses Gesetzes beschließt.

§ 5

Das Gesetz tritt am Tage der Verkündung in Kraft.

7.

Grundsätze der Aufsichtsbehörden der Länder über die Zulassung von Wertpapieren zum Börsenhandel

Vom 7. Juli 1952[1])

I. Einreichung des Prospektes für Emissionen der Realkreditinstitute

1. Die Einreichung eines Prospektes für die erstmalige Zulassung einer Emission nach Erstellung der Umstellungsrechnung ist ausnahmslos erforderlich. Dies gilt sowohl für Emissionen privater wie öffentlich-rechtlicher Realkreditinstitute. Die zuständigen Minister bzw. Senatoren werden von der Befreiungsmöglichkeit des § 40 Börsengesetz in der Fassung vom 27. Mai 1908 (RGBl. S. 215) in diesen Fällen keinen Gebrauch machen.

2. Bei Nachemissionen wird auf die weitere Einreichung von Prospekten vorerst bis zum 31. Dezember 1954 verzichtet. Für diese Emissionen ist Befreiung vom Prospektzwang mit der in der Anlage beigefügten Auflage zu erteilen.

1) Die im Sonderausschuß Bankenaufsicht vertretenen Aufsichtsbehörden der Länder haben sich nach Anhörung der Börsenvorstände des Bundesgebietes auf die obigen „Grundsätze" geeinigt.

II. Veröffentlichung des Prospektes

1. Der gemäß I Ziffer 1 einzureichende Prospekt soll in folgenden Zeitungen veröffentlicht werden:

a) im Bundesanzeiger und in den Gesellschaftsblättern;
b) im Publikationsorgan der Börse;
c) auf Verlangen der Zulassungsstelle in weiteren Zeitungen.

Bei Emissionsgenehmigungen ist entsprechende Auflage zu erteilen.

2. Auch bei Einführung der oben erwähnten Wertpapiere an mehreren Börsen ist die volle Prospektveröffentlichung in dem Publikationsorgan jeder Börse erforderlich. Die zuständigen Minister bzw. Senatoren werden von dem ihnen nach § 38 Abs. 2 letzter Satz Börsengesetz zustehenden Recht auch in Zukunft Gebrauch machen, wenn die Börsenvorstände eine Abweichung von der Regel befürworten.

3. Gemäß § 11 der Bekanntmachung betr. die Zulassung von Wertpapieren zum Börsenhandel vom 4. Juli 1910 (RGBl. S. 917) in der Fassung der Verordnungen vom 30. November 1917 (RGBl. S. 1089), vom 5. November 1924 (RGBl. I S. 735) und vom 4. Dezember 1934 (RGBl. I S. 1215) kann die Zulassungsstelle gestatten, daß in dem Prospekt über die neu einzuführenden Wertpapiere auf den früher veröffentlichten Prospekt verwiesen wird, soweit Wertpapiere des gleichen Ausstellers an der Wertpapierbörse zugelassen sind und die Veröffentlichung nicht länger als 1 Jahr zurückliegt.

Da bei Nachemissionen der Realkreditinstitute — wie oben ausgeführt — bis zum 1. Dezember 1954 kein Prospekt einzureichen ist, soll in diesen Fällen eine Bekanntmachung gemäß Anlage Ziff. 1 veröffentlicht werden.

4. Soweit nicht eine Hinweisbekanntmachung oder eine Bekanntmachung gemäß II Ziffer 3 ausdrücklich zugelassen ist, ist der Prospekt in vollem Wortlaut zu veröffentlichen. Hierbei darf keine kleinere Druckschrift als „Nonpareille" verwandt werden.

III. Einführung von Wertpapieren stillgelegter Börsen an Börsen des Bundesgebietes

1. Die prospektfreie Einführung von Wertpapieren stillgelegter Börsen an den Börsen des Bundesgebietes auf Grund des Bremer Beschlusses der Bankaufsichtsbehörden vom 20. August 1949 soll nur bis zum 30. Juni 1952 gestattet sein.

Nach diesem Zeitpunkt eingeführte Wertpapiere sind grundsätzlich prospektpflichtig.

2. Jungscheinanleihen und ähnliche Emissionen können prospektfrei an den Börsen des Bundesgebietes und, soweit die Einführung an der Berliner Börse noch nicht erfolgt ist, auch dort prospektfrei eingeführt werden.

Anlage

An die X-Bank (Emittentin)
Betr.: Prospektbefreiung gemäß § 40 des Börsengesetzes.
Bezug: Ihr Schreiben vom ....

Auf Grund § 40 des Börsengesetzes vom 22. Juni 1896 in der Fassung der Bekanntmachung vom 27. Mai 1908 (RGBl. S. 215) befreie ich Sie hierdurch von der Einreichung eines Prospektes für die Einführung der von Ihnen ausgegebenen

nom. .... (Wertpapiere) der X-Bank
an der .... (Börse).

Diese Befreiung vom Prospektzwang erfolgt mit der Maßgabe, daß Sie verpflichtet sind,

1. eine Bekanntmachung im „Publikationsorgan der .... (Börse)" und im „Bundesanzeiger" zu veröffentlichen. Aus der Bekanntmachung muß außer dem Hinweis darauf, daß es sich um eine prospektlose Zulassung handelt, zu ersehen sein:
   a) Nennbetrag der zugelassenen Werte nebst Merkmalen (Betrag, Reihe, Nummern der Stücke),
   b) Verzinsung,
   c) Tilgung und Kündigung,
   d) Art der Sicherstellung,
   e) Angaben über die beauftragten Zahlstellen;
2. alsbald nach den Ziehungen die Nummern der gezogenen Stücke durch Börsenaushang sowie im „Publikationsorgan der .... (Börse)" und im „Bundesanzeiger" zu veröffentlichen;
3. die Zinsscheine der Anleihestücke sowie die gekündigten und ausgelosten Stücke kostenfrei in .... einzulösen, dort auch die neuen Zinsscheinbogen auszugeben und im Falle einer Konvertierung der Wertpapiere Stellen einzurichten und bekanntzugeben, bei denen die Konvertierung kostenfrei erfolgt;
4. die von der Zulassungsstelle an die Beschaffenheit der Wertpapiere nach den Richtlinien für den Neudruck von Wertpapieren vom 12. Mai 1949 gestellten Anforderungen zu erfüllen und ein entwertetes Probedruckexemplar der Zulassungsstelle einzureichen;
5. vor der Einführung der Anleihe an der .... Börse dem Börsenvorstand einen Abdruck der zu Ziff. 1 genannten Bekanntmachung einzureichen;
6. den Börsenvorstand 14 Tage vor Auslosung vor den Ziehungstagen unter Angabe der Auslosungsbeträge zu benachrichtigen;
7. von jeder Änderung der auf die Anleihe und deren Deckung bezüglichen Bestimmungen alsbald Mitteilung zu machen.

Diese Anordnung tritt außer Kraft, wenn innerhalb von 6 Monaten nach ihrer Bekanntgabe an die Antragstellerin die Einführung an der genannten Börse nicht erfolgt ist.

Auf Grund § 1 Ziffer 4 b der Gebührenordnung vom 21. Januar 1936 (RGBl. I S. 40) ist für die Befreiung von der Einreichung eines Prospektes für die oben bezeichneten .... eine Gebühr von

DM .... (..........................)

zu entrichten. Ich bitte, den Betrag an .... zu überweisen.

8.

Gesetz über die staatliche Genehmigung der Ausgabe von Inhaber- und Orderschuldverschreibungen[1])

Vom 26. Juni 1954
(BGBl. I S. 147/BerlGVBl. S. 378)

Der Bundestag hat mit Zustimmung des Bundesrates das folgende Gesetz beschlossen:

Erster Abschnitt
Änderungen des Bürgerlichen Gesetzbuchs

§ 1

§ 795 des Bürgerlichen Gesetzbuchs erhält folgende Fassung:

„Im Inland ausgestellte Schuldverschreibungen auf den Inhaber, in denen die Zahlung einer bestimmten Geldsumme versprochen wird, dürfen nur mit staatlicher Genehmigung in den Verkehr gebracht werden, soweit nicht Ausnahmen zugelassen sind. Das Nähere bestimmt ein Bundesgesetz.

Eine ohne die erforderliche staatliche Genehmigung in den Verkehr gelangte Schuldverschreibung ist nichtig; der Aussteller hat dem Inhaber den durch die Ausgabe verursachten Schaden zu ersetzen."

§ 2

Nach § 808 des Bürgerlichen Gesetzbuchs wird folgender § 808 a eingefügt:

„§ 808 a

Im Inland ausgestellte Orderschuldverschreibungen, in denen die Zahlung einer bestimmten Geldsumme versprochen wird, dürfen, wenn sie Teile einer Gesamtemission darstellen, nur mit staatlicher Genehmigung in den Verkehr gebracht werden, soweit nicht Ausnahmen zugelassen sind. Das Nähere bestimmt ein Bundesgesetz. Die Vorschriften des § 795 Abs. 2 sind entsprechend anzuwenden."

Zweiter Abschnitt
Zuständigkeit und Verfahren für die staatliche Genehmigung der Ausgabe von Inhaber- und Orderschuldverschreibungen

§ 3

Die nach den §§ 795 und 808 a des Bürgerlichen Gesetzbuchs erforderliche staatliche Genehmigung wird durch den zuständigen Bundesminister im Einvernehmen mit der obersten Behörde des Landes erteilt, in dessen Gebiet der Aussteller seinen Wohnsitz oder seine gewerbliche Niederlassung hat. Die Erteilung der Genehmigung und die Bestimmungen, unter denen sie erfolgt, sollen durch den Bundesanzeiger bekanntgemacht werden.

---

1) Vgl. Deiters in „Das Deutsche Bundesrecht", II C 28 S. 5—11.

§ 4

Die Vorschriften des § 795 Abs. 1 Satz 1 und des § 808 a Satz 1 des Bürgerlichen Gesetzbuchs finden keine Anwendung auf Schuldverschreibungen, die von dem Bund oder einem Land ausgegeben werden. Die Länder sollen jedoch Schuldverschreibungen der in den §§ 795 und 808 a des Bürgerlichen Gesetzbuchs bezeichneten Art nur in den Verkehr bringen, wenn die oberste Landesbehörde sich zuvor mit dem zuständigen Bundesminister ins Benehmen gesetzt hat und wenn dies in den Urkunden vermerkt ist.

§ 5

Für die Erteilung der Genehmigung nach den §§ 795 und 808 a des Bürgerlichen Gesetzbuchs hat der Antragsteller eine Verwaltungsgebühr von einem Viertel vom Tausend des Nennbetrages der beantragten Emission, höchstens zweitausend Deutsche Mark, zu entrichten. Wird der Antrag abgelehnt, so beträgt die Gebühr ein Viertel dieses Satzes, höchstens zweihundertfünfzig Deutsche Mark.

§ 6

(1) Ordnungswidrig handelt, wer

1. vorsätzlich oder fahrlässig Inhaber- oder Orderschuldverschreibungen ohne die nach § 795 oder nach § 808 a des Bürgerlichen Gesetzbuchs erforderliche staatliche Genehmigung in Verkehr bringt;
2. unrichtige oder unvollständige Angaben tatsächlicher Art macht oder benutzt, um für sich oder einen anderen eine solche staatliche Genehmigung zu erschleichen;
3. einer an eine solche Genehmigung geknüpfte Auflage zuwiderhandelt.

(2) Die Ordnungswidrigkeit kann mit einer Geldbuße bis zu einhunderttausend Deutsche Mark geahndet werden.

(3) Die Verfolgung der Ordnungswidrigkeit verjährt in zwei Jahren.

(4) Verwaltungsbehörde im Sinne des § 73 des Gesetzes über Ordnungswidrigkeiten ist der für die Erteilung der staatlichen Genehmigung zuständige Bundesminister oder die von ihm bestimmte Bundesbehörde. Die Befugnisse der obersten Verwaltungsbehörde (§ 66 Abs. 2 des Gesetzes über Ordnungswidrigkeiten) werden von dem in Satz 1 genannten Bundesminister wahrgenommen.

§ 7

(1) Wenn gesetzliche Vertreter oder Bevollmächtigte einer juristischen Person oder Personenvereinigung in Ausübung ihrer Obliegenheiten eine der in § 6 mit Geldbuße bedrohten Ordnungswidrigkeiten begehen, so haften neben ihnen die Vertretenen als Gesamtschuldner für Geldbußen, die diese Personen verwirken, sowie für Verfahrens- und Vollstreckungskosten, die ihnen auferlegt werden.

(2) Die Haftung tritt nicht ein, wenn der Betroffene stirbt, bevor der Bußgeldbescheid ihm gegenüber rechtskräftig geworden ist. Erzwingungshaft kann an dem Betroffenen ganz oder zum Teil vollstreckt werden, ohne

daß die juristische Person oder Personenvereinigung, die für die Geldbuße haftet, in Anspruch genommen wird.

(3) Die Vertretenen sind zu Bußgeldverfahren zuzuziehen. Sie können in dem Verfahren selbständig die Rechte geltend machen, die dem Betroffenen zustehen.

(4) Im Bußgeldbescheid ist darüber zu erkennen, ob die Vertretenen für die Geldbuße sowie die Verfahrens- und Vollstreckungskosten haften. Ist die Zuziehung im Bußgeldverfahren unterblieben, so kann gegen die Vertretenen durch besonderen Bescheid erkannt werden. Dieser Bescheid steht einem Bußgeldbescheid gleich.

Dritter Abschnitt
Schlußvorschriften

§ 8

§ 6 des Ersten Abschnitts des Kapitels III des Ersten Teils der Vierten Verordnung des Reichspräsidenten zur Sicherung von Wirtschaft und Finanzen und zum Schutze des inneren Friedens vom 8. Dezember 1931 (Reichsgesetzbl. I S. 699) wird aufgehoben.

§ 9

Dieses Gesetz gilt nach Maßgabe des § 13 des Dritten Überleitungsgesetzes vom 4. Januar 1952 (Bundesgesetzbl. I S. 1) auch im Lande Berlin.

§ 10

Dieses Gesetz tritt am Tage nach seiner Verkündung in Kraft.

9.
Kapitalverkehrsteuergesetz in der Fassung vom 22. September 1955 (KVStG 1955)

(BGBl. I S. 590/BerlGVBl. S. 877)

— Auszug —

Teil III
Börsenumsatzsteuer

§ 17

Gegenstand der Steuer

(1) Der Börsenumsatzsteuer unterliegt der Abschluß von Anschaffungsgeschäften über Wertpapiere, wenn die Geschäfte im Inland oder unter Beteiligung wenigstens eines Inländers im Ausland abgeschlossen werden.

(2) Inländer sind Personen, die im Inland ihren Wohnsitz, ihren gewöhnlichen Aufenthalt, eine gewerbliche Niederlassung oder eine ständige Vertretung haben. Soweit Personen Geschäfte durch ihre ausländische Niederlassung abschließen, gelten sie nicht als Inländer.

(3) Geschäfte, die durch Briefwechsel, Telegramm, Fernsprecher oder Funkspruch zwischen einem Ort des Inlands und einem Ort des Auslands zustande gekommen sind, gelten als im Ausland abgeschlossen.

§ 18

Anschaffungsgeschäfte

(1) Anschaffungsgeschäfte sind entgeltliche Verträge, die auf den Erwerb des Eigentums an Wertpapieren gerichtet sind.

(2) Als Anschaffungsgeschäfte gelten auch

1. Geschäfte, die das Einbringen von Wertpapieren in eine Kapitalgesellschaft oder eine andere Personenvereinigung zum Gegenstand haben;
2. Geschäfte, durch die bei der Auseinandersetzung einer Kapitalgesellschaft mit ihren Gesellschaftern, bei der Auflösung einer anderen Personenvereinigung oder beim Ausscheiden eines Gesellschafters aus einer Personenvereinigung den Gesellschaftern Wertpapiere aus dem Vermögen der Gesellschaft überwiesen werden;
3. bedingte oder befristete Anschaffungsgeschäfte;
4. die Versicherung von Wertpapieren gegen Verlosung, wenn der Versicherungsfall eintritt.

§ 19

Wertpapiere

(1) Als Wertpapiere gelten

1. Schuldverschreibungen (§ 12),
2. Dividendenwerte.

(2) Als Dividendenwerte gelten Aktien, Kuxe und andere Anteile an inländischen und ausländischen Kapitalgesellschaften, Zertifikate über Shares, Aktienanteile, Genußscheine (einschließlich der Zwischenscheine über diese Werte).

(3) Den Dividendenwerten stehen Bezugsrechte auf Dividendenwerte gleich.

§ 20

Ausnahmen von der Besteuerung

Von der Besteuerung ausgenommen sind

1. Geschäfte, die die Zuteilung von Wertpapieren an den ersten Erwerber zum Gegenstand haben,
2. die Annahme von Schuldverschreibungen des Bundes, eines Landes, einer Gemeinde, eines Gemeindeverbandes oder eines Zweckverbandes, wenn die Schuldverschreibungen zur Entrichtung öffentlicher Abgaben an Zahlungs Statt hingegeben werden.
3. Anschaffungsgeschäfte über Schatzanweisungen des Reichs, des Bundes oder eines Landes, wenn die Schatzanweisungen spätestens binnen drei Jahren seit dem Tage des Geschäftsabschlusses fällig werden.

§ 21

Steuermaßstab

Die Steuer wird berechnet,

1. regelmäßig
   von dem vereinbarten Preis. Kosten, die durch den Abschluß des Geschäfts entstehen und Stückzinsen, soweit sie bei Geschäften über Schuldverschreibungen besonders berechnet werden, sind dem Preis nicht hinzuzurechnen. Bei Stellgeschäften wird das Stellgeld dem Kaufpreis hinzugerechnet;
2. wenn der Preis nicht vereinbart ist,
   von dem mittleren Börsen- oder Marktpreis, der für das Wertpapier am Tag des Geschäftsabschlusses gilt;
3. wenn es sowohl an einer Preisvereinbarung als auch an einem Börsen- oder Marktpreis fehlt,
   nach dem Wert des Wertpapiers;
4. wenn einem Vertragsteil ein Wahlrecht oder die Befugnis, innerhalb gewisser Grenzen den Umfang der Leistung zu bestimmen, zugestanden worden ist,
   nach dem höchstmöglichen Wert des Gegenstandes.

§ 22

Steuersatz

(1) Die Steuer beträgt für jede angefangenen 100 Deutsche Mark

	I für die Händlergeschäfte Pfennig	II für die übrigen Geschäfte Pfennig
1. bei Schuldverschreibungen des Reichs, des Bundes, eines Landes, einer inländischen Gemeinde, eines Gemeindeverbands, eines Zweckverbands Deutscher Gemeinden	3	6
2. bei Schuldverschreibungen inländischer öffentlich-rechtlicher Kreditanstalten, inländischer Hypothekenbanken, inländischer Schiffspfandbriefbanken, inländischer Eisenbahngesellschaften und von Wohnungsunternehmen, die als gemeinnützig oder als Organe der staatlichen Wohnungspolitik anerkannt sind	4,5	9
3. bei anderen Schuldverschreibungen	7,5	15
4. bei Dividendenwerten mit Ausnahme von Anteilen an Gesellschaften mit beschränkter Haftung	11,25	22,5
5. bei Anteilen an Gesellschaften mit beschränkter Haftung	75	75

(2) Die Steuer beträgt mindestens
1. bei Anteilen an Gesellschaften mit beschränkter Haftung
   3 Deutsche Mark,
2. in den übrigen Fällen
   10 Pfennig. Höhere Steuerbeträge sind auf 10 Pfennig nach oben abzurunden.

§ 23

Geschäftsarten

(1) Händlergeschäfte sind Anschaffungsgeschäfte, bei denen alle Vertragsteilnehmer Händler sind.

(2) Kundengeschäfte sind Anschaffungsgeschäfte, bei denen nur ein Vertragsteil inländischer Händler ist.

(3) Privatgeschäfte sind alle übrigen Anschaffungsgeschäfte.

§ 24

Händler

Als Händler gelten

1. Kaufleute, die innerhalb des Ortsgebiets einer inländischen staatlich anerkannten Wertpapierbörse gewerbsmäßig Geschäfte über Wertpapiere betreiben und in der Händlerliste eingetragen sind, die von der zuständigen Handelsvertretung geführt wird;
2. Kaufleute, die außerhalb des Ortsgebiets einer inländischen staatlich anerkannten Wertpapierbörse gewerbsmäßig Bankgeschäfte betreiben und im Handelsregister eingetragen sind;
3. Kreditgenossenschaften, die einem Revisionsverband angehören und in das Genossenschaftsregister eingetragen sind. Haben solche Kreditgenossenschaften ihren Sitz im Ortsgebiet einer inländischen staatlich anerkannten Wertpapierbörse, so sind sie Händler nur, wenn sie in der Händlerliste eingetragen sind;
4. öffentliche oder unter Staatsaufsicht stehende Sparkassen, wenn sie der Körperschaftsteuer unterliegen. Unterliegen sie nicht der Körperschaftsteuer, so gelten sie als Händler nur, soweit es sich um Anschaffungsgeschäfte über Schuldverschreibungen der im § 22 Abs. 1 Nr. 1 und 2 bezeichneten Art handelt. Hat eine Sparkasse ihren Sitz im Ortsgebiet einer inländischen staatlich anerkannten Wertpapierbörse, so ist sie Händler nur, wenn sie in der Händlerliste eingetragen ist.

§ 25

Steuerschuldner

Steuerschuldner sind die Vertragsteile als Gesamtschuldner.

§ 26

Tauschgeschäfte

(1) Bei einem Tauschgeschäft gelten als Anschaffungsgeschäfte sowohl die Vereinbarung über die Leistung als auch die Vereinbarung über die Gegenleistung.

(2) Von der Besteuerung ausgenommen ist ein Tauschgeschäft über Wertpapiere der gleichen Gattung, wenn der Austausch Zug um Zug ohne andere Gegenleistung geschieht. Dies gilt auch, wenn die ausgetauschten Wertpapiere verschiedene Zinszahlungstage haben und der Unterschiedsbetrag der Zinsen durch Zuzahlung ausgeglichen wird.

§ 27

Wertpapierleihe

(1) Ist der Entleiher berechtigt, an Stelle der empfangenen Wertpapiere andere Wertpapiere gleicher Gattung zurückzugeben, so gelten als Anschaffungsgeschäfte sowohl die Vereinbarung über die Hingabe als auch die Vereinbarung über die Rückgabe.

(2) Ist für die Hingabe ein Entgelt nicht zu entrichten, so sind von der Besteuerung ausgenommen

1. die Vereinbarung über die Rückgabe,
2. auch die Vereinbarung über die Hingabe, wenn die Rückgabe vereinbarungsgemäß innerhalb einer Woche nach der Hingabe geschieht.

§ 28

Prolongations-(Verlängerungs-)Geschäfte

(1) Als Anschaffungsgeschäft gilt eine Vereinbarung, durch die die Erfüllung eines Geschäfts unter veränderten Vertragsbestimmungen auf einen späteren Zeitpunkt hinausgeschoben wird.

(2) Werden in unmittelbarer Verbindung mit einem Kaufgeschäft Wertpapiere des gleichen Nennbetrags oder der gleichen Menge zurückgekauft (Kostgeschäfte, Report-, Deportgeschäfte), so gelten der Kauf und der Rückkauf als Anschaffungsgeschäfte. Der Besteuerung unterliegt jedoch nur das Anschaffungsgeschäft, dessen Gegenstand den höheren Wert hat.

(3) Werden Kostgeschäfte über Dividendenwerte, die zum Börsenterminhandel an einer inländischen Börse zugelassen sind, nach den vom Börsenvorstand festgesetzten Bedingungen abgeschlossen, so ermäßigt sich die Steuer für Händlergeschäfte und Kundengeschäfte auf die Hälfte der Steuer für Händlergeschäfte. Die Steuer beträgt mindestens 10 Pfennig. Höhere Beträge sind auf 10 Pfennig nach oben abzurunden.

§ 29

Kommissionsgeschäfte

(1) Das Geschäft, das ein Kommissionär zur Ausführung des Kommissionsauftrags mit einem Dritten abschließt (Ausführungsgeschäft), ist ein Anschaffungsgeschäft. Als Anschaffungsgeschäft gilt auch das Abwicklungsgeschäft zwischen dem Kommissionär und seinem Kommittenten.

(2) Schließt ein Kommissionär (Zwischenkommissionär) zur Ausführung eines Kommissionsauftrags ein Geschäft mit einem auswärtigen Kommissionär (Hauptkommissionär) ab und sind beide Kommissionäre Händler, so ermäßigt sich die Steuer für das Abwicklungsgeschäft des Zwischenkommissionärs mit seinem Kommittenten um den Steuerbetrag für das Ausführungsgeschäft. Ist das Abwicklungsgeschäft ein im Ausland abgeschlossenes Händlergeschäft, so wird die Steuer für das Ausführungsgeschäft nur zur Hälfte erhoben.

(3) Die Steuerermäßigung nach Absatz 2 Satz 1 tritt auch ein,

1. wenn Zwischenkommissionär eine genossenschaftliche Zentralkasse ist und wenn die Zentralkasse ihren Sitz am Niederlassungsort des Hauptkommissionärs hat;

2. wenn Zwischenkommissionär eine Kreditgenossenschaft ist, die einer genossenschaftlichen Zentralkasse angeschlossen ist, und wenn die Kreditgenossenschaft ihren Sitz am Niederlassungsort der Zentralkasse hat, die Hauptkommissionär ist;
3. wenn Zwischenkommissionär eine öffentliche oder unter Staatsaufsicht stehende Sparkasse ist, die einer Girozentrale angeschlossen ist, und wenn die Sparkasse ihren Sitz am Niederlassungsort der Girozentrale hat, die Hauptkommissionär ist.

§ 30

Kompensationsgeschäfte

(1) Führt ein Kommissionär an dem gleichen Tag eine Ankaufs- und eine Verkaufskommission über Wertpapiere durch Selbsteintritt aus, so ist für jedes der beiden Kommissionsgeschäfte, soweit sie sich ausgleichen, eine Zusatzsteuer in Höhe von 30 Pfennig für jede angefangenen 100 Deutsche Mark zu entrichten. Dies gilt nicht, soweit der Kommissionär zur Deckung eines der beiden Aufträge ein Geschäft mit einem Dritten abgeschlossen hat.

(2) Die Zusatzsteuer ermäßigt sich auf die Hälfte der für Händlergeschäfte vorgeschriebenen Steuer, wenn der Kommissionär die Aufträge zur Vermittlung des An- und Verkaufs einem Kursmakler erteilt hat. Bei Börsen, an denen keine Kursmakler bestellt sind, bestimmt die Börsenaufsichtsbehörde, wer an die Stelle des Kursmaklers tritt. Die Steuer beträgt mindestens 10 Pfennig. Höhere Steuerbeträge sind auf 10 Pfennig nach oben abzurunden.

(3) Die Zusatzsteuer ist vom Kommissionär zu entrichten und darf dem Kommittenten nicht in Rechnung gestellt werden.

§ 31

Metageschäfte

(1) Besteht zwischen mehreren Händlern (Metisten) eine Metageschäftsverbindung, so ist die Abrechnung zwischen Metisten über Geschäfte, die einer von ihnen in eigenem Namen, aber für gemeinschaftliche Rechnung abgeschlossen hat, kein Anschaffungsgeschäft.

(2) Hat ein Händler ein Händlergeschäft in eigenem Namen, aber für gemeinschaftliche Rechnung mit anderen Personen abgeschlossen, so gelten die Abrechnungen zwischen ihnen als Anschaffungsgeschäfte. Sie sind insoweit von der Besteuerung ausgenommen, als sie Händlergeschäfte sind.

(3) Hat ein Beauftragter im Namen des Auftraggebers ein Geschäft mit einem Dritten abgeschlossen, so gilt die Abrechnung zwischen dem Auftraggeber und dem Beauftragten als Anschaffungsgeschäft, wenn das Geschäft für gemeinschaftliche Rechnung des Auftraggebers und des Beauftragten geht. Die Abrechnung zwischen Auftraggeber und Beauftragten ist von der Besteuerung ausgenommen, wenn beide Personen Händler sind.

§ 32

Aufgabegeschäfte

(1) Hat sich bei einem Geschäft ein Handelsmakler gegenüber seinem Auftraggeber die Benennung des anderen Vertragsteils vorbehalten (Aufgabegeschäft), so gelten als Anschaffungsgeschäfte sowohl die Vereinbarung zwischen dem Handelsmakler und seinem Auftraggeber als auch die Benennung der Aufgabe durch den Handelsmakler.

(2) Die Benennung der Aufgabe ist von der Besteuerung ausgenommen, wenn sie spätestens am zweiten auf den Tag der Vereinbarung folgenden Börsentag gemacht wird und wenn für die Benennung der Aufgabe gilt

1. der vereinbarte Preis oder
2. ein für den Handelsmakler ungünstigerer Preis, dessen Unterschiedsbetrag der Makler trägt.

Die Ausnahme von der Besteuerung gilt bei Zurückweisung der ersten Aufgabe auch für die rechtzeitige Benennung jeder weiteren Aufgabe.

(3) Wenn für die Benennung der Aufgabe ein für den Handelsmakler ungünstigerer Preis gilt (Absatz 2 Nr. 2), so ist die Steuer für das Geschäft zwischen dem Auftraggeber und dem Handelsmakler von dem zwischen ihnen vereinbarten Preis zu berechnen.

(4) Wird zwischen zwei Handelsmaklern vereinbart, daß jeder seinen Auftraggeber als Aufgabe benennt, so gilt diese Vereinbarung als Anschaffungsgeschäft, wenn zwischen den Auftraggebern auf Grund der Vereinbarung ein Geschäft zustande kommt. Dieses Anschaffungsgeschäft ist von der Besteuerung ausgenommen, wenn der beiderseitigen Benennung der gleiche Preis zugrunde liegt.

§ 33

Wertpapierarbitrage

(1) Beim Arbitrierverkehr zwischen Börsenplätzen ermäßigt sich die auf den Arbitrageur entfallende Steuer auf 2,5 Pfennig für jede angefangenen 1000 Deutsche Mark, wenn die beiden einander gegenüberstehenden Geschäfte zu festen Kursen innerhalb von vier aufeinanderfolgenden Börsentagen abgeschlossen werden.

(2) Beim Arbitrierverkehr zwischen inländischen Börsenplätzen oder zwischen einem inländischen und einem ausländischen Börsenplatz tritt die Steuerermäßigung nur ein, wenn die den Gegenstand der Arbitrage bildenden Wertpapiere zum Börsenhandel zugelassen sind, und zwar

1. beim Arbitrierverkehr zwischen inländischen Börsenplätzen
   an einem dieser Börsenplätze,
2. beim Arbitrierverkehr zwischen einem inländischen und einem ausländischen Börsenplatz
   am inländischen Börsenplatz.

(3) Die auf den Arbitrageur entfallende Steuer beträgt mindestens 10 Pfennig. Höhere Steuerbeträge sind auf 10 Pfennig nach oben abzurunden.

§ 34

Auslandsgeschäfte

(1) Die Steuer ermäßigt sich bei Anschaffungsgeschäften, die im Ausland abgeschlossen werden, auf die Hälfte, wenn nur der eine Vertragsteil Inländer ist.

(2) Steuerschuldner ist der inländische Vertragsteil.

(3) Die Steuer beträgt mindestens 10 Pfennig. Höhere Steuerbeträge sind auf 10 Pfennig nach oben abzurunden.

Teil IV

Gemeinsame Vorschriften

§ 35

Verhältnis der Kapitalverkehrsteuern zueinander

Unterliegt ein Rechtsvorgang der Gesellschaftsteuer und der Börsenumsatzsteuer oder der Wertpapiersteuer und der Börsenumsatzsteuer, so wird die Börsenumsatzsteuer neben der Gesellschaftsteuer oder Wertpapiersteuer erhoben.

§ 36

Fälligkeit

Die Steuer wird zwei Wochen nach Entstehung der Steuerschuld fällig.

§ 37

Pauschalierung

Mit Zustimmung des Steuerpflichtigen kann das Finanzamt von der genauen Ermittlung des Steuerbetrags absehen und die Steuer in einem Pauschbetrag festsetzen.

10.

Kapitalverkehrsteuer-Durchführungsverordnung in der Fassung vom 22. September 1955

(KVStDV 1955)

(BGBl. I S. 598/BerlGVBl. S. 882)

— Auszug —

Dritter Teil

Börsenumsatzsteuer

A. Örtliche Zuständigkeit

§ 34

Örtlich zuständig ist

1. bei Entrichtung der Steuer im Abrechnungsverfahren
   das Kapitalverkehrsteueramt, in dessen Bezirk der Abrechner sein Geschäft betreibt. Bei Zweigniederlassungen ist das Kapitalverkehrsteueramt zuständig, in dessen Bezirk die Zweigniederlassung liegt;

2. bei Abtretung von Geschäftsanteilen an inländischen Gesellschaften mit beschränkter Haftung
   das Kapitalverkehrsteueramt, in dessen Bezirk die Gesellschaft ihre Geschäftsleitung oder, wenn die Geschäftsleitung nicht im Inland ist, ihren Sitz hat;
3. in den übrigen Fällen
   das Kapitalverkehrsteueramt, das zuerst mit der Sache befaßt wird.

B. Händler

I. Händlereigenschaft

§ 35

Begriff

(1) Die unbeschränkte Händlereigenschaft besteht in der Berechtigung, als Händler Anschaffungsgeschäfte über Wertpapiere (§ 19 des Gesetzes) abzuschließen.

(2) Die beschränkte Händlereigenschaft besteht in der Berechtigung, als Händler Anschaffungsgeschäfte über Schuldverschreibungen der im § 22 Abs. 1 Nr. 1 und 2 des Gesetzes bezeichneten Art (Schuldverschreibungen der öffentlichen Hand und begünstigte Schuldverschreibungen) abzuschließen.

(3) Besitzt eine offene Handelsgesellschaft, eine Kommanditgesellschaft oder eine Kommanditgesellschaft auf Aktien die Händlereigenschaft, so haben die Gesellschafter die Händlereigenschaft nur bei Geschäften, die sie im Namen der Gesellschaft abschließen, nicht aber bei solchen Geschäften, die sie im eigenen Namen abschließen.

(4) Die Händlereigenschaft von Kursmaklern an einer Wertpapierbörse ist nicht auf Geschäfte über solche Wertpapiere beschränkt, deren Börsenpreise sie amtlich feststellen oder bei deren amtlicher Kursfestsetzung sie mitzuwirken haben.

§ 36

Öffentliche Banken usw.

(1) Die unbeschränkte Händlereigenschaft haben

1. die Bank deutscher Länder, die Landeszentralbanken und die Berliner Zentralbank,
2. die Staatsbanken der Länder,
3. die Preußische Staatsbank (Seehandlung) in Berlin und Hamburg,
4. die Kreditanstalt für Wiederaufbau in Frankfurt a. M.,
5. die Lastenausgleichsbank in Bad Godesberg,
6. die Deutsche Landesrentenbank in Berlin und Bonn,
7. die Landwirtschaftliche Rentenbank in Frankfurt a. M.,
8. die Deutsche Rentenbank-Kreditanstalt (Landwirtschaftliche Zentralbank) in Berlin und Frankfurt a. M.,
9. die Deutsche Pfandbriefanstalt in Berlin und Wiesbaden,
10. die Deutsche Genossenschaftskasse in Frankfurt a. M.,
11. die Deutsche Zentralgenossenschaftskasse in Berlin und Frankfurt a. M.,
12. der Umschuldungsverband Deutscher Gemeinden,

13. die durch staatliche Verleihung geschaffenen inländischen Körperschaften städtischer und ländlicher Grundbesitzer (Landschaften, Stadtschaften usw.),
14. die sonstigen Kreditinstitute des öffentlichen Rechts; für Sparkassen und Girozentralen gelten die Bestimmungen des § 40.

(2) Soweit die im Absatz 1 bezeichneten Banken, Kreditanstalten, Körperschaften usw. eine Niederlassung im Ortsgebiet einer inländischen Wertpapierbörse haben, besitzt die Niederlassung die unbeschränkte Händlereigenschaft nur dann, wenn sie in der Händlerliste (§ 43) eingetragen ist.

§ 37

Kaufleute

(1) Kaufleute, die innerhalb des Ortsgebiets einer inländischen staatlich anerkannten Wertpapierbörse gewerbsmäßig Geschäfte über Wertpapiere betreiben (Banken, Bankiers, Makler u. a.), haben die unbeschränkte Händlereigenschaft, wenn sie in der Händlerliste (§ 43) eingetragen sind.

(2) Kaufleute, die außerhalb des Ortsgebiets einer inländischen staatlich anerkannten Wertpapierbörse gewerbsmäßig Bankgeschäfte betreiben (Banken und Bankiers), haben die unbeschränkte Händlereigenschaft, wenn sie im Handelsregister eingetragen sind.

(3) Unterhält eine Bank oder ein Bankier Niederlassungen an verschiedenen Orten, so hat jede Niederlassung die unbeschränkte Händlereigenschaft, wenn bei ihr die Voraussetzungen für die unbeschränkte Händlereigenschaft vorliegen. Eine nicht im Ortsgebiet einer Wertpapierbörse befindliche Niederlassung verliert die Händlereigenschaft, wenn im Ortsgebiet einer Wertpapierbörse eine Niederlassung besteht, deren Eintragung in die Händlerliste abgelehnt oder nicht binnen zwei Wochen nach der Errichtung beantragt ist. Die Beschwerde gegen den ablehnenden Bescheid hat keine aufschiebende Wirkung.

(4) Unterhalten Banken oder Bankiers, die die unbeschränkte Händlereigenschaft besitzen, außerhalb des Ortsgebiets einer Wertpapierbörse Niederlassungen, die im Handelsregister nicht eingetragen sind, so haben diese ebenfalls die unbeschränkte Händlereigenschaft.

(5) Niederlassungen, die einer im Ortsgebiet derselben Wertpapierbörse befindlichen Haupt- oder Zweigniederlassung untergeordnet sind, haben die unbeschränkte Händlereigenschaft, wenn die übergeordnete Niederlassung die unbeschränkte Händlereigenschaft besitzt.

§ 38

Auslandsbanken

(1) Ausländische Kaufleute, die gewerbsmäßig Bankgeschäfte betreiben (Banken und Bankiers), haben die unbeschränkte Händlereigenschaft für ihren im Ausland geführten Geschäftsbetrieb auch dann, wenn sie nicht im Handelsregister eingetragen sind.

(2) Inländische Niederlassungen ausländischer Banken (Absatz 1) haben die unbeschränkte Händlereigenschaft, wenn sie im Handelsregister eingetragen sind. Soweit ausländische Banken Niederlassungen im Ortsgebiet einer inländischen Wertpapierbörse haben, besitzen die Niederlassungen

die unbeschränkte Händlereigenschaft nur dann, wenn sie in der Händlerliste (§ 43) eingetragen sind. Unterhält eine ausländische Bank Niederlassungen an verschiedenen Orten, so gilt § 37 Abs. 3 entsprechend.

(3) Ausländische Niederlassungen inländischer Banken haben die unbeschränkte Händlereigenschaft nur dann, wenn die inländische Hauptniederlassung die unbeschränkte Händlereigenschaft besitzt.

§ 39

Kreditgenossenschaften

(1) Die unbeschränkte Händlereigenschaft besitzen

1. in das Genossenschaftsregister eingetragene Kreditgenossenschaften, wenn sie einem Prüfungsverband angehören (§ 24 Nr. 3 des Gesetzes),
2. Zentralen der in das Genossenschaftsregister eingetragenen und einem Prüfungsverband angehörigen Kreditgenossenschaften (Zentralkassen).

(2) Haben die im Absatz 1 bezeichneten Genossenschaften oder Zentralen ihren Geschäftsbetrieb im Ortsgebiet einer inländischen Wertpapierbörse, so besitzen sie die unbeschränkte Händlereigenschaft nur dann, wenn sie in der Händlerliste (§ 43) eingetragen sind.

§ 40

Sparkassen und Girozentralen

(1) Öffentliche oder unter Staatsaufsicht stehende Sparkassen haben,

1. wenn sie der Körperschaftsteuer unterliegen, die unbeschränkte Händlereigenschaft (§ 35 Abs. 1),
2. wenn sie der Körperschaftsteuer nicht unterliegen, die beschränkte Händlereigenschaft (§ 35 Abs. 2).

(2) Die Girozentralen haben die unbeschränkte Händlereigenschaft insoweit, als sie nach der Satzung, nach reichs-, bundes- oder landesrechtlichen Bestimmungen befugt sind, Geschäfte über Wertpapiere abzuschließen oder zu vermitteln.

(3) Hat eine Sparkasse oder Girozentrale ihren Geschäftsbetrieb im Ortsgebiet einer inländischen Wertpapierbörse, so hat sie die Händlereigenschaft nur dann, wenn sie in der Händlerliste (§ 43) eingetragen ist.

II. Ortsgebiet der Wertpapierbörsen

§ 41

Allgemeine Bestimmungen

(1) Als Wertpapierbörsen im Sinne dieser Bestimmungen gelten inländische staatlich anerkannte Börsen, deren Einrichtungen für den Handel mit Wertpapieren (§ 19 des Gesetzes) bestimmt sind.

(2) Als Ortsgebiet einer Wertpapierbörse gilt der Bezirk der Gemeinde, in dem die Börse ihren Sitz hat. Zum Ortsgebiet einer Wertpapierbörse gehören die Orte, die gemäß Artikel 88 Abs. 2 des Wechselgesetzes als benachbarte Orte anzusehen sind.

§ 42

Besondere Bestimmungen

Für die Wertpapierbörsen gelten als Ortsgebiet:

1. für die Berliner Börse in Berlin
   das Gebiet des Landes und der Stadt Berlin, soweit in ihm die Deutsche Mark der Bank deutscher Länder gesetzliches Zahlungsmittel ist;
2. für die Bremer Wertpapierbörse in Bremen
   das bremische Staatsgebiet mit Ausnahme der Stadt Bremerhaven;
3. für die Rheinisch-Westfälische Börse zu Düsseldorf
   das Gebiet des Landes Nordrhein-Westfalen;
4. für die Frankfurter Wertpapierbörse in Frankfurt a. M.
   die Stadtgemeinden Frankfurt a. M., Hanau, Wiesbaden, Mainz, Darmstadt, Ludwigshafen a. Rh., Bad Kreuznach, Kaiserslautern, Pirmasens, Kassel, Bad Hersfeld, Fritzlar, Bad Wildungen, Korbach, Gießen und der Main-Taunus-Kreis;
5. für die Hanseatische Wertpapierbörse in Hamburg
   das Staatsgebiet der Freien und Hansestadt Hamburg;
6. für die Niedersächsische Börse zu Hannover
   das Gebiet der Stadt Hannover;
7. für die Bayerische Börse in München
   die Stadtgemeinde München;
8. für die Wertpapierbörse in Stuttgart
   die Stadtgemeinde Stuttgart.

III. Händlerliste

§ 43

Führung der Händlerliste

(1) Für jede inländische staatlich anerkannte Wertpapierbörse führt der Börsenvorstand im Auftrag und unter Aufsicht der für die Börse zuständigen Handelskammer eine Liste (Händlerliste). Die Händlerliste enthält die Personen (Einzelpersonen, Firmen, Personenvereinigungen, juristische Personen, Niederlassungen, Anstalten), die einen Geschäftsbetrieb im Ortsgebiet der Wertpapierbörse haben und die Händlereigenschaft besitzen.

(2) Die Liste hat zwei Abteilungen. Zur ersten Abteilung gehören die Personen, die die unbeschränkte Händlereigenschaft haben, zur zweiten Abteilung gehören die Sparkassen und Girozentralen, deren Händlereigenschaft nach § 35 Abs. 2 und § 40 beschränkt ist.

§ 44

Voraussetzungen für die Eintragung

Kaufleute können in die Händlerliste eingetragen werden, wenn sie

1. gewerbsmäßig Geschäfte über Wertpapiere betreiben,
2. in das Handelsregister eingetragen und
3. Börsenbesucher der inländischen, staatlich anerkannten Wertpapierbörse sind, für die die Händlerliste geführt wird.

§ 45

Börsenbesucher

(1) Als Börsenbesucher (§ 44 Nr. 3) gelten Kaufleute, die regelmäßig eine inländische staatlich anerkannte Wertpapierbörse mit der Befugnis zur Teilnahme am Börsenhandel besuchen oder durch ihre Vertreter besuchen lassen und für die der Abschluß von Wertpapiergeschäften an dieser Börse Gegenstand ihres Gewerbes ist.

(2) Bestehen an einer Börse für einzelne Geschäftszweige besondere Abteilungen, so ist die Zugehörigkeit des Börsenbesuchers zu der Wertpapierabteilung Voraussetzung für die Eintragung in die Händlerliste.

(3) Besteht bei einer Wertpapierbörse oder bei der Wertpapierabteilung einer Börse ein besonderes Zulassungsverfahren, so gelten als Börsenbesucher nur solche Kaufleute, die zu der Wertpapierbörse oder Wertpapierabteilung mit der Befugnis zugelassen sind, am Börsenhandel teilzunehmen.

§ 46

Verfahren bei der Eintragung

(1) Der Antrag auf Eintragung in die Händlerliste ist an den Börsenvorstand zu richten. Der Börsenvorstand entscheidet über den Antrag.

(2) Der Börsenvorstand wacht darüber, daß Personen, bei denen die Voraussetzungen für die Eintragung in die Händlerliste weggefallen sind, in der Liste gelöscht werden. Das Kapitalverkehrsteueramt kann die Löschung beantragen.

(3) Wird ein Börsenbesucher vom Börsenbesuch ausgeschlossen, so ist er mit Wirkung vom Tag des Ausschlusses in der Händlerliste zu löschen. Börsenbesucher, die auf eine kalendermäßig bestimmte Frist vom Börsenbesuch ausgeschlossen werden, sind nach Ablauf der Frist ohne besonderen Antrag wieder in die Liste einzutragen.

(4) Gegen die Ablehnung der Eintragung oder gegen die Löschung ist Beschwerde an die für die Börse zuständige Handelskammer, gegen deren Entscheidung die weitere Beschwerde an die für die Wirtschaftsverwaltung zuständige oberste Behörde des Landes, in dem sich die Börse befindet, zulässig. Das gleiche Beschwerderecht steht dem Kapitalverkehrsteueramt gegen die Eintragung in die Liste oder gegen die Ablehnung eines Löschungsantrags zu. Die Frist für die Einlegung der Beschwerde beträgt einen Monat.

(5) Ist die Eintragung in die Händlerliste gemäß § 47 Abs. 1 bis 4 bewilligt worden, so nimmt der Börsenvorstand die Eintragung auf Grund der Mitteilung der Handelskammer vor.

§ 47

Nichtbörsenbesucher

(1) Banken und Bankiers, die im Handelsregister eingetragen sind, aber nicht zu den Börsenbesuchern gehören, können auf Antrag in die Händlerliste eingetragen werden, wenn das die unmittelbare Aufsicht über die Börse ausübende Handelsorgan (Handelskammer, kaufmännische Korporation — § 1 Abs. 2 des Börsengesetzes) die Eintragung bewilligt.

(2) Die Bewilligung der Eintragung kann ohne Angabe von Gründen zurückgenommen werden. Sie muß auf Ersuchen der für die Wirtschaftsverwaltung zuständigen obersten Landesbehörde zurückgezogen werden.

(3) Gegen den Bescheid, durch den der Antrag auf Eintragung abgelehnt wird, und gegen die Rücknahme der Bewilligung ist die Beschwerde an die für die Wirtschaftsverwaltung zuständige oberste Landesbehörde zulässig. Die Frist für die Einlegung der Beschwerde beträgt einen Monat. Die Beschwerde gegen die Rücknahme hat keine aufschiebende Wirkung.

(4) Die Erteilung der Bewilligung oder deren Rücknahme ist dem Börsenvorstand und dem Kapitalverkehrsteueramt des Sitzes der Börse mitzuteilen.

(5) Gehört die Niederlassung einer ausländischen Bank nicht zu den Börsenbesuchern, so kann sie auf Antrag in die Händlerliste eingetragen werden, wenn die Bank juristische Person ist, und die für die Börse zuständige Landesregierung die Niederlassung zum Gewerbebetrieb zugelassen hat. Der Antrag ist an den Börsenvorstand zu richten.

§ 48

Offenlegung der Liste

(1) Die Händlerliste liegt während der Dienststunden der Geschäftsstelle des Börsenvorstands öffentlich aus. Gegen Erstattung der Auslagen kann eine Abschrift der Eintragung verlangt werden.

(2) Der Börsenvorstand muß dem Kapitalverkehrsteueramt des Sitzes der Börse jede Eintragung und jede Löschung unverzüglich mitteilen. Das Kapitalverkehrsteueramt teilt, wenn die Mitteilung sich auf Niederlassungen bezieht, für die ein anderes Kapitalverkehrsteueramt zuständig ist, diesem die Eintragung oder Löschung mit (z. B. § 37 Abs. 3 Satz 2).

§ 49

Mitteilungspflicht der Kapitalverkehrsteuerämter

Ist ein Händler, der seinen Geschäftsbetrieb im Ortsgebiet einer inländischen Wertpapierbörse hat, wegen Hinterziehung von Börsenumsatzsteuer verurteilt, so benachrichtigt das Kapitalverkehrsteueramt den Börsenvorstand von dem Straferkenntnis (Urteil, Strafbescheid, Niederschrift über eine Unterwerfungsverhandlung), sobald es rechtskräftig geworden ist.

C. Entrichtung der Steuer

I. Gemeinsame Bestimmungen

§ 50

Steuerschuldner

(1) Werden Anschaffungsgeschäfte im Inland abgeschlossen, so sind zur Entrichtung der Steuer zunächst verpflichtet

1. bei Händlergeschäften
   jeder Händler je zur Hälfte,
2. bei Kundengeschäften
   der Händler,
3. bei Privatgeschäften
   der Veräußerer.

(2) Absatz 1 gilt nicht für Anschaffungsgeschäfte, die öffentlich beurkundet werden. In diesem Fall bleibt die Reihenfolge der Inanspruchnahme der Steuerschuldner dem Kapitalverkehrsteueramt überlassen.

(3) Werden Anschaffungsgeschäfte im Ausland abgeschlossen und sind beide Vertragsteile Inländer (§ 17 Abs. 2 des Gesetzes), so gilt Absatz 1.

(4) Werden Anschaffungsgeschäfte im Ausland abgeschlossen und ist nur der eine Vertragsteil Inländer, so ist der inländische Vertragsteil zur Entrichtung der Steuer verpflichtet.

(5) Bei Anschaffungsgeschäften, die Bezugsrechtsausübungen, Konvertierungen oder andere Emissionsgeschäfte zum Gegenstand haben, ist das Emissionshaus oder das die Emission durchführende Konsortium in vollem Umfang zur Entrichtung der Steuer verpflichtet. Dies gilt auch dann, wenn das Emissionshaus oder das Konsortium nicht Händler ist. Die Emissionsgeschäfte sind in den Geschäftsbüchern beider Vertragsteile, soweit sie Händler sind, als solche kenntlich zu machen. Es genügt, wenn für diese Geschäfte ein besonderes Konto geführt wird. Die dem Bezieher zu erteilende Abrechnung und deren Doppel oder die Schlußnote sind mit dem Vermerk „Emissionsgeschäfte" zu versehen.

(6) In den Fällen der Absätze 1 und 3 sind die übrigen Vertragsteile zur Entrichtung der Steuer in zweiter Linie verpflichtet. Diese Verpflichtung erlischt bei Händlern nach Ablauf von sechs Monaten, vom Ende des Abrechnungszeitraums an gerechnet. Die Vorschrift des § 66 Abs. 3 bleibt unberührt.

§ 51

Arten der Steuerentrichtung

Die Steuer wird entrichtet

1. durch Zahlung des Steuerbetrags an das Kapitalverkehrsteueramt (Finanzkasse),
   a) soweit die Versteuerung im Abrechnungsverfahren vorgeschrieben ist (§ 54),
   b) soweit Anschaffungsgeschäfte öffentlich beurkundet werden (§ 72),
   c) soweit Steuerbeträge vom Kapitalverkehrsteueramt nachgefordert werden;
2. durch Verwendung von Börsenumsatzsteuermarken zu Schlußnoten in allen übrigen Fällen.

§ 52

Steuerberechnung

Die Steuer ist für jedes Geschäft einzeln zu berechnen. Geschäfte, die an demselben Tag von denselben Vertragschließenden in gleicher Eigenschaft abgeschlossen worden sind, dürfen für die Steuerberechnung zusammengefaßt werden.

§ 53

Ausländische Währungen

In ausländischer Währung ausgedrückte Beträge werden für die Berechnung der Steuer nach den für die Wechselsteuer geltenden Bestimmungen in die Währung der Bundesrepublik Deutschland umgerechnet.

II. Abrechnungsverfahren

§ 54

Abrechner

(1) Händler müssen die Steuer im Abrechnungsverfahren entrichten. Sie dürfen die Steuer auch für einzelne Geschäfte nicht durch Verwendung von Börsenumsatzsteuermarken entrichten. Anschaffungsgeschäfte des Abrechners, die öffentlich beurkundet werden (§ 72), fallen nicht unter das Abrechnungsverfahren.

(2) Die Abrechner müssen dem Kapitalverkehrsteueramt jede für die Überwachung der Steuerentrichtung wesentliche Änderung ihres Geschäftsbetriebs mitteilen, insbesondere die Änderung der Firma, die Errichtung und Aufhebung von Zweigniederlassungen und Depositenkassen oder die Verlegung der Geschäftsräume.

(3) Das Kapitalverkehrsteueramt darf Kreditgenossenschaften und Sparkassen, die nach den §§ 39 und 40 die Händlereigenschaft besitzen, vom Abrechnungsverfahren befreien, wenn sie erklären, daß sie Geschäfte über Wertpapiere nicht abschließen, und wenn sie sich verpflichten, eine Erweiterung des Kreises ihrer Geschäfte in dieser Richtung dem Kapitalverkehrsteueramt unverzüglich anzuzeigen. Die Befreiung vom Abrechnungsverfahren ist zu widerrufen, wenn die Kreditgenossenschaften oder Sparkassen Geschäfte über Wertpapiere abschließen. Dies gilt nicht, wenn die Anschaffungsgeschäfte dazu dienen, die eigenen Wertpapierbestände dem durch Gesetz oder Satzung oder sonst zwingend vorgeschriebenen Stand anzugleichen. Die Steuer ist in diesen Fällen abweichend von den Bestimmungen des § 66 Abs. 1 von dem anderen Händler in voller Höhe zu verrechnen. Dabei muß jede der folgenden Voraussetzungen erfüllt sein:

1. Der andere Händler muß als Zentralkasse im Rahmen der Verbände der Kreditgenossenschaften oder Sparkassen tätig sein. Bei einem Anschaffungsgeschäft mit einer Sparkasse kann der andere Händler auch eine Bank sein, wenn die Sparkasse nach den gesetzlichen Bestimmungen oder den von der Aufsichtsbehörde genehmigten Satzungen bei dieser Bank Gelder anlegen darf.
2. Der andere Händler muß die Abrechnung, die er der Kreditgenossenschaft oder der Sparkasse erteilt (§ 66 Abs. 2), und deren Doppel mit dem Vermerk „Anlagegeschäft gemäß § 54 Abs. 3 KVStDV" versehen.
3. Die Kreditgenossenschaften und Sparkassen, die von dieser Ausnahmeregelung Gebrauch machen, müssen dies dem für sie zuständigen Kapitalverkehrsteueramt anzeigen. Auf der Anzeige muß der andere Händler bestätigen, daß er von dem Inhalt der Anzeige Kenntnis genommen hat. Die Anzeige und die Bestätigung sind in zwei Stücken einzureichen. Das zweite Stück ist für das Kapitalverkehrsteueramt bestimmt, das für den anderen Händler örtlich zuständig ist. Die Entrichtung der Steuer durch Verwendung von Börsenumsatzsteuermarken ist auch für einzelne Geschäfte unzulässig.

§ 55

Geschäftsbücher

(1) Als Grundlage für das Abrechnungsverfahren dienen die Geschäftsbücher des Abrechners, in denen die Geschäfte über Wertpapiere (§ 19 des Gesetzes) verzeichnet sind.

(2) Die Geschäftsbücher sollen fest gebunden und mit fortlaufenden Seitenzahlen versehen sein. Als Geschäftsbuch darf auch jede Einrichtung der Buchführung des Abrechners angesehen werden, die ausreichende Sicherheit gegen ein Beiseiteschaffen einzelner Bestandteile der Buchungseinrichtung oder einzelner Eintragungen und Buchungen bietet. Als eine solche Sicherheit ist insbesondere die Aufstellung einer Tagesbilanz anzusehen, die eine Übersicht über die Summe sämtlicher Buchungen dieses Tags und die Nummern der einzelnen Buchungsbogen gewährleistet.

(3) Der Abrechner muß bei Beginn der Entrichtung der Steuer im Abrechnungsverfahren dem Kapitalverkehrsteueramt angeben, welche Bücher (Konten) als Grundlage für das Abrechnungsverfahren dienen sollen. Diese Bücher müssen alle vom Abrechner abgeschlossenen oder vermittelten Anschaffungsgeschäfte einschließlich der steuerfreien Geschäfte enthalten.

§ 56

Buchung des Geschäfts

(1) Die Eintragung in das Geschäftsbuch muß binnen zwei Wochen, vom Tag des Geschäftsabschlusses ab gerechnet, vorgenommen werden. Sie muß folgende Eintragungen im räumlichen Zusammenhang enthalten:

1. Namen und Wohnort (Wohnung) des andern Vertragsteils. Sind diese Angaben aus dem Verzeichnis der Börsenbesucher oder aus einem eigens geführten Register ersichtlich, so genügt der Name oder die Nummer des Registers. Ist der Abrechner Vermittler, so muß die Eintragung die Angaben für beide Vertragsteile enthalten;
2. Gegenstand und Bedingungen des Geschäfts, insbesondere den Kurs und den Wert des Gegenstands, bei anderen als Kassageschäften auch die Zeit der Lieferung. Ist der Abrechner Vermittler, so braucht die Eintragung den Wert des Gegenstands nicht zu enthalten, wenn der Vermittler keine Steuer zu verrechnen hat;
3. Betrag der Steuer;
4. Grund für die Steuerfreiheit oder Steuerermäßigung, wenn er sich nicht aus dem sonstigen Inhalt der Eintragung ergibt.

(2) Ist eine Aussetzung der Versteuerung erforderlich, so wird dies bei der Buchung vermerkt. Sobald die Berechnung der Steuer möglich geworden ist, ist die Steuer durch eine besondere Buchung im Geschäftsbuch zu verrechnen und bei jeder der beiden Buchungen auf die andere Buchung zu verweisen. Für die Berechnung der Eintragungsfristen gilt als Tag des Geschäftsabschlusses der Tag, an dem die Berechnung der Steuer möglich geworden ist.

(3) Das Kapitalverkehrsteueramt darf Abweichungen zulassen.

§ 57

Berichtigung von Eintragungen

(1) Unrichtige Eintragungen dürfen durch eine neue Buchung berichtigt werden.

(2) Ist der eingetragene Steuerbetrag zu niedrig, so wird der Unterschied durch Eintragung in das laufende Geschäftsbuch nachträglich verrechnet. Bei jeder der beiden Buchungen ist auf die andere Buchung zu verweisen.

(3) Ist der eingetragene Steuerbetrag zu hoch, so kann der Unterschied im laufenden Geschäftsbuch zurückgebucht werden, wenn seit dem Ende des Monats, in dem die unrichtige Eintragung vorgenommen worden ist, nicht mehr als sechs Monate verstrichen sind. Die zurückgebuchten Steuerbeträge sind besonders kenntlich zu machen. Die zurückgebuchten Posten werden für den Abrechnungszeitraum aufgerechnet, ihre Summe wird vom Gesamtbetrag der abzuführenden Steuer abgesetzt. Bei der Rückbuchung ist auf die frühere Buchung zu verweisen.

(4) Ist die im Absatz 3 bezeichnete Frist abgelaufen, so kann die Erstattung der Steuer nur auf Antrag des Abrechners durch das Kapitalverkehrsteueramt verfügt werden. Diesem müssen die Geschäftsbücher, die die unrichtigen Eintragungen enthalten, und die sonst erforderlichen Schriftstücke und Belege auf Verlangen vorgelegt werden. Das Kapitalverkehrsteueramt soll von der Vorlegung der Geschäftsbücher absehen, wenn auf andere Weise nachgewiesen wird, daß die Steuer entrichtet ist; in diesem Fall verfügt es die Erstattung unter Vorbehalt der Nachprüfung.

(5) Die Reichsbank darf die im Absatz 3 vorgesehene Rückbuchung von Steuerbeträgen bis zum Schluß des Jahres vornehmen, das auf das Jahr folgt, in dem das Anschaffungsgeschäft abgeschlossen ist.

§ 58

Zahlung der Steuer

(1) Abrechnungszeitraum ist das Kalenderjahr.

(2) Der Abrechner hat auf die Jahressteuer Abschlagszahlungen zu entrichten. Die Abschlagszahlungen sind, sobald jeweils mehr als 100 Deutsche Mark Steuer aufgekommen sind, spätestens am Fünfzehnten des folgenden Monats an die Kasse des Kapitalverkehrsteueramtes abzuführen. Als Abschlagszahlung ist der Betrag zu leisten, der jeweils bis zum Ende des vorangegangenen Monats aufgekommen ist. Zum 15. Januar eines jeden Jahres sind Abschlagszahlungen nicht zu entrichten.

(3) Für jeden Abrechnungszeitraum sind die in den Geschäftsbüchern enthaltenen Beträge an Börsenumsatzsteuer aufzurechnen und bei dem Kapitalverkehrsteueramt bis zum 15. Januar eines jeden Jahres für das vorangegangene Kalenderjahr nach Muster 8 anzumelden. Der Abrechner muß in der Anmeldung die entrichteten Abschlagszahlungen vermerken und die Abschlußzahlung errechnen. Er muß ferner in der Anmeldung versichern,

1. daß in den Geschäftsbüchern, die er dem Kapitalverkehrsteueramt als Grundlage für das Abrechnungsverfahren benannt hat (§ 55 Abs. 3),

alle von ihm abgeschlossenen oder vermittelten Anschaffungsgeschäfte (einschließlich der steuerfreien) mit den auf ihn entfallenden Steuerbeträgen eingetragen sind,

2. daß die Summe der einzelnen Steuerbeträge den angemeldeten Gesamtbetrag ergibt,
3. daß er die Angaben nach bestem Wissen und Gewissen gemacht hat.

(4) Endet die Händlereigenschaft im Laufe eines Kalenderjahres vor dem 1. Dezember, so ist dem Kapitalverkehrsteueramt die Anmeldung nach Muster 8 bis zum Fünfzehnten des auf die Beendigung der Händlereigenschaft folgenden Monats einzureichen. Eine Abschlagszahlung ist zu diesem Zeitpunkt nicht zu entrichten. Die Bestimmungen des Absatzes 3 gelten sinngemäß.

(5) Die Abschlußzahlung ist gleichzeitig mit der Einreichung der Anmeldung zu leisten.

(6) Ist für einen Abrechnungszeitraum keine Börsenumsatzsteuer abzuführen, so muß der Abrechner dies dem Kapitalverkehrsteueramt anzeigen.

§ 59

Vorlegung der Geschäftsbücher

Der Abrechner muß seine Geschäftsbücher mit den zugehörigen Belegen dem Kapitalverkehrsteueramt auf Verlangen vorlegen. Auf Antrag darf es die Vorlegung in den Geschäftsräumen des Abrechners widerruflich zulassen. Dem Antrag soll entsprochen werden, wenn es nach den Geschäftsverhältnissen des Abrechners geboten erscheint.

III. Verwendung von Steuermarken zu Schlußnoten

1. Börsenumsatzsteuermarken

§ 60

Beschreibung der Marken

(1) Die Börsenumsatzsteuermarken lauten auf Steuerbeträge von 5, 10, 20, 50 Pfennig, 1, 2, 5, 10, 20, 50, 100, 200 und 500 Deutsche Mark.

(2) Die Marken sind einschließlich der gezähnten weißen Ränder 24 mm hoch und 61 mm breit. Sie haben, soweit sie über Pfennigbeträge lauten, einen braunen, soweit sie über Markbeträge lauten, einen blaugrauen Untergrund und tragen in der Mitte eine Umrandung mit der Inschrift „Börsenumsatzsteuer". Die Marken zu 200 und 500 Deutsche Mark sind außerdem mit einer grauen Schraffur als Schutzdruck versehen. Eine Lochreihe macht die Marke in zwei gleiche Teile zerlegbar. Jeder Teil enthält auf dem oberen Rand die Wertbezeichnung, darunter den Vordruck „den" für das Datum der Verwendung, und in der äußeren unteren Ecke die Zahl der Pfennig oder Mark, auf die die Marken lauten, unter Hinzufügung der Buchstaben „Pf" oder „DM", außerdem die fortlaufenden Nummern der Marken in schwarzer Farbe.

§ 61

Herstellung und Vertrieb

(1) Die Börsenumsatzsteuermarken werden von der Bundesdruckerei hergestellt und zu einem vom Bundesminister der Finanzen im Einvernehmen mit den für die Finanzverwaltung zuständigen obersten Landesbehörden festgesetzten Herstellungspreis ausschließlich an die Oberfinanzdirektionen abgegeben. Diese beliefern die Finanzämter.

(2) Die Marken werden von den Kapitalverkehrsteuerämtern und den sonstigen Finanzämtern zum Preis der auf ihnen angegebenen Steuerbeträge verkauft. Die Oberfinanzdirektionen dürfen einzelne Finanzämter vom Verkauf der Börsenumsatzsteuermarken ausnehmen.

§ 62

Umtausch von Marken

Unbeschädigte Börsenumsatzsteuermarken dürfen bei den Kapitalverkehrsteuerämtern und den sonstigen mit dem Verkauf von Börsenumsatzsteuermarken befaßten Finanzämtern gegen Börsenumsatzsteuermarken anderer Wertbeträge umgetauscht werden. Ein Ersatz in Geld findet nur in Ausnahmefällen statt.

§ 63

Ersatz beschädigter Marken

(1) Beschädigte Börsenumsatzsteuermarken oder solche Marken, mit denen beschädigte Schlußnoten versehen sind, werden von den Kapitalverkehrsteuerämtern und den sonstigen mit dem Verkauf von Börsenumsatzsteuermarken befaßten Finanzämtern ersetzt, wenn von den Steuermarken oder Schlußnoten noch kein oder doch kein solcher Gebrauch gemacht worden ist, daß durch den Ersatz die Steuerbelange gefährdet werden. Der Ersatz ist ausgeschlossen, wenn auf den Marken Radierungen, Durchstreichungen oder Überschreibungen vorgenommen worden sind oder wenn die Marken von den Schlußnoten abgelöst oder aus ihnen ausgeschnitten worden sind. Marken, die einen Entwertungsvermerk tragen, werden nicht ersetzt.

(2) Der Ersatz wird in Marken geleistet. Den Wünschen des Antragstellers hinsichtlich der herauszugebenden Markenwerte soll nach Möglichkeit entsprochen worden. Ein Ersatz in Geld findet nur in Ausnahmefällen statt.

2. Schlußnoten

§ 64

Inhalt der Schlußnote

(1) Die Schlußnote besteht aus zwei übereinstimmenden Hälften. Für jeden Vertragsteil ist eine Hälfte bestimmt.

(2) Jede Schlußnotenhälfte muß enthalten den Namen und Wohnort der beiden Vertragsteile sowie des Vermittlers, den Gegenstand und die Bedingungen des Geschäfts, insbesondere den Kurs, den Wert des Gegenstands und die sonstigen für die Steuerberechnung maßgebenden Angaben, bei anderen als Kassageschäften auch die Zeit der Lieferung. Die Unter-

schrift des Ausstellers ist nicht erforderlich. Die Schlußnote soll am oberen Teil der Vorderseite einen über beide Schlußnotenhälften greifenden Vordruck haben, durch den die für die Aufnahme der Marken bestimmte Stelle bezeichnet wird. Als Vorbild dient Muster 9.

(3) Die Schlußnote muß in deutscher Sprache und, wenn es sich nicht um Geschäfte über ausländische Wertpapiere handelt, in deutscher Währung ausgestellt werden. Der Wert des Gegenstands des Geschäfts ist stets in deutscher Währung anzugeben.

(4) In der Schlußnote dürfen Radierungen und Überschreibungen nicht vorgenommen werden. Bei Durchstreichungen darf das unsprünglich Geschriebene nicht unleserlich gemacht werden.

§ 65

Verwendung der Marken

(1) Die Marken müssen so aufgeklebt werden, daß jede Hälfte einer Schlußnote eine Hälfte derselben Marke trägt. Die auf der einen Schlußnotenhälfte befindliche Markenhälfte muß dieselbe Nummer haben wie die auf der anderen Schlußnotenhälfte.

(2) Zur Entwertung ist an der durch den Vordruck bezeichneten Stelle jeder Markenhälfte der Tag der Entwertung, und zwar der Tag und das Jahr mit arabischen Ziffern, der Monat mit Buchstaben, einzutragen. Allgemein übliche und verständliche Abkürzungen der Monatsangabe mit Buchstaben und die Weglassung der beiden ersten Zahlen der Jahresbezeichnung sind zulässig (z. B. 15. Sept. 55). Dem Entwertungsvermerk kann die Firma oder der Name des Ausstellers der Schlußnote hinzugefügt werden, wenn der Wertaufdruck der Marke und die richtige Versteuerung erkennbar bleiben. Unter diesen Voraussetzungen kann die Firma oder der Name auch durch Perforierung der Marke angebracht werden.

(3) Der Tag der Entwertung ist in deutlichen Schriftzeichen mit Tinte, mit Schreibmaschine oder durch Stempelaufdruck einzutragen. Der Vermerk muß in seinem ganzen Umfang auf jeder Markenhälfte enthalten sein, braucht aber nicht an der durch den Vordruck bezeichneten Stelle zu stehen. Radierungen, Durchstreichungen und Überschreibungen auf der Marke sind unzulässig.

(4) Marken, die nicht richtig entwertet sind, gelten als nicht verwendet. Die Entwertung darf dadurch richtiggestellt werden, daß die Schlußnoten einem Kapitalverkehrsteueramt oder einem sonstigen mit dem Verkauf von Börsenumsatzsteuermarken befaßten Finanzamt vorgelegt und die Marken mit einem Abdruck des Dienststempels des Finanzamts versehen werden. Das Finanzamt hat den Aufdruck des Dienststempels abzulehnen, wenn der Verdacht der Steuerhinterziehung oder Steuergefährdung besteht.

IV. Verfahren bei den einzelnen Geschäftsarten

§ 66

Händlergeschäfte

(1) Bei den im Inland abgeschlossenen Händlergeschäften muß jeder Händler binnen zwei Wochen, vom Tag des Geschäftsabschlusses ab ge-

rechnet, die auf ihn entfallende Steuer in seinen Büchern verrechnen. Der auf jeden Händler entfallende Steuerteil beträgt mindestens 5 Pfennig, höhere Steuerteilbeträge sind auf 5 Pfennig nach oben abzurunden.

(2) Der Händler, der die im Bankverkehr übliche Abrechnung erteilt, muß auf die Abrechnung und das bei ihm verbleibende Doppel (Durchschlag) der Abrechnung den Vermerk „Händlergeschäft" setzen. Vermittler müssen den Vermerk auch dann anbringen, wenn sie keine Steuer abzuführen haben. Wird vom Vermittler eine Abrechnung nicht erteilt, so gilt als Abrechnung jede schriftliche Mitteilung (Abschlußbestätigung, Courtageabrechnung usw.), die als Nachweis des Geschäftsabschlusses dient. Wird eine Schlußnote ausgestellt, so genügt es, wenn der Vermerk nur in die Schlußnote aufgenommen wird.

(3) Geht dem anderen Händler eine Abrechnung nicht zu oder fehlt der vorgeschriebene Vermerk, so muß er binnen drei Wochen, vom Tag des Geschäftsabschlusses ab gerechnet, auch die auf seinen Vertragsgegner entfallende Steuer in seinen Büchern verrechnen und ihm dies mitteilen.

(4) Die nach Absatz 3 entrichtete Steuer wird nach § 57 Abs. 3 bis 5 zurückgebucht oder erstattet, wenn nachgewiesen wird, daß der erste Händler die auf ihn entfallende Steuer entrichtet hat.

§ 67

Kundengeschäfte

(1) Schließt ein Händler im Inland Geschäfte mit Personen ab, die nicht Händler sind (Kundengeschäfte), so muß er spätestens binnen zwei Wochen, vom Tag des Geschäftsabschlusses ab gerechnet, dem anderen Vertragsteil schriftlich den Betrag der Steuer mitteilen und anzeigen, daß er die Steuer in seinen Geschäftsbüchern mit dem Kapitalverkehrsteueramt verrechnet hat (Verrechnungsanzeige). Wird eine Abrechnung oder eine Schlußnote erteilt, so ist der Inhalt der Verrechnungsanzeige in die Abrechnung oder Schlußnote aufzunehmen. In diesem Fall genügt folgender Wortlaut:

.... DM .... Pf.

Börsenumsatzsteuer verrechnet.

Der Abrechner muß ein Doppel (Durchschlag) der Verrechnungsanzeige zurückbehalten.

(2) Geht dem anderen Vertragsteil eine Verrechnungsanzeige nicht zu, so muß er binnen drei Wochen, vom Tag des Geschäftsabschlusses ab gerechnet, eine Schlußnote ausstellen, zum vollen Betrag versteuern und die eine Hälfte der Schlußnote an den Händler absenden.

(3) Geht dem anderen Vertragsteil eine Verrechnungsanzeige zu, aus der sich ergibt, daß eine zu niedrige Steuer verrechnet ist, so muß er binnen drei Wochen, vom Tag des Geschäftsabschlusses ab gerechnet, entweder eine Schlußnote ausstellen, zum fehlenden Betrag versteuern und die eine Hälfte der Schlußnote an den Händler absenden oder in Höhe des fehlenden Steuerbetrags Börsenumsatzsteuermarken ungeteilt zu der Verechnungsanzeige verwenden.

(4) Die nach den Absätzen 2 und 3 entrichtete Steuer wird auf Antrag erstattet, wenn nachgewiesen wird, daß der Abrechner seine Verpflichtungen im vollen Umfang erfüllt hat.

§ 68

Privatgeschäfte

(1) Bei im Inland abgeschlossenen Privatgeschäften muß der Veräußerer spätestens binnen zwei Wochen, vom Tag des Geschäftsabschlusses ab gerechnet, eine Schlußnote ausstellen, zu ihr die erforderlichen Steuermarken gemäß § 65 verwenden und eine mit einer Markenhälfte versehene Schlußnotenhälfte an den anderen Vertragsteil absenden. Der Aussteller darf die Schlußnote nicht unversteuert aus der Hand geben, es sei denn, daß es sich um steuerfreie Geschäfte handelt.

(2) Ist dem Erwerber eine versteuerte Schlußnote nicht zugegangen, so muß er binnen drei Wochen, vom Tag des Geschäftsabschlusses ab gerechnet, eine Schlußnote ausstellen, versteuern und die eine Hälfte an den Veräußerer absenden.

(3) Ist dem Erwerber eine zu niedrig versteuerte Schlußnotenhälfte zugegangen, so muß er binnen drei Wochen, vom Tag des Geschäftsabschlusses ab gerechnet, in Höhe des fehlenden Steuerbetrags Börsenumsatzsteuermarken zu seiner Schlußnotenhälfte verwenden. In diesem Fall sind die Marken ungeteilt auf der Schlußnotenhälfte aufzukleben und zu entwerten.

(4) Die nach den Absätzen 2 und 3 entrichtete Steuer wird auf Antrag erstattet, wenn nachgewiesen wird, daß der Veräußerer seine Verpflichtungen im vollen Umfang erfüllt hat.

§ 69

Auslandsgeschäfte

(1) Sind bei im Ausland abgeschlossenen Geschäften beide Vertragsteile Inländer, so gelten die Bestimmungen, die für die im Inland abgeschlossenen Geschäfte vorgesehen sind (§§ 66 bis 68).

(2) Ist bei im Ausland abgeschlossenen Geschäften nur ein Vertragsteil Inländer, so muß er die Steuer für Auslandsgeschäfte (§§ 17 und 34 des Gesetzes) ganz entrichten. Er ist verpflichtet,

1. wenn er Händler ist, die Steuer binnen zwei Wochen vom Tag des Geschäftsabschlusses ab gerechnet, in seinen Geschäftsbüchern zu verrechnen,
2. wenn er nicht Händler ist, binnen zwei Wochen, vom Tag des Geschäftsabschlusses ab gerechnet, eine Schlußnote auszustellen und Börsenumsatzsteuermarken in Höhe der fälligen Steuer ungeteilt zu seiner Schlußnotenhälfte zu verwenden.

§ 70

Fristen

(1) Wird das Angebot zu einem Anschaffungsgeschäft nicht am selben Tag, sondern später angenommen, so gilt als Tag des Geschäftsabschlusses (§§ 56 und 66 bis 69)

1. für den annehmenden Vertragsteil
   der Tag, an dem er die Annahmeerklärung abgibt oder absendet,

2. für den anderen (anbietenden) Vertragsteil
   der Tag, an dem ihm die Annahmeerklärung zugeht.

(2) Befindet sich bei im Ausland abgeschlossenen Geschäften ein Vertragsteil zur Zeit des Geschäftsabschlusses im Ausland, so beginnen für ihn die Fristen nicht vor dem Tag nach seiner Rückkehr ins Inland.

(3) Wird die Abrechnung über ein Anschaffungsgeschäft nach den allgemeinen Geschäftsgepflogenheiten der Banken zur Zeit des Geschäftsabschlusses deshalb nicht erteilt, weil die Wertpapiere erst später geliefert werden, so beginnen die Fristen der §§ 56 und 66 bis 69 bei Termingeschäften an dem Tag, zu dem das Geschäft zu erfüllen ist, bei anderen Geschäften am Tag der Lieferung der Stücke. Wird über das Geschäft oder einen Teil des Geschäfts schon vorher abgerechnet, so beginnen die Fristen am Tag der Abrechnung.

(4) Bei der Verlängerung (Prolongation) von Termingeschäften beginnen die Fristen der §§ 56 und 66 bis 69 an dem Tag, auf den die Erfüllung des Geschäfts hinausgeschoben wird. Wird über das Geschäft vorher abgerechnet, so beginnen die Fristen mit dem Tag der Abrechnung. Wird die Steuer dem anderen Vertragsteil bereits vor der Abrechnung in Rechnung gestellt, so beginnen die Fristen mit dem Tag der Belastung.

§ 71

Aufbewahrung von Belegen

(1) Die Schlußnoten müssen nach der Zeitfolge numeriert von den Personen (Einzelpersonen, Firmen, Personenvereinigungen, juristischen Personen, Niederlassungen und Anstalten), die gewerbsmäßig der Börsenumsatzsteuer unterliegende Geschäfte abschließen oder vermitteln, zehn Jahre, von den anderen Personen fünf Jahre aufbewahrt werden.

(2) Die Kapitalverkehrsteuerämter dürfen auf Antrag zulassen, daß die Schlußnoten anders als nach der Zeitfolge geordnet aufbewahrt werden, falls der Eingang der Steuer hinreichend gesichert erscheint und die Steuerprüfung nicht unverhältnismäßig erschwert wird.

(3) Für die Verrechnungsanzeigen gelten die Fristen des Absatzes 1 entsprechend. Die Verrechnungsanzeigen sind vom Händler so aufzubewahren, daß sie bei einer Nachprüfung ohne Verzögerung vorgelegt werden können.

V. Öffentliche Urkunden über Anschaffungsgeschäfte

§ 72

Steuerentrichtung

(1) Die Steuer für öffentlich beurkundete Anschaffungsgeschäfte setzt das Kapitalverkehrsteueramt fest. Die Steuer wird durch Zahlung des Steuerbetrags an die Kasse des Kapitalverkehrsteueramts entrichtet.

(2) Das Kapitalverkehrsteueramt darf von der Festsetzung der Steuer absehen, wenn die Steuer für die in einer Urkunde enthaltenen Anschaffungsgeschäfte zusammen weniger als drei Deutsche Mark beträgt.

(3) Das Kapitalverkehrsteueramt gibt dem Steuerpflichtigen den Steuerbetrag unter Angabe der Zahlungsfrist bekannt. Die Zahlungsfrist soll zwei Wochen nicht übersteigen.

(4) Die Festsetzungsverfügung gilt als Steuerbescheid im Sinne des § 212 der Reichsabgabenordnung. Sie wird dem Steuerpflichtigen schriftlich mitgeteilt und soll auch die Steuerberechnung und ihre Grundlagen, eine Anweisung, wo und wie die Steuer zu entrichten ist, und eine Belehrung enthalten, welches Rechtsmittel zulässig ist und binnen welcher Frist und bei welcher Behörde es einzulegen ist.

(5) Die Bestimmungen der §§ 54 bis 71 werden nicht angewendet.

§ 73

Beistandspflicht

(1) Behörden, Beamte und Notare (Urkundspersonen), die eine Urkunde über ein der Börsenumsatzsteuer unterliegendes Anschaffungsgeschäft aufgenommen haben, müssen binnen zwei Wochen, von der Aufnahme der Urkunde ab gerechnet, dem zuständigen Kapitalverkehrsteueramt eine für dieses bestimmte beglaubigte Abschrift der Urkunde übersenden. Werden der Vertragsantrag und dessen Annahme in getrennten Verhandlungen beurkundet, so sind beglaubigte Abschriften beider Urkunden zu übersenden. Die Frist gilt als gewahrt, wenn die Abschrift bei einem nicht zuständigen Finanzamt rechtzeitig eingereicht wird. In diesem Fall übersendet das Finanzamt die Abschrift dem zuständigen Kapitalverkehrsteueramt.

(2) Die Urkundsperson hat auf der Urschrift der Urkunde zu bescheinigen, daß die beglaubigte Abschrift an das Finanzamt abgesandt ist. Der Tag der Absendung und das Finanzamt, dem die Abschrift übersandt ist, sind in der Bescheinigung anzugeben. Das Kapitalverkehrsteueramt bestätigt unverzüglich den Eingang der Abschrift. Die Urkundsperson hat das Bestätigungsschreiben mit der Urschrift der Urkunde zu verbinden.

(3) Die Urkundspersonen dürfen den Beteiligten die Urschrift, eine Ausfertigung oder eine beglaubigte Abschrift der Urkunde erst dann aushändigen, wenn das Kapitalverkehrsteueramt den Eingang der Abschrift bestätigt oder der Aushändigung zugestimmt hat.

D. Anschaffungsgeschäfte besonderer Art

1. Tauschgeschäfte, Wertpapierleihe

§ 74

(1) Im Sinne der §§ 26 und 27 des Gesetzes gehören Wertpapiere zu der gleichen Gattung, wenn sie von demselben Aussteller ausgegeben sind und in ihnen eine dem Inhalt nach gleiche Berechtigung verbrieft ist. Stückelung und Zinszahlungstage der ausgetauschten Wertpapiere brauchen nicht übereinzustimmen.

(2) Unter den von demselben Aussteller ausgegebenen Wertpapieren gehören insbesondere nicht zu der gleichen Gattung

1. Wertpapiere verschiedener Währung,
2. Aktien, Kuxe, Genußscheine und verzinsliche Wertpapiere,
3. Aktien, für die verschiedene Rechte hinsichtlich der Verteilung des Gewinns oder des Gesellschaftsvermögens (Stammaktien, Vorzugs-

aktien) oder des Stimmrechts festgesetzt sind oder für die eine verschiedene Art der Einziehung vorgeschrieben ist. Inhaberaktien und Namensaktien gehören nicht zu der gleichen Gattung.

4. Schuldverschreibungen mit verschiedenem Zinssatz, verschiedener Sicherheit oder verschiedenen Rückzahlungsbedingungen (verlosbare, unverlosbare Schuldverschreibungen, Schuldverschreibungen mit verschiedener Kündigungszeit und Rückzahlungszeit, verschiedenem Rückzahlungsbetrag),
5. Genußscheine, die verschiedene Rechte gewähren.

(3) Sind die Wertpapiere zu verschiedenen Zeiten ausgegeben, so gelten sie als zur gleichen Gattung gehörig, wenn die übrigen Voraussetzungen für die Zugehörigkeit zur gleichen Gattung vorliegen, z. B. Stammaktien verschiedener Ausgaben, die einander gleichgestellt sind, Pfandbriefe verschiedener Ausgaben mit demselben Zinssatz, denselben Kündigungs- oder Rückzahlungsbedingungen und Sicherheiten.

2. Report-, Deportgeschäfte

§ 75

(1) Bei Kostgeschäften (Report- oder Deportgeschäften) muß auf der Abrechnung, Verrechnungsanzeige oder Schlußnote der Vermerk „Kostgeschäft" oder je nach der Art des Geschäfts der Vermerk „Reportgeschäft", „Deportgeschäft" angebracht werden. Der gleiche Vermerk ist auf dem Doppel der Abrechnung oder der Verrechnungsanzeige oder auf der zurückbehaltenen Schlußnotenhälfte anzubringen. In den Geschäftsbüchern des Händlers sind die Kostgeschäfte (Report- oder Deportgeschäfte) als solche kenntlich zu machen.

(2) Die Bestimmungen des Absatzes 1 gelten auch für Geschäfte über solche Wertpapiere, in denen nach den §§ 63 und 64 des Börsengesetzes Termingeschäfte mit der Wirkung verboten sind, daß eine Verbindlichkeit durch sie nicht begründet wird, das auf Grund des Geschäfts Geleistete aber nicht zurückgefordert werden kann.

3. Kommissionsgeschäfte

Einfaches Kommissionsgeschäft

§ 76

Bei Kommissionsgeschäften ist die Steuer sowohl für das Geschäft zwischen dem Kommissionär und dem Dritten (Ausführungsgeschäft) als auch für das Geschäft zwischen dem Kommissionär und seinem Kommittenten (Abwicklungsgeschäft) zu entrichten (§ 29 Abs. 1 des Gesetzes).

Beispiel:

1. Privatmann X in Berlin (Kommittent),
2. A-Bank in Berlin (Kommissionär),
3. B-Bank in Berlin (Dritter).

Für das Geschäft zwischen 1 und 2 (Abwicklungsgeschäft) verrechnet die A-Bank die volle Steuer für Kundengeschäfte. Für das Geschäft zwischen 2 und 3 (Ausführungsgeschäft) verrechnen die A-Bank und die B-Bank je die halbe Steuer für Händlergeschäfte.

Doppelkommissionsgeschäft

§ 77

Verfahren

(1) Schließt ein Kommissionär (Zwischenkommissionär) zur Ausführung eines Kommissionsauftrags ein Geschäft mit einem auswärtigen Kommissionär (Hauptkommissionär) ab und sind beide Kommissionäre Händler, so ermäßigt sich die Steuer für das Abwicklungsgeschäft des Zwischenkommissionärs mit seinem Kommittenten um den Steuerbetrag für das Ausführungsgeschäft (§ 29 Abs. 2 Satz 1 des Gesetzes). Ist das Abwicklungsgeschäft ein im Ausland abgeschlossenes Händlergeschäft, so wird die Steuer für das Ausführungsgeschäft nur zur Hälfte erhoben (§ 29 Abs. 2 Satz 2 des Gesetzes).

(2) Der Zwischenkommissionär muß bei der Weitergabe der Aufträge an den Hauptkommissionär die Aufträge eines Kommittenten von den Aufträgen anderer Kommittenten trennen.

(3) Der Hauptkommissionär hat eine halbe Händlersteuer in seinen Büchern zu verrechnen. Dabei berechnet er die Steuer für die einzelnen Aufträge des Zwischenkommissionärs (Absatz 2) besonders und stellt die Abrechnung (Schlußnote) für die einzelnen Aufträge des Zwischenkommissionärs getrennt auf. Er setzt auf die Abrechnung und das bei ihm verbleibende Doppel (Durchschlag) der Abrechnung den Vermerk „Händlergeschäft" (§ 66 Abs. 2).

(4) Der Zwischenkommissionär muß die auf ihn entfallende Steuer für das Ausführungsgeschäft (halbe Händlersteuer, § 66) und die ermäßigte Steuer für das Abwicklungsgeschäft (Absatz 1 Satz 1) in seinen Büchern verrechnen. Er kann an Stelle der gesonderten Verrechnung beide Steuerbeträge in einer Summe bei der Buchung des Abwicklungsgeschäfts verrechnen, darf aber während des Abrechnungszeitraums nur nach einer Verrechnungsart einheitlich verfahren. Will er von der einen Verrechnungsart zur anderen übergehen, so muß er dies bei Beginn des Abrechnungszeitraums dem Kapitalverkehrsteueramt mitteilen.

(5) Ist das Abwicklungsgeschäft ein im Ausland abgeschlossenes Händlergeschäft (Absatz 1 Satz 2), so braucht der Zwischenkommissionär keine Steuer zu verrechnen.

(6) Bei der Abwicklung von Kommissionsgeschäften hat der Zwischenkommissionär auf der Verrechnungsanzeige (§ 67) oder auf der Abrechnung (§ 66) und deren Doppel den Vermerk „Abwicklungsgeschäft" hinzuzufügen.

(7) Der Zwischenkommissionär muß die Kommissionsgeschäfte in seinen Büchern als solche kenntlich machen. Bei der Buchung des Abwicklungsgeschäfts und bei der Buchung des Geschäfts mit dem Hauptkommissionär hat er auf das Gegengeschäft zu verweisen. Das Kapitalverkehrsteueramt darf zulassen, daß die Verweisung unterbleibt. Es soll dies tun, wenn aus den Geschäftsbüchern des Zwischenkommissionärs die Gegengeschäfte ohne Schwierigkeit festgestellt werden können.

(8) Für den Zwischenkommissionär beginnen die Fristen für die Ausstellung und Absendung der Verrechnungsanzeigen oder Abrechnungen

sowie für die Eintragungen in das Geschäftsbuch mit dem Tag nach dem Eintreffen der Abrechnung des Hauptkommissionärs.
Beispiele:

A. Dreigliedrige Geschäfte

Das Abwicklungsgeschäft des auswärtigen Zwischenkommissionärs mit seinem Kommittenten kann sein

I. Ein im Inland abgeschlossenes Kundengeschäft
1. Privatmann X in Kassel (Kommittent),
2. Privatbankier K in Kassel (Zwischenkommissionär),
3. Börsenbank A-Bank in Berlin (Hauptkommissionär).

Für das Geschäft zwischen 2 und 3 ist die Händlersteuer zu entrichten; die A-Bank und Bankier K verrechnen davon je die Hälfte. Für das Geschäft zwischen 1 und 2 verrechnet Bankier K die Kundensteuer abzüglich der Händlersteuer, die für das Geschäft zwischen 2 und 3 entrichtet ist.

II. Ein im Inland abgeschlossenes Händlergeschäft
1. Privatbankier K in Fulda (Kommittent),
2. Privatbankier L in Frankfurt a. M. (Zwischenkommissionär),
3. Börsenbank A-Bank in Berlin (Hauptkommissionär).

Für das Geschäft zwischen 2 und 3 ist die Händlersteuer zu entrichten; Bankier L und die A-Bank verrechnen davon je die Hälfte. Für das Geschäft zwischen 1 und 2 ist keine Steuer zu verrechnen.

III. Ein im Ausland abgeschlossenes Kundengeschäft
1. Privatmann W in Zürich (Kommittent),
2. Privatbankier M in Stuttgart (Zwischenkommissionär),
3. Börsenbank A-Bank in Berlin (Hauptkommissionär).

Für das Geschäft zwischen 2 und 3 ist die Händlersteuer zu entrichten; die A-Bank und Bankier M verrechnen davon je die Hälfte. Für das Geschäft zwischen 1 und 2 verrechnet Bankier M die halbe Kundensteuer abzüglich der für das Geschäft zwischen 2 und 3 entrichteten Händlersteuer, hat also im Ergebnis keine Steuer zu verrechnen.

IV. Ein im Ausland abgeschlossenes Händlergeschäft
1. Eine schweizer Bank in Bern (Kommittent),
2. Privatbankier M in Stuttgart (Zwischenkommissionär),
3. Börsenbank A-Bank in Berlin (Hauptkommissionär).

Für das Geschäft zwischen 2 und 3 wird nur die halbe Händlersteuer erhoben. Sie wird von der A-Bank verrechnet. Bankier M braucht weder für das Geschäft zwischen 2 und 3 noch für das Geschäft zwischen 1 und 2 Steuer zu verrechnen.

B. Viergliederiges Geschäft

1. Privatmann X in Kiel (Kommittent),
2. Privatbankier K in Kiel (1. Zwischenkommissionär),
3. Privatbankier L im Hamburg (1. Haupt- und 2. Zwischenkommissionär),
4. Börsenbank A-Bank in Berlin (2. Hauptkommissionär).

Für das Geschäft zwischen 3 und 4 ist die Händlersteuer zu entrichten; die A-Bank und Bankier L verrechnen davon je die Hälfte.

Bankier L hat auf die dem Bankier K zu erteilende Abrechnung und deren Doppel den Vermerk „Abwicklungsgeschäft" zu setzen (Absatz 6). Für das Geschäft zwischen 2 und 3 wird eine Steuer nicht erhoben. Das Geschäft zwischen 1 und 2 unterliegt der Kundensteuer, die Bankier K verrechnet.

§ 78

Auswärtiger Kommissionär

(1) Ein Hauptkommissionär gilt als auswärtig (§ 77 Abs. 1), wenn seine Niederlassung, die das Geschäft ausführt, nicht am selben Ort betrieben wird, wie die Niederlassung des Zwischenkommissionärs, die den Auftrag angenommen hat und das Geschäft mit dem Kommittenten abwickelt. Das Ortsgebiet einer Wertpapierbörse gilt im Sinne des Satzes 1 als ein Ort.

(2) Unterhält der Hauptkommissionär Niederlassungen an verschiedenen Orten, so gilt seine am Ort des Zwischenkommissionärs bestehende Niederlassung nicht als ausführende Niederlassung im Sinne des Absatzes 1, wenn sie den ihr vom Zwischenkommissionär gegebenen Auftrag an eine nicht am selben Ort bestehende Niederlassung des Hauptkommissionärs weitergibt. Dies gilt auch dann, wenn die Niederlassung des Hauptkommissionärs, der der Auftrag vom Zwischenkommissionär unmittelbar gegeben ist, die Abrechnung (Schlußnote) erteilt. In die Verrechnungsanzeige ist in diesem Fall ein Vermerk etwa folgenden Wortlauts aufzunehmen:

„Ausgeführt durch .... (Hauptniederlassung in .... oder Zweigniederlassung in ....)"

Beispiel:

1. Privatmann X in Nürnberg (Kommittent),
2. Privatbankier K in Nürnberg (Zwischenkommissionär),
3. A-Bank, Zweigniederlassung in Nürnberg (Hauptkommissionär),
4. A-Bank, Hauptniederlassung in München (Hauptkommissionär).

Die Zweigniederlassung in Nürnberg gibt den Auftrag an die Hauptniederlassung in München weiter. Diese erteilt die Abrechnung. Für das Geschäft zwischen Bankier K und der A-Bank ist die Händlersteuer zu entrichten. Bankier K und die Hauptniederlassung in München verrechnen davon je die Hälfte.

Wird die Abrechnung nicht von der Hauptniederlassung in München, sondern von der Zweigniederlassung in Nürnberg erteilt, und zwar mit dem Vermerk „Ausgeführt durch unsere Hauptniederlassung in München", so verrechnen Bankier K und die Zweigniederlassung in Nürnberg je die Hälfte der Händlersteuer.

In beiden Fällen verrechnet Bankier K für das Geschäft zwischen 1 und 2 die Kundensteuer abzüglich der Händlersteuer, die für das Geschäft zwischen ihm und der A-Bank entrichtet ist.

(3) Besteht die Niederlassung des Hauptkommissionärs und die des Zwischenkommissionärs innerhalb des Ortsgebiets derselben Wertpapierbörse und ist der Zwischenkommissionär nicht Börsenbesucher, aber in der Händlerliste eingetragen (§ 47), so gilt der Hauptkommissionär als aus-

wärtig, wenn der Zwischenkommissionär seine Niederlassung außerhalb des Bezirks der Gemeinde betreibt, in der der Hauptkommissionär seine Niederlassung hat.

Beispiel:

1. Privatmann X in Kassel (Kommittent),
2. Privatbankier L in Kassel (Zwischenkommissionär),
3. A-Bank in Frankfurt a. M. (Hauptkommissionär).

Bankier L ist im Handelsregister eingetragen, aber nicht Börsenbesucher der Frankfurter Wertpapierbörse. Der Börsenvorstand der Frankfurter Börse hat ihn gemäß § 47 Abs. 1 in die Händlerliste eingetragen. Für das Geschäft zwischen 2 und 3 ist die Händlersteuer zu entrichten; die A-Bank und Bankier L verrechnen davon je die Hälfte. Für das Geschäft zwischen 1 und 2 verrechnet Bankier L die Kundensteuer abzüglich der Händlersteuer, die für das Geschäft zwischen 2 und 3 entrichtet ist.

§ 79

Nichterfüllung von Förmlichkeiten

Wenn die in den §§ 77 und 78 bezeichneten Förmlichkeiten nicht bis zu dem Tag erfüllt sind, bis zu dem die Geschäfte in die Geschäftsbücher des Zwischenkommissionärs spätestens eingetragen werden müssen, so kann die Vergünstigung des § 29 Abs. 2 des Gesetzes nicht in Anspruch genommen werden. Der Zwischenkommissionär hat in diesem Fall nicht nur die auf ihn entfallende Steuer für das Ausführungsgeschäft (halbe Händlersteuer, § 66), sondern auch die volle Steuer für das Abwicklungsgeschäft zu verrechnen (§ 76).

§ 80

Sparkassen als Zwischenkommissionär

Ist Zwischenkommissionär eine öffentliche oder unter Staatsaufsicht stehende Sparkasse und Hauptkommissionär eine Bank, bei der die Sparkasse nach den gesetzlichen Bestimmungen oder den von der Aufsichtsbehörde genehmigten Satzungen Gelder belegen darf, so tritt die Ermäßigung nach § 29 Abs. 2 Satz 1 des Gesetzes auch dann ein, wenn die Sparkasse ihren Sitz am Niederlassungsort des Hauptkommissionärs hat.

4. Kompensationsgeschäfte

§ 81

Bankenkompensation bei Händlern

(1) Ist der Kommissionär, der die im § 30 des Gesetzes vorgesehene Zusatzsteuer (Kompensationsteuer) zu entrichten hat, Händler, so muß er die Kompensationsteuer binnen zwei Wochen, vom Tag des Geschäftsabschlusses ab gerechnet, gesondert in seinen Geschäftsbüchern verrechnen.

(2) Bei der Buchung des Geschäfts, für das die Kompensationsteuer zu entrichten ist, ist auf die Buchung der Kompensationsteuer zu verweisen; den Buchungen ist der Vermerk „Kompensation" oder eine allgemein verständliche Abkürzung hinzuzufügen.

(3) Wird die Kompensationsteuer in einem besonderen Buch oder auf einem besonderen Konto verrechnet, so bedarf es bei der Buchung der Kompensationsteuer der Hinzufügung des Vermerks nicht.

(4) Das Kapitalverkehrsteueramt darf auf Antrag Abweichungen vom Verfahren zulassen.

§ 82

Kursmaklerkompensation

(1) Die Kompensationsteuer ermäßigt sich auf die Hälfte der für Händlergeschäfte vorgeschriebenen Steuer, wenn ein Händler (Kommissionär) die Aufträge zur Vermittlung des An- und Verkaufs einem Kursmakler erteilt hat (§ 30 Abs. 2 des Gesetzes).

(2) Der Kursmakler hat, soweit er die Aufträge zur Vermittlung des An- und Verkaufs zum Ausgleich bringt, seinem Auftraggeber schriftlich zu bestätigen, daß er die Aufträge zur Vermittlung des An- und Verkaufs erhalten und ausgeglichen habe (Kompensationschein). Der Kompensationschein muß ferner den Gegenstand der Aufträge und den Kurs, zu dem der Kursmakler die Aufträge ausgeglichen hat, enthalten. Für Aufträge, die der Kursmakler erst nach der amtlichen Kursfeststellung (§ 29 des Börsengesetzes) erhalten und am selben Tag ausgeglichen hat, darf er einen Kompensationschein nicht ausstellen.

(3) Der Kursmakler muß die ausgeglichenen Aufträge binnen zwei Wochen in das Tagebuch oder, falls ein anderes Geschäftsbuch als Grundlage für das Abrechnungsverfahren bei der Börsenumsatzsteuer dient, in dieses eintragen. Die zusammengehörigen An- und Verkaufsaufträge sind durch gegenseitige Verweisung als solche kenntlich zu machen. Das Kapitalverkehrsteueramt darf zulassen, daß die Verweisung unterbleibt. Es soll dies tun, wenn die ausgeglichenen Aufträge ohne Schwierigkeit festgestellt werden können.

(4) Der Kompensationschein und die Buchung der Aufträge müssen mit dem Vermerk „Kursmaklerkompensation" versehen sein.

(5) Die Steuerermäßigung kann nur dann in Anspruch genommen werden, wenn der Kompensationschein dem Händler, der die Aufträge erteilt hat, vor Ablauf der für die Verrechnung der Kompensationsteuer vorgesehenen Frist zugegangen ist.

(6) Bei Börsen, an denen keine Kursmakler bestellt sind, sind die in den Absätzen 1 bis 4 dem Kursmakler auferlegten Verpflichtungen von der Person zu erfüllen, die nach der Bestimmung der Börsenaufsichtsbehörde an die Stelle des Kursmaklers tritt (§ 30 Abs. 2 Satz 2 des Gesetzes).

§ 83

Bankenkompensation bei Nichthändlern

Ist der Kommissionär, der die im § 30 Abs. 1 des Gesetzes vorgesehene Kompensationsteuer zu entrichten hat, nicht Händler, so muß er die Kompensationsteuer binnen zwei Wochen, vom Tage des Geschäftsabschlusses ab gerechnet, durch Verwendung von Börsenumsatzsteuermarken zu Schlußnoten entrichten. In diesem Fall sind die Börsenumsatzsteuermarken ungeteilt auf der von ihm zurückzubehaltenden Hälfte der Schlußnote über das Abwicklungsgeschäft aufzukleben und zu entwerten. Er hat den Buchungen der ausgeglichenen Geschäfte in seinen Geschäftsbüchern den Vermerk „Kompensation" oder eine allgemein verständliche Abkürzung hinzuzufügen.

5. Aufgabegeschäfte

§ 84

Aufgabegeschäfte ohne Differenz

Wird bei Aufgabegeschäften die Aufgabe spätestens am zweiten auf den Geschäftsabschluß folgenden Börsentag zum gleichen Kurs benannt, zu dem das Geschäft „vorbehaltlich der Aufgabe" abgeschlossen ist, so müssen der Auftraggeber und der als Aufgabe benannte Vertragsteil je die Hälfte der Steuer gemäß § 66 in ihren Geschäftsbüchern verrechnen. Der die Schlußnote ausstellende Handelsmakler hat jedem der beiden Vertragsteile eine mit dem Vermerk „Händlergeschäft" versehene Schlußnotenhälfte zu übersenden.

Beispiel:

Handelsmakler X hat von A 6000 DM Aktien zu 100 % vorbehaltlich der Aufgabe gekauft. Er findet in B einen Käufer zu 100 %. X übersendet A und B rechtzeitig je eine Schlußnotenhälfte zum Kurs von 100 %. A und B verrechnen je die Hälfte der Steuer nach dem Kurs von 100 %.

§ 85

Aufgabegeschäfte mit Minusdifferenz

(1) Wird bei Aufgabegeschäften die Aufgabe spätestens am zweiten auf den Geschäftsabschluß folgenden Börsentag zu einem Kurs benannt, der für den Handelsmakler ungünstiger ist als der Kurs des vorbehaltlich der Aufgabe abgeschlossenen Geschäfts, und trägt der Handelsmakler den Unterschiedsbetrag (Geschäfte mit Minusdifferenz), so müssen der Auftraggeber und der als Aufgabe benannte Vertragsteil je die Hälfte der Steuer gemäß § 66 in ihren Geschäftsbüchern verrechnen. Jeder dieser Vertragsteile hat die Steuer nach dem Preis zu berechnen, zu dem er das Geschäft mit dem Handelsmakler abgeschlossen hat.

(2) Der Handelsmakler muß jedem der beiden Vertragsteile eine mit dem Vermerk „Händlergeschäft" versehene Schlußnotenhälfte übersenden. Er kann die Schlußnote entweder zum höheren oder zum niedrigeren Kurs ausstellen. Stellt er sie zum höheren Kurs aus, so muß er auch den niedrigeren Kurs und den nach ihm berechneten Wert des Gegenstands in der Schlußnotenhälfte des Vertragsteils angeben, für den der niedrigere Kurs maßgebend ist. Stellt er sie zum niedrigeren Kurs aus, so muß er auch den höheren Kurs und den nach ihm berechneten Wert des Gegenstands in der Schlußnotenhälfte des Vertragsteils angeben, für den der höhere Kurs maßgebend ist.

(3) Der Steuerfehlbetrag, der sich durch die Berechnung der einen Steuerhälfte nach dem niedrigeren Kurs ergibt, wird nicht erhoben.

Beispiel:

Handelsmakler X hat von A 6000 DM Aktien zu 100 % vorbehaltlich der Aufgabe gekauft. Er findet in B einen Käufer zu 98 %. Wenn X an A den Kursunterschied von 2 % zahlt, so hat A die Hälfte der Steuer nach dem Kurs von 100 %, B die Hälfte der Steuer nach dem Kurs von 98 % zu verrechnen.

Stellt X die Schlußnote zu 100 % aus, so muß er in der für B bestimmten Schlußnotenhälfte vermerken „5880 DM, da zu 98 % gehandelt".

Stellt X die Schlußnote zu 98 % aus, so muß er in der für A bestimmten Schlußnotenhälfte vermerken „6000 DM, da zu 100 % gehandelt".

§ 86

Aufgabegeschäfte mit Plusdifferenz

(1) Benennt der Handelsmakler die Aufgabe zu einem Kurs, der für ihn günstiger ist als der Kurs des vorbehaltlich der Aufgabe abgeschlossenen Geschäfts (Geschäfte mit Plusdifferenz), so müssen

1. für das vorbehaltlich der Aufgabe abgeschlossene Geschäft der Auftraggeber und der Handelsmakler,
2. für die Benennung der Aufgabe der als Aufgabe benannte Vertragsteil und der Handelsmakler je die Hälfte der Steuer gemäß § 66 in ihren Geschäftsbüchern verrechnen.

(2) Bei Geschäften mit Plusdifferenz (Absatz 1) muß der Handelsmakler zwei Schlußnoten aufstellen:

1. Für das vorbehaltlich der Aufgabe abgeschlossene Geschäft muß er eine mit dem Vermerk „Händlergeschäft" versehene Schlußnote „von Aufgabe" oder „an Aufgabe" zu dem mit dem Auftraggeber vereinbarten Kurs ausstellen, die eine Hälfte seinem Auftraggeber übersenden und die andere Hälfte zurückbehalten;
2. bei Benennung der Aufgabe muß er eine mit dem Vermerk „Händlergeschäft" versehene Schlußnote zum Benennungskurs ausstellen und seinem Auftraggeber sowie dem als Aufgabe benannten Vertragsteil je eine Hälfte der Schlußnote übersenden. Die für den Auftraggeber bestimmte Hälfte dieser Schlußnote muß er zum Zeichen dafür, daß vom Auftraggeber für die Benennung der Aufgabe eine Steuer nicht mehr zu entrichten ist, mit dem Vermerk „Lieferung" und einem Zusatz über die Höhe der von ihm (dem Handelsmakler) verrechneten Steuer versehen.

Beispiel:

Handelsmakler X hat von A 6000 DM Aktien zu 100 % vorbehaltlich der Aufgabe gekauft. Er findet in B einen Käufer zu 102 %. A verrechnet die Hälfte der Steuer nach dem Kurs von 100 %, X die Hälfte der Steuer zu 100 % und die Hälfte der Steuer zu 102 %, B die Hälfte der Steuer zu 102 %. X stellt zwei Schlußnoten aus:

eine von A an Aufgabe zum Kurs von 100 % und eine von A an B zum Kurs von 102 %. Die für A bestimmte Hälfte der Benennungsschlußnote trägt den Vermerk „Lieferung" mit dem Zusatz „3,50 DM Börsenumsatzsteuer werden von mir mit dem Finanzamt verrechnet".

(3) Übersteigt der Gesamtbetrag der nach Absatz 1 auf den Handelsmakler entfallenden Steuerhälften (für das Geschäft vorbehaltlich der Aufgabe und die Benennung der Aufgabe) den Unterschiedsbetrag, der sich zu seinen Gunsten ergibt, so wird die Steuer auf den Unterschiedsbetrag ermäßigt.

Beispiel:

Handelsmakler X hat an C 30 000 DM Aktien zu 280 % vorbehaltlich der Aufgabe verkauft. Er findet in D einen Verkäufer zu $279^7/_8$ %. Die Steuer für das Geschäft zwischen X und C beträgt 0,1125 vH von 84 000 DM = 94,50 DM. Davon hat C 47,25 DM und X 47,25 DM zu verrechnen. Die Steuer für das Geschäft zwischen X und D beträgt 0,1125 vH von 83 962,50 DM = 94,50 DM. Davon hat D 47,25 DM und X 47,25 DM zu verrechnen. Die vom Handelsmakler X zu verrechnende Steuer würde demnach 47,25 + 47,25 = 94,50 betragen. Der Kursunterschied zu seinen Gunsten beträgt $^1/_8$ % von 30 000 DM = 37,50 DM. Die von ihm zu entrichtende Steuer ermäßigt sich daher auf 37,50 DM.

6. Wertpapierarbitrage

§ 87

(1) Arbitragegeschäfte, für die die Steuerermäßigung nach § 33 des Gesetzes in Anspruch genommen wird, müssen in ein besonderes Arbitragebuch (Muster 10) eingetragen werden. Die einander gegenüberstehenden Geschäfte sind unter derselben Nummer aufzuführen.

(2) Das Kapitalverkehrsteueramt darf auf Antrag Abweichungen vom Muster genehmigen. Es darf insbesondere unter Vorbehalt jederzeitigen Widerrufs als Arbitragebuch ein Konto der Buchführung des Steuerpflichtigen zulassen, falls aus dem Konto die Voraussetzungen für die steuerlichen Vergünstigungen hervorgehen und die Nachprüfung nicht unverhältnismäßig erschwert wird. Die Ablehnung des Antrags und den Widerruf der Genehmigung braucht das Kapitalverkehrsteueramt nicht zu begründen.

(3) Auf Verlangen des Kapitalverkehrsteueramts muß der Arbitrageur das Arbitragebuch sowie alle darauf bezüglichen Schriftstücke (Schlußnoten, Abrechnungen, Verrechnungsanzeigen, Briefe, Depeschen usw.) vorlegen und nachweisen, daß die den Gegenstand der Arbitrage bildenden Wertpapiere nach §§ 36 bis 49 des Börsengesetzes zum Börsenhandel zugelassen sind (§ 33 Abs. 2 des Gesetzes).

(4) In den Fällen, in denen das Vorliegen einer Metageschäftsverbindung behauptet wird, muß der Arbitrageur diese Tatsache auf Verlangen durch Vorlegung des Vertrags über den Abschluß der Verbindung und des Schriftwechsels über das einzelne Geschäft nachweisen.

(5) Das Arbitragebuch ist zehn Jahre aufzubewahren.

Vierter Teil

Gemeinsame Bestimmungen

I. Formvorschriften

§ 88

Soweit in diesen Bestimmungen bei Ausnahmen von der Besteuerung oder bei Steuerermäßigungen Förmlichkeiten vorgeschrieben sind, sind die Ausnahmen von der Besteuerung oder die Steuerermäßigungen davon abhängig, daß die Förmlichkeiten innegehalten werden.

II. Erstattung

§ 89

(1) Ist eine Kapitalverkehrsteuer, die nicht festgesetzt worden ist, zu Unrecht entrichtet, so wird sie auf Antrag erstattet.

(2) Ist eine Kapitalverkehrsteuer vor Entstehung der Steuerschuld festgesetzt und entrichtet worden (Vorausversteuerung), so wird die Steuer auf Antrag erstattet, wenn der Antragsteller nachweist, daß eine Steuerschuld nicht entstanden ist.

(3) Wird die Erstattung von Wertpapiersteuer beantragt, die für den Erwerb von Forderungsrechten gegen einen ausländischen Schuldner oder für den Erwerb von Gesellschaftsrechten an einer ausländischen Kapitalgesellschaft vor Entstehung der Steuerschuld festgesetzt und entrichtet worden ist (Absatz 2), so muß der Antragsteller außerdem die Wertpapiere und, wenn Steuerausweise abgestempelt worden sind, auch die Steuerausweise dem Antrag beifügen. Gibt das Kapitalverkehrsteueramt dem Erstattungsantrag statt, so macht es die Steuerzeichen ungültig (§ 28 Abs. 3). Befinden sich die Steuerzeichen auf Steuerausweisen, so genügt die Vernichtung der Steuerausweise durch das Kapitalverkehrsteueramt.

III. Aktenführung

§ 90

(1) Für die Gesellschaftsteuer führen die Kapitalverkehrsteuerämter über jede Kapitalgesellschaft ein besonderes Aktenstück. Dem Aktenstück für eine Gesellschaft mit beschränkter Haftung werden in einem Sonderheft die Schriftstücke über die Abtretungen der Geschäftsanteile beigefügt.

(2) Für die Börsenumsatzsteuer führen die Kapitalverkehrsteuerämter über jeden Abrechner (§ 54) ein besonderes Aktenstück.

IV. Örtliche Prüfungen

§ 91

Der Prüfung unterliegende Stellen

Zur Durchführung des Gesetzes werden auf Grund von § 27 Abs. 2, §§ 162, 193, 201 der Reichsabgabenordnung insbesondere geprüft

1. Kapitalgesellschaften (§ 5 des Gesetzes) und inländische Niederlassungen ausländischer Kapitalgesellschaften,

2. Personen, die gewerbsmäßig Geschäfte über Wertpapiere betreiben, insbesondere Banken und Bankiers, Makler, außerdem Kreditgenossenschaften und Sparkassen,
3. Behörden, Beamte und Notare, die bei der Durchführung des Gesetzes mitwirken.

§ 92

Prüfungsliste

(1) Das Kapitalverkehrsteueramt führt über die der Prüfung unterliegenden Stellen (§ 91) seines Bezirks ein Verzeichnis (Prüfungsliste).

(2) Die Prüfungsliste wird in drei Abteilungen geführt.

I. Die erste Abteilung enthält die Kapitalgesellschaften und die inländischen Niederlassungen ausländischer Kapitalgesellschaften. Sie ist in folgende Unterabteilungen geteilt:
   1. Aktiengesellschaften und Kommanditgesellschaften auf Aktien,
   2. Gesellschaften mit beschränkter Haftung,
   3. bergrechtliche Gewerkschaften,
   4. die übrigen Kapitalgesellschaften,
   5. Kapitalgesellschaften, bei denen Rechtsvorgänge nach § 7 des Gesetzes von der Besteuerung ausgenommen sind.

   Kommanditgesellschaften, zu deren persönlich haftenden Gesellschaftern eine Kapitalgesellschaft gehört, sind in der Unterabteilung aufzuführen, zu der die Kapitalgesellschaft gehört.

II. Die zweite Abteilung enthält Personen (Einzelpersonen, Firmen, Personenvereinigungen, juristische Personen, Niederlassungen, Anstalten), die gewerbsmäßig Geschäfte über Wertpapiere betreiben, außerdem Kreditgenossenschaften und Sparkassen. Die Abteilung hat folgende Unterabteilungen:
   1. Händler,
   2. Nichthändler.

   Kapitalgesellschaften, die gewerbsmäßig Geschäfte über Wertpapiere betreiben, sind auch in der ersten Abteilung zu verzeichnen.

III. Die dritte Abteilung enthält Behörden, Beamte und Notare, die bei der Durchführung des Gesetzes mitwirken.

(3) Die Oberfinanzdirektion erläßt die näheren Anweisungen über die Führung der Prüfungsliste und die Ermittlung der der Prüfung unterliegenden Stellen.

(4) Wird eine der Prüfung unterliegende Stelle in den Bezirk eines anderen Kapitalverkehrsteueramts verlegt, so teilt das bisher zuständige Kapitalverkehrsteueramt dem anderen Kapitalverkehrsteueramt die Verlegung mit und übersendet die Akten. Dabei ist anzugeben, wann die letzte Prüfung stattgefunden hat. Das andere Kapitalverkehrsteueramt bestätigt den Eingang der Mitteilung und der Akten.

§ 93

Prüfungszeitraum

(1) Die zu prüfenden Stellen werden im Lauf von drei Jahren mindestens einmal geprüft. Neu errichtete Stellen sollen möglichst bald nach ihrer

Errichtung geprüft werden. Das Kapitalverkehrsteueramt darf Prüfungen auch außerhalb des regelmäßigen Prüfungszeitraums vornehmen lassen.

(2) Die Oberfinanzdirektionen dürfen den Prüfungszeitraum für bestimmte Arten von Stellen abkürzen und für Stellen, bei denen steuerpflichtige Geschäfte nur in geringem Umfang vorkommen, bis auf fünf Jahre ausdehnen oder zulassen, daß von einer regelmäßigen Prüfung ganz abgesehen wird.

(3) Die Prüfung soll bei Stellen, die mindestens alle drei Jahre einer ordentlichen Betriebsprüfung unterworfen werden, im Rahmen dieser Betriebsprüfung durch Prüfer vorgenommen werden, die auf dem Gebiet der Kapitalverkehrsteuern besonders vorgebildet sind. Prüfungen für die Zwecke der Kapitalverkehrsteuern können auch außerhalb einer ordentlichen Betriebsprüfung stattfinden.

(4) Stellen, die einer ordentlichen Betriebsprüfung nicht unterliegen, werden für die Zwecke der Kapitalverkehrsteuern im Weg der Nachschau (§ 193 AO) geprüft.

§ 94

Pflichten der zu prüfenden Stellen

(1) Die zu prüfenden Stellen müssen dem Prüfer einen geeigneten Raum und die erforderlichen Hilfsmittel (Geräte, Beleuchtung, Heizung und dergleichen) stellen und die nötigen Hilfsdienste leisten.

(2) Dem Prüfer ist jede Auskunft zu erteilen, die für die Prüfung erforderlich ist. Dem Prüfer sind alle Urkunden, Aufzeichnungen, Geschäftsbücher, Belege, Geschäftspapiere und sonstigen Schriftstücke, die für die Besteuerung von Bedeutung sein können, auf Verlangen zur Einsicht und Prüfung vorzulegen. Dies gilt auch für Aufsichtsrats- und Verwaltungsratsprotokolle und für Prüfungsberichte von Treuhandgesellschaften, Wirtschaftsprüfern und anderen Prüfungsbeauftragten. Das Verdecken von Namen oder Konten in den vorzulegenden Büchern ist unzulässig. Die Prüfung kann sich auf alle Verhältnisse erstrecken, die für die Besteuerung von Bedeutung sein können.

§ 95

Prüfung bei Kapitalgesellschaften

(1) Kapitalgesellschaften müssen dem Prüfer insbesondere vorlegen: Gesellschaftsverträge, Generalversammlungsprotokolle, Kapitalerhöhungsbeschlüsse, Jahresberichte, Rechnungsabschlüsse (Bilanzen, Gewinn- und Verlustrechnungen), Geschäftsbücher, Schriftstücke über die Übernahme von Aktien und Anteilen der Gesellschaft durch Banken oder andere Personen. Das gleiche gilt für das Aktienbuch und für das Gewerkenbuch.

(2) Die Gesellschaften müssen insbesondere darüber Auskunft erteilen,

ob Nachschüsse, Zubußen oder sonstige Leistungen von Gesellschaftern eingefordert oder geleistet worden sind,

ob eigene Anteile erworben oder veräußert worden sind,

ob Gesellschafter Gegenstände zu einer den Wert nicht erreichenden Gegenleistung der Gesellschaft überlassen oder die Gesellschafter Gegenstände der Gesellschaft zu einer den Wert übersteigenden Gegenleistung übernommen haben, ob von Gesellschaftern auf Forderungen oder andere Rechte gegen die Gesellschaft verzichtet worden ist oder solche Rechte von Gesellschaftern erworben worden sind,

ob ihnen von ihren Gesellschaftern oder deren Ehegatten Darlehen gegeben worden sind oder von solchen Personenvereinigungen, an denen ihre Gesellschafter als Mitglieder beteiligt sind,

ob ihnen Darlehen von dritten Personen gegeben worden sind, für die ein Gesellschafter Sicherheit geleistet hat,

ob Schuldverschreibungen oder Genußscheine ausgegeben worden sind,

inwieweit Personen Forderungen gegen die Gesellschaft erworben haben, die einen Anteil am Gewinn der Gesellschaft gewähren (z. B. stille Gesellschafter),

inwieweit die Gesellschaft selbst an anderen inländischen oder ausländischen Kapitalgesellschaften oder an Kommanditgesellschaften beteiligt ist.

(3) Kapitalgesellschaften, bei denen nach § 7 des Gesetzes Rechtsvorgänge von der Besteuerung ausgenommen sind, werden daraufhin geprüft,

ob die Voraussetzungen für die Ausnahme von der Besteuerung vorgelegen haben,

ob die Voraussetzungen für die Ausnahme von der Besteuerung fortgefallen und Rechtsvorgänge nach § 7 Abs. 2 des Gesetzes steuerpflichtig geworden sind.

§ 96

Prüfung bei Banken usw.

(1) Banken und andere Personen, die gewerbsmäßig Geschäfte über Wertpapiere betreiben, müssen dem Prüfer sämtliche Bücher (auch die persönlichen Depotbücher der Kunden), Schriftstücke und Belege vollständig vorlegen, damit er sich insbesondere davon überzeugen kann,

ob die Buchführung ordnungsmäßig ist und die in Betracht kommenden Geschäfte ausnahmslos in die Bücher, die der Steuerberechnung zugrunde liegen, eingetragen sind,

ob alle steuerpflichtigen Geschäfte versteuert sind,

ob Steuerermäßigungen oder Ausnahmen von der Besteuerung nicht zu Unrecht in Anspruch genommen und die Förmlichkeiten beachtet sind, von deren Innehaltung die Steuerermäßigungen oder Ausnahmen von der Besteuerung abhängen.

(2) Dem Prüfer sind auf Verlangen auch die im Besitz der zu prüfenden Stelle befindlichen eigenen und fremden ausländischen Wertpapiere zur Prüfung der Wertpapiersteuerpflicht vorzulegen. Dies gilt nicht für fremde Wertpapiere, die von der zu prüfenden Stelle verwahrt, aber nicht verwaltet werden. Soweit die Versteuerung zu Unrecht unterblieben ist, veranlaßt der Prüfer die Anmeldung zur Versteuerung und Abstempelung.

(3) Die Prüfung darf nicht auf die Ermittlung der Einkommens- und Vermögensverhältnisse der Bankkunden abgestellt werden. Gelegentliche Wahrnehmungen, die für die Steuerpflicht der zu prüfenden Stelle oder anderer Personen von Bedeutung sein können, sind dem zuständigen Finanzamt mitzuteilen.

§ 97

Prüfung bei Urkundspersonen

(1) Behörden, Beamte und Notare müssen dem Prüfer ihre Akten, Bücher und sonstigen Schriftstücke, die darüber geführten Listen und Register vorlegen.

(2) Bei Gerichten wird insbesondere das Handelsregister mit den dazu gehörigen Akten geprüft.

(3) Die Prüfung erstreckt sich auch darauf, ob die Urkundspersonen die ihnen durch die Reichsabgabenordnung und diese Bestimmungen auferlegte Beistandspflicht erfüllt haben.

§ 98

Prüfungsbericht

(1) Der Prüfer erstattet dem Kapitalverkehrsteueramt einen schriftlichen Bericht über die Prüfung. Ist die Prüfung im Rahmen einer Betriebsprüfung vorgenommen worden, so wird der Bericht über die Kapitalverkehrsteuern gesondert erstattet. Im Bericht über die Betriebsprüfung wird auf den besonderen Bericht über die Kapitalverkehrsteuern verwiesen.

(2) In dem Prüfungsbericht werden der Tag der Prüfung und der Zeitraum, auf den sich die Prüfung erstreckt hat angegeben. Soweit Beanstandungen erhoben werden, sind die Rechtsvorgänge und die Gründe für die Beanstandung zu bezeichnen. Kann die nachzubringende Steuer sofort berechnet werden, so wird auch der Steuerfehlbetrag im Bericht angegeben.

(3) Das Kapitalverkehrsteueramt teilt der geprüften Stelle die Beanstandungen mit und veranlaßt ihre Erledigung. Die Erledigung der einzelnen Beanstandungen wird im Prüfungsbericht vermerkt.

(4) Fehlbeträge an Börsenumsatzsteuer, die bei der Prüfung eines Abrechners festgestellt und vom Abrechner anerkannt werden, können in Gegenwart des Prüfers sofort im Geschäftsbuch verbucht werden. Der Prüfer bescheinigt im Geschäftsbuch, daß der Fehlbetrag ordnungsmäßig verbucht ist. Die auf diese Weise verrechneten Steuerbeträge können im Prüfungsbericht ohne nähere Angabe der Gründe der Beanstandung in einer Summe angeführt werden.

(5) Ergibt die Prüfung einer der im § 96 bezeichneten Stellen, daß für eine größere Anzahl von steuerpflichtigen Geschäften keine oder eine zu niedrige Börsenumsatzsteuer entrichtet ist, so muß die geprüfte Stelle auf Ersuchen des Prüfers dem Kapitalverkehrsteueramt eine Aufstellung dieser Geschäfte einreichen. In der Aufstellung müssen alle in Betracht kommenden Geschäfte und die für sie geschuldeten, die bereits entrichteten und die nachzuzahlenden Steuerbeträge einzeln angegeben werden. Am Schluß der Aufstellung ist zu versichern, daß die Aufstellung alle beanstandeten Geschäfte enthält.

§ 99

Anschreibungen

(1) Die Prüfungen werden in der Prüfungsliste (§ 92) vermerkt.

(2) Die Kapitalverkehrsteuerämter schreiben die auf Grund der Prüfungen nachgeforderten und nachgebrachten Steuerbeträge an. Die Anschrei-

bungen werden für das Kalenderjahr aufgerechnet. Die näheren Anweisungen treffen die Oberfinanzdirektionen.

(3) Die Kapitalverkehrsteuerämter zeigen alljährlich bis zum 15. Februar der Oberfinanzdirektion an:

1. die Zahl der zu prüfenden Stellen, die am Beginn des abgelaufenen Kalenderjahrs vorhanden waren, getrennt nach den Abteilungen der Prüfungsliste,
2. die Zahl der Stellen, die im abgelaufenen Kalenderjahr zu prüfen waren, getrennt nach den Abteilungen der Prüfungsliste; die Prüfungsrückstände früherer Jahre sind gesondert anzugeben,
3. die Zahl der im abgelaufenen Kalenderjahr geprüften Stellen, getrennt nach den Abteilungen der Prüfungsliste; die erledigten Prüfungsrückstände früherer Jahre sind gesondert anzugeben,
4. die Höhe der im abgelaufenen Kalenderjahr auf Grund von Prüfungen nachgebrachten Beträge an Gesellschaftsteuer, Wertpapiersteuer und Börsenumsatzsteuer.

(4) Die Oberfinanzdirektion zeigt der für die Finanzverwaltung zuständigen obersten Landesbehörde alljährlich bis zum 1. April die Höhe der Steuerbeträge an, die im abgelaufenen Kalenderjahr auf Grund von Prüfungen nachgebracht worden sind.

V. Sonderbestimmung für die Reichsbank

§ 100

(1) Die Reichsbank und ihre Stellen werden nicht durch Prüfer der Finanzverwaltung geprüft.

(2) Die Beachtung der Vorschriften über die Kapitalverkehrsteuern wird nach näherer Anordnung der Reichsbank überwacht.

(3) Der mit der Prüfung beauftragte Beamte der Reichsbank oder ihrer Dienststelle versieht die im § 58 bezeichnete Anmeldung mit folgender Bescheinigung:

Auf Grund der Geschäftsbücher geprüft und für richtig befunden

(Name ....

(Dienstbezeichnung) ....

VI. Übergangsbestimmungen

§ 101

(gegenstandslos)

§ 102

(gegenstandslos)

§ 103

(gegenstandslos)

§ 104

(gegenstandslos)

VII. Schlußbestimmungen

§ 105

Ermächtigung

Die Oberfinanzdirektionen dürfen im Rahmen des Gesetzes und dieser Verordnung die Muster den besonderen Bedürfnissen ihres Bezirks anpassen und neue Muster vorschreiben.

II.
Recht der einzelnen Wertpapierbörsen

1. Berlin

A. Börsenordnung für Berlin

Vom 20. Dezember 1951

I. Geschäftszweige an der Berliner Börse

§ 1

(1) Die Börse zu Berlin zerfällt in folgende Abteilungen:

1. Wertpapierbörse,
2. Produktenbörse,
3. Metallbörse*).

(2) Die Wertpapierbörse dient dem Abschluß von Handelsgeschäften in in Wertpapieren, in- und ausländischen Wechseln und ausländischen Zahlungsmitteln jeder Art,

die Produktenbörse dem Abschluß von Großhandelsgeschäften in landwirtschaftlichen Erzeugnissen und anderen Produkten und Waren außer Metallen,

die Metallbörse dem Abschluß von Großhandelsgeschäften in edlen und unedlen Metallen.

Außerdem ist in den Börsenräumen der Verkehr in kaufmännischen Hilfsleistungen (Versicherungsgeschäft, Frachtgeschäft, Lagereigeschäft u. dgl.) gestattet.

(3) Der Börsenvorstand kann verbieten, daß in Wertpapieren und ausländischen Zahlungsmitteln, für die eine amtliche Preisfeststellung nicht erfolgt, sowie in sonstigen nach seinem Ermessen zum Börsenhandel nicht geeigneten Gegenständen Geschäfte an der Börse abgeschlossen werden.

II. Börsenleitung

§ 2

Die Börsenleitung steht dem Börsenvorstand zu.

---

*) Amtliche Anmerkung: Die Einrichtung der Metallbörse ist für einen späteren Zeitpunkt vorgesehen. Es wird daher darauf verzichtet, ihre Regelung zur Zeit im einzelnen festzulegen.

Zusammensetzung und Gliederung des Börsenvorstandes

§ 3

(1) Der Börsenvorstand (Gesamtbörsenvorstand) setzt sich zusammen aus:

1. dem Börsenvorstand, Abteilung Wertpapierbörse,
2. dem Börsenvorstand, Abteilung Produktenbörse.

(2) Der Börsenvorstand, Abteilung Wertpapierbörse, besteht aus 12 Mitgliedern, die von den der Abteilung Wertpapierbörse, der Börsenvorstand, Abteilung Produktenbörse, aus 7 Mitgliedern, die von den der Abteilung Produktenbörse zugerechneten, dauernd und mit der Befugnis zur Teilnahme am Börsenhandel zum Börsenbesuche zugelassenen Personen (vgl. § 17) aus ihrer Mitte gewählt werden. Wählbar sind Börsenbesucher, die wahlberechtigt sind; außerdem kann in den Börsenvorstand ein gemäß § 20 Abs. 1 Ziff. 1 zugelassener Börsenbesucher gewählt werden.

Von diesen Mitgliedern scheiden alljährlich aus dem Börsenvorstand aus

aus der Abteilung Wertpapierbörse 4 Mitglieder,
aus der Abteilung Produktenbörse 3 Mitglieder.

(3) Außerdem wählt die Industrie- und Handelskammer zu Berlin in den Börsenvorstand

Abteilung Wertpapierbörse 3 Mitglieder,
Abteilung Produktenbörse 2 Mitglieder

aus den Kreisen der nach § 17 Abs. 1 zugelassenen Personen für die Dauer eines Kalenderjahres.

(4) Für die Mitwirkung an der Handhabung der Ordnung in den Börsenräumen, der äußeren Regelung des Geschäftsverkehrs (Festsetzung der Börsenzeit, Beschlußfassung über Ausfall von Börsenversammlungen usw.), der Ausübung der Disciplinargewalt gegenüber Angestellten und an allen sonstigen, die Angestellten berührenden Angelegenheiten wird zum Börsenvorstand als Mitglied ein Vertreter der kaufmännischen Angestellten von den gemäß § 19 zum Börsenbesuch zugelassenen Personen aus ihrer Mitte für die Dauer eines Kalenderjahres hinzugewählt.

(5) Wird gegen ein Mitglied des Börsenvorstandes wegen des Verdachts eines gemeinen Vergehens von der Staatsanwaltschaft ein Ermittlungsverfahren oder wird ein ehrengerichtliches Verfahren eingeleitet, so kann der Börsenvorstand das Ruhen des Amtes dieses Mitglieds beschließen.

Wahl des Börsenvorstandes

§ 4

Die Mitglieder des Börsenvorstandes werden im Dezember auf drei Kalenderjahre gewählt.

§ 5

(1) Für die von den Börsenbesuchern vorzunehmenden Wahlen gelten folgende Vorschriften:

(2) Die Industrie- und Handelskammer zu Berlin ernennt die Wahlleiter und ihre Vertreter.

(3) Die Wahlleiter bestimmen Tag und Stunde der Wahl und berufen die Wähler. Die Berufung ist durch Aushang in den Börsenräumen zwei Wochen hindurch bekanntzumachen.

(4) Bei der Wahl der Vertreter der kaufmännischen Angestellten (§ 3 Abs. 4) haben sich die Wahlberechtigten durch die Börseneintrittskarte auszuweisen. Im übrigen ist wahlberechtigt, wer in der Wählerliste steht.

(5) Die Wählerlisten werden in der Geschäftsstelle der Börse sechs Börsentage hindurch zur Einsicht ausgelegt. Die Auslegung beginnt spätestens mit der Berufung der Wähler; sie ist durch Aushang in den Börsenräumen bekanntzumachen. Einsprüche gegen die Wählerlisten werden nur innerhalb der Auslegungszeit berücksichtigt. Über die Einsprüche entscheidet endgültig ein Ausschuß, der sich aus dem Wahlleiter, seinem Vertreter und einem Börsensyndikus zusammensetzt.

(6) Die Wahlen sind geheim. Die Wahl wird ausgeübt durch Abgabe eines Stimmzettels, der dem Wahlleiter in einem Umschlag zu überreichen ist. Der Wahlleiter legt in Gegenwart des Wählers den Umschlag in die Wahlurne.

(7) Gewählt ist, wer die einfache Mehrheit der abgegebenen Stimmen erhält. Bei Stimmengleichheit entscheidet das Los.

(8) Gegen das vom Wahlleiter verkündete Ergebnis kann binnen einer Woche Einspruch erhoben werden. Über den Einspruch entscheidet die Industrie- und Handelskammer zu Berlin.

§ 6

(1) Die Wahl der gemäß § 3 Abs. 2 zu wählenden Mitglieder des Börsenvorstandes wird für jede der zwei Abteilungen getrennt von den der Abteilung zugerechneten Börsenbesuchern vorgenommen.

(2) Für die Abteilung Wertpapierbörse sind in je einem Wahlgang zu wählen:

9 Mitglieder von den zwecks Abschlusses von Bankiergeschäften zugelassenen Personen aus ihrer Mitte;

2 Mitglieder von den zwecks Betriebes des freien Maklergewerbes zugelassenen Personen aus ihrer Mitte;

1 Mitglied von den Kursmaklern aus ihrer Mitte.

(3) Die Industrie- und Handelskammer zur Berlin bestimmt bei den alljährlichen Ergänzungswahlen unter Berücksichtigung der jeweiligen Zusammensetzung der Abteilungen die Zahl der in den getrennten Wahlgängen zu wählenden Mitglieder.

§ 7

Scheidet während der Wahldauer ein Mitglied des Börsenvorstandes aus, so ergänzt er sich selbst für die Zeit bis zum Ende des Kalenderjahres aus der Gruppe der Börsenbesucher, der das ausgeschiedene Mitglied angehört hat; die dann etwa noch erforderliche Ersatzwahl für den Rest der Wahldauer findet gleichzeitig mit den Dezemberwahlen statt.

§ 8

(1) Das Verfahren für die Wahl der von der Industrie- und Handelskammer zu Berlin zu wählenden Mitglieder des Börsenvorstandes (§ 3

Abs. 3) bestimmt die Industrie- und Handelskammer zu Berlin.

(2) Die Industrie- und Handelskammer zu Berlin ist berechtigt, für den Fall, daß ein von ihr gewähltes Mitglied im Laufe eines Kalenderjahres ausscheidet und sie selbst die Ersatzwahl nicht alsbald vornehmen will, der zuständigen Abteilung des Börsenvorstandes die Wahl eines Ersatzmannes für den Rest des Kalenderjahres durch Zuwahl zu übertragen.

Beschlußfähigkeit

§ 9

Zur Beschlußfähigkeit des Gesamtbörsenvorstandes ist die Anwesenheit der Hälfte seiner Mitglieder, zur Beschlußfähigkeit jeder Abteilung des Börsenvorstandes die Hälfte der Mitglieder der beteffenden Abteilung erforderlich.

Aufgaben des Börsenvorstandes

§ 10

(1) Dem Börsenvorstand liegt es ob, nach Maßgabe der Börsenordnung

1. Personen zum Börsenbesuche zuzulassen;
2. die Ordnungs- und Disciplinargewalt an der Börse auszuüben;
3. Wertpapiere, ausländische Zahlungsmittel und Waren zum Börsenterminhandel zuzulassen;
4. der von der Maklerkammer vorzunehmenden Verteilung der zu notierenden Wertpapiere auf die einzelnen Maklergruppen zuzustimmen;
5. die amtlichen Börsenkurse und Preise festzustellen und zu veröffentlichen, bei Wertpapieren unter Mitwirkung der Maklerkammer.

(2) Außerdem hat der Börsenvorstand insbesondere folgende Aufgaben:

6. die Überwachung der Befolgung der in bezug auf die Börse erlassenen Gesetze, Verordnungen und Verwaltungsbestimmungen;
7. die äußere Regelung des Geschäftsverkehrs an der Börse;
8. die Ausübung des Vorschlagsrechts für die Wahl der Mitglieder des Börsenausschusses (vgl. § 3 BörsG);
9. die Feststellung der Börsengeschäftsbedingungen;
10. die Entscheidung von Streitigkeiten aus Börsengeschäften nach Maßgabe der Geschäftsordnung;
11. die Erteilung von Auskünften und Gutachten an Behörden über Angelegenheiten, die unmittelbar mit dem amtlichen Verkehr an der Börse zusammenhängen.

(3) Insoweit sich die Aufgaben auf die Geschäfte oder den Verkehr an einer Abteilung der Börse beziehen, steht ihre Erledigung den Abteilungen des Börsenvorstandes selbständig zu.

Geschäftsordnung

§ 11

Der Börsenvorstand und seine Abteilungen wählen alljährlich aus ihrer Mitte je einen Vorsitzenden und je zwei stellvertretende Vorsitzende. Die Wahlen bedürfen der Bestätigung der Industrie- und Handelskammer zu Berlin. Der Börsenvorstand erläßt seine Geschäftsordnung selbst. Diese bedarf der Genehmigung durch die Industrie- und Handelskammer zu Berlin.

Ständige Ausschüsse des Börsenvorstandes

§ 12

(1) Der Börsenvorstand wählt alljährlich aus seiner Mitte folgende ständige Ausschüsse:

1. den Ausschuß zur Prüfung der Anträge auf Zulassung zum Börsenbesuche gemäß §§ 17 und 20 (Aufnahmeausschuß);
2. den Ausschuß zur Prüfung der Anträge auf Zulassung zum Börsenbesuche gemäß § 19;
3. den Ausschuß zur schiedsgerichtlichen Entscheidung von Streitigkeiten aus Börsengeschäften.

(2) Der zu 1 genannte Ausschuß ist zugleich als Untersuchungsausschuß zuständig zur Prüfung von Tatbeständen, wegen deren ein Einschreiten gegen Börsenbesucher nach der Börsenordnung in Betracht kommt.

(3) Die näheren Bestimmungen über die Zusammensetzung und das Verfahren dieser Ausschüsse werden durch die Geschäftsordnung getroffen.

§ 13

Die zum Besuch der Börse zugelassenen Berichterstatter wählen alljährlich aus ihrer Mitte einen aus drei Mitgliedern und drei Stellvertretern bestehenden Presseausschuß. Die gewählten Mitglieder bedürfen der Bestätigung durch den Börsenvorstand. Der Presseausschuß ist vor der Entscheidung über Anträge auf Zulassung zum Börsenbesuche als Berichterstatter der Presse, über die Zurücknahme einer solchen Zulassung sowie in einem gemäß § 28 gegen einen Berichterstatter eingeleiteten Verfahren gutachtlich zu hören.

III. Börsenaufsicht

§ 14

(1) Die unmittelbare Aufsicht über die Börse steht der Industrie- und Handelskammer zu Berlin zu.

(2) Der Aufsicht unterliegen auch die auf den Börsenverkehr bezüglichen Einrichtungen der Liquidationskassen, Liquidationsvereine und ähnlicher Anstalten. Die Satzungen sowie die auf den Börsenverkehr bezüglichen Ordnungen dieser Anstalten bedürfen der Genehmigung der Industrie- und Handelskammer zu Berlin.

§ 15

Bei Beschwerden über Beschlüsse einer Abteilung des Börsenvorstandes nehmen die der Abteilung angehörigen Mitglieder der Industrie- und Handelskammer zu Berlin, bei Beschwerden über Beschlüsse des Gesamtvorstandes sämtliche ihm angehörigen Mitglieder der Industrie- und Handelskammer zu Berlin an der Abstimmung nicht teil. Die Teilnahme an der Beratung ist zulässig.

IV. Zulassung zum Börsenbesuch

Erwerb des Rechtes zum Börsenbesuch

§ 16

(1) Das Recht zum Börsenbesuch wird durch Zulassung erworben.

(2) Alle Personen, die, ohne am Börsenhandel oder an den Kursmaklergeschäften teilzunehmen, vermöge ihres Amts den Börsenversammlungen beizuwohnen, berechtigt sind, haben ohne besondere Zulassung zur Börse Zutritt.

(3) Über die Voraussetzungen, unter denen Gäste in die Börse eingeführt werden dürfen, entscheidet der Börsenvorstand (vgl. § 20 Abs. 1 Ziff. 7).

(4) Die Zulassung ausländischer Staatsangehöriger bedarf der Genehmigung des zuständigen Senators.

§ 17

(1) Dauernd und mit der Befugnis zur Teilnahme am Börsenhandel können zum Börsenbesuche zugelassen werden geeignete volljährige Personen, die als Einzelkaufleute, persönlich haftende Gesellschafter einer offenen Handelsgesellschaft oder Kommanditgesellschaft oder Kommanditgesellschaft auf Aktien oder gesetzliche Vertreter einer juristischen Person in das Handelsregister oder das Genossenschaftsregister Berlins eingetragen sind, sofern die von ihnen vertretene Firma ein Bank- oder Börsengeschäft betreibt, sowie die Vorstandsmitglieder der in Berlin ansässigen öffentlich-rechtlichen Bankanstalten.

(2) Statt dieser Personen können in besonderen Fällen auch Prokuristen oder Bevollmächtigte desselben Unternehmens als Börsenbesucher dauernd und mit der Befugnis zur Teilnahme am Börsenhandel zugelassen werden.

(3) Die Zulassung der in Abs. 1 und 2 genannten Personen kann zurückgenommen werden, wenn sich herausstellt, daß sie in Unkenntnis von Tatsachen erfolgt ist, bei deren Kenntnis der Antrag auf Zulassung abgelehnt worden wäre, ferner, wenn der Zugelassene wegen eines gemeinen Vergehens rechtskräftig verurteilt oder ihm die Erlaubnis zum Betriebe seines Gewerbes entzogen wird.

§ 18

(1) Die Zulassung gemäß § 17 erstreckt sich nur auf die Abteilung oder Abteilungen der Börse, für die sie bewilligt wird.

(2) Die Zulassung für die Abteilung Wertpapierbörse erfolgt mit der Maßgabe, daß der Antragsteller zwecks Abschlusses von Bankiergeschäften oder zwecks Betriebs des Maklergewerbes oder als Makleragent zugelassen wird. Personen, die zwecks Betriebs des Maklergewerbes zugelassen sind, dürfen eine Remissiertätigkeit nur mit besonderer Erlaubnis des Börsenvorstandes ausüben; in diesem Falle sind sie zum Abschluß von Maklergeschäften so lange nicht berechtigt, bis sie dem Börsenvorstand die Beendigung ihrer Remissiertätigkeit schriftlich mitgeteilt haben. Personen, die zwecks Betriebs des Maklergewerbes zugelassen werden, kann bei der Zulassung die Beschränkung auferlegt werden, daß sie ausschließlich Geschäfte zwischen anderen Börsenbesuchern vermitteln und sich nicht selbst

als Vertragspartei bezeichnen dürfen. Makleragenten dürfen Geschäfte nur im Namen ihres Geschäftsherrn abschließen.

(3) Die Zulassung für die Abteilung Produktenbörse erfolgt mit der Maßgabe, daß der Antragsteller zwecks Abschlusses von Geschäften auf eigene Rechnung oder zwecks Betriebs des Makler- oder Agentengewerbes oder als Makleragent zugelassen wird. Personen, die zwecks Betriebs des Makler- oder Agentengewerbes zugelassen werden, kann fernerhin die Beschränkung auferlegt werden, daß sie ausschließlich Geschäfte vermitteln und sich nicht selbst als Vertragspartei bezeichnen dürfen. Makleragenten dürfen Geschäfte nur im Namen ihres Geschäftsherrn abschließen. Die zwecks Betriebs des Makler- oder Agentengewerbes oder als Makleragenten zur Abteilung Produktenbörse zugelassenen Personen dürfen als Makler Geschäfte im Sinne des § 67 des Börsengesetzes nur mit Personen abschließen oder nur für Personen vermitteln, die gemäß § 17 Abs. 1 und 2 der Börsenordnung zur Abteilung Produktenbörse zugelassen sind und ihre gewerbliche Niederlassung in Westberlin haben.

(4) Wollen sich Besucher einer Abteilung der Börse mit dem Abschlusse von Geschäften befassen, zu denen sie nach Maßgabe ihrer Zulassung nicht berechtigt sind, so bedarf es hierfür einer neuen Zulassung, sofern nicht der Börsenvorstand beschließt, die frühere Zulassung abzuändern. Die Zulassung von Makleragenten erlischt, sobald der Agent aus dem Agentenverhältnis zu seinem Geschäftsherrn ausscheidet; doch kann in diesem Falle der Börsenvorstand die Zulassung aufrechterhalten, wenn der Agent zu einem anderen gemäß § 17 zugelassenen Makler in ein Agentenverhältnis tritt.

(5) Ein gemäß § 17 zugelassener Börsenbesucher darf mit dem Angestellten eines anderen Börsenbesuchers Geschäfte für dessen Rechnung oder für Rechnung anderer Personen als seines Geschäftsherrn nur abschließen, wenn ihm von seinem Geschäftsherrn schriftlich bestätigt worden ist, daß er dem Angestellten den Abschluß solcher Geschäfte mit ihm erlaubt hat.

(6) Überschreiten gemäß § 17 zugelassene Börsenbesucher die ihnen durch die Zulassung gezogenen Grenzen der Teilnahme am Börsenhandel, so kann ihre Zulassung zurückgenommen werden.

§ 19

(1) Mit der Befugnis, im Namen und für Rechnung des Dienstherrn am Börsenhandel teilzunehmen, können auf die Dauer eines Kalenderjahres zum Börsenbesuche zugelassen werden kaufmännische Angestellte (Prokuristen, Handlungsgehilfen, Volontäre, Lehrlinge) eines gemäß § 17 Abs. 1 oder 2 zugelassenen Börsenbesuchers, einer durch einen solchen Börsenbesucher vertretenen Gesellschaft, Genossenschaft oder öffentlich-rechtlichen Bankanstalt oder eines Kursmaklers.

(2) Die Angestellten von Maklern an der Produktenbörse sind nicht berechtigt, für ihre Geschäftsherren Geschäfte im Sinne des § 67 des Börsengesetzes zu vermitteln.

(3) Der Börsenvorstand kann die Zulassung zurücknehmen; er muß sie zurücknehmen, wenn der Zugelassene im eigenen Namen oder auf eigene Rechnung am Börsenhandel teilnimmt.

§ 20

(1) Ohne Befugnis zur Teilnahme am Börsenhandel können zum Börsenbesuche zugelassen werden:

1. Personen, die früher gemäß § 17 Abs. 1 oder 2 als Prokuristen gemäß § 19 Abs. 1 zum Börsenbesuche zugelassen waren und eine gewerbliche Tätigkeit an der Börse nicht ausüben (alte Herren);
2. Berichterstatter der Presse;
3. Personen, die ein dem Börsenhandel dienendes Hilfsgewerbe betreiben;
4. Angestellte der Presse;
5. Boten der im § 17 Abs. 1 und 2 genannten Personen und der Presse;
6. ausnahmsweise andere in Berlin oder einem in der Nähe Berlins belegenen Orte wohnhafte Personen (z. B. Vertreter auswärtiger Häuser);
7. außerhalb Berlins und der in der Nähe Berlins belegenen Orte wohnhafte Kaufleute und Prokuristen, die durch einen gemäß § 17 zugelassenen Börsenbesucher empfohlen werden (Gäste).

(2) Die unter Ziffer 1 bis 3 genannten Personen werden ohne beschränkte Zeitdauer, die unter Ziffer 4 und 5 genannten auf ein Jahr zugelassen. Über die Zeitdauer der Zulassung der unter Ziffer 6 und 7 genannten Personen entscheidet der Börsenvorstand.

(3) Der Börsenvorstand kann die Zulassung zurücknehmen. Er muß sie zurücknehmen, wenn der Zugelassene am Börsenhandel teilnimmt.

Antrag auf Zulassung zum Börsenbesuch

§ 21

(1) Der Antrag auf Zulassung ist in den Fällen der §§ 19 und 20 Abs. 1 Ziff. 4 und 5 vom Dienstherrn, im übrigen von demjenigen, der sie für sich erstrebt, schriftlich zu stellen. Die ihre Zulassung gemäß § 17 beantragenden Personen haben in dem Antrage zu erklären, für welche Abteilung oder Abteilungen der Börse und für welche Tätigkeit (vgl. § 18) die Zulassung erstrebt wird.

(2) Der Börsenvorstand kann das persönliche Erscheinen der Personen, deren Zulassung beantragt wird, in den Fällen der §§ 19 und 20 Abs. 1 Ziff. 4 und 5 auch der Antragsteller, anordnen.

(3) Börsenbesucher, die auf eine kalendermäßig bestimmte Frist durch ehrengerichtliche Entscheidung oder Beschluß des Börsenvorstandes vom Börsenbesuch ausgeschlossen worden sind, sind nach Ablauf der Frist wieder zum Börsenhandel berechtigt, ohne daß es eines Antrages bedarf.

(4) Die Ablehnung von Zulassungsanträgen erfolgt ohne Angabe von Gründen.

(5) Ein endgültig abgelehnter Zulassungsantrag darf innerhalb von sechs Monaten nicht wiederholt werden.

(6) Die Zulassung gemäß § 17 Abs. 1 und 2 und die Zulassung von Vertretern auswärtiger Häuser auf Grund des § 20 Abs. 1 Ziff. 6 ist abhängig von der Zahlung eines durch den Börsenvorstand festzusetzenden einmaligen Eintrittsgeldes.

§ 22

(1) In den Fällen der §§ 17 und 20 Abs. 1 Ziff. 2 bedarf der Antrag der Unterstützung durch drei Gewährsmänner, die seit mindestens drei Jahren gemäß § 17 oder, soweit es sich um Berichterstatter der Presse handelt, als solche zum Börsenbesuche zugelassen sind. Das gleiche gilt von dem Antrag auf Zulassung von Vertretern auswärtiger Häuser auf Grund des § 20 Abs. 1 Ziff. 6. Der Antrag ist mit Angabe der Gewährsmänner durch Aushang in den Börsenräumen während acht Börsentagen bekanntzumachen. Nach Ablauf dieser Frist ist von den Gewährsmännern zu Protokoll die Erklärung abzugeben, daß sie nach sorgfältiger Prüfung den Antragsteller für eine Person halten, die

in den Fällen des § 17

der Achtung ihrer Berufsgenossen und der dauernden Zulassung zum Börsenbesuch mit der Befugnis zur Teilnahme am Börsenhandel,

in den Fällen des § 20 Abs. 1 Ziffern 2 und 6

der Achtung der Börsenbesucher und der Zulassung zum Börsenbesuche

würdig ist. Darüber hinaus kann der Börsenvorstand von den Gewährsmännern auch sonstige Auskünfte über die Person und die Vermögensverhältnisse des Antragstellers fordern. Der Börsenvorstand ist berechtigt, Gewährsmänner ohne Angabe von Gründen abzulehnen.

(2) Jeder Gewährsmann hat, soweit es sich um Anträge auf Zulassung zur Abt. Wertpapierbörse handelt, gleichzeitig mit der Stellung des Antrages eine Sicherheit in Höhe von DM 3000,— beim Börsenvorstand zu leisten. Wird die Sicherheit nicht in barem Gelde geleistet, so hat jeder der drei Gewährsmänner dem Börsenvorstand gegenüber die Erklärung abzugeben, daß er sich für die Dauer von drei Jahren verpflichtet, auf erstes Erfordern des Börsenvorstandes hin an diesen DM 3000,— zu zahlen. Für diese Verbindlichkeit ist die selbstschuldnerische Bürgschaft einer Bank seitens der Gewährsmänner beizubringen. Für die Zulassung von Vertretern auswärtiger Häuser auf Grund des § 20 Abs. 1 Ziffer 6 bedarf es nicht der Stellung einer Sicherheit durch die Gewährsmänner. Der Börsenvorstand kann über die Sicherheiten nach freiem Ermessen verfügen, wenn innerhalb von drei Jahren nach der Zulassung diese gemäß § 25 Abs. 1 Ziffern 3 bis 5 und Abs. 2 zurückgenommen wird oder der Zugelassene, nachdem er im Sinne des § 25 Abs. 3 in den Zustand der Zahlungsunfähigkeit geraten ist, auf die Zulassung verzichtet. Er soll darüber zugunsten geschädigter Gläubiger des Antragstellers innerhalb des Kreises der Börsenbesucher verfügen. Die Sicherheiten werden zurückgegeben, wenn die Zulassung rechtskräftig abgelehnt wird oder wenn die Zulassung aus anderen als den erwähnten Gründen entfällt oder wenn sich innerhalb von drei Jahren nach der Zulassung kein Anlaß zur Inanspruchnahme der Gewährsmänner ergeben hat

(3) Personen, die bereits gemäß § 17 oder § 20 Ziff. 2 zugelassen waren und der Zulassung später verlustig gegangen sind, können beim Nach-

suchen der Wiederzulassung vom Börsenvorstande von der Stellung von Gewährsmännern befreit werden. Das gleiche gilt von Vertretern auswärtiger Häuser, die auf Grund des § 20 Abs. 1 Ziff. 6 zugelassen waren.

§ 23

Den Bestimmungen der §§ 21 und 22 unterliegen auch Anträge von gem. § 17 zugelassenen Börsenbesuchern auf Ausdehnung ihrer Zulassung auf eine weitere Abteilung.

Ausweiskarten

§ 24

(1) Als Ausweis über die Zulassung erhalten gegen Zahlung der Gebühr die gemäß § 17 dauernd und mit der Befugnis zur Teilnahme am Börsenhandel zugelassenen Börsenbesucher eine Börsenkarte, die übrigen eine Eintrittskarte. Die Karten werden, sofern nicht ein anderes bestimmt ist, für die Dauer eines Kalenderjahres ausgestellt und sind nur für die Person gültig, auf deren Namen sie lauten.

(2) Die in § 16 Abs. 2 genannten Personen erhalten kostenfrei eine Eintrittskarte. Die Kursmakler sind jedoch von der Verpflichtung, eine Börsenkarte gegen Zahlung der Gebühr zu lösen, nicht befreit.

(3) Die Karten müssen nach näherer Vorschrift des Börsenvorstandes mit einem Lichtbild des Berechtigten versehen sein. Dies gilt nicht für Gastkarten und für auf höchstens 2 Wochen ausgestellte Zwischenausweise.

Unfähigkeit zum Börsenbesuch

§ 25

(1) Die Zulassung zum Börsenbesuch muß, soweit nicht der Senat von Berlin gemäß § 7 Abs. 4 BörsG Ausnahmen gestattet, versagt werden:

1. Personen, die sich nicht im Besitze der bürgerlichen Ehrenrechte befinden;
2. Personen, die infolge gerichtlicher Anordnungen in der Verfügung über ihr Vermögen beschränkt sind;
3. Personen, die wegen betrügerischen Bankrotts rechtskräftig verurteilt sind;
4. Personen, die wegen einfachen Bankrotts rechtskräftig verurteilt sind;
5. Personen, die sich im Zustande der Zahlungsunfähigkeit befinden oder Vertreter einer juristischen Person sind, die sich im Zustande der Zahlungsunfähigkeit befindet. Als zahlungsunfähig im Sinne dieser Vorschrift gilt schon, wer Gläubigern über unstreitige Schuldverbindlichkeiten Vergleichsvorschläge macht oder eine unstreitige und fällige Schuldverbindlichkeit unberichtigt läßt. Unstreitigen Schuldverbindlichkeiten stehen solche gleich, die durch rechtskräftiges Urteil oder den Schiedsspruch eines Börsenschiedsgerichts oder für vollstreckbar erklärten Schiedsspruch eines anderen Schiedsgerichts festgestellt sind;
6. Personen, die durch rechtskräftige oder für sofort wirksam erklärte ehrengerichtliche Entscheidung vom Besuch einer Börse ausgeschlossen sind;

7. Personen, die an einer die übrigen Börsenbesucher oder den Verkehr an der Börse gefährdenden Krankheit leiden.

(2) Tritt einer der zu 1 bis 5 und 7 gedachten Fälle erst nach der Zulassung ein, so ist die Zulassung mittels Beschlusses des Börsenvorstandes zurückzunehmen. Die Zulassung kann ferner zurückgenommen werden, wenn der Zugelassene in Vermögensverfall gerät, ohne daß Absatz 1 Ziffern 3—5 zutreffen.

(3) Die Zulassung oder Wiederzulassung zum Börsenbesuche kann in den Fällen des Abs. 1 Ziff. 1 und 2 nicht vor der Beseitigung des Ausschließungsgrundes, in dem Falle des Abs. 1 Ziff. 4 nicht vor Ablauf von sechs Monaten, nachdem die Strafe verbüßt, verjährt oder erlassen ist, erfolgen; sie darf in den Fällen des Abs. 1 Ziff. 4 und 5 nur stattfinden, wenn der Börsenvorstand den Nachweis für geführt erachtet, daß die Schuldverhältnisse sämtlichen Gläubigern gegenüber durch Zahlung, Erlaß oder Stundung geregelt sind. Einer Person, die im Wiederholungsfall in Zahlungsunfähigkeit oder in Konkurs geraten ist, muß die Zulassung oder Wiederzulassung mindestens für die Dauer eines Jahres verweigert werden. In dem Falle des Abs. 1 Ziff. 5 kann der Börsenvorstand eine Mindestdauer der Ausschlußfrist feststellen.

Verlust des Rechtes zum Börsenbesuch

§ 26

Das Recht zum Börsenbesuch geht verloren:

1. durch Verzichterklärung gegenüber dem Börsenvorstand;
2. durch Fortfall der für die Zulassung vorausgesetzten Eigenschaften (vgl. auch § 18 Abs. 2 Satz 2);
3. durch Ausschließung vermöge ehrengerichtlicher Entscheidung oder vermöge Beschlusses des Börsenvorstandes (vgl. §§ 28 und 33);
4. durch Zurücknahme der Zulassung (vgl. §§ 17 Abs. 3; 18 Abs. 5; 19 Abs. 3; 20 Abs. 3; 25 Abs. 2; 27).

§ 27

(1) Verliert ein Gesellschafter einer offenen Handelsgesellschaft oder Kommanditgesellschaft oder einer von mehreren gesetzlichen Vertretern einer juristischen Person gemäß § 26 Ziff. 3 oder 4 das Recht zum Börsenbesuch, so kann der Börsenvorstand auch die Zulassung der übrigen zum Börsenbesuche zugelassenen Gesellschafter oder Vertreter der Gesellschaft oder Person zurücknehmen.

(2) Das gleiche gilt, falls hinsichtlich der Gesellschafter und Vertretungsberechtigten einer Firma, die an der Börse vertreten ist, eine Änderung eintritt.

§ 28

(1) Wird innerhalb dreier Jahre nach der Zulassung gegen einen gemäß § 17 oder 20 Abs. 1 Ziff. 2 oder 6 zugelassenen Börsenbesucher auf Ausschließung für die Dauer von drei Monaten oder länger erkannt oder wird die Zulassung eines solchen Börsenbesuchers zurückgenommen, so ist zu prüfen, ob die Gewährsmänner bei der Empfehlung Tatsachen gekannt

haben, oder bei ernster Erfüllung der ihnen durch die Empfehlung auferlegten Pflicht hätten kennen müssen, die mit der von ihnen abgegebenen Erklärung im Widerspruch standen. Ein Gewährsmann, der hierbei nicht nachweisen kann, daß er jede mögliche Sorgfalt angewandt hat, ist mit dem zeitweiligen oder dauernden Verlust des Rechts, Gewährsmann zu sein, sowie mit Ausschluß vom Börsenbesuche bis auf die Dauer eines Jahres zu bestrafen. Statt oder neben letzterer Strafe kann ihm eine Geldstrafe bis zur Höhe von 1500,— DM auferlegt werden, unbeschadet der Geltendmachung etwaiger zivilrechtlicher Schadensersatzansprüche geschädigter Börsenbesucher gegen ihn.

(2) Wird die Zulassung von kaufmännischen Angestellten oder Boten wegen unbefugter Teilnahme am Börsenhandel zurückgenommen, so ist zu prüfen, ob der Dienstherr bei der Beantragung der Zulassung wußte oder wissen mußte, daß sie derartige Handlungen vornehmen würden, oder ob er die Vornahme wissentlich oder fahrlässig geduldet hat. Ein hierbei als schuldig befundener Dienstherr wird mit Ausschluß vom Börsenbesuch bis auf die Dauer von einem Jahr bestraft; statt oder neben dieser Strafe kann ihm eine Geldstrafe bis zu 1500,— DM auferlegt werden, unbeschadet der Geltendmachung etwaiger zivilrechtlicher Schadensersatzansprüche geschädigter Börsenbesucher gegen ihn. Ist der Dienstherr eine Gesellschaft oder Genossenschaft, so trifft die Strafe den oder die mit der Befugnis zur Teilnahme am Börsenhandel zugelassenen Vertreter.

§ 29

Bei Beschlüssen auf Zurücknahme der Zulassung und auf Bestrafung gemäß § 28 kann der Börsenvorstand die Veröffentlichung durch Aushang in den Börsenräumen anordnen.

Ruhen des Rechtes auf Börsenbesuch

§ 30

Ist gegen einen Börsenbesucher ein gerichtliches Hauptverfahren wegen des Verdachts eines gemeinen Vergehens oder ein ehrengerichtliches Hauptverfahren eingeleitet, so kann der Börsenvorstand beschließen, daß bis zu dessen Beendigung sein Recht zum Börsenbesuch ruht.

Verfahrensvorschriften

§ 31

(1) Bevor Beschlüsse auf Zurücknahme der Zulassung, Bestrafung gemäß § 28 und Ruhen des Rechtes zum Börsenbesuche gefaßt werden, ist der Betroffene zu seiner Vernehmung vor den Untersuchungsausschuß (§ 12 Abs. 2) zu laden. Der Ladung bedarf es nicht, wenn nach Ausschließung oder Zurücknahme der Zulassung eines Börsenbesuchers die Zulassung seiner Angestellten zurückgenommen wird.

(2) Die Beschlüsse auf Ablehnung eines Zulassungsantrages, Zurücknahme der Zulassung, Bestrafung gemäß § 28 und Ruhen des Rechtes zum Börsenbesuche sind den Betroffenen zuzustellen.

(3) Bei unbekanntem Aufenthalte des Empfangsberechtigten werden Ladungen und Beschlüsse durch Aushang in den Börsenräumen während acht Börsentagen zugestellt.

(4) Handelt es sich bei den in Abs. 1 und 2 bezeichneten Beschlüssen um einen gemäß § 19 zugelassenen kaufmännischen Angestellten oder um einen gemäß § 20 Abs. 1 Ziffer 4 und 5 zugelassenen Angestellten oder Boten, so gilt als Betroffener der Dienstherr.

(5) Gegen die in Abs. 2 bezeichneten Beschlüsse sowie gegen den Beschluß auf Veröffentlichung (vgl. § 29) ist binnen einer Woche nach der Zustellung die Beschwerde an die Börsenaufsichtsbehörde zulässig. Der Börsenvorstand kann jedoch bei diesen Beschlüssen anordnen, daß die Wirkung sofort eintritt.

V. Ordnungs- und Disziplinargewalt

§ 32

Sämtliche Börsenbesucher unterstehen den Anordnungen des Börsenvorstandes.

§ 33

(1) Mit Ausschließung vom Börsenbesuch auf mindestens drei Tage und höchstens ein Jahr oder, beim Vorliegen mildernder Umstände, mit einem Verweise wird bestraft, wer

1. in den Börsenräumen oder den zugehörigen Nebenräumen vom Zeitpunkt der Öffnung bis zu dem der Schließung der Eingangstüren
   a) Anordnungen des Börsenvorstandes oder eines seiner Mitglieder (vgl. § 34) zuwiderhandelt;
   b) einen Börsenbesucher oder eine an der Börse amtlich beschäftigte Person beleidigt;
   c) unwahre Gerüchte verbreitet, die darauf berechnet oder geeignet sind, das Ansehen oder den Kredit anderer zu beeinträchtigen, oder das Börsengeschäft zu beeinflussen;
   d) Lärm erregt, den Anstand verletzt, die Ordnung oder den Geschäftsverkehr an der Börse stört;
   e) der Aufforderung eines Börsenangestellten zum Verlassen der Börse nach Börsenschluß nicht Folge leistet;
2. in zur Zuständigkeit des Börsenvorstandes gehörigen Sachen als Zeuge, in Disziplinarsachen auch als Anzeigender oder Beschuldigter auf Ladung des Börsenvorstandes oder seiner Ausschüsse unentschuldigt ausbleibt oder unbefugt das Zeugnis verweigert oder ein unwahres Zeugnis ablegt.

(2) Statt der eingangs erwähnten Strafen oder neben diesen kann auf eine Geldstrafe bis zu 1500,— DM erkannt werden.

(3) Der Börsenvorstand kann die Veröffentlichung der Bestrafung durch Aushang in den Börsenräumen während acht Börsentagen anordnen.

(4) Auf das Verfahren findet § 31 sinngemäß Anwendung; doch bedarf es bei Bestrafungen gemäß Abs. 1 Ziff. 2 keiner Ladung vor den Untersuchungsausschuß.

§ 34

(1) Die Mitglieder des Börsenvorstandes haben für die Erhaltung der Ruhe, des Anstands und der Ordnung in den Börsenräumen und den zugehörigen Nebenräumen zu sorgen.

(2) Jedes gemäß § 3 Abs. 2 und 3 gewählte Mitglied des Börsenvorstandes ist befugt, Börsenbesucher, welche die Ruhe, den Anstand oder die Ordnung in den Börsenräumen oder den zugehörigen Nebenräumen verletzen oder der in dieser Beziehung ergehenden Anordnung eines Mitglieds des Börsenvorstandes nicht ungesäumt Folge leisten, sofort und ohne Erörterung der Ursache von der Börse entfernen zu lassen. Das Mitglied des Börsenvorstandes muß in diesem Falle spätestens am folgenden Tage dem Vorsitzenden des Börsenvorstandes schriftlich Bericht erstatten.

(3) Der Vorsitzende ist nach Anhörung des Börsenbesuchers berechtigt, diesem den Zutritt zu den Börsenversammlungen bis zur Beendigung des nach § 33 einzuleitenden Verfahrens zu versagen.

VI. Zulassung von Wertpapieren, ausländischen Zahlungsmitteln und Waren zum Börsenterminhandel

§ 35

Der Antrag auf Zulassung von Wertpapieren, ausländischen Zahlungsmitteln oder Waren zum Börsenterminhandel ist der Aufsichtsbehörde anzuzeigen und während 2 Wochen durch Aushang in den Börsenräumen bekanntzugeben.

VII. Feststellung der Kurse und Preise

§ 36

(1) Die amtliche Feststellung der Kurse bei Wertpapieren und ausländischen Zahlungsmitteln und der Preise bei Waren erfolgt namens des Börsenvorstandes durch ein Mitglied oder mehrere Mitglieder des Börsenvorstandes, bei Wertpapieren unter Mitwirkung der Maklerkammer.

(2) Die Namen der damit beauftragten Mitglieder sind durch Aushang in den Börsenräumen bekanntzumachen. Für den Fall der Verhinderung können andere Mitglieder des Börsenvorstandes eintreten.

§ 37

Der Börsenvorstand bestimmt, an welchen Tagen, in welchen Zwischenräumen und zu welchen Zeiten die Kurse und Preise festgestellt werden. Die Beschlüsse sind durch Aushang in den Börsenräumen bekanntzumachen.

§ 38

(1) Die Kursmakler haben an den Tagen und zu den Zeiten, an den für ihren Geschäftszweig Kurse oder Preise festzustellen sind, in den dafür bestimmten Räumen zu erscheinen und, soweit es die amtierenden Mitglieder des Börsenvorstandes für erforderlich halten, anwesend zu bleiben. Die Kursmakler haben den gemäß § 36 Abs. 1 an der amtlichen Kurs- und Preisfeststellung Beteiligten alle zur Feststellung der Kurse und

Preise von ihnen geforderten Erklärungen nach bestem Wissen der Wahrheit gemäß abzugeben.

(2) Ergeben sich Zweifel oder Streitigkeiten über die Feststellung der Kurse oder Preise, so ist jeder der an der Kurs- und Preisfeststellung gemäß § 36 Abs. 1 Beteiligten befugt, eine ausdrückliche protokollarische Erklärung der Kursmakler unter Hinweis auf den geleisteten Eid zu erfordern und nach seinem Ermessen auch die Richtigkeit durch Einsicht der Tagebücher der Kursmakler oder in anderer Weise zu prüfen. Die Kursmakler sind befugt, bei Vorlegung der Tagebücher die Namen der Auftraggeber zu verdecken.

(3) Es bleibt den gemäß § 36 Abs. 1 an der Kurs- und Preisfeststellung Beteiligten überlassen, auf welchem Wege sie sich die zu ihrer Entscheidung erforderliche Kenntnis, abgesehen von den Angaben der Kursmakler, auf Grund börsenmäßig abgeschlossener Geschäfte oder hervorgetretener Angebote oder Nachfragen verschaffen wollen.

(4) Für nach der bestimmten Zeit abgeschlossene Geschäfte werden Kurse und Preise nicht amtlich festgestellt.

§ 39

In den zur Veröffentlichung gelangenden amtlichen Preisnotierungen sind die bei den verschiedenen Getreidegattungen (Weizen, Roggen, Gerste usw.) nach Lage des Geschäftsverkehrs an der Börse hauptsächlich in Betracht kommenden Sorten mit Unterscheidung nach Ursprung (inländisch und ausländisch), nach Qualitätsgewicht, nach Beschaffenheit in Farbe, Geruch und Trockenheit, nach alter und neuer Ernte zu bezeichnen, soweit diese Unterscheidungsmerkmale festzustellen sind.

§ 40

(1) Für jede einzelne der gemäß § 39 zur Notierung gelangenden Getreidesorten sind die dafür wirklich gezahlten Preise zu notieren, soweit dies festzustellen ist.

(2) Wenn sich Notierungen auf Abschlüsse über besonders geringe Mengen beziehen oder sonst besondere Verhältnisse vorliegen, ist das bei der Notierung kenntlich zu machen.

§ 41

(1) Das „Amtliche Kursblatt der Berliner Wertpapierbörse", das mit dem Protokoll übereinstimmen muß, wird sofort nach Feststellung der Kurse gedruckt, mit dem Stempel des Börsenvorstandes, Abteilung Wertpapierbörse, und mit dem Stempel der Maklerkammer beglaubigt und noch an demselben Nachmittag ausgegeben.

(2) Bei der Produktenbörse werden die festgestellten Preise vom Börsenvorstand, Abteilung Produktenbörse, alsbald bekanntgegeben. Die Form der Bekanntmachung bestimmt diese selbst.

(3) Ob und in welcher Weise außerdem amtliche Bekanntmachungen über Kurse und Preise vom Börsenvorstande zu erlassen sind, bestimmt dieser selbst.

§ 42

Die Maklergebühren werden vom Börsenvorstande nach Anhörung der Maklervertretungen festgesetzt. Die Festsetzung erstreckt sich sowohl auf die Höhe der Gebühren als auch auf die Art ihrer Einziehung.

VIII. Ehrengericht

§ 43

(1) Das Ehrengericht an der Börse zu Berlin besteht aus fünf ordentlichen und mindestens drei stellvertretenden Mitgliedern, die im Dezember aus den gemäß § 17 zugelassenen Börsenbesuchern auf drei Kalenderjahre durch den Börsenvorstand gewählt werden. Für ein Mitglied, das während der Wahldauer ausscheidet, wählt der Börsenvorstand einen Ersatzmann für den Rest der Wahldauer. Außerdem gehört dem Ehrengericht ein Syndikus der Industrie- und Handelskammer zu Berlin als Mitglied mit beratender Stimme an.

(2) Das Ehrengericht entscheidet in Hauptverhandlungen in einer Besetzung von fünf stimmberechtigten Mitgliedern. Zu den Beschlüssen außerhalb der Hauptverhandlung ist die Mitwirkung von drei stimmberechtigten Mitgliedern ausreichend.

(3) Die rechtskräftigen oder gemäß § 16 Absatz 4 BörsG für sofort wirksam erklärten Urteile sind dem Börsenvorstande mitzuteilen.

(4) Bei zeitweiliger Ausschließung bestimmt, sofern das Ehrengericht nicht von dem ihm gemäß § 16 Abs. 4 BörsG zustehenden Recht Gebrauch gemacht hat, der Börsenvorstand den Beginn der Ausschließungsfrist.

IX. Zulassungsstelle

§ 44

(1) Die Zulassungsstelle an der Börse zu Berlin besteht aus nicht mehr als 28 und nicht weniger als 14 ordentlichen sowie nicht mehr als 12 und nicht weniger als 6 stellvertretenden Mitgliedern, von denen mindestens je die Hälfte sich nicht berufsmäßig am Börsenhandel mit Wertpapieren beteiligt.

(2) Die Mitglieder werden auf drei Kalenderjahre durch die Industrie- und Handelskammer zu Berlin gewählt. Scheidet ein Mitglied während der Wahldauer aus, so wählt die Industrie- und Handelskammer zu Berlin einen Ersatzmann für den Rest der Wahldauer.

§ 45

Die Zulassungsstelle ist beschlußfähig, wenn sieben Mitglieder anwesend sind.

§ 46

(1) Die Zulassungsstelle wählt alljährlich aus ihrer Mitte einen Vorsitzenden und zwei Stellvertreter. Die Wahlen bedürfen der Bestätigung durch die Industrie- und Handelskammer zu Berlin.

(2) Die Zulassungsstelle erläßt ihre Geschäftsordnung selbst. Diese bedarf der Genehmigung der Industrie- und Handelskammer zu Berlin.

§ 47

Der Antrag auf Zulassung von Wertpapieren zum Börsenhandel muß von einer an der Börse vertretenen Bank gestellt werden.

§ 48

Dem Antragsteller steht gegen jede Entscheidung der Zulassungsstelle, durch die dem Antrag auf Zulassung nicht stattgegeben wird, binnen zweier Wochen nach Bekanntgabe die Beschwerde an die Industrie- und Handelskammer zu Berlin zu. Die Industrie- und Handelskammer zu Berlin erteilt der Zulassungsstelle Abschrift der Beschwerdeschrift zur Kenntnisnahme.

§ 49

Bei Beschwerden über die Zulassungsstelle nehmen die der Zulassungsstelle angehörigen Mitglieder der Industrie- und Handelskammer zu Berlin an der Abstimmung nicht teil. Die Teilnahme an der Beratung ist zulässig.

X. Allgemeine Vorschriften

§ 50

Die Mitglieder des Börsenvorstandes und der Zulassungsstelle üben ihr Amt ehrenamtlich aus.

§ 51

Die Mitglieder und Angestellten des Börsenvorstandes und der Zulassungsstelle sind verpflichtet, über den Gang der Verhandlungen und über das Stimmenverhältnis bei Abstimmungen Verschwiegenheit zu bewahren, ebenso über die gefaßten Beschlüsse, es sei denn, daß im Einzelfall die Vertraulichkeit aufgehoben ist.

§ 52

(1) Die finanzielle Verwaltung der Börse steht der Industrie- und Handelskammer zu Berlin zu. Sie stellt auch die zur Erledigung der Geschäfte des Börsenvorstandes, des Ehrengerichts und der Zulassungsstelle erforderlichen Angestellten.

(2) Über die Verwendung der von den Börsenbesuchern gezahlten Geldstrafen soll der Börsenvorstand möglichst zugunsten bedürftiger Börsenbesucher bestimmen.

§ 53

Der Ort der Börsenversammlungen wird von der Industrie- und Handelskammer zu Berlin als Träger der Börse bestimmt.

§ 54

(1) Die Börsenversammlungen finden täglich, mit Ausnahme der Sonn- und Feiertage, statt. Die Börsenzeit bestimmt der Börsenvorstand.

(2) Der Börsenvorstand ist befugt, Börsenversammlungen ausfallen zu lassen.

§ 55

(1) Beginn und Ende jeder Börsenversammlung wird durch ein Glockenzeichen kundgemacht.

(2) Ist nach Börsenbrauch die Zulässigkeit der Kündigungen oder die Abgabe von Erklärungen von der Innehaltung einer in die Zeit der Börsenversammlungen fallenden Frist abhängig, so kann auf Anordnung des Börsenvorstandes der Ablauf dieser Frist durch ein Glockenzeichen verkündet werden.

§ 56

Außer den Bekanntmachungen der Industrie- und Handelskammer zu Berlin, des Börsenvorstandes und der Zulassungsstelle können durch Aushang in den Börsenräumen auch andere Bekanntmachungen veröffentlicht werden, wenn der Börsenvorstand sie nach Form und Inhalt für zur Veröffentlichung geeignet und dem Zwecke des Börsenverkehrs oder dem Interesse des Handelsstandes entsprechend findet. Bei amtlicher Bekanntmachungen ist die erfolgte Veröffentlichung von einem Börsenangestellten zu bescheinigen.

§ 57

Zu allen Sitzungen des Börsenvorstandes und der Zulassungsstelle ist der Staatskommissar einzuladen.

§ 58

Diese Börsenordnung tritt am 1. Januar 1952 in Kraft.

B. Übergangsbestimmungen für die Wiederaufnahme des Handels an der Berliner Börse

Vom 20. Dezember 1951

§ 1

Um die Wiederaufnahme des amtlichen Handels an der Berliner Börse in den Abteilungen Wertpapierbörse und Produktenbörse zu ermöglichen, finden neben der Börsenordnung in der Fassung vom 20. Dezember 1951 die nachfolgenden Übergangsbestimmungen Anwendung.

§ 2

Zulassung zur Teilnahme am Börsenhandel

Mit der Befugnis zur Teilnahme am Handel sind zugelassen, sofern sie eine Börsenkarte erwerben,

1. die am Tage der Einstellung der amtlichen Kursnotierung mit der Berechtigung zum Börsenhandel zugelassenen Personen (§ 17 Abs. 1 und 2 BO), wenn die nachstehend genannten Voraussetzungen vom Börsenbesucher dem Börsenvorstand nachgewiesen sind:
   a) Inhaber oder gesetzliche Vertreter ruhender Berliner Kreditinstitute müssen von den ihr Börsengeschäft hemmenden Vorschriften der Ruhendsweisung befreit worden sein,
   b) Makler müssen erneut drei Gewährsmänner nach Maßgabe des § 22 der Börsenordnung beigebracht haben,
   c) Mitglieder der Abteilung Produktenbörse müssen die für ihren Geschäftszweig erforderliche Gewerbegenehmigung besitzen;

2. bis zur Entscheidung über ihren Zulassungsantrag die Personen, die am 1. September 1951 vom Freiverkehrsausschuß zur Teilnahme am Handel im geregelten Freiverkehr zugelassen waren und innerhalb eines Monats nach Inkrafttreten der Börsenordnung einen Antrag auf Zulassung zum Börsenhandel stellen;
3. diejenigen selbständigen Börsenbesucher, die aus rassischen, politischen oder religiösen Gründen zwangsweise vom Börsenbesuch ausgeschlossen worden waren. Nr. 1 findet sinngemäß Anwendung.

§ 3

Börsenbesuch

Die zu § 2, 1 a Genannten sind jedoch zum Besuch der Börse, aber ohne Befugnis zur Teilnahme am Handel berechtigt, wenn sie eine Börsenbesuchskarte erwerben.

§ 4

Unterstützung von Zulassungsanträgen durch Gewährsmänner

Börsenbesucher können für die Dauer von drei Jahren vom Tage des Inkrafttretens der Börsenordnung ab Gewährsmann nach § 22 der Börsenordnung auch dann sein, wenn sie noch nicht drei Jahre zur Börse zugelassen sind.

§ 5

Vorläufiger Börsenvorstand

(1) Bis zur Wahl des ordentlichen Börsenvorstandes wird ein vorläufiger Börsenvorstand durch die Industrie- und Handelskammer unter Mitteilung an den zuständigen Senator bestellt.

(2) Dem vorläufigen Börsenvorstand gehören an:

a) für die Abteilung Wertpapierbörse zwölf Personen, darunter ein Kursmakler und zwei freie Makler,
b) für die Abteilung Produktenbörse drei Personen, die im Einvernehmen mit dem Verein Berliner Getreide- und Produktenhändler e. V. und dem Verband des Nahrungs- und Genußmittelgroßhandels e. V. bestellt werden.

(3) Der vorläufige Börsenvorstand jeder Abteilung trifft seine Entscheidungen mit einfacher Mehrheit. Ihm liegt die Wahrnehmung der Geschäfte des ordentlichen Börsenvorstandes ob; er hat innerhalb von zwei Monaten über die innerhalb eines Monats nach Inkrafttreten der Börsenordnung gestellten Anträge auf Zulassung zur Börse zu entscheiden.

§ 6

Erster ordentlicher Börsenvorstand

(1) Der ordentliche Börsenvorstand wird nach Ablauf von drei Monaten nach Inkraftreten der Börsenordnung von den zum Handel zugelassenen Besuchern nach Maßgabe der Börsenordnung gewählt.

(2) Die gemäß § 3 Abs. 2 der Börsenordnung aus dem Börsenvorstand ausscheidenden Mitglieder werden in den ersten zwei Jahren der Amtsdauer des ersten ordentlichen Börsenvorstandes durch das Los bestimmt.

C. Maklerordnung für die Kursmakler an der Berliner Börse

Vom 24. Januar 1952 (BerlGVBl. S. 85)

Auf Grund des § 30 Abs. 2 und des § 32 Abs. 1 des Börsengesetzes vom 22. Juni 1896 mit Änderungen bzw. Nachträgen erlasse ich für die Kursmakler an der Börse zu Berlin unter Aufhebung der Maklerordnung vom 1. August 1934 die folgenden Bestimmungen:

Bestellung und Entlassung der Kursmakler

§ 1

Die Kursmakler werden durch den Senator für Wirtschaft und Ernährung[1]) bestellt und in seinem Auftrage durch den Staatskommissar bei der Berliner Börse darauf vereidigt, daß sie die ihnen obliegenden Pflichten getreu erfüllen werden (§ 30 Abs. 1 des Börsengesetzes).

§ 2

Vor der Bestellung ist die Maklerkammer zu hören. Sie hat ihre Äußerung dem Senator für Wirtschaft und Ernährung[1]) durch Vermittlung des Staatskommissars einzureichen.

§ 3

Der zum Kursmakler Bestellte erhält nach seiner Vereidigung eine von dem Senator ausgefertigte Bestallung.

§ 4

Die Entlassung eines Kursmaklers kann erfolgen, wenn er sich einer groben Verletzung der ihm obliegenden Pflichten schuldig macht oder sich durch sein Verhalten in und außer dem Amte der Achtung, des Ansehens und des Vertrauens, die sein Beruf erfordert, unwürdig zeigt oder zur Erfüllung seiner Amtspflicht dauernd unfähig wird. Die Entlassung erfolgt durch den Senator für Wirtschaft und Ernährung[2]). Vor der Entlassung ist die Maklerkammer zu hören.

§ 5

Die Zulassung zum Besuch der Börse erfolgt durch die Bestellung zum Kursmakler.

§ 6

(1) Jeder Kursmakler hat für seine Vertretung im Falle der Beurlaubung oder Behinderung durch Krankheit einen Stellvertreter in Vorschlag zu bringen. In besonderen Fällen kann die Maklerkammer von dieser Verpflichtung befreien.

(2) Auf die Stellvertreter finden die Vorschriften der §§ 1 bis 5 mit der Maßgabe Anwendung, daß die Bestellung nur auf bestimmte Zeit erfolgt. Sie haben während der Dauer einer Vertretung die Rechte und Pflichten von Kursmaklern (§§ 19, 21 bis 22 und 24 bis 28).

---

[1]) Jetzt: Senator für Wirtschaft und Kredit.
[2]) Vgl. Anm. 1.

(3) Die Befugnisse eines Stellvertreters endigen auch durch Erklärung des Kursmaklers, zu dessen Vertretung er bestellt ist. Der Kursmakler hat hiervon der Maklerkammer rechtzeitig Mitteilung zu machen, welche ihrerseits weitere Mitteilung durch den Staatskommissar an den Senator für Wirtschaft und Ernährung[3]) und an den Börsenvorstand macht.

Maklerkammer

§ 7

(1) Die Kursmakler werden durch die Maklerkammer vertreten.

(2) Die Maklerkammer besteht aus 9 Mitgliedern, 7 Mitglieder werden von den Kursmaklern der Wertpapierbörse aus ihrer Mitte, 2 Mitglieder von den Kursmaklern der Produktenbörse aus ihrer Mitte gewählt.

(3) Für Angelegenheiten, welche nur die Wertpapierbörse betreffen, scheiden die von den Kursmaklern der Produktenbörse gewählten Mitglieder aus.

§ 8

Die Amtsdauer der gewählten Mitglieder beträgt vier Jahre. Die Wahl ist geheim. Die relative Stimmenmehrheit entscheidet und bei Stimmengleichheit das Los; eine Wiederwahl ist zulässig. Scheidet ein Mitglied vor Ablauf seiner Amtsdauer aus, so ist sein Nachfolger durch Ersatzwahl zu bestimmen.

§ 9

(1) Die Wahlen zur Maklerkammer werden von dem Kammervorstand anberaumt und geleitet.

(2) Schwebt gegen einen Kursmakler ein gerichtliches Verfahren wegen einer strafbaren Handlung, welche die Unfähigkeit zur Bekleidung öffentlicher Ämter zur Folge haben kann, oder ein ehrengerichtliches Verfahren oder ist ihm die Ausübung des Amtes untersagt, so ruhen das Wahlrecht und die Wählbarkeit.

(3) Einsprüche gegen die Gültigkeit des Wahlergebnisses sind binnen acht Tagen nach dessen Verkündung an die Maklerkammer zu richten. Beschwerde über die Entscheidung der Maklerkammer ist beim Staatskommissar vorzubringen.

§ 10

(1) Der Vorstand der Maklerkammer besteht aus dem Vorsitzenden, seinem Stellvertreter, dem Schriftführer und dem Schatzmeister.

(2) Der Vorstand wird von der Maklerkammer aus ihrer Mitte auf die Dauer ihrer Amtszeit gewählt.

§ 11

Die Maklerkammer hat folgende Aufgaben:

1. Die Führung der Aufsicht über die Kursmakler unbeschadet der dem Staatskommissar zustehenden Befugnisse;
2. die Verteilung der Geschäfte unter die einzelnen Kursmakler (Gruppenbildung) mit Zustimmung des Börsenvorstandes;

---

[3]) Vgl. Anm. 1.

3. die Mitwirkung bei der amtlichen Kursfeststellung an der Wertpapierbörse;
4. die Schlichtung von Streitigkeiten aus dem Auftragsverhältnis zwischen einem Kursmakler und dem Auftraggeber auf Antrag des letzteren;
5. die Bewilligung von Renten und die Erhebung von Beiträgen und Umlagen gemäß § 18 der Maklerordnung;
6. die Erstattung von Gutachten auf Anfordern der staatlichen Behörden.

§ 12

(1) Der Vorstand leitet die Geschäfte der Maklerkammer. Er trifft die Entscheidungen über sämtliche Angelegenheiten, die der Maklerkammer übertragen sind, jedoch mit Ausnahme der Kursfeststellung gemäß § 20.

(2) Er kann einzelne Mitglieder oder aus ihrer Mitte gebildete Ausschüsse mit der Vorbereitung oder Erledigung bestimmter Geschäfte betrauen.

(3) Der Vorstand hat insbesondere:
1. die Maklerkammer nach außen hin zu vertreten;
2. die Verwaltung der Einnahmen und Ausgaben der Maklerkammer nach Maßgabe des Voranschlags sowie die Anlage und Einziehung von Kapitalien zu besorgen und der Maklerkammer über die Verwaltung jährlich Rechnung zu legen;
3. die Sitzungen der Maklerkammer vorzubereiten, zu berufen und zu leiten und deren Beschlüsse durchzuführen;
4. das für die Verwaltung erforderliche Personal anzustellen und zu beaufsichtigen.

§ 13

(1) Zu schriftlichen Willenserklärungen für die Maklerkammer oder ihres Vorstandes bedarf es der Mitwirkung des Vorsitzenden oder seines Stellvertreters oder eines zweiten Mitgliedes des Vorstandes. Diese Erklärungen sind mit dem Amtssiegel zu versehen.

(2) Ist eine Willenserklärung der Maklerkammer gegenüber abzugeben, so genügt die Abgabe gegenüber einem Mitgliede des Vorstandes.

§ 14

(1) Über die Kammer- und Vorstandssitzungen sind Niederschriften aufzunehmen, die von dem Vorsitzenden und dem Schriftführer oder deren Stellvertreter zu unterzeichnen sind.

(2) Die Namen der Mitglieder der Maklerkammer und des Vorstandes sind dem Staatskommissar und dem Börsenvorstand mitzuteilen und durch öffentlichen Aushang an der Börse bekanntzugeben.

§ 15

Die Mitglieder der Maklerkammer verwalten ihr Amt als Ehrenamt. Bare Auslagen werden ihnen erstattet.

§ 16

Die Einberufung der Maklerkammer muß erfolgen, wenn der Staatskommissar dies anordnet.

§ 17

(1) Die Einladungen zu den Sitzungen der Maklerkammer und des Vorstandes erfolgen schriftlich durch den Vorsitzenden oder dessen Stellvertreter. Dem Staatskommissar ist von der Anberaumung der Sitzungen Mitteilung zu machen.

(2) Die Gegenstände, über die in der Sitzung beraten werden soll, müssen in der Einladung und in der Mitteilung an den Staatskommissar bezeichnet werden.

(3) Die Maklerkammer und der Vorstand sind beschlußfähig, wenn mehr als die Hälfte der zur Teilnahme an der Beschlußfassung befugten Mitglieder anwesend sind.

(4) Die Beschlüsse der Maklerkammer und des Vorstandes werden mit Stimmenmehrheit gefaßt. Im Falle der Stimmengleichheit entscheidet die Stimme des Vorsitzenden.

(5) Der Staatskommissar ist berechtigt, an den Sitzungen der Maklerkammer und deren Unterausschüsse teilzunehmen.

§ 18

(1) Am Anfang jeden Jahres ist ein Voranschlag für die Einnahmen und Ausgaben der Maklerkammer vom Schatzmeister aufzustellen und in der Maklerkammer zu beraten und zu genehmigen. Zur Deckung der veranschlagten Kosten können von den Kursmaklern Beiträge erhoben werden.

(2) Zum Ausgleich der Unterschiede in den Kurtageeinnahmen der Kursmakler der Wertpapiere können von diesen Umlagen erhoben und unter die Kursmakler der Wertpapierbörse verteilt werden. Die Höhe der Umlagen und die Art der Verteilung bedürfen der Genehmigung durch den Staatskommissar.

Rechte und Pflichten der Kursmakler

§ 19

(1) Die Kursmakler sind verpflichtet, in allen Börsenversammlungen während der ganzen Dauer anwesend zu sein.

(2) Beurlaubungen vom Börsenbesuch sind bei der Maklerkammer zu beantragen; sie können bis zu einer Gesamtdauer von zwei Monaten innerhalb eines Kalenderjahres von der Maklerkammer, darüber hinaus vom Staatskommissar bewilligt werden. Dem Staatskommissar und dem Börsenvorstand ist durch die Maklerkammer von Beurlaubungen Nachricht zu geben.

§ 20

(1) Die Kursmakler haben den gemäß § 36 Ziffer 1 und 2 der Börsenordnung für Berlin vom 20. Dezember 1951 mit der amtlichen Feststellung der Kurse jeweils beauftragten Mitgliedern des Börsenvorstandes und der Maklerkammer alle zur Feststellung der Kurse und Preise von ihnen geforderten Erklärungen nach bestem Wissen der Wahrheit gemäß abzugeben.

(2) Ergeben sich Zweifel oder Streitigkeiten über die Feststellung der Kurse oder Preise, so ist jeder der an der Kurs- und Preisfeststellung gemäß § 36 Abs. 1 der Börsenordnung Beteiligten befugt, eine ausdrückliche proto-

kollarische Erklärung der Kursmakler unter Hinweis auf den geleisteten Eid zu erfordern und nach seinem Ermessen auch die Richtigkeit nach Einsicht der Tagebücher der Kursmakler oder in anderer Weise zu prüfen. Die Kursmakler sind befugt, bei Vorlegung der Tagebücher die Namen der Auftraggeber zu verdecken.

(3) Die gemäß § 36 der Börsenordnung für Berlin vom 20. Dezember 1951 Abs. 1 und 2 mit der Kursfeststellung beauftragten Personen haben die alleinige Entscheidung über die Höhe der festzustellenden Kurse.

(4) Für die am amtlichen Großmarkt für Getreide und Futtermittel tätigen Kursmakler gelten die Bestimmungen des § 40 der Börsenordnung.

§ 21

(1) Die Kursmakler dürfen Geschäfte nur für diejenigen Börsenbesucher vermitteln, welche im Besitz einer zum Abschluß von Börsengeschäften berechtigenden Börsenkarte sind; sie sind zur Verschwiegenheit über die Aufträge verpflichtet, soweit nicht das Gegenteil durch die Parteien zugestanden oder durch die Natur des Geschäfts geboten ist.

(2) Zur Vornahme der nach den Bestimmungen des Handelsgesetzbuches und des Bürgerlichen Gesetzbuches durch einen Handelsmakler zu bewirkenden Käufe und Verkäufe sind die Kursmakler befugt. Hierunter fallen nicht Versteigerungen.

§ 22

Die Kursmakler müssen diejenigen Handelsgeschäfte, die sie für eigene Rechnung oder im eigenen Namen abgeschlossen haben, sowie die von ihnen für vermittelte Geschäfte übernommenen Bürgschaften (§ 32 Abs. 1 des Börsengesetzes) in ihren Tagebüchern täglich vor Vollziehung der Unterschrift übersichtlich zusammenstellen.

Geschäftsverteilung

§ 23

(1) Die Geschäftsverteilung (§ 11 Nr. 2) ist jährlich in der ersten Hälfte des Monats Dezember für das nächste Kalenderjahr vorzunehmen. Sie kann im Laufe des Jahres von der Maklerkammer abgeändert werden, wenn sich ein Bedürfnis herausstellt.

(2) Die Verteilung der Geschäfte bedarf der Zustimmung des Börsenvorstandes; jede Änderung ist dem Staatskommissar mitzuteilen.

(3) Der Börsenvorstand ist jederzeit befugt, eine Änderung der Geschäftsverteilung zu beantragen. Kommt eine Einigung mit der Maklerkammer nicht zustande, so entscheidet der Staatskommissar über die Geschäftsverteilung.

Aufsicht und Disziplin

§ 24

(1) Die Kursmakler unterstehen, wie alle Börsenbesucher, der Börsenleitung des Börsenvorstandes.

(2) Die Aufsicht über die Kursmakler führt die Maklerkammer; die Aufsicht über diese führt der Staatskommissar.

(3) Beschwerden über die Amtstätigkeit der Kursmakler sind an die Maklerkammer zu richten, die dem Staatskommissar Kenntnis gibt.

§ 25

Die Maklerkammer ist berechtigt, für die amtliche und die geschäftliche Tätigkeit der Kursmakler Grundsätze und Regeln festzustellen.

§ 26

Der Staatskommissar und die Maklerkammer sind befugt, in die Tage- und Handbücher der Kursmakler Einsicht zu nehmen.

§ 27

(1) Kursmakler, welche die ihnen als solchen obliegenden Pflichten verletzen oder welche sich durch ihr Verhalten in oder außer dem Amt der Achtung, des Ansehens und des Vertrauens, die ihr Beruf erfordert, nicht in ausreichendem Maße würdig zeigen, unterliegen, soweit nicht der Senator für Wirtschaft und Ernährung[4]) gemäß § 4 die Entlassung verfügt, der Disziplinarbestrafung durch die Maklerkammer.

(2) Disziplinarstrafen kommen insbesondere zur Anwendung, wenn ein Kursmakler die von der Maklerkammer aufgestellten Grundsätze und Regeln verletzt, ohne genügende Entschuldigung der Börse fernbleibt oder bei der Protokollierung der Kurse aus Fahrlässigkeit unrichtige Angaben macht.

§ 28

(1) Die Disziplinarstrafen sind:

1. Warnung,
2. Verweis,
3. Geldstrafe bis zu 1500 DM,
4. Untersagung der Amtsausübung und des Börsenbesuchs bis zur Dauer von drei Monaten.

(2) Die Untersagung der Amtsausübung und des Börsenbesuchs ist dem Börsenvorstand sofort nach Rechtskraft der Entscheidung anzuzeigen.

§ 29

Die Geldstrafen werden von dem Vorstand der Maklerkammer eingezogen und zu einem abgesonderten Fonds gesammelt, aus dem Unterstützungen an Kursmakler oder deren Hinterbliebene gewährt werden können.

Verfahren in Disziplinarsachen

§ 30

Der Vorstand der Maklerkammer beschließt über die Eröffnung des Disziplinarverfahrens. Die Verhandlung findet vor dem Disziplinarausschuß statt. Dieser besteht aus dem Vorstand und einem Mitglied der Maklerkammer, das der Vorsitzende neben einem ersten und zweiten Stellvertreter aus dem Kreise der Mitglieder der Maklerkammer für jedes Kalenderjahr ernennt.

---

4) Vgl. Anm. 1.

§ 31

Zu den Disziplinarverhandlungen ist ein Rechtskundiger als Beirat zuzuziehen.

§ 32

Die Disziplinarverhandlungen sind nicht öffentlich.

§ 33

Das Urteil wird von den 5 Mitgliedern des Ausschusses nach Stimmenmehrheit gefällt.

§ 34

(1) Soweit im Vorstehenden keine Bestimmung getroffen ist, finden die Vorschriften des Börsengesetzes über das Verfahren vor den Ehrengerichten entsprechende Anwendung.

(2) Der Staatskommissar hat dieselben Befugnisse wie im ehrengerichtlichen Verfahren (§§ 9 bis 27 des Börsengesetzes). Er nimmt an der Beratung des Disziplinarausschusses teil.

§ 35

(1) Gegen die Entscheidung des Disziplinarausschusses steht dem Staatskommissar und dem Beschuldigten binnen 14 Tagen nach der Zustellung der Entscheidung die Beschwerde an den Senator für Wirtschaft und Ernährung[5]) zu.

(2) Die Beschwerde hat aufschiebende Wirkung.

§ 36

Die Maklerordnung in der vorstehenden Fassung tritt am Tage der Verkündung im Gesetz- und Verordnungsblatt für Berlin in Kraft.

Übergangsbestimmungen

Solange nicht mehr als 7 Kursmakler amtieren, bilden sie in ihrer Gesamtheit die Maklerkammer und wählen den Vorsitzenden aus ihrer Mitte Dieser verteilt die Geschäfte.

D. Geschäftsordnung der Zulassungsstelle der Berliner Börse

§ 1

In der ersten Sitzung des Kalenderjahres wählen Mitglieder aus ihrer Mitte den Vorsitzenden und den Ersten und Zweiten Stellvertreter.

Scheidet einer der drei Gewählten während seiner Amtsdauer aus, so wählen in der nächsten Sitzung die Mitglieder einen Ersatzmann für den Rest der Amtszeit.

Sind Vorsitzender und Stellvertreter gleichzeitig verhindert, übt das nach dem Lebensalter älteste in der Sitzung anwesende Mitglied die Befugnisse des Vorsitzenden aus.

---

[5]) Vgl. Anm. 1.

Der Vorsitzende und seine Stellvertreter bleiben solange in ihrem Amte, bis die Wahl ihrer Nachfolger seitens der Industrie- und Handelskammer bestätigt worden ist.

§ 2

Gewählt werden kann durch Zuruf, wenn kein Widerspruch erhoben wird; andernfalls findet Zettelwahl statt. Gewählt ist, wer die absolute Mehrheit der Stimmen auf sich vereinigt. Kommt die absolute Mehrheit nicht zustande, so findet Stichwahl unter den beiden Kandidaten statt, die die meisten Stimmen erhalten haben. Ergibt sich bei der Stichwahl Stimmengleichheit, so entscheidet das Los.

Die sonstigen Abstimmungen sind öffentlich. Im Falle der Stimmengleichheit gibt die Stimme des Vorsitzenden den Ausschlag. Ist der Vorsitzende an der Abstimmung nicht beteiligt oder enthält er sich der Stimme, so gilt im Falle der Stimmengleichheit ein Antrag als abgelehnt.

Die Zulassungsstelle ist beschlußfähig, wenn sieben Mitglieder anwesend sind.

§ 3

Die Einladung zu den Sitzungen erfolgt durch den Vorsitzenden oder in seinem Auftrage unter Angabe der Tagesordnung mit einer Frist von tunlichst 3 Tagen schriftlich, fernmündlich oder drahtlich.

Eine Sitzung ist anzuberaumen, wenn mindestens 3 Mitglieder sie schriftlich unter Angabe der zu behandelnden Gegenstände beantragen. Über Gegenstände, die nicht auf der Tagesordnung stehen, kann auf Mehrheitsbeschluß der Versammlung verhandelt und beschlossen werden.

Zu den Sitzungen sind auch die stellvertretenden Mitglieder der Zulassungsstelle einzuladen. Sie sind zur Teilnahme an den Beratungen berechtigt, zur Teilnahme an den Abstimmungen jedoch nur, wenn sie einberufen sind. (§ 4).

§ 4

Von der Beratung und Beschlußfassung über die Zulassung eines Wertpapiers zum Börsenhandel sind diejenigen Mitglieder ausgeschlossen, welche an der Einführung dieses Wertpapieres in den Börsenhandel als Vertreter der Emittentin oder einer Konsortialbeteiligten beteiligt sind. Als an der Einführung eines Wertpapieres beteiligt gelten auch die Mitglieder des Aufsichtsrats von Gesellschaften, deren Wertpapiere zum Börsenhandel zugelassen werden sollen, sowie solcher Gesellschaften, welche die Zulassung zum Börsenhandel beantragt haben.

Werden Bedenken erhoben, ob ein Mitglied wegen eines sonstigen Grundes als befangen anzusehen ist, so entscheidet darüber die Versammlung.

Die gemäß Absatz 1 von der Beratung und Beschlußfassung ausgeschlossenen oder anderweit behinderten Mitglieder haben dem Vorsitzenden von ihrer Behinderung spätestens 1 Tag vor der Sitzung Kenntnis zu geben. An ihrer Stelle werden Stellvertreter aus der Zahl der stellvertretenden Mitglieder berufen, ohne daß es der Einhaltung einer Einladungsfrist bedarf. Die Einberufung von Stellvertretern kann auch während der Sitzung erfolgen.

§ 5

Über die Verhandlungen hat der Börsensyndikus oder sein Stellvertreter eine Sitzungsniederschrift aufzunehmen, in der die gefaßten Beschlüsse enthalten sein müssen.

Die Sitzungsniederschriften sind vom Vorsitzenden zu unterschreiben und sind fortlaufend aufzubewahren.

Jedes Mitglied erhält eine Abschrift der Niederschrift.

§ 6

Zu allen Sitzungen der Zulassungsstelle ist der Staatskommissar einzuladen.

§ 7

Die Mitglieder und Angestellten der Zulassungsstelle sowie alle sonst Beteiligten sind zur Verschwiegenheit über den Gang der Verhandlungen und die gestellten Anträge verpflichtet.

§ 8

Der Beschluß auf Zulassung von Wertpapieren wird unter der Bedingung gefaßt, daß er außer Kraft tritt, wenn innerhalb von drei Monaten nach seiner Bekanntgabe an den Antragsteller die Einführung an der Börse nicht erfolgt ist. Der zwischen der letzten Veröffentlichung des Prospektes und der Einführung liegende Zeitraum darf längstens einen Monat betragen.

§ 9

Dem Antrage auf Zulassung von Wertpapieren ist der Prospekt in 40 Stücken beizufügen.

Die dem Zulassungsantrage beizufügenden Beweisstücke sind von der Veröffentlichung des Zulassungsbeschlusses bis zur Einführung an der Börse im Sekretariat der Zulassungsstelle öffentlich auszulegen. Soweit sie nicht in Urschrift bei den Akten verbleiben, sind auf Verlangen der Zulassungsstelle beglaubigte Abschriften einzureichen.

§ 10

Die Veröffentlichungen der Zulassungsstelle sind vom Vorsitzenden, im Falle seiner Behinderung von einem seiner Stellvertreter, und, falls auch diese behindert sind, von zwei anderen Mitgliedern der Zulassungsstelle zu vollziehen.

E. Geschäftsordnung des Börsenvorstandes — Abt. Wertpapierbörse —

Vom 21. Januar 1925

§ 1

In der ersten Sitzung des Kalenderjahres wählen die Mitglieder aus ihrer Mitte den Vorsitzenden und den Ersten und Zweiten Stellvertreter.

Scheidet einer der drei Gewählten während seiner Amtsdauer aus, so wählen in der nächsten Sitzung die Mitglieder für den Rest der Amtszeit einen Ersatzmann.

Sind Vorsitzender und Stellvertreter gleichzeitig verhindert, übt das nach dem Lebensalter älteste in der Sitzung anwesende Mitglied die Befugnisse des Vorsitzenden aus.

§ 2

Die Wahlen können durch Zuruf erfolgen, wenn kein Widerspruch erhoben wird; andernfalls findet Zettelwahl statt. Gewählt ist, wer die absolute Mehrheit der Stimmen auf sich vereinigt. Kommt die absolute Mehrheit nicht zustande, so findet Stichwahl unter den beiden Kandidaten statt, die die meisten Stimmen erhalten haben. Ergibt sich bei der Stichwahl Stimmengleichheit, so entscheidet das Los.

Die sonstigen Abstimmungen sind öffentlich. Im Falle der Stimmengleichheit gibt die Stimme des Vorsitzenden den Ausschlag. Ist der Vorsitzende an der Abstimmung nicht beteiligt oder enthält er sich der Stimme, so gilt im Falle der Stimmengleichheit ein Antrag als abgelehnt.

§ 3

Die Einladung zu den Sitzungen erfolgt durch den Vorsitzenden oder in seinem Auftrage schriftlich unter Angabe der Tagesordnung.

Eine Sitzung ist anzuberaumen, wenn mindestens 3 Mitglieder sie schriftlich unter Angabe der zu behandelnden Gegenstände beantragen. Über Gegenstände, die nicht auf der Tagesordnung stehen, kann auf Mehrheitsbeschluß der Versammlung verhandelt und beschlossen werden.

§ 4

Über die Verhandlungen hat der Börsensyndikus oder sein Stellvertreter eine Sitzungsniederschrift aufzunehmen, in der mindestens die gefaßten Beschlüsse enthalten sein müssen.

Die Sitzungsniederschriften sind vom Vorsitzenden zu unterschreiben und sind fortlaufend aufzubewahren.

Jedes Mitglied hat das Recht, Einsicht in die Sitzungsniederschriften zu nehmen und Ergänzungen zu beantragen.

§ 5

Zu allen Sitzungen des Börsenvorstandes ist der Staatskommissar und/oder sein Stellvertreter einzuladen.

§ 6

Mit der Vorbereitung oder Erledigung der Geschäfte können durch Mehrheitsbeschluß einzelne Mitglieder oder aus mehreren Mitgliedern gebildete Ausschüsse beauftragt werden. Auf die Ausschüsse finden die vorstehenden Vorschriften sinngemäß Anwendung.

§ 7

Für je einen Monat ist ein Ausschuß von 3 ordentlichen und 3 stellvertretenden Mitgliedern zur amtlichen Feststellung der Kurse zu wählen.

§ 8

Für jeden Monat, möglichst für eine längere Zeit im voraus bestimmt, ist ein Ausschuß von 3 ordentlichen und 3 stellvertretenden Mitgliedern zu wählen (Dreimännerausschuß). Dieser Ausschuß entscheidet endgültig nach Maßgabe der vom Börsenvorstand — Abteilung Wertpapierbörse — festgesetzten Bedingungen für die Geschäfte an der Berliner Wertpapierbörse über Streitigkeiten zwischen Börsenbesuchern über zum Handel an der Berliner Börse zugelassene Wertpapiere. Auf Antrag beider Parteien kann der Ausschuß auch andere Streitigkeiten entscheiden.

Die Namen der Ausschußmitglieder werden durch Aushang in der Börse veröffentlicht.

Die Vorschriften des Abs. 1 und 2 gelten sinngemäß für die Aufnahmeausschüsse gemäß § 12 Abs. 1 Ziff. 1 und 2 der Börsenordnung.

§ 9

Der Dreimännerausschuß entscheidet gebührenfrei auf Grund mündlichen Vortrags des Sachverhalts durch die Parteien oder kaufmännische Vertreter. Vertretung durch andere Bevollmächtigte sowie Schriftsätze sind unstatthaft. Der Ausschuß braucht nur solche Zeugen oder Urkunden, die sofort zur Stelle sind, als Beweismittel zuzulassen. Eideszuschiebung sowie Beeidigung von Zeugen ist unzulässig. Die gefällten Entscheidungen oder geschlossenen Vergleiche werden auf Antrag einer Partei in ein Protokollbuch eingetragen. Die Eintragung eines Vergleichs soll von den Parteien unterschrieben werden. Eine Zustellung und gerichtliche Niederlegung der Entscheidungen findet nicht statt.

Nichterfüllung der gefällten Entscheidung oder des geschlossenen Vergleichs begründet die Ausschließung vom Börsenbesuche gemäß § 25 Abs. 1 Ziff. 6 der Börsenordnung.

Der Ausschuß kann in jedem Stadium des Verfahrens die Entscheidung ablehnen oder dem Börsenvorstande — Abteilung Wertpapierbörse — überweisen, dem ebenso das Recht der Ablehnung zusteht.

§ 10

Die Veröffentlichungen des Börsenvorstandes — Abteilung Wertpapierbörse — sind vom Vorsitzenden, im Falle seiner Behinderung von einem seiner Stellvertreter und falls auch diese behindert sind, von zwei anderen Mitgliedern zu unterzeichnen.

2. Bremen

A. Bremer Börsenordnung

Vom 11. Juli 1947

I. Geltungsbereich

§ 1

(1) Die Börsenordnung gilt für jeden Börsenverkehr in Bremen.

(2) Gegenstand des Börsenverkehrs kann sein: der Handel mit Waren aller Art, mit Grundstücken, Hypotheken, Schiffen, mit Rechtstiteln des Lagerungs-, Beförderungs- und Versicherungsgewerbes, der Handel mit Wertpapieren und der Terminhandel in Baumwolle.

II. Organisation

§ 2

Träger der Börse sind die in Bremen bestehenden wirtschaftlichen Vereine von Kaufleuten der in § 1 aufgeführten Handels- und Gewerbezweige.

§ 3

Die Börse hat einen Vorstand, der aus einem Vorsitzenden, zwei stellvertretenden Vorsitzenden und 6 bis 16 weiteren Vorstandsmitgliedern besteht. Alle Mitglieder des Vorstandes werden von der Handelskammer für die Dauer von 2 Jahren gewählt. Die Wahl der drei Vorsitzenden bedarf der Bestätigung des Staatskommissars bei der Bremer Börse.

§ 4

(1) Der Börsenvorstand bildet je nach Bedarf Abteilungen mit Abteilungsvorständen.

(2) Der Abteilung I (Allgemeine Börse) obliegen alle durch das Börsengesetz und die Börsenordnung dem Börsenvorstande übertragenen Aufgaben. Für den Börsenhandel mit Wertpapieren und für den Baumwollterminhandel werden je besondere Abteilungen (Abteilung II Wertpapierbörse, Abteilung III Warenterminbörse in Baumwolle) gebildet.

(3) Der Börsenvorstand ist zugleich der Vorstand der Abteilung I. Die Vorstände der übrigen Abteilungen bestehen aus je einem Vorsitzenden, einem stellvertretenden Vorsitzenden und 3—7 weiteren Vorstandsmitgliedern, die von der Handelskammer gewählt werden, soweit sie nicht schon als Mitglieder des Gesamtvorstandes gewählt sind. Die Wahl der Vorsitzenden bedarf der Bestätigung durch den Staatskommissar.

III. Börsenaufsicht

§ 5

Die unmittelbare Aufsicht über die Börse liegt der Handelskammer als Börsenaufsichtsbehörde ob. Der Aufsicht unterliegen auch die auf den Börsenverkehr bezüglichen Einrichtungen der Liquidationskassen, Liquidationsvereine und ähnliche Anstalten. Die auf den Börsenverkehr bezüglichen Ordnungen dieser Anstalten bedürfen der Genehmigung der Handelskammer[1]).

§ 6

(1) Der Börsenvorstand hat als Leiter der Börse dafür Sorge zu tragen, daß an der Börse die Belange der deutschen Volkswirtschaft und der am Börsenverkehr beteiligten Kreise beachtet werden; er hat die hierfür ge-

[1]) Nach § 2 des Gesetzes über die Übertragung der öffentlich-rechtlichen Aufgaben der Kammern auf staatliche Behörden vom 26. 1. 1949 (BremGBl. S. 21) hat jetzt der Senator für die Wirtschaft die Aufsicht über die Börse.

eigneten Maßnahmen zu treffen und die Befolgung der für die Börse geltenden Gesetze, Verordnungen und Verwaltungsbestimmungen zu überwachen.

(2) Der Börsenvorstand hat ferner nach Maßgabe der Börsenordnung

1. die Ordnungs- und Disziplinargewalt an der Börse auszuüben;
2. Personen zum Börsenbesuch zuzulassen oder vom Börsenbesuch auszuschließen;
3. die Regelung des Geschäfts an der Börse zu überwachen;
4. die Börsenzeit für den allgemeinen Geschäftsverkehr in den dafür bestimmten Räumen zu bestimmen.

(3) Er kann diese Befugnisse auf die Vorsitzenden der Einzelbörsen übertragen.

§ 7

(1) Entscheidungen von grundsätzlicher und besonderer Bedeutung trifft der Börsenvorstand.

(2) Die Entscheidungen der Börsenvorstände werden tunlichst nach Anhörung der Mitglieder der betreffenden Abteilung getroffen.

§ 8

Der Vorsitzende des Börsenvorstandes, die Vorsitzenden der Einzelbörsen und des Ehrengerichts (§ 26) sind verpflichtet, dem Staatskommissar bei der Bremer Börse von bevorstehenden Sitzungen Kenntnis zu geben. Die gleiche Verpflichtung liegt der Handelskammer ob, soweit sie in ihren Sitzungen als Börsenaufsichtsbehörde in Beratungen zu treten beabsichtigt.

IV. Zulassung zum Börsenbesuch

§ 9

(1) Über die Zulassung zum Besuch der dem allgemeinen Börsenverkehr dienenden Räume während der allgemeinen Börsenzeit (§ 6 Abs. 2 Ziff. 5) entscheidet der Börsenvorstand tunlichst nach Anhörung eines Ausschusses zur Prüfung der Anträge auf Zulassung zur Börse. Der Ausschuß besteht aus 5 Mitgliedern, die vom Präses der Handelskammer für die Dauer eines Kalenderjahres ernannt werden.

(2) Der Börsenvorstand kann die Entscheidung über die Zulassung zu dem Besuch der dem Geschäftsverkehr der Abteilungen dienenden Räume deren Vorstand übertragen.

(3) Gegen den ablehnenden Bescheid steht dem Betroffenen innerhalb zwei Wochen nach Zustellung des Bescheides die Beschwerde an die Handelskammer[2]) zu; diese entscheidet nach Anhörung eines von ihr auf die Dauer eines Kalenderjahres gewählten Beschwerdeausschusses. Gegen die Entscheidung der Handelskammer kann binnen zwei Wochen nach Zustellung des Bescheides Beschwerde an den Senator für Wirtschaft und Arbeit eingelegt werden, der endgültig entscheidet[3]).

(4) Es können zugelassen werden:

a) Die Mitglieder des Kaufmannskonvents sowie Inhaber von Firmen und

---

[2]) Vgl. Anm. 1.
[3]) Vgl. Anm. 1.

gesetzliche Vertreter von Gesellschaften, die in das Handels- bzw. in das Genossenschaftsregister eingetragen sind, sofern sie Gewähr bieten

1. für ein persönlich einwandfreies Verhalten an der Börse, insbesondere für ein kaufmännischen Anschauungen entsprechendes Verhalten bei Abschluß und Abwicklung von Geschäften;
2. für die Erfüllung ihrer Verbindlichkeiten;

b) Prokuristen, Bevollmächtigte und Angestellte von Firmen der unter a genannten Art unter der gleichen Voraussetzung und soweit die Bedeutung der Firma es rechtfertigt;

c) sonstige Personen, deren Anwesenheit an der Börse im allgemeinen Interesse erwünscht ist.

(5) Für die Zulassung zu Börseneinrichtungen des außerhalb der allgemeinen Börsenzeit stattfindenden Börsenhandels in den innerhalb und außerhalb der Börse für diesen Geschäftsverkehr bestimmten Räumen und für die Benutzung dieser Einrichtungen werden die näheren Bestimmungen von dem Börsenvorstand erlassen. Der Zutritt zu den Räumen, in denen der Börsenverkehr stattfindet, kann von besonderen Bedingungen, z. B. Mitgliedschaft bei einer Organisation oder Zahlung eines Beitrages abhängig gemacht werden. Voraussetzung ist in jedem Fall die Zulassung zur Allgemeinen Börse.

(6) Ein Börsenbesucher darf mit einem Angestellten eines anderen Börsenbesuchers Geschäfte für dessen Rechnung oder für Rechnung anderer Personen als seines Geschäftsherrn nur abschließen, wenn ihm von dem Geschäftsherrn schriftlich bestätigt worden ist, daß er dem Angestellten den Abschluß solcher Geschäfte erlaubt hat.

(7) Die nicht am Börsenhandel teilnehmenden Mitglieder der Handelskammer und alle Personen, die vermöge ihres Amtes den Börsenversammlungen beizuwohnen berechtigt sind, haben ohne besondere Zulassung Zutritt zur Börse.

Unfähigkeit zum Börsenbesuch

§ 10

(1) Die Zulassung zum Börsenbesuch muß, insoweit nicht gemäß den Bestimmungen des Börsengesetzes Ausnahmen zu gestatten sind, versagt werden:

1. Personen, die sich nicht im Besitz der bürgerlichen Ehrenrechte befinden;
2. Personen, die infolge gerichtlicher Anordnung in der Verfügung über ihr Vermögen beschränkt sind;
3. Personen, die wegen betrügerischen Bankrotts rechtskräftig verurteilt sind;
4. Personen, die wegen einfachen Bankrotts rechtskräftig verurteilt worden sind;
5. Personen, die sich im Zustande der Zahlungsunfähigkeit befinden oder Vertreter einer juristischen Person sind, die sich im Zustande der Zahlungsunfähigkeit befindet. Als zahlungsunfähig im Sinne dieser Vorschrift gilt schon, wer Gläubigern über unstreitige Schuldverbindlichkeiten Vergleichsvorschläge macht oder eine unstreitige oder fällige

Schuldverbindlichkeit nach wiederholter Mahnung unberichtigt läßt. Unstreitigen Schuldverbindlichkeiten stehen solche gleich, die durch rechtskräftiges Urteil oder einen für vollstreckbar erklärten Schiedsspruch eines Schiedsgerichts festgestellt sind;

6. Personen, die durch rechtskräftige oder für sofort wirksam erklärte ehrengerichtliche Entscheidungen von dem Besuch einer Börse ausgeschlossen sind;
7. Personen, die an einer die übrigen Börsenbesucher oder den Verkehr an der Börse gefährdenden Krankheit leiden.

(2) Die Zulassung oder Wiederzulassung zum Börsenbesuch kann in den Fällen des Abs. 1 Ziff. 1 und 2 nicht vor der Beseitigung des Ausschließungsgrundes, in dem Falle des Abs. 1 Ziff. 4 nicht vor Ablauf von sechs Monaten, nachdem die Strafe verbüßt, verjährt oder erlassen ist, erfolgen; sie darf in den Fällen des Abs. 1 Ziff. 4 und 5 nur stattfinden, wenn der Börsenvorstand den Nachweis für geführt erachtet, daß die Schuldverhältnisse sämtlichen Gläubigern gegenüber durch Zahlung, Erlaß oder Stundung geregelt sind. Einer Person, die im Wiederholungsfall in Zahlungsunfähigkeit oder in Konkurs geraten ist, muß die Zulassung oder Wiederzulassung mindestens für die Dauer eines Jahres verweigert werden. In dem Falle des Abs. 1 Ziff. 3 ist der Ausschluß dauernd.

Verlust des Rechts zum Börsenbesuch

§ 11

(1) Der Börsenvorstand kann aus Gründen, die in der Person des Börsenbesuchers oder in dem von diesem vertretenen Unternehmen liegen, die Zulassung nach freiem Ermessen zurücknehmen. Als solche Gründe kommen beispielsweise in Betracht: Vermögensverfall oder Zahlungsunfähigkeit, rechtskräftige Verurteilung wegen eines gemeinen Vergehens, grobe Verstöße gegen das Wohl des Staates oder der deutschen Volkswirtschaft, Ausschließung aus dem Berufsverband, Entziehung der Erlaubnis zum Betrieb des Gewerbes, Überschreitung der Grenzen des durch die Zulassung erworbenen Rechts, Nichtzahlung des Nachschusses im Falle der Sicherheitsleistung, Nichtzahlung ordnungsmäßig veranlagter Börsengebühren, Einräumung eines Einflusses auf den Geschäftsbetrieb des Zugelassenen an eine zu Bedenken Anlaß gebende Person. Verlust der Zulassung eines anderen Gesellschafters oder gesetzlichen Vertreters des von den Zugelassenen vertretenden Unternehmens.

(2) Die Zulassung muß zurückgenommen werden, wenn einer der in § 10 Nr. 1—5 und 7 genannten Fälle nach der Zulassung eintritt.

(3) Der Beschluß, durch den eine Zulassung zurückgenommen wird, ist mit Gründen zu versehen. Gegen den Beschluß steht dem Betroffenen innerhalb zwei Wochen nach Zustellung des Beschlusses die Beschwerde an die Handelskammer[4]) zu; diese entscheidet nach Anhörung des Beschwerdeausschusses (§ 9 Abs. 2). Der Vorsitzende des Börsenvorstandes kann anordnen, daß die Wirkung des Beschlusses sofort eintritt. Gegen die

---

[4]) Vgl. Anm. 1.

Entscheidung der Handelskammer kann binnen zwei Wochen nach Zustellung des Bescheides Beschwerde an den Senator für Wirtschaft und Arbeit eingereicht werden, der endgültig entscheidet[5]).

§ 12

Bei Beschlüssen auf Zurücknahme kann der Börsenvorstand die Veröffentlichung durch Aushang in der Börse anordnen.

Ruhen des Rechts auf Börsenbesuch

§ 13

Ist gegen einen Börsenbesucher ein gerichtliches Hauptverfahren, ein ehrengerichtliches Hauptverfahren, ein Disziplinarverfahren oder von der Staatsanwaltschaft ein Ermittlungsverfahren eingeleitet, so kann der Vorsitzende des Börsenvorstandes bestimmen, daß das Recht zum Börsenbesuch des Betroffenen bzw. der Angehörigen seiner Firma ruht. Das Ruhen des Rechts zum Börsenbesuch des Betroffenen bzw. der Angehörigen seiner Firma ist anzuordnen, falls der Börsenkommissar bei der Börse zu Bremen dies beantragt.

§ 14

(1) Bevor Beschlüsse auf Zurücknahme der Zulassung, Bestrafung gemäß § 16 und Ruhen des Rechts zum Börsenbesuch gefaßt werden, ist der Betroffene von dem Zulassungsausschuß anzuhören.

(2) Die Beschlüsse auf Aufhebung eines Zulassungsantrages, Zurücknahme der Zulassung, Bestrafung gemäß § 16 und Ruhen des Rechts zum Börsenbesuch sind dem Betroffenen mitzuteilen.

Ordnungs- und Disziplinargewalt

§ 15

(1) Sämtliche Börsenbesucher unterstehen den Anordnungen des Börsenvorstandes. Von dem Börsenvorstand wird mit Ausschließung vom Börsenbesuch auf mindestens drei Tage und höchstens ein Jahr oder, beim Vorliegen mildernder Umstände, mit einem Verweis bestraft, wer

1. in der Börse oder den zugehörigen Nebenräumen während der Börsenzeit
   a) den Anordnungen des Vorsitzenden des Börsenvorstandes, seiner Vertreter oder der von ihm beauftragten Beamten zuwiderhandelt;
   b) einen Börsenbesucher oder eine an der Börse amtlich beschäftigte Person beleidigt;
   c) unwahre Gerüchte verbreitet, die darauf berechnet oder geeignet sind, das Ansehen oder den Kredit anderer zu beeinträchtigen oder das Börsengeschäft zu beeinflussen;
   d) den Anstand verletzt, die Ordnung oder den Geschäftsverkehr an der Börse stört;
2. in zur Zuständigkeit des Vorsitzenden des Börsenvorstandes gehörigen Sachen als Zeuge, in Disziplinarsachen auch als Anzeigender oder Be-

[5]) Vgl. Anm. 1.

schuldigter auf Ladungen des Vorsitzenden des Börsenvorstandes oder seiner Vertreter unentschuldigt ausbleibt, unbefugt das Zeugnis oder eine Auskunft verweigert, ein unwahres Zeugnis ablegt, eine Nachprüfung seiner Bücher ablehnt oder die Vorlage einer von ihm geforderten Bilanz verweigert.

(2) Statt der eingangs erwähnten Strafen oder neben diesen kann auch auf eine Geldstrafe bis zu 1500,— DM erkannt werden.

(3) Der Vorsitzende des Börsenvorstandes kann die Veröffentlichung der Bestrafung durch Aushang in den Börsensälen während acht Börsentagen anordnen.

(4) Auf das Verfahren findet § 14, auf das Beschwerdeverfahren § 11 Abs. 3 sinngemäß Anwendung.

(5) Die Kosten für die Durchführung des Verfahrens können dem Betroffenen auferlegt werden.

V. Zulassung von Wertpapieren

§ 16

(1) Die Zulassung von Wertpapieren zum Handel und zur Notiz an der Bremer Börse erfolgt durch die Sachverständigenkommission der Wertpapierbörse als Zulassungsstelle.

(2) Zu der Sachverständigenkommission, die als solche aus 4 Mitgliedern und 4 Stellvertretern besteht, treten in ihrer Eigenschaft als Zulassungsstelle weitere 4 Mitglieder und 4 Stellvertreter, die sich nicht berufsmäßig am Börsenhandel mit Wertpapieren beteiligen. Die Mitglieder der Sachverständigenkommission und deren Stellvertreter werden vom Präsidium der Handelskammer gemeinsam mit dem Vorstand der Abteilung Wertpapierbörse gewählt. Sie wählen aus ihrer Mitte den Vorsitzenden und dessen Stellvertreter.

(3) Wenn ein Mitglied oder ein einberufener Stellvertreter um deswillen von der Beratung und Beschlußfassung ausgeschlossen ist, weil er an der Einführung des Wertpapiers in den Börsenhandel beteiligt ist, so findet der Ersatz aus den übrigen Stellvertretern statt.

(4) Gegen die Entscheidung der Zulassungsstelle steht dem Beteiligten die innerhalb vierzehn Tagen zu erhebende Beschwerde an die Handelskammer[6]) zu.

(5) Die Sachverständigenkommission hat die Bestimmungen für die Zulassung von Wertpapieren und für den Handel mit Wertpapieren an der Bremer Börse festzusetzen und der Handelskammer[7]) zur Genehmigung zu unterbreiten.

(6) Ferner hat die Kommission eine Geschäftsordnung festzustellen, welche von der Handelskammer[8]) zu genehmigen ist.

---

[6]) Vgl. Anm. 1.
[7]) Vgl. Anm. 1.
[8]) Vgl. Anm. 1.

VI. Zulassung von Waren und Wertpapieren zum Börsenterminhandel

§ 17

(1) Über die Zulassung von Waren und Wertpapieren zum Börsenterminhandel entscheidet der Börsenvorstand. Er ist befugt, eine erteilte Zulassung wieder zurückzuziehen.

(2) Die Geschäftsbedingungen für den Börsenterminhandel in Wertpapieren werden von der Sachverständigenkommission der Wertpapierbörse mit Genehmigung der Handelskammer[9]) festgestellt.

(3) Für den Börsenterminhandel in Baumwolle gelten die besonderen Satzungen der Baumwollterminbörse in Bremen.

(4) Für neue Zweige des Börsenterminhandels stellt die Handelskammer nach Anhörung von Vertretern der beteiligten Erwerbszweige die Geschäftsbedingungen fest.

VII. Feststellung der Kurse und Preise

§ 18

Die amtliche Feststellung der Kurse und Preise geschieht an allen Börsentagen. Ob sie täglich einmal oder mehrere Male und zu welcher Zeit sie vorzunehmen ist, bestimmt der zuständige Börsenvorstand.

§ 19

Es werden die Kurse und Preise festgestellt, zu denen an der Börse Geschäfte abgeschlossen sind („bz" = bezahlt) oder an der Börse gekauft oder verkauft werden konnte („G" = Geld), („B" = Brief).

§ 20

Die Feststellung der Kurse und Preise erfolgt durch Mitglieder des betreffenden Börsenvorstandes oder durch einen von diesem zu bestimmenden Ausschuß. Der Vorstand bestimmt, wer von den Mitgliedern die Feststellung zu besorgen hat. Ist ein mit der Feststellung beauftragtes Mitglied verhindert, so hat es rechtzeitig die Stellvertretung zu besorgen.

§ 21

(1) Zur Mitwirkung bei der Feststellung der Kurse oder Preise werden von den betreffenden Börsenvorständen Hilfspersonen bestellt und vom Vorsitzenden durch Handschlag zur Aufwendung aller Sorgfalt behufs richtiger Kurs- oder Preisermittlung verpflichtet. Bei Meinungsverschiedenheiten entscheidet das die Feststellung leitende Vorstandsmitglied.

(2) Die Namen der bestellten Hilfspersonen werden von dem betreffenden Börsenvorstand bekanntgemacht.

§ 22

Bei der Feststellung der Kurse und Preise darf außer dem Staatskommissar, dem Börsenvorstand, den Geschäftsführern der Einzelbörsen, den im § 22 bezeichneten Hilfspersonen und, sofern es sich um Waren handelt,

---

[9]) Vgl. Anm. 1.

den vom Börsenvorstand zugezogenen Mitgliedern der zuständigen Fachvereine niemand zugegen sein.

§ 23

Die festgestellten Kurse und Preise werden alsbald von dem betreffenden Börsenvorstand durch Anschlag in den Börsenräumen oder durch Ausgabe gedruckter Preislisten oder Veröffentlichung in Zeitungen bekanntgemacht.

VIII. Ehrengericht

§ 24

(1) Das Ehrengericht gemäß § 9 des Börsengesetzes besteht aus 5 ordentlichen und 5 stellvertretenden Mitgliedern, die auf ein Kalenderjahr von der Handelskammer gewählt werden. Die Wahl bedarf der Bestätigung durch den Staatskommissar. Für ein Mitglied, das während der Amtsdauer ausscheidet, kann sogleich ein Ersatzmann gewählt werden, der ebenfalls vom Staatskommissar zu bestätigen ist.

(2) Das Ehrengericht entscheidet in Hauptverhandlungen in einer Besetzung von 5 stimmberechtigten Mitgliedern. Zu Beschlüssen außerhalb der Hauptverhandlung ist die Mitwirkung von drei stimmberechtigten Mitgliedern ausreichend.

(3) Die rechtskräftigen oder gemäß § 16 Abs. 4 Börsengesetz für sofort wirksam erklärten Urteile sind dem Vorsitzenden des Börsenvorstandes mitzuteilen.

XI. Allgemeine Vorschriften

§ 25

Die Mitglieder der Börsenvorstände, des Zulassungsausschusses und des Ehrengerichts üben ihr Amt ehrenamtlich aus.

§ 26

(1) Die Mitglieder und Beamten der Börsenvorstände und des Zulassungsausschusses sind verpflichtet, über den Gang der Verhandlungen und über das Ergebnis von Beratungen Amtverschwiegenheit zu bewahren, falls die Vertraulichkeit der Verhandlungen bzw. der Verhandlungs- oder Beratungsergebnisse beschlossen oder angeordnet ist.

(2) Verlautbarungen, die für die Öffentlichkeit bestimmt sind, dürfen lediglich durch die Handelskammer, die Allgemeine Börse und die Einzelbörse herausgegeben werden.

§ 27

(1) Die Verwaltung der Allgemeinen Börse steht der Handelskammer nach Maßgabe ihrer Satzung zu.

(2) Die Verwaltung der Einzelbörsen erfolgt durch die jeweiligen Träger dieser Börsen.

§ 28

Der Handelskammer steht die Verteilung der Plätze in den dem allgemeinen Geschäftsverkehr dienenden Räumen des Börsengebäudes zu. Sie vermietet Schränke und Briefkästen; zur Anbringung von solchen ist ihre Genehmigung erforderlich.

§ 29

Die Handelskammer ist berechtigt, von Börsenbesuchern, die die Börse erst nach deren Beginn betreten, ein Sperrgeld zu erheben.

§ 30

Die Börsenversammlungen finden in den dafür bestimmten Börsenräumen statt. Bei Änderungen wird der Versammlungsort von der Handelskammer im Einvernehmen mit dem Börsenvorstand bestimmt.

§ 31

(1) Die Börsenversammlungen finden an den von der Handelskammer im Einvernehmen mit dem Börsenvorstand bestimmten Tagen mit Ausnahme der Sonn- und Festtage statt.

(2) Der Börsenvorstand ist im Einvernehmen mit dem Präsidium der Handelskammer befugt, Börsenversammlungen ausfallen zu lassen.

(3) Die Befugnis kann auch von dem Börsenvorstand einer einzelnen Abteilung ausgeübt werden, soweit die Börsenversammlung nur innerhalb dieser Abteilung ausfallen soll. Insbesondere ist der Vorstand der Abteilung III (Warenterminbörse in Baumwolle) befugt, den Markt zu schließen und den Handel am Ring für einen bestimmten Lieferungsmonat auszuschließen, wenn nach seinem Ermessen zwingende Gründe vorliegen.

§ 32

(1) Außer den Bekanntmachungen der Handelskammer, der Börsenvorstände und des Zulassungsausschusses können durch Aushang in den Börsensälen auch andere Bekanntmachungen veröffentlicht werden, wenn sie nach Form und Inhalt zur Veröffentlichung geeignet sind.

(2) Bei amtlichen Bekanntmachungen ist die erfolgte Veröffentlichung von einem Börsenbeamten zu bescheinigen.

§ 33

Diese Börsenordnung tritt am 12. Juli 1947 in Kraft.

B. Gesetz über die Zulassung von Wertpapieren zu amtlichen Notierungen an der Bremer Wertpapierbörse

Vom 20. Juli 1948 (BremGBl. S. 117) in der Fassung des Ergänzungsgesetzes vom 22. November 1948 (BremGBl. S. 227)

Der Senat verkündet das folgende, von der Bürgerschaft beschlossene Gesetz:

§ 1

Wertpapiere, die bei der Vereinigung der Bremer, Hamburger und Lübecker Börse zur Hanseatischen Börse mit dem Sitz in Hamburg auf Grund des Erlasses des Reichswirtschaftsministers vom 28. November 1934 an der Bremer Wertpapierbörse zum Handel zugelassen waren und deren Zulassung an der Hanseatischen Wertpapierbörse in Hamburg bis zum 30. April 1945 nicht widerrufen worden ist, können durch Beschluß der bei der Bremer Börse gebildeten Zulassungskommission für Wertpapiere auch ohne

Antrag und ohne vorherige Veröffentlichung des Antrages und des Prospektes gemäß § 38 des Börsengesetzes zum Handel und zur amtlichen Notierung an der Bremer Wertpapierbörse zugelassen werden.

§ 2

Dieses Gesetz findet keine Anwendung, soweit in den Gesetzen der Militärregierung, insbesondere in den Gesetzen Nr. 53 und Nr. 55, für einzelne Wertpapiere Verbote oder Einschränkungen für den Handel und die amtliche Notierung an deutschen Wertpapierbörsen getroffen sind.

§ 3

Dieses Gesetz tritt am Tage nach seiner Verkündung in Kraft.

C. Bestimmungen für die Zulassung von Wertpapieren zum Handel und zur Notiz an der Bremer Wertpapierbörse

Vom 11. März 1952

Für die Einführung von Wertpapieren zum Handel und zur amtlichen Notiz an der Bremer Wertpapierbörse (Zulassungsverfahren) gelten die Bestimmungen der §§ 36—44 des Börsengesetzes (BG) und der Bekanntmachung, betr. die Zulassung von Wertpapieren zum Börsenhandel, vom 4. 7. 1910 in der Fassung der Verordnungen vom 5. 11. 1924 und vom 4. 12. 1934. Auf Grund dieser Bestimmungen wird für das Zulassungsverfahren folgendes festgelegt:

§ 1

Der Antrag auf Zulassung von Wertpapieren zum Börsenhandel kann, falls durch die Zulassungsstelle in einzelnen Fällen nicht Ausnahmen zugelassen werden, nur durch Mitglieder der Bremer Wertpapierbörse gestellt werden und muß schriftlich erfolgen.

§ 2

Der Antrag muß diejenigen Angaben enthalten, welche nach § 38 Abs. 1 des BG in die Veröffentlichung des Antrages aufzunehmen sind.

§ 3

Der Antragsteller hat in seinem Antrag mitzuteilen, ob das Gesuch um Zulassung bereits bei einer anderen Börse eingereicht ist oder gleichzeitig eingereicht wird, oder ob es von einer anderen Zulassungsstelle bereits abgelehnt ist. In diesen Fällen sollen die Wertpapiere nur mit Zustimmung der anderen in Frage kommenden Zulassungsstellen zugelassen werden. Die Zustimmung derjenigen Zulassungsstelle, die das Gesuch bereits abgelehnt hat, ist jedoch nur erforderlich, wenn die Ablehnung nicht mit Rücksicht auf örtliche Verhältnisse, sondern aus anderen Gründen erfolgt ist (§ 37 BG).

§ 4

Dem Antrag ist der den Erfordernissen der §§ 6—8 der Bekanntmachung, betr. die Zulassung von Wertpapieren zum Börsenhandel, vom 4. 7. 1910 entsprechende Prospekt in 15 Exemplaren beizufügen, von denen mindestens 2 Exemplare mit eigenhändig vollzogener Unterschrift des Emittenten und unter der Nachschrift zum Prospekt mit eigenhändiger Unterschrift jedes Antragstellers versehen sein müssen.

In dem Prospekt hat sich die Gesellschaft zu verpflichten, ihre Bekanntmachungen, die für die Inhaber von Aktien, Genußscheinen und Schuldverschreibungen von Bedeutung sind (z. B. Einberufung der Hauptversammlung, Bekanntgabe des Jahresabschlusses, Veränderungen im Aufsichtsrat, Ausgabe neuer Gewinnanteil- und Zinsscheinbogen, Konvertierungen usw.) mindestens im Bundesanzeiger und einer am Börsenplatz erscheinenden Tageszeitung (Pflichtblatt der Zulassungsstelle) zu veröffentlichen.

Bei der Zulassung von inländischen Schuldverschreibungen und Pfandbriefen muß der Emittent außerdem die Verpflichtung übernehmen, Kündigungen und Verlosungen (letztere innerhalb von 14 Tagen nach der Auslosung) sowie einmal jährlich Restantenlisten im Bundesanzeiger und im Pflichtblatt der Zulassungsstelle bekanntzumachen.

Weiter muß der Prospekt eine Verpflichtungserklärung des Emittenten enthalten, an jedem für ihn in Frage kommenden Börsenplatz wenigstens je eine Stelle zu unterhalten und bekanntzugeben, bei der fällige Gewinnanteile und Zinsscheine eingelöst, Bezugsrechte ausgeübt, Aktien zur Teilnahme an Hauptversammlungen hinterlegt und alle sonstigen, die Wertpapierbesitzer betreffenden Maßnahmen kostenlos durchgeführt werden können.

§ 5

Es sind beizufügen:

1. Jedem Zulassungsantrag ein Nachweis über den Rechtstitel (Gesetz, staatliche Genehmigung, Gesellschaftsvertrag, Hauptversammlungsbeschluß usw.), auf dem die Berechtigung zur Ausgabe der Wertpapiere beruht, sowie über das Verhältnis zu früher ausgegebenen Werten.
2. Dem Antrag auf Zulassung von Wertpapieren einer Gesellschaft (§ 8 BZW)
   a) neuester Handelsregisterauszug,
   b) neueste Fassung der Satzung mit Bestätigungsvermerk der Gesellschaft,
   c) Geschäftsberichte der letzten 3 Jahre,
   d) der von den Gründungsprüfern erstattete Bericht, wenn noch nicht 2 volle Jahre seit der Eintragung der Gesellschaft in das Handelsregister verflossen sind,
   e) nach pflichtmäßiger Prüfung abgegebene Versicherung der Gesellschaft, daß aus der Bilanz nicht ersichtliche Haftungsverhältnisse einschließlich Pfandbestellungen und Sicherungsübereignungen sowie Verbindlichkeiten aus der Begebung von Wechseln und Schecks nicht bestehen, soweit aus dem Prospekt sich nichts anderes ergibt,
   f) bei einem Antrag auf Zulassung von Namensaktien die Erklärung der Gesellschaft betr. Umschreibung auf einen neuen Erwerber,
   g) Verpflichtungserklärung des Emissionshauses, einen Hinweis auf den veröffentlichten Prospekt unter Angabe des Namens, des Ausgabetages und der Nummer der Tageszeitung, in der die Veröffentlichung erfolgt, im Bundesanzeiger bekanntzumachen,

h) zwei Probedruckexemplare jeder Stückelung der einzuführenden Wertpapiere sowie eine Bescheinigung der Druckerei über die den „Richtlinien für den Neudruck von Wertpapieren" entsprechende Ausführung des Druckes und ein Prüfungszeugnis des Staatlichen Material-Prüfungsamtes über die den Richtlinien entsprechende Beschaffenheit des Werttitelpapiers. Die Zulassungsstelle holt ein Gutachten über die drucktechnische Ausführung des Wertpapiers ein.

Für den Fall, daß das Wertpapier bereits an einer anderen Börse zugelassen ist, genügt die Vorlage einer Bestätigung dieser Börse, daß die Stücke den Richtlinien gemäß angefertigt sind.

§ 6

Entspricht der Zulassungsantrag den Vorschriften der §§ 6—10 der Bekanntmachung, betr. die Zulassung von Wertpapieren zum Börsenhandel, vom 4. 7. 1910 in der Fassung der Verordnungen vom 5. 11. 1924 und vom 4. 12. 1934, so ist er durch Börsenaushang und in einer von der Zulassungsstelle bestimmten am Börsenplatz erscheinenden Tageszeitung (Pflichtblatt) zu veröffentlichen. Ein Hinweis auf diese Veröffentlichung hat im Bundesanzeiger unter Angabe des Namens, des Ausgabetages und der Nummer der Zeitung zu erfolgen. Die Kosten für diese Veröffentlichung trägt der Antragsteller.

§ 7

Den Mitgliedern der Zulassungsstelle und dem Staatskommissar ist je ein Exemplar des Prospektes zuzustellen.

§ 8

Der Vorsitzende der Zulassungsstelle beruft eine Sitzung zwecks Beschlußfassung über den Zulassungsantrag ein, die frühestens nach Ablauf einer Frist von drei Tagen nach der Veröffentlichung des Zulassungsantrages im Pflichtblatt der Börse stattfinden darf.

Die Abstimmung über die Zulassung eines Wertpapiers kann auch auf schriftlichem Wege durch Rundfrage erfolgen.

§ 9

Der Beschluß der Zulassungsstelle wird zusammen mit den Zulassungsakten dem Staatskommissar zugeleitet. Anschließend wird der Zulassungsbescheid dem Antragsteller ausgefertigt und ihm aufgegeben, die Veröffentlichung des Prospektes im Pflichtblatt der Börse und im Bundesanzeiger vorzunehmen; im letzteren genügt bis zu einer anderweitigen gesetzlichen Regelung ein Hinweis auf die Bekanntmachung im Pflichtblatt. Der Zulassungsbeschluß ist außerdem durch dreitägigen Aushang an der Börse zu veröffentlichen. Gleichzeitig werden die in § 5 Ziffer 1 und 2 a—d dieser Bestimmungen aufgeführten Beweisstücke bis zur Einführung an der Börse öffentlich ausgelegt.

§ 10

Wenn ein Prospekt aus Anlaß der Zulassung an einer anderen Börse bereits früher veröffentlicht war, so kann die Zulassungsstelle an den Senat der Freien Hansestadt Bremen einen Antrag auf Befreiung von der nochmaligen Veröffentlichung des Prospektes stellen. Nach Genehmigung des Antrages veranlaßt die Zulassungsstelle, daß der Antragsteller im Pflichtblatt und im Bundesanzeiger eine Bekanntmachung über die erfolgte Zulassung und Befreiung von der Prospektveröffentlichung mit dem Hinweis auf die frühere Prospektanzeige aufgibt.

§ 11

In den Fällen, in denen auf Beschluß des Senats der Freien Hansestadt Bremen angeordnet wurde, daß es der Einreichung eines Prospektes nicht bedarf, prüft der Vorsitzende der Zulassungsstelle, ob der vom Antragsteller einzureichende Entwurf der zu veröffentlichenden Bekanntmachung den Vorschriften des Senats entspricht, und veranlaßt die Bekanntgabe in den vorgeschriebenen Zeitungen.

§ 12

Bei Aktiengesellschaften, deren Sitz außerhalb des Wirtschaftsbereiches der Bremer Wertpapierbörse liegt, bleibt es dem Ermessen der Zulassungsstelle überlassen, ob von einer nochmaligen Veröffentlichung des Gesamtprospektes im Pflichtblatt der Börse abgesehen werden kann, sofern die Einführung der Wertpapiere im Interesse des Bremer Börsenplatzes liegt. In diesem Falle kann die Zulassungsstelle eine kürzere Hinweisbekanntmachung vorschreiben.

§ 13

Zugelassene Wertpapiere dürfen frühestens am dritten Werktage nach dem Tage des Zulassungsbeschlusses und der Prospektveröffentlichung eingeführt werden. Der Tag der Einführung wird auf Veranlassung des Vorsitzenden der Zulassungsstelle vom Börsenvorstand festgesetzt.

§ 14

Die für die Einführung zu entrichtenden Gebühren sind in der Gebührenordnung für die Bremer Wertpapierbörse festgelegt.

§ 15

Gemäß § 36 Abs. 4 des Börsengesetzes darf die Zulassungsstelle die Zulassung von Wertpapieren ohne Angabe von Gründen ablehnen und ist befugt, zum Börsenhandel zugelassene Wertpapiere von diesem wieder auszuschließen.

Gegen die Entscheidung der Zulassungsstelle steht dem Beteiligten die innerhalb von 14 Tagen zu erhebende Beschwerde bei dem Staatskommissar zu.

§ 16

Wird von der Zulassungsstelle ein Zulassungsantrag abgelehnt oder eine früher ausgesprochene Zulassung zurückgenommen, so hat sie die Vorstände der übrigen deutschen Wertpapierbörsen hiervon zu benachrichtigen.

D. Geschäftsordnung für die Sachverständigenkommission an der Bremer Wertpapierbörse

Vom 11. März 1952

§ 1

Die Sachverständigen-Kommission der Wertpapierbörse steht unter der Aufsicht des Staatskommissars bei der Bremer Wertpapierbörse.

§ 2

Gemäß § 16 Abs. 2 der Bremer Börsenordnung werden die Mitglieder der Sachverständigen-Kommission und deren Stellvertreter vom Präsidium der Handelskammer gemeinsam mit dem Vorstand der Abteilung Wertpapierbörse gewählt. Sie wählen aus ihrer Mitte den Vorsitzenden und dessen Stellvertreter.

§ 3

Über die Verhandlungen der Kommission werden Protokolle geführt.

§ 4

Bei Beschlußfassung der Kommission entscheidet Stimmenmehrheit. Bei Stimmengleichheit entscheidet die Stimme des Vorsitzers.

§ 5

Die Kommission entscheidet in Streitfällen, welche aus Wertpapiergeschäften jeder Art entstehen, soweit die Beteiligten ihre Entscheidung freiwillig anrufen. In diesem Falle hat sich die Sachverständigenkommission als Schiedsgericht im Sinne des 10. Buches der Zivilprozeßordnung zu betrachten und nach den dort gegebenen Vorschriften zu verfahren. Insbesondere hat sie auf Verlangen einer Partei den Schiedsspruch unter Beobachtung der im § 1039 der Zivilprozeßordnung vorgeschriebenen Formen den Parteien zuzustellen und unter Beifügung der Beurkundung der Zustellung auf der Gerichtsgeschäftsstelle des zuständigen Gerichts niederzulegen.

Sofern nicht besondere Platzusancen bestehen oder festgesetzt werden, sollen die Usancen der Hamburger Wertpapierbörse maßgebend sein.

§ 6

Die Kommission hat die von ihr gefaßten Beschlüsse und die zu erlassenden Bekanntmachungen durch öffentlichen Aushang an der Börse während der Dauer von drei Börsenversammlungen zur allgemeinen Kenntnis zu bringen.

§ 7

Anträge an die Kommission, sowie etwa derselben zu machende Mitteilungen oder vorzubringende Beschwerden sind schriftlich an den Vorsitzer zu richten.

§ 8

Gemäß § 16 der Bremer Börsenordnung erfolgt die Zulassung von Wertpapieren zum Handel und zur Notiz an der Bremer Börse durch die Sachverständigenkommission der Wertpapierbörse als Zulassungsstelle.

Zu der Sachverständigenkommission, die als solche aus 4 Mitgliedern und 4 Stellvertretern besteht, treten in ihrer Eigenschaft als Zulassungsstelle weitere 4 Mitglieder und 4 Stellvertreter, die sich nicht berufsmäßig am Börsenhandel mit Wertpapieren beteiligen.

Wenn ein Mitglied oder ein einberufener Stellvertreter um deswillen von der Beratung und Beschlußfassung ausgeschlossen ist, weil er an der Einführung des Wertpapiers in den Börsenhandel beteiligt ist, so findet der Ersatz aus den übrigen Stellvertretern statt.

§ 9

Das Verfahren bei der Zulassung von Wertpapieren richtet sich nach den von der Zulassungsstelle festgesetzten und von der Börsenaufsichtsbehörde genehmigten Bestimmungen für die Zulassung von Wertpapieren zum Handel und zur Notiz an der Bremer Wertpapierbörse.

§ 10

Die Zulassungsstelle ist bei Anwesenheit von mindestens 6 Mitgliedern beschlußfähig.

§ 11

Die Einladungen zu den Sitzungen der Zulassungsstelle erfolgen schriftlich unter Angabe der Tagesordnung mindestens 3 Tage vorher.

Dem Staatskommissar bei der Börse ist von bevorstehenden Sitzungen Kenntnis zu geben; er ist berechtigt, an den Verhandlungen teilzunehmen.

§ 12

Die Mitglieder und die Angestellten der Zulassungsstelle sind zu strengster Verschwiegenheit verpflichtet.

3. Düsseldorf

A. Börsen-Ordnung der Rheinisch-Westfälischen Börse zu Düsseldorf

Vom 27. Oktober 1953

(GVBl. NRW Ausg. A 1954 S. 43)

I. Geschäftszweige

§ 1

Die Rheinisch-Westfälische Börse zu Düsseldorf dient dem Abschluß von Handelsgeschäften in Wertpapieren, in- und ausländischen Wechseln sowie Zahlungsmitteln.

Träger der Börse ist der Verein „Rheinisch-Westfälische Börse zu Düsseldorf e. V.", nachstehend Börsenverein genannt.

II. Börsenaufsicht und Börsenleitung

§ 2

Die Aufsicht über die Rheinisch-Westfälische Börse zu Düsseldorf übt der zuständige Minister des Landes Nordrhein-Westfalen aus. Seiner Aufsicht unterliegen auch die dem Börsenverkehr dienenden oder damit im Zusammenhang stehenden besonderen Einrichtungen. Die Wahrnehmung der unmittelbaren Aufsicht erfolgt durch den bei der Börse bestellten Staatskommissar.

§ 3

Die Aufsichtsbehörde entscheidet über Beschwerden gegen Beschlüsse und Anordnungen des Börsenvorstandes.

§ 4

Die Börsenleitung liegt in den Händen des Börsenvorstandes, der aus 21 Mitgliedern besteht. 16 Mitglieder des Börsenvorstandes werden von den Börsenbesuchern gewählt, die gemäß § 11 der Börsenordnung zum Börsenhandel zugelassen sind. Die drei Wirtschaftsräume Düsseldorf, Essen (einschließlich der Regierungsbezirke Münster, Detmold, Arnsberg) und Köln sind angemessen zu berücksichtigen. Drei Mitglieder des Börsenvorstandes, die nicht dem Kreditgewerbe angehören, werden von den Industrie- und Handelskammern zu Düsseldorf, Essen und Köln benannt. Ein Mitglied des Börsenvorstandes wird von den Maklern der Rheinisch-Westfälischen Börse zu Düsseldorf gewählt, ein weiteres von den Börsenbesuchern, die auf Grund § 12 der Börsenordnung die Zulassung zum Börsenbesuch erhalten haben.

§ 5

Die Wahl der Börsenvorstandsmitglieder erfolgt für drei Kalenderjahre. Nähere Bestimungen über die Wahl enthält die Wahlordnung der Rheinisch-Westfälischen Börse zu Düsseldorf.

Scheiden Mitglieder des Börsenvorstandes, die gemäß § 11 Inhaber einer Börsendauerkarte sind, während der Wahlperiode aus, ergänzt sich der Börsenvorstand durch Zuwahl. Scheidet der Vertreter der Makler oder der Vertreter der Börsenbesucher, die gemäß § 12 der Börsenordnung zum Börsenhandel zugelassen sind, vorzeitig aus, treten an ihre Stelle diejenigen, die auf dem Wahlvorschlag der betreffenden Wählergruppe genannt wurden. Scheiden nicht dem Kreditgewerbe angehörende Mitglieder des Börsenvorstandes vorzeitig aus, werden Nachfolger durch die Industrie- und Handelskammern zu Düsseldorf, Essen und Köln benannt. Ergänzungen gelten bis zum Ende der Wahlperiode.

Neuwahlen sind durchzuführen, wenn dem Börsenvorstand weniger als 12 Mitglieder angehören oder wenn die gemäß § 5 Abs. 2 Satz 2 der Börsenordnung nachgerückten Börsenvorstandsmitglieder ausgeschieden sind.

§ 6

Der Börsenvorstand wählt jährlich einen Vorsitzenden, einen ersten und zwei weitere Stellvertreter. Der Vorsitzende und ein Stellvertreter müssen ihren geschäftlichen Sitz in Düsseldorf haben.

Die Verhandlungen des Börsenvorstandes leitet der Vorsitzende oder einer seiner Stellvertreter. Falls sie nicht an den Verhandlungen teilnehmen, geht der Vorsitz an das an Lebensjahren älteste Mitglied des Börsenvorstandes über.

Zur Beschlußfähigkeit des Börsenvorstandes ist die Anwesenheit der Mehrheit der Mitglieder erforderlich. Zur Beschlußfassung genügt die einfache Mehrheit der Anwesenden. Bei Stimmengleichheit entscheidet die Stimme des Sitzungsleiters. Abstimmungen können auch auf anderem Wege erfolgen.

Eine Geschäftsordnung erläßt der Börsenvorstand selbst.

§ 7

Der Börsenvorstand kann bis zu sechs Stellvertreter ernennen, die Inhaber einer Börsenkarte sein müssen. Zu den Beratungen des Börsenvorstandes sind die stellvertretenden Mitglieder des Börsenvorstandes hinzuzuziehen. Die dem Börsenvorstand zugehenden Schriftstücke sind ihnen zu übermitteln.

§ 8

Der Börsenvorstand hat u. a. folgende Aufgaben:

1. Personen zum Börsenbesuch zuzulassen oder davon auszuschließen,
2. den Geschäftsablauf an der Börse zu regeln, Ort und Zeit der Börsenversammlungen zu bestimmen,
3. zu überwachen, daß die in bezug auf die Börse erlassenen Gesetze, Verordnungen und Verwaltungsbestimmungen befolgt werden,
4. die Ordnung in den Börsenräumen aufrechtzuerhalten,
5. Ordnungsstrafen festzusetzen,
6. in- und ausländische Wechsel sowie Zahlungsmittel jeder Art zum Börsenhandel zuzulassen,
7. Wertpapiere und ausländische Zahlungsmittel, die in dem amtlichen Börsenverkehr eingeführt sind, zum Börsenterminhandel zuzulassen,
8. Maklergebühren und Börsenusancen festzusetzen,
9. einen oder mehrere Geschäftsführer zu bestellen und deren Befugnisse in einer Dienstanweisung zu regeln.

Der Börsenvorstand kann einzelne Aufgaben besonderen Ausschüssen oder Kommissionen oder stellvertretenden Mitgliedern des Börsenvorstandes übertragen.

§ 9

Sämtliche Börsenbesucher unterstehen den Anordnungen des Börsenvorstandes.

Die Börsenbesucher sind verpflichtet, den Anordnungen des Börsenvorstandes oder seiner Beauftragten Folge zu leisten.

Jedes Mitglied des Börsenvorstandes ist befugt, Börsenbesucher, die die Ordnung in den Börsenräumen verletzen oder den Anordnungen des Börsenvorstandes nicht Folge leisten, sofort und ohne Erörterung der Ursache entfernen zu lassen. Hierüber ist dem Vorsitzenden des Börsenvorstandes unverzüglich schriftlich Bericht zu erstatten.

III. Börsenbesuch

§ 10

Das Recht zum Börsenbesuch wird vom Börsenvorstand durch Zulassung ausgesprochen, die mit dem Empfang des schriftlichen Bescheides wirksam wird. Bei ausländischen Staatsangehörigen ist die Genehmigung der Aufsichtsbehörde erforderlich.

§ 11

Mit dem Recht zur dauernden Teilnahme am Börsenhandel können zum Börsenbesuch zugelassen werden: volljährige Personen aus dem Kreditgewerbe, die als Einzelkaufleute, persönlich haftende Gesellschafter einer offenen Handelsgesellschaft oder Kommanditgesellschaft oder gesetzliche Vertreter einer juristischen Person in einem Handels- oder Genossenschaftsregister eingetragen sind, sowie die Vorstandsmitglieder der öffentlichen Bankanstalten. Die zum Börsenbesuch zugelassenen Personen oder das Kreditinstitut, für das die Zulassung zum Börsenbesuch erfolgt (Börsenmitglieder), werden für die Dauer ihrer Zulassung Mitglied des Börsenvereins.

Als ständige Börsenbesucher mit der Befugnis, im Namen und für Rechnung eines Börsenmitgliedes am Börsenhandel teilzunehmen, können Direktoren, Prokuristen oder Handlungsbevollmächtigte eines Börsenmitgliedes zugelassen werden.

§ 12

Mit der Befugnis, im Namen und für Rechnung eines Börsenmitgliedes am Börsenhandel teilzunehmen, können für die Dauer eines Kalenderjahres oder länger Handlungsgehilfen eines Börsenmitgliedes, Angestellte eines Kursmaklers oder freien Maklers sowie die in § 11 Abs. 2 genannten Personen zum Börsenbesuch zugelassen werden.

§ 13

Jedes Börsenmitglied haftet dafür, daß sein Beauftragter an der Börse nur Geschäfte im Namen und für Rechnung des von ihm vertretenen Börsenmitgliedes abschließt.

§ 14

Der Antrag auf Börsenzulassung ist schriftlich zu stellen, und zwar in den Fällen des § 11 Abs. 1 von demjenigen, der die Börsenzulassung anstrebt, in den Fällen des § 11 Abs. 2 und § 12 von dem Börsenmitglied. Der Antrag auf Zulassung gemäß § 11 Abs. 1 muß von zwei Gewährsmännern, die seit mindestens einem Jahr ununterbrochen zum dauernden Besuch der Börse auf Grund § 11 zugelassen sind, unterstützt werden. Die Gewährsmänner haben die schriftliche Erklärung abzugeben, daß sie den Antragsteller für geeignet halten, zum dauernden Börsenbesuch mit der Befugnis zur Teilnahme am Börsenhandel zugelassen zu werden. Darüber hinaus können von den Gewährsmännern auch sonstige Auskünfte über die Person und die Vermögensverhältnisse des Antragstellers gefordert werden.

§ 15

Der Antrag auf Zulassung gemäß § 11 Abs. 1 ist mit der Nennung der Gewährsmänner an drei Börsentagen durch Aushang im Börsensaal bekanntzugeben.

Wird der Antrag abgelehnt, so darf er innerhalb von sechs Monaten nach der Ablehnung nicht wiederholt werden.

§ 16

Zum Börsenbesuch ohne Handelsbefugnis können zugelassen werden:

1. Firmenangehörige von Börsenmitgliedern,
2. Privatpersonen sowie Angehörige von Firmen, die keine Börsenmitglieder sind,
3. Berichterstatter und andere Angehörige der Presse.

Die Zulassung kann jederzeit zurückgenommen werden.

Auf Antrag eines Börsenmitgliedes können auf den Namen lautende Börsenkarten für Bedienung des Fernschreibers, Telefons usw. ausgestellt werden.

§ 17

Ohne besonderen Zulassungsbeschluß können Inhaber von Börsenkarten (Dauer- oder Zeitkarten) Gäste einführen, die am Börsenhandel nicht teilnehmen dürfen.

§ 18

Zum Börsenbesuch dürfen nicht zugelassen werden, Personen,

1. die sich nicht im Besitz der bürgerlichen Ehrenrechte befinden,
2. die infolge gerichtlicher Anordnung im Bundesgebiet bzw. West-Berlin in der Verfügung über ihr Vermögen beschränkt sind,
3. die wegen betrügerischen Bankrotts rechtskräftig verurteilt sind,
4. die wegen einfachen Bankrotts rechtskräftig verurteilt sind,
5. die zahlungsunfähig sind.
   Als zahlungsunfähig im Sinne dieser Vorschrift gilt schon, wer Gläubigern über unstreitige Schuldverbindlichkeiten Vergleichsvorschläge macht oder eine unstreitige und fällige Schuldverbindlichkeit unerfüllt läßt. Unstreitigen Schuldverbindlichkeiten stehen solche gleich, die durch rechtskräftiges Urteil oder einen für vollstreckbar erklärten Schiedsspruch eines Schiedsgerichts festgestellt sind,
6. die durch rechtskräftige oder für sofort wirksam erklärte ehrengerichtliche Entscheidung vom Besuch einer Börse ausgeschlossen sind.

Die Zulassung muß zurückgenommen werden, wenn einer der in Abs. 1 genannten Fälle nach der Zulassung eintritt oder bekannt wird.

Die Zulassung kann auch aus Gründen, die in der Person des Börsenbesuchers oder in der von ihm vertretenen Firma liegen, zurückgenommen werden.

Die Zulassung oder Wiederzulassung zum Börsenbesuch kann in den Fällen des Abs. 1 Ziff. 1 und 2 nicht vor der Beseitigung des Ausschließungsgrundes erfolgen, im Falle des Abs. 1 Ziff. 4 nicht vor Ablauf von sechs Monaten, nachdem die Strafe verbüßt, verjährt oder erlassen ist, im Falle des Abs. 1 Ziff. 4 und 5 nur dann, wenn der Börsenvorstand den Nachweis für geführt erachtet, daß die Schuldverhältnisse sämtlichen Gläubigern gegenüber durch Zahlung, Erlaß oder Stundung geregelt sind.

Einer Person oder Firma, die im Wiederholungsfalle zahlungsunfähig wurde oder in Konkurs geraten ist, muß die Zulassung oder Wiederzulassung mindestens für die Dauer eines Jahres verweigert werden. Im Falle des Abs. 1 Ziff. 3 ist der Ausschluß dauernd.

§ 19

Vom Börsenbesuch für mindestens drei Börsentage und höchstens ein Jahr wird ausgeschlossen oder mit einer Geldbuße bis zu 1000 DM, beim Vorliegen mildernder Umstände mit einem Verweis wird belegt, wer

1. die Ordnung oder den Geschäftsverkehr an der Börse stört,
2. den Anordnungen des Börsenvorstandes oder eines Börsenvorstandsmitgliedes zuwiderhandelt,
3. in Angelegenheiten, für die der Börsenvorstand zuständig ist, als Zeuge — in Disziplinarsachen auch als Anzeigender oder Beschuldigter — auf Ladungen des Börsenvorstandes unentschuldigt ausbleibt oder unbefugt das Zeugnis verweigert oder ein unwahres Zeugnis ablegt, eine Nachprüfung seiner Bücher ablehnt oder die Vorlage einer von ihm geforderten Bilanz verweigert.

Wird ein Firmeninhaber oder ein Vertreter eines Börsenmitgliedes ausgeschlossen, so können auch die übrigen Inhaber oder Vertreter dieses Mitgliedes für die gleiche Zeit vom Börsenbesuch ausgeschlossen werden.

Der Börsenvorstand ist berechtigt, Börsenbesuchern den Zutritt zu den Börsenräumen bis zur Beendigung des gegen sie einzuleitenden Verfahrens zu untersagen.

§ 20

Der Börsenvorstand kann anordnen, daß die Zurücknahme der Zulassung (§ 18) und die gemäß § 19 getroffenen Maßnahmen durch Aushang in den Börsenräumen an drei aufeinanderfolgenden Börsentagen bekanntgegeben wird.

§ 21

Ist gegen einen Börsenbesucher wegen des Verdachtes eines Vergehens oder Verbrechens ein ordentliches Gerichtsverfahren oder ein ehrengerichtliches Verfahren eingeleitet worden, so kann der Börsenvorstand anordnen, daß das Recht des Betroffenen zum Börsenbesuch bis zur Beendigung des Verfahrens ruht.

§ 22

Bevor Beschlüsse auf Zurücknahme der Zulassung (§ 18), Bestrafung (§ 19) und Ruhen des Rechts zum Börsenbesuch (§ 21) gefaßt werden, ist der Betroffene zu seiner Vernehmung zu laden.

Die Beschlüsse auf Ablehnung eines Zulassungsantrages, Zurücknahme der Zulassung, Bestrafung und Ruhen des Rechts zum Börsenbesuch sind dem Betroffenen durch eingeschriebenen Brief zuzustellen. Betrifft eine solche Entscheidung den Zulassungsantrag für den Angestellten eines Börsenmitgliedes, so erfolgt die Zustellung an das Börsenmitglied.

Bei unbekanntem Aufenthalt des Empfängers gelten Ladungen und Entscheidungen als zugestellt, wenn sie an drei aufeinanderfolgenden Börsentagen im Börsensaal ausgehängt worden sind.

Beschwerden gegen die im Absatz 2 bezeichneten Entscheidungen sind innerhalb eines Monats nach Zustellung des Bescheides an die Aufsichtsbehörde (§ 3 der Börsenordnung) zu richten. Die Beschwerden haben aufschiebende Wirkung, jedoch kann der Börsenvorstand die sofortige Vollziehung seiner Entscheidung anordnen.

§ 23

Auf das Recht zum Börsenbesuch kann durch schriftliche Erklärung verzichtet werden, die für den Schluß des Kalenderjahres, spätestens bis zum 30. November bei der Geschäftsstelle der Börse einzureichen ist.

Ausscheidende Börsenbesucher haben ihre Börsenkarte unverzüglich der Geschäftsstelle der Börse zurückzugeben. Bei Angestellten einer Firma übernimmt diese die Rückgabe.

IV. Eintrittsgeld, Beiträge und Gebühren

§ 24

Die mit dem Betrieb der Börse verbundenen Kosten werden von dem Börsenverein getragen. Der Börsenvorstand ist berechtigt, Eintrittsgeld und sonstige Gebühren festzusetzen, die an den Börsenverein zu entrichten sind.

V. Feststellung der Kurse und Preise

§ 25

Eröffnung und Schluß der Börsenversammlung werden durch ein Glockenzeichen angekündigt.

Bei den Papieren mit fortlaufenden Notierungen werden die Anfangskurse spätestens eine halbe Stunde nach Börsenbeginn festgesetzt, die Einheitskurse frühestens eine Stunde nach Börsenbeginn, die Schlußkurse frühestens $1^1/_2$ Stunden nach Börsenbeginn.

Soll nach längerer Unterbrechung ein Kurs wieder notiert werden, so ist die Wiedernotierung frühestens am zweiten Börsentag nach dem Ankündigungstage möglich. Die Ankündigung erfolgt durch Bekanntmachung des Kursmaklers, durch Aushang im Börsensaal und durch Veröffentlichung im Kursblatt.

An- und Verkäufe in amtlich notierten Wertpapieren können zu amtlichen Kursen nur berücksichtigt werden, wenn sie durch Vermittlung eines Kursmaklers abgeschlossen sind. Dem Börsenvorstand bleibt eine Änderung dieser Regelung vorbehalten.

§ 26

Bei der Kursfestsetzung werden nachstehende Zusätze verwendet (Geld = Nachfrage, Brief = Angebot):

1. b = bezahlt;
2. bG = bezahlt und Geld: zum Kurs bestand weitere Nachfrage;
3. bB = bezahlt und Brief: zum Kurs lag noch Angebot vor;

4. etw. bG = etwas bezahlt und Geld: nur ein geringfügiger Teil der zum notierten Kurs vorliegenden Kaufaufträge wurde ausgeführt;
5. etw. bB = etwas bezahlt und Brief: von den zum notierten Kurs vorliegenden Verkaufsaufträgen wurde nur ein geringfügiger Teil ausgeführt;
6. G = Geld (Nachfrage);
7. B = Brief (Angebot);
8. bG rep. = bezahlt Geld repartiert: beschränkte Zuteilung;
9. bB rep. = bezahlt Brief repartiert: beschränkte Abnahme;
10. —G = gestrichen Geld: infolge überwiegender Nachfrage gestrichen;
11. —B = gestrichen Brief: wegen überwiegenden Angebots gestrichen;
12. T = Taxe: geschätzter Kurs;
13. ex D = ohne Dividende;
14. ex BR = ohne Bezugsrecht.

Bei den Ziffern 1 bis 5 müssen außer den unlimitierten Aufträgen auch alle über dem festgestellten Kurs limitierten Kaufaufträge und alle unter dem festgestellten Kurs limitierten Verkaufsaufträge ausgeführt sein.

Spannungskurse sind im amtlichen Verkehr nicht zulässig; ausgenommen sind Kuxe.

§ 27

Die amtliche Feststellung der Kurse und Preise der Wertpapiere erfolgt durch ein Mitglied oder stellvertretendes Mitglied bzw. mehrere Mitglieder oder stellvertretende Mitglieder des Börsenvorstandes unter Zuziehung mindestens eines Kursmaklers, der der Börsenversammlung beiwohnte.

Die Kursmakler, die auf Aufforderung des Börsenvorstandes verpflichtet sind, bei der Kursfestsetzung zu erscheinen, haben die Kurse und Preise der Wertpapiere anzugeben und auf Verlangen ihre Tagebücher vorzulegen, wobei die Namen der Auftraggeber zu verdecken sind.

Auf Grund dieser Angaben stellt der Börsenvorstand die Kursliste fest, die von den an der Kursfeststellung Beteiligten zu unterzeichnen ist.

Die Namen der gemäß Abs. 1 mit der Kursfeststellung beauftragten Mitglieder sind durch Aushang im Börsensaal bekanntzumachen.

Für den Fall der Verhinderung können andere Mitglieder des Börsenvorstandes die Kursfeststellung vornehmen. Die festgestellten Kurse und Preise sind im amtlichen Kursblatt zu veröffentlichen.

VI. Meldung der Umsätze

§ 28

Kursmakler und freie Makler haben täglich sofort nach Schluß der Börsenversammlung die von ihnen vermittelten oder abgeschlossenen Geschäfte dem Börsenvorstand anzuzeigen. Form und Inhalt der Anzeige sowie sonstige Umsatzmeldungen werden vom Börsenvorstand festgelegt.

Die Kursmakler und freien Makler sind verpflichtet, dem Börsenvorstand oder dem von ihm Beauftragten auf Verlangen jederzeit Einsicht in die Maklerbücher zu gewähren, wobei die Namen der Auftraggeber von den Maklern zu verdecken sind.

VII. Zulassung von Wertpapieren zum Börsenhandel Zulassungsstelle

§ 29

Die Zulassung von Wertpapieren zum Börsenhandel erfolgt durch eine Kommission (Zulassungsstelle). Die Zulassungsstelle besteht aus sechs bis zwölf ordentlichen und drei bis sechs stellvertretenden Mitgliedern. Von den Mitgliedern der Zulassungsstelle muß mindestens die Hälfte aus Personen bestehen, die sich nicht berufsmäßig am Börsenhandel mit Wertpapieren beteiligen. Die Mitglieder werden auf drei Kalenderjahre vom Börsenvorstand gewählt.

Die Zulassungsstelle wählt jährlich einen Vorsitzenden und zwei Stellvertreter des Vorsitzenden.

Scheiden Mitglieder der Zulassungsstelle aus, so kann der Börsenvorstand für den Rest der Amtsdauer Ergänzungen vornehmen.

§ 30

Der Antrag auf Zulassung von Wertpapieren zum Börsenhandel muß von einem an der Rheinisch-Westfälischen Börse zu Düsseldorf vertretenen Kreditinstitut gestellt werden.

Die Zulassungsstelle ist beschlußfähig, wenn mindestens sechs stimmberechtigte Mitglieder anwesend sind. Zur Beschlußfassung genügt die einfache Mehrheit der Anwesenden. Bei Stimmengleichheit entscheidet die Stimme des Sitzungsleiters. Die Abstimmung über die Zulassung eines Wertpapiers kann auch auf schriftlichem Wege durch Rundfrage erfolgen. Von der Beratung und Beschlußfassung über die Zulassung eines Wertpapiers zum Börsenhandel sind diejenigen Mitglieder der Zulassungsstelle ausgeschlossen, die an der Einführung dieses Wertpapieres beteiligt sind. Stehen durch das Ausscheiden aus diesem Grunde und infolge Abwesenheit weiterer Mitglieder der Zulassungsstelle zu ihrer Beschlußfähigkeit weniger als sechs Mitglieder zur Verfügung, so kann der Börsenvorstand Stellvertreter berufen.

Für die Zulassung von Wertpapieren zum Handel an der Rheinisch-Westfälischen Börse zu Düsseldorf sind Gebühren nach einer vom Börsenvorstand festzusetzenden Gebührenordnung an den Börsenverein zu entrichten.

Die Zulassungsstelle ist befugt, die Zulassung von Wertpapieren zum Börsenhandel zurückzunehmen.

§ 31

Die Ablehnung eines Zulassungsantrages oder die Zurücknahme einer Zulassung ist dem Antragsteller durch „Einschreiben" zuzustellen. Gegen diese Entscheidungen steht dem Antragsteller innerhalb eines Monats die Beschwerde an die Aufsichtsbehörde zu.

VIII. Zulassung von Wertpapieren und ausländischen Zahlungsmitteln zum Börsenterminhandel

§ 32

Die Zulassung von Wertpapieren und ausländischen Zahlungsmitteln zum Börsenterminhandel erfolgt durch den Börsenvorstand auf Antrag eines an der Rheinisch-Westfälischen Börse zu Düsseldorf vertretenen Kreditinstituts.

Die Wertpapiere und ausländischen Zahlungsmittel müssen in den amtlichen Börsenverkehr eingeführt sein. Wertpapiere einer inländischen Gesellschaft dürfen nur mit deren Zustimmung zum Börsenterminhandel zugelassen werden. Vor der Zulassung sind die Geschäftsbedingungen für den Börsenterminhandel festzusetzen.

Der Antrag auf Zulassung zum Börsenterminhandel und die Entscheidung darüber sind durch Bekanntmachung in den Börsenräumen und im Kursblatt zu veröffentlichen. Zwischen der Entscheidung über den Antrag und der Notierung muß ein Zwischenraum von mindestens drei Börsentagen liegen.

Der Börsenvorstand kann die Zulassung zurücknehmen. Auf Antrag der Gesellschaft ist die Zulassung spätestens nach Ablauf eines Jahres, gerechnet von dem Tage ab, an dem der Börsenvorstand von dem Verlangen Kenntnis erhalten hat, zurückzunehmen.

Die Zulassung zum Börsenterminhandel und die Zurücknahme ist der Aufsichtsbehörde anzuzeigen.

IX. Ehrengericht

§ 33

An der Rheinisch-Westfälischen Börse zu Düsseldorf ist ein Ehrengericht zu bilden. Die näheren Bestimmungen über die Zusammensetzung des Ehrengerichts werden von der Landesregierung erlassen.

§ 34

Die rechtskräftigen oder gemäß § 16 Abs. 4 Börsengesetz für sofort wirksam erklärten Urteile sind dem Börsenvorstand mitzuteilen.

X. Allgemeine Vorschriften

§ 35

Die Mitglieder des Börsenvorstandes, der Zulassungsstelle und des Ehrengerichts üben ihr Amt ehrenamtlich aus.

§ 36

Bekanntmachungen des Börsenvorstandes und anderer Börsengremien sowie alle die Börse betreffenden Anordnungen der Aufsichtsbehörde werden in den Börsenräumen durch Anschlag an der dafür vorgesehenen Tafel veröffentlicht. Außerdem können Veröffentlichungen noch an anderer Stelle erfolgen.

Im Kursblatt der Rheinisch-Westfälischen Börse zu Düsseldorf können im Freiverkehr ermittelte Kurse und Preise, Bekanntmachungen des Börsenvereins sowie sonstige Veröffentlichungen abgedruckt werden.

§ 37

Die Mitglieder der Börsengremien und die Angehörigen der Geschäftsstelle der Börse sind verpflichtet, über Vorgänge und Beschlüsse, von denen sie durch ihre Börsenzugehörigkeit Kenntnis erhalten und die ihrer Art nach vertraulich zu behandeln sind, Amtsverschwiegenheit zu bewahren, sofern die Vertraulichkeit im Einzelfall nicht aufgehoben wird.

§ 38

Diese Börsenordnung tritt am 1. November 1953 in Kraft.

Gleichzeitig tritt die Börsenordnung vom 15. März 1952 (GV NW S. 55) außer Kraft.

B. Wahlordnung der Rheinisch-Westfälischen Börse zu Düsseldorf

Vom 27. Oktober 1953

(GVBl. NRW Ausg. A 1954 S. 47)

§ 1

Zusammensetzung des Börsenvorstandes

Gemäß § 4 der Börsenordnung besteht der Börsenvorstand aus:

1. 16 Mitgliedern, die aus dem Kreise der Börsenbesucher gemäß § 11 Absatz 1 und 2 der Börsenordnung,
2. 1 Mitglied, das von den Maklern, und
3. 1 Mitglied, das aus dem Kreise der Börsenbesucher gemäß § 12 der Börsenordnung

zu wählen sind und

4. 3 nicht dem Kreditgewerbe angehörenden Mitgliedern, die von den Industrie- und Handelskammern zu Düsseldorf, Essen und Köln gemäß § 4 der Börsenordnung benannt werden.

§ 2

Wahlrecht

Bei der Wahl der im § 1 bezeichneten Mitglieder können nur die zu der betreffenden Wählergruppen zählenden Börsenbesucher wählen.

Der Wahlberechtigte kann sich bei der Wahl nicht vertreten lassen. Jeder Wahlberechtigte, der in der Wählerliste eingetragen ist, hat eine Stimme, jedoch ist bei der Wahl der auf Grund des § 1 Ziffer 1 zu wählenden Mitglieder von mehreren Börsenbesuchern einer Firma nur einer wahlberechtigt. Hauptverwaltung und Niederlassungen derselben Firma gelten in diesem Falle als selbständige Unternehmen.

§ 3

Wahlvorbereitungen

Die Wahlvorbereitungen werden von einem Wahlausschuß durchgeführt, der vom Börsenvorstand berufen wird und sich aus einem Vorsitzenden und zwei Beisitzern zusammensetzt.

Die vom Wahlausschuß aufgestellten Wählerlisten sind eine Woche lang im Börsenbüro in der Zeit von 9 bis 17 Uhr zur Einsichtnahme auszulegen. Einsprüche gegen die Listen sind bis zum Ablauf einer Woche nach beendigter Auslegung schriftlich über die Geschäftsstelle der Börse beim Wahlausschuß anzubringen. Nach Ablauf dieser Frist entscheidet der Wahlausschuß über die Einsprüche und stellt die Wahllisten fest. Gegen Entscheidungen des Wahlausschusses kann innerhalb eines Monats Beschwerde beim Börsenvorstand eingelegt werden.

§ 4

Wahlvorschläge

Die Wahlberechtigten stellen je einen Wahlvorschlag für jede Gruppe der gemäß § 1 Ziffer 1—3 zu wählenden Mitglieder des Börsenvorstandes auf. Als Börsenvorstandsmitglied gemäß § 1 Ziffer 1 ist wählbar, wer gemäß § 11 der Börsenordnung Inhaber einer Börsendauerkarte ist. Von mehreren Börsenbesuchern einer Firma ist in der Regel nur einer zum Mitglied des Börsenvorstandes wählbar. § 2 Abs. 2 letzter Satz ist entsprechend anzuwenden.

Der Wahlvorschlag gemäß § 1 Ziffer 1 muß mindestens ein Drittel mehr Namen enthalten, als Mitglieder in den Börsenvorstand zu wählen sind, der Wahlvorschlag gemäß § 1 Ziffer 2 und 3 je zwei Namen. Von den Vorgeschlagenen ist rechtzeitig die Erklärung einzuholen, daß sie die Wahl annehmen werden.

Wahlvorschläge gemäß § 1 Ziffer 1 und 3 müssen von mindestens 10 Wahlberechtigten unterzeichnet sein, der Wahlvorschlag gemäß § 1 Ziffer 2 von mindestens drei Wahlberechtigten.

Die Wahlvorschläge sind vor dem Wahltermin mindestens eine Woche lang im Börsenbüro von 9 bis 17 Uhr zur Einsichtnahme auszulegen und im Börsensaal auszuhängen.

§ 5

Wahltermin, Ort der Wahlhandlung und Wahlzeit

Wahltermin, Ort der Wahlhandlung und Wahlzeit sind durch den Wahlausschuß mindestens eine Woche vor dem Wahltag durch Ankündigung im amtlichen Kursblatt der Rheinisch-Westfälischen Börse zu Düsseldorf und an mindestens drei vor dem Wahltag liegenden Börsentagen durch Aushang im Börsensaal bekanntzumachen. Einsprüche sind spätestens am dritten Tag vor dem Wahltag bis 12 Uhr bei der Geschäftsstelle der Börse schriftlich einzureichen.

§ 6

Wahlhandlung

Die Wahl leitet der Vorsitzende des Wahlausschusses, bei seiner Verhinderung einer der Beisitzer. Der Wahlausschuß prüft die Wahlberechtigung, die durch Eintragung in der Wählerliste nachgewiesen wird.

Die Wahl einzelner oder sämtlicher Personen kann von der Wahlversammlung durch Zuruf beschlossen werden, sofern nicht ein Viertel der anwesenden Wahlberechtigten diesem Wahlverfahren widerspricht.

Erfolgt die Wahl nicht durch Zuruf, wird für jede der in § 1 genannten Gruppen in geheimer Abstimmung mit Stimmzetteln gewählt, die in eine verschlossene Wahlurne zu legen sind. Der Wähler kennzeichnet den Gewählten durch Ankreuzen des Namens.

Gewählt sind diejenigen, die die meisten Stimmen auf sich vereinigt haben. Bei Stimmengleichheit entscheidet das Los, das durch den Wahlleiter gezogen wird.

§ 7

Feststellung des Wahlergebnisses

Über die Wahlhandlung ist eine Niederschrift anzufertigen, in der das Wahlergebnis sowie alle wesentlichen zur Wahlhandlung gehörenden Vorkommnisse aufzunehmen sind. Die Niederschrift ist vom Wahlleiter und den Beisitzern zu unterzeichnen.

§ 8

Bekanntgabe des Wahlergebnisses

Das Wahlergebnis ist den Gewählten und den Börsenmitgliedern schriftlich und durch Aushang im Börsensaal bekanntzugeben. Einsprüche gegen die Wahl müssen binnen einer Woche nach der Bekanntmachung beim Wahlausschuß schriftlich vorgebracht werden. Gegen die Entscheidung des Wahlausschusses ist Beschwerde bei der Aufsichtsbehörde innerhalb eines Monats zulässig.

§ 9

Diese Wahlordnung tritt am 1. November 1953 in Kraft.

Gleichzeitig tritt die Wahlordnung vom 15. März 1952 (GV. NV. S. 58) außer Kraft.

C. Bedingungen und Verfahren für die Zulassung von Wertpapieren

Über die Einführung von Wertpapieren zur amtlichen Notierung und zum Handel an einer deutschen Börse sind Vorschriften erlassen worden, die ausführlich im Börsengesetz enthalten sind. Über seine wesentlichen Bestimmungen und das bei der Rheinisch-Westfälischen Börse zu Düsseldorf geltende Zulassungsverfahren ist folgendes zu bemerken:

Der Antrag auf Zulassung von Wertpapieren zum Börsenhandel muß von einer an der Börse vertretenen Bank gestellt und bei der Zulassungsstelle der Börse schriftlich eingereicht werden; er muß Betrag und Art der einzuführenden Wertpapiere bezeichnen (§ 38 Abs. 1 des Börsengesetzes). Dem Antrage sind beizugeben:

I. Beilagen zu den Prospekten:

1. Ein Nachweis über den Rechtstitel (Gesetz, staatliche Genehmigung, Gesellschaftsvertrag, Gesellschaftsbeschluß usw.), auf dem die Berechtigung zur Ausgabe der Wertpapiere beruht; sowie über das Verhältnis zu früher ausgegebenen Werten.
2. a) Neuester Handelsregisterauszug oder — falls ein neuerer bereits vorliegt — Belegblatt des Reichsanzeigers[1]).
   b) Satzung mit Bestätigung der neuesten Fassung durch die Gesellschaft.
   c) Geschäftsberichte der letzten drei Jahre.
   d) Bei inländischen Gesellschaften, wenn noch nicht volle zwei Jahre seit der Eintragung in das Handelsregister verflossen sind, der von den Gründungsprüfern erstattete Bericht.
3. Ein entwertetes Probe-Druckexemplar der zuzulassenden Wertpapiere, das den Richtlinien für den Neudruck von Wertpapieren entsprechen muß.
4. Ein Prospekt, der von denjenigen, welche ihn erlassen, zu unterzeichnen ist; zu diesen muß der Antragsteller gehören. Die Unterschrift des Antragstellers kann unter eine Nachschrift gesetzt werden.
5. 25 Druckstücke des Prospektes.

II. Erklärung der Gesellschaft bzw. des Emissionshauses:

1. Angabe, ob Zulassungsgesuch bereits an einer anderen Börse eingereicht ist oder gleichzeitig eingereicht wird.
2. Nach pflichtmäßiger Prüfung abgegebene Versicherung der Gesellschaft, daß aus der Bilanz nicht ersichtliche Haftungsverhältnisse einschließlich Pfandbestellungen und Sicherungsübereignungen sowie Verbindlichkeiten aus der Begebung von Wechseln und Schecks nicht bestehen, soweit aus dem Prospekt nichts anderes sich ergibt.
3. Bei Versicherungsaktien Erklärung der Gesellschaft, betreffend Umschreibung von Namensaktien auf einen neuen Erwerber.
4. Verpflichtungserklärung des Emissionshauses, einen Hinweis auf den veröffentlichten Prospekt unter Angabe des Namens, des Ausgabetages und der Nummer der Tageszeitung, in der die Veröffentlichung erfolgt, im Reichsanzeiger[2]) bekanntzumachen.

Nach Eingang des Antrages wird dieser durch Börsenaushang und in mindestens einer von der Zulassungsstelle bestimmten im Wirtschaftsgebiet der Börse erscheinenden Zeitung sowie im Reichsanzeiger[3]) veröffentlicht.

Gleichzeitig gelangt der Antrag zur Behandlung in die Zulassungsstelle. Nach Prüfung durch einen Referenten erfolgt auf Grund einer Beratung der Zulassungsstelle die Entscheidung über die Zulassung. Wird diese ausgesprochen, so hat die Bekanntgabe des Prospektes in denselben Zeitungen zu erfolgen, in denen der Antrag veröffentlicht war, mit Ausnahme des Reichsanzeigers[4]), in dem ein Hinweis auf die Veröffentlichung des Prospektes unter Angabe des Namens, des Ausgabetages und der Nummer der

---

[1]) Jetzt Bundesanzeiger gemäß § 1 des Gesetzes über Bekanntmachungen vom 17. 5. 1950 (BGBl. S. 183).

[2]) Vgl. Anm. 1.

[3]) Vgl. Anm. 1.

[4]) Vgl. Anm. 1.

Zeitung aufzunehmen ist. Dem pflichtgemäßen Ermessen der Zulassungsstelle bleibt es außerdem überlassen, die Veröffentlichung des Prospektes oder eines Hinweises in einer Tageszeitung vorzuschreiben, die in dem engeren Wirtschaftsgebiet des Ausstellers der Wertpapiere erscheint.

Falls das zuzulassende Wertpapier an einer anderen deutschen Börse bereits eingeführt ist, so kann, wenn die Zulassung und die letzte Prospektveröffentlichung in der Regel nicht länger als drei Monate zurückliegen, von einer nochmaligen Bekanntgabe des Prospektes abgesehen werden. In diesem Falle wird von der Zulassungsstelle bei dem Herrn Reichswirtschaftsminister[5]) ein Antrag auf Befreiung von der Prospektveröffentlichung gestellt. Wird diese Genehmigung erteilt, so hat eine Bezugnahmebekanntmachung auf die letzte Prospektveröffentlichung in den Zeitungen zu erfolgen, in denen der Zulassungsantrag veröffentlicht war, sowie im Reichsanzeiger[6]).

Grundsätzlich haben bei der Einführung von Wertpapieren zum Börsenhandel Aktiengesellschaften, die in dem Wirtschaftsbezirk der betreffenden Wertpapierbörse beheimatet sind, eine Veröffentlichung des Gesamtprospektes in der Heimatpresse vorzunehmen. Bei den nicht beheimateten Werten, deren amtliche Einführung im Interesse des einzelnen Börsenplatzes liegt, muß es dagegen dem Ermessen der einzelnen Zulassungsstellen überlassen bleiben, ob von einer nochmaligen Veröffentlichung des Gesamtprospektes in der Tagespresse abgesehen und einem geäußerten Wunsche des Emissionshauses auf eine kürzere Hinweisbekanntmachung stattgegeben werden kann.

Die Wertpapiere dürfen frühestens am dritten Werktage nach dem Tage der Zulassung und der Prospektveröffentlichung eingeführt werden.

Für die Einführung von Wertpapieren sind folgende Gebühren zu entrichten:

I. Festverzinsliche Wertpapiere

Für jede angefangene Million DM 150,—, berechnet vom Nennwert. Mindestgebühr: DM 300,—; bei Beträgen, die über DM 7500,— hinausgehen, ist jeweils eine Abstimmung unter den beteiligten Börsen erforderlich.
Ausnahmen:

1. Die Hälfte der sich hiernach ergebenden Sätze ist zu bezahlen:
   a) für Anleihen, deren Verzinsung von dem Reich oder einem Lande gewährleistet wird;
   b) für Anleihen kommunaler Körperschaften (Provinz-, Kreis-, Stadt- oder Synodalanleihen) oder Kreditanstalten dieser Körperschaften;
   c) für Pfandbriefe oder Schuldverschreibungen von öffentlichen Kreditinstituten;
   d) für Hypotheken- und Schiffspfandbriefe;
   e) für die Einführung festverzinslicher Wertpapiere, die bereits eingeführt waren und durch Abstempelung eine Änderung des Rechtsverhältnisses erfahren haben, ohne daß der Nennbetrag erhöht wurde.

---

5) Jetzt: Minister für Wirtschaft und Verkehr des Landes Nordrhein-Westfalen.
6) Vgl. Anm. 1.

2. Die Einführung deutscher Reichs- und Staatsanleihen sowie der durch die Rentenbank ausgegebenen Rentenbriefe ist gebührenfrei.

II. Aktien

Für jede angefangene Million
bis zu 20 Millionen DM Kapital .... DM 300,—
von 20—50 Millionen DM Kapital .... DM 200,—
über 50 Millionen DM Kapital .... DM 100,—

Mindestgebühren: DM 500,—; bei Beträgen, die über DM 15 000,— hinausgehen, ist jeweils eine Abstimmung unter den beteiligten Börsen erforderlich.

Ausnahmen:

a) bei Wiedereinführung eines bereits früher zugelassen gewesenen Aktienkapitals nach einer Kapitalherabsetzung auf Grund §§ 175 ff. Aktiengesetz kann die Hälfte der oben sich ergebenden Sätze berechnet werden.
b) Erfolgt eine Kapitalherabsetzung gemäß §§ 182 ff. oder §§ 192 ff. Aktiengesetz, so kann die Gebühr auf ein Viertel obiger Sätze ermäßigt werden, falls die Neuzulassung gemäß § 2 der Verordnung über die Zulassung von Wertpapieren vom 20. April 1932 gleichzeitig mit der Zurücknahme der alten Zulassung erfolgt.
c) In den Fällen, in denen eine Zurücknahme der Zulassung gemäß § 4 der Verordnung über die Zulassung von Wertpapieren vom 20. April 1932 nicht erfolgt, ist eine Gebühr von DM 150,— zu entrichten.

III. Genußscheine

Für die Einführung von Genußscheinen wird dieselbe Gebühr wie für die Einführung von Aktien erhoben. Soweit diese nicht auf einen Betrag gestellt sind, tritt an dessen Stelle für die Berechnung der Gebühr der Einführungskurs.

IV. Kuxe

Für die Einführung von Kuxen wird die Gebühr von Fall zu Fall festgesetzt.

Außer den danach zu entrichtenden Zulassungsgebühren sowie eines Unkostenbeitrages von DM 25,— sind die Anzeigenkosten zu zahlen und bei einer Befreiung von der Prospektveröffentlichung eine Verwaltungsgebühr von DM 30,— an das Reichswirtschaftsministerium[7]).

D. Maklerordnung für die Kursmakler an der Rheinisch-Westfälischen Börse zu Düsseldorf

Vom 27. Oktober 1953

(GVBl. NRW Ausg. A 1954 S. 41)

Auf Grund der §§ 30 Abs. 2, 32 Abs. 1 des Börsengesetzes in der Fassung der Bekanntmachung vom 21. Mai 1908 (RGBl. S. 215) und der nachfolgenden

---

[7]) Gemäß § 1 Ziff. 4a der Gebührenordnung vom 21. 1. 1936 (RGBl. I S. 40) — Anhang I 4 — jetzt Gebühren von 20 bis 30 DM an die Landeskasse.

Änderungen durch die Gesetze vom 23. Dezember 1920 (RGBl. S. 2317), 28. Dezember 1921 (RGBl. 1922 I S. 25), Art. IV des Gesetzes vom 26. Mai 1933 (RGBl. I S. 295), 5. März 1934 (RGBl. I S. 169) und der Verordnungen vom 21. März 1925 (RGBl. I S. 31), 8. Dezember 1931, 4. Teil Kap. V Art. 3 (RGBl. I S. 699), 28. September 1934 (RGBl. I S. 863) und 31. Dezember 1940 (RGBl. 1941 I S. 21) wird unter Aufhebung der Maklerordnung vom 6. Januar 1937 verordnet:

Bestellung und Entlassung der Kursmakler

§ 1

Die Kursmakler werden durch den zuständigen Minister des Landes Nordrhein-Westfalen bestellt und in seinem Auftrage durch den bei der Rheinisch-Westfälischen Börse zu Düsseldorf bestellten Staatskommissar darauf vereidigt, daß sie die ihnen obliegenden Pflichten getreu erfüllen werden.

§ 2

Vor der Bestellung der Kursmakler sind der Börsenvorstand und die Maklerkammer sowie die Industrie- und Handelskammer zu hören. Sie haben ihre Stellungnahme dem zuständigen Minister des Landes Nordrhein-Westfalen durch Vermittlung des Staatskommissars einzureichen.

§ 3

Der zum Kursmakler Bestellte erhält nach seiner Vereidigung von dem zuständigen Minister des Landes Nordrhein-Westfalen eine Bestallungsurkunde.

§ 4

Die Entlassung eines Kursmaklers kann erfolgen, wenn er sich einer groben Verletzung der ihm obliegenden Pflichten schuldig macht oder sich durch sein Verhalten in oder außer dem Amte der Achtung, des Ansehens und des Vertrauens, die sein Beruf erfordert, unwürdig zeigt oder zur Erfüllung seiner Amtspflichten dauernd unfähig wird. Die Entlassung erfolgt durch den zuständigen Minister des Landes Nordrhein-Westfalen nach Anhörung des Börsenvorstandes und der Maklerkammer. Der Minister entscheidet, ob ein Disziplinarverfahren der Entlassung voranzugehen hat. Er kann in dringenden Fällen einem Kursmakler die Ausübung seines Amtes vorläufig untersagen.

§ 5

Die Zulassung zum Besuch der Börse erfolgt durch die Bestellung zum Kursmakler.

Vertretung der Kursmakler

§ 6

Die Gesamtheit der Kursmakler an der Rheinisch-Westfälischen Börse zu Düsseldorf bildet die Maklerkammer. Sie wird durch ihren Vorstand vertreten, der aus einem Vorsitzenden und seinem Stellvertreter besteht. Ein Mitglied der Maklerkammer, in der Regel der Stellvertreter des Vorsitzenden, übernimmt den Schriftverkehr und die Kassenführung. Die Maklerkammer bestimmt, welche Kursmakler bei Verhinderung von Vorstandsmitgliedern deren Befugnisse übernehmen.

§ 7

Die Wahl des Vorstandes erfolgt für die Dauer von drei Kalenderjahren und hat spätestens einen Monat vor Ablauf der Wahlperiode stattzufinden. Die Vorstandsmitglieder werden von den Kursmaklern mit einfacher Stimmenmehrheit gewählt. Bei Stimmengleichheit entscheidet das Los. Die Wahl ist geheim. Wiederwahl ist zulässig. Scheiden Mitglieder des Vorstandes vorzeitig aus, so sind für den Rest der Wahlperiode innerhalb von vier Wochen Neuwahlen vorzunehmen. Die Namen der Vorstandsmitglieder sind dem Börsenvorstand unverzüglich mitzuteilen sowie durch Aushang in der Börse bekanntzugeben.

Für den auf Grund dieser Maklerordnung erstmalig zu wählenden Vorstand endet die Amtsdauer am 31. Dezember 1954.

§ 8

Der Vorstand hat u. a. folgende Aufgaben:

1. Die Aufsicht über die Kursmakler auszuüben; die dem Staatskommissar, dem Vorsitzenden des Börsenvorstandes oder den von ihm bestellten Organen zustehenden Befugnisse bleiben hiervon unberührt.
2. Unstimmigkeiten unter den Kursmaklern und aus dem Auftragsverhältnis zwischen einem Kursmakler und dem Auftraggeber auf Antrag des letzteren zu schlichten; unberührt hiervon bleiben die Befugnisse des Börsenvorstandes, sich hierbei jederzeit einzuschalten.
3. die im § 13 Abs. 2 genannten Beiträge und Umlagen zu erheben;
4. die Maklerkammer nach außen zu vertreten;
5. Sitzungen der Maklerkammer vorzubereiten, einzuberufen und zu leiten;
6. die Einnahmen und Ausgaben der Maklerkammer nach Maßgabe des Voranschlages zu verwalten sowie über Kapitalanlagen der Maklerkammer jährlich Rechnung zu legen;
7. Hilfskräfte der Maklerkammer anzustellen und zu beaufsichtigen;
8. soweit erforderlich, die Vertretung eines Kursmaklers bei Beurlaubung oder Erkrankung zu veranlassen und die hierfür von dem vertretenen Kursmakler zu leistende Vergütung festzusetzen.

§ 9

Der Vorstand kann Mitglieder der Maklerkammer beauftragen, bestimmte Aufgaben vorzubereiten oder durchzuführen. Vor wichtigen Entscheidungen ist die Maklerkammer zu hören.

§ 10

Der Vorsitzende, sein Stellvertreter und ggfs. andere Mitglieder der Maklerkammer üben ihr Amt ehrenamtlich aus. Sie haben Anspruch auf Erstattung der baren Auslagen, die durch Umlagen bei den Mitgliedern der Maklerkammer erhoben werden.

§ 11

Die Maklerkammer wird von dem Vorstand einberufen. Die Maklerkammer ist einzuberufen, wenn der bei der Börse bestellte Staatskommissar oder die Mehrheit der Kursmakler dies verlangen. Die Einladungen zu den Sitzungen der Maklerkammer erfolgen schriftlich unter Bekanntgabe der Tagesordnung. Dem Staatskommissar ist die Einberufung der Maklerkammer anzuzeigen. Dieser ist berechtigt, an den Sitzungen der Maklerkammer teilzunehmen oder einen Vertreter damit zu beauftragen.

§ 12

Über die Sitzungen sind Niederschriften anzufertigen, die vom Sitzungsleiter und dem Protokollführer zu unterzeichnen sind.

§ 13

Zum Anfang eines jeden Jahres ist vom Vorstand der Maklerkammer ein Voranschlag der Einnahmen und Ausgaben der Maklerkammer für das laufende Jahr aufzustellen und von der Maklerkammer zu beraten.

Zur Deckung der veranschlagten Ausgaben können von den Mitgliedern der Maklerkammer Beiträge und Umlagen erhoben werden, deren Höhe die Maklerkammer beschließt.

§ 14

Beschlüsse der Maklerkammer werden mit einfacher Stimmenmehrheit gefaßt. Bei Stimmengleichheit entscheidet die Stimme des Sitzungsleiters. Die Maklerkammer ist beschlußfähig, wenn mehr als die Hälfte der Mitglieder anwesend ist. Die von einer Beschlußfassung betroffenen Kursmakler haben sich der Stimme zu enthalten.

Rechte und Pflichten der Kursmakler

§ 15

Die Kursmakler sind verpflichtet, in allen Börsenversammlungen ohne Unterbrechung anwesend zu sein.

Beurlaubungen vom Börsenbesuch sind beim Vorstand der Maklerkammer zu beantragen. Dieser ist berechtigt, Urlaub bis zu einem Monat zu gewähren. Für die Erteilung eines längeren Urlaubs ist die Zustimmung des Börsenvorstandes erforderlich. Von jeder Beurlaubung über fünf Tage hat der Vorstand der Maklerkammer dem Börsenvorstand Mitteilung zu machen. Die Beurlaubungen dürfen den Börsenablauf nicht beeinträchtigen.

§ 16

Die Kursmakler haben für eine ordnungsmäßige Vertretung zu sorgen. Erfolgt die Vertretung nicht durch einen Kursmakler, so finden auf die Bestellung von Stellvertretern die Vorschriften der §§ 1 bis 5 mit der Maßgabe Anwendung, daß die Bestellung nur auf bestimmte Zeit erfolgt. Vor Ablauf der für die Vertretung bestimmten Zeit endigen die Befugnisse des Stellvertreters auch durch eine entsprechende Erklärung des von ihm vertretenen Kursmaklers. Der Kursmakler hat hiervon dem Vorstand der

Maklerkammer unverzüglich Kenntnis zu geben, der sofort dem Börsenvorstand und dem Staatskommissar Mitteilung zu machen hat.

Die Stellvertreter haben während der Dauer einer Vertretung die Rechte und Pflichten von Kursmaklern.

§ 17

Für die Kursfestsetzung gelten die Vorschriften der Börsenordnung.

§ 18

Die Kursmakler dürfen Geschäfte nur für diejenigen Börsenbesucher vermitteln, die im Besitze einer zum Abschluß von Börsengeschäften berechtigenden Börsenkarte sind.

Die Kursmakler sind zur Verschwiegenheit über die Aufträge verpflichtet, soweit nicht das Gegenteil durch die Parteien zugestanden oder durch die Art des Geschäftes geboten ist.

§ 19

Die Kursmakler müssen diejenigen Handelsgeschäfte, die sie im Rahmen des § 32 Abs. 1 Börsengesetz für eigene Rechnung oder in eigenem Namen abgeschlossen oder für die sie Bürgschaften übernommen haben, in ihren Tagebüchern vor Vollziehung der täglichen Unterschriften besonders kenntlich machen.

Geschäftsverteilung

§ 20

Die Geschäftsverteilung ist jeweils vor Ablauf eines Kalenderjahres auf Vorschlag des Vorstandes der Maklerkammer vom Börsenvorstand für das nächste Kalenderjahr vorzunehmen. Erforderlichenfalls kann die Geschäftsverteilung im Laufe des Jahres vom Börsenvorstand geändert werden. Vor der Änderung ist der Vorstand der Maklerkammer zu hören. Der Vorstand der Maklerkammer ist berechtigt und auf Antrag eines Mitgliedes der Maklerkammer verpflichtet, gegen eine Geschäftsverteilung innerhalb einer Woche schriftlich Einspruch beim Staatskommissar zu erheben. Der Börsenvorstand ist hiervon sofort in Kenntnis zu setzen.

Aufsicht und Disziplin

§ 21

Die Kursmakler unterstehen den Bestimmungen der Börsenordnung und den Anweisungen des Börsenvorstandes.

Beschwerden über die Amtstätigkeit eines Kursmaklers sind an die Maklerkammer zu richten, die dem Staatskommissar und dem Börsenvorstand sofort davon Kenntnis zu geben hat.

§ 22

Der Staatskommissar, der Börsenvorstand und die von diesem Beauftragten sowie der Vorstand der Maklerkammer sind befugt, die Hand- und Tagebücher der Kursmakler einzusehen, wobei die Namen der Auftraggeber zu verdecken sind.

§ 23

Kursmakler, die ihre Amtspflichten verletzen oder sich durch ihr Verhalten in oder außer dem Amt der Achtung, des Ansehens und des Vertrauens, die ihr Beruf erfordert, nicht in ausreichendem Maße würdig zeigen, unterliegen der Disziplinarbestrafung durch die Maklerkammer, soweit nicht der zuständige Minister des Landes Nordrhein-Westfalen gemäß § 4 die Entlassung verfügt.

§ 24

Die Disziplinarstrafen sind:

1. Verwarnung,
2. Verweis,
3. Geldstrafe bis 1500 DM,
4. Untersagung des Börsenbesuchs und der Amtsausübung bis zur Dauer von drei Monaten.

Die Untersagung des Börsenbesuchs und der Amtsausübung ist dem Börsenvorstand nach Rechtskraft der Entscheidung sofort anzuzeigen.

§ 25

Die Geldstrafen werden vom Vorstand der Maklerkammer eingezogen und einem besonderen Fonds zugeführt, aus dem der Vorstand der Maklerkammer Unterstützungen an Kursmakler oder deren Hinterbliebene gewähren kann.

Verfahren in Disziplinarsachen

§ 26

Der Vorstand der Maklerkammer beschließt über die Einleitung eines Disziplinarverfahrens. Über die Einleitung eines Disziplinarverfahrens gegen ein Vorstandsmitglied der Maklerkammer entscheidet der Staatskommissar.

Ein Disziplinarverfahren ist einzuleiten, wenn im Falle des § 4 Satz 3 der Minister anordnet, daß einer Entlassung ein Disziplinarverfahren voranzugehen hat.

§ 27

Die Hauptverhandlung in Disziplinarverfahren findet vor der Maklerkammer statt. Sie ist nicht öffentlich. Entscheidungen der Maklerkammer können nur unter Mitwirkung von mindestens drei Kursmaklern getroffen werden. Ein Rechtskundiger ist als Beirat zu der Hauptverhandlung hinzuzuziehen. Entscheidungen werden mit einfacher Stimmenmehrheit gefällt. Bei Stimmengleichheit entscheidet die Stimme des Verhandlungsleiters.

Gegen die Entscheidungen der Maklerkammer steht dem Staatskommissar und dem Betroffenen binnen eines Monats das Recht der Beschwerde an den zuständigen Minister des Landes Nordrhein-Westfalen zu. Die Beschwerde des Betroffenen ist über den Staatskommissar einzureichen.

§ 28

Auf das Verfahren finden im übrigen die Bestimmungen des Börsengesetzes über das Verfahren vor den Ehrengerichten (§§ 9—27) entsprechende Anwendung.

Allgemeine Bestimmungen

§ 29

Die Maklerordnung tritt am 1. November 1953 in Kraft.

E. Verordnung über die Zusammensetzung des Ehrengerichts an der Rheinisch-Westfälischen Börse zu Düsseldorf

Vom 27. Oktober 1953
(GVBl. NRW Ausg. A 1954 S. 41)

Auf Grund des § 9 Satz 3 des Börsengesetzes in der Fassung der Bekanntmachung vom 21. Mai 1908 (RGBl. S. 215) und der nachfolgenden Änderungen durch die Gesetze vom 23. Dezember 1920 (RGBl. S. 2317), 28. Dezember 1921 (RGBl. 1922 I S. 25), Art. IV des Gesetzes vom 26. Mai 1933 (RGBl. I S. 295), 5. März 1934 (RGBl. I S. 169) und der Verordnungen vom 21. März 1925 (RGBl. I S. 31), 8. Dezember 1931, 4. Teil Kap. V Art. 3 (RGBl. I S. 699), 28. September 1934 (RGBl. I S. 863) und 31. Dezember 1940 (RGBl. 1941 I S. 21) wird verordnet:

§ 1

Das Ehrengericht an der Rheinisch-Westfälischen Börse zu Düsseldorf besteht aus fünf ordentlichen und vier stellvertretenden Mitgliedern, die vom Börsenvorstand auf die Dauer von drei Kalenderjahren gewählt werden. Der Vorsitzende und sein Stellvertreter werden von den Mitgliedern des Ehrengerichts aus ihrer Mitte auf die Dauer von drei Kalenderjahren gewählt. Im Falle des Ausscheidens eines Mitglieds wählt der Börsenvorstand für den Rest der Amtsdauer einen Ersatzmann.

§ 2

Das Ehrengericht entscheidet in den Hauptverhandlungen in einer Besetzung von fünf stimmberechtigten Mitgliedern einschließlich des Vorsitzenden mit Stimmenmehrheit. Zu Beschlüssen außerhalb der Hauptverhandlung ist die Mitwirkung von drei stimmberechtigten Mitgliedern einschließlich des Vorsitzenden ausreichend.

§ 3

Diese Verordnung tritt am 1. November 1953 in Kraft.

4. Frankfurt a. M.

A. Börsenordnung für die Wertpapierbörse in Frankfurt a. M.

Vom 28. August 1948

I. Geschäftsumfang

§ 1

Die Frankfurter Wertpapierbörse dient dem Abschluß von Handelsgeschäften in Wertpapieren, Wechseln, Geld- und Zahlungsmitteln jeder Art, Münzen und Edelmetallen.

II. Börsenaufsicht, Staatskommissar

§ 2

Die unmittelbare Aufsicht über die Börse steht dem Finanzminister zu. Seiner Aufsicht unterliegen auch die dem Börsenverkehr dienenden Einrichtungen und Anstalten.

Mit der Wahrnehmung der unmittelbaren Aufsicht kann der Finanzminister den Staatskommissar oder eine andere staatliche Stelle beauftragen.

Die Satzungen bedürfen der Genehmigung des Finanzministers.

§ 3

Der Börsenvorstand ist verpflichtet, dem Staatskommissar auf Ersuchen Auskunft zu erteilen und ihn zu den Sitzungen des Vorstandes und seiner Ausschüsse einzuladen.

III. Finanzielle Verwaltung der Börse

§ 4

Die von den Börsenbesuchern zu leistenden Beiträge werden von dem Börsenvorstand im Einvernehmen mit der Industrie- und Handelskammer als der Eigentümerin der Börse und ihrer Einrichtungen festgesetzt.

Über die für besondere Leistungen zu erhebenden Gebühren sind Gebührenordnungen aufzustellen. Diese bedürfen der Genehmigung durch die Aufsichtsbehörde.

§ 5

Die Handelskammer stellt auf Anfordern und im Einvernehmen mit dem Börsenvorstand diesem und den sonstigen Börsenorganen die für die Geschäftsführung erforderlichen Beamten.

IV. Börsenvorstand und Börsenleitung

§ 6

Der Börsenvorstand besteht aus mindestens 7, höchstens 15 Mitgliedern, die der Wertpapierbörse angehören. Unter ihnen müssen sich wenigstens

1 Makler (Kursmakler und/oder freier Makler) und 1 Angestelltenvertreter befinden.

Die Mitglieder des Börsenvorstandes oder deren Firmen sollen Mitglieder der Handelskammer sein.

Zur Beschlußfähigkeit des Börsenvorstandes muß mehr als die Hälfte der Mitglieder anwesend sein.

§ 7

Das aktive und passive Wahlrecht zum Börsenvorstand steht den zur Börse mit der Befugnis zur selbständigen Teilnahme am Börsenhandel dauernd zugelassenen Personen zu.

Die Bestimmungen über die bei der Wahl einzuhaltenden Förmlichkeiten sind in der Wahlordnung für die Wertpapierbörse enthalten.

§ 8

Die Mitglieder des Börsenvorstandes werden auf die Dauer von drei Kalenderjahren gewählt. Die Wahl ist geheim. Die relative Stimmenmehrheit entscheidet und bei Stimmengleichheit das Los. Die Amtsdauer der gewählten Mitglieder beginnt mit dem auf die Wahl folgenden Monat.

Der Angestelltenvertreter wird von den nach § 17 Ziff. 1 zugelassenen Personen aus ihrer Mitte gewählt, er darf bei Beratungen über Angelegenheiten, die selbständige Börsenbesucher als solche angehen, nicht mitwirken.

§ 9

Am Ende eines jeden Kalenderjahres scheidet ein Drittel der Mitglieder des Börsenvorstandes aus. Die Wahl der neuen Mitglieder ist spätestens im Dezember durchzuführen. Eine Wiederwahl ist zulässig. Falls die Zahl der Vorstandsmitglieder nicht durch drei teilbar ist, wird die Anzahl der jeweils Ausscheidenden vom Staatskommissar bestimmt.

Scheidet ein Mitglied vor Ablauf seiner Amtsdauer aus, so tritt an seine Stelle dasjenige Börsenmitglied, das bei der Wahl die nächstmeisten Stimmen erhalten hatte.

Die Namen derjenigen Mitglieder, die mit Ablauf der ersten beiden Kalenderjahre nach der Neuwahl des Börsenvorstandes ausscheiden, werden durch das Los bestimmt.

§ 10

Der Börsenvorstand wählt nach jeder Umbildung aus seiner Mitte seinen Vorsitzer und dessen Stellvertreter. Seine Geschäftsordnung erläßt er selbst.

§ 11

Die Börsenleitung ist eine Obliegenheit des Börsenvorstandes. Zu seinen Aufgaben gehört insbesondere:

1. Beschlußfassung über die Zulassung zum Börsenbesuch, soweit die Entscheidung nicht einem besonderen Ausschuß übertragen ist.
2. Überwachung der die Börse betreffenden Bestimmungen.
3. Handhabung der Ordnung in den Börsenräumen, Erlaß von Bestimmungen über die äußere Regelung des Geschäftsverkehrs an der Börse und Ausübung der Disziplinargewalt bei Störung der Ordnung.

4. Aufsicht über die der Maklerkammer übertragene Kursfeststellung und Anordnung der Notierungsweise im amtlichen Kursblatt.
5. Festsetzung der Börsengeschäfts- und Börsenverkehrsbedingungen.
6. Zulassung von Wertpapieren zum Börsenterminhandel.
7. Entscheidung von Streitigkeiten aus Börsengeschäften nach Maßgabe der Börsen- und Geschäftsordnungen, soweit sie nicht unter § 22 fallen.

§ 12

Die Mitglieder des Börsenvorstandes haben für die Aufrechterhaltung der Ruhe und Ordnung an der Börse und in ihren Geschäftsräumen zu sorgen.

Jedes Mitglied des Börsenvorstandes ist befugt, Börsenbesucher, welche die Ordnung, die Ruhe, den Anstand in den Börsenräumen verletzen oder den Anordnungen des Börsenvorstandes nicht Folge leisten, sofort und ohne Erörterung der Ursache entfernen zu lassen. In diesem Falle ist noch an demselben Tage dem Börsenvorstand schriftlich Bericht zu erstatten.

Der Börsenvorstand ist befugt, Personen, welche den Bestimmungen der Börsenordnung oder seinen Anordnungen zuwiderhandeln, Ladungen keine Folge leisten oder Auskünfte verweigern, einen Verweis zu erteilen, eine Ordnungsstrafe bis zur Höhe von DM 5000,— aufzuerlegen oder sie bis zur Dauer von drei Monaten auszuschließen. In letzterem Falle kann er auch die übrigen Inhaber oder Vertreter der Firma für die gleiche Zeit ausschließen.

Gegen die Verhängung einer Disziplinarstrafe ist eine Beschwerde innerhalb einer Woche an die Aufsichtsbehörde zulässig.

V. Börsenbesuch

§ 13

Alle Börsenbesucher sind den Bestimmungen der Börsenordnung, sowie den für die Börse geltenden Geschäftsbedingungen und sonstigen Usancen unterworfen.

§ 14

Über die Zulassung zum Börsenbesuch entscheidet der Börsenvorstand oder die von ihm bestimmte Zulassungskommission. In dem schriftlichen Antrag sind drei Gewährsmänner namhaft zu machen, die der Börse seit mindestens 2 Jahren angehören müssen.

Die Gewährsmänner haben auf Anfordern dem Börsenvorstand eine eingehende Auskunft über den Antragsteller, insbesondere über seinen Leumund und seine Vermögensverhältnisse zu erstatten.

Kursmakler und ihre Stellvertreter sind kraft ihres Amtes zur Börse zugelassen. Sie sind von der Verpflichtung, Börsenbeiträge zu leisten, nicht befreit.

Die Zulassung ausländischer Staatsangehöriger bedarf der Genehmigung des Finanzministers.

§ 15

Dauernd und mit der Befugnis zur Teilnahme am Börsenhandel können unter der Voraussetzung der Volljährigkeit zum Börsenbesuch zugelassen werden:

1. Inhaber einer Firma,
2. Gesellschafter einer offenen Handelsgesellschaft,
3. Vorstandsmitglieder und leitende Direktoren einer Aktiengesellschaft oder Kommanditgesellschaft auf Aktien,
4. persönlich haftende Gesellschafter einer Kommanditgesellschaft oder Kommanditgesellschaft auf Aktien,
5. Geschäftsführer einer Gesellschaft mit beschränkter Haftung,
6. Vorstandsmitglieder einer eingetragenen Genossenschaft, wenn die von ihnen vertretene Firma ein Bank- oder Börsengeschäft betreibt und in das Handelsregister eingetragen ist,
7. Vorstandsmitglieder von öffentlichen Bankanstalten.

Die Zulassung der in Abs. 1 bezeichneten Personen ist abzulehnen, wenn die Bestimmungen von § 18 entgegenstehen oder dem Börsenvorstand Umstände bekannt sind, welche die Befürchtung rechtfertigen, daß der Antragsteller den Anforderungen, die an einen am Börsenhandel teilnehmenden Besucher zu stellen sind, nicht entsprechen wird.

Die Zulassung kann zurückgenommen werden, wenn sich herausstellt, daß sie in Unkenntnis von Tatsachen gewährt wurde, bei deren Kenntnis der Antrag auf Zulassung abgelehnt worden wäre.

§ 16

In geeigneten Fällen können an Stelle der in § 15 bezeichneten Personen Prokuristen oder Bevollmächtigte eines Betriebes als Börsenbesucher dauernd und mit der Befugnis zur Teilnahme am Börsenhandel zugelassen werden. Die Zulassung kann jederzeit ohne Angabe von Gründen zurückgenommen werden.

§ 17

Zum Börsenbesuch können auf schriftlichen Antrag des Geschäftsherrn nach freiem Ermessen des Börsenvorstandes zugelassen werden:

1. Kaufmännische Angestellte (stellvertretende Direktoren, Abteilungsdirektoren, Prokuristen und kaufmännische Angestellte) eines gemäß § 15 zugelassenen Börsenbesuchers, eines Kursmaklers oder eines freien Maklers oder einer der im § 15 genannten Gesellschaften, Genossenschaften oder Bankanstalten, sofern diese durch mindestens einen gemäß § 15 zugelassenen Börsenbesucher an der Börse vertreten sind;
2. Berichterstatter der Presse;
3. Personen, die für eine Börseneinrichtung oder ein dem Börsenhandel dienendes Hilfsgewerbe tätig sind;
4. andere Personen, die ein besonderes Interesse nachweisen, nach freiem Ermessen.

Die unter Ziffer 1 genannten Personen dürfen nur im Namen und für Rechnung des Geschäftsherrn am Börsenhandel teilnehmen. Die unter Ziffer

2—4 genannten Personen dürfen an dem Börsenhandel überhaupt nicht teilnehmen. Der Börsenvorstand muß die Zulassung zurücknehmen, wenn der Zugelassene unbefugt am Börsenhandel teilnimmt.

Die genannten Personen werden jeweils für ein Kalenderjahr oder für die Dauer des Angestelltenverhältnisses zugelassen. § 15 Abs. 3 gilt entsprechend.

Der vorübergehende Besuch kann nach Maßgabe der Geschäftsordnung Personen gestattet werden, die durch ein Börsenmitglied eingeführt werden. Die Teilnahme am Börsenhandel ist ihnen untersagt.

§ 18

Zum Börsenbesuch dürfen nicht zugelassen werden:

1. Personen, welche sich nicht im Besitze der bürgerlichen Ehrenrechte befinden;
2. Personen, welche infolge gerichtlicher Anordnung in der Verfügung über ihr Vermögen beschränkt sind;
3. Personen, welche wegen einfachen oder betrügerischen Bankerotts rechtskräftig verurteilt sind;
4. Personen, welche sich im Zustande der Zahlungsunfähigkeit befinden. Als zahlungsunfähig im Sinne dieser Vorschrift gilt schon, wer seinen Gläubigern über unstreitige Schuldverbindlichkeiten Vergleichsvorschläge macht oder eine unstreitige und fällige Schuldverbindlichkeit unberichtigt läßt. Unstreitigen Schuldverbindlichkeiten stehen solche gleich, die durch rechtskräftiges Urteil oder Schiedsspruch eines Börsenschiedsgerichts oder durch den für vollstreckbar erklärten Schiedsspruch eines anderen Schiedsgerichts festgestellt sind;
5. Personen, gegen welche durch rechtskräftige oder für sofort wirksam erklärte ehrengerichtliche Entscheidung auf Ausschließung von dem Besuche einer Börse erkannt ist.

§ 19

Vom Börsenbesuch sind auszuschließen:

1. Börsenbesucher, bei denen die Voraussetzungen des § 18 Ziff. 1 bis 5 nach der Zulassung eingetreten sind;
2. Börsenbesucher, die wegen eines gemeinen Vergehens rechtskräftig zu einer Freiheitsstrafe verurteilt worden sind.

Der Börsenvorstand kann vom Börsenbesuch ausschließen:

1. Personen, welche trotz erfolgter Mahnung ihre Verpflichtungen aus den an der Börse abgeschlossenen Geschäften nicht erfüllen oder die trotz erfolgter Mahnung ihren Börsenbeitrag nicht entrichten;
2. Börsenbesucher, welche wiederholt den Vorschriften des § 13 zuwiderhandeln.

Soweit die Ausschlußgründe gegen Gesellschaften oder Genossenschaften vorliegen, sind ihre zur Börse zugelassenen Vertreter auszuschließen.

Wird ein Inhaber oder Vertreter einer Firma von der Börse ausgeschlossen, so können durch Beschluß des Börsenvorstandes auch die übrigen Inhaber oder Vertreter dieser Firma, die zum Börsenbesuch zugelassen sind, ausgeschlossen werden.

§ 20

Gegen eine Entscheidung des Börsenvorstandes, durch die eine Zulassung verweigert oder zurückgenommen oder das einstweilige Ruhen des Rechts zum Börsenbesuch oder der Ausschluß vom Börsenbesuch angeordnet wird, steht dem Betroffenen das Recht der Beschwerde an die Aufsichtsbehörde zu.

Das gleiche gilt für Entscheidungen des Börsenvorstandes, durch die eine Ordnungsstrafe festgesetzt wird.

Die Beschwerde ist nur innerhalb einer Woche nach Zustellung der Entscheidung zulässig. Die Beschwerde hat keine aufschiebende Wirkung.

VI. Ehrengericht und Schiedsgericht

§ 21

Das Ehrengericht an der Frankfurter Wertpapierbörse besteht aus 5 ordentlichen und 3 stellvertretenden Mitgliedern, die alljährlich aus dem Kreis der Börsenbesucher vom Börsenvorstand ernannt werden. Der Syndikus der Handelskammer nimmt an den Sitzungen des Ehrengerichts mit beratender Stimme teil. Das Ehrengericht wählt alljährlich einen Vorsitzer und dessen Stellvertreter. Für das Verfahren sind §§ 10 und 27 Börsengesetz maßgebend.

Das Ehrengericht entscheidet in einer Besetzung von 3, in Hauptverhandlungen in einer Besetzung von 5 stimmberechtigten Mitgliedern. Bei Verfahren gegen selbständige Börsenbesucher dürfen Börsenbesucher, die nach § 16 zugelassen sind, nicht mitwirken.

Über einen Antrag auf Ablehnung eines Richters entscheidet das Ehrengericht. Gegen den Beschluß des Ehrengerichtes, durch welchen der Ablehnungsantrag für unbegründet erklärt wird, ist Beschwerde an die Aufsichtsbehörde zulässig. Die Beschwerde hat keine aufschiebende Wirkung.

Wird ein Inhaber, Teilhaber oder Vertreter einer Firma durch ehrengerichtliche Entscheidung von der Börse zeitweilig oder dauernd ausgeschlossen, so können auch die übrigen Teilhaber, Vertreter und Angestellte der Firma für den gleichen Zeitraum vom Börsenbesuch ausgeschlossen werden.

§ 22

Der Börsenvorstand bestellt alljährlich ein Schiedsgericht zur Entscheidung von Streitigkeiten aus Geschäften, die an der Börse zwischen Börsenbesuchern abgeschlossen sind.

Das Schiedsgericht besteht wenigstens aus 3 ordentlichen und 5 stellvertretenden Mitgliedern. Die ordentlichen Mitglieder müssen dem Börsenvorstand angehören, die Stellvertreter zur Teilnahme am Börsenhandel nach §§ 15 und 17 Ziff. 1 zugelassen sein.

Das Schiedsgericht entscheidet in einer Besetzung von 3 Richtern, von denen mindestens 2 selbständige Börsenbesucher sein müssen. Ein Mitglied des erkennenden Gerichts muß dem Börsenvorstand angehören.

Die Verfahrensbestimmungen sind in der Schiedsgerichtsordnung für die Wertpapierbörse enthalten.

§ 23

Der Börsenvorstand beruft alljährlich einen Ausschuß zur Entscheidung von Streitigkeiten über die Lieferbarkeit von Wertpapieren, der aus 3 ordentlichen und 3 stellvertretenden Mitgliedern besteht (Gutachter-Ausschuß).

Die näheren Bestimmungen sind in der Schiedsgerichtsordnung enthalten.

VII. Börsenversammlung und Feststellung der Kurse

§ 24

Die Börsenversammlungen finden im Börsengebäude statt. Der Börsenvorstand bestimmt, an welchen Tagen und zu welchen Zeiten Börsenversammlungen abgehalten werden.

Die Beschlüsse sind durch Aushang im Börsensaal bekanntzumachen.

§ 25

Die amtliche Feststellung der Kurse und deren Veröffentlichung wird durch die Kursmakler vorgenommen.

§ 26

Für die Kursfestsetzung gelten folgende Grundsätze: Es wird der Kurs bezeichnet mit:

1. „bezahlt", wenn sämtliche Aufträge erledigt wurden,
2. „bezahlt und Geld", wenn Kaufaufträge nicht vollständig erledigt wurden,
3. „bezahlt und Brief", wenn Verkaufsaufträge nicht vollständig erledigt wurden,
4. „etwas bezahlt und Geld" oder „etwas bezahlt und Brief", wenn nur unbedeutende Abschlüsse zustande gekommen sind und die vorliegenden Aufträge nicht vollständig erledigt wurden,
5. „Geld", wenn nur Nachfrage, „Brief" wenn nur Angebot vorhanden war,
6. „Strich", wenn Ziffer 1—5 nicht zutreffen. Durch Beschluß der Maklerkammer kann auch in anderen Fällen die Streichung des Kurses verfügt werden.

§ 27

Im Kursblatt können auch Kurse von Wertpapieren veröffentlicht werden, die nicht zum amtlichen Handel zugelassen sind, aber mit Zustimmung des Vorstandes an der Frankfurter Börse gehandelt werden. Diese Kursnotierungen müssen im Kursblatt von den Papieren mit amtlicher Kursfestsetzung deutlich getrennt gehalten werden.

VIII. Zulassung von Wertpapieren zum Börsenhandel und Börsenzeithandel

§ 28

Zur Entscheidung über die Zulassung von Wertpapieren zum Handel an der Frankfurter Wertpapierbörse ist ein besonderer Ausschuß (Zulassungsstelle) zu bilden, der aus mindestens 12 Mitgliedern besteht, zu denen bei Bedarf noch stellvertretende Mitglieder kommen. Der Ausschuß muß zur Hälfte aus Personen bestehen, die nicht berufsmäßig am Börsenhandel mit Wertpapieren beteiligt sind.

Die Mitglieder werden, soweit sie dem Wertpapierhandel angehören, vom Börsenvorstand, im übrigen durch die Handelskammer auf die Dauer von 3 Jahren ernannt. Die Vorschrift von § 9 Abs. 3 findet entsprechende Anwendung. Die Zulassungsstelle wählt alljährlich aus ihrer Mitte einen Vorsitzer und dessen Stellvertreter.

Die Zulassungsstelle führt die Entscheidung regelmäßig im schriftlichen Verfahren dadurch herbei, daß sie durch gleichlautende Schreiben alle an der Beratung beteiligten Mitglieder der Zulassungsstelle zur Stellungnahme auffordert. Ein Beschluß ist gefaßt, wenn die Mehrzahl der stimmberechtigten Mitglieder sich übereinstimmend geäußert hat. Jedes Mitglied der Zulassungsstelle kann verlangen, daß die Entscheidung durch Abstimmung nach mündlicher Verhandlung erfolgen soll. Einem solchen Antrag hat der Vorsitzer durch Einberufung einer Sitzung unverzüglich zu entsprechen.

In der mündlichen Verhandlung ist die Zulassungsstelle bei Anwesenheit von mindestens 6 Mitgliedern beschlußfähig; bei Stimmengleichheit entscheidet die Stimme des Vorsitzers.

§ 29

Der Antrag auf Zulassung von Wertpapieren zum Börsenhandel muß von einer an der Frankfurter Börse vertretenen Bank oder Bankfirma gestellt werden.

Gegen die Entscheidung der Zulassungsstelle, wonach ein Wertpapier zum Handel an der Börse nicht zugelassen wird oder ein bereits eingeführtes Papier von der Notierung ausgeschlossen wird, steht dem Emittenten binnen 14 Tagen die Beschwerde an die Aufsichtsbehörde zu.

Für die Zulassungen an der Frankfurter Börse sind Gebühren zu entrichten nach einem vom Börsenvorstand festgesetzten Tarif.

§ 30

Der Börsenvorstand entscheidet über die Zulassung von Wertpapieren zum Börsenzeithandel; diese kann zurückgenommen werden.

Vor der Zulassung sind die Geschäftsbedingungen für den Börsenzeithandel in den zuzulassenden Wertpapieren festzusetzen. Der Antrag ist durch Aushang in den Börsensälen bekanntzumachen. Zwischen der Beschlußfassung über die Zulassung zum Börsenzeithandel und der Notierung muß ein Zeitraum von mindestens 3 Tagen liegen.

Anteile einer inländischen Erwerbsgesellschaft dürfen nur mit Zustimmung der Gesellschaft zum Börsenzeithandel zugelassen werden.

Die Zulassung von Wertpapieren zum Börsenzeithandel ist dem Hessischen Staatsministerium anzuzeigen.

IX. Schluß- und Überleitungsbestimmungen

§ 31

Die Mitglieder des Börsenvorstandes, des Ehrengerichts und der anderen Börseneinrichtungen üben ihr Amt ehrenamtlich aus.

§ 32

Die Mitglieder und Beamten des Börsenvorstandes und der anderen Börsenorgane sind verpflichtet, über Vorgänge, von denen sie amtlich Kenntnis erhalten, Amtsverschwiegenheit zu bewahren, soweit nicht im Einzelfall die Vertraulichkeit aufgehoben ist.

Vorstehende Börsenordnung tritt am 1. September 1948 in Kraft.

B. Geschäftsordnung für den Vorstand der Wertpapierbörse in Frankfurt a. M.

§ 1

Der Börsenvorstand der Wertpapierbörse konstituiert sich in seiner ersten auf die Wahl folgenden Sitzung, indem er aus seiner Mitte den Vorsitzer und dessen Stellvertreter wählt.

Auf Verlangen auch nur eines Mitgliedes wird die Wahl mittels Abgabe von Stimmzetteln durchgeführt.

Bis zum Abschluß der Wahl führen der bisherige Vorsitzer und dessen Stellvertreter die Amtsgeschäfte fort.

§ 2

Die Einladungen zu den Sitzungen ergehen durch den Vorsitzer schriftlich unter Bekanntgabe der Tagesordnung.

Die Einberufung des Vorstandes steht im Ermessen des Vorsitzers. Dieser ist verpflichtet, eine Sitzung anzuberaumen, wenn mindestens die Hälfte der Mitglieder des Vorstandes unter Angabe der zu behandelnden Gegenstände einen dahingehenden Antrag stellen.

Von jeder Sitzung ist der Staatskommissar zu benachrichtigen.

§ 3

Der Vorstand ist beschlußfähig, wenn mehr als die Hälfte der Mitglieder anwesend sind. Bei Abstimmungen entscheidet die Stimmenmehrheit der Anwesenden. Bei Stimmengleichheit gibt die Stimme des Vorsitzers den Ausschlag, bei Wahlen entscheidet bei Stimmengleichheit das Los.

Die Abstimmung hat durch Stimmzettel oder namentlich zu geschehen, wenn dies von einem Viertel der Anwesenden beantragt wird.

Über Gegenstände, die nicht auf der Tagesordnung stehen, kann verhandelt und beschlossen werden, wenn kein Widerspruch erhoben wird.

Über die Verhandlung in den Sitzungen ist ein Protokoll aufzunehmen, das mindestens die gefaßten Beschlüsse enthalten muß. Es ist vom Vorsitzer und dem Protokollführer zu unterzeichnen.

§ 4

Für die Geschäftsführung stellt die Industrie- und Handelskammer dem Börsenvorstand und den sonstigen Börsenorganen auf Anforderung und im Einvernehmen mit dem Börsenvorstand die erforderlichen Beamten.

An den Sitzungen des Vorstandes hat der Syndikus teilzunehmen. Ein Stimmrecht steht ihm nicht zu.

§ 5

Schriftliche Erklärungen des Vorsitzers sollen vom Syndikus gegengezeichnet sein. In eiligen Fällen oder in minderwichtigen Angelegenheiten genügt die Unterschrift des Vorsitzers oder des Syndikus. Erklärungen, durch welche eine Verbindlichkeit der Wertpapierbörse begründet wird, müssen die Unterschrift des Vorsitzers oder des stellvertretenden Vorsitzers tragen und vom Syndikus gegengezeichnet sein.

§ 6

Der Vorstand kann einzelne Mitglieder oder aus seiner Mitte gebildete Ausschüsse mit der Vorbereitung und, soweit die Bestimmungen der Börsenordnung nicht entgegenstehen, auch mit der Erledigung einzelner ihm unterstehenden Angelegenheiten beauftragen.

Auf die Ausschüsse finden die vorstehenden Bestimmungen entsprechende Anwendung. Der Vorsitzer solcher Ausschüsse wird von dem Vorsitzer des Vorstandes ernannt, der die Bestellung vorgenommen hat.

§ 7

Bei Anträgen auf Zulassung mit der Befugnis zur selbständigen Teilnahme am Börsenhandel können als Gewährsmänner nur selbständige Börsenbesucher angegeben werden. Bei Anträgen von anderen Personen können auch andere Börsenbesucher benannt werden.

§ 8

Der Antrag auf Zulassung ist für die Dauer einer Woche durch Aushang bekanntzumachen. Während dieser Frist kann jeder Börsenbesucher gegen die Zulassung Einspruch erheben, der zu begründen ist. Erst nach Ablauf der Frist darf die vom Vorstand beschlossene Zulassung dem Antragsteller bekanntgegeben werden.

§ 9

Über Beschwerden gegen Anordnungen des Vorsitzers entscheidet der Vorstand.

Beschwerden, die sich gegen Beschlüsse des Vorstandes richten, sind an die Aufsichtsbehörde weiterzuleiten. Die Frist für die Einlegung einer Beschwerde beträgt eine Woche nach der Bekanntgabe der angefochtenen Anordnung. Ein Beschwerderecht steht nur demjenigen zu, der durch die Anordnung beschwert ist.

Diese Bestimmung findet nur Anwendung, soweit in der Börsenordnung und den dazu ergangenen Vorschriften nicht ausdrücklich eine andere Regelung vorgesehen ist.

§ 10

Bekanntmachungen des Vorstandes sind vom Vorsitzer oder dessen Stellvertreter und in dessen Behinderungsfall vom dienstältesten Vorstandsmitglied zu vollziehen.

Die Bekanntmachungen erfolgen durch Aushang in der Börse und in geeigneten Fällen durch Veröffentlichung im Kursblatt der Maklerkammer.

§ 11

Dem Vorstand liegt die Leitung der Wertpapierbörse nach Maßgabe der gesetzlichen Bestimmungen und der ihm nach der Börsenordnung übertragenen Geschäfte ob. Er hat insbesondere folgende Aufgaben:

1. Entscheidung über die Zulassung zum Börsenbesuch, sowie die Ausschließung vom Börsenbesuch (§ 11 Ziff. 1, §§ 13—20 BO).
2. Wahrung der Ordnung in den Börsenräumen und Ausübung der Disziplinargewalt (§ 11 Ziff. 3 und § 12 BO).
3. Festsetzung der Börsentage und Börsenzeiten für die Wertpapierbörse (§ 24 BO).
4. Festsetzung der Börsengeschäfts- und Börsenverkehrsbedingungen für die Wertpapierbörse (§ 11 Ziff. 5 BO).
5. Zulassung von Wertpapieren zur fortlaufenden Kassa-Notierung und zum Börsenzeithandel (§ 11 Ziff. 6 und § 26 BO).
6. Festsetzung der Gebührenordnung für die bei der Wertpapierbörse zu leistenden Beiträge und sonstigen Gebühren (§ 4 BO).
7. Wahl des Schiedsgerichts der Wertpapierbörse sowie der Erlaß von Bestimmungen über das Verfahren und die zu erhebenden Gebühren (§ 22 BO).
8. Wahl des Ausschusses (Gutachter-Ausschusses) zur Entscheidung von Streitigkeiten über die Lieferbarkeit von Wertpapieren (§ 23 BO).
9. Wahl der Mitglieder für die Zulassungsstelle (§ 28 BO).
10. Entscheidung von Streitigkeiten nach Maßgabe der Börsenordnung, soweit nicht das Schiedsgericht oder ein Ausschuß dafür zuständig ist.

§ 12

Besondere Bestimmungen sind enthalten:

1. in der Wahlordnung,
2. in der Schiedsgerichtsordnung,
3. in der Gebührenordnung.

C. Wahlordnung für die Frankfurter Wertpapierbörse

Vom 1. Dezember 1947

§ 1

Zahl der zu wählenden Mitglieder des Börsenvorstandes

Zu wählen sind 10 Mitglieder aus dem Kreis der mit der Befugnis zur Teilnahme am Börsenhandel dauernd zugelassenen Personen, unter denen ein Makler sein muß, und außerdem ein Vertreter der Angestellten, die zum Börsenbesuch zugelassen sind.

§ 2

Wahlrecht

Bei der Wahl der 10 Mitglieder aus dem Kreise der mit der Befugnis zur Teilnahme am Börsenhandel dauernd zugelassenen Personen können nur diese Personen wählen und gewählt werden.

Der Angestelltenvertreter wird von den zum Börsenhandel zugelassenen Angestellten aus ihrer Mitte gewählt.

Jede wahlberechtigte Person hat eine Stimme.

§ 3

Wahlvorbereitungen

Die Wahlvorbereitungen werden vom Wahlausschuß durchgeführt. Er stellt die Wählerliste auf, bestimmt den Wahltermin und sorgt für dessen Bekanntgabe bei den Börsenmitgliedern. Der Wahlausschuß setzt sich zusammen aus einem Vorsitzenden und zwei Beisitzern, die vom Börsenvorstand berufen werden. Die Wählerliste ist bei drei Börsenversammlungen sowie eine Woche lang im Geschäftszimmer der Börse öffentlich auszulegen. Einwendungen gegen die Liste sind bis zum Ablauf einer Woche nach beendigter Auslegung beim Wahlausschuß anzubringen. Nach Ablauf dieser Frist beschließt der Wahlausschuß über die erhobenen Einwendungen und stellt die Wählerliste fest. Gegen Entscheidungen des Wahlausschusses kann innerhalb einer Woche Beschwerde beim Börsenvorstand eingelegt werden.

Nach Feststellung der Wählerliste hat der Wahlausschuß den Wahltermin, das Wahllokal und die Wahlzeit zu bestimmen und bekanntzumachen.

§ 4

Wahlvorschläge

Der Börsenvorstand stellt im Einvernehmen mit den Börsenmitgliedern je einen Wahlvorschlag für die mit der Befugnis zur Teilnahme am Börsenhandel dauernd zugelassenen Personen und den Angestelltenvertreter auf. Jeder Wahlvorschlag muß mindestens um die Hälfte mehr an Namen enthalten, als Mitglieder in den Börsenvorstand zu wählen sind.

Die Namen der Vorgeschlagenen sind nach der Buchstabenfolge zu ordnen. Außerdem können auch Wahlvorschläge aus dem Kreis der Börsenbesucher eingebracht werden; sie müssen von mindestens 10 wahlberechtigten Börsenbesuchern der gleichen Wählergruppe unterzeichnet werden.

Die Wahlvorschläge sind bei drei Börsenversammlungen und mindestens eine Woche lang vor dem Wahltermin im Börsenbüro zur Einsichtnahme auszulegen.

§ 5

Wahlhandlung

Die Leitung der Wahl liegt in den Händen des Wahlleiters, der vom Börsenvorstand bestimmt wird. Ihm stehen zwei Beisitzer zur Seite, die ebenfalls vom Börsenvorstand berufen werden.

Der Wahlleiter prüft die Wahlberechtigung, die durch die Mitgliedskarte oder die Wählerliste nachgewiesen wird. Es wird in geheimer Abstimmung mit Stimmzetteln gewählt, die in eine verschlossene Wahlurne einzulegen sind. Der Wähler kennzeichnet die von ihm zu wählenden Personen durch Ankreuzen der Namen.

Gewählt sind diejenigen Personen, welche die meisten Stimmen erhalten haben. Bei Stimmengleichheit entscheidet das Los.

§ 6

Feststellung des Wahlergebnisses

Über die Wahlhandlung ist eine Niederschrift anzufertigen. In dieser sind nach der Stimmenzählung das Ergebnis der Wahl und die gewählten Mitglieder des Börsenvorstandes festzustellen. In der Niederschrift sind alle wesentlichen zur Wahlhandlung gehörigen und während derselben eintretenden Vorkommnisse zu erwähnen. Die Niederschrift ist von dem Wahlleiter und den Beisitzern zu unterzeichnen.

§ 7

Ergänzung des Börsenvorstandes (Ersatzwahl)

Scheidet ein Mitglied des Börsenvorstandes während der Dauer einer Wahlperiode aus, so tritt die mit der nächsthöchsten Stimmenzahl gewählte Person als Nachfolger in den Börsenvorstand ein.

§ 8

Bekanntgabe des Wahlergebnisses

Das Wahlergebnis ist den Gewählten und den Börsenmitgliedern in geeigneter Weise bekanntzugeben. Einwendungen gegen die Wahl müssen binnen einer Woche nach der Bekanntgabe bei dem Wahlausschuß angebracht werden, der endgültig entscheidet.

D. Schiedsgerichtsordnung der Wertpapierbörse in Frankfurt a. M.

Zuständigkeit

§ 1

Das Schiedsgericht der Wertpapierbörse ist zuständig für die Entscheidung von Streitigkeiten aus an der Börse zwischen Börsenbesuchern geschlossenen Geschäften. Das Schiedsgericht kann auch in anderen Fällen entscheiden, wenn beide Parteien die Zuständigkeit des Schiedsgerichts besonders vereinbaren.

Streitigkeiten über die Lieferbarkeit von Wertpapieren, Zins- und Gewinnanteilscheinen, sowie Streitigkeiten über die Auslegung der Bedingungen für die Geschäfte an der Frankfurter Wertpapierbörse oder über Handels- oder Börsenbräuche werden nicht vom Schiedsgericht, sondern im vereinfachten Verfahren von dem Gutachterausschuß entschieden.

§ 2

Soweit der Streitwert den Betrag von 10 000 DM nicht übersteigt, ist das Schiedsgericht der Börse ausschließlich zuständig. Übersteigt der Streitwert den Betrag von 10 000 DM, so hat der Kläger die Wahl zwischen dem Schiedsgericht der Börse und dem ordentlichen Rechtsweg.

Das Schiedsgericht kann in jeder Lage des Verfahrens durch Beschluß die Parteien auf den ordentlichen Rechtsweg verweisen; einer Begründung bedarf ein solcher Beschluß nicht.

Zusammensetzung des Schiedsgerichts

§ 3

Zur Entscheidung der Streitsache beruft der Vorsitzende des Schiedsgerichts aus der gemäß § 22 der Börsenordnung festgestellten Schiedsrichterliste eine Spruchkammer aus 3 Mitgliedern; gleichzeitig bestimmt er, wenn er nicht selbst oder sein Stellvertreter der Spruchkammer angehört, wer Obmann der Spruchkammer ist. Ein Mitglied der Spruchkammer muß dem Börsenvorstand angehören, 2 Mitglieder müssen zu den gemäß § 15 Abs. 1 zugelassenen Börsenbesuchern gehören.

§ 4

Beiden Parteien steht das Recht zu, Mitglieder der Spruchkammer abzulehnen, wenn Gründe vorliegen, die geeignet sind, Mißtrauen gegen die Unparteilichkeit eines Schiedsrichters zu rechtfertigen. Diese Gründe sind glaubhaft zu machen.

Über die Ablehnung entscheiden die nicht abgelehnten Mitglieder der Spruchkammer und, wenn alle Mitglieder abgelehnt werden, der Vorsitzende des Schiedsgerichts oder sein Stellvertreter.

Wird die Ablehnung für begründet erklärt, so beruft der Vorsitzende für die Spruchkammer ein anderes Mitglied.

Nach Beginn der mündlichen Verhandlung zur Sache ist eine Ablehnung nicht mehr möglich.

Klage

§ 5

Die Klage wird schriftlich erhoben. Sie muß enthalten:

1. die Bezeichnung der Parteien,
2. die bestimmte Angabe des Gegenstandes und des Grundes des erhobenen Anspruchs,
3. einen bestimmten Antrag.

Die Klageschrift ist in 4facher Ausfertigung bei dem Vorsitzenden des Schiedsgerichts einzureichen.

§ 6

Der Vorsitzende des Schiedsgerichts stellt die Urschrift der Klage dem Beklagten mit eingeschriebenem Brief oder gegen Empfangsschein zu. Gleichzeitig teilt er den Parteien die Zusammensetzung der Spruchkammer mit. Die 3 Abschriften der Klage übersendet er den 3 Schiedsrichtern.

Etwaige weitere Schriftsätze sind in 4facher Ausfertigung dem Obmann der Spruchkammer einzureichen.

Fristen

§ 7

Die Klage muß innerhalb einer Ausschlußfrist von 3 Monaten, nachdem der Kläger von seinem Anspruch Kenntnis erlangt hat, erhoben werden. Ist die Klage fristgemäß vor dem Schiedsgericht erhoben, verweist dieses aber die Parteien auf den ordentlichen Rechtsweg, so beginnt die Ausschlußfrist von 3 Monaten erneut mit der Bekanntgabe der Entscheidung des Schiedsgerichts an den Kläger.

Der Ausschlußfrist unterliegen nicht Forderungen, die ihrer Höhe nach mündlich oder schriftlich anerkannt sind, die in laufender Rechnung gebucht sind oder die sich aus Geschäften ergeben, deren Erfüllung durch Unterpfand sichergestellt ist.

Verhandlung

§ 8

Der Obmann bestimmt alsbald einen Termin zur mündlichen Verhandlung.

Der Obmann hat alle Maßnahmen zu treffen, die angebracht erscheinen, damit der Rechtsstreit tunlichst in einer mündlichen Verhandlung erledigt wird; er kann zu dem Zwecke insbesondere die Ladung von Zeugen und die Vorlage von Urkunden, Büchern usw., auch das persönliche Erscheinen der Parteien anordnen.

§ 9

Die Parteien können sich auf Grund schriftlicher Vollmacht vertreten lassen.

Will eine Partei sich durch einen Rechtsanwalt vertreten lassen, so hat sie dies dem Gegner mindestens 3 Tage vor dem Verhandlungstermin mitzuteilen.

§ 10

Bleibt eine Partei im Verhandlungstermin aus, so können die in der Klageschrift oder den weiteren vorbereitenden Schriftsätzen mitgeteilten tatsächlichen Behauptungen der Gegenpartei als zugestanden angesehen werden, wenn die ausgebliebene Partei die tatsächliche Behauptung nicht in einem Schriftsatz ausdrücklich bestritten hat, und wenn ferner feststeht, daß die ausgebliebene Partei die Ladung zum Verhandlungstermin erhalten hat. Im übrigen findet ein Versäumnisverfahren nicht statt.

Bleiben beide Parteien aus, so ruht das Verfahren.

§ 11

Die Verhandlung leitet der Obmann. Jeder Schiedsrichter kann Fragen an die Erschienenen stellen.

Das Schiedsgericht kann Zeugen oder Sachverständige, die freiwillig erscheinen, vernehmen; Börsenbesucher, die als Zeugen geladen werden, sind zum Erscheinen verpflichtet.

§ 12

Über die Verhandlung ist eine Niederschrift anzufertigen, die von dem Obmann und einem etwa zugezogenen Urkundsbeamten zu unterschreiben ist.

Enthält die Niederschrift einen Schiedsspruch und haben die Parteien auf die Zustellung eines förmlichen, mit Gründen versehenen Schiedsspruchs verzichtet, so ist die Niederschrift von den 3 Schiedsrichtern zu unterschreiben und abschriftlich den Parteien mitzuteilen.

Zustellung und Niederlegung

§ 13

Der Schiedsspruch ist mit Gründen zu versehen und unter Angabe des Tages der Abfassung von den 3 Schiedsrichtern sowohl auf der Urschrift wie auf den den Parteien zuzustellenden Ausfertigungen zu unterschreiben.

Der Obmann hat alsdann im Auftrag der Spruchkammer den Schiedsspruch den Parteien nach den Vorschriften der Zivilprozeßordnung zuzustellen und die Urschrift mit den Zustellungsurkunden auf der Geschäftsstelle des Amtsgerichts oder, soweit nach dem Streitwert das Landgericht zuständig ist, des Landgerichts niederlegen zu lassen.

Ein Durchschlag des Schiedsspruchs ist dem Syndikus der Wertpapierbörse zur Aufbewahrung zu übergeben.

Die Parteien können auf eine schriftliche Abfassung, Zustellung und Niederlegung des Schiedsspruchs verzichten; innerhalb von 6 Monaten können sie dann nachträglich noch schriftliche Abfassung, Zustellung und Niederlegung beantragen.

§ 14

Schreibfehler, Rechenfehler und andere ähnliche Unrichtigkeiten im Schiedsspruch können jederzeit berichtigt werden.

Gutachterausschuß

§ 15

Der Antrag auf Entscheidung ist schriftlich zu stellen; der Antrag soll die umstrittene Frage sowie die Stellungnahme des Antragstellers und seines Gegners angeben. Der Gegner ist mündlich oder schriftlich zu hören.

Bei der Entscheidung müssen mindestens 3 Mitglieder des Ausschusses mitwirken; die Entscheidung erfolgt schriftlich; eine Begründung ist nicht erforderlich.

Gutachten über die Auslegung der Bedingungen für die Geschäfte an der Frankfurter Börse oder über Handels- oder Börsenbräuche sind in Abschrift dem Syndikus der Wertpapierbörse mitzuteilen.

§ 16

Bei Anträgen auf Begutachtung der Lieferbarkeit von Wertpapieren ist anzugeben, aus welchen Gründen die Lieferbarkeit beanstandet wird. Der Antrag ist schriftlich in doppelter Ausfertigung einzureichen.

Kosten

§ 17

Die Kosten des schiedsgerichtlichen Verfahrens einschließlich der außergerichtlichen Kosten trägt die unterliegende Partei. In dem Schiedsspruch kann in besonderen Fällen abweichend entschieden werden.

Das Schiedsgericht erhebt eine Gebühr von 3 % des Streitwertes, mindestens 20 DM. Kommt ein Vergleich zustande oder wird die Klage zurückgenommen, so beträgt die Gebühr 1 %. In besonderen Fällen kann die

Spruchkammer die Gebühr erhöhen oder ermäßigen. Werden die Parteien nachträglich auf den ordentlichen Rechtsweg verwiesen, so wird eine Gebühr nicht erhoben.

Für die Gebühr haftet neben dem unterliegenden Teil in jedem Falle auch der Kläger.

Neben der Gebühr werden die baren Auslagen erhoben; die Stempelauslagen sind jedoch durch die Gebühr abgegolten.

Der Obmann kann die Terminsbestimmung von der Zahlung eines von ihm zu bestimmenden Gebührenvorschusses durch den Kläger, die Spruchkammer die Anordnung einer Beweisaufnahme von der Zahlung eines angemessenen Auslagenvorschusses abhängig machen.

§ 18

Für die Begutachtung der Lieferbarkeit eines Wertpapiers, mit Ausnahme von Zins- und Gewinnanteilscheinen, wird ein Betrag von DM 0,50 das Stück erhoben. Der Gutachterausschuß ist berechtigt, in Fällen, in denen die Erhebung dieses Betrages für jedes eingereichte Stück offenbar eine Unbilligkeit bedeuten würde, die Gebühr entsprechend herabzusetzen.

Für die Begutachtung der Lieferbarkeit von Zins- und Gewinnanteilscheinen wird ein Betrag von DM 0,10 das Stück erhoben. Für jede weitere Ausfertigung dieselbe Gebühr. Wird eine größere Anzahl von Zins- und Gewinnanteilscheinen gleichzeitig eingereicht, so kann von Fall zu Fall eine Pauschgebühr festgesetzt werden. Mindestgebühr DM 0,50.

Für Begutachtungen in eiligen Fällen, die außerhalb der regelmäßig stattfindenden Sitzungen des Ausschusses vorgenommen werden, wird die dreifache Gebühr erhoben.

Die Gebühr für Gutachten über die Auslegung der Bedingungen für die Geschäfte an der Frankfurter Wertpapierbörse oder über Handels- oder Börsenbräuche wird von dem Gutachterausschuß nach billigem Ermessen festgesetzt; auf Beschwerde entscheidet der Börsenpräsident[1]) endgültig.

§ 17 Absatz 1 und 3 gelten entsprechend.

§ 19

Die Tätigkeit der Schiedsrichter und Gutachter ist ehrenamtlich. Die Gebühren fließen in die Kasse der Industrie- und Handelskammer.

E. Makler-Ordnung für die Kursmakler an der Börse zu Frankfurt am Main

(Abteilung Wertpapierbörse)

Vom 24. September 1948

Auf Grund von § 30 Abs. 2 und § 32 Abs. 1 des Börsengesetzes wird für die Kursmakler an der Frankfurter Wertpapierbörse folgende Maklerordnung erlassen:

---

1) Jetzt: Börsenvorstand.

Bestellung und Entlassung der Kursmakler

§ 1

Die Kursmakler werden durch den Hessischen Finanzminister bestellt und in seinem Auftrage durch den Staatskommissar bei der Frankfurter Börse darauf vereidigt, daß sie die ihnen obliegenden Pflichten getreu erfüllen werden (§ 30 Absatz 1 Satz 2 des Börsengesetzes).

§ 2

Vor der Bestellung ist die Maklerkammer zu hören. Sie hat ihre Äußerung durch Vermittlung des Staatskommissars einzureichen.

§ 3

Der zum Kursmakler Bestellte erhält nach seiner Vereidigung eine vom Finanzminister ausgefertigte Bestallung.

§ 4

Aufgehoben durch Anordnung des Hessischen Ministers für Arbeit, Wirtschaft und Verkehr — Hessischer Finanzminister — vom 19. 9. 1950 Az. 2210 — V/6.

§ 5

1. Ein Kursmakler kann aus seinem Amt entlassen werden, wenn er sich einer groben Verletzung der ihm obliegenden Pflichten schuldig macht oder sich durch sein Verhalten in oder außer dem Amte der Achtung, des Ansehens und des Vertrauens, die sein Beruf erfordert, unwürdig zeigt, oder wenn er zur Erfüllung seiner Amtspflicht dauernd unfähig wird. Die Entlassung erfolgt durch den Finanzminister. Vor der Entlassung ist die Maklerkammer zu hören.

2. In dringenden Fällen steht dem Staatskommissar die Befugnis zu, einem Kursmakler die Ausübung seines Amtes vorläufig zu untersagen.

§ 6

1. Jeder Kursmakler hat für seine Vertretung im Falle der Beurlaubung oder der Behinderung durch Krankheit einen Stellvertreter vorzuschlagen. Zustimmung der Maklerkammer ist erforderlich. In besonderen Fällen kann die Maklerkammer einen solchen Stellvertreter benennen.

2. Auf die Stellvertreter finden die Vorschriften der §§ 1—3 und 5 mit der Maßgabe Anwendung, daß die Bestellung nur auf bestimmte Zeit erfolgt. Die Stellvertreter haben während der Dauer einer Vertretung die Rechte und Pflichten von Kursmaklern.

Maklerkammer

§ 7

1. Die Kursmakler werden durch die Maklerkammer vertreten.

2. Die Maklerkammer besteht aus 4 Mitgliedern, welche von den Kursmaklern aus ihrer Mitte gewählt werden.

§ 8

1. Die Amtsdauer der gewählten Mitglieder beträgt 2 Jahre. Die Wahl ist geheim. Die relative Stimmenmehrheit entscheidet und bei Stimmengleichheit das Los, eine Wiederwahl ist zulässig. Am Ende eines jeden Wahljahres scheidet die Hälfte der Mitglieder der Maklerkammer aus.

2. Die Namen derjenigen Mitglieder, welche mit Ablauf des ersten Jahres nach der Neuwahl der Maklerkammer ausscheiden, werden durch das Los bestimmt.

3. Scheidet ein Mitglied vor Ablauf seiner Amtsdauer aus, so tritt an seine Stelle derjenige Kursmakler, der bei der Wahl die nächstmeisten Stimmen erhalten hatte.

§ 9

1. Die Maklerkammer besteht aus dem Vorsitzer, dessen Stellvertreter, einem Schriftführer und einem Schatzmeister. Die beiden letzteren vertreten sich gegenseitig.

2. Die Maklerkammer verteilt die Ämter unter sich auf die Dauer ihrer Amtszeit.

3. Die Mitglieder der Maklerkammer verwalten ihr Amt als Ehrenamt. Bare Auslagen werden ihnen ersetzt.

§ 10

Die Maklerkammer hat insbesondere folgende Aufgaben:

1. Die Führung der Aufsicht über die Kursmakler, unbeschadet der dem Staatskommissar zustehenden Befugnisse.

2. Die Verteilung der Geschäfte unter die einzelnen Kursmakler (Gruppenbildung).

3. Die Überwachung der amtlichen Kursfeststellung an der Wertpapierbörse, die Herausgabe des amtlichen Kursblattes.

4. Die Schlichtung von Streitigkeiten unter den Kursmaklern und solchen aus dem Auftragsverhältnis zwischen einem Kursmakler und dem Auftraggeber.

5. Die Erhebung von Beiträgen und Umlagen gemäß § 16 der Maklerordnung.

§ 11

1. Der Vorsitzer leitet die Geschäfte der Maklerkammer. Er trifft die Entscheidung über sämtliche Angelegenheiten, die der Maklerkammer übertragen sind, jedoch mit Ausnahme der Überwachung der Kursfeststellung nach § 18 Absatz 3.

Er kann einzelne Mitglieder oder aus ihrer Mitte gebildete Ausschüsse mit der Vorbereitung oder Erledigung bestimmter Geschäfte betrauen.

2. Wichtigen Entscheidungen hat eine Beratung in der Maklerkammer voranzugehen.

3. Der Vorsitzer hat insbesondere

a) die Maklerkammer nach außen hin zu vertreten,

b) die Verwaltung der Einnahmen und Ausgaben der Maklerkammer nach Maßgabe des Voranschlages sowie die Anlage und Einziehung von Kapitalien zu besorgen und der Maklerkammer über die Verwaltung jährlich Rechnung zu legen,

c) die Sitzungen der Maklerkammer vorzubereiten, zu berufen und zu leiten,

d) das für die Verwaltung erforderliche Personal anzustellen und zu beaufsichtigen.

§ 12

Schriftliche Willenserklärungen, durch die die Maklerkammer verpflichtet werden soll, bedürfen der Unterschrift des Vorsitzers oder seines Stellvertreters und des Schriftführers oder Schatzmeisters.

§ 13

1. Über die Sitzungen der Maklerkammer sind Niederschriften aufzunehmen, die von dem Vorsitzer und dem Schriftführer zu unterzeichnen sind.

2. Die Namen der Mitglieder der Maklerkammer und die Verteilung der einzelnen Ämter sind dem Staatskommissar und dem Börsenvorstand mitzuteilen und durch öffentlichen Aushang an der Börse bekanntzugeben.

§ 14

1. Die Maklerkammer ist beschlußfähig, wenn mehr als die Hälfte der Mitglieder anwesend ist. Die Beschlüsse der Kammer werden mit Stimmenmehrheit gefaßt. Bei Stimmengleichheit entscheidet die Stimme des Vorsitzers.

2. Die am Ergebnis der Entscheidung unmittelbar interessierten Mitglieder sind von der Abstimmung ausgeschlossen.

§ 15

1. Die Einladungen zu den Sitzungen der Maklerkammer ergehen schriftlich durch den Vorsitzer oder dessen Stellvertreter. Dem Staatskommissar ist von der Anberaumung der Sitzungen Mitteilung zu machen.

2. Die Gegenstände, über die in der Sitzung beraten werden soll, müssen in der Einladung und in der Mitteilung an den Staatskommissar bezeichnet werden.

3. Der Staatskommissar ist berechtigt, an den Sitzungen der Maklerkammer und der Unterausschüsse teilzunehmen.

4. Die Berufung der Maklerkammer muß erfolgen, wenn der Staatskommissar dies anordnet.

§ 16

Am Anfang jeden Jahres ist ein Voranschlag für die Einnahmen und Ausgaben der Maklerkammer vom Schatzmeister aufzustellen und in der Maklerkammer zu beraten. Zur Deckung der veranschlagten Kosten, insbesondere der Börsenbeiträge, können von den Kursmaklern Umlagen erhoben werden, deren Höhe die Maklerkammer für jeden Kursmakler festsetzt.

Rechte und Pflichten der Kursmakler

§ 17

1. Die Kursmakler sind verpflichtet, in allen Börsenversammlungen während der ganzen Dauer anwesend zu sein.

2. Beurlaubungen vom Börsenbesuche sind bei der Maklerkammer zu beantragen; sie können bis zu einer Gesamtdauer von 2 Monaten innerhalb eines Kalenderjahres von der Maklerkammer, darüber hinaus vom Staatskommissar bewilligt werden. Dem Staatskommissar und dem Börsenvorstand ist durch die Maklerkammer von der Beurlaubung Nachricht zu geben.

§ 18

1. Die Kursmakler haben den Mitgliedern der Maklerkammer alle für die Überwachung der Kursfeststellung erforderlichen Erklärungen nach bestem Wissen der Wahrheit gemäß abzugeben.

2. Ergeben sich Zweifel oder Streitigkeiten über die Feststellung der Kurse oder Preise, so ist die Maklerkammer befugt, eine ausdrückliche protokollarische Erklärung der Kursmakler unter Hinweis auf den geleisteten Eid zu erfordern und nach ihrem Ermessen auch die Richtigkeit durch Einsicht der Tage- und Handbücher der Kursmakler oder in anderer Weise zu prüfen.

3. Die Mitglieder der Maklerkammer, die die Kursfeststellung überwachen, haben die alleinige Entscheidung über die Höhe der festzustellenden Kurse. Es bleibt ihnen überlassen, auf welchem Wege sie sich die zu ihrer Entscheidung erforderliche Kenntnis, abgesehen von den Angaben der Kursmakler, auf Grund börsenmäßig abgeschlossener Geschäfte oder hervorgetretener Angebote oder Nachfragen verschaffen wollen.

§ 19

1. Die Kursmakler dürfen Geschäfte nur für diejenigen Börsenbesucher vermitteln, welche im Besitz einer zum Abschlusse von Börsengeschäften berechtigenden Börsenkarte sind; sie sind zur Verschwiegenheit über Aufträge verpflichtet, soweit nicht das Gegenteil durch die Parteien zugestanden oder durch die Natur des Geschäftes geboten ist.

2. Zur Vornahme der nach den Bestimmungen des Handelsgesetzbuches und des Bürgerlichen Gesetzbuches durch einen Handelsmakler zu bewirkenden Käufe und Verkäufe sind die Kursmakler befugt. Hierunter fallen nicht Versteigerungen.

§ 20

Die Kursmakler müssen diejenigen Handelsgeschäfte, die sie für eigene Rechnung oder in eigenem Namen abgeschlossen haben (§ 32 Absatz 1 des Börsengesetzes) in ihren Tagebüchern übersichtlich zusammenstellen.

§ 21

1. Die Geschäftsverteilung (§ 10 Nr. 2) ist jährlich in der ersten Hälfte des Monats Dezember für das nächste Kalenderjahr vorzunehmen. Sie kann im Laufe des Jahres von der Maklerkammer abgeändert werden. Eine derartige Abänderung kann auch vom Börsenvorstand angeregt werden.

2. Die Verteilung der Geschäfte und jede Änderung sind mit dem Staatskommissar und dem Börsenvorstand vorher zu erörtern und ihnen nach erfolgter Beschlußfassung mitzuteilen.

3. Dem Börsenvorstand steht das Recht zu, gegen die jährliche Geschäftsverteilung und die Ablehnung von Änderungswünschen Einspruch zu erheben, über den der Staatskommissar entscheidet.

Aufsicht und Disziplin

§ 22

1. Die Kursmakler unterstehen, wie alle Börsenbesucher, der Börsenleitung des Börsenvorstandes.

2. Die Aufsicht über die Kursmakler führt die Maklerkammer; die Aufsicht über diese führt der Staatskommissar.

3. Beschwerden über die Amtstätigkeit der Kursmakler sind an die Maklerkammer zu richten, die dem Staatskommissar Kenntnis gibt.

§ 23

Die Maklerkammer ist berechtigt, für die amtliche und geschäftliche Tätigkeit der Kursmakler Grundsätze und Regeln festzustellen.

§ 24

Der Staatskommissar und die Maklerkammer sind befugt, in die Handbücher und Tagebücher der Kursmakler Einsicht zu nehmen und auch Auskünfte über ihr Einkommen zu fordern.

§ 25

1. Kursmakler, welche die ihnen als solchen obliegenden Pflichten verletzen oder welche sich durch ihr Verhalten in oder außer dem Amt der Achtung, des Ansehens und des Vertrauens, die ihr Beruf erfordert, nicht in ausreichendem Maße würdig zeigen, unterliegen, soweit nicht der Finanzminister gemäß § 5 die Entlassung verfügt, der Disziplinarbestrafung durch die Maklerkammer.

2. Disziplinarstrafen kommen insbesondere zur Anwendung, wenn ein Kursmakler die von der Maklerkammer aufgestellten Grundsätze und Regeln verletzt, ohne genügende Entschuldigung der Börse fernbleibt oder bei der Protokollierung der Kurse aus Fahrlässigkeit unrichtige Angaben macht.

§ 26

1. Die Disziplinarstrafen sind:

a) Warnung,
b) Verweis,
c) Geldstrafe bis zu DM 1500,—,
d) Untersagung der Amtsausübung und des Börsenbesuches bis zur Dauer von 3 Monaten.

2. Die Untersagung der Amtsausübung und des Börsenbesuches ist dem Börsenvorstand sofort nach Rechtskraft der Entscheidung anzuzeigen.

§ 27

Die Geldstrafen werden von dem Vorsitzer der Maklerkammer eingezogen und zu einem abgesonderten Fonds gesammelt, aus dem der Vorsitzer Unterstützungen an Kursmakler oder deren Hinterbliebenen gewähren kann.

Verfahren in Disziplinarsachen

§ 28

Der Vorsitzer der Maklerkammer beschließt über die Eröffnung des Disziplinarverfahrens.

§ 29

Die Verhandlung findet vor der Maklerkammer statt. Sie ist nicht öffentlich. Zu ihr ist ein Rechtskundiger als Beirat zuzuziehen. Gegen die Entscheidung der Maklerkammer steht dem Staatskommissar und dem Beschuldigten binnen einer Woche die Beschwerde an den Finanzminister zu. Die Beschwerde hat aufschiebende Wirkung.

§ 30

Im übrigen finden die Bestimmungen des Börsengesetzes über das Verfahren vor den Ehrengerichten (§§ 9—27) entsprechende Anwendung. Der Staatskommissar hat dieselben Befugnisse wie im ehrengerichtlichen Verfahren.

§ 31

Die Kosten der Veröffentlichung von Änderungen der Maklerordnung trägt die Maklerkammer.

F. Geschäftsordnung der Zulassungsstelle an der Börse zu Frankfurt am Main

Vom 15. November 1930

§ 1

Die Zulassungsstelle konstituiert sich in ihrer ersten auf die Wahl folgenden Sitzung, indem sie aus ihrer Mitte den Vorsitzer und dessen Stellvertreter wählt.

Bis zum Abschluß der Wahl führen der bisherige Vorsitzer und dessen Stellvertreter die Amtsgeschäfte fort.

§ 2

Zu den Sitzungen ergehen schriftliche Einladungen durch den Vorsitzer unter Bekanntgabe der Tagesordnung. In eiligen Fällen kann auch fernmündliche Einladung ergehen.

Der Staatskommissar ist von jeder Sitzung zu benachrichtigen.

§ 3

Von der Beratung und Beschlußfassung über die Zulassung eines Wertpapiers zum Börsenhandel sind diejenigen Mitglieder der Zulassungsstelle ausgeschlossen, die an der Einführung dieses Wertpapiers in den Börsenhandel beteiligt sind. Dies gilt auch für die Mitglieder des Aufsichtsrates. In Zweifelsfällen entscheidet die Zulassungsstelle durch Abstimmung, ob bei dem betreffenden Mitglied ein Grund zur Annahme der Befangenheit vorliegt.

§ 4

Für die Geschäftsführung stellt die Industrie- und Handelskammer der Zulassungsstelle und den sonstigen Börsenorganen die erforderlichen Beamten.

An den Sitzungen der Zulassungsstelle hat der Syndikus teilzunehmen. Ein Stimmrecht steht ihm nicht zu.

§ 5

Über die Verhandlung in den Sitzungen ist ein Protokoll aufzunehmen, das mindestens die gefaßten Beschlüsse enthalten muß. Es ist vom Vorsitzer und dem Protokollführer zu unterzeichnen.

§ 6

Schriftliche Erklärungen des Vorsitzers sollen vom Syndikus gegengezeichnet sein. In eiligen Fällen oder in minderwichtigen Angelegenheiten genügt die Unterschrift des Vorsitzers oder des Syndikus.

§ 7

Die Zulassungsstelle kann einzelne Mitglieder oder aus ihrer Mitte gebildete Ausschüsse mit der Vorbereitung und auch mit der Erledigung einzelner ihr unterstehenden Angelegenheiten beauftragen.

§ 8

Die Obliegenheiten und Befugnisse der Zulassungsstelle ergeben sich aus den betreffenden Bestimmungen des Börsengesetzes, den hierzu ergangenen Ausführungsbestimmungen (Bundesratsbeschlüsse) und den Bestimmungen der Börsenordnung.

§ 9

Der Zulassungsbeschluß wird dem führenden Emissionshaus zugestellt und durch Börsenanschlag und Veröffentlichung im Börsen-Kursblatt sowie in der Presse zur öffentlichen Kenntnis gebracht. Der Zulassungsbeschluß tritt außer Kraft und es bedarf eines neuen Antrages und neuer Beschlußfassung, wenn drei Monate nach Bekanntgabe des Zulassungsbeschlusses an die antragstellende Firma die Veröffentlichung des Prospektes und die Einführung des Wertpapiers in den Börsenhandel nicht erfolgt ist.

G. Bedingungen für Geschäfte an der Frankfurter Wertpapierbörse

Vom 15. Februar 1938[1])

Vorbemerkung

(1) Zwischen Besuchern der Frankfurter Wertpapierbörse abgeschlossene Geschäfte in Werten, die zum Handel an der Frankfurter Wertpapierbörse zugelassen sind, gelten als nach Frankfurter Börsenbräuchen, insbesondere unter den nachstehenden und etwaigen sonstigen vom Börsenpräsidenten[2]) getroffenen Festsetzungen abgeschlossen.

(2) Abweichende Vereinbarungen von Fall zu Fall sind zulässig.

---

1) Die Bedingungen wurden gem. § 7 Abs. II Ziff. 6 der damals gültigen BO festgesetzt.
2) Jetzt: Börsenvorstand.

§ 1

Börsentage

Als Börsentag gilt jeder Tag, an dem eine Börsenversammlung zur amtlichen Notierung von Wertpapieren stattfindet.

§ 2

Ausführung der Aufträge

(1) Aufträge in Wertpapieren, für die nur ein Einheitskurs festgesetzt wird, sind zum Einheitskurs auszuführen.

(2) Aufträge in Wertpapieren, die fortlaufend notiert werden, sind, soweit sich die gehandelten Beträge mit dem Ein- oder Vielfachen des für das gehandelte Papier für die fortlaufende Notierung festgesetzten Mindestbetrages decken, zu dem fortlaufend notierten Kurs, im übrigen zum Einheitskurs auszuführen, falls nicht ausdrücklich die Ausführung zum Einheitskurs verlangt wird. Ist bis zum Einheitskurs eine fortlaufende Notiz nicht zustande gekommen, oder ist vor dem Einheitskurs der vom Auftraggeber für die Ausführung des Auftrags angegebene Kurs nicht erreicht, so ist der Auftrag zum Einheitskurs auszuführen; kann zum Einheitskurs der Auftrag nur teilweise ausgeführt werden, so hat der Kursmakler den Auftraggeber zu hören, notfalls nach pflichtgemäßem Ermessen zu handeln.

(3) Bei fortlaufender Notierung ist erster Kurs der Kurs, der auf Grund der zu Börsenbeginn beim Kursmakler vorliegenden Aufträge festgesetzt wird.

(4) Ist ein Auftrag für einen nicht darstellbaren Betrag erteilt, so ist der nächstniedrige Betrag auszuführen.

(5) Wird ein Geschäft zum amtlichen Kurs abgeschlossen, so gilt es als nicht zustande gekommen, wenn ein amtlicher Kurs nicht notiert wird.

(6) In Zweifelsfällen sind die Angaben im amtlichen Börsen-Kursblatt der Maklerkammer Frankfurt a. M. entscheidend.

§ 3

Kursausrufen

Das Ausrufen eines Kurses gilt als Vertragsangebot gegenüber allen, die nach § 6 Abs. 3 und 4 als Aufgabe benannt werden können, und zwar bei fortlaufend notierten Werten für den zur fortlaufenden Notiz festgesetzten Mindestbetrag, im übrigen für den kleinsten darstellbaren Betrag.

§ 4

Schlußschein und Bestätigung

(1) Jeder Abschluß ist vom Makler beiden Parteien spätestens bis 10 Uhr des nächsten Börsentages durch Schlußschein zu bestätigen. Geschieht das nicht, und wird der Schlußschein bis zum Beginn der nächsten Mittagsbörse nicht angemahnt, so gilt im Zweifel der Abschluß als nicht zustande gekommen.

(2) Ist der Abschluß ohne Makler zustande gekommen, so hat jede Partei der anderen spätestens bis 10 Uhr des nächsten Börsentages den Abschluß schriftlich zu bestätigen. Wird der Abschluß nicht bestätigt, und

wird auch bis zum Beginn der nächsten Mittagsbörse von keiner Seite eine Bestätigung angemahnt, so gilt im Zweifel der Abschluß als nicht zustande gekommen.

(3) Einwendungen gegen den Inhalt eines Schlußscheins oder den Inhalt einer Bestätigung müssen bis zum Beginn der nächsten Mittagsbörse gegenüber dem Makler oder gegenüber der anderen Partei erhoben werden; verspätete Einwendungen können zurückgewiesen werden.

§ 5

Streitige Abschlüsse

Bestreitet eine Partei den Abschluß eines Geschäfts, so ist die andere Partei berechtigt, ohne vorherige Androhung zur Zwangsregelung zu schreiten; auf Verlangen der bestreitenden Partei ist sie verpflichtet, unverzüglich die Zwangsregelung vorzunehmen.

§ 6

Geschäfte vorbehaltlich der Aufgabe; Aufgabemakler

(1) Geschäfte vorbehaltlich der Aufgabe kann nur ein Makler abschließen, der dazu vom Börsenpräsidenten[3]) schriftlich ermächtigt ist (Aufgabemakler). Der Börsenpräsident[4]) kann die Ermächtigung durch schriftlichen Bescheid zurücknehmen, wenn Tatsachen vorliegen, welche die weitere Belassung des Maklers als Aufgabemakler untunlich erscheinen lassen.

(2) Geschäfte mit einem Aufgabemakler gelten, soweit im Einzelfall nichts anderes vereinbart ist, als Geschäfte vorbehaltlich der Aufgabe. Der Vertragsgegner muß bis zum Schluß der nächsten Mittagsbörse aufgegeben werden. Der Empfänger kann die Änderung einer bereits erteilten Aufgabe ablehnen.

(3) Als Aufgabe kann jede Firma benannt werden, die an der Börse mit der Befugnis zur Teilnahme am Börsenhandel vertreten ist.

(4) Etwaige Einwendungen gegen den bezeichneten Vertragsgegner müssen unverzüglich erhoben werden. Einwendungen können nicht erhoben werden, wenn eine andere in Börsenkreisen als zahlungsfähig bekannte Firma sich für die Erfüllung des Geschäfts verbürgt. Im Streitfall trifft der Börsenpräsident[5]) oder sein Vertreter die endgültige Entscheidung.

§ 7

Verletzung der Aufgabepflicht

(1) Wird die Aufgabe nicht rechtzeitig erteilt, oder sind gegen den bezeichneten Vertragsgegner begründete Einwendungen erhoben, so kann der Auftraggeber den Makler selbst auf Erfüllung in Anspruch nehmen.

(2) Der Auftraggeber ist berechtigt, ohne vorherige Androhung zur Zwangsregelung zu schreiten; auf Verlangen des Maklers ist er verpflichtet, unverzüglich die Zwangsregelung vorzunehmen.

---

3) Vgl. Anm. 2.
4) Vgl. Anm. 2.
5) Vgl. Anm. 2.

(3) Unberührt bleibt die Verpflichtung des Maklers, den Zinsverlust zu ersetzen.

§ 8

Aufgabe zu anderem Kurs

Wird die Aufgabe zu einem anderen Kurs als dem ursprünglich vereinbarten erteilt, so sind die Unterschiedsbeträge sofort fällig.

§ 9

Erfüllungstag

(1) Die an der Börse abgeschlossenen Geschäfte sind Kassegeschäfte. Sie sind am zweiten Werktag nach dem Abschlußtage zu erfüllen.

(2) Werden Werte gehandelt, deren Stücke noch nicht erschienen sind, so wird der Erfüllungstag auf Antrag vom Börsenpräsidenten[6]) endgültig bestimmt.

§ 10

Erfüllungszeit

Die Geschäfte werden in der Regel über die Abrechnungsstelle der Reichsbank oder über die Frankfurter Bank abgewickelt. Verlangt der Verkäufer die Abwicklung am Schalter, so muß sie Zug um Zug und bis 12 Uhr mittags erfolgen.

§ 11

Abendbörse

Geschäfte an der Abendbörse sind so zu erfüllen, als wären sie an der Mittagsbörse des gleichen Tages abgeschlossen.

§ 12

Erfüllungsart

(1) Die Lieferung kann entweder in börsenüblich lieferbaren tücken oder, soweit die Stücke in die Sammelverwahrung der Frankfurter Bank einbezogen sind, in Sammelbestandanteilen erfolgen.

(2) Bis 11 Uhr vormittags des dem Geschäftsabschluß folgenden Werktages kann der Käufer verlangen, daß die gekauften Wertpapiere statt an ihn an eine andere an der Börse vertretene Firma geliefert werden.

(3) Abschnitte von bestimmter Art und Höhe können nur auf Grund besonderer Vereinbarung verlangt werden.

§ 13

Stückzinsen

Stückzinsen werden bis zum Abschlußtage einschließlich berechnet, im Fall des § 9 Abs. 2 (Handel per Erscheinen) bis zum Erfüllungstage einschließlich.

§ 14

Nicht lieferbare Wertpapiere

(1) Nicht lieferbar sind Wertpapiere, die einen sichtbaren oder unsichtbaren Mangel aufweisen. Sichtbare Mängel sind Fehlen und Undeutlichkeit

---

[6]) Vgl. Anm. 2.

von Nummern, Fehlen von Unterschriften, Verschiedenheit von Nummern auf Mänteln und Erneuerungs-, Zins- oder Gewinnanteilscheinen, wesentliche Beschädigungen usw.; als sichtbarer Mangel gilt auch die Zugehörigkeit zu einer zum Handel an der Frankfurter Börse nicht zugelassenen Emission. Nicht sichtbare Mängel sind Fälschungen oder Verfälschungen, die nur durch besondere technische Hilfsmittel, z. B. durch Benutzung einer Quarzlampe, oder durch einen Chemiker festzustellen sind.

(2) Nicht lieferbar sind ferner Wertpapiere, deren Nummern oder sonstige Bezeichnung zur Zeit der Lieferung in der Sammelliste aufgerufener Wertpapiere, herausgegeben von der Bank des Berliner Kassen-Vereins, veröffentlicht sind. Das gleiche gilt für Wertpapiere, deren Verlust von einer öffentlichen Behörde oder von dem aus der Urkunde Verpflichteten im Deutschen Reichsanzeiger[7]) bekannt gemacht worden ist, sofern seit dem Ablauf des Jahres, in dem die Veröffentlichung erfolgte, nicht mehr als ein Jahr verstrichen war. Nicht lieferbar sind auch Wertpapiere, von denen glaubhaft gemacht wird, daß sie zur Zeit der Lieferung im Auslande für kraftlos erklärt oder mit Opposition belegt waren.

(3) Endlich sind nicht lieferbar Wertpapiere, die zur Zeit der Lieferung durch den Börsenpräsidenten[8]) für nicht lieferbar erklärt sind.

(4) Der Käufer kann an Stelle eines nicht lieferbaren Stückes ein lieferbares Stück verlangen; ein Anspruch auf Wandlung oder Minderung ist ausgeschlossen.

§ 15

Streit über die Lieferbarkeit

(1) Ob ein sichtbarer Mangel vorliegt, entscheidet im Streitfall der Gutachterausschuß. Der Antrag muß innerhalb von 4 Börsentagen nach Lieferung vom Käufer oder, wenn der Käufer die Annahme wegen des Mangels verweigert hat, vom Verkäufer gestellt werden. Wird als Mangel die Zugehörigkeit zu einer zum Handel an der Frankfurter Börse nicht zugelassenen Emission geltend gemacht, so beträgt die Frist 12 Börsentage. Werden die Fristen vom Käufer versäumt, so gelten die Stücke als genehmigt, werden sie vom Verkäufer versäumt, so gilt der Mangel als zugestanden.

(2) Ob ein Wertpapier nach § 14 Abs. 2 oder 3 lieferbar ist, entscheidet im Streitfall der Gutachterausschuß. Der Antrag muß innerhalb von 12 Börsentagen nach Lieferung gestellt werden. Wird die Frist versäumt, so gelten die Bestimmungen des Absatzes 1.

(3) Der Anspruch auf Umtausch erlischt, wenn der Umtausch nicht spätestens am dritten Börsentag nach der Entscheidung des Gutachterausschusses gefordert wird.

(4) Für andere Streitigkeiten über die Lieferbarkeit von Wertpapieren, besonders für Streitigkeiten wegen unsichtbarer Mängel und für den Streit, ob an Stelle des gekauften Wertpapiers ein anderes angeboten oder geliefert ist, gelten die Vorschriften des § 29.

---

7) Jetzt: Bundesanzeiger.
8) Vgl. Anm. 2.

§ 16

Abtrennung der Zins- und Gewinnanteilscheine

(1) Zinsscheine werden am Fälligkeitstage getrennt. Gewinnanteilscheine werden am zweiten Werktage nach der Hauptversammlung getrennt, die Kurse alsdann ausschließlich des Gewinnanteilscheins festgestellt; laufende Aufträge zu bestimmten Kursen gelten weiter zu den Kursen abzüglich des Barwertes des Gewinnanteilscheins.

(2) Bei der Lieferung darf der auf einen bestimmten Fälligkeitstermin lautende, nächstfällige Zins- oder Gewinnanteilschein durch einen anderen Zins- oder Gewinnanteilschein gleicher Gattung oder Stückelung ersetzt werden, der zu dem gleichen Zeitpunkt fällig ist.

(3) Bei der Lieferung darf der nächstfällige Zinsschein fehlen, wenn sein Wert vergütet wird. Werden Sammelbestandanteile übertragen, so kann vom Tage nach der Hauptversammlung an der Gewinnanteilschein in bar verrechnet werden, falls ihm nicht noch andere Rechte anhaften.

(4) Die Bestimmungen des § 16 gelten nicht für ausländische Wertpapiere.

§ 17

Neue Zins- oder Gewinnanteilscheinbogen

(1) Werden neue Bogen ausgegeben, so sind vorbehaltlich anderweitiger Festsetzung durch den Börsenpräsidenten[9]) inländische Wertpapiere einen Monat, ausländische Wertpapiere zwei Monate nach der Ausgabe nur noch mit den neuen Bogen lieferbar.

(2) Wird die Ausgabe neuer Bogen zu einer Zeit angekündigt, zu der noch ein Zins- oder Gewinnanteilschein am Stück haftet, so tritt an die Stelle des vorerwähnten Ausgabetermins der Zeitpunkt der Abtrennung des letzten Zins- oder Gewinnanteilscheins.

§ 18

Zwischenscheine und Ersatzstücke

(1) Zwischenscheine, die bereits gegen endgültige Stücke umgetauscht werden können, sind nicht lieferbar. Der Börsenpräsident[10]) kann anderes bestimmen.

(2) Ersatzstücke sind nur lieferbar, wenn sie auf der Vorderseite die mit der Unterschrift des Ausstellers versehene Anerkennung als Ersatzstücke tragen.

(3) Die Bestimmungen des § 15 finden Anwendung.

§ 19

Umschreibungen und Abtretungen

(1) Bei Wertpapieren, die durch Übergabe besonderer Urkunden übertragen werden, muß jedem einzelnen Abschnitt eine besondere Abtretungserklärung oder ein besonderer Umschreibungsantrag beigefügt sein.

---

9) Vgl. Anm. 2.
10) Vgl. Anm. 2.

(2) Bei Wertpapieren, die auf Namen lauten, ausgenommen Reichsbankanteile, darf nach der letzten Eintragung nicht mehr als ein Blankogiro vorhanden sein.

(3) Können Wertpapiere nur mit Genehmigung des Ausstellers übertragen oder die in ihnen verbrieften Rechte vom Erwerber erst nach Eintragung in ein vom Aussteller geführtes Buch ausgeübt werden, so gibt die Verweigerung der Genehmigung oder Umschreibung dem Käufer keinen Anspruch auf Rückzahlung des Kaufpreises oder auf Schadenersatz, es sei denn, daß die Genehmigung oder Umschreibung verweigert wird, weil der Aussteller die Übertragung der Wertpapiere für unwirksam erachtet. In letzterem Fall hat der Käufer die sich aus § 29 ergebenden Rechte und Pflichten.

(4) Umschreibungsanträgen oder Abtretungserklärungen einer Ehefrau ist die Genehmigung des Ehemannes beizufügen, sofern die Ehe nicht ausländischem Güterrecht untersteht und dieses eine Genehmigung des Ehemannes nicht vorsieht. Der Genehmigung bedarf es nicht, wenn sich aus der Unterschrift oder einer beigefügten gerichtlichen oder notariellen Bescheinigung ergibt, daß die Ehefrau in Gütertrennung lebt, oder daß das Wertpapier zum Vorbehaltsgut der Ehefrau gehört. Bei Umschreibungsanträgen oder Abtretungserklärungen einer Witwe oder einer geschiedenen Frau muß der Personenstand sich aus der Unterschrift oder einer beigefügten polizeilichen, gerichtlichen oder notariellen Bescheinigung ergeben. Das gleiche gilt für ledige Frauen, die sich des Zusatzes „Frau" bedienen.

§ 20

Versicherungsaktien

(1) Der Käufer nicht voll eingezahlter Versicherungsaktien hat innerhalb von 10 Werktagen nach dem Tage der Lieferung dem Verkäufer durch eine schriftliche Bestätigung der Versicherungsgesellschaft oder eine eigene Bescheinigung darzutun, daß die Umschreibung der Aktien auf einen neuen Aktionär bei der Gesellschaft beantragt ist. Kommt der Käufer dieser Pflicht nicht nach, so hat er auf Verlangen des Verkäufers diesem in Höhe der noch nicht geleisteten Einzahlung Sicherheit zu leisten, und zwar unmittelbar, oder bei der Frankfurter Bank oder bei einer amtlichen Hinterlegungsstelle. Das gleiche gilt, wenn die Aktien nicht innerhalb von 6 Wochen nach Lieferung auf den neuen Aktionär umgeschrieben sind, und der Verkäufer dies durch eine schriftliche Erklärung der Gesellschaft nachweist.

(2) Leistet der Käufer für die ausstehende Einzahlung der Gesellschaft Sicherheit, um die nach der Gesellschaftssatzung etwa erforderliche Genehmigung für den Erwerb der Aktien zu erlangen, so entfällt die Verpflichtung zur Sicherheitsleistung gegenüber dem Verkäufer. Ist dem Verkäufer bereits Sicherheit geleistet, so hat dieser einzuwilligen, daß die Sicherheit — gegebenenfalls unter Umwandlung in bar — zugunsten der Gesellschaft hinterlegt wird.

(3) Die Sicherheit wird frei, sobald ein Erwerber als neuer Aktionär im Aktienbuch eingetragen ist. Als Nachweis genügt eine Bescheinigung der Gesellschaft, soweit nicht die Hinterlegungsordnung der Hinterlegungsstelle etwas anderes verlangt. Ein Verkäufer, der gemäß § 59 des Aktiengesetzes

von der Gesellschaft oder von seinem Vormann in Anspruch genommen wird, hat gegen einen nicht eingetragenen Käufer, sofern ein Nachmann zur Zeit der Einforderung durch die Gesellschaft in das Aktienbuch eingetragen ist, lediglich Anspruch auf Abtretung der dem nicht eingetragenen Käufer aus dem Kaufvertrag gegen seinen Nachmann zustehenden Rechte.

(4) Bei Geschäften in Versicherungsaktien, denen Gewinnanteilscheine nicht beigefügt sind, steht der Gewinnanteil des abgelaufenen Geschäftsjahres demjenigen zu, der die Aktien bis einschließlich des ersten Börsentags nach der Hauptversammlung gekauft hat.

(5) Die Umschreibungskosten bei Geschäften in Versicherungsaktien hat der Käufer zu tragen.

§ 21

Geschäfte in verlosbaren und kündbaren Wertpapieren

1. Verlosung und Teilkündigung

(1) Bei Geschäften in verlosbaren und kündbaren Wertpapieren treffen Vorteile und Nachteile aus einer bis zum Abschlußtage einschließlich erfolgten Verlosung oder Kündigung den Verkäufer. Bei Lieferung solcher Stücke können sowohl der Käufer wie der Verkäufer binnen 6 Monaten den Umtausch gegen umlaufsfähige Stücke verlangen.

(2) Sind Stücke geliefert, die nach dem Abschlußtage bis zum Tage vor der Lieferung einschließlich verlost oder gekündigt sind, so hat der Käufer das Recht, binnen 6 Monaten nach dem Lieferungstag den Umtausch gegen umlaufsfähige Stücke zu verlangen.

(3) Hat der Verkäufer trotz schriftlicher Aufforderung weder rechtzeitig die Stücke geliefert noch Nummernaufgabe erteilt, und ist dem Käufer dadurch der Vorteil der Verlosung oder Kündigung entgangen, so kann der Käufer Ersatz des ihm entstandenen Schadens verlangen; die Höhe des Schadens wird auf Antrag durch den Gutachterausschuß festgesetzt.

2. Gesamtkündigung

(4) Ist der gesamte umlaufende Betrag einer inländischen Emission gekündigt, so sind alle seit dem Kündigungstage abgeschlossenen Geschäfte hinfällig. Bei ausländischen Wertpapieren tritt an die Stelle des Kündigungstages der Tag der zuverlässigen Bekanntgabe der Kündigung. Ist die Gesamtkündigung erst nach dem Abschlußtage, aber vor Erfüllung des Geschäfts bekanntgegeben, so kann der Käufer innerhalb eines Monats vom Tage der Bekanntgabe der Kündigung ab vom Vertrage zurücktreten.

§ 22

Handel mit Bezugsrechten

Beim Handel mit Bezugsrechten hat der Verkäufer dem Käufer die zur Ausübung des Bezugsrechts berechtigenden Mäntel oder Gewinnanteilscheine in Stücken oder durch einen Bezugsrechtsscheck auf die Frankfurter Bank bis zum letzten Börsentage vor Ablauf der für die Ausübung gestellten Frist oder, wenn der Verkauf erst an diesem Tage erfolgt ist, am Ablaufstage bis 10 Uhr zu liefern. Der Käufer hat bei Lieferung von Mänteln diese innerhalb von 3 Börsentagen nach Ablauf des Bezugsrechts dem Verkäufer zurückzugeben.

§ 23

Unberechtigte Annahmeverweigerung

Weist der Käufer ihm angebotene Stücke zu Unrecht zurück, so hat er dem Verkäufer den Zinsverlust, berechnet zum jeweiligen Lombardzinsfuß der Reichsbank, und, soweit dem Verkäufer ein weiterer Schaden entstanden ist, auch diesen zu vergüten. Die Höhe des weiter zu ersetzenden Schadens wird auf Antrag durch den Gutachterausschuß festgesetzt.

§ 24

Nebenrechte und -pflichten

Im Verhältnis zwischen Käufer und Verkäufer gelten alle Rechte und Pflichten, die für den Inhaber des Wertpapiers nach dem Tage des Geschäftsabschlusses entstehen oder fällig werden, z. B. aus der Abtrennung von Zins- oder Gewinnanteilscheinen, aus Bezugsrechten, Einziehungsrechten, Konvertierungen, als auf den Käufer übergegangen, sofern nicht ausdrücklich oder stillschweigend etwas anderes vereinbart ist. Eine stillschweigende Vereinbarung kann in der Kursbemessung liegen.

§ 25

Festsetzungen für einzelne Fälle

Trifft der Börsenpräsident[11]) wegen der Abtrennung eines fälligen Zinsder Gewinnanteilscheins, eintretender Bezugs- oder anderer Rechte oder aus anderen Gründen, die nach seinem Ermessen im allgemeinen Interesse eine einheitliche Regelung erheischen, besondere Festsetzungen, so gelten diese für alle noch nicht fällig gewordenen Geschäfte ebenso, als wären sie schon zur Zeit des Geschäftsabschlusses in Kraft gewesen. Die Vorschriften des § 24 werden dadurch nicht berührt.

§ 26

Börsenumsatzsteuerpflicht

Bei börsenumsatzsteuerpflichtigen Geschäften ist jeder Vertragsteil dem anderen Teil gegenüber zur ordnungsmäßigen Entrichtung der auf ihn entfallenden Börsenumsatzsteuer verpflichtet.

§ 27

Aufhebung des Geschäfts

Hat innerhalb von 12 Börsentagen nach dem Abschlußtag keine Partei die Erfüllung des Geschäfts gefordert oder angeboten oder in anderer Weise der Gegenpartei die Absicht zum Ausdruck gebracht, an dem Geschäft festzuhalten, so gilt das Geschäft als aufgehoben.

§ 28

Erfüllungsort

Erfüllungsort der Börsengeschäfte ist Frankfurt a. M.

---

[11]) Vgl. Anm. 2.

§ 29

Rechtsweg, Schiedsgericht, Gutachterausschuß

(1) Das Schiedsgericht der Frankfurter Wertpapierbörse ist zuständig für die Entscheidung von Streitigkeiten zwischen Börsenbesuchern aus Handelsgeschäften der in der Vorbemerkung bezeichneten Art. Das Schiedsgericht kann auch in anderen Fällen entscheiden, wenn beide Parteien die Zuständigkeit des Schiedsgerichts besonders vereinbaren.

(2) Bei einem Streitwert unter DM 6000,— ist das Schiedsgericht ausschließlich zuständig. Bei einem höheren Streitwert hat der Kläger die Wahl zwischen dem Schiedsgericht und dem ordentlichen Rechtsweg.

(3) Das Schiedsgericht kann in jeder Lage des Verfahrens die Parteien auf den ordentlichen Rechtsweg verweisen; einer Begründung bedarf ein solcher Beschluß nicht.

(4) Die Klage muß innerhalb einer Ausschlußfrist von drei Monaten, nachdem der Kläger von seinem Anspruch Kenntnis erhalten hat, erhoben werden. Ist die Klage fristgemäß vor dem Schiedsgericht erhoben, verweist dieses aber die Parteien auf den ordentlichen Rechtsweg, so beginnt die Ausschlußfrist von drei Monaten erneut mit der Bekanntgabe der Entscheidung des Schiedsgerichts an den Kläger.

(5) Der Ausschlußfrist unterliegen nicht Forderungen, die ihrer Höhe nach mündlich oder schriftlich anerkannt sind, die in laufender Rechnung gebucht sind oder die sich aus Geschäften ergeben, deren Erfüllung durch Unterpfand sichergestellt ist.

(6) Streitigkeiten über die Auslegung der Bedingungen für Geschäfte an der Frankfurter Wertpapierbörse oder über Handels- oder Börsenbräuche werden von dem Gutachterausschuß entschieden.

(7) Die Schiedsgerichtsordnung regelt das Verfahren vor dem Schiedsgericht und vor dem Gutachterausschuß.

§ 30

Voraussetzungen der Zwangsregelung; Rücktritt

(1) Hat ein Teil nicht rechtzeitig erfüllt, so kann der nichtsäumige Teil ihm innerhalb von 12 Börsentagen unter Androhung der Zwangsregelung durch eingeschriebenen Brief oder schriftlich gegen Empfangsbescheinigung eine Nachfrist für die Erfüllung setzen. Die Frist darf, wenn die Androhung bis 12 Uhr in den Geschäftsräumen des säumigen Teils oder bis 13 Uhr an der Börse erfolgt ist, frühestens um 11 Uhr des nächsten Börsentages, andernfalls frühestens um 11 Uhr des zweitfolgenden Börsentages ablaufen. Nach fruchtlosem Ablauf der Frist ist der nichtsäumige Teil verpflichtet, an dem Börsentage, an dem die Frist endet, zur Zwangsregelung zu schreiten.

(2) Erklärt ein Teil, nicht erfüllen zu wollen oder nicht erfüllen zu können, oder wird der Umtausch eines für nichtlieferbar erklärten Stückes verweigert, so ist der andere Teil verpflichtet, unverzüglich zur Zwangsregelung zu schreiten.

(3) Wird ein Teil zahlungsunfähig oder stellt er seine Zahlungen ein, so ist der andere Teil verpflichtet, zur Zwangsregelung zu schreiten; die endgültige Entscheidung darüber, ob eine Zahlungsunfähigkeit oder eine

Zahlungseinstellung vorliegt, trifft im Streitfall der Börsenpräsident[12]). Zahlungsunfähigkeit ist schon dann anzunehmen, wenn der Verpflichtete Gläubigern Vergleichsvorschläge über unstreitige Verbindlichkeiten macht oder eine unstreitige und fällige Verbindlichkeit unerfüllt läßt. Unstreitigen Verbindlichkeiten stehen solche gleich, die durch rechtskräftiges Urteil oder einen für vollstreckbar erklärten Schiedsspruch festgestellt sind. Die Zwangsregelung ist an dem Börsentage, an dem der andere Teil von der Zahlungsunfähigkeit oder der Zahlungseinstellung Kenntnis erhalten hat, oder an dem folgenden Börsentage vorzunehmen.

(4) Sind die Voraussetzungen für eine Zwangsregelung gegeben, so kann der nichtsäumige Teil auch vom Geschäft zurücktreten, wenn ihm ausnahmsweise der Börsenpräsident[13]) oder sein Vertreter schriftlich die Zustimmung zum Rücktritt erteilt.

§ 31

Durchführung der Zwangsregelung

(1) Die Zwangsregelung ist zu dem am Zwangsregelungstage notierten Einheitskurs unter Vermittlung eines Kursmaklers durch Kauf oder Verkauf zu bewirken. Bei Wertpapieren, die zum Handel mit fortlaufend notierten Kursen zugelassen sind, geschieht die Zwangsregelung zu fortlaufend notierten Kursen; die Bestimmungen des § 2 Abs. 2 finden entsprechende Anwendung.

(2) Der Unterschied zwischen dem Zwangsregelungskurs und dem Vertragskurs ist dem Teil, zu dessen Gunsten er sich ergibt, sofort zu erstatten. Außerdem hat der säumige Teil die übliche Maklergebühr, Portoauslagen, Börsenumsatzsteuer und sonstige Spesen, sowie den zum jeweiligen Lombardzinsfuß der Reichsbank berechneten Zinsverlust zu erstatten.

(3) Der nichtsäumige Teil hat den säumigen Teil von der Durchführung der Zwangsregelung und dem Zwangsregelungskurs durch einen noch am Tage der Zwangsregelung abzusendenden eingeschriebenen Brief oder in der gleichen Frist schriftlich gegen Empfangsbescheinigung zu benachrichtigen, widrigenfalls der säumige Teil die Zwangsregelung nicht gegen sich gelten zu lassen braucht.

(4) Ist die Zwangsregelung an dem Tage, an dem sie nach § 30 zu geschehen hat, nicht oder nur zum Teil möglich gewesen, so hat der nichtsäumige Teil dem säumigen Teil hiervon alsbald durch eingeschriebenen Brief oder schriftlich gegen Empfangsbescheinigung Mitteilung zu machen. Im übrigen hat er die Zwangsregelung bei nächster sich bietender Gelegenheit durchzuführen.

(5) Zwangsregelungen, die nicht innerhalb des laufenden Monats ausgeführt werden konnten, sind dem Kursmakler zu Beginn eines neuen Monats neu aufzugeben.

§ 32

Zwangsregelung und Konkurs

Die Wirksamkeit der Zwangsregelung wird durch eine nachfolgende Konkurseröffnung über das Vermögen desjenigen Teils, gegen den sie

[12]) Vgl. Anm. 2.
[13]) Vgl. Anm. 2.

stattgefunden hat, nicht berührt. Ist das Konkursverfahren vor Ablauf der Erfüllungszeit über das Vermögen eines Teils eröffnet, so steht dem anderen Teil nur eine Forderung wegen Nichterfüllung in Höhe des Unterschieds zwischen dem vereinbarten Kurs und dem Kurs am zweiten Werktage nach Konkurseröffnung zu. Letzterer Kurs ist auch dann maßgebend, wenn eine Zwangsregelung nach Konkurseröffnung am Eröffnungstage oder dem folgenden Tage vorgenommen ist.

§ 33

Zwangsregelung in besonderen Fällen

(1) In besonderen Fällen kann mit Zustimmung des Börsenpräsidenten[14]) oder seines Vertreters die Zwangsregelung auch durch Selbsteintritt oder durch Kauf oder Verkauf an einer auswärtigen Börse vorgenommen werden.

(2) Bedarf der nichtsäumige Teil nachweislich sofort lieferbarer Stücke, so kann die Zwangsregelung auch zu einem andern Kurs als in § 31 bestimmt vorgenommen werden; in solchen Fällen hat der beauftragte Kursmakler bei Beginn der Börse die Zwangsregelung an der Maklertafel anzukündigen und bei Ausführung ein Mitglied der Maklerkammer und ein Mitglied des Börsenvorstandes (Bankenvertreter) zuzuziehen.

§ 34

Nicht rechtzeitige Zwangsregelung

Wird die Zwangsregelung nicht den vorstehenden Bestimmungen entsprechend vorgenommen, so darf dem säumigen Teil kein ungünstigerer Kurs berechnet werden, als der, zu dem die Zwangsregelung hätte vorgenommen werden müssen.

§ 35

Besondere Bedingungen für Gelddarlehn

(1) Tägliches Geld (Schecktausch) ist nach Kalendertagen zu verzinsen. Falls keine anderen Zinsvereinbarungen getroffen sind, gilt der Zinssatz, den die vom Börsenpräsidenten[15]) eingesetzte Kommission täglich festsetzt. Die Rückzahlung hat am folgenden Werktag bis 12 Uhr, Samstags bis 11 Uhr, zu erfolgen; Bankfeiertage gelten nicht als Werktage.

(2) Bei Gelddarlehn auf feste Termine sind 30 Tage für den Monat zu rechnen.

(3) Bei Darlehn gegen Verpfändung von Wertpapieren (Lombardgeld) hat der Geldgeber lediglich Anspruch auf den vereinbarten Zins von der Darlehnssumme. Er hat dem Geldnehmer Zins- oder Gewinnanteilscheine spätestens am dritten Werktage nach Fälligkeit herauszugeben, ihm die Ausübung oder Verwertung von Bezugsrechten zu ermöglichen und ihm auf rechtzeitige Aufforderung die Nummern verlosbarer Wertpapiere vor der Verlosung mitzuteilen.

(4) Der Geldnehmer ist verpflichtet, das bei Vertragsabschluß vereinbarte Verhältnis zwischen Darlehn und Deckung bis zur Fälligkeit des Darlehns aufrechtzuerhalten. Verschlechtert sich das Deckungsverhältnis, so

---

[14]) Vgl. Anm. 2.
[15]) Vgl. Anm. 2.

ist der Geldnehmer verpflichtet, nach Aufforderung unverzüglich entweder die Deckung zu erhöhen oder eine entsprechende Rückzahlung zu leisten, widrigenfalls der Geldgeber die Schuld als sofort fällig erklären und das Pfand nach vorangegangener Androhung und fruchtlosem Ablauf einer weiteren Frist von 2 Werktagen gemäß §§ 1235 ff. BGB verkaufen kann. Bankfeiertage gelten nicht als Werktage im Sinne der vorstehenden Bestimmungen. Hat der Geldgeber nach der Aufforderung, die Deckung zu erhöhen oder eine entsprechende Rückzahlung zu leisten, dem Geldnehmer Stundung gewährt, so kann nach fruchtlosem Ablauf der Stundungsfrist der Geldgeber das Pfand ohne die sonst vorgeschriebene Androhung sofort verwerten. Von dem Verkauf ist dem Geldnehmer am gleichen Tage durch eingeschriebenen Brief oder schriftlich gegen Empfangsbescheinigung Mitteilung zu machen.

(5) Bei Zahlungseinstellung oder Zahlungsunfähigkeit des Geldnehmers wird das Darlehn sofort fällig. Die Bestimmungen des § 30 Abs. 3 Satz 2 und 3 finden entsprechende Anwendung. Der Geldgeber ist nach vorangegangener Benachrichtigung vom nächsten Werktage an berechtigt, das Pfand ohne Einhaltung einer Frist gemäß §§ 1235 ff. BGB zu verkaufen. Von dem Verkauf ist dem Geldnehmer am gleichen Tage durch eingeschriebenen Brief oder schriftlich gegen Empfangsbescheinigung Mitteilung zu machen.

§ 36

Geschäfte in ausländischer Währung

Auszahlung

(1) Der Verkäufer muß die Auszahlung dem Käufer an dem Tage zur Verfügung stellen, der für die amtliche Notierung der gehandelten Währung als Erfüllungstag gilt. Der Käufer hat den Reichsmarkgegenwert am Erfüllungstag bis 12 Uhr in Frankfurt a. M. an den Verkäufer zu zahlen.

(2) Geht die Auszahlung am Erfüllungsort verspätet ein, so hat der Verkäufer dem Käufer den entstandenen Zinsverlust und die nachweisbaren Kosten zu vergüten, mindestens aber, falls die Anschaffung sich bis zu drei Tagen verzögert, Zinsen in Höhe von 2 % über dem jeweiligen Banksatz des Landes, in dem die ausländische Währung anzuschaffen ist; verzögert sich die Anschaffung um mehr als drei Tage, so erhöhen sich die Zinsen auf 4 % über dem erwähnten Banksatz.

(3) Beim Handel von Auszahlung auf überseeische Plätze haben beide Teile die Kabelkosten je hälftig zu tragen.

§ 37

Geschäfte in ausländischer Währung

Sorten

(1) Geschäfte in Sorten (Münzen und Noten) sind an dem auf den Abschlußtag folgenden Werktag bis 11 Uhr zu erfüllen. Bankfeiertage gelten nicht als Werktage.

(2) Liefert der Verkäufer nicht rechtzeitig, so ist der Käufer berechtigt, ohne vorherige Fristsetzung sofort entweder vom Geschäft zurückzutreten oder sich anderweitig, auch außerhalb der Börse, für Rechnung des

Verkäufers einzudecken. Wird dem Verkäufer am Erfüllungstage nicht spätestens um 12 Uhr entweder der Rücktritt mitgeteilt oder von dem erfolgten Deckungskauf Kenntnis gegeben, so finden die Bestimmungen über die Zwangsregelung (§§ 30—34) Anwendung.

(3) Bei Lieferung großer Abschnitte kann, sofern der Wert der Einzelnote DM 300,— übersteigt, Nummernverzeichnis verlangt werden.

(4) Ist eine gelieferte ausländische Banknote oder ein Stempel oder ein Stempelvermerk auf der Note falsch oder verfälscht, so kann der Käufer Ersatzlieferung verlangen, jedoch bei europäischen Noten nur binnen zwei, bei außereuropäischen nur binnen vier Monaten vom Lieferungstage ab.

§ 38

Inkrafttreten

Die vorstehenden Bedingungen treten mit dem 1. April 1938 in Kraft.

5. Hamburg

A. Hamburgische Börsenordnung

Vom 1. Januar 1951

(Amtl. Anzeiger Teil II des HbgGVBl. S. 59)

Der Senat hat am 19. Dezember 1950 auf Grund des § 4 Abs. 2 des Börsengesetzes vom 22. Juni 1896 die nachstehende Börsenordnung und am 24. November 1953 die Änderung des Abschnitts VII genehmigt.

I. Aufgabengebiet der Hamburger Börse

§ 1

Die Einrichtungen der Hamburger Börse sind bestimmt für den Handel mit Waren aller Art, Zahlungsmitteln, Wertpapieren, Wechseln sowie mit Grundstücken, Hypotheken und Schiffen, ferner für das Lagerei-, das Beförderungs- und das Versicherungsgewerbe sowie für andere mit der Börse in Zusammenhang stehende Zweige.

II. Organisation der Börse

1. Träger der Börse

§ 2

Träger der Hamburger Börse ist die Handelskammer Hamburg.

2. Geltungsbereich der Börsenordnung

§ 3

Die Börsenordnung gilt für den Börsenverkehr, der innerhalb des Börsengebäudes und in besonderen Räumen der Warenbörsen stattfindet.

3. Gliederung der Börse

§ 4

Die Hamburger Börse besteht aus 8 Abteilungen:
1. der Allgemeinen Börse,
2. der Hanseatischen Wertpapierbörse,
3. der Getreidebörse,
4. der Kaffeebörse,
5. der Zuckerbörse,
6. der Kautschukbörse,
7. der Metallbörse,
8. der Baumwollbörse.

4. Bildung des Vorstandes

§ 5

(1) Die Vorstandsmitglieder der unter § 4 genannten Börsen bilden den Gesamtbörsenvorstand. Von der Zahl der Mitglieder des Gesamtbörsenvorstandes entfallen auf die

Allgemeine Börse	5 Personen
Hanseatische Wertpapierbörse bis zu	16 Personen
Getreidebörse	8 Personen
Kaffeebörse	8 Personen
Zuckerbörse	5 Personen
Kautschukbörse	4 Personen
Metallbörse	4 Personen
Baumwollbörse	3 Personen

Zu Anfang jedes Jahres werden zu Mitgliedern des Vorstandes der Allgemeinen Börse Mitglieder der Handelskammer von dieser, zu Mitgliedern der Vorstände der übrigen Börsen Angehörige der betreffenden Börsenvereine (siehe § 37) von diesen ohne Bindung für die Handelskammer gewählt. Die Gewählten bleiben bis zur nächstjährigen Wahl im Amt. Scheidet in der Zwischenzeit ein Mitglied aus, so wird an seine Stelle für den Rest der Zeit ein anderes Mitglied gewählt.

(2) Die Vorstände der einzelnen Börsen wählen ihren Vorsitzenden und dessen Stellvertreter. Die Beschlußfähigkeit ist gegeben, wenn mindestens die Hälfte der in Absatz (1) festgelegten Zahl der Mitglieder anwesend ist. Zu dem Beschluß eines Börsenvorstandes ist die Mehrheit der abgegebenen auf Ja oder Nein lautenden Stimmen erforderlich. Im Falle der Stimmengleichheit gibt bei Wahl das Los, im übrigen die Stimme des Vorsitzenden den Ausschlag.

(3) Der Vorsitzende der Allgemeinen Börse ist zugleich Vorsitzender des Gesamtbörsenvorstandes. Der Vorsitzende der Hanseatischen Wertpapierbörse und zwei weitere von dem Vorsitzenden des Gesamtbörsenvorstandes berufene Vorsitzende von anderen Börsen sind „Stellvertretende Vorsitzende" des Gesamtbörsenvorstandes.

(4) Auf den Gesamtbörsenvorstand finden die Bestimmungen des Absatzes (2) Satz 2—4 entsprechende Anwendung.

(5) Die Vorsitzenden der einzelnen Börsen bedürfen der Bestätigung durch die Handelskammer.

§ 6

Die Mitglieder des Vorstandes der Hanseatischen Wertpapierbörse müssen dem Bankgewerbe angehören. In dem Vorstand müssen ein amtlich notierender, sowie ein freier Makler vertreten sein.

5. Staatskommissar

§ 7

Für die Hamburger Börse wird vom Senat der Hansestadt Hamburg gemäß § 2 des Börsengesetzes vom 22. Juni 1896 (Reichsgesetzblatt S. 157) in der Fassung der Bekanntmachung vom 27. Mai 1908 (Reichsgesetzblatt S. 215)[1]) ein Staatskommissar ernannt. Dem Staatskommissar ist von allen Sitzungen des Gesamtbörsenvorstandes, der Börsenvorstände und des Ehrengerichtes Kenntnis zu geben. Die gleiche Verpflichtung liegt der Handelskammer ob, soweit sie in ihren Sitzungen als Träger und Börsenaufsichtsorgan der Hamburger Börse in Beratung zu treten beabsichtigt.

6. Sonstige Organe und Ausschüsse

§ 8

An der Hamburger Börse werden weiter folgende Organe und Ausschüsse gebildet:

1. Zulassungsstelle für Wertpapiere.
   Die Zulassungsstelle für Wertpapiere (§ 36 Börsengesetz) an der Hamburger Börse besteht aus 14 Mitgliedern. Sie werden zur Hälfte von dem Vorstand der Hanseatischen Wertpapierbörse zu Anfang jedes Jahres auf die Dauer eines Kalenderjahres gewählt und von der Handelskammer bestätigt. Von den Mitgliedern der Zulassungsstelle für Wertpapiere muß mindestens die Hälfte aus Personen bestehen, die sich nicht berufsmäßig am Börsenhandel mit Wertpapieren beteiligen. Diese werden von der Handelskammer gewählt.
2. Zulassungsausschuß.
   Der Zulassungsausschuß besteht aus 3 Mitgliedern und 3 Stellvertretern. Die Mitglieder und deren Stellvertreter werden von der Handelskammer für ein Jahr gewählt.
3. Beschwerde-Ausschuß.
   Der Beschwerde-Ausschuß besteht aus 3 Mitgliedern und deren Stellvertretern. Diese werden von der Handelskammer für ein Jahr gewählt.

§ 9

Die Mitgliedschaft in den Ausschüssen und den übrigen in § 8 genannten Organen kann von der Handelskammer aufgehoben werden, wenn ein wichtiger Grund hierfür vorliegt.

---

[1]) § 2 Absatz 1 des Börsengesetzes hat folgenden Wortlaut:
„Bei den Börsen sind als Organe der Landesregierung Staatskommissare zu bestellen. Ihnen liegt es ob, den Geschäftsverkehr an der Börse, sowie die Befolgung der in bezug auf die Börse erlassenen Gesetze und Verwaltungsbestimmungen nach näherer Anweisung der Landesregierung zu überwachen. Sie sind berechtigt, den Beratungen der Börsenorgane beizuwohnen und die Börsenorgane auf hervorgetretene Mißbräuche aufmerksam zu machen. Sie haben über Mängel und über die Mittel zu ihrer Abstellung Bericht zu erstatten."

§ 10

Der Vorsitzende des Gesamtbörsenvorstandes, die Mitglieder der Börsenvorstände, des Zulassungsausschusses, der Zulassungsstelle für Wertpapiere, des Beschwerdeausschusses und des Ehrengerichtes üben ihr Amt ehrenamtlich aus.

7. Ehrengericht

§ 11

(1) Das Ehrengericht der Hamburger Börse besteht aus 10 ordentlichen und 5 stellvertretenden Mitgliedern, die aus den Mitgliedern der Handelskammer von dieser auf ein Kalenderjahr gewählt werden. — Für ein Mitglied, das während der Amtszeit ausscheidet, kann die Handelskammer einen Ersatzmann wählen. Außerdem gehört dem Ehrengericht ein Syndikus der Handelskammer als Mitglied mit beratender Stimme an.

(2) Der Vorsitzende des Gesamtbörsenvorstandes sowie die Mitglieder des Beschwerdeausschusses dürfen dem Ehrengericht nicht angehören.

(3) Die rechtskräftigen oder gemäß § 16 Absatz 4 Börsengesetz für sofort wirksam erklärten Urteile sind der Handelskammer, dem Vorsitzenden des Gesamtbörsenvorstandes und dem Staatskommissar mitzuteilen.

III. Börsenleitung und Börsenaufsicht

§ 12

(1) Die unmittelbare Aufsicht über die Börse liegt der Handelskammer als Träger der Hamburger Börse (§ 2) ob[2]). Sie kann die Aufsichtsbefugnis dem Gesamtbörsenvorstand übertragen. Der Aufsicht der Handelskammer unterliegen auch die auf den Börsenverkehr bezüglichen Einrichtungen der Liquidationskassen, Liquidationsvereine und ähnlicher Anstalten. Die auf den Börsenverkehr bezüglichen Ordnungen dieser Anstalten bedürfen der Genehmigung der Handelskammer.

(2) Die Handelskammer hat das Hausrecht in dem Börsengebäude. Zur Aufrechterhaltung der Ordnung und für den Geschäftsverkehr an der Börse kann sie Anordnungen erlassen.

§ 13

(1) Der Gesamtbörsenvorstand hat die Befolgung der für die Börse geltenden Gesetze, Verordnungen und Verwaltungsbestimmungen zu überwachen.

(2) Der Gesamtbörsenvorstand hat insbesondere nach Maßgabe der Börsenordnung

1. die Ordnungs- und Disziplinargewalt an der Börse auszuüben,
2. Waren, Wertpapiere und ausländische Zahlungsmittel nach Anhörung der Allgemeinen Börse und der betreffenden Fachbörsen zum Börsenterminhandel zuzulassen,

---

[2]) Vgl. auch Art. I § 3 Abs. 1 Ziff. 3 des Gesetzes über die vorläufige Regelung der Rechtsverhältnisse der Handelskammer Hamburg vom 27. 2. 1956 (HbgGVBl. S. 21). Danach hat die als Körperschaft des öffentlichen Rechts wieder errichtete Handelskammer Hamburg die unmittelbare Aufsicht über die Börse nach Maßgabe der Hamburgischen Börsenordnung.

3. die Regelung des Geschäfts an der Börse zu überwachen,
4. die Börsenzeit für den allgemeinen Geschäftsverkehr in den dafür bestimmten Räumen (allgemeine Börsenzeit) zu bestimmen.

(3) Der Vorsitzende des Gesamtbörsenvorstandes ist berechtigt, in dringenden Fällen, die ohne grundsätzliche Bedeutung sind, einstweilige Maßnahmen anzuordnen.

§ 14

(1) Der Vorsitzende des Gesamtbörsenvorstandes hat vor Entscheidungen von grundsätzlicher oder besonderer Bedeutung den Gesamtbörsenvorstand und den Staatskommissar zu hören.

(2) Bei Entscheidungen der Börsenvorstände von grundsätzlicher oder besonderer Bedeutung ist das Einvernehmen mit dem Vorsitzenden des Gesamtbörsenvorstandes herbeizuführen. Dieser entscheidet, ob zuvor der Staatskommissar gehört werden muß.

IV. Erwerb und Verlust der Mitgliedschaft

§ 15

Erwerb des Rechts zum Börsenbesuch

(1) Über die Zulassung zum Börsenbesuch während der allgemeinen Börsenzeit entscheidet der Zulassungsausschuß (siehe § 8 Abs. 2).

(2) Zuzulassen sind:

a) Inhaber von Firmen und gesetzliche Vertreter von Gesellschaften, die in das Handels- bzw. Genossenschaftsregister in Hamburg eingetragen sind. Voraussetzung für die Zulassung ist, daß die Antragsteller für die Erledigung ihrer Geschäfte auf den Besuch der Börse angewiesen sind. Ferner müssen diese Gewähr bieten für
   1. ein persönlich einwandfreies Verhalten an der Börse, insbesondere ein kaufmännischen Anschauungen entsprechendes Verhalten bei Abschluß und Abwicklung von Geschäften,
   2. die Erfüllung ihrer Verbindlichkeiten,
b) Prokuristen, Bevollmächtigte und Angestellte von Firmen der unter a) genannten Art unter der gleichen Voraussetzung und soweit die Bedeutung der Firma es rechtfertigt,
c) sonstige Personen, deren Anwesenheit an der Börse im allgemeinen Interesse erwünscht ist, soweit die Platzverhältnisse dies zulassen.

(3) Auswärtige Firmeninhaber, die im übrigen die Voraussetzung des Absatzes (2) a erfüllen, können die Mitgliedschaft der Hamburger Börse erwerben. Absatz (2) b findet entsprechende Anwendung. Für vorübergehend sich in Hamburg aufhaltende Personen können Wochenkarten für den Besuch der Börse ausgegeben werden, wenn bei der Handelskammer ein entsprechender Antrag von einem zugelassenen Börsenbesucher gestellt wird, und dieser gleichzeitig die Gewähr für ein einwandfreies Verhalten des Gastes an der Börse übernimmt. Im allgemeinen sollen nicht mehr als vier Wochenkarten für dieselbe Person im Verlauf eines Jahres ausgefertigt werden. Auswärtige Besucher können zum einmaligen Besuch der Börse durch Eintragung in das am Eingang ausliegende Gästebuch durch einen zugelassenen Börsenbesucher eingeführt werden.

(4) Über die Zulassung zum Börsenbesuch wird von der Handelskammer gegen Entrichtung der von ihr festgesetzten Gebühr eine Karte ausgestellt. Ohne diese Karte hat niemand Zutritt zu den den geschäftlichen Zwecken dienenden Räumen der Börse. Die Karte ist bei Fortfall oder bei Feststellung des Ruhens des Rechts zum Börsenbesuch sofort der Handelskammer zurückzugeben. Wenn ein zum Börsenbesuch zugelassener Angestellter aus dem Dienst der Firma, für die er zugelassen ist, ausscheidet, so hat diese Firma die Karte unverzüglich zurückzuliefern. Sie kann die Umschreibung der Karte auf einen anderen Angestellten beantragen; über den Antrag entscheidet der Vorsitzende des Gesamtbörsenvorstandes.

(5) Für die Zulassung von Börsenbesuchern zu den besonderen Einrichtungen des außerhalb der allgemeinen Börsenzeit (§ 13 Abs. 2 Ziffer 4) stattfindenden Börsenhandels in den innerhalb und außerhalb der Börse für diesen Geschäftsverkehr bestimmten Räumen erlassen die Börsenvorstände im Einvernehmen mit dem Gesamtbörsenvorstand nähere Bestimmungen. Der Zutritt zu diesen Räumen, in denen der Börsenverkehr stattfindet, kann von den Eigentümern oder Mietern der Räume von besonderen Bedingungen, z. B. Mitgliedschaft bei einer Organisation oder Zahlung eines Geldbetrages abhängig gemacht werden.

§ 16

Unfähigkeit zum Börsenbesuch

(1) Die Zulassung zum Börsenbesuch muß, insoweit nicht gemäß den Bestimmungen des Börsengesetzes Ausnahmen gestattet sind, versagt werden:

1. Personen, die sich nicht im Besitze der bürgerlichen Ehrenrechte befinden,
2. Personen, die infolge gerichtlicher Anordnung in der Verfügung über ihr Vermögen beschränkt sind,
3. Personen, die wegen betrügerischen Bankrotts rechtskräftig verurteilt sind,
4. Personen, die wegen einfachen Bankrotts rechtskräftig verurteilt worden sind,
5. Personen, die sich im Zustande der Zahlungsunfähigkeit befinden oder Vertreter einer juristischen Person sind, die sich im Zustande der Zahlungsunfähigkeit befindet. Als zahlungsunfähig im Sinne dieser Vorschrift gilt schon, wer Gläubigern über unstreitige Verbindlichkeiten Vergleichsvorschläge macht oder eine unstreitige und fällige Verbindlichkeit unberichtigt läßt. Unstreitigen Verbindlichkeiten stehen solche gleich, die durch rechtskräftiges Urteil oder einen für vollstreckbar erklärten Schiedsspruch eines Schiedsgerichts festgestellt sind,
6. Personen, die durch rechtskräftige oder für sofort wirksam erklärte ehrengerichtliche Entscheidungen von dem Besuch der Börse ausgeschlossen sind,
7. Personen, die an einer die übrigen Börsenbesucher oder den Verkehr an der Börse gefährdenden Krankheit leiden.

(2) Die Zulassung oder Wiederzulassung zum Börsenbesuch kann in den Fällen des Absatz 1 Ziffer 1 und 2 nicht vor der Beseitigung des Ausschließungsgrundes, in dem Falle des Absatz 1 Ziffer 4 nicht vor Ablauf von sechs Monaten, nachdem die Strafe verbüßt, verjährt oder erlassen ist, erfolgen; sie darf in den Fällen des Absatz 1 Ziffer 4 und 5 nur stattfinden, wenn der Gesamtbörsenvorstand den Nachweis für geführt erachtet, daß die Schuldverhältnisse sämtlichen Gläubigern gegenüber durch Zahlung, Erlaß oder Stundung geregelt sind. Einer Person, die im Wiederholungsfall in Zahlungsunfähigkeit oder in Konkurs geraten ist, muß die Zulassung oder Wiederzulassung mindestens für die Dauer eines Jahres verweigert werden. In dem Falle des Absatz 1 Ziffer 3 ist der Ausschluß dauernd.

§ 17

Ruhen des Rechts auf Börsenbesuch

Ist gegen einen Börsenbesucher ein gerichtliches Hauptverfahren, ein ehrengerichtliches Hauptverfahren, ein Disziplinarverfahren oder von der Staatsanwaltschaft ein Ermittlungsverfahren eingeleitet, so kann der Vorsitzende des Gesamtbörsenvorstandes bestimmen, daß das Recht zum Börsenbesuch des Betroffenen bzw. der Angehörigen seiner Firma ruht. Das Ruhen des Rechts zum Börsenbesuch des Betroffenen bzw. der Angehörigen seiner Firma ist anzuordnen, falls der Staatskommissar dies beantragt.

§ 18

Verlust des Rechts zum Börsenbesuch

(1) Die Zulassung muß zurückgenommen werden, wenn einer der in § 16 Nr. 1—5 und 7 genannten Fälle nach der Zulassung eintritt.

(2) Der Zulassungsausschuß kann bei Fortfall der Zulassungsvoraussetzungen (§ 15 BO) nach Anhörung des Gesamtbörsenvorstandes die Zulassung zurücknehmen. Hierfür kommen beispielsweise in Betracht: Vermögensverfall, rechtskräftige Verurteilung wegen eines gemeinen Vergehens, Entziehung der Erlaubnis zum Betriebe des Gewerbes, Nichtzahlung des Nachschusses im Falle der Sicherheitsleistung, Nichtzahlung ordnungsmäßig veranlagter Börsengebühren, Einräumung eines Einflusses auf den Geschäftsbetrieb des Zugelassenen an eine zu Bedenken Anlaß gebende Person, Entstehen eines Mißverhältnisses zwischen Art und Umfang des Geschäftsbetriebes und den Vermögensverhältnissen des Zugelassenen, Verlust der Zulassung eines anderen Gesellschafters oder gesetzlichen Vertreters des von dem Zugelassenen vertretenen Unternehmens.

V. Ordnungs- und Disziplinargewalt

§ 19

Sämtliche Börsenbesucher unterstehen den Anordnungen des Gesamtbörsenvorstandes.

§ 20

(1) Von dem Gesamtbörsenvorstand wird mit Ausschließung vom Börsenbesuch auf mindestens drei Tage und höchstens 1 Jahr oder beim Vorliegen mildernder Umstände mit einem Verweis bestraft, wer

1. in den Börsensälen oder den zugehörigen Nebenräumen von dem Zeitpunkte der Öffnung bis zu dem der Schließung der Eingangstüren
   a) den Anordnungen des Gesamtbörsenvorstandes oder der von ihm beauftragten Beamten zuwiderhandelt,
   b) einen Börsenbesucher oder eine an der Börse amtlich beschäftigte Person beleidigt,
   c) unwahre Gerüchte verbreitet, die darauf berechnet oder geeignet sind, das Ansehen oder den Kredit anderer zu beeinträchtigen oder das Börsengeschäft zu beeinflussen,
   d) den Anstand verletzt, die Ordnung oder den Geschäftsverkehr an der Börse stört,
2. in Angelegenheiten, die zur Zuständigkeit des Gesamtbörsenvorstandes gehören, auf Ladungen des Gesamtbörsenvorstandes als Zeuge, in Disziplinarverfahren auch als Anzeigender oder Beschuldigter unentschuldigt ausbleibt, unbefugt das Zeugnis oder eine Auskunft verweigert, ein unwahres Zeugnis ablegt, eine Nachprüfung seiner Bücher ablehnt oder die Vorlage einer von ihm geforderten Bilanz verweigert.

(2) Statt der eingangs erwähnten Strafen oder neben diesen kann auch auf eine Ordnungsstrafe bis zu DM 1000,— erkannt werden.

(3) Der Vorsitzende des Gesamtbörsenvorstandes kann mit Genehmigung der Handelskammer die Veröffentlichung der Bestrafung durch Aushang in den Börsensälen während acht Börsentagen anordnen.

VI. Verfahrensvorschriften

§ 21

(1) Bevor Beschlüsse auf Zurücknahme der Zulassung (§ 16), Ruhen des Rechtes auf Börsenbesuch (§ 17) und Bestrafungen gemäß § 20 Absatz 1 Ziffer 1 gefaßt werden, ist der Betroffene zu seiner Vernehmung vor den Zulassungsausschuß oder ein von dem Vorsitzenden des Gesamtbörsenvorstandes beauftragtes Mitglied zu laden. Der Ladung bedarf es nicht, wenn nach Ausschließung oder Zurücknahme der Zulassung eines Börsenbesuchers die Zulassung seiner Angestellten zurückgenommen wird.

(2) Die Beschlüsse auf Ablehnung eines Zulassungsantrages, Zurücknahme der Zulassung, Ruhen des Rechts zum Börsenbesuch sowie Bestrafung gemäß § 20 sind dem Betroffenen schriftlich mitzuteilen. Der Beschluß, durch den eine Zulassung zurückgenommen wird, ist mit Gründen zu versehen.

(3) Bei Beschlüssen auf Zurücknahme der Zulassung kann der Vorsitzende des Gesamtbörsenvorstandes die Veröffentlichung durch Aushang in den Börsensälen anordnen.

(4) Die sofortige Vollziehung aller aus den §§ 15—18 und 20 sich ergebenden Beschlüsse kann durch den Gesamtbörsenvorstand angeordnet werden, wenn dies im öffentlichen Interesse gelegen ist.

(5) Gegen sämtliche aus den Absätzen 1—3 sich ergebenden Beschlüsse steht dem Betroffenen innerhalb eines Monats nach erfolgter Zustellung

des Beschlusses die Beschwerde an die Handelskammer zu. Diese entscheidet nach Anhörung des Beschwerdeausschusses. Die Kosten für die Durchführung des Verfahrens können dem Betroffenen auferlegt werden.

VII. Zulassung von Waren und Wertpapieren zum Börsenterminhandel

§ 21 a

(1) Die Zulassung von Waren zum Börsenterminhandel erfolgt durch den Gesamtbörsenvorstand nach Anhörung der Allgemeinen Börse und der für die Ware zuständigen Abteilung der Hamburger Börse, soweit eine solche vorhanden ist; die Zulassung von Wertpapieren erfolgt nach Anhörung der Wertpapierbörse. Diese Zuständigkeit gilt entsprechend für die Zurücknahme der Zulassung. Der Gesamtbörsenvorstand hat vor der Zulassung von Waren zum Börsenterminhandel in jedem einzelnen Falle Vertreter der beteiligten Erwerbskreise gutachtlich zu hören, das Ergebnis seiner Ermittlungen über die zuständige hamburgische Behörde dem Bundesminister für Wirtschaft mitzuteilen und dessen Erklärung gemäß § 50 (3) des Börsengesetzes einzuholen.

(2) Vor der Zulassung sind die Geschäftsbedingungen für den Börsenterminhandel in den zuzulassenden Waren oder Wertpapieren von den Vorständen der für die Ware zuständigen Abteilung der Hamburger Börse mit Genehmigung der Handelskammer oder — wenn eine solche Abteilung noch nicht vorhanden ist — von der Handelskammer im Einvernehmen mit den beteiligten Erwerbskreisen festzusetzen.

(3) Die Zulassung zum Börsenterminhandel ist dem Bundesministerium für Wirtschaft anzuzeigen. Sie ist ferner durch Aushang in den Börsensälen bekanntzumachen.

VIII. Festsetzung der Kurse und Preise

§ 22

Eine amtliche Feststellung von Preisen (Kursen) findet statt für den Handel in Wertpapieren, Wechseln und Zahlungsmitteln. Für den Terminhandel in Kaffee, Zucker, Metallen (Kupfer und Zinn), Kautschuk und Baumwolle sowie für den Zeithandel in Getreide (Gerste, Mais, Weizen, Roggen) erfolgen amtliche Notierungen nach Wiedereinführung des Terminhandels.

§ 23

Die Feststellung der Preise (Kurse) geschieht an allen Börsentagen. Ob sie täglich einmal oder mehrere Male und zu welcher Zeit sie vorzunehmen ist, bestimmt der zuständige Börsenvorstand.

§ 24

Es werden Preise festgesetzt, zu denen

a) an der Börse Geschäfte abgeschlossen sind (bz. = bezahlt) oder (falls Umsätze nicht erfolgten),

b) an der Börse Aufträge vorlagen („G" = Geld, „B" = Brief) oder (falls Aufträge nicht vorlagen),

c) der mit der Feststellung beauftragte Personenkreis Umsätze für möglich hielt („T" = Taxe).

Im Wertpapierhandel gilt die Notiz „bezahlt" für börsenmäßige Schlüsse, „Kleinigkeiten bezahlt" für geringe Beträge. Falls nicht alles angebotene Material abgenommen oder nicht alles gesuchte Material gegeben wird, ist die Notiz „bezahlt und Brief" bzw. „etwas bezahlt und Brief" oder „bezahlt und Geld" bzw. „etwas bezahlt und Geld" zulässig. Sind die Kaufaufträge bzw. Verkaufsaufträge derart, daß die Parteien nur anteilmäßig berücksichtigt werden können, so darf die Notiz „bezahlt Geld repartiert" bzw. „bezahlt Brief repartiert" lauten. Eine Strichnotierung bedeutet, daß weder Kauf- noch Verkaufsaufträge vorgelegen haben. Bei unlimitierter Nachfrage ohne Angebot oder bei unlimitiertem Angebot ohne Nachfrage lauten die Notierungen „Geld" bzw. „Brief". Durch Beschluß des Vorstandes der Hanseatischen Wertpapierbörse kann auch in anderen Fällen von besonderer volkswirtschaftlicher Bedeutung die Streichung der Kurse für höchstens drei Tage verfügt werden.

§ 25

(1) Die Feststellung der Preise erfolgt durch Mitglieder des betreffenden Börsenvorstandes unter Mitwirkung der in § 26 genannten Kursmakler und, soweit es sich um die Preise für Waren handelt, von Vertretern der zuständigen Fachvereine.

(2) Der Vorstand bestimmt, wer von den Mitgliedern die Feststellung zu besorgen hat. Ist ein mit der Feststellung beauftragtes Mitglied verhindert, so hat es rechtzeitig die Stellvertretung zu besorgen.

§ 26

(1) Zur Mitwirkung bei der Feststellung der Preise werden von den betreffenden Börsenvorständen amtlich notierende Makler bestellt und vom Vorsitzenden durch Handschlag zur Aufwendung aller Sorgfalt behufs richtiger Preisermittlung verpflichtet. Bei Meinungsverschiedenheiten entscheidet das die Feststellung leitende Vorstandsmitglied.

(2) Die Namen der bestellten amtlich notierenden Makler werden von dem betreffenden Börsenvorstand bekanntgemacht.

(3) Von Firmen, die Mitglieder des „Vereins der Mitglieder der Wertpapierbörse" sind, können Kurse zur Berücksichtigung bei der Kursfeststellung, soweit sie marktgerecht sind, angemeldet werden.

§ 27

Bei der Feststellung der Preise darf außer dem Staatskommissar, dem Börsenvorstand, den Geschäftsführern der Einzelbörsen und den in § 26 bezeichneten amtlich notierenden Maklern sowie, sofern es sich um Waren handelt, den Vertretern der zuständigen Fachvereine niemand zugegen sein.

§ 28

Die festgestellten Preise werden alsbald von dem betreffenden Börsenvorstand durch Anschlag in den Börsenräumen oder durch Ausgabe gedruckter Preislisten oder Veröffentlichung in einer oder mehreren Zeitungen bekanntgemacht.

IX. Zulassung von Wertpapieren

§ 29

Die Zulassungsstelle für Wertpapiere (siehe § 8 Absatz 1) ist bei Anwesenheit von mindestens 6 Mitgliedern beschlußfähig. Die Entscheidungen werden mit Stimmenmehrheit getroffen. Bei Stimmengleichheit entscheidet der Vorsitzende. Gegen die Entscheidung der Zulassungsstelle steht dem Antragsteller binnen 2 Wochen nach Bekanntgabe die Beschwerde an die Handelskammer Hamburg zu. Die Handelskammer übersendet der Zulassungsstelle Abschrift der Beschwerdeschrift zur Stellungnahme.

§ 30

Von der Beratung über die Zulassung eines Wertpapieres zum Börsenhandel sind diejenigen Mitglieder der Zulassungsstelle ausgeschlossen, welche an der Einführung dieses Wertpapieres in den Börsenhandel beteiligt sind.

§ 31

Den Vorsitz in der Zulassungsstelle für Wertpapiere führt der Vorsitzende des Vorstandes der Hanseatischen Wertpapierbörse, sofern dieser nicht gemäß der Bestimmung des § 30 von der Beratung ausgeschlossen ist. Der Vorsitzende wird im Behinderungsfalle von dem stellvertretenden Vorsitzenden des Vorstandes der Hanseatischen Wertpapierbörse vertreten.

§ 32

Wer für ein Wertpapier die Zulassung zum Börsenhandel und die amtliche Kursfeststellung beantragt, hat in der Regel für die Genehmigung des Antrages eine Gebühr an die Handelskammer zu entrichten. Die Höhe der Gebühr wird nach Maßgabe einer Gebührenordnung von der Zulassungsstelle für Wertpapiere im einzelnen Fall festgesetzt.

§ 33

Der Antrag auf Zulassung von Wertpapieren zum Börsenhandel muß von einem an der Börse vertretenen Kreditinstitut gestellt werden.

§ 34

Die Zulassungsstelle für Wertpapiere ist berechtigt, in besonderen Fällen die Veröffentlichung der Kurse amtlich nicht notierter Wertpapiere im amtlichen Kursblatt zu gestatten.

§ 35

Geschäfte in Wertpapieren, welche zur öffentlichen Zeichnung aufgelegt werden, sind vor beendeter Zuteilung an die Zeichner an der Börse unzulässig. Auch dürfen für solche Geschäfte Preis-Listen (Kurszettel) nicht vor jenem Zeitpunkt veröffentlicht oder in mechanisch hergestellter Vervielfältigung verbreitet werden.

X. Allgemeine Vorschriften

§ 36

(1) Die Mitglieder und das Personal der Börsenvorstände und der Zulassungsstelle für Wertpapiere sind verpflichtet, über den Gang der Verhandlungen Amtsverschwiegenheit zu bewahren, ebenso, insoweit nicht im Einzelfalle die Vertraulichkeit aufgehoben worden ist, über das Ergebnis der Beratungen.

(2) Verlautbarungen, die für die Öffentlichkeit bestimmt sind, dürfen lediglich durch die Handelskammer, die Allgemeine Börse und die Einzelbörsen herausgegeben werden.

§ 37

(1) Die Verwaltung der Allgemeinen Börse steht der Handelskammer nach Maßgabe ihrer Satzung zu.

(2) Die Verwaltung der einzelnen Börsen erfolgt durch folgende Vereine:
Verein der Mitglieder der Wertpapierbörse,
Verein der Getreidehändler der Hamburger Börse,
Verein der am Caffeehandel betheiligten Firmen,
Verein der am Zuckerhandel betheiligten Firmen,
Verein der am Kautschukhandel beteiligten Firmen,
Verein der am Metallhandel beteiligten Firmen,
Verein der am Baumwollhandel beteiligten Firmen.

§ 38

Der Handelskammer steht die Verteilung der Plätze in den dem allgemeinen Geschäftsverkehr dienenden Räumen des Börsengebäudes zu; sie besorgt die Vermietung der Kontore und Sitzplätze. Sie vermietet Schränke und Briefkasten; zur Anbringung von solchen ist ihre Genehmigung erforderlich.

§ 39

Wer werktags, mit Ausnahme der Sonnabende, zwischen 13 Uhr 30 Minuten und 14 Uhr in die dem allgemeinen Geschäftsverkehr dienenden Räume des Börsengebäudes eintritt, hat ein Sperrgeld von DM 0,30 zu entrichten. Wünscht jemand während der Sperrzeit die gesperrten Räume zeitweilig zu verlassen, ohne bei der Rückkehr das Sperrgeld zahlen zu müssen, so hat er sich gegen Empfangnahme eines Ausweises bei dem aufsichtführenden Börsenoffizianten abzumelden. An den Sonnabenden beginnt die Börsensperre um 12 Uhr 15 Minuten und dauert bis 13 Uhr. Von der Verpflichtung zur Zahlung des Sperrgeldes sind die Mitglieder und das Personal der Handelskammer und der Staatskommissar befreit; desgleichen die Mitglieder der Börsenvorstände sowie die Mitglieder von Verwaltungsbehörden und Gerichten, sofern sie ihre Befreiung durch Entrichtung von Marken, die von der Handelskammer ausgegeben werden, nachweisen.

§ 40

Die Börsenversammlungen finden in den dafür bestimmten Börsenräumen statt. Bei Änderungen wird der Versammlungsort vom Vorsitzenden des Gesamtbörsenvorstandes im Einvernehmen mit der Handelskammer bestimmt.

§ 41

(1) Die Börsenversammlungen finden an den vom Gesamtbörsenvorstand bestimmten Tagen mit Ausnahme der Sonn- und Festtage statt.

(2) Der Gesamtbörsenvorstand ist im Einvernehmen mit der Handelskammer befugt, Börsenversammlungen ausfallen zu lassen.

§ 42

(1) Außer den Bekanntmachungen der Handelskammer, der Börsenvorstände und der Zulassungsstelle für Wertpapiere können durch Aushang in den Börsensälen auch andere Bekanntmachungen veröffentlicht werden, wenn der Vorsitzende des Gesamtbörsenvorstandes sie nach Form und Inhalt zur Veröffentlichung geeignet findet.

(2) Bei amtlichen Bekanntmachungen ist die erfolgte Veröffentlichung von dem dazu bestimmten Börsenbeamten zu bescheinigen.

§ 43

Die Börsenordnung tritt am Tage nach erfolgter Genehmigung durch den Senat der Hansestadt Hamburg in Kraft.

B. Bekanntmachung betr. Zulassung zum Börsenbesuch

Vom 1. November 1921 (HbgGVBl. S. 577) in der Fassung der Bekanntmachung vom 27. Februar 1925 (Amtl. Anzeiger, Beiblatt z. HbgGVBl. S. 253)

Auf Grund der Bestimmung im § 10 der Hamburgischen Börsenordnung vom 15. Februar 1918 in der Fassung vom 31. Oktober 1921[1]) werden von der Handelskammer folgende Vorschriften für die Zulassung zum Börsenbesuch erlassen:

1. Vom 1. Dezember d. J. an ist der Besuch der dem allgemeinen Börsenverkehr dienenden Börsenräume während der von der Handelskammer jeweils festzusetzenden Zeit, zunächst von 11 Uhr vormittags bis 4 Uhr nachmittags, von der Zulassung durch einen von der Handelskammer eingesetzten Ausschuß abhängig, bestehend aus 4 Mitgliedern der Handelskammer und 8 von der Handelskammer jährlich gewählten Vertretern der Kaufmannschaft.

Der Ausschuß kann zur Erledigung der Gesuche Unterausschüsse für gewisse Geschäftsgruppen einsetzen, die berechtigt sind, weitere Sachverständige hinzuzuziehen, eventuell unter Fühlungnahme mit den Fachverbänden.

2. Gesuche um Zulassung zum Börsenbesuch sind auf den vorgeschriebenen Vordrucken an die Handelskammer zu richten.

3. Die Zulassung erfolgt für jeden Börsenbesucher persönlich und jeweils auf die Dauer des Kalenderjahres; die erstmalige Zulassung gilt für die Zeit vom 1. Dezember 1921 bis zum 31. Dezember 1922.

Als Ausweis über die erfolgte Zulassung wird eine auf den Namen lautende, nicht übertragbare, mit der Unterschrift des Zugelassenen und

---

[1]) Jetzt: Börsenordnung vom 2. 1. 1951.

dem Stempel der Handelskammer versehene Börsenkarte ausgestellt, die zur Kontrolle bei den Eingängen vorzuzeigen ist.

Ohne Karte hat niemand Anspruch auf Zutritt zu den den geschäftlichen Zwecken dienenden Räumen der Börse.

4. Gegen einen ablehnenden Beschluß des Ausschusses steht dem Betroffenen die binnen 2 Wochen einzureichende Beschwerde an die Handelskammer zu, von welcher als Börsenaufsichtsbehörde über solche Beschwerden zu entscheiden ist.

Lehnt die Handelskammer es ab, der Beschwerde Folge zu geben, so steht dem Betroffenen eine weitere Beschwerde binnen 2 Wochen an die Deputation für Handel, Schiffahrt und Gewerbe[2]) zu, deren Entscheidung endgültig ist[3]).

5. Zuzulassen sind:

a) Inhaber von Firmen und gesetzliche Vertreter von Gesellschaften, die in das Handelsregister eingetragen sind. Voraussetzung für die Zulassung ist, daß die Antragsteller für die Erledigung ihrer Geschäfte auf den Besuch der Börse angewiesen sind. Ferner müssen diese eine Gewähr bieten für
   1. ein persönlich einwandfreies Verhalten an der Börse, insbesondere ein kaufmännischen Anschauungen entsprechendes Verhalten bei Abschluß und Abwicklung von Geschäften,
   2. die Erfüllung ihrer Verbindlichkeiten.

b) Prokuristen, Bevollmächtigte und Angestellte von Firmen der unter a genannten Art unter der gleichen Voraussetzung und soweit die Bedeutung der Firma es rechtfertigt.

c) Sonstige Personen, deren Anwesenheit an der Börse im allgemeinen Interesse erwünscht ist, soweit die Platzverhältnisse dies zulassen.

6. Für vorübergehend sich hier aufhaltende Personen können Wochenkarten für den Besuch der Börse ausgegeben werden, wenn bei der Handelskammer ein entsprechender Antrag von einem zugelassenen Börsenbesucher gestellt wird und dieser gleichzeitig die Gewähr für einwandfreies Verhalten des Gastes an der Börse übernimmt. Im allgemeinen sollen nicht mehr als 4 Wochenkarten für dieselbe Person im Verlauf eines Jahres ausgefertigt werden.

Auswärtige können zum einmaligen Besuch der Börse durch Eintragung in das an einem Eingang ausliegende Gästebuch durch einen zugelassenen Börsenbesucher eingeführt werden.

7. Für die Zulassung zum Börsenbesuch sind Gebühren an die Handelskammer zu entrichten, deren Höhe von der Handelskammer jeweils festgesetzt werden und die bis auf weiteres betragen[4]):

---

[2]) An die Stelle der Deputation ist die Behörde für Wirtschaft und Verkehr getreten.

[3]) Jetzt ist Klage vor dem Verwaltungsgericht zulässig.

[4]) Lt. Gebührenordnung der Handelskammer Hamburg vom 12. 9. 1945 in der Fassung vom 29. 10. 1948 sind folgende Gebühren zu entrichten:

a) Börsenkarte für Firmeninhaber usw. .... DM 30,—
b) Börsenkarte für Boten .... DM 10,—
c) Börsenkarten-Duplikat .... DM 5,—
d) Gastkarte
e) Tageskarte

Für eine Jahreskarte .... RM 20,—
do. für nicht in ein hamb. Handelsregister eingetragene und außerhalb Hamburgs wohnende Firmen 100 % mehr.
Für Duplikatkarten 1. Ausfertigung .... RM 10,—
Für Duplikatkarten 2. Ausfertigung .... RM 20,—
Für eine Wochenkarte .... RM 4,50
Für eine Gastkarte (f. Auswärtige) .... RM 1,50
Für eine Tageskarte (f. Hamburger) .... RM 0,20
Für Umschreibung einer Karte .... RM 0,50

8. Entfallen nach Erteilung einer Karte die hierfür gemäß Ziffer 5 maßgeblich gewesenen Voraussetzungen oder stellt sich nachträglich heraus, daß solche nicht vorgelegen haben, oder wird eine Karte mißbräuchlich benutzt, so ist der Ausschuß berechtigt, die Zulassung zu widerrufen und die Karte für ungültig zu erklären. Vor einer derartigen Entschließung ist dem Betreffenden Gelegenheit zu einer Äußerung zu geben. Gegen einen solchen Beschluß stehen dem Betroffenen die in Ziffer 4 genannten Rechtsmittel zu.

Wenn ein zum Börsenbesuch zugelassener Angestellter aus dem Dienst ausscheidet, ist die Firma verpflichtet, seine Karte sofort zurückzuliefern; sie kann die Umschreibung der Karte auf einen anderen Angestellten beantragen.

9. Der Angabe von Gründen bedarf es bei der Ablehnung oder dem Widerruf der Zulassung nicht.

10. Gleichzeitig mit der Einführung der Zulassung zum Börsenbesuch wird der Besuch der Börsengalerie in der gemäß Ziffer 1 festgesetzten Zeit auf die Personen beschränkt, die entweder die anstoßenden Geschäftsräume der Handelskammer aufzusuchen wünschen oder an Veranstaltungen in den Börsensälen im 1. Stock der Börse teilzunehmen haben.

11. Anträge wegen Zulassung zum Börsenbesuch ab 1. Dezember d. J. sind bis zum 10. November an die Kanzlei der Handelskammer zu richten. Die Ausgabe der Börsenkarten findet vom 25. November an statt. Vordrucke für Zulassungsanträge können beim Hausinspektor der Börse und in der Kanzlei der Handelskammer sowie in den Geschäftsräumen der Fachvereine in Empfang genommen werden.

12. Durch die vorstehende Regelung bleiben die sonstigen Bestimmungen der Hamburgischen Börsenordnung unberührt.

C. Bekanntmachung, betr. Zulassung zur Wertpapierbörse in Hamburg

Vom 26. Oktober 1932 (Amtl. Anzeiger, Beiblatt z. HbgGVBl. S. 1035) unter Berücksichtigung der Änderung vom 6. 4. 1933 (Amtl. Anzeiger S. 351)

Auf Grund der Bestimmung des § 10 Abs. 3 der Hamburgischen Börsenordnung vom 15. Februar 1918 in der Fassung vom 27. Juni und 15. Juli 1932 werden mit Genehmigung der Handelskammer für die Zulassung zu den besonderen Einrichtungen des außerhalb der allgemeinen Börsenzeit stattfindenden Börsenhandels der Wertpapierbörse in den für den allgemeinen

Geschäftsverkehr bestimmten Räumen und für die Benutzung dieser Einrichtungen die nachstehenden Bestimmungen getroffen:

Erwerb des Rechtes zum Börsenbesuch

§ 1

Dauernd und mit der Befugnis zur Teilnahme am Börsenhandel können zum Besuch der Wertpapierbörse vom Vorstand der Wertpapierbörse zugelassen werden:

1. Inhaber einer Einzelfirma;
2. persönlich haftende Gesellschafter einer offenen Handelsgesellschaft;
3. Vorstandsmitglieder und Filialleiter einer Aktiengesellschaft oder öffentlich-rechtlichen Bankanstalt;
4. persönlich haftende Gesellschafter oder Filialleiter einer Kommanditgesellschaft oder Kommanditgesellschaft auf Aktien;
5. Geschäftsführer einer GmbH;
6. Vorstandsmitglieder einer eingetragenen Genossenschaft.

Die Zulassung der unter Ziff. 1—6 genannten Personen hat zur Voraussetzung, daß sie volljährig und geschäftsfähig sind, daß sie zum allgemeinen Geschäftsverkehr an der Börse zugelassen und für die Erledigung ihrer Geschäfte auf den Besuch der Wertpapierbörse angewiesen sind und eine Gewähr bieten für

1. ein persönlich einwandfreies Verhalten an der Börse, insbesondere ein kaufmännischen Anschauungen entsprechendes Verhalten bei Abschluß und Abwicklung von Geschäften,
2. die Erfüllung ihrer Verbindlichkeiten,

sowie daß die von ihnen vertretene Firma im Handelsregister oder Genossenschaftsregister von Hamburg oder eines in der Nähe von Hamburg belegenen Platzes eingetragen ist und dem Verein der Mitglieder der Wertpapierbörse in Hamburg sowie dem Verein für Depotprüfung[1]) angehört; welcher Ort als Nachbarort anzusehen ist, entscheidet der Vorstand der Wertpapierbörse.

Die Zulassung der im Abs. 1 genannten Personen kann zurückgenommen werden, wenn sich herausstellt, daß sie in Unkenntnis von Tatsachen erfolgt ist, bei deren Kenntnis der Antrag auf Zulassung abgelehnt worden wäre, ferner wenn der Zugelassene wegen eines Verbrechens oder Vergehens rechtskräftig verurteilt oder ihm die Erlaubnis zum Betrieb seines Gewerbes entzogen wird.

§ 2

Mit der Befugnis im Namen und für Rechnung des Dienstherrn am Börsenhandel teilzunehmen, können für die Dauer eines Kalenderjahres auf schriftlichen Antrag des Dienstherrn unter den im § 1 Abs. 2 genannten Voraussetzungen zugelassen werden, soweit es die Bedeutung der Firma rechtfertigt:

kaufmännische Angestellte (Abteilungsdirektoren, Prokuristen, Bevollmächtigte, Handlungsgehilfen, Volontäre, Lehrlinge) eines gemäß § 1

---

1) Jetzt: Norddeutscher Kassenverein.

Abs. 1 zugelassenen Börsenbesuchers, oder einer der im § 1 Abs. 1 genannten Gesellschaften, Genossenschaften oder öffentlich-rechtlichen Bankanstalten (keine Sparkassen), sofern diese durch mindestens einen gemäß § 1 zugelassenen Börsenbesucher an der Börse vertreten sind.

Der Vorstand der Wertpapierbörse kann die Zulassung nach freiem Ermessen zurücknehmen, er muß sie zurücknehmen, wenn der Zugelassene im eigenen Namen oder auf eigene Rechnung am Börsenhandel teilnimmt.

§ 3

Ohne Befugnis zur Teilnahme am Börsenhandel können für die Dauer eines Kalenderjahres zum Börsenbesuch zugelassen werden:

1. Berichterstatter der Presse;
2. Personen, die für eine Börseneinrichtung oder ein dem Börsenhandel dienendes Hilfsgewerbe tätig sind;
3. Boten der im § 1 Abs. 1 genannten Personen.

Der Vorstand der Wertpapierbörse kann die Zulassung nach freiem Ermessen zurücknehmen; er muß sie zurücknehmen, wenn der Zugelassene am Börsenhandel teilnimmt.

§ 4

Für vorübergehend sich in Hamburg aufhaltende Personen kann der Besuch der Wertpapierbörse gegen Entrichtung einer besonderen Gebühr gestattet werden, wenn beim Vorstand der Wertpapierbörse ein entsprechender Antrag von einem zugelassenen Börsenbesucher gestellt wird und dieser die Gewähr für ein einwandfreies Verhalten des Gastes an der Börse übernimmt.

Die vorstehend bezeichneten Personen sind zur Teilnahme am Börsenhandel nicht befugt.

§ 5

Personen, die früher dem im § 1 Abs. 1 bezeichneten Personenkreis angehört haben, kann der Vorstand der Wertpapierbörse nach freiem Ermessen die Zulassung gewähren; eine derartige Zulassung kann der Vorstand der Wertpapierbörse nach seinem Ermessen jederzeit zurücknehmen.

Die vorstehend bezeichneten Personen sind zur Teilnahme am Börsenhandel nicht befugt.

§ 6

Die Zulassung erfolgt mit der Maßgabe, daß der Antragsteller entweder zwecks Abschlusses von Bankiergeschäften oder zwecks Betriebs des Maklergewerbes zugelassen wird.

Die Zulassung berechtigt zur Teilnahme am Börsenverkehr nur in demjenigen Geschäftszweig, für den die Zulassung erfolgt ist.

Die gemäß §§ 1 bis 5 zugelassenen Börsenbesucher sind auch während der für den allgemeinen Geschäftsverkehr geltenden allgemeinen Börsenzeit (§ 8 Abs. 1 der Hamburgischen Börsenordnung)[2]) den Bestimmungen dieser Bekanntmachung unterworfen.

---

[2]) Jetzt § 41 Abs. 1 BO vom 2. 1. 1951.

§ 7

Personen, die zwecks Abschlusses von Bankiergeschäften zugelassen sind, dürfen sich an einer Maklerfirma nicht beteiligen.

§ 8

Personen, die zwecks Betriebs des Maklergewerbes zugelassen werden, dürfen sich an einer Bankfirma nicht beteiligen, ebensowenig dürfen sie zu einem Kaufmann in dem Verhältnis eines Prokuristen, Handlungsbevollmächtigten oder Handlungsgehilfen stehen, es sei denn, daß der Vorstand der Wertpapierbörse hierzu seine ausdrückliche Genehmigung erteilt.

§ 9

Personen, die zwecks Betriebs des Maklergewerbes zugelassen werden, dürfen nur mit solchen Firmen oder Personen Geschäfte abschließen oder für sie vermitteln, welche vom Vorstand der Wertpapierbörse zum Besuch der Wertpapierbörse mit der Befugnis zur Teilnahme am Börsenhandel zugelassen sind.

Auf Geschäfte in Devisen, Sorten oder Diskonten findet die vorstehende Bestimmung keine Anwendung.

Der Vorstand der Wertpapierbörse kann Personen, die zwecks Betriebs des Maklergewerbes zugelassen werden, die widerrufliche Erlaubnis erteilen, sich selbst als Vertragspartei zu bezeichnen.

Personen, die zum Betriebe des Maklergewerbes zugelassen werden wollen und gleichzeitig als Aufgabe zu fungieren wünschen, haben auf Anfordern dem Vorstand der Wertpapierbörse eine genaue Darstellung ihrer Verhältnisse zu geben.

Personen, die zwecks Betriebs des Maklergewerbes zugelassen werden, dürfen als Terminaufgabe nur fungieren, wenn sie Mitglied der Liquidationskasse in Hamburg Aktiengesellschaft sind.

§ 10

Wollen Besucher der Wertpapierbörse sich mit dem Abschluß von Geschäften befassen, zu denen sie nach Maßgabe der Zulassung nicht berechtigt sind, so bedarf es hierfür einer neuen Zulassung, sofern nicht der Vorstand der Wertpapierbörse beschließt, die frühere Zulassung abzuändern.

Überschreiten Börsenbesucher die ihnen durch die Zulassung gezogenen Grenzen der Teilnahme am Börsenhandel, so kann ihre Zulassung zurückgenommen werden.

§ 11

Die Bestimmungen dieser Bekanntmachung mit Ausnahme des § 13 finden auf die gegenwärtigen Börsenbesucher entsprechende Anwendung; sie haben ihre Zulassung zur Wertpapierbörse auf Grund der gegenwärtigen Bestimmungen zu beantragen.

Personen, zu deren Geschäftszweig bisher der Abschluß von Bankiergeschäften und Maklergeschäften gehörte, kann der Vorstand der Wertpapierbörse in begründeten Ausnahmefällen auf Antrag die Fortführung von Bankier- und Maklergeschäften in Abweichung der Bestimmungen des § 6 bis auf weiteres gestatten.

Antrag auf Zulassung zum Besuch der Wertpapierbörse

§ 12

Der Antrag auf Zulassung ist in den Fällen des § 2 und § 3 Ziffer 3 vom Dienstherrn, im übrigen von demjenigen, der sie für sich erstrebt, schriftlich zu stellen.

Die ihre Zulassung gemäß § 1 beantragenden Personen haben in dem Antrag zu erklären, für welche Tätigkeit (§ 6) die Zulassung erstrebt wird.

Der Vorstand der Wertpapierbörse kann das persönliche Erscheinen der Personen, deren Zulassung beantragt wird, in den Fällen des § 2 und § 3 Ziffer 3 auch der Antragsteller anordnen.

Die Ablehnung von Zulassungsanträgen erfolgt ohne Angabe von Gründen. Gegen eine die Zulassung ablehnende Entscheidung kann Beschwerde bei der Handelskammer binnen zwei Wochen nach der Zustellung des Bescheides erhoben werden. Die Entscheidung der Handelskammer ist endgültig[3]).

Ein abgelehnter Zulassungsantrag darf innerhalb von sechs Monaten nicht wiederholt werden.

§ 13

Der Antrag auf Zulassung gemäß § 1 bedarf der Unterstützung von drei Gewährsmännern, die seit mindestens fünf Jahren gemäß § 1 zur Wertpapierbörse zugelassen sind. Bis zum 31. Dezember 1937 können jedoch die Mitglieder des Vereins der Mitglieder der Wertpapierbörse Zulassungsanträge als Gewährsmänner unterstützen.

Der Zulassungsantrag ist unter Angabe der Namen der den Antrag befürwortenden Gewährsmänner während der Dauer von zwei Wochen in der Wertpapierbörse anzuschlagen, um den übrigen Börsenbesuchern Gelegenheit zu geben, etwaige Einwendungen dagegen geltend zu machen. Die Einwendungen sind näher zu begründen; sie sind vom Vorstand der Wertpapierbörse vertraulich zu behandeln.

§ 14

Die den Zulassungsantrag unterstützenden Gewährsmänner haben gleichzeitig die Erklärung abzugeben, daß sie nach sorgfältiger Prüfung und Erkundigung die Überzeugung erlangt haben, daß der Antragsteller sich der Achtung seiner Berufsgenossen erfreut und der Zulassung zum Börsenbesuch mit der Befugnis zur Teilnahme am Börsenhandel würdig ist, und daß von ihm eine getreue und gewissenhafte Beobachtung der ihm durch Gesetz und Handelssitte obliegenden Pflichten zu erwarten ist.

Der Vorstand der Wertpapierbörse ist berechtigt, Gewährsmänner ohne Angabe von Gründen abzulehnen.

§ 15

Wird innerhalb dreier Jahre nach der Zulassung gegen einen gemäß § 1 zugelassenen Börsenbesucher auf Ausschluß erkannt oder wird die Zu-

[3]) Jetzt ist Klage vor dem Verwaltungsgericht zulässig.

lassung eines solchen Börsenbesuchers zurückgenommen, so ist zu prüfen, ob bei Stellung des Zulassungsantrages den Gewährsmännern Tatsachen bekannt waren oder bei gewissenhafter Erfüllung der ihnen durch die Befürwortung auferlegten Pflichten hätten bekannt sein müssen, die gegen eine Aufnahme des vorgeschlagenen Mitgliedes gesprochen hätten.

Einem Gewährsmann, der nicht nachweisen kann, daß er jede mögliche Sorgfalt angewandt, kann das Recht, Gewährsmann zu sein, zeitweilig oder dauernd entzogen werden. Statt oder neben dieser Strafe kann eine Geldstrafe bis zur Höhe von DM 1000 auferlegt werden. Dem Betroffenen steht Beschwerde an die Handelskammer binnen zwei Wochen nach der Zustellung zu. Die Entscheidung der Handelskammer ist endgültig[4]).

Wird die Zulassung von kaufmännischen Angestellten oder Boten wegen unbefugter Teilnahme am Börsenhandel zurückgenommen, so ist zu prüfen, ob der Dienstherr bei der Beantragung der Zulassung wußte oder wissen mußte, daß sie derartige Handlungen vornehmen würden, oder ob er die Vornahme wissentlich oder fahrlässig geduldet hat. Ein hierbei als schuldig befundener Dienstherr wird mit Ausschluß vom Börsenbesuche bis auf die Dauer eines Jahres bestraft; statt oder neben dieser Strafe kann ihm eine Geldstrafe bis zu 1000 DM auferlegt werden, unbeschadet der Geltendmachung etwaiger zivilrechtlicher Schadensersatzansprüche geschädigter Börsenbesucher gegen ihn. Dem Betroffenen steht die Beschwerde an die Handelskammer binnen zwei Wochen nach der Zustellung zu. Die Entscheidung der Handelskammer ist endgültig[5]).

Unfähigkeit zum Börsenbesuch

§ 16

Die Zulassung zur Wertpapierbörse muß versagt werden:

1. Personen, die sich nicht im Besitz der bürgerlichen Ehrenrechte befinden;
2. Personen, die infolge gerichtlicher Anordnung in der Verfügung über ihr Vermögen beschränkt sind;
3. Personen, die wegen betrügerischen Bankrotts rechtskräftig verurteilt sind;
4. Personen, die wegen einfachen Bankrotts rechtskräftig verurteilt sind;
5. Personen, die sich im Zustande der Zahlungsunfähigkeit befinden, oder Vertreter einer juristischen Person sind, die sich im Zustande der Zahlungsunfähigkeit befindet. Als zahlungsunfähig im Sinne dieser Vorschrift gilt schon, wer Gläubigern über unstreitige Schuldverbindlichkeiten Vergleichsvorschläge macht oder eine unstreitige und fällige Schuldverbindlichkeit unberichtigt läßt. Unstreitigen Schuldverbindlichkeiten stehen solche gleich, die durch rechtskräftiges Urteil oder den Schiedsspruch eines Börsenschiedsgerichts oder für vollstreckbar erklärten Schiedsspruch eines anderen Schiedsgerichts festgestellt sind;
6. Personen, die durch rechtskräftige oder für sofort wirksam erklärte ehrengerichtliche Entscheidung von dem Besuch einer Börse ausgeschlossen sind.

---

[4]) Vgl. Anm. 3.
[5]) Vgl. Anm. 3.

Tritt einer der zu 1. bis 5. genannten Fälle erst nach der Zulassung ein, so ist die Zulassung durch Beschluß des Vorstandes der Wertpapierbörse zurückzunehmen.

Die Zulassung oder Wiederzulassung zum Börsenbesuch kann in den Fällen des Abs. 1 Ziffer 1 und 2 nicht vor der Beseitigung des Ausschließungsgrundes, in dem Falle des Abs. 1 Ziffer 4 nicht vor Ablauf von sechs Monaten, nachdem die Strafe verbüßt, verjährt oder erlassen ist, erfolgen. Sie darf in dem letzteren Falle und ebenso in dem Falle des Abs. 1 Ziffer 5 nur stattfinden, wenn der Vorstand der Wertpapierbörse den Nachweis für geführt erachtet, daß die Schuldverhältnisse sämtlichen Gläubigern gegenüber durch Zahlung, Erlaß oder Stundung geregelt sind. Einer Person, welche im Wiederholungsfalle in Zahlungsunfähigkeit oder in Konkurs geraten ist, muß die Zulassung oder Wiederzulassung mindestens für die Dauer eines Jahres verweigert werden. In dem Falle des Abs. 1 Ziffer 3 ist der Ausschluß ein dauernder.

Verlust des Rechts zum Besuch der Wertpapierbörse

§ 17

Das Recht zum Besuch der Wertpapierbörse erlischt:

1. durch Verzichterklärung gegenüber dem Vorstand der Wertpapierbörse;
2. durch Fortfall der für die Zulassung maßgeblich gewesenen Voraussetzungen;
3. durch Ausschließung vermöge ehrengerichtlicher Entscheidung oder vermöge Beschlusses der Börsenkommission[6]) (§§ 17 ff. der Hamburgischen Börsenordnung)[7]);
4. durch Zurücknahme der Zulassung (§ 1 Abs. 3, § 2 Abs. 2, § 3 Abs. 2, § 5, § 10 Abs. 2, § 16 Abs. 2, § 18);
5. durch Wiederruf oder Nichterneuerung der Zulassung zur allgemeinen Börse;
6. am 15. April 1933 für alle Börsenbesucher, sofern nicht die von ihnen vertretene Firma bis zu diesem Zeitpunkt dem Verein für Depotprüfung[8]) angeschlossen ist.

§ 18

Verliert ein Gesellschafter einer offenen Handelsgesellschaft oder Kommanditgesellschaft oder einer von mehreren gesetzlichen Vertretern einer juristischen Person gemäß § 17 Ziffer 3 oder 4 das Recht zum Börsenbesuch, so kann der Vorstand der Wertpapierbörse auch die Zulassung der übrigen zum Börsenbesuch zugelassenen Gesellschafter oder Vertreter der Gesellschaft oder juristischen Person zurücknehmen.

Das gleiche gilt, wenn hinsichtlich der Gesellschafter und Vertretungsberechtigten einer Firma, die zur Börse zugelassen ist, eine Änderung eintritt.

---

6) Jetzt: Gesamtbörsenvorstand.
7) Jetzt § 19 ff. BO vom 2. 1. 1951.
8) Vgl. Anm. 1.

Ruhen des Rechts auf Börsenbesuch

§ 19

Ist gegen einen Börsenbesucher ein gerichtliches Hauptverfahren wegen des Verdachtes eines Verbrechens oder Vergehens, ein ehrengerichtliches Hauptverfahren, oder von der Staatsanwaltschaft ein Ermittlungsverfahren, eingeleitet, so kann der Vorstand der Wertpapierbörse beschließen, daß bis zu dessen Beendigung das Recht zum Besuch der Wertpapierbörse ruht. Auf Antrag des Staatskommissars ist in diesen Fällen zu beschließen, daß das Recht des Börsenbesuchers zum Besuch der Wertpapierbörse ruht.

Als Vergehen gelten auch Verstöße gegen wirtschaftliche Verordnungen, die zum Schutze der Währung oder aus sonstigen Gründen des Staatsinteresses getroffen sind.

Verfahrensvorschriften

§ 20

Bei Beschluß auf Zurücknahme der Zulassung und auf Bestrafung gemäß § 15 kann der Vorstand der Wertpapierbörse die Veröffentlichung durch Aushang in der Wertpapierbörse anordnen.

§ 21

Bevor Beschlüsse auf Zurücknahme der Zulassung, Bestrafung gemäß § 15 und Ruhen des Rechts zum Besuch der Wertpapierbörse (vgl. § 19) gefaßt werden, ist der Betroffene zu hören.

Die Beschlüsse auf Ablehnung eines Zulassungsantrages, Zurücknahme der Zulassung, Bestrafung gemäß § 15 und Ruhen des Rechtes zum Börsenbesuch (§ 19) sind dem Betroffenen zuzustellen.

Bei unbekanntem Aufenthalt des Empfangsberechtigten werden Ladungen und Beschlüsse durch Aushang in den Börsensälen während sechs Börsentagen zugestellt.

Handelt es sich bei den in Absatz 1 und 2 bezeichneten Beschlüssen um einen kaufmännischen Angestellten oder Boten, so gilt als Betroffener der Dienstherr.

Gegen die im Absatz 2 bezeichneten Beschlüsse ist binnen einer Woche nach der Zustellung die Beschwerde an die Handelskammer Hamburg zulässig. Der Vorstand der Wertpapierbörse kann jedoch bei diesen Beschlüssen anordnen, daß die Wirkung sofort eintritt.

Ausweiskarten

§ 22

Als Ausweis über die erfolgte Zulassung wird eine auf den Namen lautende, nicht übertragbare, mit der Unterschrift des Zugelassenen und dem Stempel des Vorstandes der Wertpapierbörse versehene Börsenkarte ausgestellt, die zur Kontrolle bei den Eingängen vorzuzeigen ist.

Ohne Karte hat niemand Anspruch auf Zutritt.

Wird eine Karte mißbräuchlich benutzt, so kann die Karte für ungültig erklärt werden.

Wenn ein zum Besuch der Wertpapierbörse zugelassener Angestellter aus dem Dienst ausscheidet, ist die Firma verpflichtet, seine Karte sofort zurückzugeben. Sie kann die Umschreibung der Karte auf einen anderen Angestellten beantragen.

Für die Zulassung zum Besuch der Wertpapierbörse sind einheitliche Gebühren zu entrichten, deren Höhe vom Vorstand der Wertpapierbörse alljährlich festgesetzt wird.

Übergangsbestimmungen

§ 23

Die vorstehenden Bestimmungen treten am 1. Januar 1933 in Kraft; Anträge wegen Zulassung sind ab 15. November 1932 bis zum 30. November 1932 an das Sekretariat des Vorstandes der Wertpapierbörse zu richten.

Die Ausgabe der Börsenkarten findet vom 15. Dezember 1932 an statt; Vordrucke für die Zulassungsanträge können im Sekretariat des Vorstandes der Wertpapierbörse in Empfang genommen werden.

D. Geschäftsordnung der Zulassungsstelle an der Börse zu Hamburg

Vom 4. März 1918 (Hbg. Amtsbl. S. 398)

§ 1

Die Zulassung von Wertpapieren zum Börsenhandel erfolgt durch die Zulassungsstelle, die aus achtzehn Mitgliedern[1]) besteht, von denen mindestens die Hälfte Personen sein müssen, die sich nicht berufsmäßig am Börsenhandel mit Wertpapieren beteiligen. Die andere Hälfte ist von der Handelskammer aus den Mitgliedern des Vorstandes der Wertpapierbörse, Abteilung für Wertpapiere, mit der Maßgabe zu ernennen, daß sich darunter der Vorsitzende des Vorstandes der Wertpapierbörse befindet (BO § 23)[2]).

Die Mitglieder werden von der Handelskammer zu Anfang jeden Jahres für die Dauer desselben, bzw. bis zur nächstjährigen Neuernennung, ernannt (BO § 24 Abs. 1)[3]). Scheidet während der Wahlperiode ein Mitglied aus, so wird an seine Stelle auf Antrag der Zulassungsstelle von der Handelskammer ein anderes Mitglied für den Rest der Zeit ernannt.

Für die an der Teilnahme an einer Sitzung verhinderten oder gemäß § 6 von der Beratung und Beschlußfassung ausgeschlossenen Mitglieder werden, wenn es zur Beschlußfähigkeit erforderlich ist, Stellvertreter einberufen, die aus der Zahl derjenigen entnommen werden, die die Handelskammer entweder für das laufende Jahr oder für den einzelnen Fall zu ernennen befugt ist (BO § 24 Abs. 2)[4]).

§ 2

Der Vorsitz in der Zulassungsstelle wird von dem Vorsitzenden des Vorstandes der Wertpapierbörse (BO § 5 Abs. 1)[5]) geführt, sofern er nicht an

1) Gemäß § 8 Ziff. 1 BO vom 2. 1. 1951 jetzt 14 Mitglieder.
2) Vgl. jetzt § 8 Ziff. 1 BO vom 2. 1. 1951.
3) Vgl. Anm. 2.
4) Vgl. hierzu § 29 BO vom 2. 1. 1951.
5) Vgl. jetzt § 31 BO vom 2. 1. 1951.

der Teilnahme an der Sitzung verhindert oder gemäß § 6 von der Beratung und Beschlußfassung ausgeschlossen ist (BO § 24 Abs. 3)[6]. In solchen Fällen übernimmt den Vorsitz der Stellvertreter des Vorsitzenden, den die Zulassungsstelle alljährlich in ihrer ersten Sitzung aus ihrer Mitte erwählt. Ist auch der Stellvertreter verhindert oder gemäß § 6 von der Beratung und Beschlußfassung ausgeschlossen, so hat das der Amtsdauer nach älteste Mitglied oder ein von dem Vorsitzenden beauftragtes Mitglied die Obliegenheiten des Vorsitzenden wahrzunehmen.

§ 3

Zu den Sitzungen werden die Mitglieder mittels Einladungszettel einberufen, die ihnen in der Regel vier Tage, mindestens aber zwei Tage vorher zugestellt werden. Die zur Verhandlung kommenden Gegenstände sollen möglichst auf den Einladungszetteln angegeben werden, doch ist zur Rechtmäßigkeit der Einberufung diese Angabe nicht erforderlich.

§ 4

Dem Staatskommissar bei der hamburgischen Börse ist von bevorstehenden Sitzungen Kenntnis zu geben (BO § 6)[7]; er ist befugt, sich an den Verhandlungen zu beteiligen.

§ 5

Die Zulassungsstelle ist bei Anwesenheit von mindestens sechs Mitgliedern (ein Drittel der gesamten Mitgliederzahl) beschlußfähig (BO § 24 Abs. 1)[8]. Abstimmungen werden durch die einfache Mehrheit der Anwesenden entschieden, im Falle der Stimmengleichheit gibt bei Wahlen das Los, im übrigen die Stimme des Vorsitzenden den Ausschlag (BO § 4 Abs. 4)[9].

Über die Verhandlungen wird ein Protokoll aufgenommen, aus dem deren Verlauf sowie die gefaßten Beschlüsse zu ersehen sein müssen. Das Protokoll wird zu Beginn der nächstfolgenden Sitzung verlesen; wenn keine Einwendungen erhoben werden, ist dasselbe genehmigt.

§ 6

Von der Beratung und Beschlußfassung über die Zulassung eines Wertpapiers zum Börsenhandel sind diejenigen Mitglieder der Zulassungsstelle ausgeschlossen, die an der Einführung dieses Wertpapiers in den Börsenhandel beteiligt sind (BO § 24 Abs. 2)[10]. Als beteiligt gelten auch die Mitglieder des Aufsichtsrats derjenigen Gesellschaften, deren Wertpapiere zugelassen werden sollen, sowie solcher Gesellschaften, die die Zulassung beantragt haben. In Zweifelsfällen entscheidet die Zulassungsstelle durch Abstimmung, ob bei dem betreffenden Mitgliede ein Grund zur Annahme der Befangenheit vorliegt.

---

6) Vgl. jetzt § 30 BO vom 2. 1. 1951.
7) Jetzt § 7 BO vom 2. 1. 1951.
8) Jetzt § 29 BO vom 2. 1. 1951.
9) Jetzt § 5 Abs. 2 BO vom 2. 1. 1951.
10) Jetzt § 30 BO vom 2. 1. 1951.

§ 7

Die Obliegenheiten und Befugnisse der Zulassungsstelle ergeben sich aus den betreffenden Bestimmungen des Börsengesetzes, den hierzu erlassenen Ausführungsbestimmungen (Bundesratsbeschlüsse) und den Bestimmungen der Hamburgischen Börsenordnung.

§ 8

Der Zulassungsbeschluß wird den antragstellenden Firmen zugestellt und durch Anschlag in der Fondsbörse sowie durch Mitteilung in der Presse zur öffentlichen Kenntnis gebracht. Der Zulassungsbeschluß tritt außer Kraft und es bedarf eines neuen Antrages und neuer Beschlußfassung, wenn drei Monate nach Bekanntgabe des Zulassungsbeschlusses an die antragstellenden Firmen die Veröffentlichung des Prospekts und die Einführung des Wertpapiers in den Börsenhandel nicht erfolgt ist.

E. Verordnung betr. das in dem Börsengesetz vom 27. Mai 1908 angeordnete Ordnungsstrafverfahren

Vom 21. Dezember 1908 (Hbg. Amtsbl. S. 759)[1])

Auf Grund der §§ 73, 74, des § 76 Abs. 2 und des § 84 Abs. 1 des Börsengesetzes vom 27. Mai 1908 (Reichs-Gesetzbl. 1908 S. 215) hat der Senat hierdurch folgendes angeordnet.

§ 1

Für die Verhandlung und Entscheidung über die Festsetzung von Ordnungsstrafen wegen des Abschlusses von verbotenen Börsentermingeschäften in Getreide oder Erzeugnissen der Getreidemüllerei wird für die Hamburger Börse, soweit sie dem Handel mit Getreide oder Erzeugnissen der Getreidemüllerei dient, eine Kommission gebildet, welche die Bezeichnung „Kommission für das durch das Börsengesetz vorgeschriebene Ordnungsstrafverfahren" führt.

§ 2

Der Vorsitzende der Kommission und sein Stellvertreter werden vom Senate ernannt. Die Amtsverrichtungen des Staatskommissars sind durch den Staatskommissar bei der hamburgischen Börse wahrzunehmen.

§ 3

Die Beisitzer und ihre Stellvertreter werden alljährlich für die Dauer eines Kalenderjahres auf Vorschlag der Handelskammer vom Senate ernannt. Die Zahl der vorzuschlagenden Personen wird alljährlich vom Senate bestimmt.

§ 4

Der Vorsitzende beraumt die Termine für die Sitzungen der Kommission an, er entscheidet über die Anträge von Beisitzern auf Entbindung von der Dienstleistung an einzelnen Tagen, er bewirkt die Vorladungen und schafft die Beweismittel herbei.

---

[1]) Die Verordnung ist weiterhin gültig, dürfte jedoch kaum Anwendung finden.

§ 5

Die Ladung des Beschuldigten zur Hauptverhandlung muß enthalten die Bezeichnung des verbotenen Börsentermingeschäftes, die Beweismittel und die Aufforderung, die zu seiner Verteidigung dienenden Beweismittel mit zur Stelle zu bringen oder dem Vorsitzenden so zeitig anzuzeigen, daß sie zum Termine für die Hauptverhandlung herbeigeschafft werden können. Die Ladung muß die Eröffnung enthalten, daß im Falle des Ausbleibens des Beschuldigten in seiner Abwesenheit gegen ihn verhandelt werden kann.

§ 6

Die Leitung der Verhandlung, die Vernehmung des Beschuldigten und die Aufnahme des Beweises erfolgt durch den Vorsitzenden.

Der Vorsitzende hat den Beisitzern auf Verlangen zu gestatten, an die zur Vernehmung erschienenen Personen Fragen zu stellen. Ungeeignete oder nicht zur Sache gehörige Fragen kann der Vorsitzende zurückweisen.

§ 7

In der Hauptverhandlung ist der Beschuldigte über die ihm zur Last gelegte Handlung zu vernehmen. Ist der Beschuldigte nicht erschienen, so kann das Protokoll über seine Vernehmung im Vorverfahren verlesen werden. Soweit erforderlich, ist der Tatbestand durch Beweisaufnahme festzustellen. Bei der Beweisaufnahme können Schriftstücke verlesen werden. Nach dem Schluß der Beweisaufnahme ist dem Staatskommissar und sodann dem Beschuldigten zu ihren Ausführungen und Anträgen das Wort zu geben.

§ 8

Ergibt die Hauptverhandlung, daß der Beschuldigte noch ein anderes verbotenes Börsentermingeschäft in Getreide oder Erzeugnissen der Getreidemüllerei abgeschlossen hat als dasjenige, welches in der Vorladung (§ 5) bezeichnet ist, so kann auch dieses zum Gegenstand der Verhandlung und Entscheidung gemacht werden.

§ 9

Der Vorsitzende leitet die Beratung und Abstimmung der Kommission. Die Reihenfolge bei der Abstimmung richtet sich nach dem Lebensalter; der jüngste stimmt zuerst, der Vorsitzende zuletzt. Die Vorschriften im § 198 Abs. 2 und 3 des Gerichtsverfassungsgesetzes[2]) finden entsprechende Anwendung.

§ 10

Das Protokoll über die Hauptverhandlung muß enthalten den Ort und Tag der Verhandlung, die Namen des Vorsitzenden, der Beisitzer, des Staatskommissars, des Protokollführers, des Beschuldigten, des Verteidigers und die Angabe, ob öffentlich verhandelt worden ist. Die Vorschriften im § 273 Abs. 1 und 3 der Strafprozeßordnung finden entsprechende Anwendung.

---

[2]) Jetzt § 196 Abs. 2 und 3 GVG.

§ 11

Die Zustellungen erfolgen nach den Vorschriften der Zivilprozeßordnung über die Zustellungen von Amts wegen (§§ 208 bis 212 der Zivilprozeßordnung) mit der Maßgabe, daß die Obliegenheiten des Vorsitzenden des Prozeßgerichts von dem Vorsitzenden der Kommission, die des Gerichtsschreibers von einem von dem Vorsitzenden der Kommission beauftragten Beamten wahrgenommen werden.

Die Zustellung kann auch durch Aushändigung des Schriftstücks gegen einen Empfangsschein derjenigen Person erfolgen, für welche das Schriftstück bestimmt ist.

§ 12

Der Betrag von zu erstattenden Kosten ist durch den Vorsitzenden festzusetzen. Die Festsetzung ist vollstreckbar.

§ 13

Die Vollstreckung der Entscheidungen erfolgt auf Grund einer von dem Vorsitzenden der Kommission erteilten, mit der Bescheinigung der Vollstreckbarkeit versehenen beglaubigten Abschrift der Entscheidungsformel nach Maßgabe des § 17 Abs. 2 des Gesetzes, betreffend das Verhältnis der Verwaltung zur Rechtspflege[3]). Dasselbe gilt für die Vollstreckung einer Kostenfestsetzungsverfügung (§ 12).

6. Hannover

A. Börsenordnung für die Niedersächsische Börse zu Hannover

Vom 6. November 1952[1])

(Nds. Mbl. 1953 S. 69)

I. Geschäftszweige und Träger der Börse

§ 1

Die Niedersächsische Börse zu Hannover dient dem Abschluß von Handelsgeschäften in Wertpapieren, Wechseln, Geld und Zahlungsmitteln jeder Art.

§ 2

Träger der Börse ist der Verein „Niedersächsische Börse zu Hannover e. V."

II. Börsenaufsicht

§ 3

Die Aufsicht über die Börse übt der zuständige Minister des Landes Niedersachsen aus[2]). Seiner Aufsicht unterliegen auch die dem Börsenver-

[3]) Jetzt: § 17 Abs. 3 des Gesetzes, betr. das Verhältnis der Verwaltung zur Rechtspflege, vom 23. 4. 1879 (HbgGS S. 110) in der Fassung vom 8. 10. 1923 (HbgGVBl. S. 1233).

[1]) Mit den Änderungen bis zum 31. Dezember 1955.

[2]) Börsenaufsichtsbehörde ist gegenwärtig der Niedersächsische Minister für Wirtschaft und Verkehr.

kehr dienenden oder damit im Zusammenhang stehenden besonderen Einrichtungen. Er bestellt für die unmittelbare Aufsicht einen Staatskommissar.

III. Börsenvorstand und Börsenleitung

§ 4

Die Börsenleitung liegt in den Händen des Börsenvorstandes. Er besteht aus mindestens 6, höchstens 14 Mitgliedern, darunter einem Vertreter derjenigen Angestellten, die regelmäßig die Börse besuchen, und einem Kursmakler.

Es werden in geheimer Wahl für die Dauer eines Jahres gewählt:

1. Der Angestelltenvertreter von den außerordentlichen Börsenbesuchern (§ 15),
2. der Kursmakler von den Kursmaklern,
3. die übrigen Mitglieder des Börsenvorstandes von den ordentlichen Börsenbesuchern (§ 14).

§ 5

Der Wahltermin ist mindestens eine Woche vorher durch Aushang im Börsensaal bekanntzugeben.

Als gewählt gelten diejenigen Personen, welche die meisten Stimmen auf sich vereinigen. Bei Stimmengleichheit entscheidet das Los.

Scheiden Mitglieder des Börsenvorstandes vorzeitig aus, so kann er sich für den Rest der Amtsdauer durch Zuwahl ergänzen.

§ 6

Der Börsenvorstand ist beschlußfähig, wenn mindestens 6 Mitglieder anwesend sind. Er beschließt mit einfacher Stimmenmehrheit.

Die Abstimmung erfolgt, wenn niemand widerspricht, mündlich, andernfalls durch Stimmzettel.

Bei Stimmengleichheit entscheidet in der mündlichen Abstimmung die Stimme des Vorsitzenden, bei Abstimmung durch Stimmzettel bedeutet Stimmengleichheit die Ablehnung.

Die Beschlüsse sind in einer Niederschrift festzuhalten, die von dem Vorsitzenden und dem Protokollführer zu unterzeichnen ist.

§ 7

Der Börsenvorstand wählt aus seiner Mitte mit einfacher Stimmenmehrheit den Vorsitzenden und dessen Stellvertreter sowie einen Schriftführer. Die Wahl ist auf Verlangen eines Mitgliedes geheim.

§ 8

Die Einladungen zu den Sitzungen des Börsenvorstandes erfolgen in der Regel durch einfache schriftliche Benachrichtigung; in eiligen Fällen auch mündlich. Die Angabe der Tagesordnung ist nicht erforderlich. Die Sitzungen werden von dem Vorsitzenden oder seinem Stellvertreter oder von dem Schriftführer, im Bedarfsfalle von einem anderen, in der Regel dem an Jahren ältesten Mitglied geleitet.

§ 9

Der Börsenvorstand hat insbesondere folgende Aufgaben und Befugnisse:

1. Bestimmungen über die äußere Regelung des Verkehrs an der Börse und in den Börsenräumen, insbesondere Bestimmung von Ort und Zeit der Börsenversammlungen, und über die Ausübung der Disziplinargewalt zu erlassen;
2. die Befolgung der in bezug auf die Börse erlassenen Gesetze, Verordnungen und Verwaltungsbestimmungen zu überwachen;
3. allgemeine Geschäftsbedingungen (Usancen) beim Handel in Wertpapieren usw. in Hannover und die Gebührenordnung festzustellen;
4. Beschluß zu fassen über die Zulassung bzw. Wiederzulassung zum Börsenbesuch und die Ausschließung von diesem;
5. die Kursfeststellung und die amtliche Notierung der Kurse und ihre Veröffentlichung im amtlichen Kursblatt zu besorgen;
6. das Schiedsgericht für unter den Börsenbesuchern vorkommende Streitigkeiten aus Börsengeschäften zu bilden;
7. an Gerichte und Verwaltungsbehörden Auskünfte zu erteilen und Gutachten zu erstatten in Angelegenheiten, die mit dem Aufgabengebiet der Börse und des Bankgewerbes zusammenhängen;
8. Wertpapiere und ausländische Zahlungsmittel zum Börsenterminhandel zuzulassen.

Der Börsenvorstand kann einzelne seiner Mitglieder oder aus ihnen gebildete Ausschüsse mit der Vornahme bestimmter Obliegenheiten betrauen, in geeigneten Fällen auch Sachverständige, insbesondere Kursmakler, zu seiner Beratung heranziehen.

Im übrigen kann der Geschäftsgang bei dem Börsenvorstand durch eine Geschäftsordnung geregelt werden, die er sich selbst gibt.

§ 10

Sämtliche Börsenbesucher unterstehen den Anordnungen des Börsenvorstandes. Jedes Mitglied des Börsenvorstandes ist befugt, Börsenbesucher, welche die Ordnung, die Ruhe, den Anstand in den Börsenräumen verletzen oder die Anordnungen des Börsenvorstandes nicht befolgen, sofort und ohne Erörterung der Ursache entfernen zu lassen. In diesem Falle ist noch an demselben Tage dem Vorsitzenden des Börsenvorstandes schriftlich Bericht zu erstatten.

§ 11

Gegen die Entscheidungen des Börsenvorstandes ist binnen einem Monat nach Zustellung die Beschwerde an die Aufsichtsbehörde zulässig. Die Beschwerde ist bei dem Börsenvorstand einzulegen. Sie hat keine aufschiebende Wirkung.

IV. Börsenmitglieder

§ 12

Börsenmitglieder können öffentlich-rechtliche Körperschaften und solche Firmen sein, die in das Handels- oder Genossenschaftsregister eingetragen sind; sie müssen gewerbsmäßig Börsengeschäfte betreiben, eine Abwicklungsstelle in Hannover haben und den Erwerb der Mitgliedschaft des Vereins „Niedersächsische Börse zu Hannover e. V." beantragt haben.

Der Antrag, als Börsenmitglied aufgenommen zu werden, ist schriftlich zu stellen. In ihm sollen zwei Gewährsmänner namhaft gemacht werden, die auf Anfordern eine eingehende Auskunft über den Antragsteller, insbesondere über Leumund und Vermögensverhältnisse, zu erstatten haben.

Dem Antrag ist die letzte Bilanz des Unternehmens beizufügen.

Über den Erwerb der Mitgliedschaft entscheidet der Börsenvorstand mit einfacher Stimmenmehrheit.

V. Börsenbesuch

§ 13

Das Recht zum Börsenbesuch wird vom Börsenvorstand durch Zulassung ausgesprochen.

Einer Zulassung bedürfen diejenigen Personen nicht, die, ohne am Börsenhandel teilzunehmen, vermöge einer Amts- oder Dienstpflicht an den Börsenversammlungen teilzunehmen berechtigt sind.

Kursmakler und deren Stellvertreter sind kraft ihres Amtes zur Börse zugelassen.

§ 14

Dauernd und mit der Befugnis zur Teilnahme am Börsenhandel werden als ordentliche Börsenbesucher diejenigen volljährigen Personen zum Börsenbesuch zugelassen, die Inhaber oder geschäftsführende Leiter von Kreditinstituten sind. In geeigneten Fällen können außerdem Direktoren, Prokuristen und Handlungsbevollmächtigte eines Börsenmitglieds als ordentliche Börsenbesucher zugelassen werden.

§ 15

Ferner können mit der Befugnis zur Teilnahme am Börsenhandel für die Dauer eines Kalenderjahres als außerordentliche Börsenbesucher volljährige kaufmännische Angestellte (Prokuristen, Handlungsbevollmächtigte und Handlungsgehilfen) einer Mitgliedsfirma auf schriftlichen Antrag zugelassen werden, wenn für diese ein vertretungsberechtigter, selbständiger Börsenbesucher bereits zugelassen ist. Sie dürfen an der Börse nur Geschäfte im Namen und für Rechnung ihrer Firma abschließen.

§ 16

Die als Börsenmitglied zugelassenen Kreditinstitute erhalten auf schriftlichen Antrag für je einen ordentlichen und außerordentlichen Börsenbesucher kostenfrei eine Eintrittskarte für das laufende Geschäftsjahr. Die Ausstellung weiterer Eintrittskarten ist auf schriftlichen Antrag zulässig und von der Zahlung einer in der Gebührenordnung festgesetzten Gebühr abhängig.

Die Eintrittskarten sind nur für die Personen gültig, auf deren Namen sie lauten.

§ 17

Ohne Befugnis zur Teilnahme am Börsenhandel können Angehörige der Presse sowie sonstige Personen zugelassen werden, die ein berechtigtes Interesse nachweisen oder für die Börse tätig sind. Sie haben eine Eintrittskarte zu lösen.

§ 18

Die Zulassung zum Börsenbesuch muß versagt werden:

1. Personen, welche sich nicht im Besitz der bürgerlichen Ehrenrechte befinden;
2. Personen, welche infolge gerichtlicher Anordnung in der Verfügung über ihr Vermögen beschränkt sind;
3. Personen, welche wegen einfachen oder betrügerischen Bankrotts rechtskräftig verurteilt sind;
4. Personen, welche sich im Zustand der Zahlungsunfähigkeit befinden. Als zahlungsunfähig gilt schon, wer Gläubigern über unstreitige Schuldverbindlichkeiten Vergleichsvorschläge macht oder eine unstreitige und fällige Schuldverbindlichkeit unerfüllt läßt. Unstreitigen Schuldverbindlichkeiten stehen solche gleich, die durch rechtskräftiges Urteil oder durch den Schiedsspruch eines Börsenschiedsgerichts oder durch den für vollstreckbar erklärten Schiedsspruch eines anderen Schiedsgerichts festgestellt sind;
5. Personen, gegen welche durch rechtskräftige oder für sofort wirksam erklärte ehrengerichtliche Entscheidung auf Ausschließung von dem Besuch einer Börse erkannt ist.

Wird einer der genannten Fälle erst nach der Zulassung bekannt, so ist sie zurückzunehmen.

Börsenbesucher sind vom Börsenbesuch auszuschließen, wenn Tatsachen der Ziffern 1 bis 5 bei dem von ihnen vertretenen Börsenmitglied oder bei ihnen selbst vorliegen.

Wird ein Firmeninhaber oder ein Vertreter eines Börsenmitgliedes ausgeschlossen, so können auch die übrigen Inhaber oder Vertreter dieses Mitgliedes für die gleiche Zeit vom Börsenbesuch ausgeschlossen werden. Die Zulassung oder Wiederzulassung zum Börsenbesuch kann in den Fällen des Absatzes 1 Ziffer 2 nicht vor der Beseitigung des Ausschließungsgrundes erfolgen, im Falle des Absatzes 1 Ziffer 3 nicht vor Ablauf von sechs Monaten, nachdem die Strafe verbüßt, verjährt oder erlassen ist, im Falle Absatz 1 Ziffer 4 nur dann, wenn der Börsenvorstand den Nachweis für geführt erachtet, daß die Schuldverhältnisse sämtlichen Gläubigern gegenüber durch Zahlung, Erlaß oder Stundung geregelt sind. Einer Person oder Firma, die im Wiederholungsfalle zahlungsunfähig wurde oder in Konkurs geraten ist, muß die Zulassung oder Wiederzulassung mindestens für die Dauer eines Jahres verweigert werden. Im Falle Ziffer 1 und Ziffer 3 (hier nur bei betrügerischem Bankrott) ist der Ausschluß dauernd.

Sowohl die Zulassung zum Börsenbesuch als auch die Mitgliedschaft zur Börse können aus Gründen, die in der Person des Börsenbesuchers oder in der von ihm vertretenen Firma liegen, zurückgenommen werden.

§ 19

Mit Ausschließung vom Börsenbesuch für mindestens drei Börsentage und höchstens ein Jahr oder mit einer Geldbuße bis zu 1000 DM oder beim Vorliegen mildernder Umstände mit einem Verweis wird bestraft, wer

1. die Ordnung oder den Geschäftsverkehr an der Börse stört,
2. den Anordnungen des Börsenvorstandes oder eines Börsenvorstandsmitgliedes zuwiderhandelt,
3. in Angelegenheiten, für die der Börsenvorstand zuständig ist, als Zeuge — in Disziplinarsachen auch als Anzeigender oder Beschuldigter — auf Ladungen des Börsenvorstandes unentschuldigt ausbleibt oder unbefugt das Zeugnis verweigert oder ein unwahres Zeugnis ablegt, eine Nachprüfung seiner Bücher ablehnt oder die Vorlage einer von ihm geforderten Bilanz verweigert.

Der Börsenvorstand ist berechtigt, Börsenbesuchern den Zutritt zu den Börsenräumen bis zur Beendigung des gegen sie einzuleitenden Verfahrens zu untersagen.

§ 20

Der Börsenvorstand kann anordnen, daß die Zurücknahme der Zulassung sowohl als Börsenbesucher als auch als Mitglied der Börse (§ 18) und die Bestrafung (§ 19) von Börsenbesuchern durch Aushang in den Börsenräumen an drei aufeinanderfolgenden Börsentagen bekanntgegeben wird.

§ 21

Ist gegen einen Börsenbesucher wegen des Verdachts eines Vergehens oder Verbrechens ein ordentliches Gerichtsverfahren oder ein ehrengerichtliches Verfahren eingeleitet worden, so kann der Börsenvorstand anordnen, daß das Recht des Betroffenen zum Börsenbesuch bis zur Beendigung des Verfahrens ruht.

§ 22

Bevor Beschlüsse auf Zurücknahme der Zulassung (§ 18), Bestrafung (§ 19) und Ruhen des Rechts zum Börsenbesuch (§ 21) gefaßt werden, ist der Betroffene zu seiner Vernehmung zu laden.

Die Beschlüsse auf Ablehnung eines Zulassungsantrages, Zurücknahme der Zulassung, Bestrafung und Ruhen des Rechts zum Börsenbesuch sind dem Betroffenen durch eingeschriebenen Brief zuzustellen. Der Börsenvorstand kann ihre sofortige Rechtswirksamkeit anordnen. Handelt es sich bei solchen Entscheidungen um den Angestellten eines Börsenmitglieds, so erfolgt die Zustellung an das Börsenmitglied.

Bei unbekanntem Aufenthalt des Empfängers gelten Ladungen und Entscheidungen als zugestellt, wenn sie an drei aufeinanderfolgenden Börsentagen im Börsensaal ausgehängt worden sind.

§ 23

Auf die Mitgliedschaft zur Börse und auf das Recht zum Börsenbesuch kann durch schriftliche Erklärung verzichtet werden. Dieser Verzicht ist für den Schluß des Kalenderjahres spätestens bis zum 30. November bei der Geschäftsstelle der Börse einzureichen.

Ausscheidende Börsenbesucher haben ihre Börsenkarte unverzüglich der Börse zurückzugeben. Bei Angestellten einer Firma übernimmt diese die Rückgabe.

VI. Börsenversammlungen

§ 24

Die Börsenversammlungen finden nach der Bestimmung von Ort und Zeit durch den Börsenvorstand in den vom Verein „Niedersächsische Börse zu Hannover e. V." zu diesem Zweck zur Verfügung gestellten Räumen statt. Ort und Zeit werden durch Aushang im Börsensaal und Veröffentlichung im amtlichen Kursblatt bekanntgemacht.

§ 25

Die Börsenkurse werden durch ein oder mehrere vom Börsenvorstande hiermit beauftragte Mitglieder des Börsenvorstandes (§ 9 Ziffer 5) nach Anhörung der Kursmakler amtlich festgestellt.

Die Namen der vom Börsenvorstand mit der Börsenaufsicht und Kursfeststellung beauftragten Mitglieder sind durch Aushang im Börsensaal bekanntzumachen. Für den Fall der Verhinderung können andere Mitglieder des Börsenvorstandes eintreten.

Als Börsenpreis ist derjenige Preis festzusetzen, welcher der wirklichen Geschäftslage an der Börse entspricht.

Es wird der Kurs bezeichnet mit:

(Geld = Nachfrage, Brief = Angebot)

1.	b	=	bezahlt,
2.	bG	=	bezahlt und Geld: zum Kurs bestand weitere Nachfrage,
3.	bB	=	bezahlt und Brief: zum Kurs lag noch Angebot vor,
4.	etw. bG	=	etwas bezahlt und Geld: nur ein geringfügiger Teil der zum notierten Kurs vorliegenden Kaufaufträge wurde ausgeführt,
5.	etw. bB	=	etwas bezahlt und Brief: von den zum notierten Kurs vorliegenden Verkaufsaufträgen wurde nur ein geringfügiger Teil ausgeführt,
6.	G	=	Geld (Nachfrage),
7.	B	=	Brief (Angebot),
8.	bGrep.	=	bezahlt Geld repartiert: beschränkte Zuteilung,
9.	bBrep.	=	bezahlt Brief repartiert: beschränkte Abnahme,
10.	—G	=	gestrichen Geld: infolge überwiegender Nachfrage gestrichen,
11.	—B	=	gestrichen Brief: wegen überwiegenden Angebots gestrichen,
12.	T	=	Taxe: geschätzter Kurs,
13.	exD	=	ohne Dividende,
14.	exBR	=	ohne Bezugsrecht.

Bei den Ziffern 1—5 müssen außer den unlimitierten Aufträgen auch alle über dem festgestellten Kurs limitierten Kaufaufträge und alle unter dem festgestellten Kurs limitierten Verkaufsaufträge ausgeführt sein.

Spannungskurse sind im amtlichen Verkehr nicht zulässig.

§ 26

Das bzw. die mit der Kursfeststellung beauftragten Mitglieder des Börsenvorstandes können auch in anderen Fällen den Kurs streichen lassen, insbesondere dann, wenn sich auf Grund der vorliegenden Angebote oder Nachfragen ein besonders auffälliger Unterschied gegenüber dem zuletzt notierten Kurs ergeben würde.

§ 27

Die festgestellten Kurse sind unverzüglich durch das amtliche Kursblatt bekanntzugeben.

Im Kursblatt können auch Kurse von Wertpapieren veröffentlicht werden, die nicht zum amtlichen Handel zugelassen sind, aber mit Zustimmung des Börsenvorstandes nach Anhörung der Zulassungsstelle an der Niedersächsischen Börse zu Hannover gehandelt werden.

Diese Kursnotierungen müssen im Kursblatt von den Papieren mit amtlichem Kurs deutlich getrennt gehalten werden.

VII. Kursmakler

§ 28

Zur Vermittlung der Geschäfte an der Börse und zur Mitwirkung bei der amtlichen Feststellung der Börsenpreise (Kurse) sind Kursmakler zu bestellen. Sie werden auf Vorschlag des Börsenvorstandes von der Aufsichtsbehörde bestellt und entlassen. Sie leisten vor Antritt ihrer Stellung den Eid, daß sie die ihnen obliegenden Pflichten getreu erfüllen werden.

Die Kursmakler dürfen nicht Mitglieder des Vereins „Niedersächsische Börse zu Hannover e. V." sein.

Ordentliche und außerordentliche Börsenbesucher müssen sämtliche an der Börse getätigten Käufe und Verkäufe des von ihnen vertretenen Kreditinstitutes, soweit es sich um zum amtlichen Verkehr zugelassene Wertpapiere handelt, durch Vermittlung eines amtlichen Kursmaklers zu den amtlichen Kursen durchführen.

§ 29

Die Vermittlungstätigkeit der Kursmakler ist auf den Verkehr mit den zum Börsenhandel zugelassenen Kreditinstituten beschränkt. Die Annahme von Aufträgen von Firmen und Personen, die nicht Börsenbesucher sind, ist ihnen untersagt.

Im übrigen finden die §§ 32 bis 34 des Börsengesetzes Anwendung.

§ 30

Die Höhe der Vermittlungsgebühr (Courtage) wird von dem Börsenvorstand festgesetzt.

VIII. Schiedsgericht

§ 31

Streitigkeiten aus unter Börsenbesuchern abgeschlossenen Geschäften werden durch ein Schiedsgericht geschlichtet, dessen Zuständigkeit und Verfahren durch eine besondere Schiedsgerichtsordnung geregelt wird.

IX. Ehrengericht

§ 32

Das Ehrengericht besteht aus 5 ordentlichen und 3 stellvertretenden Mitgliedern, die vom Börsenvorstand alljährlich gewählt werden. Dem Ehrengericht gehört außerdem der Börsensyndikus als beratendes Mitglied an. Der Vorsitzende und sein Stellvertreter werden von den Mitgliedern des Ehrengerichts aus ihrer Mitte alljährlich gewählt. Im Falle des Ausscheidens eines Mitglieds wählt der Börsenvorstand für den Rest der Amtsdauer einen Ersatzmann.

Hinsichtlich der Zuständigkeit des Ehrengerichts und des ehrengerichtlichen Verfahrens sind die §§ 9 bis 27 des Börsengesetzes maßgebend. Die Rechtskraft oder das gemäß § 16, Absatz 4, des Börsengesetzes für sofort wirksam erklärte Urteil sind dem Börsenvorstand mitzuteilen.

X. Zulassungsstelle

§ 33

Zur Entscheidung über die Zulassung von Wertpapieren zum Handel an der Niedersächsischen Börse zu Hannover ist ein besonderer Ausschuß (Zulassungsstelle) zu bilden.

Die Zulassungsstelle besteht aus 16 Mitgliedern, die von dem Börsenvorstand in geheimer Abstimmung auf die Dauer von 3 Jahren gewählt werden. Nach Ablauf der Amtsdauer ist Wiederwahl zulässig.

Die Zulassungsstelle muß zur Hälfte aus Personen bestehen, die nicht berufsmäßig am Börsenhandel mit Wertpapieren beteiligt sind.

Die Wahl der Mitglieder unterliegt der Bestätigung durch die Aufsichtsbehörde.

Die Mitglieder der Zulassungsstelle wählen aus ihrer Mitte einen Vorsitzenden und einen Stellvertreter.

Die Zulassungsstelle ist bei Mitwirkung von fünf nicht an der Einführung beteiligter Mitglieder beschlußfähig und faßt ihre Beschlüsse mit einfacher Mehrheit. Bei Stimmengleichheit entscheidet der Vorsitzende. Von der Beratung und Beschlußfassung über die Zulassung eines Wertpapiers zum Börsenhandel sind diejenigen Mitglieder der Zulassungsstelle ausgeschlossen, die an der Einführung des Wertpapiers beteiligt sind.

§ 34

Der Antrag auf Zulassung von Wertpapieren zum Börsenhandel muß von einem Mitglied der Niedersächsischen Börse zu Hannover gestellt werden und ist schriftlich bei der Zulassungsstelle einzureichen.

§ 35

Gegen die Entscheidung der Zulassungsstelle, durch die dem Antrag auf Zulassung nicht stattgegeben wird, steht dem Antragsteller binnen zwei Wochen, von dem Tage der Zustellung des Beschlusses an gerechnet, die Beschwerde an die Aufsichtsbehörde zu.

§ 36

Für die Zulassung von Wertpapieren zum Börsenhandel sind Gebühren nach einer vom Börsenvorstand festzusetzenden Gebührenordnung an die Börse zu entrichten.

§ 37

Die Zulassungsstelle ist befugt, die Zulassung von Wertpapieren zum Börsenhandel ohne Angabe von Gründen zurückzunehmen.

§ 38

Im übrigen gelten für das Zulassungsverfahren die Bestimmungen der §§ 36 bis 44 des Börsengesetzes und der Bekanntmachung betr. die Zulassung von Wertpapieren zum Börsenhandel, vom 4. Juli 1910 (RGBl. S. 917).

XI. Zulassung von Wertpapieren zum Börsen-Terminhandel

§ 39

Über die Zulassung von Wertpapieren, in welchen ein Börsen-Terminhandel stattfinden soll, entscheidet der Börsenvorstand nach Maßgabe der Bestimmungen des Börsengesetzes (§ 50 BG).

Die Zulassung von Wertpapieren zum Börsen-Terminhandel sowie die für den Börsen-Terminhandel festgesetzten Geschäftsbedingungen sind von dem Börsenvorstand der Aufsichtsbehörde anzuzeigen.

XII. Bekanntmachungen an der Börse

§ 40

Der Börsenvorstand hat die von ihm ausgehenden Anordnungen und Bekanntmachungen sowie die ihm zum Zwecke der Bekanntmachung zugehenden amtlichen Schriftstücke und die Bekanntmachungen der Zulassungsstelle durch Aushang an der Börse zu veröffentlichen. Die Bekanntmachungen bleiben in der Regel für die Dauer von 10 Tagen angeheftet. Zum Aushang von privaten Anzeigen ist die Erlaubnis des Börsenvorstandes erforderlich. Diese kann nur dann erteilt werden, wenn die Anzeigen nach Form und Inhalt der Bekanntmachung geeignet sind und dem Zwecke des Börsenverkehrs oder den Interessen der Börsenbesucher nicht zuwiderlaufen.

XIII. Schluß- und Übergangsbestimmungen

§ 41

Die finanzielle Verwaltung der Börse führt der Verein „Niedersächsische Börse zu Hannover e. V." nach Maßgabe seiner Satzung.

Er hat die zur Erledigung der Geschäfte des Börsenvorstandes und der Zulassungsstelle erforderlichen Personen anzustellen.

§ 42

Die Mitglieder des Börsenvorstandes und der anderen Börseneinrichtungen üben ihr Amt ehrenamtlich aus.

Die Mitglieder der Börsengremien und die Angehörigen der Geschäftsstelle der Börse sind verpflichtet, über Vorgänge und Beschlüsse, von denen sie durch ihre Börsenzugehörigkeit Kenntnis erhalten und die ihrer Art nach vertraulich zu behandeln sind, Amtsverschwiegenheit zu bewahren, sofern die Vertraulichkeit im Einzelfall nicht aufgehoben wird.

§ 43

Vorstehende Börsenordnung tritt mit dem Tage der Genehmigung in Kraft; gleichzeitig tritt die „Börsenordnung für die Niedersächsische Börse zu Hannover vom 6. August 1935" außer Kraft, soweit sie sich auf die Abteilung Wertpapierbörse bezieht.

Die an diesem Tage als Börsenbesucher zugelassenen Personen bedürfen keiner neuen Zulassung.

B. Geschäftsordnung der Zulassungsstelle an der Niedersächsischen Börse zu Hannover

Gültig seit 1. April 1946

Der Antrag auf Zulassung von Wertpapieren zum Börsenhandel kann, falls durch die Zulassungsstelle in einzelnen Fällen nicht Ausnahmen zugelassen werden, nur durch Mitglieder der Niedersächsischen Börse zu Hannover gestellt werden und muß schriftlich erfolgen (§ 34 BO, § 5 BBR)[1].

Der Antrag muß diejenigen Angaben enthalten, welche nach § 38 Abs. 1 des BG in die Veröffentlichung des Antrages aufzunehmen sind (§ 4 BBR).

Dem Antrag ist der Prospekt in 20 Exemplaren beizufügen, von denen mindestens 2 Exemplare mit eigenhändig vollzogenen Unterschriften derjenigen Gesellschaft bzw. Anstalt, die das Wertpapier ausgegeben hat, und unter der Nachschrift zum Prospekt mit eigenhändiger Unterschrift jedes Antragstellers versehen sein müssen.

Dem Antrage sind ferner die im § 9 der BBR vorgeschriebenen Beweisstücke beizufügen, soweit nicht Ausnahmen in Gemäßheit des § 10 der BBR gestattet sind.

Außerdem sind dem Antrage Blanketts der einzuführenden Wertpapiere sowie eine Bescheinigung der Druckerei über die den Richtlinien entsprechende Ausführung des Druckes und ein Prüfungszeugnis des Staatlichen Material-Prüfungsamtes über die den Richtlinien entsprechende Beschaffenheit des verwendeten Papiers beizufügen. Auf besonderen Antrag kann in Ausnahmefällen auf Beibringung dieser Unterlagen verzichtet werden.

Antragsteller hat in seinem Antrage mitzuteilen, ob das Gesuch um Zulassung bereits bei einer anderen Börse eingereicht ist oder gleichzeitig eingereicht wird, oder ob es von einer anderen Zulassungsstelle bereits abgelehnt ist. In diesen Fällen sollen die Wertpapiere nur mit Zustimmung der anderen in Frage kommenden Zulassungsstellen zugelassen werden;

[1]) Abkürzungen: BG = Börsengesetz; BBR = Bekanntmachung, betr. die Zulassung von Wertpapieren zum Börsenhandel, vom 4. 7. 1910 in der Fassung der VO vom 5. 11. 1924 und vom 4. 12. 1934; BO = Börsenordnung für die Niedersächsische Börse zu Hannover.

die Zustimmung derjenigen Zulassungsstelle, die das Gesuch bereits abgelehnt hat, ist jedoch nur erforderlich, wenn die Ablehnung nicht mit Rücksicht auf örtliche Verhältnisse, sondern aus anderen Gründen erfolgt ist (§ 37 BG).

Nach Eingang eines Zulassungsantrages setzt sich der Vorsitzende mit den anderen nach vorstehendem Absatz etwa in Frage kommenden Zulassungsstellen in Verbindung. Ergibt sich daraus, daß der Antrag von einer anderen Zulassungsstelle aus anderen als örtlichen Gründen bereits abgelehnt war, so ist der Vorsitzende berechtigt, den Zulassungsantrag nach eigenem Ermessen abzulehnen. Macht er von dieser Berechtigung keinen Gebrauch, so legt er die Angelegenheit der Zulassungsstelle zur Entscheidung vor. Für die zu diesem Zweck einzuberufende Sitzung gelten die gleichen Vorschriften, wie für jede andere Sitzung der Zulassungsstelle.

Liegt der Fall einer früheren Ablehnung nicht vor, so veranlaßt der Vorsitzende, wenn der Zulassungsantrag den Vorschriften der §§ 6—10 BBR entspricht, dessen Veröffentlichung (§ 12 Abs. 1 BBR).

Diese erfolgt durch Börsenaushang, sowie auf Kosten des Antragstellers in mindestens einer von der Zulassungsstelle bestimmten inländischen Zeitung. In den Bundesanzeiger ist ein Hinweis auf die Veröffentlichung unter Angabe des Namens, des Ausgabetages und der Nummer der Zeitung aufzunehmen. Wenn es sich um Aktien oder Schuldverschreibungen einer inländischen Aktiengesellschaft oder Kommanditgesellschaft auf Aktien handelt, deren Sitz sich außerhalb des engeren Wirtschaftsgebietes der Niedersächsischen Börse befindet, so soll die Veröffentlichung auch in einer Zeitung erfolgen, welche in dem engeren Wirtschaftsgebiete erscheint, dem die Gesellschaft angehört. Diese Zeitung bestimmt der Vorsitzende (§ 12 Abs. 2 BBR in der Fassung der Verordnung des Reichswirtschaftsministers vom 5. November 1924, RGBl. I S. 735).

Gleichzeitig bestimmt der Vorsitzende einen Berichterstatter aus der Zahl der von der Börse gewählten Mitglieder der Zulassungsstelle und stellt diesem die eingereichten Schriftstücke, ferner jedem anderen Mitglied der Zulassungsstelle sowie dem Staatskommissar 1 Exemplar des Prospektes zu.

Der Berichterstatter prüft den Prospekt und dessen Anlagen dahin, ob sie den gesetzlichen Vorschriften, insbesondere denjenigen des BG, der BBR in der Fassung der Verordnung vom 5. November 1924, sowie den Vorschriften und der bisherigen Übung der Zulassungsstelle entsprechen.

Nach beendeter Prüfung gibt er die Akten unter Beifügung eines schriftlichen Berichtes zurück, worauf der Vorsitzende eine Sitzung der Zulassungsstelle anberaumt. Von der Beratung und Beschlußfassung über den zur Verhandlung stehenden Zulassungsantrag sind diejenigen Mitglieder ausgeschlossen, welche an der Einführung des betreffenden Wertpapieres in den Börsenhandel beteiligt sind (§ 36 Abs. 2 BG).

Die Zulassungsstelle ist beschlußfähig, wenn mindestens fünf an der Einführung nicht beteiligte Mitglieder anwesend sind (§ 33 Abs. 2 BO). Die Abstimmung erfolgt mit einfacher Mehrheit, bei Stimmengleichheit entscheidet der Vorsitzende.

Die Zulassung darf erst erfolgen, wenn seit der Veröffentlichung des Antrages durch die in der Stadt Hannover erscheinende Zeitung drei Tage verstrichen sind (§ 12 Abs. 3 BBR). Sie hat die Erfüllung der Vorschriften des BG, der BBR in der oben angegebenen Fassung, sowie der Zulassungsstelle zur Voraussetzung.

Zugleich mit dem Zulassungsbeschluß ist die Höhe der Zulassungsgebühr festzusetzen und zu bestimmen, welche Beträge des zugelassenen Wertpapieres seitens des Antragstellers zum Zwecke der Börseneinführung zur Verfügung zu stellen sind.

Von den gefaßten Beschlüssen ist der Antragsteller unverzüglich schriftlich in Kenntnis zu setzen und ihm die Veröffentlichung des Prospektes sowie die Zahlung der Zulassungsgebühr an die Börsenkasse aufzugeben. Mit Zustimmung des Antragstellers kann die Veröffentlichung des Prospektes auch durch die Zulassungsstelle selbst veranlaßt werden. Der Prospekt muß in denselben Zeitungen veröffentlicht werden, in denen der Zulassungsantrag veröffentlicht war (§ 16 BBR). Wenn ein Prospekt aus Anlaß der Zulassung an einer anderen Börse bereits früher veröffentlicht war und die Zulassungsstelle den Antrag auf Befreiung von einer nochmaligen Veröffentlichung des Prospektes in sämtlichen oder einzelnen der in Frage kommenden Zeitungen zu befürworten beschließt, so richtet sie einen dahin gehenden Antrag an die Landesregierung. Nach erfolgter Genehmigung des Antrages veranlaßt die Zulassungsstelle, daß der Antragsteller im Bundesanzeiger und in der von der Zulassungsstelle bestimmten Zeitung eine Bekanntmachung veröffentlicht.

In den Fällen, in denen die Landesregierung angeordnet hat, daß es der Einreichung eines Prospektes nicht bedarf, prüft der Vorsitzende, ob der von dem Antragsteller einzureichende Entwurf der zu veröffentlichenden Bekanntmachung den Vorschriften der Landesregierung entspricht, und veranlaßt, daß diese Bekanntmachung im Bundesanzeiger sowie in der von der Zulassungsstelle bestimmten hannoverschen Zeitung veröffentlicht wird. Zusammen mit dieser Veröffentlichung, oder, wenn diese bereits erfolgt war, durch eine besondere Bekanntmachung, zeigt die Zulassungsstelle in der von ihr bestimmten Zeitung die erfolgte Zulassung an.

Der Zulassungsbeschluß ist außerdem durch dreitägigen Aushang an der Börse zu veröffentlichen (§ 15 Abs. 1 BBR). In ihm wird angegeben, daß die Beweisstücke gemäß den Vorschriften der BBR im Sekretariat der Börse öffentlich ausliegen.

Demgemäß sind die Beweisstücke von dem Tage der Veröffentlichung des Zulassungsbeschlusses an bis zur Einführung an der Börse auszulegen (§ 15 Abs. 2 BBR).

Der Tag, an welchem die neu zugelassenen Wertpapiere zur Einführung bzw. zur amtlichen Notiz gelangen, wird auf Veranlassung des Vorsitzenden der Zulassungsstelle durch den Börsenvorstand bestimmt.

Zugelassene Wertpapiere dürfen frühestens am dritten Werktage nach dem Tage des Zulassungsbeschlusses und nach dem Tage, an welchem der Prospekt zuerst veröffentlicht worden ist, in denjenigen Fällen aber, in denen es mit Genehmigung der Landesregierung einer nochmaligen Veröffentlichung des Prospektes nicht bedarf, frühestens am dritten Werktage nach dem Tage des Zulassungsbeschlusses an der Börse eingeführt werden, jedoch muß zwischen der Veröffentlichung des Zulassungsantrages und der Einführung an der Börse eine Frist von mindestens sechs Tagen liegen (§ 17 BBR).

Nachdem die Einführung der betreffenden Wertpapiere an der Börse erfolgt ist, sind dem Antragsteller die Beweisstücke zurückzugeben.

Der Zulassungsbeschluß tritt außer Kraft, wenn drei Monate nach dessen Bekanntgabe die Einführung der Wertpapiere an der Börse aus Gründen, welche von den Organen der Börse nicht zu vertreten sind, unterblieben ist.

Die Zulassungsstelle darf die Zulassung ohne Angabe von Gründen ablehnen und ist befugt, zum Börsenhandel zugelassene Wertpapiere von diesem wieder auszuschließen (§ 36 Abs. 4 BG).

Wird von der Zulassungsstelle ein Zulassungsantrag abgelehnt, so hat sie den Vorständen der übrigen deutschen Börsen für Wertpapiere unter Beobachtung des § 37 BG hiervon Mitteilung zu machen.

Für Wertpapiere, welche zur öffentlichen Zeichnung aufgelegt werden, darf vor beendeter Zuteilung an die Zeichner eine amtliche Feststellung des Preises nicht erfolgen. Vor diesem Zeitpunkt sind Geschäfte von der Benutzung der Börseneinrichtungen ausgeschlossen und dürfen von den Kursmaklern nicht notiert werden. Auch dürfen für solche Geschäfte Preislisten (Kurszettel) nicht veröffentlicht oder in mechanisch hergestellter Vervielfältigung verbreitet werden (§ 42 BG).

Für Wertpapiere, deren Zulassung zum Börsenhandel verweigert oder nicht nachgesucht ist, darf eine amtliche Feststellung des Preises nicht erfolgen. Geschäfte in solchen Wertpapieren sind von der Benutzung der Börseneinrichtungen ausgeschlossen und dürfen von den Kursmaklern nicht vermittelt werden. Auch dürfen für solche an der Börse abgeschlossenen Geschäfte Preislisten (Kurszettel) nicht veröffentlicht oder in mechanisch hergestellter Vervielfältigung verbreitet werden, soweit nicht die Börsenordnung für besondere Fälle Ausnahmen gestattet (§ 43 BG).

C. Geschäftsordnung des Ortsausschusses für Geschäfte in amtlich nicht notierten Werten an der Niedersächsischen Börse zu Hannover

§ 1

Der auf Grund der Beschlüsse der Ständigen Kommission für Angelegenheiten des Handels in amtlich nicht notierten Werten errichtete Ortsausschuß für Geschäfte in amtlich nicht notierten Werten an der Niedersächsischen Börse zu Hannover (im folgenden kurz Ortsausschuß genannt) hat die Aufgabe:

1. die Einführung neuer Werte in den geregelten Freiverkehr an der Niedersächsischen Börse zu Hannover zu überwachen;
2. Mißstände im Verkehr in amtlich nicht notierten Werten zu bekämpfen, insbesondere dafür zu sorgen, daß Werte, die sich zur Aufnahme in den geregelten Freiverkehr nicht eignen, vom Handel ferngehalten oder ausgeschlossen werden;

3. bei Bedarf örtliche Gebräuche für die in den Tätigkeitsbereich des Ortsausschusses einbezogenen Werte aufzustellen;
4. Streitigkeiten aus Geschäften in amtlich nicht notierten Werten zu entscheiden.

§ 2

Der Ortsausschuß besteht aus 4 Mitgliedern, die alljährlich vom Vorstand der Niedersächsischen Börse zu Hannover gewählt werden. Der Ortsausschuß wählt aus seiner Mitte den Vorsitzenden und dessen Stellvertreter.

§ 3

Der Vorsitzende beruft den Ortsausschuß nach Bedarf ein. Der Ortsausschuß ist beschlußfähig, wenn mindestens 3 Mitglieder anwesend sind. Die Abstimmung erfolgt mit einfacher Stimmenmehrheit. Bei Stimmengleichheit entscheidet die Stimme des Vorsitzenden. Schriftliche oder telefonische Abstimmungen sind in dringenden Fällen zulässig.

§ 4

In dringenden Fällen, insbesondere bei Streitigkeiten, die die Lieferbarkeit betreffen, sind 2 Mitglieder des Ortsausschusses berechtigt, unter entsprechender Anwendung der für die Niedersächsische Börse zu Hannover geltenden Usancen zu entscheiden.

§ 5

Die vorliegende Geschäftsordnung sowie deren Abänderung bedürfen der Zustimmung des Vorstandes der Niedersächsischen Börse zu Hannover.

7. München

A. Börsenordnung für die Bayerische Wertpapierbörse in München

Vom 1. Dezember 1948

I. Geschäftszweige und Träger der Börse

§ 1

Die Bayerische Wertpapierbörse dient dem Abschluß von Handelsgeschäften in Wertpapieren, Wechseln und Zahlungsmitteln jeder Art.

Ihr Träger ist der Münchener Handelsverein e. V.

II. Börsenorganisation

§ 2

Der Börsenvorstand besteht aus 11 Mitgliedern, darunter ein Kursmakler. Er wird auf die Dauer von drei Jahren von der Vorstandschaft des Münchener Handelsvereins jeweils im Dezember gewählt.

Die Vorstandschaft des Münchener Handelsvereins kann mit Zustimmung der Börsenaufsichtsbehörde Mitglieder des Börsenvorstandes vor Ablauf ihrer Amtszeit abberufen.

Scheidet ein Börsenvorstandsmitglied aus, so hat die Vorstandschaft des Münchener Handelsvereins unverzüglich eine Nachwahl vorzunehmen.

§ 3

Der Börsenvorstand wählt aus seiner Mitte den Börsenpräsidenten und dessen Stellvertreter.

Der Börsenpräsident und im Verhinderungsfall sein Stellvertreter beruft die Sitzungen des Börsenvorstandes und führt in ihnen den Vorsitz. Er vollzieht die Beschlüsse des Börsenvorstandes und vertritt die Börse nach außen. Er kann eine Geschäftsordnung aufstellen und Ausschüsse bilden.

Der Börsenvorstand ist beschlußfähig bei Mitwirkung von mindestens vier, bei wichtigen Entscheidungen von mindestens sechs Mitgliedern. Zu den wichtigen Entscheidungen gehören insbesondere Zulassungen zum Börsenbesuch gemäß § 8 und Disziplinarangelegenheiten.

Die Entscheidungen werden mit Mehrheitsbeschluß getroffen, bei Stimmengleichheit entscheidet der Börsenpräsident oder sein Stellvertreter.

§ 4

Die Börsenleitung ist Aufgabe des Börsenvorstandes. Es obliegt ihm insbesondere nach Maßgabe der Börsenordnung

1. die Zulassung zur Teilnahme am Börsenverkehr und zum Börsenbesuch zu genehmigen,
2. die Ordnungs- und Disziplinargewalt an der Börse auszuüben,
3. Wertpapiere zum variablen Verkehr und zum Terminhandel zuzulassen,
4. den Abschluß von Geschäften in Wertpapieren, die zum amtlichen Handel nicht zugelassen sind, an der Börse zu verbieten,
5. die Befolgung der die Börse betreffenden Gesetze, Verordnungen und Verwaltungsbestimmungen zu überwachen,
6. den Geschäftsgang an der Börse zu regeln und die Börsenzeit festzusetzen,
7. die amtlichen Kurse festzustellen und zu veröffentlichen,
8. in besonderen Fällen die Veröffentlichung der Kurse amtlich nicht notierter Wertpapiere im amtlichen Kursblatt zu gestatten,
9. die Entscheidung über die Lieferbarkeit von Wertpapieren zu treffen.

§ 5

Der Börsenvorstand hat das Recht, soweit es zur Durchführung der Börsenordnung erforderlich ist, von allen am Börsenhandel beteiligten Personen und Firmen Auskünfte über ihre an der Börse abgeschlossenen Geschäfte und für statistische Zwecke auch Angaben über ihre außerbörslichen Wertpapierumsätze zu verlangen.

Die amtlichen Makler und Freiverkehrsmakler sind verpflichtet, nach näherer Anordnung des Börsenvorstandes ihre Umsätze laufend zu melden.

III. Börsenaufsicht

§ 6

Börsenaufsichtsbehörde im Sinne des Börsengesetzes und dieser Börsenordnung ist das Bayerische Staatsministerium für Wirtschaft und Verkehr[1]).

[1]) Vgl. Art. 1 Abs. 2 des Bank-, Börsen- und Versicherungsaufsichtsgesetzes vom 7. 4. 1954 (Bayer.GVBl. S. 51).

Die unmittelbare Börsenaufsicht übt der Staatskommissar aus (§ 2 des Börsengesetzes). Er ist berechtigt, an allen Sitzungen des Börsenvorstandes und seiner Ausschüsse und der Zulassungsstelle für Wertpapiere teilzunehmen.

IV. Börsenbesuch

§ 7

Das Recht zur Teilnahme am Börsenhandel und zum Börsenbesuch wird durch die Zulassung erworben, die der Börsenvorstand schriftlich erteilt.

Die Mitglieder des Münchener Handelsvereins und des Präsidiums der Industrie- und Handelskammer München haben ohne besondere Zulassung Zutritt zu den Börsenversammlungen.

§ 8

Für dauernd mit der Befugnis zur Teilnahme ihrer Firma am Börsenhandel können zum Börsenbesuch zugelassen werden:

1. Einzelkaufleute,
2. persönlich haftende Gesellschafter einer Handelsgesellschaft,
3. gesetzliche Vertreter juristischer Personen,
4. gesetzliche Vertreter der in Bayern ansässigen öffentlichen Bankanstalten,
5. in Ausnahmefällen auch Prokuristen und Bevollmächtigte,

wenn das von ihnen geführte Unternehmen Mitglied des Münchener Handelsvereins ist, ein Bankgeschäft betreibt, in den Fällen 1—3 und 5 in Bayern in ein Handels- oder Genossenschaftsregister eingetragen ist und, soweit es sich um nicht in München ansässige Unternehmen handelt, in München eine Abwicklungsstelle unterhält.

§ 9

Kaufmännische Angestellte eines gemäß § 8 zugelassenen Unternehmens (Börsenfirma) können auf die Dauer jeweils eines Jahres zum Börsenhandel als Vertreter ihrer Firma zugelassen werden.

§ 10

Ohne Befugnis zur Teilnahme am Börsenhandel können zum Börsenbesuch zugelassen werden:

1. Personen, die ein dem Börsenhandel dienendes Hilfsgewerbe betreiben,
2. Berichterstatter und Angestellte der Presse,
3. Boten von Börsenfirmen und der Presse,
4. Gäste.

§ 11

Bei der Zulassung von Freiverkehrsmaklern ist die Maklerkammer zu hören.

§ 12

Der Zulassungsantrag ist mit Ausnahme der Fälle des § 10 Ziffer 3 und 4 schriftlich von der Firma des Zuzulassenden zu stellen.

§ 13

Der Antrag auf erstmalige Zulassung einer Firma gemäß § 8 muß — soweit es sich nicht um gesetzliche Vertreter öffentlicher Bankanstalten handelt — durch zwei Gewährsmänner unterstützt werden. Die Gewährsmänner müssen seit mindestens einem Jahr selbst nach § 8 zugelassen sein.

Der Antrag ist mit Angabe der Gewährsmänner für 8 Börsentage im Börsensaal auszuhängen.

Nach Ablauf der Frist ist von den Gewährsmännern die schriftliche Erklärung abzugeben, daß nach ihrer sorgfältigen Prüfung der Zuzulassende und seine Firma der dauernden Börsenzulassung mit der Befugnis zur Teilnahme am Börsenhandel würdig sind.

Der Börsenvorstand kann von den Gewährsmännern auch sonstige Auskünfte über die Person des Zuzulassenden und die Vermögensverhältnisse seiner Firma (z. B. eine Vermögensübersicht) fordern; der Börsenvorstand ist berechtigt, Gewährsmänner ohne Angabe von Gründen abzulehnen.

Von den Bestimmungen der Absätze 1—4 kann beim Wechsel eines nach § 8 zugelassenen Repräsentanten abgesehen werden. Dies gilt nicht beim Inhaberwechsel einer Einzelfirma oder dem Wechsel aller persönlich haftenden Gesellschafter einer Handelsgesellschaft.

Die Ablehnung der Zulassung erfolgt ohne Angabe von Gründen.

§ 14

Als Ausweis über die Zulassung erhalten die gemäß § 9 zugelassenen Personen (Börsenvertreter) eine gebührenpflichtige, alljährlich zu erneuernde und nicht übertragbare Börsenkarte. Der Zutritt der in § 10 Ziffer 2 genannten Personen kann von der Ausstellung einer Eintrittskarte abhängig gemacht werden; Gäste haben eine gebührenpflichtige Gastkarte zu lösen.

§ 15

Die Zulassung zum Börsenbesuch muß, insoweit nicht die Börsenaufsicht gemäß § 7 Absatz 4 des Börsengesetzes Ausnahmen gestattet, versagt werden:

1. Personen, die sich nicht im Besitze der bürgerlichen Ehrenrechte befinden,
2. Personen, die infolge gerichtlicher Anordnung in der Verfügung über über ihr Vermögen beschränkt sind,
3. Personen, die wegen betrügerischen Bankrotts rechtskräftig verurteilt sind,
4. Personen, die wegen einfachen Bankrotts rechtskräftig verurteilt sind,
5. Personen, die sich im Zustande der Zahlungsunfähigkeit befinden oder Vertreter einer juristischen Person sind, die sich im Zustande der Zahlungsunfähigkeit befindet.

   Als zahlungsunfähig im Sinne dieser Vorschrift gilt schon, wer Gläubigern über unstreitige Schuldverbindlichkeiten Vergleichsvorschläge macht oder eine unstreitige und fällige Schuldverbindlichkeit unberichtigt läßt. Unstreitigen Schuldverbindlichkeiten stehen solche gleich, die durch rechtskräftiges Urteil oder einen für vollstreckbar erklärten Schiedsspruch eines Schiedsgerichts festgestellt sind.

6. Personen, die durch rechtskräftige oder sofort wirksam erklärte ehrengerichtliche Entscheidung von dem Besuch einer Börse ausgeschlossen sind,
7. Personen, die an einer die übrigen Börsenbesucher oder den Verkehr an der Börse gefährdenden Krankheit leiden.

Die Zulassung oder Wiederzulassung zum Börsenbesuche kann in allen Fällen des Absatz 1 Ziffer 1 und 2 nicht vor der Beseitigung des Ausschließungsgrundes, in dem Falle des Absatz 1 Ziffer 4 nicht vor Ablauf von 6 Monaten, nachdem die Strafe verbüßt, verjährt oder erlassen ist, erfolgen; sie darf in den Fällen des Absatz 1 Ziffer 4 und 5 nur stattfinden, wenn der Börsenvorstand den Nachweis für geführt erachtet, daß die Schuldverhältnisse sämtlichen Gläubigern gegenüber durch Zahlung, Erlaß oder Stundung geregelt sind. Einer Person, die im Wiederholungsfall in Zahlungsunfähigkeit oder in Konkurs geraten ist, muß die Zulassung oder Wiederzulassung mindestens für die Dauer eines Jahres verweigert werden. Im Falle des Absatz 1 Ziffer 3 ist der Ausschluß dauernd.

§ 16

Der Börsenvorstand kann aus Gründen, die in der Person des Börsenbesuchers oder in dem von diesem vertretenen Unternehmen liegen, die Zulassung nach freiem Ermessen zurücknehmen.

Erfolgt die Zurücknahme der Zulassung aus Gründen, die in dem Unternehmen liegen, so ist zugleich die Zulassung sämtlicher Angestellten des Unternehmens zurückzunehmen.

Als Gründe für die Zurücknahme der Zulassung kommen beispielsweise in Betracht:

Vermögensverfall, rechtskräftige Verurteilung wegen eines gemeinen Vergehens, Entziehung der Erlaubnis zum Betriebe des Gewerbes, Überschreitung der Grenzen des durch die Zulassung erworbenen Rechts, Nichtzahlung des Nachschusses im Falle der Sicherheitsleistung, Nichtzahlung ordnungsmäßig veranlagter Börsengebühren, Einräumung eines Einflusses auf den Geschäftsbetrieb des Zugelassenen an eine zu Bedenken Anlaß gebende Person, Entstehen eines Mißverhältnisses zwischen Art und Umfang des Geschäftsbetriebes und den Vermögensverhältnissen des Zugelassenen.

Die Zulassung muß zurückgenommen werden, wenn einer der in § 15 Nummer 1—5 und 7 genannten Fälle nach der Zulassung eintritt.

Der Beschluß, durch den eine Zulassung zurückgenommen wird, ist mit Gründen zu versehen.

§ 17

Wird innerhalb dreier Jahre nach der Zulassung gegen einen gemäß § 8 zugelassenen Börsenbesucher auf Ausschließung für die Dauer von drei Monaten oder länger erkannt oder wird die Zulassung eines solchen Börsenbesuchers zurückgenommen, so ist zu prüfen, ob die Gewährsmänner bei der Empfehlung Tatsachen gekannt haben oder bei ernster Erfüllung der ihnen durch die Empfehlung auferlegten Pflicht hätten kennen müssen, die mit der von ihnen abgegebenen Erklärung im Widerspruch standen. Ein Gewährsmann, der hierbei nicht nachweisen kann, daß er jede mögliche

Sorgfalt angewandt hat, ist mit dem zeitweiligen oder dauernden Verluste des Rechts, Gewährsmann zu sein sowie mit Ausschluß vom Börsenbesuche bis auf die Dauer eines Jahres zu bestrafen. Statt oder neben letzterer Strafe kann ihm eine Geldstrafe bis zur Höhe von DM 1500,— auferlegt werden, unbeschadet der Geltendmachung etwaiger zivilrechtlicher Schadensersatzansprüche geschädigter Börsenbesucher gegen ihn.

§ 18

Bei Beschlüssen auf Zurücknahme der Zulassung und auf Bestrafung gemäß § 17 kann der Börsenvorstand die Veröffentlichung durch Aushang im Börsensaal anordnen.

§ 19

Ist gegen einen Börsenbesucher wegen eines Verbrechens oder Vergehens ein ordentliches Gerichtsverfahren, ein Ehrengerichtsverfahren, ein Disziplinarverfahren oder von der Staatsanwaltschaft ein Ermittlungsverfahren eingeleitet, so kann der Börsenvorstand anordnen, daß bis zur Beendigung des Verfahrens das Recht zum Börsenbesuch ruht. Das Ruhen des Rechts zum Börsenbesuch ist anzuordnen, wenn der Staatskommissar bei der Bayerischen Wertpapierbörse es beantragt.

§ 20

Bevor Beschlüsse auf Zurücknahme der Zulassung, Bestrafung gemäß § 17 und Ruhen des Börsenbesuches gefaßt werden, ist der Betroffene zu seiner Vernehmung vor den Börsenvorstand oder einen aus Mitgliedern des Börsenvorstandes zu bildenden Disziplinarausschuß zu laden. Für die Zurücknahme der Zulassung von Angestellten im Falle des § 16 Absatz 2 ist eine Vernehmung nicht erforderlich.

Die Beschlüsse auf Ablehnung eines Zulassungsantrages, Zurücknahme der Zulassung, Bestrafung gemäß § 17 und Ruhen des Rechts zum Börsenbesuch sind dem Betroffenen zuzustellen.

Bei unbekanntem Aufenthalt des Empfangsberechtigten werden Ladungen und Beschlüsse durch Aushang im Börsensaal während acht Börsentagen zugestellt.

Handelt es sich bei den in Absatz 1 und 2 bezeichneten Beschlüssen um einen gemäß § 9 zugelassenen kaufmännischen Angestellten oder um einen gemäß § 10 Ziffer 2 und 3 zugelassenen Angestellten oder Boten, so gilt als Betroffener der Firmeninhaber.

Gegen die im Absatz 2 bezeichneten Beschlüsse sowie gegen den Beschluß auf Veröffentlichung (vgl. § 18) ist binnen einer Woche nach der Zustellung die Beschwerde an die Industrie- und Handelskammer München zulässig. Der Börsenvorstand kann jedoch bei diesen Beschlüssen anordnen, daß sie sofort wirksam sind.

V. Ordnungs- und Disziplinargewalt

§ 21

Sämtliche Börsenbesucher unterstehen den Anordnungen des Börsenvorstandes.

§ 22

Mit Ausschließung vom Börsenbesuch auf mindestens 3 Tage und höchstens 1 Jahr oder, in leichteren Fällen, mit einem Verweis kann bestraft werden, wer

1. im Börsensaal oder den zugehörigen Räumen während der Börsenzeit
   a) den Anordnungen des Börsenvorstandes oder eines von ihm beauftragten Börsenorgans zuwiderhandelt,
   b) einen Börsenbesucher oder eine an der Börse beschäftigte Person beleidigt,
   c) Lärm erregt, den Anstand verletzt, die Ordnung oder den Geschäftsverkehr an der Börse stört;
2. unwahre Gerüchte verbreitet, die darauf berechnet oder geeignet sind, das Ansehen oder den Kredit anderer zu beeinträchtigen oder das Börsengeschäft zu beeinflussen;
3. in zur Zuständigkeit des Börsenvorstandes gehörigen Sachen als Zeuge, in Disziplinarsachen auch als Anzeigender oder Beschuldigter, auf Ladungen des Börsenvorstandes oder des Disziplinarausschusses unentschuldigt ausbleibt, unbefugt das Zeugnis oder eine Auskunft verweigert, ein unwahres Zeugnis ablegt, eine Nachprüfung seiner Bücher ablehnt oder die Vorlage einer von ihm geforderten Bilanz verweigert.

Statt der eingangs erwähnten Strafen oder neben diesen kann auch auf eine Geldstrafe bis zu DM 1500,— erkannt werden.

Der Börsenvorstand kann die Veröffentlichung der Bestrafung durch Aushang im Börsensaal während acht Börsentagen anordnen.

Auf das Verfahren findet § 20 sinngemäß Anwendung. Doch bedarf es bei Bestrafungen gemäß Absatz 1 Ziffer 3 keiner Ladung vor den Disziplinarausschuß.

Die Kosten für Buchprüfungen und die Kosten der Disziplinarverfahren können dem Betroffenen auferlegt werden.

VI. Zulassungen von Wertpapieren und ausländischen Zahlungsmitteln zum Börsenterminhandel

§ 23

Die Zulassung von Wertpapieren oder ausländischen Zahlungsmitteln zum Börsenterminhandel ist durch Aushang im Börsensaal bekanntzumachen.

VII. Feststellung der Kurse

§ 24

Die amtlichen Kurse werden von einem oder mehreren Mitgliedern des Börsenvorstandes unter Zuziehung eines Kursmaklers festgestellt.

Die Namen der vom Börsenvorstand mit der Kursfeststellung beauftragten Mitglieder sind durch Aushang im Börsensaal bekanntzumachen. Für den Fall der Verhinderung können andere Mitglieder des Börsenvorstandes eintreten.

Bei Meinungsverschiedenheiten entscheidet die Mehrheit. Bei Stimmengleichheit gibt die Stimme des die Feststellung leitenden Vorstandsmitgliedes den Ausschlag.

Das Protokoll über die Feststellung der Kurse ist vom Börsensekretär zu führen und vom diensttuenden Mitglied des Börsenvorstandes zu zeichnen.

§ 25

Die Kursmakler haben an den Tagen und zu den Zeiten, an welchen für ihren Geschäftszweig Kurse festzustellen sind, in den dafür bestimmten Räumen zu erscheinen und, soweit es die amtierenden Mitglieder des Börsenvorstandes für erforderlich halten, anwesend zu bleiben. Diesen haben sie alle zur Feststellung der Kurse von ihnen erforderlichen Erklärungen nach bestem Wissen der Wahrheit gemäß abzugeben. Ergeben sich Zweifel oder Streitigkeiten über die Feststellung der Kurse, so ist das die Feststellung leitende Mitglied des Börsenvorstandes befugt, eine ausdrückliche protokollarische Erklärung der Kursmakler unter Hinweis auf den geleisteten Eid zu erfordern und nach seinem Ermessen auch die Richtigkeit durch Einsicht der Tagebücher der Kursmakler oder in anderer Weise zu prüfen. Die Kursmakler sind befugt, bei Vorlegung der Tagebücher die Namen der Auftraggeber zu verdecken.

Die Entscheidung über die Höhe der festzustellenden Kurse steht den Mitgliedern des Börsenvorstandes allein zu und es bleibt ihnen überlassen, auf welchem Wege sie sich die zu ihrer Entscheidung erforderliche Kenntnis, abgesehen von den Angaben der Kursmakler auf Grund börsenmäßig abgeschlossener Geschäfte oder hervorgetretener Angebote oder Nachfragen, verschaffen wollen.

Für nach der bestimmten Zeit abgeschlossene Geschäfte werden Kurse nicht amtlich festgestellt.

§ 26

Bei Geschäften in Wertpapieren kann ein Anspruch auf Berücksichtigung bei der amtlichen Feststellung des Börsenpreises nur erhoben werden, wenn sie durch Vermittlung eines Kursmaklers abgeschlossen sind. Die Berechtigung des Börsenvorstandes, auch andere Geschäfte zu berücksichtigen, bleibt hierdurch unberührt.

§ 27[2])

Die den Kursen beigefügten Bezeichnungen haben folgende Bedeutung:

1. „bezahlt", wenn sämtliche Aufträge erledigt wurden.
2. „bezahlt und Geld", wenn die Kaufaufträge nicht vollständig erledigt wurden.
3. „bezahlt und Brief", wenn die Verkaufsaufträge nicht vollständig erledigt wurden.
4. „etwas bezahlt und Geld" oder „etwas bezahlt und Brief", wenn nur ein kleiner Teil der vorliegenden Kauf- oder Verkaufsaufträge ausgeführt werden konnte.

---

[2]) Fassung vom 17. 1. 1955, genehmigt vom Bayer. Staatsministerium für Wirtschaft und Verkehr mit Entschließung vom 3. 2. 1955, in Kraft getreten am 1. 4. 1955.

5. „Geld repartiert" oder „Brief repartiert", wenn die Kauf- bzw. Verkaufsaufträge derart waren, daß die Parteien nur anteilmäßig berücksichtigt werden konnten. Limitierte und unlimitierte Aufträge wurden dabei gleichmäßig behandelt.
6. „Geld", wenn zum Kurs nur Nachfrage, „Brief", wenn zum Kurs nur Angebot vorhanden war.
7. „Geld verlost" oder „Brief verlost", wenn die auf Grund der Notiz anspruchsberechtigten Aufträge nicht mit mindestens je einem Stück erfüllt werden konnten und über die Zuteilung durch das Los entschieden wurde.
8. „gestrichen Geld" oder „gestrichen Brief", wenn unlimitierte Nachfrage ohne Angebot oder unlimitiertes Angebot ohne Nachfrage vorlag.
9. „gestrichen", wenn die Ziffern 1—8 nicht zutreffen. Der Börsenvorstand kann auch in anderen Fällen den Kurs ausnahmsweise streichen.
10. „Taxe", wenn ein Kurs geschätzt wurde.

Aufträge, die an eine besondere Bedingung geknüpft sind, haben keinen Anspruch auf Berücksichtigung.

Der Börsenvorstand kann für die verschiedene Stückelung einer Emission eine gesonderte Notierung zulassen, entweder als Zusatz oder durch besondere Zeile. Das gleiche kann er bei Wertpapieren gleicher Art, aber mit verschiedenen Zinszeiten gestatten.

§ 28

Das diensttuende Mitglied des Börsenvorstandes ist berechtigt, die Notiz zu streichen, wenn sich auf Grund der vorliegenden Kaufs- und Verkaufsaufträge ein besonders auffälliger Unterschied gegen den zuletzt notierten Kurs ergeben würde.

Es kann hierauf sowohl durch Anmerkung am Fuß des Kursblattes als auch durch Anschlag an der Ankündigungstafel aufmerksam gemacht werden.

Im Falle einer Meinungsverschiedenheit zwischen dem diensttuenden Mitglied und dem beteiligten Kursmakler kann das erstere die Entscheidung einem anderen an der Börse anwesenden Mitglied des Börsenvorstandes übertragen.

Zu einem bereits veröffentlichten Kursblatte sind nachträgliche Berichtigungen nur dann zulässig, wenn es sich entweder um die Korrektur eines Druckfehlers oder die irrtümliche Feststellung eines Kurses handelt.

§ 29

Das amtliche Kursblatt der Bayerischen Wertpapierbörse in München, das mit den Protokollen übereinstimmen muß, wird sofort nach Feststellung der Kurse gedruckt und noch an demselben Nachmittag ausgegeben.

§ 30

Die Maklergebühren werden vom Börsenvorstand nach Einvernahme der Maklerkammer festgesetzt. Es ist dabei die Höhe der Gebühren und die Art der Einziehung zu bestimmen.

Gegen die Festsetzung der Maklergebühren steht der Maklerkammer die Beschwerde zur Börsenaufsichtsbehörde zu.

VIII. Ehrengericht

§ 31

Das Ehrengericht an der Bayerischen Wertpapierbörse in München besteht aus fünf ordentlichen und drei stellvertretenden Mitgliedern. Die Mitglieder, von denen drei dem Präsidium oder der Plenarversammlung der Industrie- und Handelskammer angehören müssen, werden vom Börsenvorstand auf die Dauer von 3 Kalenderjahren gewählt.

Dem Ehrengericht gehört der Börsensyndikus als Mitglied mit beratender Stimme an.

Das Ehrengericht entscheidet in Hauptverhandlungen in einer Besetzung mit fünf stimmberechtigten Mitgliedern. Zu Beschlüssen außerhalb der Hauptverhandlung ist die Mitwirkung von drei stimmberechtigten Mitgliedern ausreichend.

Die rechtskräftigen oder gemäß § 16 Absatz 4 des Börsengesetzes für sofort wirksam erklärten Urteile sind dem Börsenpräsidenten mitzuteilen.

Bei zeitweiliger Ausschließung bestimmt, sofern das Ehrengericht nicht von dem ihm gemäß § 16 Absatz 4 des Börsengesetzes zustehenden Rechte Gebrauch gemacht hat, der Börsenvorstand den Beginn der Ausschließungsfrist.

IX. Zulassungsstelle

§ 32

Die Zulassungsstelle für Wertpapiere an der Bayerischen Börse besteht aus mindestens 12, und höchstens 18 ordentlichen und 5 stellvertretenden Mitgliedern, von denen mindestens je die Hälfte sich nicht berufsmäßig am Börsenhandel mit Wertpapieren beteiligt.

Die Mitglieder der Zulassungsstelle, ihr Vorsitzender und 2 Stellvertreter des Vorsitzenden werden von der Vorstandschaft des Münchener Handelsvereins jeweils im Dezember auf die Dauer von 3 Kalenderjahren gewählt. Die Wahl bedarf der Genehmigung durch die Börsenaufsichtsbehörde.

Die Vorstandschaft des Münchener Handelsvereins kann mit Zustimmung der Börsenaufsichtsbehörde Mitglieder der Zulassungsstelle vor Ablauf ihrer Amtszeit abberufen.

§ 33

Die Zulassungsstelle ist bei Mitwirkung von mindestens 6 Mitgliedern beschlußfähig. Die Entscheidungen werden mit Stimmenmehrheit getroffen. Bei Stimmengleichheit entscheidet der Vorsitzende. Beschlüsse können auch im schriftlichen Verfahren gefaßt werden.

§ 34

Der Antrag auf Zulassung von Wertpapieren zum Börsenhandel muß von einer an der Börse vertretenen öffentlichen Bankanstalt, Privatbank oder Bankfirma gestellt werden.

§ 35

Dem Antragsteller steht gegen jede Entscheidung der Zulassungsstelle, durch die dem Antrag auf Zulassung nicht stattgegeben wird, binnen zwei

Wochen nach Bekanntgabe die Beschwerde an die Industrie- und Handelskammer zu. Die Industrie- und Handelskammer erteilt der Zulassungsstelle und dem Staatskommissar Abschrift der Beschwerdeschrift zur Kenntnisnahme.

§ 36

Wenn eine Firma die Genehmigung zur Einführung von Wertpapieren in den Verkehr der Bayerischen Wertpapierbörse in München von der Zulassungsstelle erhalten hat, so ist die Einführung spätestens einen Tag zuvor durch Börsenanschlag bekanntzugeben. Der Einführungskurs muß spätestens am Einführungstage, vormittags 10 Uhr, dem Börsenvorstand mitgeteilt und von diesem sofort öffentlich angeschlagen werden. Nach Beginn der Börse dürfen Aufträge der ersten Kurse von den Kursmaklern nicht mehr angenommen werden; die Skontierung der Aufträge hat alsdann zu erfolgen.

Übersteigen die Kaufaufträge die Höhe des zur Verfügung stehenden Materials, so findet Einteilung statt. Sofern diese nicht durchführbar ist, greift Verlosung Platz, über die von dem diensttuenden Mitglied des Börsenvorstandes zu entscheiden ist.

Die Zeit der Einführung ist, abgesehen von den gesetzlichen und verordnungsmäßigen Bestimmungen, der einführenden Firma anheimgegeben; die Berechtigung zur Einführung erlischt aber, wenn seit der Zustellung der Genehmigung durch die Zulassungsstelle drei Monate verflossen sind oder eine neue Bilanz der Gesellschaft erschienen ist.

§ 37

Für die Einführung an der Börse ist, und zwar einerlei, ob es sich um eine Neueinführung oder um eine Nacheinführung handelt, eine Gebühr an den Münchener Handelsverein zu entrichten.

Diese Gebühr wird vom Vorstand des Münchener Handelsvereins im Benehmen mit dem Vorstand der Börse jeweils für die einzelnen Wertpapiergruppen festgesetzt und bekanntgegeben.

Die Zulassungsstelle kann mit Zustimmung der Vorstandschaft des Münchener Handelsvereins solche Werte frei von Gebühren oder zu einem Teil der Gebühren zum Handel zulassen, welche bereits an einer anderen deutschen Börse amtlich notiert sind.

X. Allgemeine Vorschriften

§ 38

Der Börsenvorstand und die Mitglieder der Zulassungsstelle üben ihr Amt ehrenamtlich aus.

§ 39

Die Mitglieder des Börsenvorstandes und der Zulassungsstelle sind zur Amtsverschwiegenheit verpflichtet.

Verlautbarungen, die für die Öffentlichkeit bestimmt sind, dürfen nur durch das Börsensekretariat auf Anweisung des Börsenvorstandes herausgegeben werden.

§ 40

Die finanzielle Verwaltung der Börse führt der Münchener Handelsverein nach Maßgabe seiner Satzung. Ihm fließen die Börseneinnahmen zu. Er hat die zur Erledigung der Geschäfte des Börsenvorstandes und der Zulassungsstelle erforderlichen Personen anzustellen. Er setzt die Höhe der Börsenbeiträge, der Gebühren für Börsenkarten und der Einführungsgebühren fest.

§ 41

Soweit der Börsenvorstand nicht etwas anderes bestimmt, finden die Börsenversammlungen 5mal wöchentlich statt. Sie werden im Börsengebäude München, Maximiliansplatz 8, abgehalten.

§ 42

Zu allen Sitzungen des Börsenvorstandes, seiner Ausschüsse und der Zulassungsstelle ist der Staatskommissar einzuladen. Er kann Abschrift ergehender Beschlüsse verlangen.

§ 43

Die Börsenordnung tritt am 1. Dezember 1948 in Kraft.

B. Maklerordnung für die Bayerische Wertpapierbörse in München

Bestellung und Entlassung der Kursmakler

§ 1

Die Kursmakler werden durch das Bayer. Staatsministerium für Wirtschaft und Verkehr bestellt und in seinem Auftrage durch den Staatskommissar bei der Bayer. Wertpapierbörse in München darauf vereidigt, daß sie die ihnen obliegenden Pflichten getreu erfüllen werden (§ 30 Absatz 1, Satz 2 des Börsengesetzes).

Das Staatsministerium kann die Bestellung davon abhängig machen, daß der zu bestellende Kursmakler sich verpflichtet, während einer bestimmten Zeit einen Teil der eingehenden Maklergebühren an einen ausscheidenden Kursmakler oder an dessen Hinterbliebene abzuführen.

§ 2

Vor der Bestellung sind der Börsenvorstand und der Vorstand der Maklerkammer zu hören. Sie haben ihre Äußerung dem Bayer. Staatsministerium für Wirtschaft und Verkehr durch Vermittlung des Staatskommissars einzureichen.

§ 3

Der zum Kursmakler Bestellte erhält nach seiner Vereidigung eine von dem Bayer. Staatsministerium für Wirtschaft und Verkehr ausgefertigte Bestallung. Diese ist nach Beendigung des Amtes an den Staatskommissar zurückzugeben.

Die Bestellung zum Kursmakler enthält zugleich die Zulassung zur Börse.

§ 4

Die Kursmakler scheiden mit dem Ablauf des Kalendervierteljahres, in dem sie ihr 65. Lebensjahr vollenden, aus ihrem Amt aus. Die vor dem 1. Januar 1950 zum Kursmakler bestellten Personen scheiden jedoch erst mit dem Ablauf des Kalendervierteljahres aus, in dem sie ihr 68. Lebensjahr vollenden.

Zum Zwecke der Alters- und Hinterbliebenen-Versorgung dieser letztgenannten Kursmakler ist gemäß § 1 Absatz 2 beziehungsweise § 6 Absatz 2 die Bestellung eines Nachfolgers im Amte von der Übernahme folgender Verpflichtung abhängig zu machen. Der Nachfolger hat von seinen monatlichen Maklergebühren-Einnahmen, die den Betrag von 600 DM übersteigen, 30 vom Hundert, jedoch höchstens monatlich 500 DM, an den ausgeschiedenen Kursmakler und im Falle seines Todes an seine Witwe während einer Zeit von 2 Jahren, gerechnet vom Tage des Ausscheidens des Kursmaklers an, abzuführen.

§ 5

Ein Kursmakler kann entlassen werden, wenn er sich einer groben Verletzung der ihm obliegenden Pflichten schuldig macht oder sich durch sein Verhalten in oder außer dem Amte der Achtung, des Ansehens und des Vertrauens, die sein Beruf erfordert, unwürdig zeigt oder zur Erfüllung seiner Amtspflicht dauernd unfähig wird. Die Entlassung erfolgt durch das Bayer. Staatsministerium für Wirtschaft und Verkehr. Der § 2 findet entsprechende Anwendung.

In dringenden Fällen steht dem Staatskommissar die Befugnis zu, einem Kursmakler die Ausübung seines Amtes vorläufig zu untersagen.

§ 6

Bei Bedürfnis, insbesondere bei einer längeren Beurlaubung oder bei einer längeren Erkrankung eines Kursmaklers, können vom Staatskommissar, auf Vorschlag des Vorstandes der Maklerkammer oder von Amts wegen, nach Anhören des Börsenvorstandes, Kursmakler-Stellvertreter auf bestimmte Zeit bestellt werden. Bei der Prüfung der Bedürfnisfrage sind die finanziellen Belange der im Amt befindlichen Kursmakler tunlichst zu berücksichtigen.

Der Staatskommissar kann die Bestellung davon abhängig machen, daß der zu bestellende Kursmakler-Stellvertreter sich verpflichtet, während einer bestimmten Zeit einen Teil der eingehenden Maklergebühren an einen Kursmakler, der sein Amt nicht ausüben kann, abzuführen.

Die Kursmakler-Stellvertreter werden von dem Staatskommissar im Sinne des § 1 vereidigt. Sie haben während der Dauer der Vertretung die Rechte und Pflichten eines Kursmaklers. Die §§ 3, 4 und 5 sind entsprechend anwendbar.

Maklerkammer

§ 7

Die Gesamtheit der Kursmakler der Bayerischen Wertpapierbörse bildet die Maklerkammer. Die Maklerkammer wird durch deren Vorstand vertreten. Dieser besteht aus 3 Mitgliedern: dem Vorsitzenden, dem stellvertretenden Vorsitzenden, der zugleich Schriftführer ist, und dem Schatzmeister.

§ 8

Die Maklerkammer wählt den Vorstand. Die Wahlen erfolgen jeweils im Monat Januar für das laufende Kalenderjahr. Sie werden von dem Vorsitzenden anberaumt und geleitet. Die Abstimmung geschieht mittels Stimmzettel, sofern nicht einstimmig Wahl mittels Zuruf beschlossen wird. Jedes Mitglied des Vorstandes ist gesondert zu wählen. Die Wahl erfolgt mit absoluter Mehrheit der abgegebenen Stimmen. Wiederwahl ist zulässig.

Scheidet ein Mitglied des Vorstandes während der Wahlperiode aus, so ist für den Rest derselben eine Neuwahl vorzunehmen.

Das Ergebnis der Wahl bedarf der Genehmigung durch den Staatskommissar und den Börsenvorstand.

Die Namen der Mitglieder des Vorstandes und ihre Ämter sind von dem Vorstande durch öffentlichen Aushang an der Börse bekanntzugeben.

§ 9

Der Vorstand hat insbesondere folgende Aufgaben:

1. die Vertretung der Maklerkammer nach außen;
2. die Verwaltung der Einnahmen und Ausgaben der Maklerkammer nach Maßgabe des Voranschlages und die jährliche Rechnungslegung;
3. im Januar jeden Jahres Berichterstattung an den Staatskommissar und an den Börsenvorstand über die Tätigkeit der Maklerkammer im abgelaufenen Jahr;
4. die Vorbereitung, Einberufung und Leitung der Sitzungen der Maklerkammer;
5. die Führung der Aufsicht über die Kursmakler, unbeschadet der dem Staatskommissar und dem Börsenvorstand zustehenden Befugnisse;
6. die Schlichtung von Streitigkeiten aus dem Auftragsverhältnis zwischen einem Kursmakler und dem Auftraggeber auf Antrag des letzteren;
7. die Führung der Geschäfte der bisherigen Unterstützungskasse der Maklerkammer München oder einer sonstigen Wohlfahrtseinrichtung nach Maßgabe der jeweils bestehenden Satzung;
8. die Erhebung der in § 16 genannten Beiträge und Umlagen;
9. die Regelung der Stellvertretung bei der Beurlaubung oder Erkrankung eines Kursmaklers und die Festsetzung der etwa von dem Vertretenen zu zahlenden Vergütungen.

§ 10

Die Mitglieder des Vorstandes verwalten ihr Amt als Ehrenamt. Bare Auslagen werden ihnen gegen Rechnungslegung erstattet.

§ 11

Wichtigen Entscheidungen des Vorstandes hat eine Beratung in einer Sitzung der Maklerkammer voranzugehen.

Der Maklerkammer obliegt die Beschlußfassung in folgenden Angelegenheiten:

1. Genehmigung des Voranschlages für die Einnahmen und Ausgaben der Maklerkammer;
2. Festsetzung der in § 16 genannten Beiträge und Umlagen;
3. Genehmigung des in § 9 Ziff. 3 genannten Berichts und Entlastung des Vorstandes bezüglich der Kassengeschäfte;
4. Festsetzung und Änderung der in § 9 Ziff. 7 genannten Satzung.

Zur Beschlußfassung der Maklerkammer ist die Anwesenheit der Hälfte der Mitglieder erforderlich.

Die Beschlüsse der Maklerkammer werden mit Stimmenmehrheit gefaßt. Bei Stimmengleichheit gilt, unbeschadet der Vorschrift des § 8 Abs. 1, der Antrag als abgelehnt. Bei der Abstimmung in einer Angelegenheit, die ein Mitglied allein betrifft, ist dieses bei der Abstimmung ausgeschlossen.

§ 12

Schriftliche Willensäußerungen, durch die die Maklerkammer verpflichtet werden soll, bedürfen der Unterschrift zweier Mitglieder des Vorstandes.

§ 13

Über die Sitzungen des Vorstandes und der Maklerkammer sind Niederschriften aufzunehmen, die von dem Vorsitzenden und dem Schriftführer zu unterzeichnen sind.

§ 14

Sitzungen des Vorstandes und der Maklerkammer sind von dem Vorsitzenden oder dessen Stellvertreter einzuberufen, wenn der Staatskommissar dies anordnet.

§ 15

Die Einladungen zu den Sitzungen des Vorstandes und der Maklerkammer erfolgen schriftlich durch den Vorsitzenden oder dessen Stellvertreter. Dem Staatskommissar ist von der Anberaumung der Sitzungen Mitteilung zu machen. Zu Vorstandssitzungen kann, wenn der Staatskommissar zustimmt, auch mündlich oder mittels Fernsprecher eingeladen werden.

Die Gegenstände, über die in der Sitzung beraten werden soll, müssen in der Einladung und in der Mitteilung an den Staatskommissar bezeichnet werden.

Der Staatskommissar ist berechtigt, an den Sitzungen des Vorstandes, der Maklerkammer und der Unterausschüsse teilzunehmen.

§ 16

Am Anfang jedes Jahres ist ein Voranschlag für die Einnahmen und Ausgaben der Maklerkammer von dem Schatzmeister aufzustellen.

Zur Deckung der veranschlagten Ausgaben, ferner zur Erfüllung der Zwecke der in § 9 Ziffer 7 genannten Unterstützungskasse bzw. sonstigen Wohlfahrtseinrichtungen können von den Kursmaklern Beiträge und Umlagen erhoben werden. Die Festsetzung der Höhe dieser Beiträge und Umlagen bedarf der Genehmigung des Staatskommissars. Die Festsetzung und Änderung der in § 9 Ziffer 7 genannten Satzung und die Festsetzung der in § 9 Ziffer 9 genannten Vergütungen bedarf ebenfalls der Genehmigung des Staatskommissars.

Rechte und Pflichten der Kursmakler

§ 17

Die Kursmakler sind verpflichtet, in allen Börsenversammlungen während der ganzen Dauer anwesend zu sein.

Beurlaubungen vom Börsenbesuche sind bei dem Vorstande der Maklerkammer zu beantragen, sie können bis zu einer Gesamtdauer von 2 Monaten innerhalb eines Kalenderjahres von ihm, darüber hinaus vom Staatskommissar bewilligt werden. Dem Staatskommissar und dem Börsenpräsidenten ist durch den Vorstand der Maklerkammer von den Beurlaubungen und von Erkrankungen sowie von der getroffenen Regelung der Stellvertretung Kenntnis zu geben.

§ 18

Für die Kursfestsetzung gelten die Vorschriften der Börsenordnung.

§ 19

Die Kursmakler dürfen Geschäfte nur für diejenigen Börsenbesucher vermitteln, welche im Besitz einer zum Abschluß von Börsengeschäften berechtigenden Börsenkarte sind; sie sind zur Verschwiegenheit über die Aufträge verpflichtet, soweit nicht das Gegenteil durch die Parteien zugestanden oder durch die Natur des Geschäftes geboten ist.

Zur Vornahme der nach den Bestimmungen des Handelsgesetzbuches und des Bürgerlichen Gesetzbuches durch einen Handelsmakler zu bewirkenden Käufe und Verkäufe sind die Kursmakler befugt. Hierunter fallen nicht Versteigerungen.

§ 20

Die Kursmakler müssen diejenigen Handelsgeschäfte, die sie für eigene Rechnung oder in eigenem Namen abgeschlossen haben, sowie die von ihnen für vermittelte Geschäfte übernommenen Bürgschaften (§ 32 Absatz 1 des Börsengesetzes) in ihren Tagebüchern täglich vor Vollziehung der Unterschrift dem Gesetz entsprechend besonders erkennbar machen.

§ 21

Die Kursmakler haben die in § 16 vorgesehenen Beiträge und Umlagen zu entrichten.

Geschäftsverteilung

§ 22

Die Geschäftsverteilung ist vom Börsenpräsidenten vorzunehmen. Sie kann von ihm abgeändert werden, wenn sich ein Bedürfnis herausstellt. Vor der Geschäftsverteilung und ihrer Abänderung ist der Vorstand der Maklerkammer zu hören.

Die Verteilung der Geschäfte und jede Änderung ist dem Staatskommissar mitzuteilen. Der Vorstand der Maklerkammer ist berechtigt, gegen die Geschäftsverteilung innerhalb von 10 Tagen bei dem Staatskommissar Einspruch zu erheben.

Aufsicht und Disziplin

§ 23

Die Kursmakler unterstehen, wie alle Börsenbesucher, der Börsenleitung des Börsenvorstandes.

Die Aufsicht über die Kursmakler führen der Vorstand der Maklerkammer und — ihm übergeordnet — der Staatskommissar.

§ 24

Der Staatskommissar, der Börsenpräsident und im Falle seiner Verhinderung seine in § 3 der Börsenordnung genannten Vertreter, ferner die in § 24 der Börsenordnung genannten amtierenden Mitglieder des Börsenvorstandes sowie der Vorstand der Maklerkammer sind befugt, in die Hand- und Tagebücher der Kursmakler Einsicht zu nehmen. Die Kursmakler sind berechtigt, bei der Einsichtnahme ihrer Bücher durch den Börsenpräsidenten, seine Vertreter und die genannten Mitglieder des Börsenvorstandes die Namen der Auftraggeber zu verdecken.

§ 25

Kursmakler, welche die ihnen als solchen obliegenden Pflichten verletzen oder welche sich durch ihr Verhalten in und außer dem Amt der Achtung, des Ansehens und des Vertrauens, die ihr Beruf erfordert, nicht in ausreichendem Maße würdig zeigen, unterliegen, soweit nicht das Bayer. Staatsministerium für Wirtschaft und Verkehr gemäß § 5 die Entlassung verfügt, der Disziplinarbestrafung durch den Staatskommissar.

Disziplinarstrafen kommen insbesondere zur Anwendung, wenn ein Kursmakler die für die Kursfeststellung gültigen Grundsätze und Regeln verletzt, ohne genügende Entschuldigung von der Börse fernbleibt oder bei der Protokollierung der amtlichen Kurse aus Fahrlässigkeit unrichtige Angaben macht.

§ 26

Die Disziplinarstrafen sind:

1. Warnung;
2. Verweis;
3. Geldstrafe bis 1000,— DM;
4. Untersagung der Amtsausübung und des Börsenbesuchs bis zur Dauer von drei Monaten.

Die Untersagung der Amtsausübung und des Börsenbesuchs ist dem Börsenvorstand sofort nach Rechtskraft der Entscheidung anzuzeigen.

§ 27

Die Geldstrafen werden von dem Vorstand der Maklerkammer eingezogen und sind nach Bestimmung des Staatskommissars für Wohlfahrts- und Unterstützungszwecke zugunsten der Kursmakler oder ihrer Hinterbliebenen zu verwenden.

§ 28

Gegen die vom Staatskommissar festgesetzten Disziplinarstrafen und gegen die vorläufige Untersagung der Amtsausübung (§ 5 Absatz 2) stehen den Kursmaklern die Beschwerden bei dem Bayer. Staatsministerium für Wirtschaft und Verkehr zu.

Die Beschwerde ist innerhalb von zwei Wochen seit Zustellung der Entscheidung bei dem Staatskommissar einzureichen. Sie hat aufschiebende Wirkung, soweit es sich nicht um die vorläufige Untersagung der Amtsausübung handelt.

§ 29

Die Kosten der Veröffentlichung von Änderungen der Maklerordnung trägt die Maklerkammer.

§ 30

Die vorstehend ersichtlich gemachten Änderungen der bisher gültigen Maklerordnung treten am 1. Januar 1950 in Kraft.

C. Geschäftsordnung des Ausschusses für Geschäfte in amtlich nicht notierten Werten an der Bayerischen Börse in München

§ 1

Der auf Grund der Beschlüsse vom 5. Oktober 1921 der Ständigen Kommission für Angelegenheiten des Handels in amtlich nicht notierten Werten errichtete Ausschuß für Geschäfte in amtlich nicht notierten Werten an der Bayerischen Börse in München (für die Folge kurz Ausschuß genannt) hat die Aufgabe:

1. Mißstände im Verkehr mit amtlich nicht notierten Werten zu bekämpfen, insbesondere dafür zu sorgen, daß Werte, die sich zum Freiverkehr an der Bayerischen Börse in München nicht eignen, vom Handel ferngehalten oder ausgeschlossen werden.
2. In Gemäßheit des § 26 der von der Ständigen Kommission für Angelegenheiten des Handels in amtlich nicht notierten Werten bei der Wirtschaftsgruppe Privates Bankgewerbe — Centralverband des Deutschen Bank- und Bankiergewerbes — festgesetzten Usancen für den Handel in amtlich nicht notierten Werten örtliche Gebräuche für einzelne derartige Werte aufzustellen, die für den Münchener Platz von besonderer Bedeutung sind.
3. Streitigkeiten aus Geschäften in amtlich nicht notierten Werten zu entscheiden.

§ 2

Der Entscheidung von Streitfällen sind die Usancen der Ständigen Kommission für Angelegenheiten des Handels in amtlich nicht notierten Werten insoweit zugrunde zu legen, als ihnen nicht gemäß § 1 Ziffer 2 dieser Geschäftsordnung festgesetzte örtliche Usancen vorgehen.

§ 3

Der Ausschuß besteht aus 6 Mitgliedern.

Die Bestellung der Mitglieder erfolgt jeweils im Dezember durch die Vorstandschaft des Münchener Handelsvereins auf die Dauer von 3 Kalenderjahren.

§ 4

Der Ausschuß wählt in der ersten Sitzung nach erfolgter Ernennung aus der Mitte seiner Mitglieder seinen Vorsitzenden und seinen stellvertretenden Vorsitzenden.

§ 5

Die Sitzungen des Ausschusses werden auf Anordnung des Vorsitzenden nach Bedarf einberufen.

Der Ausschuß ist beschlußfähig, sofern mindestens 3 Mitglieder anwesend sind.

Die Abstimmung erfolgt mit einfacher Stimmenmehrheit. Bei Stimmengleichheit entscheidet die Stimme des Vorsitzenden. Schriftliche oder telefonische Abstimmungen sind in dringenden Fällen zulässig.

§ 6

Die Entscheidung von Streitigkeiten, welche die Auslegung oder Anwendung der von der Ständigen Kommission für Angelegenheiten des Handels in amtlich nicht notierten Werten oder von dem Ausschuß für Geschäfte in amtlich nicht notierten Werten an der Bayerischen Börse in München festgestellten Bedingungen betreffen, erfolgt durch den Ausschuß.

§ 7

In dringenden Fällen, insbesondere bei Streitigkeiten, welche die Lieferbarkeit betreffen, sind 2 Mitglieder des Ausschusses berechtigt, unter entsprechender Anwendung der für die hiesige Wertpapierbörse geltenden Usancen zu entscheiden. Die Anrufung des Ausschusses kann durch mündliche Angehung eines seiner Mitglieder erfolgen, dem die Veranlassung des Weiteren obliegt.

§ 8

Die Gebühren, welche nach § 11 der Richtlinien für die Ausübung der Tätigkeit des Ausschusses für die Inanspruchnahme des Ausschusses zu entrichten sind, fließen dem Münchener Handelsverein zu.

§ 9

Die vorliegende Gechäftsordnung sowie Abänderungen derselben bedürfen der Zustimmung des Vorstandes des Münchener Handelsvereins.

§ 10

Der Münchener Handelsverein hat die Mitglieder, welche zur Börse zugelassen sind, von dem Inhalt der vorliegenden Geschäftsordnung, allen künftigen Änderungen und von der jeweiligen Zusammensetzung des Ausschusses zu benachrichtigen.

D. Richtlinien für die Ausübung der Tätigkeit des Ausschusses für Geschäfte in amtlich nicht notierten Werten an der Bayerischen Börse München[1])

§ 1

Die Einführung neuer Werte in den Freiverkehr an der Bayerischen Börse in München hat zur Voraussetzung, daß

a) die Einführung durch eine an der Börse vertretene, dem Münchener Handelsverein angehörende Bank oder Bankfirma erfolgt,

b) die einführende Firma die bevorstehende Einführung bei dem Ausschuß für Geschäfte in amtlich nicht notierten Werten an der Bayerischen Börse in München (für die Folge kurz Ausschuß genannt) angemeldet und dieser erklärt hat, daß gegen den Handel keine Bedenken bestehen.

§ 2

Die einführende Firma hat der im § 1 vorgesehenen Anmeldung eine von ihr unterschriebene Darstellung beizufügen, welche über folgende Daten Aufschluß geben muß:

a) Die Höhe des Aktienkapitals, Stückelung der Aktien, deren Merkmale (Betrag, Reihe, Nummern) sowie, ob die Aktien auf den Inhaber oder auf Namen lauten,

b) besondere Vorteile einzelner Aktionäre, Aktiengattungen, Genußscheine bei der Ausübung des Stimmrechts, der Gewinnverteilung oder der Liquidation,

c) das Geschäftsjahr der Gesellschaft,

d) die Höhe der Hypothekenschulden und Anleihen, deren Aufnahme- und Ausgabejahr, Zinsfuß, Fälligkeit und Tilgungsart, bei Sachwertanleihen auch den Sachwert und die Umrechnungsart,

e) die Verpflichtung der Gesellschaft, eine Münchener Stelle zu benennen, bei der kostenfrei neue Zins- oder Gewinnanteilscheine erhoben, Bezugsrechte ausgeübt, Aktien zur Teilnahme an Hauptversammlungen angemeldet, sowie alle sonstigen die Wertpapiere betreffenden Maßnahmen bewirkt werden können,

f) die Verpflichtung, dem Ausschuß unmittelbar nach Beendigung der Hauptversammlungen die beschlossenen Dividendenausschüttungen mitzuteilen, damit diese rechtzeitig in der üblichen Weise bekanntgegeben werden können,

g) die Verpflichtung, dem Ausschuß jeweils nach Erscheinen Geschäftsberichte und die genehmigten Bilanzen zuzuleiten,

h) die Verpflichtung, dem Ausschuß von Satzungsänderungen und sonstigen Veränderungen in den Verhältnissen der Gesellschaft, welche die Angaben unter a—d betreffen, unverzüglich Kenntnis zu geben.

Für die Richtigkeit der von der einführenden Firma in ihrer Sachdarstellung gemachten Angaben haftet diese allein.

Eine öffentliche Bekanntmachung dieser Darstellung findet nicht statt.

---

[1]) Mit den Änderungen bis 29. 2. 1956.

Den die Börse besuchenden Mitgliedern des Münchener Handelsvereins sowie öffentlichen Behörden ist auf Verlangen in diese Darstellung Einblick zu gewähren.

In der Anmeldung ist der Nennbetrag, welchen die einführende Firma dem Markte zur Verfügung zu stellen bereit und in der Lage ist, sowie der Einführungskurs anzugeben.

§ 3

Als eingeführt gelten jeweils lediglich diejenigen Stücke, bezüglich deren ein Antrag beim Ausschuß gestellt war.

Die Einführung junger Aktien der gleichen Gesellschaft erfordert die Stellung eines neuen Antrags und eine erneute Beschlußfassung seitens des Ausschusses.

§ 4

Einer Anmeldung gem. § 1 b dieser Richtlinien bedarf es auch, wenn Aktien, die bisher amtlich zum Börsenhandel zugelassen waren, dieser Zulassung wegen Unterschreitung der Mindestkapital-Grenze verlustig gegangen sind und Anspruch darauf erheben, im Freiverkehr an der Bayerischen Börse in München gehandelt zu werden. Ausnahmen sind zulässig bei solchen Werten, für die bereits die Genehmigung zum Handel im Freiverkehr an einem anderen Börsenplatz ausgesprochen ist. In gleicher Weise ist die beabsichtigte Einführung ausländischer Staatsanleihen in den Freiverkehr gem. § 1 b dieser Richtlinien durch die Emissions-Häuser beim Ausschuß anzumelden.

§ 5

Der Ausschuß prüft die in den Freiverkehr an der Bayerischen Börse in München gelangenden Werte darauf hin, ob der Handel mit ihnen als bedenkenfrei gelten kann.

§ 6

Erklärt der Ausschuß, daß er gegen die Einführung eines Papiers in den Freiverkehr an der Bayerischen Börse in München keine Einwendungen erhebt, so bedeutet die Erklärung keine Zulassung zum Börsenhandel im Sinne des Börsengesetzes. Es ist den am Börsenhandel teilnehmenden Mitgliedern des Münchener Handelsvereins untersagt, sowohl vor wie nach erfolgter Erklärung in öffentlichen Anzeigen oder in sonstigen für einen größeren Personenkreis bestimmten Mitteilungen auf das Gutachten des Ausschusses hinzuweisen.

§ 7

Seitens des Ausschusses werden Bedenken gegen die Einführung der Werte in den Freiverkehr vor allem dann zu äußern sein, wenn

a) infolge der Niedrigkeit des Kapitals oder zu geringer Stückeanzahl usw. die Voraussetzungen für die Bildung eines wirklichen Marktes nicht gegeben erscheinen,

b) noch keine von der Generalversammlung genehmigte Bilanz über ein volles Geschäftsjahr der Gesellschaft seit ihrer Eintragung in das Handelsregister vorliegt,

c) auch die eigenen Angaben der einführenden Firma keine hinlängliche Grundlage für die Bildung eines Urteils über den Wert des Unternehmens bieten,

d) wenn die Einführung offenbar zu einer Übervorteilung des Publikums oder zur Schädigung erheblicher allgemeiner Interessen führen würde,

e) wenn die Wertpapiere in ihrer Ausstattung nicht den Vorschriften der Zulassungsstelle für Wertpapiere an der Bayerischen Börse in München entsprechen,

f) wenn seitens der einführenden Firma oder mit ihrem Wissen und Willen durch Dritte bei der Unterbringung der Werte außerhalb des Börsenverkehrs eine mit den guten geschäftlichen Sitten des Bankgewerbes nicht zu vereinbarende Art der Werbung stattgefunden hat.

Als unzulässige Propaganda gilt es auch, wenn in öffentlichen Anzeigen oder in sonstigen für einen größeren Personenkreis bestimmten Mitteilungen die erfolgte oder beantragte Zulassung der Werte zum Freiverkehr an der Bayerischen Börse in München durch den Ausschuß erwähnt wird.

Von der Erfüllung der Voraussetzung nach b kann der Ausschuß absehen, wenn die Gesellschaft das Unternehmen einer anderen Gesellschaft fortführt, welche über ein Geschäftsjahr oder mehrere volle Geschäftsjahre Bilanzen veröffentlicht hat.

§ 8

Dem Ausschuß steht es frei, seine Begutachtung mit Gründen zu belegen oder nicht.

§ 9

Werte, die von dem Ausschuß als nicht geeignet für den Handel im Freiverkehr bezeichnet werden, werden durch Anschlag am schwarzen Brett des Ausschusses im Börsensaal bekanntgegeben.

Die Mitglieder des Münchener Handelsvereins sind verpflichtet, sich von dem Handel in diesen Werten nicht nur auf der Börse, sondern auch im Verkehr von Kontor zu Kontor fernzuhalten. Ausnahmen, wenn solche aus bestimmten Gründen (Erbauseinandersetzungen, Exekutionen oder dgl.) notwendig werden, bedürfen der mit Angabe der Gründe nachzusuchenden Genehmigung des Ausschusses.

Beschließt der Ausschuß, daß die Bedenken gegen den Handel in einem nicht als geeignet erklärten Papier hinfällig geworden sind, so ist auch dieser Beschluß durch Anschlag am schwarzen Brett bekanntzugeben. Bevor dieser Anschlag erfolgt ist, bleibt das Verbot bestehen, auch wenn der erste Anschlag abgenommen sein sollte.

§ 10

Die den Handel in Freiverkehrswerten vermittelnden freien Makler werden von allen Bekanntmachungen des Ausschusses durch Rundschreiben verständigt. Sie sind verpflichtet, Kauf- und Verkaufaufträge nicht nur in den als ungeeignet erklärten Werten, sondern auch in allen anderen bisher nicht gehandelten Werten abzulehnen.

§ 11

Die einführenden Firmen haben an den Münchener Handelsverein für die Inanspruchnahme der Tätigkeit des Ausschusses eine Gebühr zu entrichten, die bei Aktien z. Zt. 2 vom Tausend des Kapitals, mindestens DM 100,—, bei festverzinslichen Werten für jede angefangene Million DM 150,—, mindestens DM 300,— beträgt. Der Ausschuß kann in besonders begründeten Fällen die Gebühr ermäßigen oder ganz erlassen.

§ 12

Für den Handel in amtlich nicht notierten Werten gelten die durch die Ständige Kommission für Angelegenheiten des Handels in amtlich nicht notierten Werten festgestellten Usancen; gegebenenfalls finden auch die für den amtlichen Verkehr geltenden Regeln sinngemäße Anwendung.

§ 13

Ergeben sich gegen den Handel in unnotierten Werten im Freiverkehr nach erfolgter Einführung Bedenken, so ist der Ausschuß zur Beschlußfassung über die Ausschließung dieser Werte unverzüglich einzuberufen.

Alle Mitglieder des Ausschusses sind verpflichtet, von allen zu ihrer Kenntnis gelangenden Tatsachen, die Bedenken gegen den weiteren Handel einer Wertpapiergattung begründen, den Vorsitzenden zu unterrichten, damit dem Ausschuß Gelegenheit zur Stellungnahme gegeben wird.

Der Ausschuß kann statt der Ausschließung nicht notierter Werte vom Handel im Freiverkehr auch die vorläufige Einstellung des Handels in den betreffenden Werten beschließen, sofern zwar Bedenken gegen den weiteren Handel bestehen, jedoch Aussicht auf eine baldige Klärung des Sachverhalts gegeben ist.

8. Stuttgart

A. Börsenordnung für die Wertpapierbörse in Stuttgart

Vom 28. Mai 1949[1])

I. Geschäftszweige der Börse

§ 1

Die Wertpapierbörse in Stuttgart dient dem Abschluß von Handelsgeschäften in Wertpapieren, Wechseln, Geld- und Zahlungsmitteln jeder Art, Münzen und Edelmetallen.

II. Börsenaufsicht

§ 2

Die Aufsicht über die Börse übt das Wirtschaftsministerium Baden-Württemberg aus.

1) Mit den Änderungen bis 30. Juni 1956.

§ 3

Der Börsenvorstand ist verpflichtet, der Aufsichtsbehörde auf Ersuchen Auskunft zu erteilen und sie zu den Sitzungen des Vorstandes und seiner Ausschüsse einzuladen.

III. Börsenleitung

§ 4

(1) Die Börsenleitung liegt dem Börsenvorstand ob.

(2) Dieser besteht aus mindestens 10 und höchstens 20 Mitgliedern, die von der Hauptversammlung der Börsenmitglieder auf die Dauer von drei Jahren gewählt werden. Mindestens die Hälfte der Mitglieder soll ihren Wohnsitz in Stuttgart haben.

(3) Im Börsenvorstand sollen die Hauptgruppen der Kreditinstitute sowie die Landeszentralbank durch mindestens je ein Mitglied vertreten sein.

§ 5

(1) Wählbar sind nur die ordentlichen Börsenbesucher (§ 15).

(2) Die Amtsdauer läuft jeweils bis zur Hauptversammlung des auf die Wahl folgenden dritten Jahres.

(3) Mit dem Zeitpunkt der Hauptversammlung jeden Jahres scheidet ein Drittel der Mitglieder aus; in der ersten Wahlperiode werden die nach Ablauf des ersten und zweiten Jahres Ausscheidenden durch das Los bestimmt.

(4) Wiederwahl ist zulässig.

(5) Wird gegen ein Mitglied des Börsenvorstandes wegen des Verdachtes eines Vergehens oder Verbrechens von der Staatsanwaltschaft ein Ermittlungsverfahren oder wird ein ehrengerichtliches Verfahren eingeleitet, so kann der Börsenvorstand das Ruhen des Amtes dieses Mitgliedes beschließen.

§ 6

(1) Der Wahltermin ist mindestens vierzehn Tage vorher durch Anschlag im Börsenraum und durch Veröffentlichung im Bundesanzeiger und im Kursblatt bekanntzugeben.

(2) Die Wahl ist geheim. Als gewählt gelten diejenigen Personen, die die höchsten Stimmenzahlen auf sich vereinigen. Bei gleicher Stimmenzahl entscheidet das Los.

(3) Scheiden Mitglieder des Börsenvorstandes vorzeitig aus, so ist für den Rest der Amtsdauer der Ausscheidenden in der nächsten Hauptversammlung eine Ersatzwahl vorzunehmen. Die Aufsichtsbehörde kann dem Börsenvorstand die Vornahme einer Zuwahl bis zum nächsten Wahltermin übertragen.

§ 7

(1) Der Börsenvorstand wählt aus seiner Mitte den Vorsitzenden (Präsident), einen ersten und drei weitere Stellvertreter des Vorsitzenden. Der Vorsitzende und ein Stellvertreter müssen ihren geschäftlichen Wohnsitz in Stuttgart haben. Auf Verlangen eines Mitgliedes ist die Wahl geheim.

(2) Der Börsenvorstand bestellt einen oder mehrere Geschäftsführer. Seine Geschäftsordnung erläßt er selbst.

§ 8

Der Börsenvorstand ist beschlußfähig, wenn mindestens die Hälfte seiner Mitglieder anwesend ist. An seinen Sitzungen nimmt ein Vertreter der Kursmakler mit beratender Stimme teil. Er faßt seine Beschlüsse mit Stimmenmehrheit, bei Stimmengleichheit gibt der Vorsitzende den Ausschlag. Die Beschlüsse sind in einer Niederschrift festzuhalten, die vom Vorsitzenden und einem Mitgliede oder einem Geschäftsführer zu unterzeichnen ist.

§ 9

(1) Der Börsenvorstand hat insbesondere folgende Aufgaben und Befugnisse:

1. Überwachung der Befolgung der die Börse betreffenden Gesetze, Verordnungen und sonstigen Anordnungen und Bestimmungen.
2. Handhabung der Ordnung in den Börsenräumen und Ausübung der Disziplinargewalt.
3. Entscheidung über die Zulassung als Mitglied und zum Besuch der Börse und die Ausschließung vom Besuch.
4. Festsetzung der Börsengeschäftsbedingungen.
5. Entscheidung von Streitigkeiten aus Börsengeschäften nach Maßgabe der Börsen- und Geschäftsordnung.
6. Erteilung von Auskünften und Erstattung von Gutachten an Gerichte und Verwaltungsbehörden über Angelegenheiten, die mit dem Aufgabengebiet der Börse zusammenhängen.
7. Vorschlagsrecht für die Wahl der Mitglieder des Börsenausschusses nach § 3 des Börsengesetzes.
8. Zulassung von Wertpapieren, ausländischen Zahlungsmitteln und Edelmetallen zum Börsenhandel.
9. Finanzielle Verwaltung der Börse.

(2) Der Börsenvorstand kann bestimmte Obliegenheiten einzelnen seiner Mitglieder oder einem Ausschuß von solchen übertragen. Gegen deren Entscheidung kann der Börsenvorstand angerufen werden.

(3) Das jeweils aufsichtsführende Vorstandsmitglied darf zur Wahrung seiner Unparteilichkeit an der Börse nicht selbst handeln.

§ 10

(1) Gegen die Entscheidungen des Börsenvorstandes ist binnen zwei Wochen nach Zustellung in den in dieser Börsenordnung vorgesehenen Fällen die Beschwerde an die Aufsichtsbehörde zulässig.

(2) Die Beschwerde ist beim Börsenvorstand einzureichen. Sie hat keine aufschiebende Wirkung.

IV. Börsenmitglieder

§ 11

Mitglieder der Börse können nur Unternehmen sein, die Bank- oder Sparkassengeschäfte betreiben (Kreditinstitute). Über ihre Aufnahme entscheidet der Börsenvorstand.

V. Hauptversammlung

§ 12

(1) Die Hauptversammlung der Börsenmitglieder findet alljährlich innerhalb der ersten drei Monate des Jahres statt.

(2) Ihr liegt insbesondere ob:

a) die Wahl des Börsenvorstandes,

b) die Prüfung der Jahresrechnung,

c) die Genehmigung des Voranschlages.

(3) Die Leitung der Versammlung hat der Vorsitzende des Börsenvorstandes oder sein Stellvertreter.

(4) Jedem Mitglied steht nur eine Stimme zu.

(5) Bei Abstimmungen kann sich ein Mitglied durch einen mit schriftlicher Vollmacht versehenen Bevollmächtigten vertreten lassen.

(6) Anträge der Mitglieder sind spätestens am dritten Tage vor der Hauptversammlung beim Börsenvorstand schriftlich einzureichen.

VI. Börsenbesuch

§ 13

Die Börsenbesucher sind den Bestimmungen der Börsenordnung sowie den für die Börsen geltenden Geschäftsbedingungen und Usancen unterworfen.

a) Voraussetzungen der Zulassung zum Börsenbesuch

§ 14

(1) Über die Zulassung zum Börsenbesuch entscheidet der Börsenvorstand. Einer Zulassung bedürfen diejenigen Personen nicht, die vermöge einer Amts- oder Dienstpflicht die Börse zu besuchen haben.

(2) Kursmakler sind kraft ihres Amtes zur Börse zugelassen.

(3) Die Zulassung ausländischer Staatsangehöriger bedarf der Genehmigung der Aufsichtsbehörde.

§ 15

Als ordentliche Börsenbesucher können nur Inhaber und geschäftsführende Leiter von Kreditinstituten zugelassen werden. In geeigneten Fällen können außerdem Prokuristen oder Handlungsbevollmächtigte eines Börsenmitgliedes als ordentliche Börsenbesucher zugelassen werden.

§ 16

Als außerordentliche Börsenbesucher mit der Befugnis, im Namen und für Rechnung ihrer Firma am Börsenhandel teilzunehmen, können jeweils auf die Dauer eines Jahres auf entsprechenden Antrag zum Börsenbesuch zugelassen werden: kaufmännische, volljährige Angestellte (Prokuristen und Handlungsgehilfen) von Börsenmitgliedern, wenn für diese ein vertretungsberechtigter, selbständiger Börsenbesucher bereits zugelassen ist.

§ 17

(1) Ohne Befugnis zur Teilnahme am Börsenhandel können nach freiem Ermessen des Börsenvorstandes zugelassen werden:
a) Berichterstatter der Presse,
b) Personen, die für eine Börseneinrichtung tätig sind,
c) sonstige Personen, die ein besonderes Interesse nachweisen.

(2) Der Vorstand muß die Zulassung zurücknehmen, wenn der Zugelassene unbefugt am Börsenhandel teilnimmt.

§ 18

Der vorübergehende Besuch der Börse ohne Befugnis zur Teilnahme am Börsenhandel kann volljährigen Personen durch ein Mitglied des Börsenvorstandes gestattet werden.

§ 19

(1) Zum Börsenbesuch dürfen nicht zugelassen werden:
a) Personen, die sich nicht im Besitz der bürgerlichen Ehrenrechte befinden,
b) Personen, die infolge gerichtlicher Anordnung in der Verfügung über ihr Vermögen beschränkt sind,
c) Personen, die wegen betrügerischen oder einfachen Bankerotts rechtskräftig verurteilt sind,
d) Personen, gegen die durch rechtskräftige oder für sofort wirksam erklärte ehrengerichtliche Entscheidung auf Ausschließung von dem Besuch einer Börse erkannt ist,
e) Personen, die sich im Zustand der Zahlungsunfähigkeit befinden.

(2) Als zahlungsunfähig im Sinne dieser Vorschrift gilt schon, wer seinen Gläubigern über unstreitige Verbindlichkeiten Vergleichsvorschläge macht, oder eine unstreitige und fällige Schuldverbindlichkeit unberichtigt läßt. Unstreitigen Schuldverbindlichkeiten stehen solche gleich, die durch rechtskräftiges Urteil oder den Schiedsspruch eines Börsenschiedsgerichtes oder für vollstreckbar erklärten Schiedsspruch eines anderen Schiedsgerichtes festgestellt sind.

b) Zulassungsverfahren

§ 20

Die Zulassung der in § 15 bezeichneten Personen erfolgt auf schriftlichen Antrag. In diesem sind zwei Gewährsmänner zu bezeichnen, die an der Wertpapierbörse in Stuttgart zugelassen sind. Bei der Zulassung nach § 17 kann von der Beachtung dieser Vorschrift abgesehen werden.

§ 21

Der Börsenvorstand gibt den Börsenmitgliedern von dem Antrage durch Aushang in der Börse Kenntnis. Etwaige Einsprüche eines Börsenmitgliedes sind binnen einer Woche schriftlich mit Begründung bei dem Börsenvorstand zu erheben.

§ 22

Sobald die Einspruchsfrist abgelaufen und die Auskunft der von dem Antragsteller genannten Gewährsmänner eingegangen ist, entscheidet der Börsenvorstand über den Antrag.

§ 23

Eine Ablehnung des Antrages erfolgt ohne Angabe von Gründen. Gegen den ablehnenden Bescheid steht dem Antragsteller die Beschwerde an die Aufsichtsbehörde zu.

§ 24

(1) Die ordentlichen und außerordentlichen Börsenbesucher erhalten nach ihrer Zulassung einen Ausweis.

(2) Die Ausweise werden jeweils für die Dauer eines Kalenderjahres ausgestellt und sind nur für die Personen gültig, auf deren Namen sie lauten.

c) Ruhen des Rechtes auf Börsenbesuch

§ 25

(1) Das Recht auf Börsenbesuch ruht bei zeitweiliger Ausschließung durch Beschluß des Börsenvorstandes (§ 27) oder durch ehrengerichtliche Entscheidung (Börsengesetz § 16).

(2) Wird gegen einen Börsenbesucher wegen des Verdachtes eines Vergehens oder Verbrechens von der Staatsanwaltschaft ein Ermittlungsverfahren oder wird ein ehrengerichtliches Verfahren oder ein Verfahren auf Zurücknahme der Zulassung eingeleitet, so kann der Börsenvorstand das Ruhen des Rechtes zum Börsenbesuch anordnen.

d) Erlöschen des Rechtes zum Börsenbesuch

§ 26

(1) Das Recht zum Börsenbesuch erlischt:

a) durch Verzicht,

b) durch dauernde Ausschließung von der Börse infolge ehrengerichtlicher Entscheidung,

c) durch Zurücknahme der Zulassung durch den Börsenvorstand.

(2) Die Zulassung kann zurückgenommen werden:

a) wenn sich ergibt, daß sie in Unkenntnis von Tatsachen erfolgte, bei deren Kenntnis der Antrag auf Zulassung abgelehnt worden wäre,

b) wenn in den Vermögensverhältnissen des Zugelassenen oder der von ihm vertretenen Firma eine derartige Verschlechterung eingetreten ist, daß eine hinreichende Gewähr für die ordnungsmäßige Erfüllung abgeschlossener Geschäfte durch ihn oder durch die von ihm vertretene Firma nicht mehr gegeben erscheint. Besteht beim Börsenvorstand begründete Vermutung, daß dieser Fall eingetreten ist, so ist der Zugelassene verpflichtet, dem Börsenvorstand über seine Vermögensverhältnisse oder über die Vermögensverhältnisse der von ihm vertretenen Firma Auskunft zu geben,

c) wenn der Zugelassene wegen eines Vergehens oder Verbrechens rechtskräftig verurteilt wird.

(3) Die Zulassung muß zurückgenommen werden, wenn die in § 19 aufgeführten Fälle eintreten oder die bei der Zulassung gemäß § 15 vorausgesetzten Eigenschaften nicht mehr zutreffen.

e) Disziplinargewalt

§ 27

Der Börsenvorstand kann mit Ausschließung auf die Dauer von drei Tagen bis zu einem Jahr oder mit einer Geldstrafe bis zu DM 1000,— oder mit einem Verweis Börsenbesucher bestrafen, die

1. den Anordnungen des Börsenvorstandes oder eines seiner Mitglieder zuwiderhandeln,
2. trotz wiederholter Mahnung ihre Verpflichtungen aus den an der Börse abgeschlossenen Geschäften nicht erfüllen oder den Börsenbeitrag nicht entrichten,
3. einen Börsenbesucher oder eine an der Börse amtlich beschäftigte Person beleidigen,
4. Lärm erregen, den Anstand verletzen oder die Ordnung an der Börse stören.

f) Rechtsmittel

§ 28

Gegen die Verfügungen und Entscheidungen des Börsenvorstandes nach §§ 25, 26, 27 ist die Beschwerde gemäß § 10 zulässig.

VII. Ehrengericht

§ 29

(1) Das Ehrengericht besteht aus 5 ordentlichen und 3 stellvertretenden Mitgliedern, die alljährlich vom Börsenvorstand aus dem Kreise der ordentlichen Börsenbesucher ernannt werden.

(2) Das Ehrengericht wählt alljährlich einen Vorsitzenden und dessen Stellvertreter.

(3) Für die Befugnisse und das Verfahren sind die §§ 10—27 des Börsengesetzes maßgebend.

(4) Das Ehrengericht entscheidet in der Besetzung von 5 Mitgliedern. Über einen Antrag auf Ablehnung eines Richters entscheidet das Ehrengericht. Gegen den Beschluß des Ehrengerichtes, durch den der Ablehnungsantrag für unbegründet erklärt wird, ist Beschwerde an die Aufsichtsbehörde zulässig. Die Beschwerde hat keine aufschiebende Wirkung.

(5) Die rechtskräftigen oder gemäß § 16 Abs. 4 Börsengesetz für sofort wirksam erklärten Urteile sind dem Börsenvorstand mitzuteilen.

(6) Bei zeitweiliger Ausschließung bestimmt, sofern das Ehrengericht nicht von dem nach § 16 Abs. 4 Börsengesetz zustehenden Recht Gebrauch gemacht hat, der Börsenvorstand den Beginn der Ausschließung.

(7) Wird ein ordentlicher Börsenbesucher durch ehrengerichtliches Urteil zur Strafe des Ausschlusses von der Börse verurteilt, so können durch den Beschluß des Börsenvorstandes auch die Angestellten des Kreditinstitutes für den gleichen Zeitraum von dem Besuch der Börse ausgeschlossen werden.

(8) Die Kosten des Verfahrens und einer etwaigen Veröffentlichung der Entscheidung, jedoch unter Ausschluß der Kosten für einen Rechtsbeistand, trägt, soweit sie nicht im Falle der Verurteilung von dem Verurteilten beigetrieben werden kann, die Börse.

VIII. Börsenversammlung und amtliche Kursfeststellung

§ 30

(1) Der Börsenvorstand bestimmt Ort und Zeit der Börsenversammlungen.

(2) Die entsprechenden Beschlüsse sind im Börsensaal auszuhängen.

§ 31

(1) Die Börsenkurse werden durch ein, erforderlichenfalls mehrere aufsichtsführende Mitglieder des Börsenvorstandes (§ 9 Abs. 2) unter Zuziehung der Kursmakler amtlich festgestellt. Als Börsenpreis ist derjenige Preis festzusetzen, der der wirklichen Geschäftslage an der Börse entspricht.

(2) Es wird der Kurs bezeichnet mit:

a) „bezahlt", wenn sämtliche Aufträge erledigt wurden,

b) „bezahlt und Geld", wenn Kaufaufträge nicht vollständig erledigt wurden,

c) „bezahlt und Brief", wenn Verkaufsaufträge nicht vollständig erledigt wurden,

d) „bezahlt rep. und Geld" oder
„bezahlt rep. und Brief", wenn Kauf- und Verkaufsaufträge nur anteilig erledigt werden konnten,

e) „etwas bezahlt und Geld" oder
„etwas bezahlt und Brief", wenn nur unbedeutende Abschlüsse zustande gekommen sind und die vorliegenden Aufträge nicht vollständig erledigt werden,

f) „Geld", wenn nur Nachfrage,
„Brief", wenn nur Angebot vorhanden war,

g) „Taxe", wenn nur gesprächsweise ein Kurs genannt wird,

h) „Strich", wenn weder Angebot noch Nachfrage vorhanden war.

§ 32

Das aufsichtsführende Mitglied des Börsenvorstandes kann auch in anderen Fällen den Kurs streichen lassen, insbesondere dann, wenn sich auf Grund der vorliegenden Angebote oder Nachfragen ein besonders auffälliger Unterschied gegenüber dem zuletzt notierten Kurs ergeben würde.

§ 33

(1) Wenn nur ein kleinerer Nennbetrag eines Wertpapieres vorhanden ist, als gefordert wird, so erhält von den verschiedenen Käufern zunächst jeder ein Stück. Der Rest wird im Verhältnis des Angebotes zur Nachfrage auf die einzelnen Kaufverträge verteilt.

(2) Wenn nicht genügend Stücke vorhanden sind, um jedem Käufer ein Stück zuweisen zu können, so ist am Schluß der Börse eine Verlosung durch einen Makler in Anwesenheit des aufsichtsführenden Mitglieds des Börsenvorstandes vorzunehmen.

§ 34

(1) Die festgestellten Kurse sind sofort durch das amtliche Kursblatt bekanntzugeben.

(2) Im Kursblatt können auch Kurse von Wertpapieren veröffentlicht werden, die nicht zum amtlichen Handel zugelassen sind, aber mit Zustimmung des Börsenvorstandes nach Anhörung der Zulassungsstelle an der Wertpapierbörse in Stuttgart gehandelt werden. Diese Kursnotierungen müssen im Kursblatt von den Papieren mit amtlicher Kursfestsetzung deutlich getrennt gehalten werden.

IX. Kursmakler

§ 35

(1) Zur Vermittlung der Geschäfte an der Börse und zur Mitwirkung bei der Feststellung der Kurse sind Kursmakler zu bestellen. Sie werden auf Vorschlag des Börsenvorstandes von der Aufsichtsbehörde bestellt und entlassen und leisten vor Antritt ihrer Stellung den Eid, daß sie die ihnen obliegenden Pflichten getreu erfüllen werden.

(2) Ordentliche und außerordentliche Börsenbesucher müssen sämtliche an der Börse getätigten Käufe und Verkäufe des von ihnen vertretenen Kreditinstitutes, soweit es sich um zum amtlichen Verkehr zugelassene Wertpapiere handelt, durch Vermittlung eines Kursmaklers zu den amtlichen Kursen durchführen.

§ 36

(1) Die Vermittlungstätigkeit der Kursmakler ist auf den Verkehr mit Börsenbesuchern beschränkt. Die Annahme von Aufträgen von Firmen und Personen, die nicht Börsenbesucher sind, ist ihnen untersagt.

(2) Im übrigen finden die §§ 32—34 des Börsengesetzes Anwendung.

§ 37

Die Kursmakler haben, falls sie vorübergehend oder dauernd an der Ausübung ihres Berufes verhindert sind, dies sofort dem Börsenvorstand anzuzeigen, der nötigenfalls Schritte für Ersatz oder Stellvertretung einzuleiten hat.

§ 38

Die Höhe der Vermittlungsgebühr (Courtage) wird von dem Börsenvorstand festgesetzt.

X. Zulassungsstelle

§ 39

(1) Über die Zulassung von Wertpapieren zum Handel an der Wertpapierbörse in Stuttgart entscheidet ein besonderer Ausschuß (Zulassungsstelle). Dieser besteht aus 8 ordentlichen Mitgliedern und 4 Stellvertretern,

die von dem Börsenvorstand in geheimer Abstimmung auf drei Jahre gewählt werden.

(2) Nach Ablauf der Amtsdauer ist Wiederwahl zulässig.

(3) Vier Mitglieder dieses Ausschusses sowie zwei Stellvertreter sind aus dem Börsenvorstand zu wählen, die vier weiteren Mitglieder samt zwei Stellvertretern aus dem Kreise von Personen, die sich nicht berufsmäßig am Börsenhandel mit Wertpapieren beteiligen.

(4) Die Wahl der ordentlichen Mitglieder sowie der Stellvertreter unterliegt der Bestätigung der Aufsichtsbehörde. Im Falle der Beanstandung muß eine Ersatzwahl vorgenommen und aufs neue die Genehmigung nachgesucht werden.

§ 40

(1) Die Mitglieder der Zulassungsstelle wählen aus ihrer Mitte einen Vorsitzenden und seinen Stellvertreter. Die Zulassungsstelle ist bei Mitwirkung von fünf Mitgliedern beschlußfähig und faßt ihre Beschlüsse mit einfacher Mehrheit.

(2) Bei Stimmengleichheit entscheidet der Vorsitzende.

(3) Von der Beratung und Beschlußfassung über die Zulassung eines Wertpapiers zum Börsenhandel sind diejenigen Mitglieder ausgeschlossen, die an der Einführung dieses Wertpapiers beteiligt sind.

§ 41

Der Antrag auf Zulassung von Wertpapieren zum Börsenhandel muß von einem Mitglied der Wertpapierbörse in Stuttgart gestellt werden und ist schriftlich bei der Zulassungsstelle einzureichen.

§ 42

Gegen die Entscheidung der Zulassungsstelle, durch die dem Antrag auf Zulassung nicht stattgegeben wird, steht dem Antragsteller binnen zwei Wochen, vom Tage der Zustellung des Bescheides an gerechnet, die Beschwerde an die Aufsichtsbehörde zu.

§ 43

Für die Zulassung von Wertpapieren zum Börsenhandel sind Gebühren nach einer vom Börsenvorstand festzusetzenden Gebührenordnung an die Börse zu entrichten.

§ 44

Im übrigen gelten für das Zulassungsverfahren die Bestimmungen der §§ 36—44 des Börsengesetzes und der Bekanntmachung, betr. die Zulassung von Wertpapieren zum Börsenhandel, vom 4. Juli 1910 (RGBl. S. 917).

XI. Börsenverwaltung

§ 45

(1) Der Börsenvorstand stellt alljährlich zum 31 Dezember einen Voranschlag über die Einnahmen und Ausgaben der Börse für das nächste Kalenderjahr auf, über den die Hauptversammlung zu beschließen hat (§ 12). Für die zu erhebenden Gebühren ist eine Gebührenordnung aufzustellen.

(2) Die Hauptversammlung wählt zwei Rechnungsprüfer, die die Abschlußrechnung des laufenden Jahres zu prüfen haben.

§ 46

Die Mitglieder des Börsenvorstandes, des Ehrengerichtes und der Zulassungsstelle üben ihr Amt ehrenamtlich aus. Auswärtigen Mitgliedern können die Reisekosten erstattet werden.

§ 47

Die Mitglieder der Börsenorgane sind verpflichtet, über Vorgänge, von denen sie amtlich Kenntnis erhalten, Verschwiegenheit zu bewahren.

§ 48

Die Namen der Mitglieder der Börsenorgane und der Kursmakler werden alljährlich durch Aushang in der Börse bekanntgegeben.

XII. Übergangsbestimmungen

§ 49

(1) Vorstehende Börsenordnung tritt mit dem Tage der Genehmigung durch die Aufsichtsbehörde in Kraft; gleichzeitig tritt die „Börsenordnung für die Württembergische Wertpapierbörse in Stuttgart vom 1. September 1936" außer Kraft.

(2) Personen, die an diesem Tage als Börsenbesucher zugelassen sind, bedürfen keiner neuen Zulassung.

B. Geschäftsordnung für die Zulassungsstelle an der Wertpapierbörse in Stuttgart

Vom 27. Februar 1950

Für die Einführung von Wertpapieren zur amtlichen Notierung und zum Handel an einer deutschen Börse (Zulassungsverfahren) gelten die Bestimmungen der §§ 36 bis 44 des Börsengesetzes und der Bekanntmachung betr. die Zulassung von Wertpapieren zum Börsenhandel, vom 4. Juli 1910 (RGBl. S. 917). Auf Grund dieser Bestimmungen wird für das Zulassungsverfahren bei der Wertpapierbörse in Stuttgart folgendes festgelegt:

§ 1

Der Antrag auf Zulassung von Wertpapieren zum Börsenhandel muß von einem Mitglied der Wertpapierbörse in Stuttgart gestellt und schriftlich bei der Zulassungsstelle eingereicht werden (§ 41 BO); er muß Betrag und Art der einzuführenden Wertpapiere kennzeichnen (§ 38 Abs. 1 des BG).

Die Zulassungsstelle hat darüber zu wachen, daß die gesetzlichen Bestimmungen und sonstigen Vorschriften für die Zulassung von Wertpapieren zum Börsenhandel erfüllt und eingehalten werden. Dem Antrag sind beizugeben:

I. Beilagen zu dem Prospekt:

1. Ein Nachweis über den Rechtstitel (Gesetz, staatl. Genehmigung, Gesellschaftsvertrag, Hauptversammlungsbeschluß usw.), auf dem die Berechtigung zur Ausgabe der Wertpapiere beruht sowie auf das Verhältnis zu früher ausgegebenen Werten.

2. a) Neuester Handelsregisterauszug.
   b) Satzung mit Bestätigungsvermerk der Gesellschaft, daß es sich um die neueste Fassung handelt.
   c) Geschäftsberichte der letzten 3 Jahre.
   d) Der von den Gründungsprüfern erstattete Bericht, wenn noch nicht 2 volle Jahre seit der Eintragung der Gesellschaft in das Handelsregister verflossen sind.

3. Ein entwertetes Probe-Druckexemplar jeder Stückelung der zuzulassenden Wertpapiere, das den Richtlinien für den Neudruck von Wertpapieren entsprechen muß.

4. Ein Prospekt, dessen Inhalt den Erfordernissen der Bestimmungen des Börsengesetzes entspricht und der von der Emittentin und außerdem von der antragstellenden Bank bzw. den antragstellenden Banken zu unterzeichnen ist. Die Unterschrift der antragstellenden Bank bzw. der antragstellenden Banken kann unter eine Nachschrift gesetzt werden.

In dem Prospekt hat sich die Gesellschaft zu verpflichten, ihre Bekanntmachungen, die für die Inhaber von Aktien, Genußscheinen und Schuldverschreibungen von Bedeutung sind (z. B. Einberufung der Hauptversammlung, Bekanntmachung des Jahresabschlusses, Veränderungen im Aufsichtsrat, Ausgabe neuer Gewinnanteil- oder Zinsscheinbogen, Konvertierungen usw.) mindestens im Bundesanzeiger und einer am Börsenplatz erscheinenden Tageszeitung (Pflichtblatt der Zulassungsstelle) zu veröffentlichen.

Bei der Zulassung von inländischen Schuldverschreibungen und Pfandbriefen muß der Emittent außerdem die Verpflichtung übernehmen, Kündigungen und Verlosungen (letztere innerhalb von 14 Tagen nach erfolgter Auslosung) sowie einmal jährlich Restantenlisten im Bundesanzeiger und in einer am Börsenplatz erscheinenden Tageszeitung (Pflichtblatt der Zulassungsstelle) bekanntzumachen.

Darüber hinaus muß der Börsenzulassungs-Prospekt eine Verpflichtungserklärung des Emittenten enthalten, an jedem für ihn in Frage kommenden Börsenplatz wenigstens je eine Stelle zu unterhalten und bekanntzugeben, bei der fällige Gewinnanteile und Zinsscheine eingezogen sowie neue Gewinnanteil- und Zinsscheinbogen erhoben, Bezugsrechte ausgeübt, Aktien zur Teilnahme an Hauptversammlungen hinterlegt und alle sonstigen, die Wertpapierkunden betreffenden von einem der Geschäftsorgane beschlossenen Maßnahmen für den Wertpapierbesitzer kostenlos durchgeführt werden können.

5. 15 Druckstücke des Prospektes.

II. Erklärung der Gesellschaft bzw. des Emissionshauses:

1. Angabe, ob Zulassungsgesuch bereits an einer anderen Börse eingereicht oder gleichzeitig eingereicht wird.

2. Nach pflichtmäßiger Prüfung abgegebene Versicherung der Gesellschaft, daß aus der Bilanz nichtersichtliche Haftungsverhältnisse einschl.

Pfandbestellungen und Sicherungsübereignungen sowie Verbindlichkeiten aus der Begebung von Wechseln und Schecks nicht bestehen, soweit aus dem Prospekt sich nichts anderes ergibt.

3. Bei Versicherungsaktien Erklärung der Gesellschaft, betr. Umschreibung von Namensaktien auf einen neuen Erwerber.

4. Verpflichtungserklärung des Emissionshauses, einen Hinweis auf den veröffentlichten Prospekt unter Angabe des Namens, des Ausgabetages und der Nummer der Tageszeitung, in der die Veröffentlichung erfolgt, im Bundesanzeiger bekanntzumachen.

§ 2

Nach Eingang des Zulassungsantrages bei der Zulassungsstelle ist dieser durch Börsenaushang und in wenigstens einer von der Zulassungsstelle bestimmten am Börsenplatz erscheinenden Tageszeitung (sog. Pflichtblatt der Zulassungsstelle) sowie im Bundesanzeiger zu veröffentlichen. Zwischen dieser Veröffentlichung und der Einführung an der Börse muß eine Frist von mindestens 6 Tagen liegen (§ 38 Abs. 1 BG).

§ 3

Jeder Zulassungsantrag ist mindestens 5 Mitgliedern der Zulassungsstelle (einschließl. des Vorsitzenden bzw. seines Stellvertreters) zur Begutachtung vorzulegen. Dabei sollen nach Möglichkeit 2 Herren aus den Reihen der Zulassungsstellenmitglieder beigezogen werden, die sich nicht berufsmäßig am Börsenhandel mit Wertpapieren beteiligen. Von der Beratung und Beschlußfassung über die Zulassung eines Wertpapiers zum Börsenhandel sind diejenigen Mitglieder — einschl. des Vorsitzenden — ausgeschlossen, die an der Einführung des Wertpapiers in den Börsenhandel beteiligt sind (§ 36 BG und § 40 Abs. 3 BO).

§ 4

Der eingereichte Zulassungsantrag und der Prospekt sowie sämtliche Unterlagen und Urkunden werden von dem Börsensyndikus als Referenten der Zulassungsstelle einer Vorprüfung unterzogen. Von ihm werden etwa notwendige Verhandlungen mit der antragstellenden Bank wegen Ergänzung oder Abänderung des Prospekts und Beschaffung weiterer Urkunden und Unterlagen geführt.

Hierauf wird dem Vorsitzenden der Zulassungsstelle — im Verhinderungsfalle dessen ständigem bzw. nichtständigem Vertreter — die gesamte vorbereitete Zulassungssache vorgelegt (vgl. oben § 3). Mit dem Vermerk des Vorsitzenden bzw. Stellvertreters versehen, gelangt dann die Zulassungssache bei weiteren 4 Mitgliedern der Zulassungsstelle zur Prüfung und Geltendmachung etwaiger Bemerkungen in Umlauf, sofern die Zulassungssache nicht in einer Sitzung behandelt wird bzw. werden muß. Hat sich nach Vorlegung des Prospekts bei den mitwirkenden Mitgliedern der Zulassungsstelle ergeben, daß Ergänzungen oder Streichungen notwendig sind, so ist ein entsprechend vervollständigter Prospekt mit Unterschrift der Gesellschaft und des Antragstellers versehen erneut der Zulassungsstelle einzureichen und mit den mit der betr. Zulassungssache befaßten Mitgliedern abzustimmen. Danach werden die Zulassungsakten dem Börsenkommissar bei der Wertpapierbörse in Stuttgart zur Einsichtnahme vorgelegt (§ 5 Bekanntmachung, betr. die Zulassung von Wertpapieren, vom 4. Juli 1910).

Anschließend wird der Zulassungsbescheid an die antragstellende Bank ausgefertigt.

In sinngemäßer Weise wie bei einer Zulassung wird bei einer Zurücknahme der Zulassung von Wertpapieren verfahren.

§ 5

Wird die Zulassung ausgesprochen, so hat die Veröffentlichung des Prospekts in den gleichen Zeitungen zu erfolgen, in denen der Zulassungsantrag bekanntgemacht wurde, mit Ausnahme des Bundesanzeigers, in den ein Hinweis auf die Veröffentlichung des Prospekts unter Angabe des Namens, des Ausgabetages und der Nummer der Zeitung aufzunehmen ist. Dem pflichtgemäßen Ermessen der Zulassungsstelle bleibt es überlassen, die Veröffentlichung des Prospektes oder eines Hinweises in einer Tageszeitung vorzuschreiben, die in dem engeren Wirtschaftsgebiet des Ausstellers der Wertpapiere erscheint.

§ 6

Falls das zuzulassende Wertpapier an einer anderen deutschen Börse bereits eingeführt ist, so kann, wenn die Zulassung und die letzte Prospektveröffentlichung in der Regel nicht länger als drei Monate zurückliegen, von einer nochmaligen Bekanntgabe des Prospekts abgesehen werden. In diesem Falle wird von der Zulassungsstelle bei der zuständigen Bankenaufsichtsbehörde ein Antrag auf Befreiung von der Prospektveröffentlichung gestellt. Wird diese Genehmigung erteilt, so hat eine Hinweisbekanntmachung auf die letzte Prospektveröffentlichung in den Zeitungen zu erfolgen, in denen der Zulassungsantrag veröffentlicht war, sowie im Bundesanzeiger.

§ 7

Grundsätzlich haben bei der Einführung von Wertpapieren zum Börsenhandel Aktiengesellschaften, die in dem Wirtschaftsbezirk der betr. Wertpapierbörse beheimatet sind, eine Veröffentlichung des Gesamtprospekts in der Heimatpresse vorzunehmen. Bei den nicht beheimateten Werten, deren amtliche Einführung im Interesse des einzelnen Börsenplatzes liegt, bleibt es dagegen dem Ermessen der Zulassungsstelle überlassen, ob von einer nochmaligen Veröffentlichung des Gesamtprospekts in der Tagespresse abgesehen und einem geäußerten Wunsche des Emissionshauses auf eine kürzere Hinweisbekanntmachung stattgegeben werden kann.

§ 8

Die Wertpapiere dürfen frühestens am dritten Werktage nach dem Tage der Zulassung und der Prospektveröffentlichung eingeführt werden.

§ 9

Die für die Einführung zu entrichtenden Gebühren sind in der Gebührenordnung für die Wertpapierbörse in Stuttgart niedergelegt.

Sachregister

(Die Zahlen bedeuten die Seiten)

G

H

R

S

FSC
www.fsc.org
MIX
Papier | Fördert gute Waldnutzung
FSC® C083411

Kolibri 360 GmbH
Ferdinand-Jühlke-Straße 7
99095 Erfurt, Deutschland
produktsicherheit@kolibri360.de